Die Religionen der Menschheit

Begründet von
Christel Matthias Schröder

Fortgeführt und herausgegeben von
Peter Antes, Manfred Hutter, Jörg Rüpke und Bettina Schmidt

Band 10,1

Manfred Hutter

Religionsgeschichte Anatoliens

Vom Ende des dritten bis zum Beginn des ersten Jahrtausends

Verlag W. Kohlhammer

Umschlagbild: Westliche Sphinx, Ḫattuša (Quelle: Wikimedia Commons)

1. Auflage 2021

Gesamtherstellung: W. Kohlhammer GmbH, Stuttgart

Print:
ISBN 978-3-17-026974-3

E-Book-Formate:
pdf: ISBN 978-3-17-026975-0
epub: ISBN 978-3-17-026976-7
mobi: ISBN 978-3-17-026977-4

Inhalt

A	**Einleitung und Forschungsstand**	**9**
1	Quellenvielfalt und Varietät	11
2	Bemerkungen zum Forschungsstand	18
3	Was ist »Religion« in Anatolien?	24
4	Methodische Folgen für die Beschreibung von Religionen in Anatolien	28
B	**Frühe religiöse Vorstellungen Anatoliens am Beispiel der Gräber von Alaca Höyük und der Briefe aus den altassyrischen Handelskolonien in Zentralanatolien**	**32**
1	Bestattung und Gesellschaft in Alaca Höyük	32
2	Die politische und geographische Situation im zentralanatolischen Raum zur Zeit der altassyrischen Handelskolonien vom 20. bis zum 18. Jahrhundert	37
3	Religiöse Vorstellungen vor der Entstehung des hethitischen Staates	42
3.1	Die Götterwelt	43
3.2	Das Verhältnis der Gottheiten der kārum-zeitlichen Texte zur Götterwelt der hethitischen Zeit und des luwischen Gebietes	47
3.3	Beobachtungen zur religiösen Praxis als Strukturfaktor der Gesellschaft	50
3.3.1	Tempel und öffentlicher Kult	50
3.3.2	Religion im häuslich-familiären Kontext	52
C	**Religion in der althethitischen Zeit**	**55**
1	Eckpunkte der geschichtlichen Situation der althethitischen Zeit	56
2	Das dominierende hattische Milieu der Religion in der althethitischen Zeit	60
2.1	Die Götterwelt als Widerspiegelung gesellschaftlicher Prozesse	61
2.1.1	Zum althethitischen »Staatspantheon«	62
2.1.2	Einige hattische Gottheiten	66
2.2	Die alten hattischen Kultstädte und die Hauptstadt Ḫattuša	67
2.2.1	Nerik	68
2.2.2	Arinna	70
2.2.3	Ziplanta	72
2.2.4	Ḫattuša	74

2.3 Plätze der Kultausübung ... 77
2.3.1 Aussehen und Ausstattung der Tempel ... 77
2.3.2 Lokale Tempel bzw. kleinere Schreine ... 80
2.3.3 Stelen und »naturbezogene« Kultplätze ... 82
2.4 Akteure und Akteurinnen im Kult ... 83
2.5 Opfer als Praxis der Verehrung und Versorgung der Gottheiten ... 89
2.5.1 Zweck und Notwendigkeit der Opfer ... 90
2.5.2 Visuelle Repräsentation von Kulthandlungen ... 93
2.6 Feste auf staatlicher und lokaler Ebene ... 96
2.6.1 Feste des althethitischen »Staatskults« ... 97
2.6.2 Lokale Feste ... 102
2.7 Exkurs: Religiöse Traditionen im palaischen Milieu ... 105
3 Religion als Faktor im Zusammenleben im Alltag ... 108
3.1 Ethisches Verhalten und Werte ... 108
3.2 Krisenbewältigung und soziales Gleichgewicht ... 111
3.3 Kommunikation mit den Gottheiten ... 115

D Religiöser Wandel und Neuerungen zwischen der althethitischen Zeit und dem hethitischen Großreich ... 120
1 Wichtige geschichtliche Veränderungen bis zum Beginn der Großreichszeit ... 120
2 Die Pluralisierung der religiösen Traditionen ... 123
2.1 Der Aufstieg des Sonnengottes ... 124
2.2 Neue Residenzstädte mit kultischer Relevanz ... 127
2.2.1 Šamuḫa ... 128
2.2.2 Šapinuwa ... 132
2.2.3 Šarišša ... 135
2.2.4 Zusammenfassung ... 138
2.3 Ein Überblick zu luwischen religiösen Vorstellungen ... 139
2.3.1 Die Eigenständigkeit der luwischen Götterwelt ... 141
2.3.2 Lokale Kulte im luwischen Raum und ihr Verhältnis zum hethitischen Staatskult ... 145
2.3.3 Zu einigen Kultakteuren und Kultakteurinnen ... 155
2.3.4 Reinheit und Rituale zur (individuellen) Krisenbewältigung ... 157
2.4 Ein Überblick zu hurritischen religiösen Vorstellungen ... 158
2.4.1 Die hurritische Götterwelt ... 161
2.4.2 Lokale Kulte im hurritischen Raum und ihr Verhältnis zum hethitischen Staatskult ... 168
2.4.3 Zu einigen Kultakteuren und Kultakteurinnen ... 171
2.4.4 Reinheit und Rituale zur (individuellen) Krisenbewältigung ... 174
3 Ein kurzes Zwischenresümee ... 176

E Religion in der Großreichszeit ... 178
1 Eckpunkte der geschichtlichen Entwicklung ... 178

2 Vielfalt, Synkretismus und Abgrenzungsprozesse der Religion in der Großreichszeit . . . 183
2.1 Die Götterwelt als Widerspiegelung gesellschaftlicher Prozesse 184
2.1.1 Staatspantheon . . . 186
2.1.2 Die Gottheiten des Königtums und das »dynastische Pantheon« . . . 189
2.1.3 Lokale Panthea . . . 193
2.1.4 Familien- und Vatersgottheiten, Ahnen und der »vergöttlichte« König . . . 194
2.2 Die ideologische Bedeutung und Gestaltung des Raumes . . . 198
2.2.1 Kosmologische Konzepte . . . 198
2.2.2 Ḫattuša . . . 201
2.2.3 Tarḫuntašša . . . 207
2.2.4 Nerik . . . 210
2.2.5 Karkamiš . . . 212
2.3 Plätze der Kultausübung . . . 215
2.3.1 Tempelsymbolik und sakraler Raum . . . 216
2.3.2 Einzelne Bauten in Verbindung mit dem Totenkult und chthonischen Gottheiten . . . 219
2.3.3 Berg- und Quellheiligtümer . . . 221
2.4 Akteure und Akteurinnen im Kult . . . 226
2.5 Opfer als Praxis der Verehrung und Versorgung der Gottheiten . . . 229
2.6 Feste auf staatlicher und lokaler Ebene . . . 232
2.6.1 Die zeitliche Einordnung der Feste . . . 235
2.6.2 Religiöse Feste und die allgemeine Bevölkerung . . . 247
2.6.3 Feste und (Religions-)Politik . . . 250
2.7 Exkurs: Hethitische Religion im »Ausland« – Die so genannten anatolischen Rituale in Emar . . . 252
3 Religion als Faktor im Zusammenleben im Alltag . . . 255
3.1 Ethische Werte und Verhaltensweisen . . . 255
3.2 Krisenbewältigung und soziales Gleichgewicht . . . 259
3.2.1 Die Sicherheit des Königs in Krisensituationen . . . 261
3.2.2 Rituelle Konfliktbewältigung im Alltag . . . 267
3.3 Kommunikation mit den Gottheiten . . . 272
3.3.1 Gelübde . . . 272
3.3.2 Persönliche Gebete des Königs und der Königin . . . 275
3.4 Religion im Lebenslauf – eine idealtypische Rekonstruktion . . 281

F Zum Weiterwirken religiöser Traditionen in der ersten Hälfte des 1. Jahrtausends . . . 290
1 Tabal und das ehemalige »Untere Land«: Luwisches Kerngebiet im Kontakt mit zentralanatolischen und südwestanatolischen Nachbarn 292
1.1 Die Eigenständigkeit der Götterwelt . . . 293
1.2 Plätze der Kultausübung . . . 296

1.3 Kultaktivitäten 298
1.4 Religion als Faktor in der Gesellschaft 299
2 Karkamiš und seine politischen Nachbarn: Kontinuität, Wandel und Wechselwirkung mit dem nordsyrischen Raum 300
2.1 Die Eigenständigkeit der Götterwelt 301
2.2 Plätze der Kultausübung 305
2.3 Kultaktivitäten 307
2.4 Religion als Faktor in der Gesellschaft 310
3 Zentral- und (Süd-)Westanatolien 312
4 Fazit 317

G Anhang 320
1 Liste hethitischer Könige 320
2 Karten 322
2.1 Altassyrische Handelskolonien und das althethitische Reich 322
2.2 Das hethitische Großreich 323
2.3 Das 1. Jahrtausend 324
3 Literaturverzeichnis 325
4 Register 346
4.1 Keilschrifttexte 346
4.2 Hieroglyphen-luwische Texte 348
4.3 Wörterverzeichnis (hattisch, hethitisch, hurritisch, luwisch) 348
4.4 Orte 349
4.5 Gottheiten 351
4.6 Personen 352
4.7 Stichworte 354

A Einleitung und Forschungsstand

Die Religionsgeschichte Anatoliens ist ein Kapitel »toter« Religionsgeschichte, wobei der zeitliche Rahmen, der hier behandelt werden soll, vom späten 3. Jahrtausend bis in die ersten Jahrhunderte des 1. Jahrtausends v.u.Z. reicht. Dieser Zeitraum ist von Beginn an von vielfältigen Religionskontakten, gegenseitigen Beeinflussungen und Berührungen geprägt. Denn die Religionsvorstellungen Anatoliens standen in Wechselwirkung mit denen in Syrien und Mesopotamien, die ihrerseits heute auch nur noch historische Religionen sind. Allerdings ist diese »gebrochene Tradition« indirekt lebendig geblieben, da manches über zwei Wege in die europäische Geistes- und Kulturgeschichte weitervermittelt wurde, einerseits über die – geringere – Vermittlung kleinasiatisch(-nordsyrisch)en Gedankengutes in der Rezeption der Hebräischen Bibel, andererseits in der stärkeren Übernahme von Vorstellungen aus Kleinasien in mythologische Traditionen der griechischen Antike. Zugleich steht die Religionsgeschichte Anatoliens selbstverständlich auch im Kontext der antiken Religionen des Vorderen Orients, nicht nur mit den schon erwähnten Räumen Syriens und Mesopotamiens, sondern genauso wirkt auf dem Gebiet der heutigen Türkei manches in Erinnerung bzw. wiedererfundenen Erinnerung an die Kulturen Anatoliens weiter, auch wenn zwischen den anatolischen Sprachen und Bevölkerungsgruppen des 2. Jahrtausends v.u.Z. und den wesentlich später fassbaren turksprachigen Bevölkerungsteilen, die durch eine Westwanderung aus Zentralasien nach Anatolien gekommen sind und bis heute große Teile der Türkei prägen, eine chronologische Lücke besteht.

Bereits ein oberflächlicher Blick auf den Raum Anatoliens zeigt innerhalb der chronologischen Abgrenzung sowohl einen sprachlichen als auch geographischen »Pluralismus«, der in den letzten Jahrzehnten immer deutlicher geworden ist. Damit stellt sich als Ausgangssituation und Aufgabe für die Religionswelt Kleinasiens, diese Vielfalt – mit Kontinuitäten, Neuerungen und Brechungen von Traditionen – zu berücksichtigen, auch wenn wir klarerweise noch weit davon entfernt sind, eine lückenlose »Geschichte« der Religionen Anatoliens zu rekonstruieren oder alle theologischen Differenzierungen sowie unterschiedlichen lokalen Ausprägungen religiöser Erscheinungen erfassen zu können. Diese Einschränkung liegt besonders in der Quellensituation begründet, die nach wie vor unausgeglichen ist – sowohl bezüglich der chronologischen als auch der geographischen Streuung. Daher ist es notwendig, diese Religionswelt in ihrer Vielfalt zu betrachten, und methodisch ist zu beachten, dass die Religion der »Hethiter« (durch die Quellenlage aufgrund längerfristiger politischer Beherrschung eines Flächenstaates für fast ein halbes Jahrtausend dokumentiert) nicht als »Norm« oder als »typisch« für die Religionsvielfalt Anatoliens gelten kann, sondern sie ist nur eine Ausformung dieser Vielfalt.

Die eingedeutschte Volksbezeichnung »Hethiter« stammt von Martin Luther, der damit den Ausdruck *ha-ḥittī(m)* der Hebräischen Bibel wiedergibt. Dieser entspricht etymologisch der Benennung in akkadischen Texten, in denen vom »Land Ḫatti« oder von den »Ḫatti-Leuten« die Rede ist. Dabei gehen alle diese Bezeichnungen auf einen geographischen Begriff für das Gebiet innerhalb des Halysbogens[1] in Zentralanatolien zurück. Wie die »Hethiter« sich selbst als Volk bezeichnet haben, wissen wir nicht; da sie ihre Sprache als *nišili-* bezeichneten, eine Ableitung vom Ortsnamen Neša (Kaneš), einem wichtigen politischen Zentrum des frühen 2. Jahrtausends v.u.Z., darf man vermuten, dass sie sich vielleicht Nesier nannten. Wahrscheinlich sind diese »Nesier« bzw. »Hethiter« in der 2. Hälfte des 3. Jahrtausends v.u.Z. entweder über die Dardanellen im Westen oder über den Kaukasus nach Kleinasien eingewandert, wo ihr Kerngebiet zunächst südlich des Halysbogens lag. Gemeinsam mit den Hethitern sind die Palaer und Luwier nach Kleinasien gekommen. Diese Einwanderer trafen auf die dort ansässigen Hattier, die im späten 3. und im frühen 2. Jahrtausend ihr zentrales Siedlungsgebiet innerhalb des Halysbogens hatten. Der gesamte geographische Raum ist durch Regenfeldbau charakterisiert, was die Wirtschaft, aber auch ideelle Konzepte beeinflusst hat. Dadurch haben offensichtlich die »Einwanderer« schnell zu einer Symbiose mit der schon vorhandenen Bevölkerung gefunden, zumal auch der archäologische Befund keinen Bruch in der materiellen Kultur zeigt, den man den einwandernden »Hethitern« zuschreiben könnte.

Als weiteres Bevölkerungselement werden etwa ab 1500 die Hurriter wichtig, deren ursprüngliche Siedlungsgebiete in Nordsyrien und Südostanatolien bzw. Obermesopotamien zwischen dem Tigris und dem Vansee lagen. Für die Geschichte der altkleinasiatischen Religionen beinhaltet dieser geraffte Abriss bereits eine erste – immer wieder so gut es geht zu berücksichtigende – Konsequenz, die vorhin schon angedeutet wurde: Die genannten Ethnien leben in einer politischen, wirtschaftlichen und kulturellen Symbiose, die zwar politisch (meist) zentral gelenkt war, aber in religiöser Hinsicht keine hierarchische Normierung kannte, die – analog zur politischen Einheit – eine religiöse Einheit bewirkt hätte.

Durch den politischen Zusammenbruch des Hethiterreiches zu Beginn des 12. Jahrhunderts verschwinden auch flächendeckende überregionale politische Machtgefüge. Im Südosten (bis in den Norden des modernen Syrien ausgreifend) entfaltet sich mit Karkamiš ein größeres Machtzentrum, westlich davon schließen sich Kleinstaaten in Kilikien südlich des Taurusgebirges an, die zum lykischen Raum überleiten. An der Südwest- und Westküste mit dem Hinterland etablieren Lyder

1 Halys ist der griechisch-antike Name des heutigen Kızılırmak, der in einem großen Bogen Zentralanatolien durchfließt – von seiner Quelle östlich von Sivas fließt er zunächst nach Südwesten, passiert die kappadokischen Städte Kayseri und Nevşehir nördlich, um danach in einem Bogen die Richtung nach Norden und weiter leicht nach Nordosten zum Schwarzen Meer bis zu seiner Mündung zwischen Sinop und Samsun zu ändern.

und Karer ihre politische Macht, während große Teile des ehemaligen Hethiterreiches in Zentralanatolien bis ins 1. Jahrtausend durch Phryger besiedelt sind, eine Bevölkerungsgruppe, die wohl bereits im späten 2. Jahrtausend vom Balkan kommend nach Anatolien eingewandert ist. Am Rande der heutigen Osttürkei und in großen Teilen des modernen Armenien und des Nordwestens vom Iran bilden vom 9. bis 7. Jahrhundert die Urartäer ein eigenes Machtzentrum. Diese oberflächliche Skizzierung der strukturellen Vielfalt des »politischen« Kleinasien des frühen 1. Jahrtausends macht deutlich, dass die kulturelle, politische und auch religiöse Situation jeweils eine eigenständige regionale Betrachtung erfordert.

Dabei sind immer wieder die Wechselwirkungen und der Kontakt zwischen diesen genannten Gebieten Kleinasiens zu berücksichtigen, aber auch der »gebende und nehmende« Kulturkontakt nach außen – d. h. einerseits in den nordsyrisch-aramäischen sowie in den obermesopotamisch-assyrischen Raum, andererseits entlang der Süd- und Südwestküste auch der maritime Kontakt zur Ägäis sowie zu jenen griechischen Siedlern, die ab der mykenischen Zeit Handelsniederlassungen oder Kolonien in Küstennähe errichtet hatten. Somit steht die Religionsgeschichte Anatoliens immer im Austausch mit politischen und kulturellen Strömungen in solchen Kontaktzonen.

1 Quellenvielfalt und Varietät

Die umfangreichste schriftliche Überlieferung stammt aus dem Hethiterreich. Diese Texte sind in einer in der ersten Hälfte des 16. Jahrhunderts v.u.Z. aus Nordsyrien übernommenen Keilschrift geschrieben, wobei bislang rund 30.000 Bruchstücke seit 1906 gefunden wurden; wegen der Möglichkeit, einzelne Fragmente zu einem größeren Textstück zusammenzufügen, bzw. wegen laufender Neufunde liefert diese Zahl lediglich eine allgemeine Orientierung über den Umfang des Textcorpus. Der wichtigste Fundort, von dem die überwältigende Mehrheit der Textfunde aus Ausgrabungen stammt, ist Boğazkale (die hethitische Hauptstadt Ḫattuša). Auch von anderen Fundorten wie Alaca Höyük (Identifizierung mit einem hethitischen Ort ist umstritten, eventuell Arinna?), Maşat Höyük (Tapikka), Kuşaklı (Šarišša), Kayalıpınar (Šamuḫa), Oymaağaç Höyük (Nerik), Ortaköy (Šapinuwa) oder Büklükale gibt es Texte in unterschiedlich großer Zahl.[2] Eine geringe Anzahl von hethitischen Texten stammt von Orten in Nordsyrien, so etwa aus Ugarit oder Emar. Diese schriftliche Überlieferung umfasst einen Zeitraum von rund vier Jahrhunderten, nämlich von der Zeit Ḫattušilis I. in der Mitte des 16. Jahrhunderts bis zum Untergang des hethitischen Großreiches zu Beginn des 12. Jahrhunderts. In neuerer Zeit hat Theo van den Hout sich für eine spätere Datierung ausgesprochen, derzufolge

2 Für Einzelnachweise dieser Identifizierungen siehe unten, wenn die jeweiligen Orte in ihrem (religions-)geschichtlichen Kontext besprochen werden.

die Verschriftlichung hethitischer Texte erst im 15. Jahrhundert im großen Umfang eingesetzt habe.[3]

Die Texte des 2. Jahrtausends – in hethitischer, altassyrischer, hattischer, hurritischer, palaischer und luwischer Sprache – sind in Varianten der Keilschrift geschrieben.[4] Die am besten bezeugte Sprache ist das so genannte Hethitische,[5] eine frühe indogermanische Sprache, die bereits ein Jahrzehnt nach dem Beginn der Ausgrabungen in Boğazkale entziffert werden konnte. Quantitativ am besten vertreten sind Texte mit religiösen Inhalten, so etwa ausführliche Beschreibungen von Festabläufen und Opfergaben sowie Texte zur Organisation von Festen und Kultorten, ferner Ritualtexte und Orakelprotokolle. Ebenfalls dem religiösen Bereich kann man Texte mythologischen Inhalts, Gebete und Gelübde zuordnen. Dazu kommen – unter inhaltlichem Aspekt – Verwaltungstexte bzw. Verträge, diplomatische Korrespondenz, Erlässe und Gesetze sowie umfangreiche historiographische Texte.[6] Insgesamt kann man die meisten hethitischen Texte als »Überlieferungsliteratur«[7] verstehen, d. h. es ist das, was über einen längeren Zeitraum tradiert worden ist. Somit können wir nicht von »Autoren«[8] im engeren Sinn sprechen, da die Texte in der Überlieferung durch viele Hände im »Schreiberkollektiv« des »Schreiberhauses« (sumerographisch: É.DUB.BA.A) gegangen sein können. Bezüglich der Aufbewahrung und des Interesses an der Überlieferung hethitischer Texte ist erwähnenswert, dass man das hethitische Schrifttum in zwei Gruppen einteilen kann: Texte, die in Inventartexten verzeichnet sind und von denen – fast immer – mehrere Exemplare erhalten geblieben sind, sowie jene Texte, die nur jeweils in einem Ex-

---

3 Vgl. van den Hout 2009: 33.

4 Die folgenden wichtigen Umschriftkonventionen seien erwähnt: Begriffe der jeweiligen Sprache werden in der Regel im Folgenden in der Stammform des Wortes angegeben und im Schriftbild kursiv wiedergegeben. Eine Besonderheit der Keilschrift ist, dass neben der syllabischen Schreibung einzelne Wörter auch durch Wortzeichen (Logogramme) wiedergegeben werden können, die entweder aus dem Sumerischen oder dem Akkadischen übernommen wurden. Logogramme, die auf sumerische Wörter zurückgehen, werden in Großbuchstaben wiedergegeben (SUMEROGRAMME), solche, die auf akkadische Wörter zurückgehen, erscheinen in der Umschrift in Großbuchstaben und in kursiver Schrift (*AKKADOGRAMME*). Manche dieser Wortzeichen werden konventionell in der Umschrift hochgestellt. Für mehr Details zu Umschriftkonventionen siehe Hoffner/Melchert 2008: 14f.

5 Die grundlegende Katalogisierung der Texte erfolgt nach der Sigle CTH (= Catalogue des textes hittites), die auf Laroche 1971 zurückgeht; vgl. dazu auch die Aktualisierung durch Košak/Müller 2020 (= https://www.hethport.uni-wuerzburg.de/CTH/). – Die grundlegende Grammatik ist von Hoffner/Melchert 2008; vgl. auch die kurze Skizze von Rieken 2006.

6 Für einige Hinweise zu einzelnen Genres der im Hethiterreich überlieferten Texte siehe Hutter 2011: 114f. mit weiterer Literatur. Die folgenden Überlegungen gelten auch für die von den Hethitern überlieferten hattischen, hurritischen und luwischen Texte. Anders stellt sich die Situation hinsichtlich der hluw. Textfunde dar, die Unikate (oft Stelen- oder Felsinschriften) sind, wobei es sich besonders um Weiheinschriften, Memorativ- oder Grabinschriften sowie um Bauinschriften handelt (vgl. Payne 2012: 14).

7 Haas 2006: 16.

8 Zur Diskussion der Rolle der »Autoren« vgl. Christiansen 2006: 8–13, 22–26.

emplar bekannt sind. Theo van den Hout liefert etwa folgende große Verteilung der Texte entsprechend den beiden Gruppen:[9]

A) *Texts with duplicates*: historiography, treaties, edicts, instructions, laws; celestial oracle theory; hymns and prayers; festivals; rituals; mythology (Anatolian and non-Anatolian); Hattic, Palaic, Luwian, Hurrian texts; lexical lists; Sumerian and Akkadian compositions.
B) ›*unica*‹: letters; title deeds; hippological texts; court depositions; non-celestial oracle theory and oracle practice; vows; administrative texts.

Texte, die man der Gruppe A zuweisen kann, sind dabei präskriptiv, d. h. ihre Überlieferung soll dazu dienen, »Überlieferungswissen« zu bewahren, Anweisungen für kultische Vorgehen zu liefern oder Grundlagen für die hethitische Gesellschaft festzuschreiben. Texte aus Gruppe B hingegen sind deskriptiv und meist nur in einem einzigen Exemplar vorhanden, da sie sich auf einen jeweiligen Einzelanlass beziehen.[10] Für die Bewertung des hethitischen Umgangs mit Tradition kann man daraus auch ableiten, dass die präskriptiven Texte der Gruppe A für eine längere Überlieferung (und für eine Förderung des »kulturellen Gedächtnisses«) vorgesehen sind, weshalb der Bestand dieser Texte auch in Inventar- bzw. Katalogtexten verzeichnet wurde. Dieses aufbewahrenswerte Überlieferungsgut wurde in Bibliotheken gesammelt, während die deskriptiven Texte der Gruppe B lediglich vorübergehend in Archivräumen aufbewahrt blieben.[11]

Einige Anthologien zu Texten des Alten Orients machen inzwischen eine Vielzahl von hethitischen Texten auch für Nicht-Hethitologen in zuverlässigen Übersetzungen zugänglich. Wichtige Texte wurden in der durch Otto Kaiser begründeten Reihe »Texte aus der Umwelt des Alten Testaments« (TUAT), die zwischen 1982 und 2001 mit insgesamt drei Bänden und einer Ergänzungslieferung erschienen ist, sowie in der von Bernd Janowski und Gernot Wilhelm bzw. Daniel Schwemer herausgegebenen »Neuen Folge« dieser Reihe (TUAT.NF) mit neun Bänden zwischen 2004 und 2020 in deutscher Übersetzung vorgelegt. Das Spektrum der darin aufgenommenen hethitischen Texte erstreckt sich über alle Genres des hethitischen Textcorpus, so dass der Leser anhand dieser Übersetzungsbände einen leichten Zugang zu repräsentativen Texten für alle Bereiche der hethitischen Kultur erhält. Ein englischsprachiges, aber weniger umfangreiches Pendant zu diesen Bänden stellt die von William W. Hallo und K. Lawson Younger herausgegebene vierbändige Sammlung »The Context of Scripture« (CoS; 1997–2017) dar. Auch hier findet man ausgewählte hethitische Texte aller Textgenres (Mythen, Gebete, Beschwörungen, Historiographie, juridische und administrative Texte, Briefe). In monographischer Form – mit Einleitung und reichhaltigen Anmerkungen – erschließt die Reihe »Writings from the

9 van den Hout 2002: 864.

10 Eine wichtige Ausnahme bildet jedoch das Gelübde der Puduḫepa (CTH 585) mit mehreren Kopien, vgl. van den Hout 2002: 873; Otten/Souček 1965: 4–9.

11 Vgl. van den Hout 2002: 877. Zur terminologischen Unterscheidung zwischen »Bibliothek« und »Archiv« siehe auch Hutter 2011: 113f.

Ancient World« hethitische Texte für einen größeren Leserkreis. Bislang sind folgende Bände erschienen:[12] Hethitische Staatsverträge und Texte der Diplomatie, Mythologie, Hymnen und Gebete, Briefe, die so genannten Aḫḫiyawa-Texte, Instruktionen und Dienstanweisungen sowie eine Zusammenstellung von Kultinventartexten. Anhand solcher Übersetzungsserien[13] erschließt sich die hethitische Überlieferung nunmehr auch leicht den Vertretern von Nachbardisziplinen.

Auch wenn das Hethitische die am besten bezeugte Sprache Kleinasiens ist, so weisen zwei Textcorpora in unterschiedlicher Weise in die Zeit vor der Etablierung der politischen Macht der Hethiter. Rund 23.000 Tontafeln, hauptsächlich Briefe und Wirtschaftsurkunden, sind in altassyrischer Sprache überliefert.[14] Sie stammen aus den assyrischen Handelsniederlassungen (*kārum*) in Anatolien, v. a. in Kaneš und Ḫattuša, und geben eine eigene Schreibertradition wieder. Aufgrund der Quellengattung ermöglichen die Briefe zwar nur einen geringen Einblick in religiöse Verhältnisse, zeigen aber dennoch, dass manche Vorstellungen der Hethiter schon vor der Zeit der hethitischen Texte und vor der ersten hethitischen »Staatsgründung« fassbar sind. Von größerer Bedeutung für die frühe Religionsgeschichte Zentralanatoliens sind die Texte in Hattisch, d. h. in der Sprache jener Bevölkerung, die bereits in der Zeit vor der hethitischen Staatsgründung innerhalb des Halysbogens wohnte. Allerdings stammen alle diese Texte aus der Überlieferung der Hethiter. Da Elemente des hattischen Kultes von den Hethitern rezipiert wurden, tradierte man diese Texte – manche auch als hattisch-hethitische Bilinguen – in Bereichen der Religion bis in die Großreichszeit.[15] Dadurch beschränkt sich das inhaltliche Spektrum der Texte jedoch auf Rituale und Beschwörungen, Zeremonien und Festbeschreibungen im Tempel bzw. auf Anrufungen von Gottheiten sowie auf mythologische Texte.

Einen größeren Umfang haben die hurritischen Texte, die ab der Mitte des 2. Jahrtausends aufgrund der Zunahme des hurritischen Bevölkerungsanteils im Südosten des Hethiterreiches den Quellenbestand für die Rekonstruktion der religiösen Verhältnisse in Kleinasien bereichern. Ursprünglich waren die Hurriter in Nordsyrien und Obermesopotamien verbreitet, wobei hurritische Texte die Beziehungen zu die-

12 Beckman 1999; Hoffner 1998; Singer 2002; Hoffner 2009; Beckman/Bryce/Cline 2011; Miller 2013; Cammarosano 2018. – In den Bänden ab 2009 ist auch der hethitische Text enthalten.

13 Außerhalb dieser Übersetzungsserien erschienen sind zwei weitere erwähnenswerte Anthologien von Trabazo 2002 sowie Mouton 2016a. Im »Hethitologie Portal Mainz« (https://www.hethport.uni-wuerzburg.de/HPM/index.php) werden unter »Textzeugnis der Hethiter« schrittweise die hethitischen Texte in Transkription und Übersetzung zugänglich gemacht.

14 Kouwenberg 2017; vgl. auch Kryszat 2008a; Kloekhorst 2019: 8. Eine Auswahl von Briefen hat Michel 2001 in französischer und Dies. 2020 in englischer Übersetzung vorgelegt.

15 Vgl. zu den religiösen Praktiken hattischer Provenienz im Hethiterreich Klinger 1996; zur hattischen Sprache, die mit keiner anderen Sprache mit Sicherheit verbunden werden kann, siehe Klinger 2006a; Soysal 2004a: 176–269 zu Grammatikfragen sowie 274–330 für eine Liste von rund 300 gedeuteten Wörtern des Hattischen; diese Zahl der Deutungen hat sich seither etwas erhöht. – Die hattischen Texte aus dem Hethiterreich sind vor allem unter CTH 725–749 verbucht.

sem Raum mit seinen religiösen Vorstellungen noch erkennen lassen.[16] In Kleinasien selbst war der hurritische Anteil der Bevölkerung im Südosten des Landes größer als in Zentralanatolien. Gegenüber dem Hattischen sind die in Ḫattuša und Šapinuwa gefundenen hurritischen Texte vielfältiger: Den Großteil machen Beschwörungs- und Reinigungsrituale aus, dazu kommen Festliturgien (v. a. für den Wettergott Teššub und seine Gattin Ḫebat), mythologische Texte verschiedener Art und wenige Fragmente historischen Inhalts. Auch Omentexte sind in hurritischer Sprache erhalten geblieben; allerdings handelt es sich dabei um Übersetzungen bzw. Bearbeitungen von akkadischen Vorlagen. Für die Erschließung der hurritischen Sprache bedeutsam ist ein umfangreicher epischer Text über den Wettergott sowie eine Sammlung von Parabeln, da diese Texte als Bilinguen mit einer hethitischen Übersetzung überliefert wurden.[17] Mit dem Hurritischen verwandt – allerdings nicht als direkte Weiterentwicklung – ist das v. a. vom 9. bis 7. Jahrhundert überlieferte Urartäische im Bereich der heutigen Osttürkei und angrenzender Gebiete im Süden Armeniens und Nordwesten Irans.[18] Die verschiedenen Texte behandeln inhaltlich vor allem zwei Themenbereiche, nämlich militärische Aktivitäten bzw. Bautätigkeiten der urartäischen Könige, daneben in einigen Texten enthaltene Opferlisten. Die Inschriften wurden meist auf Felswänden, Stelen und Mauern angebracht, im Unterschied zu den Textfunden der anderen bisher genannten Sprachen jedoch kaum auf Tontafeln.

Eine weitere mit dem Hethitischen verwandte Sprache ist das Palaische, das im Nord(west)en Anatoliens bis zur Mitte des 2. Jahrhunderts in Verwendung war, danach aber weitgehend geschwunden ist. Davon sind jedoch nur ganz wenige Texte erhalten geblieben, deren Verständnis noch sehr unvollständig ist.[19]

Im so genannten Keilschrift-Luwischen gibt es vor allem Ritualtexte und Beschreibungen von Festliturgien.[20] Die älteste Überlieferung dieser Texte setzt bereits im 16. Jahrhundert ein, wobei der luwische Sprachraum sich zunächst über den Süden und Südwesten Anatoliens erstreckte. Das Nebeneinander des Luwischen und des Hurritischen in Kizzuwatna im Süden Anatoliens führte dazu, dass der luwische

---

16 Teilweise sind daher auch die in Emar (am mittleren Eufrat) und in der nordsyrischen Hafenstadt Ugarit gefundenen hurritischen Texte für die Religionsgeschichte Kleinasiens relevant, da sowohl Emar als auch Ugarit im 14. und 13. Jh. unter der politischen Einflusssphäre des hethitischen Großreiches standen. Zu den Texten aus Emar siehe Salvini 2015, zu denen aus Ugarit vgl. Dietrich/Mayer 1999: 58–61 mit weiterer Literatur.

17 Zur hurritischen Sprache siehe v. a. Giorgieri 2000, Wegner 2007 sowie die beiden kurzen Grammatikskizzen von Wilhelm 2008a sowie Hazenbos 2006. Für den hurritischen Wortschatz und die entsprechenden Deutungsvorschläge siehe Richter 2012. – Die hurritischen Texte aus dem Hethiterreich sind vor allem unter CTH 774–791 verbucht.

18 Die Standardedition der urartäischen Texte hat Salvini 2008–2012 vorgelegt, für die Grammatik maßgeblich sind Salvini/Wegner 2014 sowie die kurzen Darstellungen von Hazenbos 2006 und Wilhelm 2008b.

19 Siehe Carruba 1970; Ders. 1972 sowie die neue Bearbeitung des umfangreichsten palaischen Textes durch Sasseville 2019.

20 Zum Textcorpus siehe Starke 1985 und die Online-Fassungen in http://web-corpora.net/LuwianCorpus/search/. Zur Grammatik siehe v. a. Starke 1990 und die Skizzen von Melchert 2003; Yakubovich 2015; vgl. auch Yakubovich 2010.

Wortschatz Wörter aus dem Hurritischen aufgenommen hat. Die erhalten gebliebenen Texte (der Großteil davon ist ins 13. Jahrhundert zu datieren) stammen aus der hethitischen Hauptstadt, wobei von der luwischen Sprache auch sprachliche Einflüsse auf das Hethitische gewirkt haben. Neben dem Keilschrift-Luwischen gibt es – aus dem 2. Jahrtausend – ein kleineres Corpus luwischer Texte, die mit einem hieroglyphischen Schriftsystem geschrieben sind, das – im Unterschied zur aus Nordsyrien importierten Keilschrift – eine genuin anatolische Erfindung ist.[21] Dieses so genannte Hieroglyphen-Luwische hat dabei als Schrifttradition Kleinasiens den politischen Untergang des Hethiterreiches zu Beginn des 12. Jahrhunderts überdauert. Die hieroglyphen-luwischen Texte des 1. Jahrtausends zeigen eine – wenngleich gewandelte – kulturelle Kontinuität altkleinasiatischer Vorstellungen v. a. südlich des Halys, in Kappadokien, im Süden und Südosten der heutigen Türkei sowie in Nordsyrien bis ins 8. Jahrhundert v.u.Z. Die Texte aus der Zeit nach dem Untergang liegen in zwei Editionen leicht zugänglich vor: Halet Çambel hat 1999 die Bilingue in hieroglyphen-luwischer und phönizischer Sprache von Karatepe vorgelegt und J. David Hawkins im darauffolgenden Jahr alle weiteren damals bekannten eisenzeitlichen Inschriften – jeweils mit Einleitung, Übersetzung, sprachlichem Kommentar, Fotos und Umzeichnung der Texte.[22] Inhaltlich handelt es sich – im Unterschied zum keilschrift-luwischen Corpus – um keine Texte explizit religiösen Inhalts, sondern es sind v. a. Bau-, Grab- und Memorativinschriften. Es lassen sich aus den Texten dennoch Aussagen über die Kontinuität mancher luwischer Götter vom 2. zum 1. Jahrtausend und ein Einblick in Opferpraktiken und Jenseitsvorstellungen gewinnen.[23]

Neben dem Hieroglyphen-Luwischen erweitern noch andere Sprachen mit ihrer schriftlichen Hinterlassenschaft die Quellensituation für eine Religionsgeschichte Anatoliens bis zur Mitte des 1. Jahrtausends, v. a. lykische, lydische, phrygische und urartäische Dokumente. Das Lykische ist mit den beiden vorhin genannten luwischen Sprachen eng verwandt. Es ist in einem vom Griechischen abhängigen Alphabet geschrieben und liegt in zwei Sprachformen vor – die Mehrheit der Texte im so genannten Lykisch A und wenige Texte in Lykisch B.[24] Die rund 200 lykischen

---

21 Vgl. die Grammatik von Payne 2014 sowie die in der vorherigen Anmerkung genannten Arbeiten, die das Hieroglyphen-Luwische immer mitberücksichtigen. Die Umschriftkonventionen des Hluw. sind im weitesten Sinn denjenigen der Keilschrift ähnlich, allerdings mit dem wichtigen Unterschied, dass für Logogramme lateinische Wörter verwendet werden, wobei – anstelle der Hochstellung eines Logogramms in der Umschrift der Keilschrift – diese Logogramme in Klammern gesetzt werden, siehe für Details zur Umschrift Payne 2014: 6–8.

22 Çambel 1999; Hawkins 2000; eine Auswahl repräsentativer Texte bietet Payne 2012. – Die Texte aus dem 2. Jahrtausend liegen derzeit noch nicht in einer Gesamtedition vor, für einige wichtige Texte siehe Hawkins 1995.

23 Vgl. Hutter 2003: 220–230, 270–277.

24 Eine dem aktuellem Forschungsstand entsprechende Edition des lykischen Textcorpus ist nicht vorhanden, jedoch liegen zwei Wörterbücher (Melchert 2004; Neumann 2007) vor. Für eine kurze Grammatik siehe Melchert 2008a sowie die umfangreiche Untersuchung zu verschiedenen Aspekten der Grammatik von Serangeli 2018. Eine Auswahl lykischer Texte (v. a. Grabinschriften) mit Übersetzung bieten Bryce 1986: 71–93 und Christiansen 2020.

Inschriften (v. a. auf Grabfassaden und Stelen) stammen aus dem Südwesten der heutigen Türkei und wurden zwischen dem 6. und 4. Jahrhundert v.u.Z. verfasst.[25] Hauptsächlich handelt es sich dabei um Grab- sowie um einige Bauinschriften. Für die Erschließung der religiösen Vorstellungen der Lyker geben diese Inschriften v. a. im Hinblick auf den Totenkult Aufschluss, während mythologische Überlieferungen und weitere Hinweise auf religiöse Praktiken aus griechischen »Fremdberichten« stammen.

Das Lydische gehört ebenfalls zu den anatolischen Sprachen, wobei das exakte Verwandtschaftsverhältnis zum Hethitischen, Luwischen oder Lykischen noch nicht ganz geklärt ist. Dies liegt vor allem daran, dass von den etwas über 100 lydischen Inschriften nur rund 30 einen größeren Umfang aufweisen und dass die Erschließung des Lydischen – im Vergleich mit den anderen anatolischen Sprachen – noch große Schwierigkeiten bereitet. Die Inschriften sind in einem vom Griechischen abhängigen eigenen Alphabet geschrieben, die Mehrheit der Texte sind wiederum Grabinschriften, daneben gibt es einige Erlasstexte. Die meisten Inschriften stammen aus der lydischen Hauptstadt Sardes im Westen der Türkei. Die Überlieferung dieser Inschriften dauert vom späten 7. bis zum 4. Jahrhundert. Auch für die lydische Kultur im Allgemeinen sind neben diesen Inschriften die Informationen, die v. a. aus der griechischen Überlieferung stammen, höchst relevant.[26]

Eine ebenfalls indogermanische, aber nicht dem Zweig der indogermanisch-altanatolischen Sprachen zugehörige Sprache des 1. Jahrtausends in Zentralanatolien ist das Phrygische. Die Phryger sind etwas vor 1200 vom Balkan kommend in den Nordwesten Anatoliens eingewandert und nach dem Zusammenbruch des Hethiterreiches bis in den Halysbogen vorgedrungen. Zwischen dem 8. und 5. Jahrhundert sind rund 340 so genannte altphrygische Inschriften aus den phrygischen Zentren erhalten, wobei fast drei Viertel der Texte aus Gordion stammen.[27] Manche der Inschriften beziehen sich auf den Kult, andere auf politische Inhalte. Da die meisten Inschriften recht kurz sind, bleibt das Textverständnis manchmal noch unklar. Neben den phrygischen Inschriften liefern auch – wie im Fall der Lyker und Lyder – griechische literarische Texte weitere Kenntnisse zur phrygischen Religion und Mythologie.

In all diesen Sprachen sind – in unterschiedlichem Ausmaß und in sehr verschiedenen Gattungen – Texte erhalten geblieben, die gemeinsam mit Erkenntnissen

---

25 Zum Karischen als weiterer indogermanischer Sprache im Südwesten Anatoliens – in geographischer Nachbarschaft zum Lykischen und zum Lydischen – siehe die Grammatik mit Textbeispielen von Adiego 2007.

26 Eine ausgewogene Darstellung der verschiedenen Bereiche der Kultur der Lyder bieten Payne/Wintjes 2016; zur Sprache ebd. 63–72 sowie Melchert 2008b.

27 Die grundlegende Edition der altphrygischen Texte stammt von Brixhe/Lejeune 1984 mit Nachträgen von Brixhe 2002 sowie 2004. Eine Kurzskizze der Grammatik bietet Brixhe 2008, in der auch das »Neuphrygische« des 1. bis 3. Jh. u.Z. berücksichtigt wird; die neuphrygischen Texte sind – im Unterschied zu den altphrygischen – in griechischer Schrift abgefasst. Eine umfangreiche Darstellung der phrygischen Sprache und Inschriften liegt nun durch Obrador-Cursach 2020 vor.

aufgrund archäologischer Feldforschungen Einblick in die pluralistische Kultur Anatoliens vom Ende des 3. bis zur Mitte des 1. Jahrtausends geben. Durch die Auswertung dieser Dokumente kann die Darstellung der kleinasiatischen Religionsgeschichte sowohl Kontinuitäten als auch lokale oder chronologische Veränderungen berücksichtigen.

2 Bemerkungen zum Forschungsstand

Bereits im Jahr 1922 hat der Leipziger Altorientalist Heinrich Zimmern Übersetzungen hethitischer Texte für die zweite Auflage des »Textbuches zur Religionsgeschichte« (Leipzig) beigetragen, wozu Edvard Lehmann und Hans Haas, die beiden Herausgeber des Textbuches, im Vorwort Folgendes vermerkten:[28]

> Nicht mehr voll befriedigen könnte ein Buch wie dieses, wenn in ihm auch heute noch gar nichts zu lesen stünde von der erst neuerdings zutage gekommenen, eben zur Stunde wissenschaftlich lebhaftest diskutierten Kultur, die, ihre Wurzeln in Kleinasien habend, neben den beiden von länger her bekannten Macht- und Kulturzentren der altorientalischen Welt, dem ägyptischen und dem babylonisch-assyrischen, als dritte steht, von der Kultur der Hittiter. Die Erschließung der Boghazköi-Funde, denen verwandte Ausgrabungen in Syrien zur Seite treten, steht noch in ihren ersten Anfängen.

Diese Einbeziehung hethitischer Texte, die im Handbuch zehn Seiten füllen, ist insofern forschungsgeschichtlich hervorzuheben, als Texte in nennenswerter Zahl erst seit 1906 durch Ausgrabungen in Boğazkale gefunden wurden und Bedřich Hrozný eine von der damaligen Fachwelt schnell akzeptierte Erschließung der Sprache als »hethitisch« 1915 vorgelegt hatte. Neben seinen ersten Übersetzungen hat Zimmern drei Jahre später für den ebenfalls von Hans Haas herausgegebenen mehrteiligen »Bilderatlas zur Religionsgeschichte« einen Faszikel »Religion der Hethiter« geliefert. Dem zeitgenössischen Kenntnisstand folgend, problematisiert bzw. differenziert Zimmern zutreffend, dass die Texte des 2. Jahrtausends und die Bildwerke, die – abgesehen von den Reliefs aus Yazılıkaya der hethitischen Großreichszeit – aus verschiedenen »neo-hethitischen« Staaten der ersten Jahrhunderte nach dem Untergang des hethitischen Großreiches stammen, nicht unkritisch aufeinander bezogen werden dürfen; daher formuliert er einschränkend für seine Arbeit Folgendes:[29]

> Wie weit hierbei also dieses religiöse hethitische Bildermaterial als Illustration jenes religiösen hethitischen Textmaterials gelten darf, bleibt ... einstweilen noch unentschieden.

Dieser frühe Forschungsstand zeigt dabei einige Aspekte der Beschäftigung mit der Religionsgeschichte Kleinasiens, die bis zur Gegenwart oft prägend geblieben sind

28 Lehmann/Haas 1922: iv. Hingewiesen sei auch auf die erste – im Prinzip bereits zutreffende – Erschließung der hethitischen Sprache durch Jørgen A. Knudtzon im Jahr 1902, der sich nur auf wenige Texte stützen konnte und dessen Leistung damals nicht anerkannt wurde. Vgl. Rieken 2006: 80f.; Hoffner/Melchert 2008: 1f.

29 Zimmern 1925: 1.

und wovon sich auch die vorliegende Darstellung nicht vollkommen lösen kann, jedoch in der Gewichtung einen neuen Akzent liefern möchte. H. Zimmern stellte ausschließlich die Hethiter in den Mittelpunkt seiner Darstellung, erkannte jedoch die Notwendigkeit, auch die heute aufgrund der damit verbundenen Inschriften als hieroglyphen-luwisch bezeichneten Denkmäler einzubeziehen. Dadurch hat Zimmern zu Recht angedeutet, dass die Religionsgeschichte Kleinasiens in ihrer Kontinuität (und in Veränderungen) berücksichtigt werden muss, auch wenn die Quellensituation zu den religiösen Vorstellungen der Zeit der Hethiter alle anderen Perioden quantitativ bei Weitem übertrifft. Allerdings sollte man die »hethitische Religion« in die größere Geschichte einbetten – beginnend mit jenen Vorstellungen der Bronzezeit, die in Zentralanatolien vor der hethitischen Staatsgründung durch archäologische Befunde sowie durch die Texte der altassyrischen Handelsniederlassungen rekonstruierbar sind. Genauso sollte aber auch die Religionsgeschichte Kleinasiens nach dem Untergang des hethitischen Reiches weiter beachtet werden – vor allem anhand der hieroglyphen-luwischen Quellen für den Süden und Südosten Kleinasiens bis nach Nordsyrien; diese zeigen den Anspruch lokaler Herrscher, nicht nur kulturell, sondern vor allem politisch die Nachfolge des Hethiterreiches anzutreten. Wenigstens hinzuweisen ist auch auf jene Traditionen, die im Süden und Westen des Landes durch Lyker, Lyder und Karer sowie in Zentralanatolien durch die Phryger fassbar werden. Das genaue Verhältnis dieser im 1. Jahrtausend fassbaren Traditionen zu den verschiedenen Überlieferungen in den Keilschrifttexten des 2. Jahrtausends ist jedoch schwierig zu bestimmen, da teilweise eine Überlieferungslücke von mehr als einem halben Jahrtausend existiert.

Dieses Szenario religionsgeschichtlicher Kontinuität und Veränderung bzw. Neuerung durch Importe bis in die ersten Jahrhunderte des 1. Jahrtausends entsprechend dem gegenwärtigen Forschungsstand darzustellen, ist das Themenfeld einer Religionsgeschichte Anatoliens. Denn Religionsgeschichte ist kein monolithischer Block, sondern die Kontakte Kleinasiens mit den angrenzenden Gebieten sowie politische Veränderungen innerhalb Kleinasiens bedingten immer eine religiöse Pluralität. Ein (exemplarischer) Blick auf einige einschlägige Monographien, die »Standardwerke« für die gegenwärtige Forschung[30] sind, soll im Folgenden zeigen, dass bislang solche Fragestellungen von Kontinuität und Wandel in unterschiedlichem Umfang behandelt wurden.

Die erste monographische Darstellung, die in vielen Abschnitten noch für den aktuellen Kenntnisstand brauchbar ist, stammt von Oliver R. Gurney. Die auf drei Vorträgen beruhenden »Some Aspects of Hittite Religion« aus dem Jahr 1977 behandeln in drei Kapiteln das Pantheon, den Kult und magische Praktiken. Diese Ein-

30 Für die Reihe »Die Religionen der Menschheit« wurde seit der zweiten Hälfte der 1960er Jahre ein Band zur »Religionsgeschichte Kleinasiens« von Einar von Schuler (1930–1990) angekündigt, wobei ab Ende der 1970er Jahre für diesen Band in Überblicken zu den vorliegenden und geplanten Bänden der Reihe als Autor Hans Martin Kümmel (1937–1986) genannt wurde. Dieser Band, der die erste »moderne« deutschsprachige Monographie zu den Religionen Anatoliens gewesen wäre, konnte jedoch damals nicht verwirklicht werden.

schränkung oder Schwerpunktsetzung des Materials begründet Gurney zutreffend damit, dass gerade bei diesen Themen – gegenüber der älteren Forschung – neue oder bisher wenig bekannt und rezipierte Erkenntnisse gewonnen werden konnten.[31] Zu Recht hebt Gurney hervor, dass bei der Darstellung hethitischer Religion zwischen den lokalen Kulten mit je eigenen Traditionen und der »Staatsreligion« mit dem König als oberstem Priester für den Staat zu unterscheiden ist. Relativ klar betont er bereits die Unterschiede zwischen der Götterwelt der althethitischen Zeit und den Veränderungen, die mit dem hurritischen Einfluss im 15. Jahrhundert einsetzten. Innerhalb der Darstellungen zum »Kult« beschreibt Gurney u. a. Aktivitäten und Opfer an lokalen Schreinen und Stelen(heiligtümern), wobei er letztere mit den Masseben der Religionsgeschichte Israels vergleicht.[32] Ferner behandelt er lokale Feste im Frühjahr und Herbst und unterscheidet diese von den großen Staatsfesten, dem AN.TAḪ.ŠUM-, dem KI.LAM-, dem *nuntarriyašḫa-* und dem *purulli*-Fest. Das Verhältnis dieser Feste zueinander und ihre jeweils höchst komplexe Entwicklungsgeschichte lässt sich inzwischen besser rekonstruieren, als es zur Zeit Gurneys möglich war. Hinsichtlich der »magischen Rituale« hebt er deren individuelle Verortung für konkrete Anlässe hervor, wobei er auch auf die regionale Differenzierung der Ritualspezialist(inn)en hinweist. In drei hervorgehobenen Unterabschnitten kommt er auf die Sündenbockrituale – auch im Vergleich zu Praktiken der Religionsgeschichte Israels[33] – zu sprechen, zu Ersatz(königs)ritualen und zum Totenritual für verstorbene Herrscher. Letzteres wäre m. E. günstiger im Zusammenhang mit dem »Staatskult« zu behandeln gewesen. Rekapituliert man diese Darstellung, so ist diese Arbeit – auch mehr als vier Jahrzehnte nach ihrer Entstehung – als erste Annäherung an Aspekte der hethitischen Religion ertragbringend zu lesen.

Ein Nachschlagewerk ist die 1994 erschienene »Geschichte der hethitischen Religion« von Volkert Haas. In dem mehr als 1.000 Seiten umfassenden Buch geht es dem Verfasser um eine möglichst systematische Anordnung des Quellenmaterials, ohne dieses in bestehende religionswissenschaftliche Theorien einzuordnen oder dementsprechend zu bewerten.[34] Zu Recht hebt er die reichhaltig überlieferten hethitischen Ritualtexte hervor, in denen eine Fülle von Details über Feste, Mythen, Gebete, Beschwörungen, Orakelanfragen oder kultische Handlungen bewahrt geblieben sind.[35] In dieser Materialdarbietung liegt die Stärke des Buches, weil dadurch auch dem hethitologisch-philologisch nicht vorgebildeten Leser ein Zugang zu den Quellen erschlossen wird. Charakteristisch für das Buch ist ferner, dass Haas immer wieder ausführlich auf die mesopotamischen und syrischen Vorstellungen

31 Gurney 1977: 2.

32 Vgl. Gurney 1977: 36f.

33 Vgl. Gurney 1977: 47–49.

34 Haas 1994: xiii-xiv. – Vgl. dazu Hutter 1997: 87f. für Fragestellungen und weitere Forschungsmöglichkeiten, die sich durch eine stärkere Berücksichtigung eines religionswissenschaftlichen Zugangs ergeben können.

35 Vgl. zwei weitere Monographien, die sich detailliert und kenntnisreich mit der *materia magica* (Haas 2003) sowie der Orakelpraxis und Vorzeichendeutung bei den Hethitern (Haas 2008) befassen.

eingeht, um dadurch schlechter bezeugte kleinasiatische Vorstellungen zu erhellen oder durch den Vergleich für die Deutung dieser Vorstellungen etwas zu gewinnen. Dabei erliegt er jedoch methodisch manchmal der Versuchung, etwas, was für Kleinasien nicht direkt bezeugt ist, dennoch für die religiöse Vorstellungswelt dort zu postulieren, weil es in Mesopotamien oder Syrien bezeugt ist. Die Vorzüge des Buches bergen aber zugleich in gewisser Weise auch Schwächen: Die fehlende Auseinandersetzung mit religionswissenschaftlicher Theorie lässt den Leser manchmal allein mit der Frage, *warum* die Hethiter diesen oder jenen Kult ausgeübt haben, auch wenn der Leser detailliert erfährt, *wie* der Ritualablauf war. Genauso bekommt ein - nicht speziell fachlich ausgebildeter - Leser manchmal den Eindruck, dass das beschriebene Material »flächendeckender« (sowohl in zeitlicher als auch in regionaler Hinsicht) wäre, als es de facto der Fall war. Trotz solcher Einschränkungen ist das Buch eine Fundgrube für relevantes Material zur Religionswelt Anatoliens, wobei - der Gesamtanlage des Buches entsprechend - mit dem politischen Ende des Hethiterreiches auch die Beschreibung der religiösen Vorstellungen endet.

Im folgenden Jahr ist das Buch »Religions of Asia Minor« von Maciej Popko erschienen. Auf etwa 150 Seiten behandelt Popko denselben Stoff - allerdings verständlicherweise ohne jedweden Anspruch auf Vollständigkeit - wie Haas. Ein grundlegender Unterschied gegenüber dem Buch von Haas ist jedoch, dass Popko auch die religiösen Traditionen des 1. Jahrtausends (Luwier, Lyker, Karer, Lyder, Phryger) kurz beschreibt. Der Aufbau der Arbeit von Popko ist dabei stärker chronologisch orientiert und kann insofern mit größerem Recht als »Geschichte« dieser Religionen bezeichnet werden, als dies manchmal bei Haas der Fall ist. In vier chronologischen Abschnitten werden die religiösen Vorstellungen der Zeit der assyrischen Handelskolonien in Kleinasien, die althethitische und mittelhethitische Epoche sowie die Großreichszeit behandelt; dass dabei letztere am umfangreichsten behandelt wird, liegt an der reichhaltigeren Quellensituation. Besonders hervorzuheben sind folgende Unterabschnitte, die den religiösen Pluralismus in Kleinasien deutlich zu machen vermögen. Wichtig sind innerhalb der mittelhethitischen Periode die Abschnitte »Changes in Hittite Religion« sowie »Beliefs of the Luwians« und »Beliefs of the Hurrians in Anatolia«[36] oder auch die Überlegungen zu »Syncretism« in der Großreichszeit.[37] Damit ist Popkos Zugang deutlich systematischer ausgerichtet und trägt der Vielfalt religiöser Konzepte in Kleinasien besser Rechnung als das umfangreiche Werk von Haas.

Wenig rezipiert ist die georgische Monographie zur hethitischen Religion von Irene Tatišvili, obwohl das Buch auch eine umfangreiche deutsche Zusammenfassung enthält.[38] Die Verfasserin legt in ihrer Rekonstruktion der hethitischen Religion ein besonderes Augenmerk auf die »Reform des Anitta, da Anitta die hattischen Götter als religiöse und politische Konzepte übernommen und die ›hethitisch‹ genannte Religion formiert« hat.[39] Daher werden in der Arbeit im Folgenden auch die hatti-

36 Popko 1995: 86–102.
37 Popko 1995: 117f.
38 Tatišvili 2004: 173–195.
39 Tatišvili 2004: 181.

schen Götter ausführlich behandelt. Genauso wird gezeigt, dass das Pantheon der Großreichszeit durch die Übernahme fremder Traditionen gestaltet wurde, so dass das Fremde zum Eigenen der Hethiter geworden ist. Als Ergebnis der Pantheonsbildung betont Tatišvili, dass die Uneinheitlichkeit des Pantheons nicht einer religiösen Toleranz oder einem geringen Ausmaß von Zentralisierung des Hethiterreiches zuzuschreiben sei, sondern dass eine bewusst offene Struktur des Pantheons ohne einen strengen Rahmen von den Priestern geschaffen worden sei, um für neue Götter immer Platz zu haben.[40] Damit liefert das Buch bedenkenswerte Überlegungen, die das – priesterliche – Denken über die Götterwelt erschließen; allerdings bleiben Aspekte religiöser Praxis in der Studie ausgespart.

Piotr Taracha hat im Jahr 2009 ebenfalls eine Gesamtdarstellung der Religionen Anatoliens im 2. Jahrtausend vorgelegt. Darin stellt er zunächst die religiös deutbaren Überlieferungen des vorgeschichtlichen Anatoliens und der altassyrischen Handelsniederlassungen dar, da diese Vorstellungen teilweise als Basis der Religionswelt der hethitischen Zeit dienen. Da der politische Einschnitt zwischen der althethitischen Zeit und der Epoche des Großreiches auch einen religionsgeschichtlichen Wandel bewirkt, behandelt Taracha die religiösen Vorstellungen beider Zeitabschnitte getrennt voneinander.[41] In der althethitischen Zeit (16. bis 15. Jahrhundert) spielte dabei das hattische Kultmilieu noch eine wichtige Rolle. Für die Religion der Großreichszeit (14. bis 13. Jahrhundert) lässt sich feststellen, dass neben dem Staatskult am Königshof auch jene religiösen Vorstellungen favorisiert wurden, die sich mit den Beziehungen der königlichen Dynastie der Großreichszeit zum hurritisch-kizzuwatnäischen Bereich verbinden lassen. Auch wenn klarerweise zwischen der herrschenden Dynastie und dem Staat untrennbare Beziehungen bestanden, sind die religiösen Konzepte des Königshauses und des Staatskultes nicht vollkommen deckungsgleich.[42] Solche »Binnendifferenzierungen«, die nicht nur die Götterwelt, sondern auch kultische Handlungen, Gebete, Vorzeichendeutung sowie Bestattungspraktiken und Ahnenkult in der kleinasiatischen Religionsgeschichte betreffen, sind beachtenswert.

In deutlich kompakterer Form als im Jahr 1994 hat Volkert Haas die Grundzüge der hethitischen Religion im Jahr 2011 nochmals in einer deskriptiv und phänomenologisch ausgerichteten Überblicksdarstellung behandelt, wodurch der Aufbau der Arbeit thematisch ausgerichtet ist – im Unterschied zur Orientierung an historischen Entwicklungen durch Popko und Taracha. Weltvorstellungen und Überlegungen zum Wesen der Götter und zu den umfangreichen Reinheits- und Unreinheitsvorstellun-

---

40 Tatišvili 2004: 195.

41 Hier unterscheidet sich Tarachas Buch von demjenigen seines Lehrers Popko 1995: 84–108, worin auch religiöse Vorstellungen der »mittelhethitischen« Zeit gesondert betrachtet werden. Die so genannte »mittelhethitische Zeit« ist kulturgeschichtlich jedoch schwer zu fassen, da v. a. nur die Unterschiede – hinsichtlich der Religion – in der althethitischen und der großreichszeitlichen Periode benannt werden können, aber keine eigene religiöse mittelhethitische »Zwischenepoche«, sondern lediglich einzelne Prozesse des Wandels und der – unterschiedlich motivierten – Neuerung beschrieben werden können.

42 Am besten wird dies bei der Differenzierung zwischen dem »State pantheon« und dem »Dynastic pantheon« sichtbar, siehe Taracha 2009: 84–95.

gen sowie zu Schicksal, Menschenbild und Jenseits geben einen Einblick in das religiöse Denken der »Hethiter«, das sich auch in den unterschiedlichen menschlichen Kommunikationsformen mit den Göttern in Gebeten, Gelübden, Orakelpraktiken sowie Verfluchungen oder Segnungen feststellen lässt. Am Ende seiner Studie geht Haas kurz auf das Nachleben der hethitischen Religion in Kleinasien sowie auf einige Themen ein, die in der griechischen Mythologie auftauchen und aus Anatolien stammen.[43] Damit berücksichtigt er zu Recht, dass der politische Untergang des hethitischen Großreiches nicht das Verschwinden religiöser Überlieferungen bedeutet. Charakteristisch für die Darstellung der Religion durch Haas ist die Hypothese, dass unser Quellenmaterial sich nur auf den Staatskult bezieht, was hinterfragt werden kann. Denn die – wenngleich zum überwiegenden Teil aus der hethitischen Hauptstadt stammenden – Texte erlauben doch eine größere soziale und ethnische Binnendifferenzierung, als dies in der manchmal zu harmonisierenden Darstellung von Haas der Fall ist. Beide zuletzt genannten Überblickswerke zu »hethitischen« oder – zutreffender im Sinn von P. Taracha – »anatolischen« Religionen können daher kritisch-komplementär verwendet werden.

Die eben genannten Gesamtdarstellungen beschränken sich – mit Ausnahme von M. Popko – auf die »hethitische« Religion« im 2. Jahrtausend. Eine Sonderstellung nimmt die Monographie von Ian Rutherford ein, der fast alle in hethitischen Texten angesprochenen Themen aufgreift, um danach zu fragen, wo diese Traditionen Spuren auch in der griechischen Religion hinterlassen haben. Dabei liegt das Ziel[44] seiner Darstellung primär darin, Gräzisten mit der umfangreichen hethitischen religiösen Überlieferung vertraut zu machen, da es ab dem 14. Jahrhundert Kontakte zwischen dem griechisch-ägäischen Raum und Anatolien gegeben hat, so dass mit der Möglichkeit von wechselseitigem Austausch auf religiösem Gebiet zu rechnen ist. Am ertragreichsten hinsichtlich der Frage der Rezeption anatolischer Traditionen in griechischer Überlieferung sind Rutherfords Ausführungen über Rituale aus Arzawa, die Überlieferungen über die Abfolge der Göttergenerationen sowie die Rolle Phrygiens für die Entwicklung der Göttin Kybele.[45] Hervorzuheben ist jedoch, dass zwischen hethitischen und griechischen Götternamen kaum Gemeinsamkeiten vorhanden, die auf einen »Import« von Anatolien nach Griechenland schließen ließen.[46] Insgesamt zeigt diese anregende religionsvergleichende Studie aber auch, dass anscheinend nur sehr wenige überzeugende Spuren hethitischer Vorstellungen[47] in der griechischen Religionsgeschichte nachweisbar sind.

---

43 Haas 2011: 281–291.

44 Vgl. Rutherford 2020: 2f.

45 Siehe Rutherford 2020: 120–183 mit den folgenden Kapiteln: 6. The West Anatolian Contact Zone: Arzawa and Scapegoat Rituals; 7. Generations of Gods and the South-East; 8. Becoming Cybele: Phrygia as an Intermediate Culture.

46 Für Ausnahmen siehe Rutherford 2020: 187–193.

47 Besonders deutlich wird dies m. E. in den beiden abschließenden Kapiteln über Feste bzw. Opfer (Rutherford 2020: 227–271), wo zwar eine Reihe von allgemeinen phänomenologischen Entsprechungen feststellbar sind, ohne dass man jedoch von direkten Entlehnungen ausgehen darf, wie Rutherford zu Recht betont.

Neben diesen monographischen Untersuchungen zu hethitischer Religion sind noch folgende (kürzere) Gesamtdarstellungen zu anderen religiösen Traditionen in Anatolien im 2. und 1. Jahrtausend zu nennen sind.[48] Jörg Klinger hat eine Analyse der hattischen Kultschicht, die in althethitischer Zeit Zentralanatolien wesentlich geprägt hat, vorgenommen. Marie-Claude Trémouilles Darstellung der Religion der Hurriter zeigt, wie seit der Mitte des 2. Jahrtausends der Staatskult und die religiösen Vorstellungen der großreichszeitlichen Herrscher durch die hurritischen Konzepte angereichert wurden. Manfred Hutter hat eine systematische Darstellung der »luwischen« Religion vorgelegt, in der er sowohl die keilschrift-luwischen als auch die hieroglyphen-luwischen Quellen berücksichtigt hat, wodurch der chronologische Rahmen das 2. und 1. Jahrtausend umfasst. Einen allgemeinen Überblick zur Religion bei den Lykern bietet Trevor Bryce, und über die Götter, den Kult und die Begräbnispraktiken der Lyder informieren Annick Payne und Jorit Wintjes. Den Versuch, die phrygische Religion für die Zeit der altphrygischen Inschriften vor allem unter dem Aspekt des Weiterwirkens autochthoner anatolischer Vorstellungen zu beschreiben, hat Manfred Hutter unternommen, während Susanne Berndt-Ersöz ausgehend vom archäologischen Befund phrygische Kultpraktiken und die damit möglicherweise verbundenen Götter untersucht hat. Dabei ist für die Religionen des 1. Jahrtausends leider einschränkend festzustellen, dass die teilweise stereotype Formulierung der Inschriften bzw. die keineswegs alle Bereiche von Religion abdeckende inhaltliche Thematik dieser Quellen die Rekonstruktion religiöser Vorstellungen des 1. Jahrtausends ungleich stärker erschwert, als dies im 2. Jahrtausend der Fall ist.

Der geraffte Forschungsüberblick hat somit nicht nur einige relevante Literatur kurz vorgestellt, sondern auch unterschiedliche Betrachtungsebenen angedeutet. Da es sich dabei um historische Religionen handelt, die nie eine normative Dogmatik besessen haben, stellt sich die Frage, in welcher Weise das relevante Material in bester Weise vermittelt werden kann, um wenigstens ansatzhaft zu vermitteln zu versuchen, was »Religion« in Anatolien war.

3 Was ist »Religion« in Anatolien?

Mehrfach finden sich zu Beginn von Briefen Grußformeln, mit denen der Schreiber dem Briefempfänger göttlichen Schutz wünscht und dadurch diese Kommunikation in eine religiöse Sphäre einbettet. So lesen wir beispielsweise in einem mittelhethitischen Brief aus Maşat Höyük:[49]

> Sprich zu Ḫimmuili, meinem lieben Bruder: Alles möge bei dir in Ordnung sein. Die Götter mögen dich am Leben erhalten und dich liebevoll beschützen!

48 Klinger 1996: 129–181; Trémouille 2000; Hutter 2003; Bryce 1986: 172–202; Payne/Wintjes 2016: 96–115; Hutter 2006a; Berndt-Ersöz 2003: 179–256. Vgl. auch Chiai 2020: 93–114.

49 HKM 52:1–5; vgl. Hoffner 2009: 191. Siehe ferner Hutter 2015a: 192f.

Rund sieben Jahrhunderte jünger ist eine hieroglyphen-luwische Inschrift, die der Lokalherrscher von Tabal, Wasusarme (reg. 730–728), auf einem Felsen anbringen ließ, um seine Taten zu verherrlichen; die Inschrift endet mit folgender Drohung:[50]

> Wer(immer) [diese Inschrift] zerstört – wenn er ein König ist, so sollen der Wettergott, Šarruma und ... ihn und sein Land vernichten. Wenn er ein gewöhnlicher Mann ist, so sollen der Wettergott, Šarruma und ... ihn und sein Haus vernichten.

Man kann diese potenzielle Bestrafung als negative Kommunikation werten, die aber – wie die Grußformel – die göttliche Sphäre in das alltägliche Leben einbezieht.

Beide Textzitate zeigen, dass »Religion« offensichtlich im 2. und im 1. Jahrtausend ein Faktor war, der – wohl in unterschiedlicher Akzentsetzung – im Leben der verschiedenen sozialen Schichten fassbar ist. Allerdings muss einschränkend gleich gesagt werden, dass dies zunächst nicht mehr als eine allgemeine Aussage ist, die man für jede – historische wie gegenwärtige – Kultur machen könnte. Was uns aus der schriftlichen Überlieferung Anatoliens fehlt, sind Traktate *de religione*, d. h. es gibt keine theologisch-systematischen Darstellungen, wie die Menschen im 2. und 1. Jahrtausend über Religion gedacht haben, sondern es kann nur aus Texten, die wir als Teil von »Religion« interpretieren, eine Rekonstruktion dessen versucht werden, was »Religion« im alten Kleinasien war oder welche Rolle sie für die Gesellschaft spielte bzw. wie sie als »welt- und sinndeutendes« Symbolsystem gesehen wurde.

Damit deute ich grundsätzliche Möglichkeiten religionswissenschaftlicher Theoriebildung über »Religion« an.[51] Wenn für den vorliegenden Zweck eine Verallgemeinerung erlaubt ist, so kann man so genannte substanzialistische, funktionalistische und Symbol-Theorien als Definition von Religion unterscheiden. Substanzialistische Theorien dienen dabei zur Bestimmung, was das »Wesen« der Religion sei, um diese von nicht-religiösen Bereichen zu unterscheiden. Dabei spielt(e) häufig der Glaube an eine übernatürliche Macht oder das »Heilige« eine zentrale Rolle, um aus diesem Glauben an das Heilige bzw. aus dem Erleben des Heiligen als »gläubiger« Mensch sein Leben in Reaktion auf dieses Heilige auszurichten, wozu auch die Kommunikation mit dem Heiligen durch kultische Aktionen gehört. Als Gegenmodell – und Kritik an substanzialistischen Theorien – kann man funktionalistische Definitionen nennen, die Religion dahingehend bestimmten, welche Aufgaben sie für die Gesellschaft – als Kollektiv, aber auch für die einzelnen Individuen in einer Gesellschaft – zu leisten vermag. D. h. ein solches Definitionsmodell orientiert sich nicht an Inhalten von Religion (»Glaube«, »Heiliges«), sondern an der Funktion, die die Religion für die Menschen – in jeweils konkreten historischen Kontexten – erfüllt. Stellt man diese beiden Definitionsmodelle einander gegenüber, so tendieren Vertreter solcher Modelle dazu, Religion entweder in substanzialistischer Weise als eigenständige Größe neben bzw. tendenziell über der Kultur anzusiedeln und dadurch Teilbereiche der Kultur in Abhängigkeit von der Religion zu interpretieren, während demgegenüber Religion in funktionalistischer Interpretation als ein Subsystem von Kultur – gleichwertig anderen Subsystemen (z. B. Wirtschaft, Wissen, Gesundheit) – innerhalb der Gesellschaft betrachtet wird.

---

50 TOPADA §§ 34–38; vgl. Hawkins 2000: 454; Payne 2012: 58f.

51 Vgl. dazu Hutter 2012a: 178 mit weiterer Literatur.

Die Gegenüberstellung von substanzialistischer und funktionalistischer Betrachtung von Religion zeigt zugleich, dass weder die eine noch die andere Definition in exklusiver Weise zielführend ist, so dass – funktionalistische Ansätze weiterführend – Religion als mehrdimensionales System gesehen werden sollte, indem nicht nur nach dem »Wesen« oder der (gesellschaftlichen) Funktion der Religion gefragt werden darf. Wenn man Religion als ein Symbolsystem definiert, so muss man unterschiedliche Aspekte oder Dimensionen beachten. Dazu gehören die rituelle Seite, die individuellen Erfahrungen, die im Wissenstransfer vermittelten ideologischen oder mythologischen Inhalte, ethische und (ver)rechtlich(t)e Aspekte sowie die gemeinschaftliche bzw. organisierte oder institutionalisierte Form von Religion. Streng genommen kann man sagen, dass die Beachtung solcher Aspekte von Religion eher eine Beschreibung und nicht eine strenge Definition von Religion darstellt.

Bei einer Beschreibung von historischen Religionen können dabei – aufgrund der zur Verfügung stehenden Quellen – nicht alle diese Aspekte in gleicher Weise beachtet bzw. erschlossen werden, allerdings erlauben sie m. E. einigermaßen, Vorstellungen über »Religion« in Anatolien zu sammeln, zu rekonstruieren und teilweise zu systematisieren. Diese Annäherung an die »Erfassbarkeit« von Religion könnte man daher in etwas abstrakterer Form in folgender dreiteiliger Form umschreiben:[52]

> Religion ist demnach ein System, das ausgehend von einer identitätsbegründenden Komponente (beispielsweise ein [fiktiver] Stifter, ein Ur-Ahne, eine »Ur-Schrift«) durch gemeinsame Anschauungen und Weltdeutungen (d. h. »Lehre und Praxis«) eine Gemeinschaft (in durchaus unterschiedlich dichter Organisationsstruktur) konstituiert.

Verträgt sich eine solche Beschreibung von Religion mit der Religionsgeschichte Anatoliens? Blicken wir nochmals auf die beiden oben zitierten Aussagen: Die Erwartung des Segens bzw. der Strafe der Götter zeigt Anschauungen und Aspekte der Weltdeutung, zugleich lässt sie die »Konkretisierung« und Auswirkung von »Religion« sehen, wenn die Götter den Briefempfänger »am Leben erhalten und beschützen« sollen. Aber auch Fehlverhalten – entsprechend der aus der Religion entsprungenen oder durch die Religion begründeten Lebenspraxis – wird angesprochen und durch eine Fluchformel sanktioniert. Diese gemeinsamen Anschauungen und Werthaltungen, die die Lebenspraxis bestimmen, verbinden dabei »Religion« mit dem »außermenschlichen« Bereich und der Götterwelt, wobei das Verhalten der Götter auch menschliche Verhaltensweisen legitimiert. Daher greifen die Götter – mit Segen und langem Leben oder mit der in der Fluchformel angedrohten Bestrafung – in diese Lebenspraxis ein. Insofern ist der zweite Teil der eben zitierten Definition gut feststellbar. Auf den gemeinschaftlichen Aspekt als dritten Teil der Definition weist in der Inschrift des Wasusarme die Nennung eines »Königs« oder eines »gewöhnlichen Mannes« hin. Dass die identitätsbegründende Komponente aus der Definition in diesen kurzen Zitaten nicht ausgedrückt wird, ist kein völliger Zufall. Denn die Religionen Anatoliens sind keine »gestifteten« oder »geoffenbar-

52 Hutter 2012a: 195.

ten« Religionen, wodurch ideale Identitätsmarker für Religionen gegeben wären. Identitätsstiftung – als Begründung unterschiedlicher religiöser Vorstellungen, ohne dadurch unüberwindbare Abgrenzungen zwischen der einen und der anderen Religion zu schaffen – geschieht tendenziell durch die Herkunft,[53] durch gemeinsame Interessen (z. B. dynastische Legitimation), eventuell durch gemeinsame Gottheiten (z. B. einen Wettergott als Bezugspunkt im klimatischen Kontext des Regenfeldbaus). Somit lässt sich auch der erste Aspekt der obigen Definition von »Religion(en)« finden, er ist aber gegenüber den Quellen, die Aufschluss über Anschauungen in »Lehre und Praxis« geben, weniger gut rekonstruierbar.

Trotz des Risikos einer zu schnellen Verallgemeinerung möchte ich behaupten, dass in historischen Religionen (mit nur beschränktem Quellenmaterial) die Beschreibung und Rekonstruktion von Religionen am besten für den zweiten Teil der von mir zugrunde gelegten Definition von Religion gelingt. Dies fügt sich gut zu Ciceros Beschreibung von »Religion«, der das Wort *religio* vom Verbum *relegere* »sorgsam beachten« herleitet und durch die Gegenüberstellung zum negativ konnotierten Verbum *neglegere* »vernachlässigen« eine Deutung vorlegt, nach der »Religion die Pflege/Verehrung der Götter ist« (*religio id est cultus deorum*).[54] Diese auf der Ebene der »religiösen Handlung« verankerte Charakterisierung – und letztlich Funktion – von Religion ist keineswegs auf den römischen Raum beschränkt, sondern trifft auch auf die altkleinasiatische Religionswelt zu.

Einen »Oberbegriff« für Religion (annäherungsweise zur Bedeutungsbreite des deutschen Wortes) gibt es in den anatolischen Sprachen des 2. und 1. Jahrtausends v.u.Z. nicht, allerdings meine ich,[55] dass das Wort *šaklai-* ein – wenngleich mit Einschränkungen – relativ weiter Ausdruck für das semantische Feld ist, das »Religion« umfasst. Das umfangreiche »Chicago Hittite Dictionary« gibt für das Wort folgende Bedeutungen an:[56]

---

53 So darf z. B. nach der Instruktion für hethitisches Tempelpersonal ein Fremder nicht den Tempel betreten. Genauso betonen verschiedene hethitische Texte, dass »Fremde« die hethitischen Götter nicht verehren können, vgl. Hutter 2003: 216f.

54 Cic., de natura deorum II, 8. In ähnlicher Weise kann auch auf den griechischen Begriff *thrēskeía* verwiesen werden, der u. a. als »religiöser Brauch«, »Gottesdienst« oder »Religion« übersetzt werden kann, d. h. auch bei diesem Begriff kommt die »praktische« Seite der Religion(sausübung) in antiken Kulturen zum Tragen.

55 Hutter 2015a: 201–203; vgl. auch Schwemer 2016: 2f.

56 CHD Š/1, 44. Als zumindest teilweise vergleichbare Begriffe nennt CHD Š/1, 46 noch *āra-*, *ḫazziwi-* und *išḫiul-*. Das Wort *āra-* (bzw. in der negierten Verwendung *natta āra-*) ist semantisch auch mit lateinisch *fas* bzw. *nefas* vergleichbar, wobei *fas* zu den lateinischen »Religionsbegriffen« gehört. Da *āra-* und ^{LÚ}*ara-* »Freund« sprachlich zusammengestellt werden können (Cohen 2002: 20; Kloekhorst 2008: 198f.), erhält der Begriff *āra-* eine soziale Komponente, die gut mit Religion als »sozialem System« bzw. »sozialer Tatsache« verbindbar ist. M.E. ist *ḫazziwi-* fraglich, da es semantisch eher zum »materiellen« und ökonomisch-wirtschaftlichen Bereich des Kultes gehört, d. h. es geht um die »Kultlieferung« und nicht primär um ein »Ritual«. Auch bei *išḫiul-* »Vorschrift« steht – trotz der engen Verbindung mit *lingai-* »Eid« (vgl. dazu Christiansen 2012: 141f.) – m. E. die »religiöse« Komponente nicht im Vordergrund, auch wenn es etwa im Gebet KUB 31.127 Vs. 16f. (CTH 372) heißt, dass der Sonnengott *išḫiul-* und *šaklai-* festlegt.

1. custom, customary behaviour, rule, law, requirement,
2. rite, ceremony, protocol, use,
3. privilege, right, prerogative,
4. insignia (?), symbol (?).

Am interessantesten ist die Bedeutung »2. rite, ceremony, protocol, use«. Dabei muss man nicht immer an konkrete Rituale für die Götter denken, sondern die Übergänge zwischen »Ritual« und »Brauchtum« oder »göttliche Anforderung/Anforderung der Götter« sind fließend, und nur der Übersetzer muss sich für den einen oder anderen Begriff im Deutschen entscheiden – mit der jeweilig notwendigen Akzentuierung einer bestimmten Seite der Semantik von *saklai-*.

Als allgemeinen Begriff kann man *šaklai-* als eine – von Göttern ausgehende – Ordnung (die die Gemeinschaft teilt) und die menschlich dafür angemessene Verhaltensweise verstehen. Wenn man die etymologische Verknüpfung von hethitisch *šaklai-* mit lateinisch *sacer* akzeptiert, wird die zentrale religiöse Komponente von *šaklai-* sogar noch deutlicher:[57] *sacer* drückt nach Emile Benveniste das »implizite Heilige« aus. Diese implizite »Heiligkeit« in *šaklai-* umfasst dabei jenen Aspekt von Religion, den man mit »Lehrinhalten« verbinden kann bzw. jenen Textstellen, die etwa das »Chicago Hittite Dictionary« unter »1. custom, rule« verbucht, wobei diese »Heiligkeit« klarerweise auch für »2. rite, ceremony« gilt. Das »passende« Verhalten den Göttern gegenüber und das »sorgsame Beachten« der Götter führt zu einer Beziehung zwischen Göttern und Menschen, in der jedoch die Menschen den Göttern untergeordnet sind. Die Durchführung der Rituale – begründet durch Anschauungen über die Götter – durch Vertreter der religiösen Gemeinschaft bzw. der institutionalisierten Religion gestaltet dabei auch maßgeblich die Gesellschaft. Dadurch erhält Religion – in Form von hochrangigen Personen der königlichen Familie in Priesterämtern, durch Tempel als Wirtschaftsunternehmen, als Horte der Wissensbewahrung, Tradierung und »Regulierung« im Überlieferungsprozess von Texten – eine zentrale Funktion zur Strukturierung (d. h. sowohl Stärkung als auch Kontrolle) der Gesellschaft oder einer gesellschaftlichen Gruppe.

4 Methodische Folgen für die Beschreibung von Religionen in Anatolien

Die oben genannten Quellen und die Forschungssituation zu den Religionen in Anatolien sind für den Zeitraum vom Ende des 3. Jahrtausends bis in die ersten Jahrhunderte des 1. Jahrtausends keineswegs ausgewogen verteilt. Obwohl das Buch chronologisch aufgebaut ist, kann keine Religions*geschichte* im strengen Wortsinn vorgelegt werden, da der Kenntnistand für einzelne Zeiten unterschiedlich ist. Methodisch bedeutet dies, dass ich eine Darstellung wähle, die ich als

57 Vgl. Kloekhorst 2008: 700f.; Benveniste 1993: 444.

»fragmentierten« Zugang (anstelle eines »harmonisierten« Zugangs) bezeichne.[58] Es geht nicht darum, das (religionsphilosophische) Wesen der Religionen Kleinasiens zu rekonstruieren, sondern es sollen die verschiedenen Formen religiöser Praktiken in ihrer jeweiligen historischen und gesellschaftlichen Verortung dargestellt werden, wobei auch lokale und individuelle Formen der Religionsausübung soweit wie möglich berücksichtigt werden müssen.

Dieser »fragmentierte« Zugang bzw. die nur »fragmentiert« mögliche Rekonstruktion erlaubt - aufgrund der Quantität der Quellen - in der hethitischen Großreichszeit folgende drei Ebenen der Betrachtung von »hethitischer« Religion.[59] Am besten ist im hethitischen Schrifttum die »politische Religion des hethitischen Staates« mit den großen Festen und Ritualen dokumentiert, die für die Götter des »Staatspantheons« ausgerichtet wurden.[60] Auf dieser Ebene wird Religion als gesellschaftsstabilisierender Faktor deutlich, wobei - entsprechend der Expansion des Hethiterreiches - das Staatspantheon sowie Rituale durch die Übernahme »fremder« Traditionen erweitert oder auch verändert wurden. Dabei handelt es sich um additive Prozesse, durch die das »Fremde« dann auch zum »Eigenen« wurde; pointiert gesagt heißt dies aber zugleich, dass diese Religion(swelt) immer ein Konglomerat sehr unterschiedlicher Traditionen war. Als zweite Ebene kann man die »dynastische Religion des Königshauses« benennen, auf die zu Recht nachdrücklich P. Taracha als von der »politischen Religion des Staates« bzw. von einer »Staatsreligion« unterschieden hingewiesen hat.[61] Diese Ebene der Religion ist unmittelbar mit hurritischen Göttern und Ritualen, die aus Kizzuwatna ins hethitische Kernland importiert wurden, verbunden. Dabei ist diese »dynastische Religion« zwar von der »politischen Religion des Staates« zu unterscheiden, da aber auch letztere eng mit dem König verbunden ist, sind Überlappungen zwischen beiden Ebenen vorhanden. Die dritte zu unterscheidende Ebene bezeichne ich als »Religion der allgemeinen Bevölkerung«, wobei diese fast nur indirekt aus den Quellen des »Staatskults« zu erschließen ist, da wir nur wenige Zeugnisse für solche Formen von Religion im allgemeinen Alltag besitzen. Diese Ebene von Religion kennt dabei kaum umfangreiche organisatorische Strukturen, wie sie im Fall der politischen Religion des Staates gut ausgeprägt sind. Zweierlei macht diese Ebene jedoch religionsgeschichtlich m. E. besonders interessant: Einerseits zeigt sie, dass Formen der politischen Staatsreligi-

---

58 Diesen Ansatz habe ich bereits im Überblick zur luwischen Religion angewendet, siehe Hutter 2003: 279: »I have taken a fragmentizing approach to the study of religion instead of a harmonizing approach. We should not describe or seek the (philosophical) essence of Luwian religion or any other religion, but we have to analyze all forms of religious practice in relation to its historical and sociological surroundings and contexts. Therefore we had to focus on local Luwian cults, to see how they were practices for concrete communities or individuals. At the moment such an approach necessarily remains ›fragmentizing‹, because of our limited sources.«

59 Für eine detailliertere Darstellung dieser methodischen Überlegungen siehe Hutter 2010.

60 Vgl. zum »Staatspantheon« zutreffend z. B. Taracha 2009: 84–92 oder Tatišvili 2004: 190–194; siehe auch Hutter 1997: 78–80 in Bezug auf Haas 1994: 294–631.

61 Taracha 2009: 92–95.

on – teilweise in vereinfachter Form – in alltäglichen religiösen Praktiken durchgeführt oder »nachgeahmt« wurden,[62] und andererseits sind auf dieser Ebene auch die lokalen Religionsformen – luwischer, hurritischer und hattischer Provenienz – einzuordnen, soweit diese nicht aus politischer Räson in die politische Staatsreligion einbezogen wurden.

Die Beachtung dieser drei Ebenen macht die Pluralität der Religionswelt der hethitischen Großreichszeit deutlich, so dass dies der methodische »Leitgedanke« in der Beschreibung der religiösen Strukturen und Praktiken sein soll. Anhand der Darstellung von Göttern und Kultstädten lassen sich Strukturen politisch-offizieller (und dynastischer) Religion darstellen, um daran anschließend – auch meist auf der Ebene der »politischen« Religion bleibend – Praktiken des Umgangs mit den Gottheiten zu beschreiben, ehe Religion als Faktor des (auch alltäglichen) Zusammenlebens thematisiert werden soll. Diese Gliederung kann dabei der Überlappung der drei Ebenen Rechnung tragen, erlaubt aber auch, die »offizielle und öffentliche« Seite von Religionen wenigstens teilweise von der »privaten und alltäglichen« Seite von Religion zu unterscheiden. Es kann aber nicht verschwiegen werden, dass diese ideale Beschreibung und die methodische Annäherung auf ein Hindernis stoßen. Denn die zur Verfügung stehenden Quellen – als Ergebnis der bewussten Tradierung zur Stützung »offizieller« Religion, aber auch wegen der Zufälligkeit des Erhaltungszustandes – erlauben kein systematisches Ausarbeiten der Religionen nach diesen Parametern. Einigermaßen möglich ist es für die Zeit des hethitischen Großreiches (von der Mitte des 14. bis zum Beginn des 12. Jahrhunderts), anhand dessen Material dieser methodische Zugang entwickelt wurde. In den anderen Kapiteln (bzw. zeitlichen Abschnitten) lässt sich dieser Aufbau nicht immer in gleicher Weise durchführen. Denn die Funde aus Alaca Höyük (Mitte 3. Jahrtausend) sowie die Quellen aus der Periode der altassyrischen Handelskolonien (20. bis 18. Jahrhundert) gewähren nur (zufällige) Einblicke in einzelne Bereiche von Religion, für die altassyrische Handelsperiode vor allem zu den Gottheiten. In der Behandlung der althethitischen Zeit (Mitte des 17. bis Ende des 15. Jahrhunderts) ist zu beachten, dass manche damaligen Vorstellungen nur aus der Perspektive der Veränderungen der hethitischen Großreichszeit erschlossen werden können, wobei die für solche Rekonstruktionen notwendige Analogie zu jüngeren Vorstellungen immer auch die Gefahr einer Fehldeutung birgt.

Nach dem Untergang des Hethiterreiches sind die religiösen Vorstellungen nicht verschwunden, aber durch neue Organisationstrukturen re-interpretiert worden. Durch Verschiebungen von Bevölkerungselementen, durch Austausch von Gedanken und Überlieferungsgut sind die überlieferungswürdigen Inhalte einer Veränderung gegenüber den früheren Epochen unterworfen. Dadurch stellen sich die religiösen Vorstellungen, die in den Texten und Bildern der so genannten neo-

62 Vgl. dazu schon Hutter 1997: 83–85 und teilweise die bei Haas 1994: 249–293 genannten »Hauskulte«; vgl. ferner Hutter 2015a: 194–197. Genauso ist der umgekehrte Weg zu beachten, dass Praktiken der allgemeinen Bevölkerung, die lokale Kulte prägten, dadurch auch in den Staatskult integriert wurden.

hethitischen (Klein-)Staaten in Zentral- und Süd(ost)anatolien bis zum Ende des 8. Jahrhunderts dokumentiert sind, in einem jeweils eigenen Gepräge dar – mit Kontinuität und Eigengut. Auch wenn die Quellen für die Erschließung der religiösen Verhältnisse in diesen Staaten nicht allzu umfangreich sind, bleibt es trotzdem möglich, in einem »fragmentierten« Zugang wenigstens Grundzüge zu Gottheiten, zu Aspekten des umfangreichen Bereichs des Kults sowie zur Verflechtung von Religion und Gesellschaft zu skizzieren. In den anderen politischen Größen der ersten Hälfte des 1. Jahrtausends – im Flächenstaat der Phryger (10. bis 7. Jahrhundert), in den Herrschaftssitzen der Lyker, Karer und Lyder im Süden und Südwesten Kleinasiens (7./6. bis 4. Jahrhundert) – dominiert dabei der Anteil an »Neuem« gegenüber der Bewahrung oder Rezeption von Traditionen des 2. Jahrtausends. Daher wird am Ende des Bandes nur kurz auf diesen Raum hingewiesen, ohne die dort fassbaren Religionen weiter zu behandeln. Dies soll jedoch nicht heißen, dass diese Religionen nicht mehr zur Religionsgeschichte Anatoliens gehören würden. Denn Religionsgeschichte ist nie abgeschlossen, so dass man letztere Religionen – trotz der Veränderungen, die sie zeigen – als Beispiel der Dynamik, die allen Religionen und der Religionsgeschichte innewohnt, sehen muss, deren detaillierte Analyse in einem anderen Kontext Fortsetzung verdient.

B Frühe religiöse Vorstellungen Anatoliens am Beispiel der Gräber von Alaca Höyük und der Briefe aus den altassyrischen Handelskolonien in Zentralanatolien

Blickt man vom reichhaltigen hethitischen Schrifttum der zweiten Hälfte des 2. Jahrtausends zurück in frühere Epochen der Religionsgeschichte, steht man unmittelbar vor folgenden Fragen: Welche Vorstellungen, die uns aus der so genannten »hethitischen Großreichszeit« besonders des 14. und 13. Jahrhunderts bekannt sind, können schon in früheren Jahrhunderten vorausgesetzt werden? Wie weit zurück lassen sich religiöse Vorstellungen methodisch zuverlässig rekonstruieren, indem archäologische Befunde der Spätphase der Frühen Bronzezeit als religiöse Zeugnisse gedeutet werden? Lässt sich eine teilweise Kontinuität der Religionswelt postulieren, die sich vom 3. ins 2. Jahrtausend erstreckt? Solche Fragen gilt es zu beachten, wenn Quellen für den Zeitraum vom 25. bis zum letzten Viertel des 18. Jahrhunderts als Basis der Rekonstruktion herangezogen werden. Da diese Quellen keineswegs flächendeckend für Zentralanatolien vorhanden sind, ist diese Rekonstruktion vor allem auf zwei Bereiche beschränkt: Es sind die reichhaltigen Funde der Gräber aus dem Ausgrabungsort Alaca Höyük, welche die Bestattungspraktiken der Elite dieser Siedlung widerspiegeln. Ungleich umfangreicher sind die Ausgrabungsergebnisse von Kültepe (Kaneš), einem politischen Zentrum mit einer Oberstadt und einer altassyrischen Handelsniederlassung, in der unzählige Briefe und Privaturkunden bzw. Verträge bzgl. der wirtschaftlichen Aktivitäten gefunden wurden. Diese schriftlichen Quellen erlauben eine teilweise Rekonstruktion der politischen und sozialen Verhältnisse, auch wenn religiöse Vorstellungen dabei lediglich am Rande fassbar werden.

1 Bestattung und Gesellschaft in Alaca Höyük

Der Ort Alaca Höyük liegt etwa 160 Kilometer östlich von Ankara, wobei der Höyük einen Durchmesser von 250 Metern und eine Höhe von 15 Metern hat. Seit Beginn der Ausgrabungen im Jahr 1935, die bis zur Gegenwart andauern, konnten vier Kulturperioden mit insgesamt 14 archäologisch zu unterscheidenden Schichten[1] identifiziert werden. Die dritte Periode gehört der Frühbronzezeit an und umfasst die archäologischen Schichten 5–8. Aus dieser Zeit stammen die vierzehn innerhalb der Stadtmauern liegenden, reich ausgestatteten Gräber, die meist ins 23. Jahrhundert datiert werden, aufgrund neuerer naturwissenschaftlicher Untersuchungen organischer Funde in den Gräbern wahrscheinlich aber be-

1 Özgüç 2002e: 173f.; Yalçın/Yalçın 2018: 91.

reits aus der Zeit knapp vor der Mitte des 3. Jahrtausends stammen.[2] Die Größe der Gräber[3] variiert, wobei Grab H mit 8,9 Metern mal 3,4 Metern die größten Ausmaße hat; die Tiefe der Gräber liegt zwischen 0,5 und 1 Meter. In den meisten Gräbern wurden die Toten in Hockerstellung als Einzelgrablege bestattet, wobei der Kopf nach Westen und das Gesicht nach Süden ausgerichtet war; in Grab D war eine Frau bestattet. Mit den Toten waren Prestige-, Kult- und Gebrauchsgegenstände aus Metall (Zinnbronze, Silber, Gold, Elektron) deponiert; bei letzteren handelt es sich unter anderem um Äxte, Bohrer, Dolche, Schwerter oder Nadeln sowie um Gefäße, wobei diese Beigaben Gebrauchsspuren zeigen und wohl dem oder der Bestatteten persönlich gehört haben. Die Gräber waren durch Holzbalken abgedeckt. Auf diesen Holzbalken lagen Rinderschädel und Rinderhufe, was auf die Durchführung von Totenopfern und -ritualen hinweist.[4] Wahrscheinlich wurden die Rinder bei einem Mahl im Rahmen des Bestattungsrituals verspeist. Neben den Rinderköpfen wurden in den Gräbern auch Knochen von anderen Tieren gefunden – Ziegen, Schafe, Hunde, Schweine und Esel. Die Auffindungssituation in Grab R lässt darauf schließen, dass dort Ziegen und ein Schaf als Opfer(rückstand) deponiert wurden, während bei anderen Tieren teilweise die Möglichkeit besteht, dass auch sie im Zusammenhang mit den Begräbnissen (rituell) verzehrt wurden.

Die vielfältigen und hochwertigen Grabbeigaben haben Ünsal und Gönül Yalçın unlängst erneut einer Interpretation unterzogen, wobei die Qualität der Beigaben auf das Prestige und den sozialen Status der Toten verweist. Neben anscheinend hochqualifizierten Handwerkern sind aufgrund der Grabbeigaben andere Bestattete dem herrschaftlichen bzw. religiösen Feld zuzuordnen, wobei eine klare Trennung zwischen einzelnen sozialen Rollen eher unwahrscheinlich ist. Neben den schon erwähnten Gebrauchsgegenständen kann man einen Teil der Beigaben als Herrschaftssymbole[5] bezeichnen. Dazu gehören Schmuckstücke, Diademe, Gefäße aus Edelmetall und Prunk- oder Zeremonialwaffen (Keulenköpfe, Eisendolche). Diese Waffen waren nicht für den Gebrauch bestimmt, sondern ihre aufwändige Gestaltung bzw. das teilweise weiche Metall lässt einen symbolischen Charakter vermuten.

Zu den Objekten, die mit religiösen Kontexten zu verbinden sind, gehören kunstvoll gestaltete Standarten,[6] die entweder auf oder in einen anderen Gegenstand gesteckt werden konnten oder die auf Holzstangen montiert waren, um sie z. B. bei Prozessionen mitzutragen. Insgesamt 39 Sonnenstandarten aus Bronze oder Silber sind in den Gräbern gefunden worden, sowie tierförmige Aufsätze, die

2 Özgüç 2002a: 37; Akurgal 1961: 12. – Siehe jetzt Bachhuber 2015: 99 und Yalçın/Yalçın 2018: 93f. für die höhere Datierung.

3 Siehe Yalçın/Yalçın 2018: 95–101 für eine Detailbeschreibung der Gräber.

4 Vgl. Özgüç 1948: 108–111; Haas 1994: 234; Bachhuber 2015: 101f.

5 Yalçın/Yalçın 2018: 102–110. Für einige Abbildungen solcher Herrschaftssymbole siehe z. B. Akurgal 1961: Abb. 14–20; Tf. VI–VII.

6 Popko 1995: 45f.; Haas 1994: 69f.; Özgüç 2002a: 36; Bachhuber 2015: 102; Yalçın/Yalçın 2018: 110–113; Akurgal 1961: Abb. 1–11, Tf. I–IV.

einen Stier oder einen Hirsch bzw. eine Tiergruppe zeigen; die Tierstandarten sind aus Bronze, mit Metalleinlagen aus Silber oder Elektron. Da diese Standarten Gebrauchsspuren aufweisen, ist anzunehmen, dass es sich bei diesen Beigaben um Kultgegenstände handelt, die als Besitz des Bestatteten auch Rückschlüsse auf seine kultischen Aktivitäten erlauben. Auch wenn die Grabfunde in Alaca Höyük am bedeutsamsten sind, ist erwähnenswert, dass vergleichbare Standarten an anderen Orten Zentralanatoliens jener Zeit, z. B. in Horoztepe[7] oder Mahmatlar, gefunden wurden, was die Vermutung von gemeinsamen Vorstellungen in diesem Raum zulässt. Neben diesen Standarten stammen auch sechs anthropomorphe Figurinen aus Edelmetall (und stilistisch vergleichbare Tonfigurinen) aus den Gräbern, die ebenfalls kunstvoll gestaltet sind.[8] Manche von ihnen zeigen eine detaillierte Gestaltung des Gesichts und des Kopfes, so dass eine Interpretation als Darstellung einer individuellen Göttin denkbar ist. Bei anderen Figurinen, bei denen die Brüste, die Hüften bzw. die Scham besonders hervorgehoben sind, lässt sich eher an Figurinen denken, die allgemein den Wunsch nach Fruchtbarkeit ausdrücken sollen. Dass auch solche Frauenstatuetten nicht auf Alaca Höyük beschränkt sind, zeigt z. B. die jüngere Figur einer stehenden Frau, die ein Kind stillt, aus einem Grab in Horoztepe, oder die Figur einer sehr schlanken Frau mit detailliert gestaltetem Schambereich aus Hasanoğlan.

Was kann man aus solchen (Be-)Funden eventuell hinsichtlich religiöser Vorstellungen ablesen?[9] Dass es sich bei den Gräbern, die sich über einen Zeitraum von rund zwei Jahrhunderten erstrecken, um Zeugnisse für Bestattungen der Oberschicht handelt, ist unbestritten. Möglich, aber unbeweisbar ist die Annahme von Tahsin Özgüç, der damit rechnet, dass die hier bestatteten Prinzen bzw. Prinzessinnen gleichzeitig auch priesterliche Aufgaben ausübten. Weil manche Grabbeigaben Gegenstände mit religiöser Verwendung bzw. Symbolik sind, vertritt z. B. Volkert Haas die Meinung, dass man die hier Bestatteten als »Träger höchster priesterlicher Funktionen« oder vielleicht sogar als Priesterkönige bzw. -königinnen verstehen darf. Einen Schritt weiter geht Maciej Popko, der die gesicherte Kontinuität der Siedlung von Alaca Höyük bis in die hethitische Großreichszeit in die Überlegungen mit einfließen lässt. Da Popko die seit der althethitischen Zeit wichtige Kultstadt Zippalanda in Alaca Höyük lokalisiert,[10] erwägt er, dass dieser Ort schon in der Bronzezeit ein bedeutsames Kultzentrum mit hattischen religiösen Vorstellungen gewesen sein könnte. Auch wenn die Identifizierung mit Zippalanda eher unwahrscheinlich ist, ist seine vorsichtige Erwägung, dass man auch

7 Bachhuber 2015: 105.

8 Yalçın/Yalçın 2018: 112–114; siehe Akurgal 1961: Abb. 21–23; Tf. VIII. Vgl. auch Özgüç/Akok 1958: 46f.

9 Özgüç 2002a: 37; Haas 1994: 70; Popko 1995: 46. – Siehe aber auch Taracha 2009: 23f., der zu Recht darauf hinweist, dass all diese Interpretationen – mangels schriftlicher Quellen – möglich, aber unbeweisbar sind.

10 Popko 1994: 29–31. Allerdings ist diese Lokalisierung in Frage zu stellen, da Zippalanda eher südöstlich von Çorum zu lokalisieren ist, wie die ausführliche Diskussion von Kryszeń 2016: 251–285 wahrscheinlich erscheinen lässt.

die Gräber bereits der (frühen) hattischen religiösen Tradition zuweisen könnte und die Bestatteten möglicherweise hochrangige Kultspezialisten – und nicht »weltliche« Machthaber oder Eliten – waren, möglich. Dafür kann dabei auch sprechen, dass abgesehen von Grab F in allen Gräbern Beigaben gefunden wurden, die man mit religiöser Symbolik verbinden kann.[11] Im Detail lässt sich keine der Interpretationen beweisen, doch dürfte außer Zweifel stehen, dass die reichhaltige Ausstattung der Gräber auf die Bestattung höherstehender Personen hinweist.

Die Lebensgrundlage der Gesellschaft in Alaca Höyük beruhte auf Landwirtschaft und Viehzucht,[12] wobei man Alaca Höyük (und andere Fundorte) häufig als dem kulturellen Gebiet der Hattier zugehörig betrachtet. Diese Annahme stützt sich auf ethnische, kulturelle und geographisch-»politische« Bedingungen, die uns aufgrund schriftlicher Zeugnisse ab den altassyrischen Urkunden des 20. bis 18. Jahrhunderts und der späteren hethitischen Texte relativ gut rekonstruierbar sind. Da sich in Zentralanatolien vom 3. zum 2. Jahrtausend archäologisch kein kultureller Bruch nachweisen lässt,[13] bleibt eine hattische Kontinuität von der zweiten Hälfte des 3. Jahrtausends in die erste Hälfte des 2. Jahrtausends durchaus plausibel.

Hinsichtlich der Funktionen der Standarten gehen die meisten Forscher davon aus, dass es sich um Götter(symbole) handelt, wobei diese Deutung wiederum auf einem Vergleich bzw. einer Homologie[14] beruht. Denn im KI.LAM-Fest, das zu den Festen der hattischen Religion gehört und als solches zu Beginn des Hethiterreiches rezipiert und weiter gefeiert wurde, gibt es Beschreibungen[15] von Prozessionen mit Göttertieren. Diese waren aus wertvollem Metall verfertigt und wurden wohl als Standarten bei den Prozessionen mitgetragen, so dass ein Vergleich mit den Standartenaufsätzen mit Tierfiguren aus den Gräbern möglich ist. Dementsprechend versucht man – als Deutung des Beigabenbefundes der Gräber – die Standarten einzelnen Götter(type)n zuzuschreiben:[16] Hinsichtlich der Interpretation kann man jene Standartenaufsätze, die (halb)kreisförmige Scheiben darstel-

---

11 Siehe Yalçın/Yalçın 2018: 100, 118.

12 Bachhuber 2015: 103.

13 Zur Kontinuität von Keramik bzw. zum Fehlen von »kulturellen Brüchen« vom späten 4. bzw. frühen 3. Jahrtausend bis ins 17. Jahrhundert vgl. u. a. Bryce 2005: 12f.; Klengel 1999: 19f.; Schachner 2011: 52f.

14 Unter Homologie verstehe ich mit Ickerodt 2010: 45, 48f. Strukturähnlichkeiten, die aus einem gemeinsamen Ursprung stammen und die dadurch erlauben, Aspekte der materiellen Kultur durch einen »zeitversetzten Vergleich« zu deuten, indem der archäologische Befund durch die (jüngere) schriftliche Überlieferung interpretiert wird, wobei die Funde aus Alaca Höyük und anderen zentralanatolischen Orten sowie die Herkunft der schriftlichen Überlieferungen in einer räumlichen Kontinuität stehen.

15 Singer 1983: 92–97; vgl. auch Görke 2008: 55f.

16 Für solche Deutungen vgl. z. B. Özgüç 1948: 105f.; Haas 1994: 69; Popko 1995: 46; Özgüç 2002a: 37. Alternativ siehe auch Haas 1994: 432, der darauf hinweist, dass in hethitischer Zeit die Sonnengöttin von Arinna auch eine Beziehung zu Hirschen zeigt, so dass er die Hirschfiguren nicht ausschließlich als Darstellung der Schutzgottheit deuten möchte.

len, als Sonnensymbole deuten und damit eine Verbindung zu der hattischen Sonnengottheit oder eventuell auch zur so genannten »Sonnengöttin von Arinna« herstellen, die in hethitischen Texten genannt werden. Genauso kann man die Stierfiguren als symbolische Repräsentanz des Wettergottes und die Hirschfiguren als Darstellungsform einer Schutzgottheit deuten. Während solche Interpretationen durchaus plausibel sind, bleiben andere Darstellungen schwieriger zu interpretieren. So lässt sich die Tiergruppe, bei der ein Hirsch im Zentrum und zwei ihn flankierende Feliden (Löwe, Leopard) innerhalb eines strahlengeschmückten Bogens stehen, in ihrer Zusammengehörigkeit nicht mit aus späteren Texten bekannten Götterzusammenstellungen verbinden. Neben den Standarten, die bei der Begräbnisprozession verwendet wurden, dürften auch die Sistren und Zimbeln bei den Prozessionen als Klang- und Schallinstrumente verwendet worden sein. Man kann ferner vermuten, dass diese Begräbnisse auch mit einem Festmahl der geschlachteten Tiere verbunden waren.

Hält man sich (trotz der Unsicherheit der Einzelinterpretation) die Qualität der Gegenstände sowie die auf den Grababdeckungen gefundenen Rinderknochen vor Augen, so dürfte es aber außer Zweifel stehen, dass diese Gräber als Zeugnisse eines Totenkults gelten müssen und damit zumindest insofern Einblick in religiöse Vorstellungen geben, als sich – sollte die Zuordnung der Tierfiguren zu Götter(type)n zutreffen – eine Beziehung zwischen den Bestatteten und ihren Göttern noch im Tod erschließen lässt. Die reichhaltigen Grabbeigaben, aber auch die Markierung der Gräber, die von anderen Fundorten der frühen Bronzezeit in Anatolien bekannt sind – wie etwa die über den Gräbern angelegten Steinkreise mit Durchmessern zwischen 1 und 6 Metern in Karataş im zentralanatolischen Hochland –, weisen auf die Kommunikation und zumindest zeitweilig weiter existierenden Kontakte zwischen den Lebenden und den Toten hin.[17] Eine weitergehende Rekonstruktion der Religion für diesen Zeitraum ist nicht möglich, wobei man nie außer Acht lassen darf, dass auch die Interpretation dieser bronzezeitlichen Funde methodisch auf Homologien beruht, verbunden mit der Annahme, dass dieser zentralanatolische Raum bereits seit der Mitte des 3. Jahrtausends hattisch war. Damit rekonstruieren wir aber zugleich »Wurzeln«, aus denen sich religiöse Vorstellungen des 2. Jahrtausends entfaltet haben, z. T. unter Heranziehung von Quellen für diese Vorstellungen, um deren »Vorgeschichte«[18] zu rekonstruieren – scharf an der Grenze eines Zirkelschlusses.

---

17 Vgl. dazu auch Bachhuber 2015: 86–89.

18 Die Problematik der Rekonstruktion dieser »Vorgeschichte« lässt es auch geraten erscheinen, auf Versuche, mögliche Kontinuitäten von religiösen Vorstellungen des Neolithikums bis ins 2. Jahrtausend aufzuzeigen, zu verzichten. Siehe zu kurzen Hinweisen für solche frühgeschichtlichen religiösen Vorstellungen z. B. Haas 1994: 45–71; Taracha 2009: 8–18; ausführlich zum Neolithikum in Anatolien Wunn 2005: 201–264 und Badisches Landesmuseum Karlsruhe 2007 mit zahlreichen Einzelbeiträgen zu neolithischen Fundorten Anatoliens.

2 Die politische und geographische Situation im zentralanatolischen Raum zur Zeit der altassyrischen Handelskolonien vom 20. bis zum 18. Jahrhundert

Die archäologischen Schichten der Bronzezeit in Alaca Höyük mit den Gräbern sind durch eine 30 bis 50 cm dicke Brandschicht von der nächsten Besiedlungsschicht getrennt, deren einfache Hausstrukturen man wahrscheinlich zeitlich mit den Funden der altassyrischen Handelskolonien an anderen Orten verbinden kann.[19] Diese in Alaca Höyük bestehende Besiedlungslücke ermöglicht daher keine weiteren Informationen über die historische Entwicklung dieses Ortes, wie es überhaupt schwierig ist, Details über die politische Geschichte des 3. Jahrtausends in Zentralanatolien zu nennen. Dies ändert sich erst zu Beginn des 2. Jahrtausends mit den ältesten schriftlichen Quellen auf anatolischem Boden, ca. 23.000 altassyrischen Briefen, Wirtschaftsurkunden und Vertragsvereinbarungen,[20] die vor allem im *kārum*, dem Wirtschaftszentrum der Händler aus Assyrien in der Stadt Kaneš gefunden wurden. Dadurch gewinnen wir Einblick in die Geschichte, Wirtschaft und Kultur Zentralanatoliens und können auch wenigstens teilweise Aussagen über religiöse Vorstellungen treffen.

Der Fundort Kaneš, heute als Kültepe bezeichnet, liegt rund 20 Kilometer östlich der heutigen Stadt Kayseri südlich des Flusses Kızılırmak und erstreckt sich in ovaler Form auf einer Fläche zwischen 450 und 550 Metern mit einer Höhe von 20 Metern. Dabei kann man zwischen der Oberstadt mit Repräsentationsbauten und der Unterstadt, dem *kārum* (»[Handels-]Kai«) der assyrischen Händler, unterscheiden. Während für die Unterstadt lediglich vier archäologische Schichten nachweisbar sind, zeigt die Oberstadt – mit 18 Schichten – eine Besiedlung von der Frühen Bronzezeit bis in die römische Zeit.[21] Die Oberstadt war das Verwaltungszentrum, auch wenn wir über Herrschernamen aus Kaneš erst aus dem 17. Jahrhundert genauer Bescheid wissen. Denn die überwältigende Mehrheit der Texte, die in der archäologischen Schicht *kārum* II in der Unterstadt[22] gefunden wurden, bezieht sich in der älteren Zeit immer nur pauschal auf den Herrscher bzw. die Herrscherin von Kaneš. Diese Texte umfassen den Zeitraum von etwas mehr als einem Jahrhundert, wobei die Anwesenheit assyrischer Händler kurz vor 1820 wegen der Zerstörung von Kaneš aufgrund von Unruhen unterbrochen wurde. Allerdings begann eine Wiederansiedlung und die erneute Aufnahme des Handels um 1800, die bis 1730/25 andauerte.[23] Diese Siedlungsphase umfasst die Schicht *kārum* Ib, in der ledig-

---

19 Yalçın/Yalçın 2018: 91.

20 Vgl. Larsen 2015: 40; Kouwenberg 2017: 2–6. Ein Großteil dieser Texte ist bislang unveröffentlicht. Repräsentative Textsammlungen in Übersetzung bieten Michel 2001; Dies. 2020 sowie TUAT.NF 1: 43–57 (K. Hecker); TUAT.NF 3: 77–100 (K. Hecker).

21 Özgüç 2003: 28f.; vgl. Larsen 2015: 29–38 sowie die beiden tabellarischen Darstellungen bei Kulakoğlu 2011: 1014, 1019. – Die Schichten 6 bis 8 der Oberstadt entsprechen dabei den Schichten Ia, Ib und II im *kārum*, aus denen auch die Textfunde stammen.

22 Vgl. Larsen 2015: 39–53.

23 Zu Datierungsfragen siehe Barjamovic 2008: 95f.; Dercksen 2008: 111f.; vgl. auch Özgüç 2002b: 43.

lich rund 500 Texte gefunden wurden – eine deutliche Diskrepanz gegenüber der Anzahl der Texte aus Schicht II, was auf einen Rückgang der Handelsaktivitäten schließen lässt. Aus all diesen Texten geht hervor, dass Kaneš das Zentrum für den assyrischen Handel mit Anatolien gewesen ist, allerdings nennen nicht nur die Texte weitere Handelsniederlassungen, sondern auch der archäologische Befund mit vergleichbaren altassyrischen Textfunden dieser Zeit – allerdings in wesentlich geringerem Ausmaß – bestätigt dies. Entsprechende Funde stammen aus Alişar, Acem Höyük, Konya-Karahöyük, Kayalıpınar und Ḫattuš(a). Der Wohlstand, den solche lokalen Fürstensitze zeigen, spiegelt auch einen kulturellen und wirtschaftlichen Austausch untereinander wider, der bis in den nordsyrischen Raum nach Karkamiš und Mari reicht; auch die Großarchitektur der anatolischen Orte zeigt teilweise Beziehungen nach Syrien.[24]

Auch wenn die altassyrischen Texte rund dreißig größere Siedlungen in Anatolien nennen, kann man v. a. mit fünf bedeutsamen Fürstentümern in Zentralanatolien im 19. und 18. Jahrhundert rechnen, die nicht nur miteinander in regem diplomatischem Kontakt standen, sondern auch die Grundlagen für das spätere Hethiterreich als »Flächenstaat« mit einer – durch die politische Einheit – gemeinsamen Kultur geschaffen haben. Die verschiedenen ursprünglichen Traditionen wirkten aber lange nach und wurden je unterschiedlich im Hethiterreich tradiert. Südlich des Kızılırmak befanden sich drei Zentren – neben Kaneš spielten besonders Waḫšušana und das westlich gelegene Burušḫattum eine wichtige Rolle; innerhalb des Bogens, den der Flusslauf des Kızılırmak bildet, lag Ḫattuš, die spätere hethitische Hauptstadt, sowie weit im Norden Zalpa. Letzterer Ort lag zwar abseits von den assyrischen Handelsniederlassungen, stand aber mit Kaneš und Ḫattuš in Kontakt.

Die Geschichte des 20. bis 18. Jahrhunderts[25] zeigt – wie aus den altassyrischen Texten hervorgeht – einen regen Austausch zwischen den einzelnen Orten, da durch die Handelswege auch Kommunikationsnetzwerke entstehen. Aus Assyrien importierte Handelsgüter dieser Zeit waren vor allem wertvolle Textilien und *annukum*-Metall, wahrscheinlich Zinn, das in Anatolien für die Herstellung von Bronze benötigt wurde, da in Zentralanatolien eine reichhaltige Kupferförderung möglich war.[26] Im Gegenzug wurden Gold und Silber aus Anatolien nach Assyrien gehandelt. Die Handelsinteressen dürften aber zu Spannungen zwischen den anatolischen Zentren untereinander geführt haben,[27] da es Hinweise auf zunehmende Konflikte und Unruhen in Zentralanatolien gibt, die wahrscheinlich in der Zerstörung von Kaneš um oder kurz nach 1830 einen Höhepunkt fanden. Möglicherweise ist diese Zerstörung durch einen Angriff der nordanatolischen Stadt Zalpa – eventuell gemeinsam mit Ḫattuš – auf Kaneš geschehen, da der – jüngere hethitische Anitta-Text – eine kriegerische Aktion von Uḫna, dem Herrscher von Zalpa, gegen Kaneš nennt, bei der auch die Statue der Stadtgottheit von Kaneš nach Zalpa entführt wurde. Obwohl sich somit das weit im Norden gelegene Zalpa zu-

---

24 Vgl. Michel 2011: 316–319; Schachner 2011: 58–61; Charpin 2008; siehe auch Klengel 1999: 21–23.

25 Siehe dazu den Überblick bei Veenhof 2008: 131–140; Michel 2011: 321f.

26 Vgl. Özgüç 2003: 51f.; Veenhof 2008: 85–87; Barjamovic 2011: 261–265; Larsen 2015: 191–196.

27 Vgl. Bryce 2005: 27–33 sowie ebd. 34f.; ferner Barjamovic/Hertel/Larsen 2012: 44–49 und Larsen 2015: 141–143 für die Spannungen zwischen den einzelnen Fürstentümern.

mindest kurzzeitig bis nach Zentralanatolien orientierte, taucht der Name dieser Stadt in den Texten der assyrischen Handelskolonien nicht auf. Massimo Forlanini vermutet, der Grund dafür könnte in einem Abkommen zwischen Kaneš und den Assyrern liegen, um diese mit Kaneš verfeindete Stadt vom »internationalen« Handel abzuschneiden.[28] Genauso bestehen in dieser Zeit Spannungen zwischen Kaneš und Mama. Ein weiterer zentraler Ort, dessen überregionales Ansehen nicht übersehen werden darf, war Burušḫattum (in hethitischen Texten taucht der Name in der Form Purušḫanda auf). Die Stadt lag westlich des Kızılırmak, wobei sie oft mit der Ausgrabungsstätte Acem Höyük (südöstlich des großen Salzsees) identifiziert wurde; neuere Forschungsindizien sprechen aber eher dafür, dass Burušḫattum noch weiter im Westen (eventuell im Raum der heutigen Stadt Akşehir) zu suchen wäre.[29] Dass Burušḫattum ein wichtiges Fürstentum im 19. Jahrhundert war, geht daraus hervor, dass der Herrscher von Burušḫattum von den Assyrern als »Großkönig« (*rubā'um rabûm*; LUGAL.GAL) bezeichnet wird, während alle anderen anatolischen Herrscher immer nur als *rubā'um* »König, Fürst« angesprochen werden, was aufgrund der dichten Beleglage in den altassyrischen Texten aus *kārum* II sicherlich nicht als zufälliger Überlieferungsbefund zu werten ist.[30] Somit lässt sich das politische Verhältnis bis ca. 1830 wie folgt zusammenfassen: Zentralanatolien bildet keine politische Einheit, sondern ist durch kleine – in wechselseitigen Spannungen stehende – Fürstentümer geprägt; dabei ist ferner festzustellen, dass anscheinend Burušḫattum im Westen, Zalpa (oder/und vielleicht Hattuš) nördlich des Kızılırmak und Kaneš von größerer Bedeutung waren als andere Siedlungen.

Um etwa 1800 kam es zur Wiederaufnahme der assyrischen Handelstätigkeit in Kaneš und zur Wiederbesiedlung (*kārum* Ib), was aber auch zu erneuten Auseinandersetzungen mit den Nachbarn führte. Der erste Herrscher von Kaneš bei diesem Neuanfang ist Ḫurmeli, dem Baḫanu mit einer wahrscheinlich nur kurzen Herrschaft nachfolgt. Inar (regierte möglicherweise etwa um 1790–1775) musste sich kriegerisch gegen das Fürstentum Ḫaršamna (wahrscheinlich nordöstlich von Kaneš) behaupten; sein Nachfolger Waršama ist als Empfänger eines Briefs von Anum-Ḫirbi von Mama bekannt, was den »diplomatischen« Kontakt zwischen lokalen anatolischen Herrschern (unter Verwendung der altassyrischen Sprache) zeigt. Die in weiterer Folge noch bekannten Herrscher in Kaneš waren Pitḫana, Anitta und Zuzzu.[31]

Ein tiefschneidender Eingriff in die Geschichte von Kaneš geschah unter Pitḫana von Kuššara (um 1750–1745/40), der ausgehend von seinem Herrschaftssitz Kaneš eroberte und zum Hauptsitz seiner Dynastie (mit seinem Sohn Anitta als Nachfolger) ausbaute, aber zugleich auch eine Ausbreitung seines Einflussbereichs weiter in den Wes-

28 Forlanini 2008: 77. – Zwar wird in den altassyrischen Urkunden eine Stadt namens Zalpa (Barjamovic 2011: 107–122) mehrfach erwähnt, diese liegt aber im Süden wahrscheinlich am westlichen Eufrat-Ufer.

29 Vgl. zur Lokalisierungsdiskussion Forlanini 2008: 65f.; Kryszat 2008b: 205; Weeden/Ullmann 2017: 242f. und v. a. Barjamovic 2011: 363–366.

30 Kryszat 2008b: 203; Barjamovic 2011: 397–378; zum Titel siehe auch Carruba 2003: 75.

31 Larsen 2015: 32–34, 143f.; Barjamovic/Hertel/Larsen 2012: 35–40; vgl. Kryszat 2008b: 209f. – Zum Anum-Ḫirbi-Brief siehe Miller 2001 mit der Analyse der historischen Gegebenheiten sowie TUAT.NF 3: 80f. (K. Hecker).

ten in die Wege leitete. Über den Aufstieg der Dynastie von Kuššara in Zentralanatolien sind wir durch den so genannten Anitta-Text[32] in hethitischer Sprache informiert, der in den ersten neun Zeilen die Eroberung der Stadt durch einen nächtlichen Angriff der Truppen Pitḫanas beschreibt. Die im weiteren Narrativ des Textes beschriebenen kriegerischen Auseinandersetzungen betreffen besonders den Norden (Zentral-)Anatoliens und den Westen. Der Feldzug gegen Zalpa im Norden endet erfolgreich mit der Rückholung der Statue der Stadtgottheit von Kaneš, die Jahrzehnte zuvor von Uḫna verschleppt worden war. Ḫuzziya, der König von Zalpa, wurde von Anitta gefangen und nach Kaneš mitgenommen. Auch Ḫattuša wurde von Anittas Truppen erobert und zerstört, nachdem sich ihr König Piyušti schon zuvor zweimal Anitta widersetzt hatte. Das Vorgehen gegenüber Ḫattuša könnte mit der konkurrierenden wirtschaftlichen Bedeutung von Ḫattuša zusammenhängen, denn dort gab es – im Unterschied zum (zu) weit nördlich gelegenen Zalpa – ebenfalls eine florierende assyrische Handelsniederlassung, wodurch Hattuša in dieser Hinsicht ein gefährlicherer Konkurrent für Kaneš war, als dies bei Zalpa der Fall war.[33] Die Aktivitäten Anittas in Richtung Westen betreffen in erster Linie Burušḫattum, dessen Großkönig sich Anitta unterwirft und ihm seine Herrschaftsinsignien – einen eisernen Thron und ein eisernes Szepter – übergibt. Als Gegenleistung räumt Anitta dem (abgesetzten) Herrscher von Burušḫattum jedoch einen Ehrenplatz zu seiner Rechten ein, was zwar offensichtlich die hohe Achtung Anittas gegenüber dem Großkönigtum in Burušḫattum ausdrückt, aber durch die Unterwerfung dieses Großkönigs für Anitta auch den Weg frei macht, nunmehr sich selbst als »Großkönig« zu bezeichnen und diesen Titel in die Titulatur der hethitischen Tradition einzuführen.[34]

Anittas Nachfolger (und letzter namentlich bekannter Herrscher von Kaneš) war Zuzzu.[35] Unklar bleibt, ob er ein Sohn Anittas oder ein Usurpator war; letzteres könnte der Fall gewesen sein, da Zuzzu sich auch als »Großkönig von Alaḫzina« bezeichnet, möglicherweise sein Herkunftsort. Mit ihm endet um 1725 die politische Bedeutung

---

32 KBo 3.22; vgl. TUAT.NF 2: 139–141 ([J. Klinger); CoS 1: 182–184 (H.A. Hoffner). Für Übersetzungen mit detailliertem Kommentar siehe Neu 1974; Carruba 2003. Einen allgemeinen Überblick der Ereignisse bieten z. B. Bryce 2005: 37–40; Klengel 1999: 28–31; Veenhof 2008: 144f.; Michel 2011: 322f. sowie Barjamovic 2011: 148f. Der Text schreibt für den Ortsnamen Kaneš die hethitische Namensform Neša. Aus Gründen der einheitlichen Lesbarkeit verwende ich jedoch durchgehend den Namen Kaneš.

33 Vgl. Schachner 2011: 64f. – Aufgrund der in hethitischen Texten manchmal verwendeten logographischen Schreibung ^{URU}KÙ.BABBAR »Silberstadt« für Ḫattuša kann man vielleicht ableiten, dass die Stadt durch Silberhandel ein wichtiger Wirtschaftsstandort im hattischen Raum war. Eventuell ist daraus auch das hattische Wort für »Silber« als *ḫattuš* zu rekonstruieren; vgl. aber auch die Skepsis von Klinger 1996: 88.

34 Vgl. Kryszat 2008b: 203; in AnT 41 wird dieser Titel (LUGAL.GAL) zwar schon im Zusammenhang mit der Rückführung der Statue der Gottheit von Zalpa nach Kaneš von Anitta verwendet, doch könnte dies dadurch begründet sein, dass man in der Rückführung der Statue ein zentrales Ereignis für das Wohlergehen und die Stärkung der Vorrangstellung der Stadt sieht, so dass der Text bereits dafür Anitta als »Groß«-König charakterisiert; siehe auch Yakubovich 2010: 245.

35 Kryszat 2008b: 207, 210.

von Kaneš.[36] Bis zum Beginn der althethitischen Zeit (in der »neuen« Hauptstadt Ḫattuša) besteht ein von der Forschung hinsichtlich der Länge unterschiedlich bewerteter Hiatus, da einerseits die Länge der Regierung von Zuzzu von Kaneš nicht exakt festgelegt werden kann, andererseits auch die ersten hethitischen Könige in Ḫattuša (Ḫuzziya und Labarna I.) und damit der genaue Beginn des hethitischen Königtums in Ḫattuša nicht in allen Details rekonstruierbar ist. Trotz dieses Einschnitts setzen sich manche Traditionen in der althethitischen Zeit fort.

Blickt man neben den skizzierten politischen Verhältnissen auf die kulturelle und ethnische Situation des anatolischen Raums, so ist auf drei geographische Räume zu verweisen, die schwerpunktmäßig eine je eigene ethnische Prägung zeigen,[37] auch wenn es selbstverständlich Überlappungen dieser Prägung gegeben hat. Kaneš war das Kerngebiet der »hethitischen« Bevölkerung, die sich selbst wahrscheinlich als »Nesier« (hergeleitet vom Ortsnamen Neša/Kaneš) und ihre Sprache als *nišili-*[38] bezeichnen. Dass die anatolische Bevölkerung von Kaneš (oder zumindest ein maßgeblicher Anteil davon) als Hethiter zu betrachten ist, kann man aus einer Reihe von hethitischen Wörtern erschließen, die als Fremdwörter bereits Eingang in die altassyrischen Texte von *kārum* II gefunden hatten, bzw. vor allem durch in diesen Texten bezeugte Personennamen. Linguistisch ist diese Form des Hethitischen in Kaneš jedoch nicht identisch mit dem Hethitischen der Texte aus Ḫattuša; dazu trägt wohl der Umstand bei, dass die ältesten Hinweise auf Hethitisches in Kaneš fast drei Jahrhunderte früher zu datieren sind als die ersten Texte aus Ḫattuša. Möglicherweise kann man das Hethitische in Kaneš und die Sprache in Ḫattuša als zwei Dialekte des Hethitischen bewerten, wie unlängst Alwin Kloekhorst durch eine Untersuchung des Namenmaterials postuliert hat.[39] Die Verbindung der Herrscherschicht von Kaneš mit dem Hethitischen zeigt auch der Name des Königs Inar, der – wie der gleichlautende Name der (Schutz-)Gottheit Inar – mit dem hethitischen Wort *innara-* »stark« zu verbinden ist. Die Bevölkerungsverteilung in Kaneš weist zwar darauf hin, dass die anatolische Bevölkerung vor allem im Bereich der Oberstadt und die assyrischen Händler im Bereich der Unterstadt lebten, allerdings war die Unterstadt, das *kārum* der Assyrer, zugleich jener Raum der Stadt, in dem Assyrer und Anatolier im regelmäßigen Austausch miteinander standen.

---

36 Die Stadt existiert allerdings bis in die hethitische Großreichszeit weiter und gewinnt im frühen 1. Jahrtausend anscheinend wieder an Bedeutung, siehe Barjamovic 2011: 230f.

37 Forlanini 2008: 78–81; siehe auch Yakubovich 2010: 245; Archi 2015a: 7.

38 Kloekhorst 2019: 254, wo auch die Varianten dieser Sprachbezeichnung genannt sind.

39 Kloekhorst 2019: 233–245 fasst die Ergebnisse der Untersuchung prägnant zusammen, was jedoch Yakubovich 2020: 283–287 in seiner Rezension höchst kritisch betrachtet bzw. weitgehend ablehnt. Die Problematik der Analyse des – v. a. aus Namen gewonnenen – Sprachguts verdeutlicht auch die Annahme von Dercksen 2007: 27, dass eine Reihe von Lehnwörtern aus einer altertümlichen Form des Hethitischen (der Dokumentation aus Ḫattuša) von den Assyrern entlehnt wurde. Unabhängig den unterschiedlichen Positionen zum Verhältnis zwischen dem Hethitischen in Ḫattuša und in Kaneš (sowie Kuššara) ist festzuhalten, dass die hethitische Sprache schon vor ihrer Dokumentation in althethitischer Zeit südlich des Halys bekannt war, während innerhalb des Halysbogens die hattische Sprache ursprünglich vorherrschend war; siehe ferner Goetze 1953: 277.

Die Handelskontakte führten zu weiteren Sozial- und Kulturkontakten,[40] was sich auch in Mischehen zwischen der einheimischen anatolischen Bevölkerungsgruppe und den assyrischen Händlern widerspiegelt. Mit dem Rückgang der assyrischen Handelsaktivitäten in der Phase *kārum* Ib hat der Anteil von Anatoliern in der Unterstadt zugenommen und dadurch möglicherweise den kulturellen Kontakt mit den Assyrern noch verstärkt. Die hethitische Bevölkerung ist im Wesentlichen jedoch auf das Gebiet von Kaneš ausgehend in den Süden und entlang des Oberlaufs des Kızılırmak beschränkt gewesen, während innerhalb des Halysbogens die Siedlungsgebiete der hattischen Bevölkerung lagen. Da aber deren wichtige Siedlungen in den assyrischen Handel einbezogen waren, ist – abgesehen von den kriegerischen Auseinandersetzungen – wohl auch mit kulturellem Austausch zwischen Hethitern, Hattiern und Luwiern zu rechnen. Die Luwier[41] scheinen – von Kaneš aus gesehen – entlang des Unterlaufs des Kızılırmak und weiter westlich davon gewohnt zu haben, wobei das Großkönigtum von Burušḫattum eines der wichtigen luwischen Zentren[42] schon in der Zeit der altassyrischen Handelskolonien war, das im kulturellen und politischen Austausch bzw. in Auseinandersetzung mit den nördlich bzw. nordöstlich von ihnen siedelnden Hattiern stand. Somit lassen sich siedlungsgeographisch drei – auch ethnisch-sprachlich geprägte – Schwerpunkte mit Hethitern, Hattiern und Luwiern bereits für das 19. und 18. Jahrhundert rekonstruieren – wobei bezüglich der Hattier eine Kontinuität zu jenen Traditionen denkbar ist, die ein halbes Jahrtausend zuvor in Alaca Höyük feststellbar sind, obgleich (zumindest bis heute) für Alaca Höyük keine Einbindung in den assyrischen Handel oder die Existenz eines assyrischen *kārum* bekannt ist.

3 Religiöse Vorstellungen vor der Entstehung des hethitischen Staates

Die Aussagen über die verschiedenen lokalen religiösen Traditionen betreffen die Hattier innerhalb des Halysbogens, die hethitische Bevölkerung in Kaneš sowie die Luwier in Burušḫattum und im Westen. Für diese Kenntnisse stehen – wie schon bei der historischen Rekonstruktion – wiederum weitgehend nur die altassyrischen Texte und der hethitische Anitta-Text zur Verfügung, d. h. Texte, deren Fokus nicht auf der Behandlung religionsbezogener Fragen liegt. Ferner ist zu bedenken, dass viele Verfasser und Verfasserinnen der altassyrischen Briefe keine Anatolier waren. Insofern beziehen sich manche religiösen Aussagen dieser Texte auf die altassyrische Religion, die hier aber nur insofern erwähnt werden soll, als man aufgrund des alltäglichen Kontakts

40 Vgl. auch Michel 2011: 326–328. Siehe auch einige Briefe, die sich auf Anatolierinnen als Zweitfrauen eines assyrischen Händlers beziehen, bei Michel 2020: 68–84.

41 Der in den aass. Briefen mehrfach vorkommende Begriff *nuwā'um* sollte jedoch nicht spezifisch auf Luwier (so Zangger/Mutlu/Müller 2016: 72) bezogen werden, sondern bezeichnet aus Sicht der Assyrer allgemein die nicht-assyrische Bevölkerung Anatoliens (Goedegebuure 2008b: 169; Yakubovich 2010: 221f.; Larsen 2015: 137f.).

42 Forlanini 2007: 278; Yakubovich 2010: 245; vgl. Archi 2015a: 7.

zwischen Assyrern und Anatoliern in Kaneš erkennen kann, dass es für beide Gruppen keine unüberwindbaren Grenzen gegeben hat, auch an religiösen Praktiken der »Anderen« teilzunehmen. Einzelne assyrische Briefe sprechen davon, dass ein Assyrer hinauf zum Tempel geht, was räumlich konkret dahingehend zu verstehen ist, dass die Tempel der Oberstadt von Kaneš als Ziel dieser Aktion zu sehen sind. Zumindest die Stadtgöttin von Kaneš, Annā, wurde dabei auch von Assyrern – eben in deren Tempel in der Oberstadt – verehrt. Eine andere interessante religiöse Interferenz wird in einem Vertragstext zwischen dem lokalen Herrscher und einem assyrischen Kaufmann sichtbar, in dem der Kaufmann seine Unschuld dadurch beweisen soll, dass er entweder »vor dem Dolch des Gottes Aššur schwört« oder »wie ein Anatolier zum Fluss geht«, d. h. sich zum Erweis seiner Unschuld einem (göttlichen) Flussordal unterwirft.[43] Aber auch andere Texte zeigen gerade in Bezug auf Eidesleistungen, dass ein Eid vor Aššur, Annā und dem *rubā'um* geschworen wird, um dadurch den Eidbrüchigen sowohl unter die Autorität der beiden göttlichen wie auch des menschlichen Machthabers zu stellen. Welche Aussagen zur Religion bei den anatolischen Bevölkerungsgruppen lassen sich nun einigermaßen gesichert machen? Guido Kryszat hat den diesbezüglichen Kenntnisstand, der sich aus Andeutungen und Hinweisen der altassyrischen Texte aus Anatolien gewinnen lässt, zusammengestellt; darauf kann die folgende Darstellung aufbauen.

3.1 Die Götterwelt

Die meisten Aussagen sind bezüglich der Götterwelt möglich, auch wenn bereits eingangs einschränkend zu sagen ist, dass über die genauen Funktionen vieler Götter, geschweige denn über mythologische Begründungen oder Erklärungen von Göttern, kaum Kenntnisse vorhanden sind. Allerdings lassen sich Veränderungen in der Götterwelt der Schicht *kārum* II zur Schicht *kārum* Ib feststellen.

An der Spitze des Pantheons scheint als Stadtgöttin Annā gestanden zu haben.[44] Ihr Name könnte mit dem der luwischen Göttin Anna, die zum Kreis der Göttin Ḫuwaššanna von Ḫubešna gehört, identisch sein. Dabei ist zu beachten, dass Anna praktisch auf den Kreis von Gottheiten um Ḫuwaššanna beschränkt bleibt,[45] d. h. die Hauptgöttin von Kaneš hat in den religiösen Vorstellungen nach der Entstehung des hethitischen Staates keine hervorragende Rolle mehr ge-

43 Siehe kt n/k 504; Günbattı 2008: 129f.; zum anatolischen Flussordal im Allgemeinen siehe Laroche 1973: 184–189. Der Schwur vor dem Dolch Aššurs oder vor Aššur und Annā ist mehrfach in den assyrischen Texten belegt, siehe z. B. Kryszat 2006: 109 und TUAT.NF 1: 47f. (K. Hecker); TUAT.NF 3: 82, 86 (K. Hecker). Zur teilweisen »Transreligiosität« siehe auch die kurzen Bemerkungen von Hirsch 1961: 77; Dercksen 2008: 123.

44 Kryszat 2006: 105–107, 110–112; Taracha 2009: 28. Das Geschlecht der Göttin ist weder grammatikalisch noch m.W. durch eindeutige Textbelege zu bestimmen, sondern beruht auf der Verbindung ihres Namens mit dem der luwischen Göttin. AnT 56 (vgl. dazu unten) kann nun als weiteres Indiz für Annā als Göttin gelten.

45 Hutter 2003: 244.

spielt. Die Rolle von Annā als Hauptgöttin von Kaneš – was auch die Verbindung der allgemeinen Nennung der *ilat ālim* (»Göttin der Stadt«) bzw. der *ilat Kaneš* (»Göttin von Kaneš«) mit Annā erlaubt – könnte auch der Grund sein, dass Eide vor dem Gott Aššur, vor Annā und vor dem *rubā'um* geschworen werden; wahrscheinlich bezieht sich auch der Titel »Herrin des Eides« (*bēlat māmītim*) auf sie. Der Großteil der Belege für Annā stammt aus *kārum* II, wobei der Rückgang der Beleglage in *kārum* Ib nicht nur damit zusammenhängen dürfte, dass aus Schicht II insgesamt die Mehrheit der Quellen stammt, sondern auch mit einem religionspolitischen Ereignis, nämlich der Deportation der Stadtgottheit von Kaneš durch Uḫna nach Zalpa, was Anitta im Zusammenhang mit seiner Rückholung der Statue der Göttin aus dem Norden Anatoliens erwähnt. Allerdings ist im hethitischen Anitta-Text nicht der Name Annā verwendet, sondern die hethitische Bezeichnung ^{D}*šiušummi-* »unsere Gottheit« bzw. »unser Šiu«. Damit sind mehrere philologische und religionsgeschichtliche Probleme verbunden. Das geringere Problem stellt das Possessivsuffix *-šummi-* dar, das sich auf die 1. Person Plural bezieht.[46] Das hethitische Wort *šiu-* kann sprachlich von der indoeuropäischen Form **dy-éu-/*di-w-* »Licht(gott)« hergeleitet werden, woraus Erich Neu den Schluss zieht, dass Šiu der Name der Sonnengottheit in Kaneš war, der im Anitta-Text an manchen Stellen in der ideographischen Schreibung ^{D}UTU auftaucht. Erst in späterer althethitischer Zeit sei der »Sonnengott« (Šiu) durch den Sonnengott Ištanu verdrängt worden, so dass der Gottesname Šiu dadurch zum bloßen Appellativ »Gott« wurde.[47] Geht man hingegen von der Identifizierung von Annā mit *šiu-* aus, so muss man hinsichtlich der Deutung von *šiu-* als Name des Sonnengottes feststellen, dass die assyrischen Belege kein Indiz dafür liefern, dass Annā eine (weibliche) Sonnengottheit gewesen wäre. Versteht man jedoch *šiu-* als Appellativ »Gott«, so gewinnt man daraus zwar keinen Hinweis auf den Charakter und Aufgabenbereich von Annā, kann aber an jenen Stellen im Anitta-Text, die von »unserer Gottheit« sprechen, problemlos an Annā denken.

Auch wenn somit *šiu-*/Šiu- als Sonnengottheit nicht in Frage kommt, ist eine Sonnengottheit in der sumerographischen Schreibung ^{D}UTU sowohl in den Schichten *kārum* II und Ib als auch in den hethitischen Texten gut nachgewiesen; der Name bleibt jedoch in vorhethitischer Zeit unbekannt, da selbstverständlich der Name Eštan für die Sonnengöttin des hattischen Gebiets innerhalb des Halysbogens sicher nicht auf die Sonnengottheit in Kaneš übertragen werden darf. Dass der Sonnengott nicht unbedeutend war, sieht man daran, dass ihm ein größeres Fest ausgerichtet wurde,[48] das – wie andere Festtermine – als Terminangabe

---

46 Singer 1994: 83; Hoffner/Melchert 2008: 138f. mit Fn. 3.

47 Neu 1974: 116–131; auch Carruba 2003: 121f. sieht in Šiu den Sonnengott. Die Deutung von *šiu-* als Appellativ (einschließlich des Possessivsuffixes *-šmiš* »ihr«, 3. Pers. Pl.) und nicht als Gottesname erleichtert auch an anderen Stellen des Textes das Verständnis, siehe dazu auch Singer 1994: 83 sowie Melchert 2019: 242f. in Widerlegung der Deutung von *šiu-* als Sonnengott.

48 Kryszat 2006: 108.

für die Rückzahlung von Schulden in einer Urkunde genannt wird (kt 89/k 432,12); über Festablauf oder genaue Datierung des Festes im Jahreslauf kann daraus aber nichts abgeleitet werden.

Aufgrund der klimatischen Verhältnisse in Zentralanatolien überrascht die wichtige Rolle eines Wettergottes wenig, allerdings ist auch hier wiederum ein Problem zu benennen: In den Texten von *kārum* II kommt häufig der Gottesname Nipas[49] vor, der jedoch in Schicht Ib nicht mehr auftaucht. Daher ist damit zu rechnen, dass zwischen Schicht II und Ib eine Verschiebung im Pantheon geschehen ist und Nipas durch einen anderen Gott abgelöst wurde, so dass sein Name in der Überlieferung verschwindet, da auch das hethitische Pantheon keinen Gott mit diesem Namen nennt. Die große Zahl der Belege für Nipas in den Texten der Schicht II zeigt jedoch, dass er damals neben Annā der wichtigste Gott in Kaneš gewesen sein dürfte. Diese wichtige Stellung des Gottes verdeutlichen auch die Nennung von Priestern für ihn sowie die Erwähnung eines (wohl mehrtägigen) Festes für den Gott. Einen Hinweis auf die Funktion des Gottes kann man in seinem Namen finden, den die Forschung meist mit dem hethitischen Wort *nepiš-* »Himmel« verbindet.[50] Aufgrund der Etymologie (vgl. z. B. griech. *néphos*; sanskrit *nabhas-* »Wolke«) ist dabei nicht an den lichten und sonnenklaren (vgl. indoeurop. **dy-éu-/*di-w-*) Taghimmel, sondern an den bewölkten Himmel zu denken, dessen Wolken Niederschlag und agrarische Fruchtbarkeit bringen. Somit scheint Nipas für die »himmlischen Wettererscheinungen« verantwortlich zu sein, wobei eine solche typologische Verknüpfung – trotz des Schwindens des Namens – nicht völlig aufgegeben worden zu sein scheint, da noch Anitta mehrfach vom »Wettergott (^{D}IŠKUR) des Himmels« spricht.[51] Trotz des »Verlustes« bzw. der Änderung des Namens des Wettergottes in Kaneš scheint eine typologische Kontinuität erhalten geblieben sein, denn Anitta errichtete nach der Festigung seiner Herrschaft in Kaneš je einen Tempel für den »Wettergott des Himmels« und für »unsere Gottheit«.[52] Im Nebeneinander der beiden Gottheiten kann man eine Reminiszenz an die älteren Vorstellungen des zentralen Götterpaares Nipas und Annā in Kaneš sehen, was auch ein Indiz für das weibliche Geschlecht von Annā ist. In den Texten von *kārum* Ib kommt ebenfalls mehrfach ein Wettergott in der sumerographischen Schreibung ^{D}IŠKUR vor (auch mit einer besonderen Erscheinungsform als ^{D}IŠKUR *ša qaqqadim* »Wettergott des Hauptes«[53]), wobei auffallend ist, dass die Texte der Schicht II diese sumerographische Schreibung nicht kennen. Die zunächst auf der Hand liegende Gleichsetzung zwischen ^{D}IŠKUR und Nipas ist aber kaum möglich, da Personen-

49 Kryszat 2006: 113f.; Höfler 2015: 174f.

50 Vgl. zuletzt Höfler 2015: 156, 174; Melchert 2019: 245f.

51 KBo 3.22 Vs. 2, 20, Rs. 51, 56. Die syllabische Komplementierung von ^{D}IŠKUR verbietet aber, das Zeichen als Sumerogramm für Nipas zu lesen, sondern führt zur wahrscheinlichen Lesung Tarḫun(a); siehe zur Diskussion Neu 1974: 118.

52 KBo 3.22 Rs. 55–58 (Neu 1974: 12–15). Vgl. CoS 1: 183 (H.A. Hoffner); TUAT.NF 2: 141 (J. Klinger).

53 Vgl. dazu auch Kryszat 2006: 117 mit Entsprechungen im Hethitischen.

namen dieser Zeit mit dem Namen des hethitischen Wettergottes Tarḫun(a) gebildet sind. Derzeit kann man aus diesem Befund noch nicht mehr ablesen als eine offensichtliche Veränderung im Pantheon von Kaneš, indem zwei in ihren Funktionsbereichen vergleichbare Götter in zeitlich unterschiedlicher Verteilung auftauchen, wobei die Ursache für diese unterschiedliche Verteilung nicht geklärt ist. Auch die Darstellungen auf Siegeln des so genannten »anatolischen Typs« aus Kaneš stellen anscheinend unterschiedliche Wettergottheiten dar, wobei Wettergottheiten häufiger als andere Götter dargestellt sind. Oft ist der Wettergott gemeinsam mit seinem Symboltier, einem Stier, dargestellt, dessen Zügel er manchmal hält, oder der Gott steht auf einem Berg. Andere Siegelabdrücke zeigen einen Wettergott gemeinsam mit einem bewaffneten Gott auf einem Stier.[54] Genauso darf man wohl auch die Rhyta in Form eines Stierkopfs mit dem Kult des Wettergottes verbinden.[55]

Von einer Reihe von weiteren Göttern, die in den altassyrischen Texten genannt sind, sind uns kaum mehr als die Namen bekannt:[56] Aškašepa (nur in *kārum* Ib belegt), Ḫariḫari (nur in II), Ḫigiša, Ilali (nur in II), Ilaliyanta (nur in Ib), Kubabat, Nisaba, Parka (nur in II), Peruwa (nur in II), Tuḫtuḫani. Welche vorsichtigen religionsgeschichtlichen Rückschlüsse kann man daraus ziehen? Einige Götter sind bisher nur aus den Kültepe-Texten bekannt, wobei wir keine verlässlichen Aussagen machen können, weshalb sie uns in späterer Zeit nicht mehr fassbar sind. Denn in hethitischen Texten sind von diesen Göttern nur noch Aškašepa, Ilali, die Ilaliyant-Gottheiten, Kubaba, Nisaba, Parka und Pirwa bezeugt. Dass Parka und Peruwa in *kārum* Ib bisher nicht nachweisbar sind, dürfte dabei nicht auf religionsgeschichtliche Veränderungen, sondern eher auf die schlechte Beleglage in *kārum* Ib zurückzuführen sein, wobei Pirwa noch in hethitischen Texten mit Kaneš verbunden ist (vgl. KUB 56.54 ii 4'-8'). Ein hethitischer Inventartext (KUB 38.4) beschreibt den Gott Pirwa der Stadt Šippa, der auf einem Pferd steht, so dass man diese Beschreibung für die Deutung einer Gussform aus *kārum* Ib heranziehen kann, auf der ein Gott, der auf einem Equiden oder Esel steht, abgebildet ist. Hinter dem Tier ist eine Göttin abgebildet.[57] Parka – sowie Annā – sind aus Texten hethitischer Zeit jedoch im luwischen Milieu verankert, das westlich von Kaneš zu lokalisieren ist. Auch Ilali und die Ilaliyant-Gottheiten sind nach der

---

54 Özgüç 2003: 304.

55 Özgüç 2003: 207; vgl. auch Akurgal 1961: Abb. 32.

56 Siehe die Tabelle von Kryszat 2006: 117; vgl. auch Hirsch 1961: 27f.; Taracha 2009: 28f.; Haas 1994: 614f. Popko 1995: 55 weist ebenfalls auf die Differenzierung zwischen Göttern des hethitischen, luwischen und hattischen religiösen Milieus der altassyrischen Zeit hin; allerdings ist zu betonen, dass die von ihm dem hattischen Milieu zugewiesenen Götter in den altassyrischen Texten nicht genannt sind, sondern er die Götter(namen) dieses Milieus aus hethitischen Texten ableitet.

57 Emre 1971: 145 und Tf. IX, 1; van Loon 1985: 5f. und Tf. IIIa; Özgüç 2003: 281, 306. – Zur ikonographischen Verbindung zwischen Pirwa und einem Pferd siehe zuletzt Ünal 2019: 694–694.

Zeit der assyrischen Handelsniederlassungen im luwischen Bereich[58] nachweisbar. Kubaba hingegen ist keine »hethitische« Göttin in Kaneš, sondern stammt ursprünglich aus dem nordsyrischen Raum, wahrscheinlich aus dem Bereich von Alalaḫ.[59] Eventuell kann man Darstellungen einer Göttin auf kappadokischen Siegeln, die von einem Vogel, vielleicht einer Taube, begleitet ist, als Abbildung von Kubabat interpretieren.

3.2 Das Verhältnis der Gottheiten der kārum-zeitlichen Texte zur Götterwelt der hethitischen Zeit und des luwischen Gebietes

Diese geraffte Bestandsaufnahme führt zu folgendem Ergebnis: Das »Pantheon« der anatolischen (hethitischen) Götter von Kaneš ist nach dem Zeugnis der Kültepe-Texte einerseits »frei« von Einflüssen aus dem nördlichen hattischen Bereich bzw. derjenigen Götter, die wir in hethitischen Texten den Hattiern zuweisen können. D. h. die »Verteilung« bzw. das Weiterleben der Götter aus Kaneš bestätigt die vorhin erwähnte Grenzziehung, derzufolge die Hattier im 19. und 18. Jahrhundert innerhalb des Halysbogens lebten, während die Hethiter in Kaneš auf das Gebiet südlich des Kızılırmak beschränkt waren. Dadurch müssen wir für diese Zeit von getrennten religiösen Vorstellungen entsprechend der verschiedenen Siedlungsgebiete (und der ethnisch-sprachlichen Differenzierung) ausgehen.

Während dabei die Abgrenzung zwischen hattischen (»nördlichen«) und kanesischen (»südlichen«) Gegebenheiten einigermaßen klar ist, ist eine Differenzierung zwischen hethitischen und luwischen Vorstellungen weniger deutlich. Denn neben den eigenständig genannten Göttern in den altassyrischen Texten liefern auch die theophoren Personennamen dieser Texte Einblick in die religiöse Situation. Sichere luwische Götter, deren Verehrung man durch die Personennamen feststellen kann, sind die Schicksalsgottheit Gulza, der Schutzgott Kurunta, der mit kriegerischen Aktivitäten verbundene Šanta sowie der Sonnengott Tiwad.[60] Andere in den altassyrischen Texten genannte Götter von Kaneš bzw. anderer anatolischer Orte sind in hethitischer Zeit ebenfalls in Umgebungen bezeugt, die dem luwischen Raum zugeordnet werden müssen. Für die altassyrische Zeit ist dabei einerseits mit der Möglichkeit zu rechnen, dass es sich um Gottheiten handelt, die eine gemeinsame anatolische Geschichte haben, so dass sie von den

58 Dass es sich bei Ilali bzw. den Ilaliyant-Gottheiten möglicherweise um nicht exklusiv luwische Gottheiten handelt, sieht man daran, dass diese Gottheiten unter der Bezeichnung Ilaliyantikeš auch im Pantheon der Palaer vorkommen, vgl. dazu u. a. Hutter 1988: 125f. sowie unten Abschnitt C.2.7.

59 Hutter 2017: 115.

60 Yakubovich 2010: 211; vgl. schon die älteren Untersuchungen zum Pantheon von Kaneš durch Goetze 1953: 264f. Zum Profil dieser Götter, das allerdings nur aus Texten der hethitischen Zeit erschlossen werden kann, siehe Hutter 2003: 224–230.

kleinen Fund zu einem wichtigen Indiz für eine Kontinuität von religiösen (und künstlerischen) Vorstellungen von der *kārum*-Zeit in die hethitische Periode.

3.3 Beobachtungen zur religiösen Praxis als Strukturfaktor der Gesellschaft

3.3.1 Tempel und öffentlicher Kult

Einige Baustrukturen in der Oberstadt von Kaneš werden als Tempel gedeutet, auch der Anitta-Text spricht von der Errichtung von Tempeln.[68]

> Und für Neša baute ich Befestigungen. Und nach den Befestigungen baute ich den Tempel des Wettergottes des Himmels und den Tempel unserer Gottheit. Den Tempel der Gottheit Ḫalmašuit, den Tempel des Wettergottes, meines Herren, und den Tempel unserer Gottheit baute ich. Und was ich an Gütern von den Feldzügen zurückbrachte, damit versah ich [sie].

Dass unter Pitḫana und Anitta Kaneš baulich verändert wurde, zeigt der archäologische Befund.[69] Frühere Bauten der Oberstadt waren durch ein Feuer zerstört worden – möglicherweise im Zusammenhang mit der militärischen Auseinandersetzung zwischen den Städten Kaneš und Zalpa –, so dass nun eine große Palastanlage errichtet wurde, deren Umfassungsmauer 140 mal 120 Meter misst. Die Gebäude dieses Palastes sind dabei um einen Innenhof gruppiert. Eine architektonisch ähnliche, wenn auch etwas kleinere Anlage wurde in Acem Höyük ausgegraben. Ferner sind in der Oberstadt zwei gleiche Baustrukturen nachweisbar, die als Tempel interpretiert werden. Die Größe der beiden Bauten mit je einem Zentralraum (14 mal 12,3 Meter) und massiven Türmen an den Ecken zeigt die Bedeutung dieser Bauten; allerdings muss dazu einschränkend gesagt werden, dass keine Kultgegenstände darin gefunden wurden. Zwei weitere kleinere Gebäude könnten ebenfalls Tempel gewesen sein. Die verschiedenen Bauten der Oberstadt von Kaneš ergeben insgesamt ein Bauensemble für die zweite Hälfte des 18. Jahrhunderts, das aus kultischen Bauten und dem Palastbereich bestand, auch wenn aufgrund der starken Zerstörung durch einen Brand sowie jüngere bauliche Aktivitäten in diesem Bereich eine Detailrekonstruktion des Areals zur Blütezeit der Oberstadt während der Dynastie von Kuššara nicht völlig möglich ist.

Leider erfahren wir aus den altassyrischen Briefen wenig über die Funktion der Tempel und die Rituale des öffentlichen Kultes. Die Texte aus Kültepe nennen einige Priester, die mit dem assyrischen Wort *kumrum* bezeichnet werden; für Priesterinnen ist der Titel *gubabtum* bezeugt.[70] Wenn man an die Vielfalt von unterschiedlichen Bezeichnungen für »Priester« in der hethitischen Überlieferung denkt, darf man vermuten, dass

---

68 KBo 3.22 Rs. 55–58 (TUAT NF 2: 141 [J. Klinger]); vgl. Neu 1974: 12–15; CoS 1: 183 (H.A. Hoffner).

69 Zur Großarchitektur der Oberstadt siehe Özgüç 2003: 114–141; ferner Larsen 2015: 36–38 sowie Kulakoğlu 2011: 1014–1018. Heffron 2016: 25 äußert jedoch – wegen des fehlenden »Kult«-Inventars – Zweifel daran, ob es sich bei den als Tempel interpretierten Bauten um solche handelt.

70 Kryszat 2006: 104f.; Hirsch 1961: 55; Veenhof 2008: 104.

mit dem assyrischen Begriff *kumrum* unterschiedliche Priester bezeichnet werden können, die verschiedene Aufgaben im Kult ausgeübt haben. Diese Aufgabenverteilung lässt sich auch davon indirekt ableiten, dass einzelne Priester einer bestimmten Gottheit zugeordnet werden können, wobei namentlich wenigstens 30 Personen und 16 Gottheiten genannt sind.[71] Für die Rekonstruktion der religiösen Verhältnisse ist dabei methodisch erwähnenswert, dass sowohl Assyrer als auch Anatolier diese Titel tragen und neben den anatolischen Gottheiten auch die assyrischen Gottheiten Aššur bzw. Ištar von diesen Priester(inne)n versorgt wurden. Aus rechtlichen Kontexten erfahren wir z. B. von Ḫaršunuman, einem Priester der Sonnengottheit, der einem Assyrer elf Minen Silber schuldet, und in einem anderen Rechtsfall ist unter den Zeugen ein Priester der Gottheit Ḫigiša erwähnt. Weitere Priester – meist mit anatolischen Namen – sind für die Stadtgöttin Annā, für den Wettergott, für Kubabat, für Nipas und für eine Flussgottheit belegt.

Über konkrete kultische Handlungen lassen sich aus den Texten keine detaillierten Rückschlüsse gewinnen. Ein »heiliger« Bezirk (innerhalb eines Tempelareals) könnte mit dem Wort *ḫamrum* bezeichnet sein, wo auch Rechtsentscheidungen getroffen wurden.[72] G. Kryszat interpretiert auch das Wort *sikkātum* als einen Begriff, der sich auf eine religiöse Versammlung bzw. (kultische) Prozession bezieht, wobei diese Deutung jedoch nicht unwidersprochen blieb, indem *sikkātum* als (profaner) Versammlungsort für Karawanen und Händler gedeutet wird.[73] Solche gegensätzlichen Ergebnisse der Analyse der altassyrischen Quellen zeigen dabei auch die Grenzen, an die man in vielen Fragen der religiösen Vorstellungen und Einrichtungen der Zeit der altassyrischen Handelsniederlassungen in Zentralanatolien stößt.

Genauso kann man hinsichtlich des »Festkalenders« die eingeschränkten Kenntnisse hinsichtlich der religionsgeschichtlichen Situation nochmals illustrieren. Mehrfach nennen die Briefe und rechtlichen Vereinbarungen Festtermine, bis zu denen eine fällige Schuld beglichen werden muss:[74] Dadurch wissen wir, dass es Feste für Annā, Nipas, Parka, für die Sonnengottheit, für Ḫariḫari oder für Ilali gegeben hat, ohne dass wir jedoch über die Festinhalte oder den Anlass des Festes Bescheid wüssten. Da manche dieser »Zahlungstermine« auch den Zeitpunkt der Ernte nennen, darf man vermuten, dass zumindest ein Teil der genannten Feste mit dem Agrarzyklus zusammenhängen könnte. Auch über den Festablauf lässt sich aus den zur Verfügung stehenden Quellen keine Information gewinnen; allerdings erlauben die unterschiedlichen Formulierungen des Zahlungstermins mit den Präpositionen *ina* (»während«) bzw. *ana* (»bis zu«) einen Rückschluss darauf, dass manche Feste, »während« denen die Bezahlung getätigt werden musste, sich anscheinend über mehrere Tage erstreckten. Dies gilt offensicht-

---

71 Vgl. für Einzelnachweise Hirsch 1961: 27f., 55f.; Kryszat 2006: 106, 110, 113f.; Dercksen 2008: 119f.; Veenhof 2008: 230f.

72 Vgl. Hirsch 1961: 48; vgl. auch den in hethitischen Texten bezeugten (hurritischen) Begriff ᴱ*ḫamri-*.

73 Vgl. Kryszat 2004. Siehe für die »profane« Deutung von *sikkātum* als »Marktplatz« Brinker 2010 bzw. als »war, conflict« Barjamovic/Hertel/Larsen 2012: 43f.

74 Darauf hat erstmals Matouš 1965 hingewiesen; siehe mit weiterem Material Kryszat 2006: 114f., 118.

lich für die drei Hauptfeste in Kaneš, die für Annā, Nipas und Parka ausgerichtet worden sind, an denen auch der Herrscher der Stadt – als Ausdruck »öffentlicher« Religion – teilgenommen hat.[75]

3.3.2 Religion im häuslich-familiären Kontext

Einige Kleinfunde sind Zeugnisse einer Religionsausübung im Rahmen eines »Hauskultes« oder der Familienreligion. Das zeigt sich deutlich bei den vorhin erwähnten Abgüssen bzw. Gussformen von Götterfigurinen, die in Wohnhäusern gefunden wurden. Die flache Rückseite dieser Figuren dürfte dabei darauf hinweisen, dass man sie an einer Wand aufhängen konnte.[76] Möglicherweise stellen manche dieser Götter Schutzgottheiten der Familie oder privater Personen dar.[77] Diese Interpretation stützt die Aussage eines 2001 gefundenen Textes, in dem davon die Rede ist, dass eine Priesterin eine goldene Götterfigur besitzt, die ihr von ihrem Vater gegeben wurde.[78]

Mit der Verehrung dieser Götter im Haus kann man auch die verschiedenen Libationsgefäße verbinden, die in relativ großer Zahl in Häusern der Unterstadt gefunden wurden. Dabei handelt es sich um zoomorphe Gefäße, die die Form verschiedener Haus- und Wildtiere ([Wild-]Schwein, Stier, Widder, Hase, Löwe, Ziege, Antilope) sowie von Vögeln (Adler, Rebhuhn) haben. T. Özgüç unterscheidet dabei drei Gruppen solcher Gefäße, nämlich stehende Tiere, liegende Tiere bzw. Gefäße, die nur den Kopf des Tieres wiedergeben.[79] Möglicherweise sind solche tiergestaltigen Gefäße zur Libation von Trankopfern verwendet worden, wohingegen Texte der hethitischen Zeit solche Rhyta als Trinkgefäße nennen – anscheinend als Folge einer Veränderung ritueller Verwendung. Hervorzuheben ist dabei, dass es dafür keine Parallelen in Mesopotamien oder Syrien gibt, so dass man diese Rhyta im kultischen Kontext als eine genuin anatolische Erscheinung bewerten muss, die sich von der *kārum*-Zeit bis ins hethitische Großreich nachweisen lässt.[80] Andere Tierfiguren – wiederum Antilope, Adler, Löwe, Stier(kopf) – schmücken auch den Rand von Schüsseln und Kannen. Da solche Gefäße meist sehr sorgfältig ausgearbeitet sind, darf vermutet werden, dass sie – zumindest teilweise – im kultischen Kontext verwendet

75 Vgl. dazu auch Kryszat 2006: 119.

76 van Loon 1985: 1; Şahin 2016: 30.

77 Emre 1971: 154; Özgüç 2003: 280f.; Kulakoğlu 2011: 1024.

78 Albayrak 2004: 10–13 (kt 01/k 325:18); vgl. Kulakoğlu 2008: 17.

79 Özgüç 2002c: 122; Özgüç 2003: 195–212 liefert eine detaillierte Beschreibung solcher Rhyta mit zahlreichen Abbildungen.

80 Özgüç 2003: 201. – Erwähnt sei ein besonderes Fundstück, ein »Götterboot« mit einem Schrein darauf (Özgüç 2003: 213–219): Im Schrein steht eine Göttin mit vor der Brust verschränkten Armen, und auf dem Flachdach des Schreins sitzt ein Adler; ebenfalls im Boot befinden sich zwei Priester. Bemerkenswert an diesem Boot ist, dass Analoges in der kleinasiatischen Religionsgeschichte nicht vorkommt, wohl aber sind solche Götterboote in Mesopotamien bekannt, d. h. man sollte diesen Fund aus Schicht II im *kārum* wohl den religiösen Vorstellungen der assyrischen Kaufleute zuordnen.

wurden und nicht als Alltagskeramik zu bewerten sind. Die Qualität der Gefäße lässt dabei auch vermuten, dass diese Keramikgefäße in ihrer Formgebung ähnliche Gefäße aus (Edel-)Metall nachgeahmt haben.

Manche dieser Gefäße sind für das Ausgießen von Flüssigkeiten als Opfer vor Stelen verwendet worden. Aus der Unterstadt von Kaneš sind vier Räume in Häusern der Schichten Ib und Ia bekannt, in denen sich Stelen befunden haben, vor denen Opfer im Rahmen des familiären Kultes durchgeführt wurden. Diese Stelen sind rund einen Meter hoch, an der Basis jeweils ca. 30–35 cm breit und an der Spitze 10–15 cm. Yağmur Heffron konnte dabei deutlich machen, dass sich in mindestens zwei Fällen vor der Stele auch eine Einrichtung zur Aufnahme des Gussopfers befand. Dass dies nicht nur eine Praxis in Kaneš war, sondern auch anderswo, zeigt eine Darstellung eines Siegelabdrucks aus Acem Höyük aus dem 18. Jahrhundert; darauf gießt eine stehende Person ebenfalls vor einer Stele eine Opferflüssigkeit aus.[81] Diese in den Häusern der Unterstadt gefundenen Stelen können dabei sehr wahrscheinlich mit dem Hauskult der Bewohner verbunden werden, wobei die »Zielgruppe« der Empfänger solcher Opfer nicht eindeutig geklärt werden kann. Man kann bei den Kulten vor diesen Stelen sicherlich an die Schutzgottheiten der Familie denken, die auch in den vorhin genannten Götterfigurinen sichtbar sind. Bei dieser Deutung kann man in Erwägung ziehen, ob diese Räume vielleicht auch von mehreren Bewohnern bzw. Haushalten in der Unterstadt als kleines Heiligtum benutzt wurden – eventuell innerhalb eines Verwandtschaftsverbandes.[82] Dass dabei die Familien- bzw. Verwandtschaftsbeziehungen nicht überschritten worden sein dürften, wird dadurch wahrscheinlich, dass mindestens zwei Stelen im archäologischen Kontext eng mit Gräbern verbunden sind, da die Bewohner der Unterstadt ihre Toten unter dem Fußboden im Innern des Hauses bestattet haben. Diese Verbindung zwischen Stele und Grab führt dabei zu einer alternativen Deutung des Fundensembles, indem man die Stelen als Gedächtnisstelen für die Verstorbenen ansieht und das Ensemble mit dem Totenkult in der Familie verbindet, dieses jedoch nicht für die Anwohnerschaft – als kleines allgemeines Heiligtum – genutzt wurde. Über die Ausführung des Totenkults in dieser Zeit wissen wir jedoch nicht allzu viel. Erwähnenswert sind aber einige Goldblättchen, die anscheinend auf die Augen und auf den Mund der Toten gelegt wurden, was eine rituelle Behandlung der Verstorbenen zeigt, möglicherweise um diese Körperöffnungen vor dem Eindringen schädigender Geister in die Toten zu schützen.[83]

Zieht man ein Resümee hinsichtlich der religiösen Situation, die sich für die *kārum*-Zeit rekonstruieren lässt, so bleiben die Kenntnisse sicherlich eingeschränkt. Man darf aber wohl davon ausgehen, dass von dieser Zeit eine Kontinuität mancher

81 Heffron 2016: 34 mit Abb. 10.

82 Vgl. Heffron 2016: 35–38.

83 Heffron 2020. Dabei wird (ebd. 110) auch vorsichtig in Erwägung gezogen, dass diese Praxis bis in die hethitische Zeit weiterlebt, da auch im so genannten Hethitischen Totenritual am Ende des zweiten Tages goldene Augen- und Mundbedeckungen bei der rituellen Versorgung des Toten verwendet werden.

Götter und Praktiken des Hauskultes bis in die althethitische Zeit besteht. Die Verlagerung des politischen Zentrums in das hattische Gebiet nördlich des Kızılırmak bewirkte jedoch für die Religion des beginnenden Hethiterreiches eine dynamische Beziehung zwischen Kontinuität und Neuerung.

C Religion in der althethitischen Zeit

Das Ende der politischen Bedeutung von Kaneš unter dem letzten bekannten Herrscher Zuzzu um 1725 leitet in den beiden letzten Jahrzehnten des 18. Jahrhunderts eine historische Veränderung in Zentral- und Nordanatolien ein, die die Entstehung des »althethitischen« Reiches – mit dem ersten Herrscher Ḫuzziya – ermöglicht.[1] Damit ist eine konventionelle Bezeichnung der Periodisierung der Geschichte des hethitischen Kleinasien aufgegriffen, bei der meist von drei »Reichen« – das althethitische, das mittelhethitische und das Großreich – gesprochen wird. Allerdings ist diese Dreiteilung in jüngerer Zeit zu Recht in Frage gestellt worden,[2] da – unabhängig vom nicht gänzlich unproblematischen Begriff eines hethitischen »Reiches« – deutlich wurde, dass das so genannte »mittlere Reich« keine klar abgrenzbare und eigenständige Periode darstellt, sondern eher eine Zeit politisch schwächerer Herrscher während des 15. Jahrhunderts ist. Darauf setzt am Ende des Jahrhunderts zunächst unter Tudḫaliya II. (1420–1400/1390) sowie seinem Nachfolger Arnuwanda I. aufgrund der politischen Schwäche einiger vor ihnen herrschender Könige ein neuer Aufschwung der politischen Macht ein, der unter Šuppiluliuma I. ab der Mitte des 14. Jahrhundert durch die Rückeroberung verlorengegangener Gebiete in Kleinasien, aber auch durch die erfolgreiche und andauernde Expansion der hethitischen Macht nach Nordsyrien fortgesetzt wird. Diese Neuordnung der politischen Situation wird als hethitisches Großreich bezeichnet,[3] das bis zum Beginn des 12. Jahrhunderts Bestand hat.

Man kann die hethitische Geschichte als eine kontinuierliche Geschichte sehen, mit dem 15. Jahrhundert als einer Schwächeperiode, die aber nicht nur den Übergang zum »Großreich« ermöglicht, sondern ab dem späten 15. Jahrhundert setzen auch Veränderungen in religionsgeschichtlicher Hinsicht ein: Die Kontinuität der althethitischen Religion bleibt sichtbar, aber zugleich treten neue Aspekte in Erscheinung. Dieser historischen Entwicklung trägt die folgende Darstellung insofern Rechnung, als nach dem Abschnitt zur althethitischen Religion in einem weiteren Kapitel wichtige religionsgeschichtliche Veränderungen und Neuerungen vor der Großreichszeit beschrieben werden. Dennoch muss betont werden, dass substanziel-

---

1 Klengel 1999: 33.

2 Gilan 2015: 12; Bryce 2005: xv teilt dementsprechend seine Liste hethitischer Könige nur noch in »Old« und »New Kingdom« ein. Vgl. u. a. auch Steitler 2017: 12f.; Miller 2004: 461–469 in Bezug auf die Religionsgeschichte.

3 Klengel 1999: 135.

le Unterschiede nur zwischen der althethitischen und der großreichszeitlichen Religion bestehen.[4]

1 Eckpunkte der geschichtlichen Situation der althethitischen Zeit

Als ersten hethitischen König am Beginn der althethitischen Zeit kennen wir Ḫuzziya, der als König von Zalpa durch Anitta besiegt und nach Kaneš deportiert worden war. Wie der Übergang bzw. der Hiatus zwischen der »Kaneš-Zeit« und der »althethitischen« Zeit vor sich gegangen ist, ist nicht völlig geklärt. Ein gewisser Ḫuzziya ist möglicherweise der direkte Nachfolger von Zuzzu von Kaneš, der eventuell seinerseits durch eine Usurpation die Herrschaft über Kaneš dem Herrscher Anitta entrissen hat. Dies bedeutet, dass der erste hethitische Herrscher zwar aus dem (erweiterten) »königlichen Kontext« von Kaneš stammt, aber nicht mit der Pitḫana-Anitta-Dynastie verbunden ist.[5] Trotz dieser Verbindung mit Kaneš ist hervorzuheben, dass hattische Traditionen des nördlichen Anatoliens für die Entstehung des althethitischen Reiches einen wesentlichen Faktor bilden.[6] Ob Ḫuzziya – und sein Schwiegersohn und Nachfolger Labarna I. – bereits in Ḫattuša residierten oder noch an anderen Orten, bleibt unsicher. Erst Labarna II. hat Ḫattuša neu aufgebaut und sich fortan Ḫattušili, »der (Mann) von Ḫattuša«, genannt. Ḫattušili I. stammte wohl aus Kuššara.[7] Die »hethitische Hofsprache«, die spätestens unter Ḫattušili nach Ḫattuša gelangte, wäre daher nicht der hethitische Alltagsdia-

4 Diese Veränderung berücksichtigt auch Taracha 2009: 36–79 (Old Hittite Period) und 80–167 (Empire Period) zu Recht, während die ältere Darstellung von Popko 1995: 67–159 noch einer Dreiteilung der Religionsgeschichte Anatoliens folgt.

5 Für solche Überlegungen zur Herkunft der frühen hethitischen Königsfamilie bzw. der Familie Ḫattušilis siehe Forlanini 2010: 122f. Die Verbindung von Traditionen aus Kaneš und Zalpa ist auch in der – teilweise märchenhaft gestalteten – Erzählung von der Königin von Kaneš und ihren 30 Söhnen bzw. Töchtern literarisch fassbar (Otten 1973). Erwähnenswert in der Identitätsrekonstruktion ist auch, dass weder Pamba, der nach der (akkadischen) Narām-Sīn-Legende König in Ḫattuša war (KBo 3.13; vgl. Klengel 1999: 20), noch Piyušti, der im Anitta-Text als König von Ḫattuša genannt wird, in die Namengebung hethitischer Könige aufgenommen wurden. – Siehe auch Kloekhorst 2019: 252, der erneut die Unsicherheit der historischen Rekonstruktion anspricht, ob Zuzzu der legitime Nachfolger Anittas war oder ob er durch einen Umsturz in Kaneš zur Herrschaft gekommen ist.

6 Vgl. zur historischen Rekonstruktion der Anfänge Forlanini 1984: 260f.; Ders. 2010: 122f.; Klengel 1999: 33–35; Klinger 2007: 35f.; Soysal 2004a: 6–8. – Zur Darstellung der Rolle Zalpas in der lehrhaften Erzählung über die Zerstörung der Stadt (CTH 3) vgl. Gilan 2015: 190–194, 207–210.

7 Vgl. auch Archi 2015a: 6, der darauf hinweist, dass Labarna noch zeitweilig in Kuššara residierte (vgl. KBo 3.34 i 1f.) und daher wohl zum Familienstrang von Pitḫana und Anitta gehört. Dass Anitta in der Frühgeschichte des Hethiterreiches nicht vollkommen vergessen ist, aber offensichtlich nicht die zentrale Gestalt der Identitätsbildung war, zeigt auch der sehr fragmentarische Text KBo 50.2, in dem eine Sklavin Anittas genannt ist. Kloekhorst 2019: 215f. bringt seine Skepsis gegenüber dem möglicherweise in den aass. Texte bezeugten Namen Labarna zum Ausdruck.

lekt aus Kaneš, sondern die Sprache der politischen Eliten aus Kuššara. Wegen dieser Differenzierung vermutet Alwin Kloekhorst, dass zwischen den Hinweisen auf das Hethitische in den altassyrischen Texten als Dialektform in Kaneš und der Dialektform in Kuššara Unterschiede bestanden und daher die Form hethitischer Wörter in den Texten aus Kaneš und in (jüngeren) hethitischen Texten aus Ḫattuša nicht völlig gleich ist. Auch wenn Ḫattušili aus Kuššara stammt, ist fraglich, ob sich jedoch daraus eine solche sprachliche Differenzierung ableiten lässt, wie Kloekhorst vermutet.[8] Denn im Selbstverständnis ihrer Sprache verwendeten die Hethiter den Begriff *nišili-* (bzw. auch die Variante *kanišumnili-*), wobei diese Bezeichnung vom Ortsnamen Kaneš und nicht von Kuššara abgeleitet ist, was man nicht unbeachtet lassen sollte.

Mit Labarna I. und Ḫattušili I. beginnt der »überregionale« hethitische Staat. Dabei geraten schrittweise unabhängige hattische Lokalherrscher unter hethitische Kontrolle. Der Ausbau der (neuen) Hauptstadt Ḫattuša unter Ḫattušili ist ein Zeichen der Konsolidierung der Macht gegenüber lokalen inneranatolischen Herrschern. Dieser Prozess der Konsolidierung der überregionalen Herrschaft ist unter Ḫattušilis Nachfolger (und Sohn?) Muršili I. zu Beginn des 16. Jahrhunderts im Wesentlichen abgeschlossen. Mit der Ermordung Muršilis setzte eine Periode innenpolitischer Unruhen und Thronkämpfe ein, über die wir aus dem Prolog des so genannten Telipinu-Erlasses informiert sind.[9] Telipinu, dem es während seiner Regierung gelingt, das politische Ansehen des Hethiterreiches wieder zu stärken, skizziert in diesem Text nicht nur die politischen Morde am Königshof, sondern versucht auch, die Thronfolge auf feste und geregelte Bahnen zu lenken – allerdings mit mäßigem Erfolg, da auch wenigstens zwei seiner Nachfolger (Ḫuzziya II., Muwatalli I.) eines unnatürlichen Todes starben. Mit der Thronbesteigung von Ḫuzziyas Sohn Tudḫaliya II. im späten 15. Jahrhundert beginnt eine neue Phase der hethitischen Geschichte, die durch außenpolitische Auseinandersetzungen mit Arzawa im Westen, mit den Angriffen der Kaškäer aus dem Norden und dem zunehmenden Einfluss der Hurriter auf den Südosten geprägt ist; diese Phase bereitet bereits den Übergang zur Großreichszeit vor.

Die unterschiedliche Herkunft der ersten hethitischen Könige – Zalpa und Kaneš bzw. Kuššara – ist nicht nur eine Frage der Geographie, sondern hat Auswirkungen auf die hethitische Königsideologie, die durch hattische Traditionen des Nordens sowie durch Traditionen, die mit dem Gebiet südlich des Halysbogens verbunden sind, bestimmt wird. Ferner ist für die Ideologie des hethitischen Königtums wichtig, dass es mehrere Königtümer in Kleinasien in den ersten Jahrhunderten des 2. Jahrtausends gegeben hat, ehe es zur überregionalen politischen Einigung gekommen ist. Offensichtlich als Ergebnis dieser unterschiedlichen Traditionen gibt es seit der althethitischen Zeit die Vorstellung, dass der König seine Herrschaft von einer Gottheit erhält. Anschei-

8 Kloekhorst 2019: 265–268. Siehe auch die Einwände gegen Kloekhorsts Überlegungen bei Yakubovich 2020: 286f.

9 Für Übersetzungen des Telipinu-Erlasses siehe v. a. Gilan 2015: 137–158; CoS 1: 194–198 (Th. van den Hout); TUAT I/5: 464–470 (H. M. Kümmel). Zur Darstellung der geschichtlichen Abläufe jener Zeit vgl. Bryce 2005: 100–115; Klinger 2007: 42–45 sowie die Diskussion der relevanten Quellen durch Klengel 1999: 33–103.

nend wurde im hattischen Bereich (wahrscheinlich in Zalpa[10]) Ḫanwašuit (heth. Ḫalmašuit) als Throngottheit (und damit mit besonderer Relevanz für den König) verehrt. Nach einem aus dem hattischen Milieu stammenden Palast-Bauritual hat diese Gottheit eine »Zeremonialkutsche« und somit die Regierungsgewalt dem König gegeben. Meist wird dieser Ritualtext als zentraler Beleg für die göttliche Legitimierung des Königtums angesehen, allerdings sollte man darin wohl nur einen Traditionsstrang für die hethitische Königsideologie sehen. Die Beschreibung in einem junghethitisch überlieferten Text, der jedoch auf eine althethitische Vorlage zurückgeht, ist ausdrucksstark:[11]

> Auf, wir wollen gehen! Stehe du (d. h. Ḫanwašuit) hinter den Bergen, mein Mensch sollst du nicht werden, mein Verwandter sollst du nicht werden, sei aber mein Gefährte, ja mein Gefährte. Auf, in das Gebirge wollen wir gehen; und ich, der König, werde dir eine Glasschüssel geben, und aus der Glasschüssel wollen wir essen! Du, beschütze die Berge! Mir, dem König, aber haben die Götter, nämlich die Sonnengöttin und der Wettergott, das Land und mein Haus übergeben. Und ich, der König, werde mein Land und mein Haus schützen! Komm du nicht in mein Haus. Mir, dem König, haben die Götter viele Jahre übergeben, und meiner Jahre Kürze gibt es nicht. Mir, dem König, brachte die Throngöttin (d. h. Ḫanwašuit) die Verwaltung und die *ḫulukanni*-Kutsche vom Meer her. Sie (Sonnengöttin und Wettergott) öffneten mir meiner Mutter Land und nannten mich, den König, Labarna. Und wiederum preise ich den Wettergott, meinen Vater.

Der Text verbindet unterschiedliche Motive. Die Rolle der Throngöttin ist ambivalent, da der König sich einerseits von ihr abgrenzt, da sie nicht in sein »Haus« kommen soll, aber er zugleich seine Verwaltung auf sie zurückführt. Diese mit dem Königtum und (lokalen) Göttern in Zalpa verbundene Legitimationslinie für das althethitische Königtum spiegeln auch einige der so genannten »Segenssprüche für den Labarna« (CTH 820) wider, vor allem KBo 21.22. Dieser Text zeigt thematische Anknüpfungspunkte an KUB 29.1.[12] KBo 21.22 ii 31ff. zählt die »Gottheiten des Königs« auf, die eng mit dem Pantheon von Zalpa bzw. Nordanatoliens verbunden sind.[13] Beide Texte – KUB 29.1 und KBo 21.22 (mit jüngeren Paralleltexten) – zeigen somit eine zentrale Traditionslinie von der (vorhethitischen) Königsideologie in Zalpa zum althethitischen Königtum. Für die althethitische Königsideologie spielen jedoch noch weitere Motive eine Rolle. Das in KUB 29.1 erwähnte Haus, das die Sonnengöttin und der Wettergott dem König übergeben, ist ein anderer Traditionsstrang, der eventuell ursprünglich mit der hattischen Göttin Inar verbunden ist. Am Ende des so genannten Illuyanka-Mythos, der zwar nur in einer junghethitischen Abschrift des 13. Jahrhunderts vorliegt, aber wohl aus althethitischer Zeit stammt, ist davon die Rede, dass Inar das Haus, das sie ursprünglich für den Menschen Ḫupašiya, der ihr in der Bekämpfung des Wettergottes beistand, gebaut hat, an

10 Taracha 2016a: 365f.; Ders. 2016b: 326.

11 KUB 29.1 i 10–26 (Haas 1994: 725). Vgl. auch die Übersetzung bei Kellerman 1980: 25; Mouton 2016a: 92–95 sowie S. Görke (Hg.): hethiter.net/: CTH 414.1. Wegen des kleinen ah. Fragments KUB 29.3 kann das hier beschriebene Palastbau-Ritual aber in die althethitische Zeit datiert werden, vgl. dazu auch Hutter-Braunsar 2015: 27–31. Zu Ḫanwašuit/Ḫalmašuit siehe ferner Kellerman 1980: 116–119; Klinger 1996: 162–166 und Hutter-Braunsar 2015: 41f.

12 Siehe die tabellarische Gegenüberstellung bei Steitler 2017: 135.

13 Taracha 2016a: 368–371; Steitler 2017: 259–271.

den König übergeben hat. Dass hierin ein bereits in althethitischer Zeit verbreitetes Motiv der Übergabe der Herrschaft an den König – symbolisiert durch die Übergabe eines »Hauses« (Palastes) – vorliegt, zeigt ein kleiner althethitischer Text (KUB 36.110), der einen hymnischen Lobpreis auf den König ausdrückt, der u. a. als starke Festung beschrieben wird und dessen Haus auf einem starken Felsen die Freude seiner Nachkommen ist – im Gegensatz zum Haus seines (politischen) Feindes.[14] Die Übergabe des Hauses durch Inar an den König ist – nach dem Mythos – auch eine Begründung für die alljährliche Feier des *purulli*-Festes, wodurch zugleich die Herrschaft gestärkt werden soll. Verschiedene Texte betonen ferner, dass der König »nur« der Verwalter des Landes für die Götter als dessen eigentliche Besitzer ist, so etwa IBoT 1.30:[15]

> Wenn der König sich vor den Göttern verbeugt, rezitiert der $GUDU_{12}$-Priester folgendermaßen: »Möge der *labarna*, der König, den Göttern genehm sein. Das Land gehört allein dem Wettergott. Die Heerschar des Himmels und der Erde gehört allein dem Wettergott. Doch er hat den *labarna*, den König, zu seinem Verwalter gemacht und ihm das ganze Land Ḫattuša gegeben, und das ganze Land soll der König für den Wettergott mit seiner Hand verwalten. Wer in den Körper und über die Grenzen des *labarna*, des Königs, vordringt, den soll der Wettergott vernichten.«

Der Text verwendet – als altes Erbe – den Titel *t/labarna*, der in der frühen Königsideologie eine wichtige Rolle spielt, allerdings lässt sich daraus kein »sakrales« Königtum ableiten und der Titel bezieht sich auch nicht ausschließlich auf die sakral-kultischen Aufgaben des Königs.[16] Denn der eben genannte Text nennt auch die politischen Aktivitäten des Königs. Dazu gehören z. B. der Schutz bzw. die Ausweitung der Landesgrenzen, die Überwindung der Feinde, aber auch die Übergabe von (Kriegs-)Beute an die Tempel der Sonnengöttin und des Wettergottes. Genauso ist umgekehrt der Schutz des legitimen Herrschers durch die Götter impliziert. Daher wird im Telipinu-Erlass die Ermordung des Usurpators Zidanta auf den göttlichen Willen zurückgeführt, was zum Ausdruck bringt, dass der legitime Thronerbe von den Göttern geschützt wird.[17]

---

14 Zu KUB 36.100 siehe die Interpretation von Hoffner 2010. Für den Illuyanka-Mythos (CTH 321) siehe die Übersetzung von Hoffner 1998: 11f.; vgl. auch die Übersetzungen in CoS 1: 150f. (G. Beckman), TUAT 3/1: 808–811 (A. Ünal) sowie E. Rieken et at. (Hg.): hethiter.net/: CTH 321. Zur Rolle der Göttin Inar siehe Klinger 1996: 159–162.

15 IBoT 1.30 i 1–8 (Gilan 2015: 230), Duplikate dazu sind KUB 48.13 und KUB 54.64, wobei die Duplikate den in IBoT 1.30 formulierten Segenswunsch in hattische Rezitationen innerhalb von Festzeremonien einbetten, worauf Klinger 1996: 136f. hinweist. Die isolierte Betrachtung von IBoT 1.30 – ohne die Verortung der Duplikate im Kontext der Festbeschreibung – führte Zinko 2018–19: 270f. dazu, den Text m. E. unzutreffend als promissorischen Eid und Gelöbnis zu interpretieren, der die Pflichten eines Sakralbundes zwischen dem Wettergott und dem hethitischen König verbindlich festlegt.

16 Gegen Zinko 2018–19: 267–269, worin die Dichotomie »religiös vs. profan« mit der terminologischen Gegenüberstellung von *t/labarna* für die sakral-kultische Funktion sowie von LUGAL für die weltlich-politische Funktion – mit der weiteren Differenzierung einer diplomatischen Funktion (ausgedrückt durch LUGAL.GAL »Großkönig«) und einer militärischen Funktion (ausgedrückt durch UR.SAG »Held«) – problematisch ist, wenn man an die zahlreichen Liturgien denkt, in denen der König (LUGAL) in kultischer Funktion aktiv ist.

17 Hutter-Braunsar 2015: 35f.; siehe auch Gilan 2015: 229–233.

Zusammenfassend kann – soweit dies für die Rekonstruktion der Religion wichtig ist – Folgendes zur Entwicklung des Hethiterreiches in althethitischer Zeit gesagt werden: In vorhethitischer Zeit war der hattische Norden Kleinasiens vom Schwarzen Meer bis zum Halys zunächst durch lokale Kleinstaaten geprägt, was teilweise auch aus den altassyrischen Texten hervorgeht. Schrittweise wurden diese unter den »nördlichen« Herrschern Ḫuzziya und Labarna I. sowie dem »südlichen« Herrscher Labarna II. (Ḫattušili I.) zu einem größeren und überregionalen Flächenstaat vereinigt und die hattische Stadt Ḫattuš(a) – unter Ḫattušili I. – zur Hauptstadt des sich konsolidierenden Staates erhoben, da sich auch Ḫattušili wie seine Vorgänger für die politische Machtentfaltung auf hattische Traditionen der Idee des Königtums stützte.

Daher dominierte in althethitischer Zeit das hattische Traditionsgut die hethitische Kultur und die »Staatsreligion«, wobei die althethitische Zeit wahrscheinlich weitgehend zweisprachig war[18] – mit dem Hethitischen im Bereich der politischen Oberschicht und gemeinsam mit dem Hattischen auch in der »Staatsreligion«, während weite Teile der Bevölkerung das Hattische als alltägliche Sprache nördlich des Halys verwendet haben dürften. Daneben war in nordwestlichen Bereichen des althethitischen Raumes das Palaische beheimatet und südwestlich des Halys das Luwische, das sich auch über den Fluss teilweise ins zentrale hattische Gebiet hinein verbreitete. Dieses Szenario macht aber zugleich deutlich, dass wir – für die Rekonstruktion der »althethitischen« Religion – von Beginn an mit komplexen Kontakten und wechselseitigen Beeinflussungen verschiedener Traditionen zu rechnen haben, die es im entstehenden hethitischen Staat gegeben hat.

2 Das dominierende hattische Milieu der Religion in der althethitischen Zeit

Bei der Entstehung des hethitischen Staats mit der Übernahme der hattischen Königsideologie kommt es zu einer dominierenden Rezeption hattischer Gottheiten in die Religion des neuen Staates bzw. in den »Staatskult«. Zugleich wurden Gottheiten des palaischen Gebiets teilweise in den hethitischen Kult aufgenommen, vielleicht auch bereits luwische religiöse Traditionen.[19] Dabei ist für die Rekonstruktion der religiösen Vorstellungen im althethitischen Reich zu betonen, dass aus den hethitischen (und zahlenmäßig geringen hattischen) schriftlichen Quellen in erster Linie nur die »offizielle« Religion bzw. die Religion der mit der Herrschaft

---

18 Zur sprachlichen Situation siehe besonders Goedegebuure 2008b: 164–174; ferner Soysal 2004a: 11–14; Archi 2015a: 9.

19 Archi 2015a: 7f. – Goedegebuure 2008b: 165 wirft in diesem Zusammenhang die Frage auf, weshalb die Hethiter weitestgehend ihre eigenen religiösen Vorstellungen zugunsten des hattischen Kults, mythologischer Traditionen und Götter aufgegeben hätten, ohne dass auf diese Frage eine Antwort gegeben werden kann. Zu luwisch-hattischen bzw. luwisch-palaischen religiösen Interferenzen bereits in ah. Zeit siehe Goedegebuure 2008b: 172; Hutter 2003: 215; Miller 2004: 442.

verbundenen Oberschicht zu erschließen ist. Ansatzweise lassen sich zwar auch lokale Traditionen, die nicht in den »überregionalen« Staatskult bzw. den Kult der Hauptstadt integriert wurden, ausfindig machen. Was jedoch außerhalb des Erschließbaren bleibt, sind – mangels aussagekräftiger Quellen – Informationen hinsichtlich der religiösen (Alltags-)Praktiken der »allgemeinen« Bevölkerung, auch wenn man – als *argumentum e silentio* – vermuten darf, dass die Götter des Staatskults oder lokaler Heiligtümer auch individuell verehrt wurden, jedoch wohl nicht unbedingt entsprechend den öffentlichen Hierarchien des Staatskults.

Bemerkenswert für die religiöse Situation ist dabei, dass trotz der politischen Dominanz der Hethiter über die hattische Bevölkerung in religiöser Hinsicht ein möglicherweise indoeuropäisches Erbe der (ursprünglichen) religiösen Vorstellungen der Hethiter nicht mehr sichtbar ist, d. h. offensichtlich haben die Hethiter diese Traditionen völlig zu Gunsten der Übernahmen aus dem hattischen Milieu aufgegeben.[20] Am deutlichsten ist dieses Verschwinden indoeuropäischen Erbes im Zusammenhang mit Šiu (*šiu-*) zu sehen, wie der Anitta-Text zeigt. Denn *šiu-* ist in hethitischer Zeit nur noch ein Appellativum oder allgemeines Wort für »Gott«, nicht aber – aufgrund der Etymologie[21] – ein Begriff für »Licht(-Gott)«. Es lebt zwar das ererbte Wort im Hethitischen weiter, nicht aber die ursprünglich damit verbundene Vorstellung. Ein weiteres Charakteristikum der Religion in althethitischer Zeit besteht darin, dass es – im Unterschied zu späteren Perioden – während dieser Zeit noch keinen Einfluss nordsyrischer oder mesopotamischer Traditionen in der religiösen Welt der Hethiter gibt,[22] trotz bereits kurzfristiger militärischer Aktionen in diese Gebiete unter Ḫattušili I. und seinem Nachfolger Muršili I. Erst im 15. Jahrhundert beginnen solche außeranatolischen Einflüsse die religiösen Vorstellungen zu verändern.

2.1 Die Götterwelt als Widerspiegelung gesellschaftlicher Prozesse

In den verschiedenen Sprachen der althethitischen Zeit sind mehrere Wörter für Gott(heit) belegt.[23] Im Hethitischen lautet – wie erwähnt – das Wort für Gott *šiu(ni)-/šiwa(nni)-*. Eine Ableitung von diesem Wort (allerdings der »Göttlichkeit« entkleidet) liegt in *šiwatt-* »Tag« vor. Auch das Luwische zeigt noch einen Reflex

---

20 Vgl. z. B. Popko 1995: 67f.

21 Vgl. **dy-éu-*, womit auch der griechische Gottesname Zeus bzw. der lateinische Gottesname Ju-piter zu verbinden ist. Siehe z. B. auch Singer 1994: 83 mit Anm. 7 und Melchert 2019: 242f.

22 Popko 1995: 68; Taracha 2009: 36.

23 Vgl. zu den einzelnen Wörtern die kurzen Ausführungen, teilweise auch zur Sprachverwandtschaft, u. a. bei Neu 1974: 123f.; Neumann 2007: 190f.; Soysal 2004a: 305. Siehe jetzt die grundlegende Untersuchung durch Melchert 2019: 242f., der zeigt, dass die indoeuropäische Wurzel **dy-éu-/*di-w-* bereits im Proto-Anatolischen nur noch allgemein »Gott« (und nicht »Sonnengott« aufgrund der indoeuropäischen Semantik »Licht«) bedeutet.

dieser indoeuropäischen Wurzel, allerdings nicht als Begriff »Gott«, sondern im Gottesnamen »Tiwad« für den Sonnengott. Vergleichbar dieser sprachlichen Bedeutungsverschiebung und einengenden Spezifizierung auf den Sonnengott im Luwischen ist die Entwicklung im Palaischen, wo der Sonnengott den Namen Tiyaz trägt; der Allgemeinbegriff für »Gott« im Palaischen ist *tiu=na-*,[24] d. h. eine palaische Weiterbildung aus der indoeuropäischen Wurzel. Auch das lydische Wort *ciw-* für »Gott« im 1. Jahrtausend ist etymologisch damit verwandt. Auch wenn somit sprachlich in der Bezeichnung für Gott in einigen anatolischen Sprachen ein indoeuropäisches Erbe bewahrt blieb, darf man daraus kein Weiterleben einer »indoeuropäischen Gottesvorstellung« in Anatolien ableiten. Indirekt zeigt dies der negative Befund im Luwischen (und im damit verwandten Lykischen im 1. Jahrtausend), da diese beiden Sprachen mit *maššan(i)-* bzw. *maha(na)-* ein völlig anderes Wort für »Gott« verwenden, das entweder mit griechisch *mega-* »groß« verbunden werden kann oder vielleicht aus einer nicht-indoeuropäischen Sprache im westlichen Zentralanatolien stammt. Das hattische Wort für »Gott« lautete *šaḫap-*; dieses ist sowohl als eigenständiges Wort, aber auch als Teil des Namens der Göttin Tete-šḫapi (wörtlich »die erhabene Göttin«) oder des Gottes Katte-šḫawi/Katte-šḫapi (wörtlich »König-Gott«) bezeugt.

2.1.1 Zum althethitischen »Staatspantheon«

Wahrscheinlich ist für die althethitische Zeit noch nicht mit einer voll entfalteten Struktur eines »Staatspantheons« zu rechnen. Allerdings lassen sich bereits einige Kernelemente beobachten, die letztlich für die ganze hethitische Geschichte hindurch strukturell bedeutsam bleiben.

In den Annalen Ḫattušilis I. ist u. a. mehrfach davon die Rede, dass er die Kriegsbeute in den Tempel der Sonnengöttin von Arinna, des Wettergottes (des Himmels) und der Göttin Mezzulla gebracht hat.[25]

> So (spricht) Tabarna Ḫattušili, der Großkönig, König des Landes Hatti, der Mann aus Kuššara. ... Danach aber zog ich nach Zalpa (in Nordsyrien) und zerstörte es, und seine Götter(bilder) nahm ich mit und drei zweirädrige *MADNADU*(-Wagen) gab ich der Sonnengöttin von Arinna. Ein Rind aus Silber, eine Faust aus Silber gab ich dem Tempel des Wettergottes, diejenigen (Götterbilder) aber, die übrig waren, die gab ich dem Tempel der Mezzulla. ...
>
> In wenigen Tagen überschritt ich den Fluss Puruna (Eufrat) und mit (meinen) Füßen trat ich das Land Ḫaššuwa wie ein Löwe nieder und wie ein Löwe schlug ich (es), und Staub brachte ich auf sie und ich nahm all ihre Habe mit und füllte Ḫattuša damit. ... Ferner nahm ich ihm (dem Ort Ḫaššuwa) die Götter(bilder) weg: den Wettergott, Herrn

24 Jüngst hat Soysal 2016: 315f. diese bislang allgemein akzeptierte Deutung insofern in Frage gestellt, indem er *tiuna-* als palaisches Wort für »Stier« deutet, wobei er zur Stützung seiner Deutung u. a. darauf verweist, dass *tiuna-* an einer Stelle direkt mit (dem pal. Wettergott) Zaparwa verbunden ist. Allerdings kann Soysals Deutung insofern mit der Bedeutung »Gott« verknüpft werden, da der Stier als Symbol des Wettergottes als »Repräsentation« des Göttlichen gesehen werden kann, vgl. auch Melchert 2019: 244f.

25 KBo 10.2 i 1–14, ii 17–44 (TUAT 1/5: 459–462 [H. M. Kümmel]).

von Aruzza, den Wettergott, Herrn von Ḫalab, Allatu, (den Berggott) Adallur, Leluri, zwei Rinder aus Silber, drei Statuetten aus Silber (und) Gold. ... Diese Götter(bilder) von Ḫaššuwa brachte ich zur Sonnengöttin von Arinna. Die Tochter der Allatu, Ḫebat, drei Statuen aus Silber, zwei Statuen aus Gold, diese brachte ich in den Tempel der Mezzulla. Eine *IMITTU*(-Lanze) aus Gold, ein Szepter aus Gold, fünf Keulen aus Silber, drei Doppeläxte aus Lapizlazuli, eine Doppelaxt aus Gold, diese brachte ich in den Tempel des Wettergottes.

Auch aus anderen nordsyrischen Städten werden die Götter(statuen) durch Ḫattušili nach Ḫattuša gebracht, allerdings ist für die althethitische Zeit zu betonen, dass mit dem Transfer der Götterstatuen nicht die Verehrung dieser Götter in Ḫattuša verbunden wurde, sondern es ging dabei um (materielle) Kriegsbeute, die in den Tempeln der drei wichtigsten Gottheiten der hethitischen Hauptstadt – und damit des »Staates« – deponiert wurden.

Blicken wir genauer auf das »Pantheon« Ḫattušilis, so zeigt sich die Spitzenstellung der Sonnengöttin von Arinna, wobei der hinzugefügte Ortsname »Arinna« auf die Komplexität der religionsgeschichtlichen Entwicklungen hinweist:[26] Manchmal wird die Göttin auch bloß als Ariniddu (d. h. die »Arinnäische«) bezeichnet. Die Sonnengöttin war die wichtigste Göttin der Hattier; der Zusatz des Ortsnamens Arinna verweist auf die alte hattische Kultstadt dieses Namens, deren (ursprünglich lokaler) Kult eng mit der Verehrung der Göttin Wurunšemu verbunden wird, deren Name vom hattischen Wort *wur-/fur-* »Erde, Land« herzuleiten ist. Diese Identifizierung der beiden Namen zeigt die hattisch-hethitische Bilingue KUB 28.6 Vs. 12, in deren hattischer Version der Name Wurunšemu parallel zur »Sonnengöttin von Arinna« der hethitischen Version verwendet wird. Der original-hattische Name der Sonnengöttin war Eštan (im Hethitischen zu Ištanu umgeformt). Dass die Sonnengöttin sicher weiblich war, macht ihr Titel »Königin« (hatt. *kattaḫ*; logographisch MUNUS.LUGAL) deutlich. Ein hattisches Bauritual (KBo 37.1) beschreibt die Errichtung eines Palastes für diese Sonnengöttin in Liḫzina, wobei die Unterweltsgöttin Lelwani und der Wettergott am Bau mitwirken.[27] Im Vergleich mit dem Bauritual KUB 29.1 kann man daraus ableiten, dass wohl auch dieses hattische Ritual die Sonnengöttin mit dem Königtum verbindet. Bemerkenswert ist daran, dass das Ritual anscheinend eine ursprünglich lokale Version der Verbindung der Sonnengöttin mit einem (vorhethitisch lokalen) Königtum in der Stadt Liḫzina erkennen lässt, die jedoch an den »Staatskult« angepasst wurde. Für das »Staatspantheon« ergibt sich daraus, dass man davon

26 Zur ah. Sonnengöttin von Arinna/Wurunšemu siehe Klinger 1996: 144–147 sowie Steitler 2017: 59–64; ferner Haas 1994: 423–425. Die Charakterisierung der Sonnengöttin als »von Arinna« nimmt nach der ah. Zeit deutlich zu, um die weibliche Göttin dadurch klar vom neuen männlichen Sonnengott zu unterscheiden. Im hattischen Milieu hat es keinen männlichen Sonnengott gegeben, vgl. Steitler 2017: 177. Die wenigen Hinweise auf einen männlichen Sonnengott in ah. Zeit beziehen sich entweder auf das palaische oder luwische Milieu und spielen in der Staatsreligion keine Rolle. – Zum Lokalbezug der Sonnengöttin in Arinna siehe v. a. Popko 2009: 27f.

27 Zum Text siehe Klinger 1996: 628–649; Schuster 2002: 156–167; Steitler 2017: 140–144.

ausgehen kann, dass die hattische Sonnengöttin ihre Spitzenstellung aus der hattischen Kultur im althethitischen Staat nicht nur bewahrt hat, sondern durch die Beziehung zur Kultstadt Arinna noch zusätzlich an Renommee gewonnen hat. Aber auch andere lokale Traditionen wurden rezipiert. Mezzulla[28] ist die Tochter dieser Göttin, die ursprünglich ebenfalls eng mit Arinna verbunden war, aber gemeinsam mit ihrer Mutter überregionale Bedeutung erhielt. Manchmal wird Mezzulla auch mit dem hattischen Namen Tappinu (wörtlich »ihre Tochter«, gemeint in Bezug auf die Sonnengöttin) bezeichnet. Dadurch ist klar, dass die beiden bei Ḫattušili namentlich genannten Göttinnen aus dem hattischen Milieu stammen.

Dies gilt auch für den Wettergott, obwohl sein Name nur mit dem Wortzeichen ^{D}IŠKUR (»Wettergott«) und nicht syllabisch geschrieben ist. Der hattische Name des Wettergottes war Taru,[29] wobei der Stier als sein Begleittier gilt. Die Bedeutung der Wettergötter in Anatolien zeigt sich deutlich daran, dass wir aus der hethitischen Geschichte rund 150 Orte kennen, in denen ein Wettergott verehrt wird; solche lokalen Wettergötter werden meist als Söhne des Wettergottes (des Himmels) und der Sonnengöttin (von Arinna) bezeichnet. Die feste Verbindung zwischen dem Wettergott und der Sonnengöttin wird gut ab Ḫattušili I. fassbar.[30] Darin ist m. E. eine Neuerung in der kleinasiatischen Religionsgeschichte – zumindest gegenüber den religiösen Verhältnissen, wie sie aus den *kārum*-zeitlichen Texten aus Kaneš und aus dem Anitta-Text abzulesen sind – zu sehen, da diese älteren Quellen die Verbindung zwischen Sonnengöttin und Wettergott nicht zeigen. Diese erste Paarbildung hat als Konsequenz, dass Mezzulla in der weiteren hethitischen Religionsgeschichte als (eine) Tochter des Wettergottes des Himmels gilt, so z. B. im junghethitischen Gebet der Königin Puduḫepa an die Sonnengöttin von Arinna:[31]

> [Du], Mezzulla, meine Herrin, (bist) für den Wettergott und die Sonnengöttin von Arinna die geliebte Tochter. Was du, Mezzulla, meine Herrin, dem Wettergott, deinem Vater, und der Sonnengöttin von Arinna, deiner Mutter, sagst, das hören sie. Sie weisen es nicht (zurück).

Ḫattušilis Annalen-Text zeigt somit unübersehbar, dass die Sonnengöttin und der Wettergott an der Spitze des »offiziellen« Pantheons des Staats stehen, was auch dem schon vorhin zitierten Palastbauritual (KUB 29.1 i 17–27) entspricht, wenn dem König das Land von der Sonnengöttin und dem Wettergott zur Verwaltung gegeben wird und er diese beiden Gottheiten metaphorisch als Mutter und Vater bezeichnet.

---

28 Popko 2009: 31f.; Haas 1994: 426–428.

29 Klinger 1996: 147f.; Schuster 2002: 177f.; Schwemer 2016–18: 84.

30 Die Verbindung zwischen Wettergott und Sonnengöttin (von Arinna) erlaubt die Charakterisierung dieser beiden als »Gottheiten des Königtums«, siehe Hutter-Braunsar 2015: 38–40 mit weiterer Literatur.

31 KUB 21.27+ iv 13–17 (Daues/Rieken 2018: 440f., Kolon 132–135); vgl. Klinger 1996: 150; Singer 2002: 104.

Ein weiteres Charakteristikum der offiziellen Götterwelt in der althethitischen Zeit ist die Bedeutung einzelner Schutzgottheiten, die ebenfalls dem hattischen Milieu entstammen. Einige von ihnen sind eng mit der Jagd verbunden, so dass man vermuten kann, dass ihr Ursprung – zumindest teilweise – in einer weiter zurückreichenden Epoche liegt, von der wir allerdings kein schriftliches Quellenmaterial besitzen. Die Bedeutung dieser Gottheiten geht – wie Gregory McMahon hervorgehoben hat – in der althethitischen Zeit so weit, dass sie nach dem Wettergott und der Sonnengöttin von Arinna (mit ihrer Tochter Mezzulla) praktisch den dritten Rang im Pantheon einnehmen.[32] Wenn man in Inar eine der hethitischen Schutzgottheiten sehen darf, deren Name sich hinter der ideographischen Schreibung ^{D}LAMMA verbirgt,[33] so bietet zumindest der Illuyanka-Mythos mit der Übergabe des »Hauses« an den König einen Anknüpfungspunkt für die (zeitweilige) wichtige Rolle der Schutzgottheit im Staatspantheon.

Damit ist eine erste Zusammenfassung für die althethitische Zeit angebracht: Die politische hethitische Oberschicht übernimmt weitgehend die hattischen Götter in ihr »Staatspantheon«, wobei offensichtlich politische Räson mitgespielt hat. Für den weiteren Verlauf der hethitischen Religionsgeschichte ist dabei als Kontinuum zu betonen, dass vor allem die Vorrangstellung von Sonnengöttin und Wettergott bis zum Ende der hethitischen Zeit sichtbar bleibt; allerdings kommt es auch zu Erweiterungen und Gleichsetzungen mit lokalen Gottheiten, und lokale Kulte werden in Beziehung zum Staatskult gebracht.[34] Dabei scheinen solche Prozesse im Laufe der hethitischen Geschichte zugenommen zu haben, um durch die Schaffung von Beziehungsgeflechten zwischen lokalen Göttern und dem Staatspantheon auch zur Festigung der politischen Interessen beizutragen.

---

32 McMahon 1991: 51f., 211–215.

33 McMahon 1991: 24f.; Taracha 2009: 42f. – Zur Diskussion der Problematik, welche Götter sich hinter der Schreibung ^{D}LAMMA (^{D}KAL) möglicherweise verbergen, und historischer Entwicklungen der Bedeutung des Logogramms siehe Steitler 2017: 167–171 sowie Gurney 1977: 8 mit Anm. 6, beide mit der bisherigen Literatur. Zu Recht betont Steitler, dass – trotz der Bedeutung von Gottheiten, die als ^{D}LAMMA geschrieben werden – man nicht von einer festen »Trias« Sonnengöttin (von Arinna), Wettergott und Inar/Schutzgottheit ausgehen sollte. Archi 2019 problematisiert die gängige Schreibung des Ideogramms als ^{D}LAMMA, da dieses Wortzeichen im Sumerischen und Akkadischen eine Göttin (akkad. ^{D}Lamassu) bezeichnet, im Hethitischen damit jedoch ein Gott bezeichnet wird. Daher plädiert er dafür, wieder die (frühere) Umschrift ^{D}KAL für das Logogramm zu verwenden. Das sumerische Wortzeichen KAL kann im Akkadischen u. a. als *dannu* »stark« bzw. *danānu* »Macht« gelesen werden, was semantisch auch dem hethitischen Gottesnamen Inar(a) (vgl. heth. *inarā-* »Kraft, Vitalität«; luw. *ānnari-* »Stärke«, siehe Kloekhorst 2008: 386f.) gut vergleichbar ist. Aus Gründen der Einheitlichkeit wird hier jedoch die konventionelle Umschrift ^{D}LAMMA beibehalten.

34 Archi 2019: 57 nennt folgende Typen, wie hattische und hethitische Gottheiten zueinander in Beziehung gesetzt werden: Koexistenz einer hattischen und hethitischen Gottheit mit gleicher Funktion, allerdings mit unterschiedlichen Bereichen der Verehrung (so im Staatskult bzw. in der Verehrung im Alltag); völlige Assimilation; paralleles Vorkommen der hattischen und der hethitischen Gottheit in denselben Kontexten; Zuschreibung ähnlicher Funktionen mit Differenzierung des Geschlechts der Gottheit.

2.1.2 Einige hattische Gottheiten

In der althethitischen Zeit gibt es keine »kanonischen« Götterlisten, die eine genormte Reihenfolge von Götterhierarchien festlegen würden. Allerdings lässt sich anhand von Opferlisten in Festen erkennen, welche Götter innerhalb eines Kultes »wichtig« waren, so dass man daraus zumindest indirekt deren große Wertschätzung in althethitischer Zeit ableiten kann. Dass die Sonnengöttin und der Wettergott die Spitzenposition innehatten, kam schon zur Sprache, so dass hier nur noch andere hattische Götter zu nennen sind. Zu Beginn einer Opferrunde beim KI.LAM-Fest betritt der König den Tempel der Sonnengöttin, um dort Gottheiten durch Opfer und Musik zu verehren. Obwohl der Text nicht vollständig erhalten ist, lassen sich 14 Namen feststellen:[35] [Sonnengöttin, Mezzulla], Wettergott, Wašezzili, Inar, [Ḫabantali], Herrin des Palastes, Zababa, Tahampiwu, Waḫzašu, Kataḫḫi, [Telipinu], Ḫašammi, Ḫaratši. Im weiteren Verlauf dieser Opferzeremonie findet ein detaillierter beschriebenes Trinkzeremoniell mit Musikbegleitung für die Gottheiten im Tempel statt, jedoch sind die dabei aufgeführten Götter nicht völlig identisch mit den vorhin Genannten, da wir folgende Aufzählung finden:[36] [Sonnengöttin, Mezzulla], Wettergott, Wašezzili, Inar, Ḫabantali, Mondgott, Kunzanišu, Ḫulla, Telipinu, Zababa, (vergöttlichter) Tag, Galzu, Zaiu. Aus verschiedenen, auch junghethitischen Texten ließen sich noch weitere Götternamen, die im Rahmen dieses Festabschnittes mit einem Trinkzeremoniell verehrt werden, hinzufügen.[37] Vergleicht man dabei die Liste zu Beginn des Festabschnittes und die (deutlich umfangreichere) Liste in den detaillierten Angaben zum Trinkzeremoniell, so sind die weitgehenden Übereinstimmungen vor allem zu Beginn des Zeremoniells zu finden. Daraus kann man auf die Bedeutung dieser Gottheiten schließen, während im weiteren Festverlauf auch unbedeutendere, vielleicht nur lokale Gottheiten in die Kulthandlung einbezogen werden.

Einige der in diesen Aufzählungen erwähnten Götter kamen vorhin schon zur Sprache, wobei viele hattische Götter hauptsächlich in Texten zu Festen, die aus dem hattischen Milieu stammen, belegt sind – meist in relativ stereotyper Formulierung, so dass es schwierig ist, detaillierte Aussagen über deren Rolle und Aufgaben innerhalb der religiösen Praxis zu machen. Ebenfalls erschwert wird die präzise Bestimmung der Aufgaben mancher hattischer Gottheiten durch den bislang nur unzureichenden Kenntnisstand über hattische Wortbedeutungen. Franca Pecchioli Daddi hat – als wichtigen Schritt in der Deutung – verschiedene Götternamen analysiert.[38] Dabei konnte sie einerseits zeigen, dass in manchen Fällen individuelle

---

35 KBo 17.9++ i 4–9, vgl. Neu 1980: 30; Singer 1984: 32f. – Siehe auch Haas 1994: 756.

36 KBo 25.12++ ii 6-iii 10, vgl. Burgin 2019: 66–69; Neu 1980: 31–33; Singer 1984: 34–36. – Siehe auch Groddek 2004: 44–47.

37 Vgl. die vollständige rekonstruierte Liste bei Singer 1983: 102 sowie Taracha 2009: 39–41.

38 Pecchioli Daddi 1998a: 6f. – Eine umfangreiche Liste der Namen hattischer Gottheiten findet sich bei Soysal 2004a: 142–155. Nützlich ist auch der Katalog der Götter, die in ah. Texten genannt werden, den von Bredow 1995: 118–147 zusammengestellt hat.

Namen – z. B. Taru oder Inar – vorliegen, in anderen Fällen jedoch Substantive als Göttertitel bzw. Götternamen verwendet werden. Dazu gehören z. B. Kataḫḫa (»die Königin«), Tappinu (»die Tochter«) oder Zintuḫi (»die Enkelin«). In wieder anderen Fällen ist der Gottesname oder Titel eine Ableitung von Ortsnamen, so z. B. Ariniddi für die Sonnengöttin von Arinna oder Ziplantil für den (lokalen) Wettergott von Ziplanta. Andere Namen stellen Komposita dar, z. B. Wurunkatte (»der König des Landes«) oder Wurunšemu (»die *[*se*]*mu* des Landes«). Wieder andere Namen sind Komposita aus einem Adjektiv und einem Substantiv, z. B. Telipinu (»der erhabene/ große Sohn«), Kataḫzipuri (»die Königin der Erde«) oder Tetešḫapi (»die erhabene Göttin«). Als besondere Gruppe nennt Pecchioli Daddi schließlich noch jene Namen, die mit dem Suffix *-šu* gebildet werden.[39] Diese letztere Gruppe scheint eng zusammengehörige Götter zu umfassen, die vor allem in Festen der althethitischen Zeit im Norden Anatoliens verehrt wurden, wobei Teile dieser Festtraditionen (und die Götter) bis in die Großreichszeit in den beiden großen Jahreszeitfesten im Frühling (AN.TAḪ.ŠUM-Fest) und im Herbst (*nuntarriyašḫa*-Fest) weiter rezipiert wurden.

Fasst man die Rolle der hattischen Götter zusammen, so prägen sie das Pantheon der althethitischen Zeit sowohl des Staatskults als auch der lokalen Kulte. Wahrscheinlich darf man annehmen, dass diese Götter auch in der alltäglichen Religionsausübung der Bevölkerung verehrt wurden, die zum Großteil in der althethitischen Zeit in Ḫattuša hattisch gesprochen hat bzw. in der »politischen« Oberschicht wohl hattisch-hethitisch zweisprachig war. »Fremde« Götter – außer den palaischen Göttern, auf die in einem späteren Abschnitt noch eingegangen wird – spielen im »Pantheon« der althethitischen Zeit keine Rolle.

2.2 Die alten hattischen Kultstädte und die Hauptstadt Ḫattuša

Es entspricht dem dominierenden hattischen Milieu, dass neben der religiösen Bedeutung der Hauptstadt Ḫattuša auch drei alte Kultorte eine besondere Stellung im »Staatskult« einnehmen und sich dadurch auch von lokalen Kultzentren, auf die später einzugehen ist, unterscheiden. In Paragraph 50 der hethitischen Gesetze, deren ältestes Exemplar in althethitischer Schrift geschrieben ist, wird der Sonderstatus der drei alten Städte wie folgt umschrieben:[40]

> Der ...-Mann, der in Verantwortung (?) über Nerik steht, der als Priester in Arinna (oder) in Ziplanta ist, deren Familien (wörtlich: »Häuser«) sind in jeder Stadt frei, nur ihre Verbündeten haben Arbeitsverpflichtungen.

Die Kultorte Nerik, Arinna und Ziplanta spielten im Kult eine wichtige Rolle, so dass im Laufe der Geschichte mehrfach hochrangige Mitglieder der königlichen Familie in jenen Städten als Priester fungierten, was ebenfalls die besondere Stel-

---

39 Pecchioli Daddi 1998a: 8–25; Dies. 1998b.

40 Vgl. zur Übersetzung Hoffner 1997: 61 mit Anm. 203; siehe auch Haas 1994: 583; Popko 2009: 4.

lung dieser Städte verdeutlicht. Ferner empfingen diese Priester aus Anlass der größeren Feste besondere Rationen von Nahrung oder verschiedene Güter. Auch königliche Geschenke bzw. Tribute wurden manchmal an diese Kultstädte und deren Priester übersandt. Solche Sonderregelungen galten dabei bis in die Spätzeit des Großreiches, wobei auch andere Städte gelegentlich oder zeitweilig eine solche bevorzugte Stellung als »Kultstadt« mit allen Vergünstigungen erlangen konnten, wie beispielsweise Tarḫuntašša in der Regierungszeit Tudḫaliyas IV. im letzten Drittel des 13. Jahrhunderts.[41]

2.2.1 Nerik

Nerik ist die am weitesten im Norden liegende Kultstadt, wobei durch Geländebegehungen und nachfolgende Ausgrabungen ab 2007 deren Identifizierung mit Oymaağaç Höyük an einem Flussübergang des Kızılırmak etwas südlich der Küste des Schwarzen Meeres gesichert zu sein scheint. Denn in einem bei den Ausgrabungen gefundenen Textfragment ist von einem *daḫanga-* die Rede. Dieses Wort bezeichnet – in vielen hethitischen Texten aus Ḫattuša[42] – sehr wahrscheinlich ein besonderes Gebäude in Verbindung mit der Verehrung des Wettergottes von Nerik, wobei die Texte nur im Zusammenhang mit der Stadt Nerik ein *daḫanga-* erwähnen.

Bereits in althethitischer Zeit war der Tempel des lokalen Wettergottes von Nerik von überregionaler Bedeutung, ehe die Stadt – vielleicht schon gegen Ende der althethitischen Zeit – von den Kaškäern erobert wurde, so dass der konkrete Kult ersatzweise in die Stadt Ḫakmiš verlegt werden musste.[43] Im Selbstverständnis hethitischer Herrscher blieb Nerik aber als alte Kultstadt immer bedeutsam,[44] so dass nach der Wiedererlangung des politischen Einflusses über die Stadt in der Großreichszeit die Kultstadt an die vormalige Bedeutung anschließen konnte. Die wechselhafte Geschichte der Stadt bringt mit sich, dass wir über die frühe Periode in Nerik bislang äußerst schlecht informiert sind. Bei den aktuellen Ausgrabungen konnten 2011 die Überreste eines »älteren« Tempels[45] entdeckt werden, der – derzeit noch unpräzise – ins 17. oder 16. Jahrhundert datiert wird. Der Tempel war auf dem höchsten Punkt von Oymaağaç Höyük errichtet, wobei ein zentraler Hauptraum (7 mal 5,5 Meter) gefunden wurde, der an den beiden Längsseiten von kleinen schmalen Nebenräumen und an der südöstlichen Seite von einer Vorhalle umgeben

41 Otten 1988: 24f. iii 61–63, vgl. ebd. 52.

42 Eine Zusammenstellung aller Texte hat Lamante 2014 vorgelegt. – Zur Geschichte der Stadt siehe Klinger 2016: 53–55. Vgl. auch Kryszeń 2016: 19; Weeden/Ullmann 2017: 82f., 225. Informationen über die Ausgrabungsbefunde finden sich auf www.nerik.de mit reichhaltigen weiterführenden Literaturangaben.

43 Vgl. dazu z. B. das Gebet des Königspaares Arnuwanda II. und Ašmunikal (Singer 2002: 42f.; Daues/Rieken 2018: 326–335), die darüber klagen, dass die Kaškäer die Tempel in Nerik zerstört haben und dass deswegen das Königspaar Opfer für die Götter von Nerik in Ḫakmiš ausführen lässt. Siehe auch Popko 1995: 86, 146.

44 Klinger 2008: 280–282; Haas 1970: 5–14.

45 Hnila 2016: 17–21.

ist. Dieses Bauensemble erlaubt die Deutung als Tempel, wobei es im Grundriss dem größeren jüngeren Tempel entspricht, der bei den Ausgrabungen erforscht werden konnte. Südöstlich von diesem Tempel des (lokalen) Wettergottes haben die Ausgrabungen einen weiteren zentralen Bau, der eng mit der religiösen Überlieferung Neriks zusammenhängt, identifizieren können: die so genannte »geliebte Quelle von Nerik« (KUB 36.90 Rs. 32f.). In diese Quelle zieht sich der Wettergott zurück, als er seiner Stadt zürnt, so dass die Fruchtbarkeit in der Stadt erlischt, bis er wieder – aufgrund von Evokationen und Gebeten – aus dieser Quelle, die zugleich einen Zugang zur Unterwelt darstellt, in die Stadt zurückkehrt.[46] Die bei den Ausgrabungen entdeckte unterirdische Quellkammer[47] liegt rund 9 Meter unter dem Fußbodenniveau, wobei eine Treppe zu dieser Kammer hinabführt, an deren einer Seite sich ein Quellbecken befindet. Das »Quellheiligtum« wurde um ca. 1600 errichtet und zwischen 1520 und 1420 durch eine Erneuerung des Bodenpflasters und den Einbau von hölzernen Installationen für den Wasserlauf erneuert, danach jedoch bis in nachhethitische Zeit nicht mehr verwendet. Diese »Quelle von Nerik« korrespondiert somit zeitlich gut mit der Bedeutung Neriks als Kultzentrum in althethitischer Zeit.

Über die detaillierte religiöse Situation in Nerik in althethitischer Zeit sind wir nicht besonders gut informiert. Der Priester (SANGA) des Wettergottes von Nerik sowie der »Mann des Wettergottes«[48] waren bereits in althethitischer Zeit die zentralen Kultfunktionäre in der Kultstadt. Aus der Textüberlieferung des Illuyanka-Mythos scheint aber auch hervorzugehen, dass die GUDU_{12}-Priesterschaft in Nerik versucht hat, die eigene Position in der Hierarchie zu verbessern. Der Illuyanka-Mythos spielt dabei auch im Zusammenhang mit dem *purulli*-Fest eine zentrale Rolle für Nerik, da der Mythos dafür die »Festlegende« bildet. Der GUDU_{12}-Priester leitet den Text damit ein, dass er nicht nur seinen Text als »Angelegenheit des *purulli*-Festes« (KBo 3.7 i 3: *purulliyaš uttar*) erklärt, sondern auch betont, dass man das *purulli*-Fest feiert, sobald das Land im Frühling wieder gedeiht. Danach erzählt er den Mythos des Kampfes des Wettergottes gegen Illuyanka. Obwohl alle Textexemplare des Mythos nur als junge Abschriften überliefert sind, dürfte der Text selbst zweifellos in die althethitische Zeit zurückgehen, worauf sprachliche Indizien des Textes hinweisen.[49] Interessant ist dabei, dass der Mythos in zwei – recht verschiedenen – Varianten überliefert ist, auch wenn in groben Zügen dieselbe Geschichte erzählt wird: Der

46 Haas 1970: 101f. KUB 36.90 als Gebet an den Wettergott von Nerik ist zwar ein sehr später jh. Text, allerdings weist er klare Berührungen mit dem hattischen Festfragment KUB 28.60 (Haas 1970: 183f.) auf, was das Alter der Tradition der »Quelle« von Nerik deutlich macht; vgl. auch Czichon 2020: 160f.

47 Siehe die detaillierte Beschreibung der Erforschung der Quellkammer durch die Ausgräber Mielke 2020 und Czichon 2020.

48 Popko 1995: 105.

49 Die am besten erhaltene Version ist KBo 3.7, für Übersetzungen siehe z. B. Hoffner 1998: 10–14; CoS 1: 150f. (G. Beckman); TUAT 3/1: 808–811 (A. Ünal); TUAT.NF 8: 146–149 (A. Bauer et al.); E. Rieken et al. (Hg.): hethiter.net/: CTH 321. – Zur ah. Datierung des Mythos siehe z. B. Klinger 2009: 100; Gilan 2011: 105.

Wettergott wird zunächst von Illuyanka besiegt, worauf er sich nach menschlicher Hilfe umsieht. In der ersten Version bittet Inar den Menschen Ḫupašiya um Hilfe im Kampf, in der zweiten Version heiratet der besiegte Wettergott die Tochter eines armen Mannes, wobei der Sohn aus dieser Verbindung der Helfer im Kampf gegen Illuyanka wird. In diesem zweiten Kampf des Wettergottes gegen Illuyanka gelingt es ihm, seinen Widersacher zu überwinden. Fragt man nach der Herkunft dieses Mythos, so zeigt sich, dass er eng mit der Kultstadt Nerik verbunden ist, zumal er nicht nur von Kella, dem Priester des Wettergottes von Nerik, rezitiert wird, sondern auch das mit dem Mythos verbundene *purulli*-Fest in dieser Stadt gefeiert wird. Daraus ergibt sich, dass die hier vorliegende mythologische Überlieferung eine alteingesessene anatolische Tradition widerspiegelt, die – wie der Wettergott der Stadt Nerik – mit dem hattischen Milieu zu verbinden ist. Die erste Version des Mythos erweckt den Eindruck eines höheren Alters. Beide Erzählversionen leiten am Ende des Mythos zum Fest über.[50] In der ersten Version übergibt Inar ihr Haus dem König und seither feiert man das *purulli*-Fest (KBo 3.7 ii 18f.). Anschließend ist davon die Rede, dass der Berg Zaliyanu der Stadt Nerik Regen gibt. Wie dieser Abschnitt genau mit dem vorher erzählten Mythos zusammenhängt, ist unklar, da danach eine Textlücke das Verständnis erschwert. Als der Text wieder einsetzt, wird die zweite Version des Mythos erzählt. Am Ende ist von der Rolle des GUDU_{12}-Priesters die Rede, und es wird die Rangordnung verschiedener Götter im Verhältnis zum Wettergott festgelegt. Dabei spielt auch eine »Kultreise« der Götter nach Nerik eine Rolle. Aus weiteren Texten, die Teile des Festverlaufs beschreiben, ist ferner sichtbar, dass auch der König[51] einzelne Orte im Rahmen des Festes besucht und kultische Aktivitäten in Nerik durchführt.[52] All dies zeigt die vollständige Einbindung der hattischen Kultstadt Nerik in den Staatskult.

2.2.2 Arinna

Die Kultstadt Arinna kann bislang nicht sicher lokalisiert werden, wobei verschiedene Vorschläge entweder mit der Lage südwestlich oder nordöstlich von Ḫattuša rechnen; letztere Annahme ist wahrscheinlicher, ohne dass ein konkreter archäologisch fassbarer Befund überzeugend als Arinna identifiziert werden kann.[53] Sicher ist, dass

50 Zur Interpretation siehe Gilan 2011: 109f.

51 In ah. Zeit scheint der König allein zu agieren, in jh. Zeit sind König und Königin teilweise gemeinsam in den Festverlauf involviert.

52 Vgl. Klinger 2009: 99f.; vgl. auch Haas 1994: 740–742 für den Festabschnitt in Nerik, wobei unsicher bleiben muss, ob die bei Haas beschriebenen Abläufe schon für die ah. Zeit zutreffen, da die vorgenommene Rekonstruktion sich nur auf jüngere Texte stützen kann. Sicher abzulehnen ist seine Deutung des Festes als Neujahrsfest (Haas 1994: 696f., 723; vgl. auch 184f.), siehe dazu auch Gilan 2011: 103f.

53 Siehe die ausführliche Diskussion bei Kryszeń 2016: 30–60. Häufig wird Arinna mit Alaca Höyük identifiziert, vgl. z. B. Weeden/Ullmann 2017: 183f.; Doğan-Alparslan/Alparslan/Pelvanoğlu 2018; Taracha 2011: 144–147, was aber nicht als gesichert gelten kann. Popko 2009: 9 betont die unbekannte Lokalisierung Arinnas.

die Stadt nicht weiter als eine Tagesreise von Ḫattuša entfernt war, d. h. wohl nicht mehr als maximal 30 Kilometer, da sich der König mehrfach in Festritualen innerhalb eines Tages von der Hauptstadt in diese Stadt begibt.[54] Der Ortsname Arinna (ah. ^{URU}*A-ri-in-na*, in jüngeren Texten auch mit dem Sumerogramm PÚ »Quelle, Brunnen« als ^{URU}PÚ-*na* geschrieben) ist wahrscheinlich hattischen Ursprungs und kann mit dem hattischen Wort für »Quelle, Brunnen« (*uri-*, *ur-*) verbunden werden. Dass es sich um ein altes hattisches Kultzentrum handelt, ist unbestritten. Nach Ausweis der vor allem junghethitischen Texte lag die Stadt wahrscheinlich etwas erhöht und es scheint ein zentrales Stadttor gegeben zu haben. Ein *ḫalentu*-Raum[55] diente wohl dem König als Wohnung während seines Aufenthalts in der Stadt bei den Festen, eventuell wegen der Nähe zur Hauptstadt auch als temporäre Residenz. Ferner lässt sich feststellen, dass Verwaltungseinrichtungen – Vorratshäuser, in denen Abgaben aus Provinzstädten gelagert wurden, ein Gasthaus und Wirtschaftsgebäude – zum Stadtbild gehörten, während Teiche oder Wasserbecken außerhalb der Stadtmauer lagen.[56] Ob alle diese Einrichtungen bereits in althethitischer Zeit existierten, kann nicht mit Sicherheit gesagt werden. Dass Arinna eine wichtige Kultstadt war, wissen wir aufgrund der textlichen Überlieferung, in der Tempel für die Sonnengöttin, für ihre Tochter Mezzulla, Zintuḫi, den Berg(gott) Ḫulla und den Wettergott des Waldes erwähnt sind; dabei gab für die zuletzt genannten Gottheiten anscheinend nur in Arinna eigene Tempel,[57] was deren besondere Zugehörigkeit zu dieser Stadt zeigt. Wo der Berg Ḫulla genau zu lokalisieren ist, bleibt unklar.[58] Im Kult standen drei SANGA-Priester an oberster Stelle der Hierarchie, den zweiten Rang nahmen zwei GUDU$_{12}$-Priester ein; dass letztere eine niedrigere Stellung hatten, sieht man etwa daran, dass von ihnen im KI.LAM-Fest gesagt wird, dass sie sich vor dem König verneigen müssen, was für die SANGA-Priester im gleichen Zusammenhang nicht gilt.[59] Auch Priesterinnen waren im Kult von Arinna beteiligt. Das wohl wichtigste Fest der Stadt war das so genannte »Große Fest von Arinna«, in dessen Mittelpunkt neben der Sonnengöttin die anderen praktisch exklusiv mit der Stadt verbundenen

54 Kryszeń 2016: 86.

55 Taracha 2017b hat aufgrund einer erneuten Sichtung der Stellen, die ein ^{É}*ḫalentu-* nennen, hervorgehoben, dass ein solches Gebäude bzw. ein solcher Raum sich im Palast- oder Tempelbereich befinden kann, in dem Riten des (königlichen) Ahnenkultes oder Hausriten stattfinden, wohl aber – v. a. bei einem *ḫalentu*-Raum im Palastbereich – auch Zeremonien im Zusammenhang mit dem »Staatskult« (siehe auch Müller-Karpe 2020a: 180f.). Wegen dieses Zusammenhangs von Riten im *ḫalentu*-Raum mit Praktiken des familiären Kultes ist es daher plausibel, dass der König bzw. die Königin im *ḫalentu-* auch übernachten können.

56 Vgl. Popko 2009: 18–24.

57 Popko 2009: 36.; vgl. Steitler 2017: 289. Taracha 2017b: 106 hingegen rechnet nur mit einem Tempel für die Sonnengöttin, in dem lediglich Schreine für die vier anderen Gottheiten eingerichtet sind, d. h. sie haben keine eigenen Tempel in der Stadt. – In Verbindung mit dem Tempel der Sonnengöttin steht auch das so genannte »Haus des Bronzeschalenhalters« als Ort von Kulthandlungen für mit der Sonnengöttin verbundene Gottheiten, vgl. z. B. jh. KUB 2.6 i 1–13 (Soysal 2019a: 53).

58 Kryszeń 2016: 67–70.

59 Singer 1984: 23; Popko 2009: 69.

Gottheiten Mezzulla, Zintuḫi und der Berg Ḫulla standen. Auch andere Feste – teilweise mit hattischen Rezitationen – wurden lokal für die Sonnengöttin von Arinna in ihrem Heimatort gefeiert, wobei die umfangreiche Überlieferung jedoch erst mit mittelhethitischen Texten einsetzt.[60] Dass ab dieser Zeit die Göttin auch häufig in Texten, die sich auf Kulte außerhalb von Arinna bezogen, eine zentrale Rolle spielt, hängt unmittelbar mit ihrer Bedeutung im Staatspantheon zusammen, in das die Verehrung der hattischen Gottheiten der alten Kultstadt Eingang gefunden hat.

2.2.3 Ziplanta

Auch für die dritte Kultstadt Ziplanta (jüngere und später dominierende Schreibung Zippalanda), die bereits in althethitischer Zeit eine wichtige Rolle spielte, ist die genaue Lokalisierung umstritten.[61] Oft wird Ziplanta gemeinsam mit der Stadt Ankuwa genannt, wobei für Ankuwa von manchen die Identifizierung mit Alişar Höyük[62] angenommen wird, so dass als Folge dieser Identifizierung für Ziplanta vermutet wird, dass die Stadt südöstlich von Ḫattuša liegt, etwa in Uşaklı Höyük.[63] Andere verorten die Stadt nordöstlich der hethitischen Hauptstadt, wobei Maciej Popko die Identifizierung von Ziplanta mit Alaca Höyük annimmt, eine Identifizierung, die jedoch wenig Zustimmung gefunden hat.[64] Aus Festritualtexten kann geschlossen werden, dass die Stadt zwei Tagesreisen von Ḫattuša entfernt war.[65] In althethitischer Zeit war Ziplanta anscheinend nur eine kleine Stadt, jedoch ein (über)regionales religiöses Zentrum, dessen Feste auch von Teilnehmern von anderen Orten, die später größere Eigenständigkeit erhielten, mitgefeiert wurden. So nahmen z. B. beim großen Fest von Ziplanta auch Personen aus Katapa, Kartapaḫa, Šalampa, Ulušna sowie der Verwalter (^{LÚ}AGRIG) von Ankuwa teil.[66] Dies zeigt, dass bereits in althethitischer Zeit der Kult von Ziplanta in ein Netzwerk anderer Orte eingebunden war. Viele der Feste begannen in der Stadt, wobei der weitere Festablauf die Teilnehmer zum Berg Daḫa führte, der nicht allzu weit von der Stadt entfernt gewesen sein dürfte. Dass dieser Berg – als »vergöttlichter« Berg – eng mit der Kultstadt verbunden war, macht noch das große Gebet Muwatallis II. deutlich, worin die Gottheiten von Zippalanda in junghethitischer Zeit genannt werden: Wettergott von Zippalanda, Berg(gott) Daḫa, männliche und weibliche Gottheiten von Zippalanda, Berge und Flüsse von Zippalanda (KUB 6.45 i 57f.). Auffallend an dieser

60 Siehe dazu Steitler 2017: 283–293.

61 Siehe die Diskussion bei Kryszeń 2016: 251f., 283f.

62 Zu dieser hypothetischen Identifizierung siehe Kryszeń 2016: 288f.; positiver fällt die Bewertung der Identifizierung von Ankuwa mit Alişar Höyük bzw. mit dem rund 13 km nordwestlich von Alişar Höyük gelegenen Çadırhöyük bei Weeden/Ullmann 2017: 181–183 aus.

63 Vgl. Weeden/Ullmann 2017: 196–198, was auch zur möglichen Identifizierung des Berges Daḫa, der in der Nähe von Ziplanta gelegen ist, mit dem Kerkenes Dağ führt.

64 Popko 1994: 29–31; siehe dazu Weeden/Ullmann 2017: 196.

65 Kryszeń 2016: 264.

66 Siehe den Text bei Popko 1994: 98–125 (CTH 635); vgl. auch Kryszeń 2016: 270, 283; Taracha 2009: 74; Haas 1994: 588.

junghethitischen Pantheonliste von Zippalanda ist, dass im Unterschied zu den Listen der Gottheiten anderer Orte in diesem Gebet nur der lokale Wettergott – vielleicht unter dem Namen Wašezzili[67] – und der Berg Daḫa als individuelle Gottheiten genannt sind. Dies entspricht dem Befund der althethitischen Zeit, der deutlich macht, dass der Kultort fast ausschließlich auf die Verehrung eines Wettergottes und des in der Nähe liegenden Berges fokussiert war, andere Gottheiten, die wir aus der althethitischen Zeit kennen, jedoch in Ziplanta fehlen. Die Stadt ist – nach Ausweis der Texte, da wegen der nicht gesicherten Lokalisierung keine archäologischen Daten herangezogen werden können – durch zwei öffentliche Bauten geprägt:[68] Das sind der Tempel des Wettergottes in der »oberen« Stadt und ein *ḫalentu*-Gebäude, das auch als Residenz des lokalen Herrschers sowie des hethitischen Königs diente, der die Stadt bei den Reisen aus Anlass großer Feste besuchte. Dem Tempel des Wettergottes dürften auch Schreine bzw. Kapellen für einige andere Gottheiten angegliedert gewesen sein; so sprechen – allerdings erst junghethitische – Texte von »Häusern der Götter« sowie von einem »Haus der Sonnengöttin der Erde«. Diese spärlichen Angaben deuten erneut auf die relativ exklusive Beschränkung der Kultstadt auf den eigenen Wettergott. Weitere textlich fassbare Baulichkeiten in Ziplanta sind die Stadtmauer, einige Stelen (^{NA4}*ḫuwaši-*) als Kultplätze und Häuser von Priestern. Wahrscheinlich gab es auch auf dem Berg Daḫa einige Kultbauten.[69] Dies zeigt die Erwähnung eines »Tores des Gottes Daḫa« (KBo 16.49 i 5, iv 3; KBo 16.78 iv 17), da damit wohl der Eingang eines Schreines für den Gott auf dem Berg bezeichnet ist. Einblick in die Bedeutung der Kultstadt gibt ferner ein Abschnitt des KI.LAM-Festes – vor allem bezüglich der Priester-Hierarchie der Stadt; den Priestern werden im Rahmen des Festes unterschiedliche Geschenke überreicht:[70]

> Dem SANGA gibt man ein Gewand erster Qualität, dem *tazzelli*-Priester gibt man ein Gewand zweiter Qualität, dem *ḫamina*-Priester gibt man ein Gewand zweiter Qualität, dem Mundschenk und dem Sänger gibt man zwei Soldatengewänder. Dies gibt man den Leuten von Ziplanta.

Der SANGA ist der wichtigste Priester der Stadt, der in den Texten aus Ziplanta ausschließlich in kultischer Funktion auftritt. Die zweite Stelle der Hierarchie hat der *tazzelli*-Priester inne, der ebenfalls eine äußerst zentrale Position im Kult dieser Stadt seit althethitischer Zeit hat. An dritter Stelle ist der *ḫamina*-Priester zu nennen, der – im Unterschied zum *tazzelli* – auch in anderen Orten zum Priesterkollegium gehört. Der $GUDU_{12}$, dessen wichtige Stellung in Nerik vorhin genannt wurde, ist in Ziplanta offensichtlich von eher nachrangiger Wichtigkeit, denn er tritt meist nur gemeinsam mit dem *ḫamina-* auf. Zusammenfassend zeigt damit auch die Kultstadt Ziplanta eine eigene Stellung in althethitischer Zeit, die jedoch ebenfalls –

67 Schuster 2002: 460; Schwemer 2016–18: 84. – Wašezzilis Partnerin in Ziplanta war Kataḫḫa, siehe Barsacchi 2017: 142f.

68 Popko 1994: 18–26.

69 Popko 1994: 28.

70 KBo 25.176 Rs. 8'-12' bei Singer 1984: 93; Arıkan 2007: 37f.; vgl. Popko 1994: 72–75.

wie die beiden vorhin genannten Kultstädte – als hattisches Erbe in den Staatskult eingegliedert wurde, wobei die Stadt und der Tempel des lokalen Wettergottes bis in die Großreichszeit im Rahmen der Kultreisen bei den großen Jahresfesten vom König besucht wurden.

2.2.4 Ḫattuša

Ḫattuša war schon eine vorhethitische hattische Siedlung, die von Anitta zerstört worden war.[71] Trotz des Fluchs, der denjenigen treffen sollte, der die Stadt wieder besiedelt, hat Ḫattušili I. den Ort zu seiner Hauptstadt gemacht, wobei die beiden Kernbereiche, der Burgberg (Büyükkale) mit dem Palast und die Unterstadt mit dem Großen Tempel (= Tempel 1), das althethitische Stadtbild geprägt haben.[72] Ob bereits Ḫattušili eine Stadtmauer zum Schutz der Siedlung errichten ließ, ist archäologisch nicht geklärt, dürfte aber wahrscheinlich sein. Sein zweiter Nachfolger Ḫantili I. rühmt sich in seinen Annalen, eine Stadtmauer als Befestigung für Ḫattuša errichtet zu haben (KBo 3.57 iii 7–18). Ein Stadttor – das *ašuša*-Tor – wird im KI.LAM-Fest erwähnt, da das Königspaar durch dieses Tor die Stadt verlässt, um zum Stelenbezirk des Wettergottes zu gelangen; dort begrüßen Priester aus Arinna bzw. Ziplanta den König.[73]

Für die Bautätigkeit in der Unterstadt ist die Errichtung des Tempels 1 – mit umliegenden Magazinbauten – ein bemerkenswerter Einschnitt. Als ältester Tempel der Stadt unterscheidet er sich in der Gesamtanlage klar von den jüngeren Kultbauten, da es sich dabei um ein geschlossenes Bauensemble handelt, das nur »sakrale« Räume enthält.[74] Lagerräume und Bauten, die mit einem Tempel als Wirtschaftsunternehmen verbunden sind, sowie Archivräume bzw. mögliche Wohn- oder Aufenthaltsräume lagen zwar im Tempelviertel, waren aber baulich klar vom eigentlichen Tempelgebäude getrennt. Der Tempelbau ist als Bauwerk von Beginn an durchgeplant, wobei die Erbauung des Tempels eng mit der Errichtung der hethitischen Dynastie in Ḫattuša zu verbinden ist, so dass der Tempel noch im späten 17. oder frühen 16. Jahrhundert entstanden ist. Den Eingang in den Tempel ermöglicht eine Toranlage im Süden des Bauwerks, die in den großen Hof führt. Der Tempelhof ist der Ausgangspunkt, von dem sowohl die beiden Hauptkulträume (Cellae) im Norden des Tempels, als auch weitere Kulträume erreicht werden können. Die besser erhaltene Cella an der Nordseite des Tempels misst 7,9 mal 10,4 Meter und ist der größte Raum im ganzen Tempelareal. An ihrer Nordwand befinden sich links und rechts des Sockels, der die Statue der Gottheit trug, zwei Fenster. Zwei weitere Fenster in der westlichen und östlichen

---

71 Neu 1974: 12f., Vs. 44-Rs. 51.

72 Vgl. Schachner 2011: 179–188.

73 KUB 10.1 i 9–21; Singer 1984: 22f.

74 Schachner 2020: 142; siehe auch die beiden schematischen Pläne des Tempels und der Bauten in der Umgebung bei Schachner 2020: 108 Abb. 2, 113 Abb. 7.

Wand der Cella sind ebenfalls auf den Statuensockel ausgerichtet.[75] Westlich von dieser Cella befand sich eine zweite – wohl weitgehend vergleichbare – Cella, die jedoch nur noch sehr schlecht erhalten ist. Hervorzuheben sind als Charakteristikum des Tempels weitere Kulträume als eigenständige »Kapellen« oder »Schreine«, da ihre architektonische Lage im Tempel nicht auf die beiden Cellae an der Nordseite ausgerichtet ist und auch sie nur direkt vom Hof erreichbar sind. Die Größe dieser Kulträume ist deutlich geringer als bei den beiden Cellae, und die Räume unterscheiden sich in ihrer baulichen Gestaltung.[76] Dieser Befund erlaubt die Interpretation, dass möglicherweise unterschiedliche Kulte für unterschiedliche Gottheiten in diesen Kulträumen durchgeführt wurden. Hervorzuheben ist jedoch, dass im Tempel 1 durch diese bauliche Gestaltung anscheinend alle wichtigen Gottheiten der althethitischen Zeit innerhalb einer Tempelanlage verehrt wurden, im Unterschied zu den späteren Tempelbauten in der Oberstadt, die jeweils nur für eine Gottheit (oder ein Götterpaar) errichtet waren. Bei den im Tempel verehrten Gottheiten handelt es sich wohl um die wichtigen Gottheiten des althethitischen Staatskults mit hattischen Wurzeln. Lange konnte nur vermutet werden,[77] dass die beiden Cellae dem Wettergott von Ḫatti und der Sonnengöttin von Arinna geweiht waren. Diese sehr plausible Annahme kann nun durch Ausgrabungsergebnisse in jüngster Zeit weiter deutlich gestützt werden. In mehreren Texten ist ein »Haus des Bronzeschalenhalters« (É ^{LÚ}ZABAR.DAB) genannt, in dem kultische Aktivitäten stattfanden. Für ein seit einigen Jahren etwas nördlich des Areals des Tempels 1 schrittweise ausgegrabenes großes öffentliches Gebäude hat Oğuz Soysal aufgrund der Sichtung jener Texte, die das »Haus des Bronzeschalenhalters« und die im Zusammenhang mit einem solchen Haus durchgeführten Praktiken nennen, gezeigt, dass diese textlichen Bezeugungen und der archäologische Befund gut miteinander korrelieren, so dass man dieses Bauwerk als »Haus des Bronzeschalenhalters« identifizieren kann. Kleinfunde mit kultischer Funktion aus diesem Gebäude sind in die althethitische Zeit zu datieren. Einblick in Kultpraktiken im »Haus des Bronzeschalenhalters« geben mehrere Texte, bei denen immer wieder sieben Gottheiten[78] aus dem Kreis der Sonnengöttin genannt werden. KBo 25.51+ i 7'-17' beschreibt dies wie folgt:[79]

> Der Aufseher der Köche (und) der Prinz, [voranlaufe]nd, [t]ragen die Götter(statue) [in das ^{LÚ}ZABAR.DAB-Haus f]ort. Der Prinz [verbeugt sich] (vor) der Gottheit [u]nd tritt (in das Gebäude ein). [Er verehrt sieben (Gottheiten) der Reihe nach: Son]nengottheit, Mezzulla, Telipinu], GAL.ZU, Taḫpillanu, [Kuzzanišu], Šušumaḫi. Der Prinz ver]neigt sich. Der Aufseher der Köche [gibt dem Prinzen ein ...-Brot, und er (= der Prinz)] nimmt (es) für sich. [Er] kommt [aus dem ^{LÚ}ZABAR.DAB-Haus heraus und] geht [...? in den Tempel der Sonnengottheit].

75 Schachner 2020: 131–134 mit Abb. 19.

76 Siehe für Details Schachner 2020: 139.

77 Vgl. Schachner 2011: 78f.

78 Siehe zur Siebenergruppe Soysal 2019a: 56.

79 Soysal 2019a: 55. – Die Ergänzungen des Textes sind durch vergleichbare Beschreibungen der Aktivitäten eines Prinzen in diesem Gebäude möglich.

Aufgrund der Beschreibung, dass der Prinz am Ende seiner Handlungen zum Tempel der Sonnengottheit, der zweifellos in der Nähe gelegen sein muss, geht, kann man den Schluss ziehen, dass mit diesem Tempel eben Tempel 1 gemeint ist. Somit gewinnt die vorhin genannte Annahme, dass in der östlichen der beiden Cellae in Tempel 1 die Sonnengöttin verehrt wurde, fast an Sicherheit grenzende Wahrscheinlichkeit.

Andere Texte der althethitischen Zeit nennen noch weitere Tempel für verschiedene Gottheiten in Ḫattuša. So erwähnt Ḫattušili I. in seinen Annalen solche für die Sonnengöttin von Arinna, den Wettergott und Mezzulla. Möglicherweise bezieht sich diese Aussage ebenfalls auf Tempel 1. Möglich ist aber auch, dass die Lage der von Ḫattušili genannten Tempel im Bereich des Burgberges (Büyükkale) zu lokalisieren ist, wobei in diesem Fall jedoch von architektonisch kleinen Schreinen oder bloßen Kulträumen innerhalb des Palastareals auszugehen ist. Neben diesen Gottheiten nennen weitere Texte auch Tempel für Inar und Ḫalki.[80] Ferner werden das *ḫešta*-Haus für die Unterweltsgöttin Lelwani sowie ein »Haus des *kurša*-« genannt. Neben den »Tempeln« gab es auch Stelen, die verschiedenen Gottheiten geweiht waren bzw. diese in der Hauptstadt repräsentierten. Zusätzlich zu solchen Textzeugnissen sind drei Tempel in der Oberstadt von Ḫattuša archäologisch nachgewiesen, die als Tempel 2, Tempel 3 und Tempel 5 gezählten Bauwerke, die aus der zweiten Hälfte des 16. Jahrhunderts stammen.[81] Welche Gottheiten in diesen drei Tempeln verehrt wurden, ist unbekannt. Wie weit bei der Felsengruppe von Yazılıkaya außerhalb der Hauptstadt nordöstlich des Burgberges bereits in althethitischer Zeit religiöse Aktivitäten ausgeübt wurden, ist schwer zu sagen.[82] Keramikscherben aus diesem Bereich stammen aus der althethitischen Phase, und das so genannte Bauwerk I wurde um ca. 1500 vor der Felskammer A errichtet, anscheinend als Abgrenzung dieser Felskammer gegenüber der Umgebung. Daher kann man vermuten, dass dadurch ein für kultische Zwecke nutzbarer Raum geschaffen wurde. Die Ausstattung mit Reliefs, die bis zur Gegenwart sichtbar sind, ist jedoch erst im 13. Jahrhundert geschehen, eventuell mit einer einzigen Ausnahme, nämlich des als Nr. 65–66 gezählten Reliefs, das ein einander gegenübersitzendes Götterpaar zeigt, was ein – jedoch unsicherer – Hinweis auf eine kultische Nutzung des Platzes bereits in der späten althethitischen Zeit sein könnte.

Fasst man zusammen, so stehen in Ḫattuša hattische Gottheiten im Mittelpunkt des Kultes, wodurch der Kult der Hauptstadt (bzw. der Staatskult) mit den alten lokalen Traditionen verflochten wird. Am deutlichsten ist dies im KI.LAM-Fest zu sehen, wenn Vertreter anderer Orte an diesem Fest in Ḫattuša teilnehmen, allen voran die wichtigen Priester aus Ziplanta bzw. Arinna. Dass Vertreter aus der dritten Kultstadt Nerik nicht bei diesem Fest in Ḫattuša anwesend sind, könnte mit

---

80 Siehe Taracha 2009: 63; Haas 1994: 619f.

81 Vgl. Schachner 2020: 143, 147; siehe zur Datierung auch die Argumente, die Müller-Karpe 2017: 25f. aufgrund der Untersuchung des großen Tempels des Wettergottes in Šarišša für die Datierung der frühen hethitischen Tempelarchitektur vorgebracht hat.

82 Zur schwierigen Interpretation des Befundes siehe Seeher 2011: 85f., 133, 144–146.

der großen geographischen Entfernung Neriks von der Hauptstadt zusammenhängen, d. h. die Teilnahme von »auswärtigen« Priestern an den großen »Staatsfesten« in der Hauptstadt ist zumindest in der althethitischen Zeit auf jene Orte beschränkt, die nur zwei oder drei Tagesreisen entfernt waren. Ideologisch wichtig an der Teilnahme dieser auswärtigen Priester ist dabei, dass dadurch Religion ein Verbindungsfaktor zwischen dem politischen Zentrum Ḫattuša und den traditionellen hattischen Kultstädten wird.

2.3 Plätze der Kultausübung

2.3.1 Aussehen und Ausstattung der Tempel

Wahrscheinlich dürfte jeder Ort wenigstens einen Tempel gehabt haben, dessen Größe von der Bedeutung des Ortes abhing. Allerdings sind bislang nur wenige eindeutig als Tempel zu identifizierende Bauten durch Ausgrabungen erschlossen worden. Insofern stützen sich Aussagen über Tempel und ihr Aussehen sowie ihre Ausstattung in althethitischer Zeit auf wenige textliche Hinweise, deren Aussagekraft teilweise durch junghethitische Beschreibungen erhöht werden kann, da man davon ausgehen darf, dass die Vorstellungen über Tempel eine starke Kontinuität aufweisen.[83] Der wichtigste Terminus, den die Texte nennen, ist É.DINGIR bzw. in hethitischer Lautung *šiunaš parna-* bzw. *šiunaš per*, das »Haus Gottes/der Götter«, wobei anstelle des allgemeinen Begriffes »Gott« auch der Name einer Gottheit genannt werden kann, um den Tempel, der einer spezifischen Gottheit geweiht war, zu bezeichnen.[84]

Hinsichtlich des Aussehens[85] ist festzuhalten, dass die Ausrichtung der hethitischen Tempel nicht verbindlich ist, sondern teilweise den topographischen Gegebenheiten Rechnung tragen musste. Genauso ist als charakteristisch zu erwähnen, dass eine besonders erhöhte Lage innerhalb einer Stadt für den Tempel nicht verbindlich war. Ein Torbau ist der Zugang zum Tempel und führt in einen geschlossenen Hof. Der Hof (*ḫila-*) wird meist von einer oder zwei Säulenhallen (*ḫilammar*) an der Seite begrenzt und noch von anderen Bauten, deren genaue Funktion sich nur selten erschließt, umgeben. Auch auf dem Dach der Tempel konnten Kulthandlungen stattfinden, wie etwa eine Abbildung auf der İnandık-Vase zeigt. Wahrscheinlich ist damit zu rechnen, dass der Tempelhof nicht unbeschränkt für alle zugänglich war. Die Cella als zentraler Kultraum lag an einer Schmalseite des Bauensembles, entweder im Anschluss an den Hof, jedoch meist nicht direkt axial zum Torbau oder seitlich des Hofes, so dass man sich um 90 Grad wenden musste. Nachdem man vom Torbau in den Hof getreten war, musste man somit die Blickrichtung bewusst auf die Cella orientieren. Mögli-

---

83 Vgl. Taracha 2009: 59.

84 Güterbock 1997: 81f.

85 Vgl. zu den folgenden Ausführungen u. a. Müller-Karpe 2013: 337–340; Hundley 2013: 87–90, 95–99; Schachner 2011: 175–179; Neve 1993: 34.

cherweise ist damit eine Konzeption ausgedrückt, die dem Tempelbesucher die Differenz zwischen dem »alltäglichen« und dem »sakralen« Raum bewusst machen sollte und so dazu diente, »Unerwünschtes« vom zentralen heiligen Ort innerhalb des Tempels fernzuhalten. Dazu trägt auch bei, dass die Cella nicht direkt zugänglich war, sondern einige vorgelagerte Räume den Weg »erschwerten«, der wohl nur für Priester offen war. Gelegentlich finden sich in einem Tempel auch zwei Cellae, wie dies in Tempel 5 und in Tempel 1 in Ḫattuša der Fall ist. Hervorzuheben ist, dass hethitische Tempel bzw. der Hauptkultraum Fenster haben konnten, so dass man die Statue der Gottheit sehen konnte. Dass dies nicht immer völlig problemlos war, zeigt ein allerdings erst junghethitisches Orakelprotokoll aus Alalaḫ:[86]

> Weil die Gottheit durch ein Orakel im Zorn über ein Sakrileg bestimmt wurde, befragten wir die Tempelleute. Folgendermaßen (sprach) Tila: »Nicht schaut man auf den Wettergott, aber eine Frau hat durch ein Fenster hineingeschaut. Und ein Kind ging in das Innere(?) des Tempels. Ich war zerlumpt(?) und wir gingen in das Innere des Tempels hinein.«

Trotz der kurzen Ausdrucksweise ist klar, dass hier Fälle erörtert werden, die die Grenzen zwischen »außen« und »innen« in Bezug auf den Tempel missachteten, so dass der Wettergott erzürnte. Der unerlaubte Blick durch das Fenster in die Cella wie auch das unbefugte bzw. unangemessene Betreten der Cella erzürnen die Gottheit. Daraus kann man ableiten, dass der Tempel – bzw. die Cella – als ideell abgegrenzter Raum nicht für jedermann, sondern nur für qualifizierte Personen zugänglich war.

Auch zur Ausstattung der Tempel geben manche Texte einige Informationen, die teilweise durch archäologische Befunde ergänzt werden können:[87] In der Cella standen ein Altar und die Statue der Gottheit, der der Tempel geweiht war. Ein Tonmodell, das in İnandık gefunden wurde, zeigt wahrscheinlich eine Cella als Modell, in der eine (nackte) Gottheit auf einem Thron sitzt. Eventuell zeigt auch eine Abbildung der so genannten Bitik-Vase ein Götterpaar auf dem Thron in der Cella. Götterstatuen in hethitischen Tempeln waren in der Regel aus Holz (mit Edelmetallüberzug) und nicht allzu groß; manche Texte weisen auf eine Größe der Statuen zwischen 20cm und 60cm hin, so dass anzunehmen ist, dass solche Statuen auf einem Podest oder Thron standen. Die Größe des Podestes in der östlichen der beiden Cellae in Tempel 1 in Ḫattuša lässt jedoch vermuten, dass darauf eine größere Statue platziert war. Erwähnenswert ist auch eine Abflussvorrichtung in der Cella des Tempels des Wettergottes in Šarišša, die wohl den Zweck hatte, die bei den Opfern ausgegossene Flüssigkeit auf geordnetem Weg aus der Cella abzuleiten, um nicht den Boden aufzuweichen.

86 AlT 454 ii 7'-11' (Prechel 2016: 172); vgl. Hutter 2014a: 140.

87 Vgl. z. B. die Angaben bei Müller-Karpe 2017: 97–100; Hundley 2013: 92–94, 293f.; Schachner 2011: 188–190; Taracha 2009: 60–63; Neve 1993: 29f.; Özgüç 1988: 112f. mit Tf. 60–63, 67; Özgüç 2002d: 254 Abb. 8.

Über die detaillierte Ausstattung ist wenig bekannt, da manches eher auf zufälligen Funden beruht, z. B. ein Kopf einer Löwenfigur aus Tempel 2 in Ḫattuša, wobei die Figur wohl als Torwächter fungierte; der Kopf einer Sphinx aus Tempel 3 oder die Figur einer Göttin vom Ištar-Typ in Tempel 7; letztere erlaubt zumindest die Vermutung, dass dieser Tempel einer Göttin dieses Typs geweiht war. Dass die Tempelwände mit Malerei versehen waren, zeigen noch Reste derselben in Tempel 9. Erwähnenswert sind auch die – in mehreren Tempeln oder Schreinen – gefundenen Libationsgefäße in Form eines Stierpaares, u. a. aus Ḫattuša, Šarišša, İnandık, Nerik und Šamuḫa, die zwar nicht zur Zuweisung des jeweiligen Tempels an einen Wettergott ausreichen, aber zur Ausstattung für Libationen gehören.

Ein paar Einblicke in die Ausstattung der Tempel geben auch Tempelbaurituale, obwohl deren umfangreiche textliche Dokumentation in jüngeren Kompositionen vorliegt.[88] KBo 4.1 zeigt, dass offensichtlich – wie bei einem Wohnhaus[89] – der zentrale Pfeiler eine wichtige (architektonische und symbolische) Rolle spielte, so dass bei diesem Pfeiler vier Pflöcke eingebaut sind, die die Festigkeit des Tempels garantierten sollen (Rs. 1–4). Als weitere Ausstattung nennt dieses Ritual einen Löwen aus Gold und zwei Rinderpaare, die jeweils durch ein silbernes Joch zusammengehalten werden und auf einem Sockel stehen (Rs. 7–10); ebenfalls sind Herde und die Türe genannt (Rs. 17–26). Auch KBo 15.24+ zählt als Ausstattung des Tempels die Statue der Göttin auf, die neben dem Pfeiler deponiert wird (ii 48–53), ferner werden ein (Opfer-)Tisch, ein Thron, ein Altar und zwei unterschiedliche Räuchergefäße erwähnt (ii 13–17). Die beiden Texte sind wohl erst in der Großreichszeit entstanden, wobei KBo 15.24+ eng mit dem Milieu von Kizzuwatna verbunden ist. Insofern sollten nicht alle Aussagen dieser beiden Texte eins-zu-eins in die ältere Zeit zurückprojiziert werden. Ebenfalls nur in einer junghethitischen Abschrift vorliegend, aber eventuell im Kern bis in die althethitische Zeit zurückreichend, ist ein hattisch-hethitisches Bauritual (KBo 37.1), das Oğuz Soysal und Aygül Süel jüngst neu untersucht haben.[90] Durch die Heranziehung von Textfragmenten aus Ortaköy konnten sie das Verständnis des Textes aus Ḫattuša entscheidend erweitern, weil diese neuen Textzeugnisse einige zusätzliche Abschnitte gegenüber dem Text aus Ḫattuša enthält. Als Bauritual liefert der Text selbstverständlich keine vollständige Beschreibung des Aussehens des Tempels, aber einige Details werden erwähnt: Die Göttin Kataḫzipuri (hatt.) bzw. Kamrušepa (heth.) setzt sich auf den Thron; ferner schmückt sie den Thron mit der Haut eines Löwen und eines Panthers und Tempelbedienstete bringen verschiedene Stoffe zur Dekoration des Tempels herbei (§§ 5f.). Danach wird im Ritual beschrieben, dass die Stiere des Wettergottes auf einem Podest stehen (§ 10).

88 Siehe die Edition von KBo 4.1 und KBo 15.24+ bei Kellerman 1980: 126–137, 165–178; vgl. S. Görke (Hg.): hethiter.net/: CTH 413.1; G. Torri (Hg.): hethiter.net/: CTH 415.

89 Haas 1994: 165f.

90 Soysal/Süel 2016: 352–363; vgl. auch die älteren Übersetzungen von Klinger 1996: 638–649 und Schuster 2002: 156–167.

Diese Baurituale zeigen somit wenigstens teilweise, welche Ausstattung unter anderem in einem hethitischen Tempel zu finden war, wobei Festzeremonien, die in Tempeln durchgeführt wurden, ebenfalls unsystematischen Einblick in die »Tempeleinrichtung« geben. Hier sei daher – aus dem junghethitischen Festabschnitt am 16. Tag des AN.TAḪ.ŠUM-Festes – auf jene »Einrichtungsgegenstände« des Tempels verwiesen, denen Libationen dargebracht werden. Nachdem der König den Tempel betreten hat, heißt es wie folgt: [91]

> Der Aufseher über die Köche hält eine Ration Wein dem König hin. Der König hält die Hand (daran). Der Aufseher über die Köche libiert vor dem Thron einmal und für Zababa dreimal. Der Aufseher über die Köche und der Aufseher über die Tischmänner reinigen. Der Aufseher über die Köche libiert am Herd einmal, am Thron einmal, am Fenster einmal, am Riegelholz einmal, ferner noch neben dem Herd einmal. Und für die Statue des Ḫattušili libiert er einmal. Der König verneigt sich.

Bei diesen Gussopfern werden somit markante Teile des Tempels hervorgehoben. Der (vergöttlichte) Thron (ᴰḪalmašuit; ᴰDAG) gehört nicht nur zu den wichtigsten Kultobjekten der hethitischen Religion, sondern verweist erneut auf die enge Verbindung zwischen Königtum und Religion. Der Thron war als Ausstattungselement des Kultraumes vorwiegend aus Holz gefertigt. Grundsätzlich war der Thron als Kultplatz leer, da im Verlaufe von Ritualen mehrfach die Rede davon ist, dass einzelne Gegenstände daraufgelegt wurden, etwa in der Fortsetzung des Ritualverlaufs des 16. Tages des AN.TAH.ŠUM-Festes:[92]

> Dann bringt ein Palastjunker das Tuch der Goldlanze und einen Lituus herein. Und das Tuch der Goldlanze gibt er dem König. Den Lituus aber stellt er neben den Thron rechts vom König.

Der leere Thron ermöglichte dabei, dass König (und Königin) bei manchen Ritualen darauf Platz nehmen konnten, was u. a. eine Abbildung auf der İnandık-Vase zeigt.[93] Wahrscheinlich stand der Thron neben dem Fenster, einer Säule oder in der Nähe eines Götterbildes. Der Thron und die anderen vorhin genannten Gerätschaften und architektonischen Elemente sind als Teil des Tempels als »Kultobjekte« zu betrachten, da sie durch ihre Verbindung mit dem Tempel Anteil am Göttlichen haben.[94]

2.3.2 Lokale Tempel bzw. kleinere Schreine

Neben den Tempeln, die auch Wirtschaftseinrichtungen[95] waren, gab es kleinere Schreine, wahrscheinlich nicht nur im Zusammenhang mit den Palastanlagen,

---

91 KBo 4.9 ii 51-iii 13 (TUAT.NF 4: 199f. [J. Klinger]). Vgl. auch Badalì/Zinko 1994: 49 (§§ 30–35).

92 KBo 4.9 iii 27–31 (TUAT.NF 4: 200 [J. Klinger]). Vgl. auch Badalì/Zinko 1994: 49 (§ 38).

93 So mit Popko 1995: 80. Özgüç 1988: 101 (vgl. Tf. 51,1) sieht darin jedoch ein Götterpaar auf einem Bett, was er wohl unzutreffend als »Heilige Hochzeit« interpretiert.

94 Hundley 2013: 100; zur Symbolik siehe auch Haas 1994: 267–278.

95 Güterbock 1997: 83. Zur wirtschaftlichen Seite der Tempel siehe auch die grundsätzlichen Ausführungen über Abgaben und Steuern zur Kostendeckung des Kultes durch Siegelová 2019.

sondern in kleineren Ortschaften anstelle eines »voll ausgestatteten« Tempels. Dabei ist terminologisch zu beachten, dass man die Unterscheidung zwischen Schreinen bzw. Kulträumen sowie Räumen, in denen neben anderen primären Aktivitäten auch kultische Handlungen vollzogen werden konnten, nicht unbeachtet lassen soll. Der archäologische Nachweis solcher Schreine ist aber bisher strittig, wobei zwei Fundkomplexe zu nennen sind.

Zum althethitischen Grabungsbefund von İnandık gehören um zwei Höfe agglutinierend angelegte Räume. Der Ausgräber Tahsin Özgüç hat dieses Bauensemble als Tempel (für den Wettergott) interpretiert.[96] Die Abweichung der Architektur von anderen bekannten Tempeln im Hethiterreich erklärte Özgüç dahingehend, dass die Tempel oder Schreine der althethitischen Zeit noch nicht so klare Baustrukturen wie in späterer Zeit aufwiesen. Dirk Mielke widerlegte diese Annahme, indem er zeigen konnte, dass das Bauensemble in İnandık ein profaner lokaler Herrschersitz vom Ende der althethitischen Zeit war. Dass in einem der Räume auch Kulthandlungen vollzogen werden konnten, widerspricht dieser Interpretation nicht; eine reliefierte Vase, Libationsgefäße in Form von Stierfiguren und das Modell einer Tempel-Cella als Kleinfunde illustrieren dies.

Der zweite archäologische Fundkomplex, der nach der Deutung des Ausgräbers Tayfun Yıldırım einen kleinen Tempel oder lokalen Schrein darstellen könnte, ist das so genannte Gebäude I aus Hüseyindede,[97] ein Ort, der ca. 45 km nordwestlich von Ḫattuša und 60 km westlich von İnandık liegt. Das Gebäude I (23 mal 16 Meter) ist deutlich größer als die anderen Bauten des Ortes und liegt auf dem höchsten Punkt des Grabungshügels. Zwar betont Yıldırım, dass die typische Architektur eines Tempels mit Torbau, größerem Innenhof und einer klar identifizierbaren Cella fehlt, so dass man Gebäude I nicht mit den monumentalen Tempelanlagen in Ḫattuša auf eine Ebene stellen sollte. Da aber in diesem Gebäude vier reliefierte Vasen gefunden wurden, die kaum für den Alltagsgebrauch, sondern für Kulthandlungen verwendet wurden, schlägt Yıldırım vor, dieses Gebäude als kleinen lokalen Schrein aus dem 16. Jahrhundert zu interpretieren. Aber auch in diesem Fall ist es – analog zu İnandık – wahrscheinlich, den Fundkomplex als einen größeren »Landsitz« zu interpretieren.

Beide Grabungsbefunde sind trotz der strittigen Interpretation insofern religionsgeschichtlich aufschlussreich, als sie wenigstens teilweise erkennen lassen, dass Kulthandlungen auch außerhalb der großen Tempel und Feste stattgefunden haben, wobei das »Bildprogramm« auf den reliefierten Vasen, auf das noch einzugehen sein wird, unsere Kenntnisse über die Durchführung von Kulthandlungen bereichert.

---

96 Özgüç 1988: 70–76, 106–110; Mielke 2006: 253–264; vgl. Rüster/Wilhelm 2012: 57; Weeden/Ullmann 2017: 84.

97 Yıldırım 2009: 235–237. Vgl. aber auch die kurze skeptische Bemerkung von Mielke 2006: 260 Anm. 16 hinsichtlich der Interpretation von Gebäude I als Kultbau sowie Weeden/Ullmann 2017: 84f.

2.3.3 Stelen und »naturbezogene« Kultplätze

Ebenfalls zu Plätzen der Kultausübung gehören Stelen, die im Hethitischen als ^{NA4}*ḫuwaši-* oder mit dem Logogramm ^{NA4}ZI.KIN bezeichnet werden.[98] Diese (pseudo-)sumerographische Schreibweise kann als Wiedergabe des syrischen Wortes *sikkannum* gelten, worin der Aspekt des Wohnens der Gottheit anklingt (vgl. die semitische Verbalwurzel *skn* »wohnen«). Das hethitische Wort *ḫuwaši-* ist etymologisch möglicherweise mit dem luwischen Wortfeld der Wurzel *ḫwid-*[99] »leben, lebendig sein« zu verbinden, d. h. in einer solchen Stele »lebt« eine Gottheit. Man kann Stelen als anikonische Götterdarstellungen bezeichnen, die in einem Tempel als »Kultbild« aufgestellt sein können. Typischer ist aber die Funktion solcher Stelen als Freiluftheiligtümer, die sich oft außerhalb von Siedlungen befinden.[100] Manche Texte sprechen davon, dass man in ein *ḫuwaši-* hineingeht, was auf eine Verbindung zwischen einer *ḫuwaši*-Stele und einem abgegrenzten Areal verweist, das insgesamt als Ort der Anwesenheit einer Gottheit verstanden wird. Die »Naturverbundenheit« dieser *ḫuwaši*-Anlagen zeigt sich auch daran, dass diese häufig mit Quellen, Bäumen oder besonderen Felsformationen verbunden sind. Bezüglich der Form und der Größe lassen die Texte erkennen, dass die Größe variabel war, da kleine Stelen auf einen Altar gestellt werden konnten, manche jedoch die Größe eines Menschen haben konnten. Anscheinend konnten mehrere Stelen einen »Stelenbezirk« bilden, in den man wie in einen (offenen) Raum hineingehen konnte.

Stelen als Orte der kultischen Praxis waren sicher bereits in althethitischer Zeit bekannt, wie z. B. indirekt aus der mittelhethitischen Instruktion von Arnuwanda I. an die Grenzkommandeure aus der »Vor-Großreichszeit« hervorgeht, denen folgende Dienstanweisung gegeben wird:[101]

> (Die alte Kultstele im Ort), um die man sich nicht kümmert, um die sollt ihr euch jetzt kümmern. Man soll sie aufrichten. Und die Opfer, die es früher dafür gab, soll man geben.

Die Aussage ist in mehrfacher Hinsicht interessant, da der Zeitbezug wohl weit in die Zeit vor Arnuwanda I. zurückweist, was bestätigt, dass Stelen als Fokussierungspunkte kultischer Handlungen seit der hethitischen Frühzeit zum religiösen Repertoire gehörten. Zugleich zeigt diese Dienstanweisung aber auch, dass diese Kulte nicht nur auf die Hauptstadt beschränkt waren, da Arnuwandas Instruktion sich auf Beamte in der Provinz bezieht – und neben der Restaurierung der Stele auch die Durchführung anderer Kulthandlungen durch die Priester zum Thema hat.[102] Dass solche Stelen und Stelenbezirke wichtige Plätze der Kultausübung waren, zeigt

98 Siehe Hutter 1993: 91–95; Hazenbos 2003: 174f.; Cammarosano 2018: 74–80.

99 Cammarosano 2018: 78; Ders. 2019: 307f. Möglich ist aber auch, dass es sich bei *ḫuwaši-* um ein Lehnwort handelt, das auf den u. a. in Mari bezeugten Begriff *ḫumâ/ûsum* zurückgeht, siehe Hutter 1993: 91f. mit weiterer Literatur.

100 Vgl. Cammarosano 2019: 325–327 mit einer tabellarischen Aufstellung bzgl. der Lokalisierung einzelner textlich bezeugter *ḫuwaši*-Stelen.

101 KUB 13.2+ iii 1–3 (TUAT.NF 9: 221 [J. Klinger]); vgl. Miller 2013: 229.

102 Vgl. Miller 2013: 226–229, §§ 31–36.

ihre mehrfache Nennung in Festritualen, wenn es heißt, dass der König zur Stele(nanlage) einer Gottheit geht. Außerhalb der im letzten Drittel des 16. Jahrhunderts errichteten Stadt Šarišša lag auf rund 1.900 Metern Seehöhe ein solches *ḫuwaši*-Heiligtum des Wettergottes neben dem Šuppitaššu-Teich, wobei diese archäologische Entdeckung mit textlichen Hinweisen über Feste in dieser Stadt korreliert.[103] Die Lage dieses Heiligtums scheint auf den Großen Tempel des Wettergottes, das so genannte Gebäude C, in der Stadt ausgerichtet gewesen zu sein. Die erhöhte Lage auf einem Berg und neben dem Teich, der aus einer Einsturzdoline entstanden ist, weist auf einen anderen Aspekt »kultischer Orte« der Hethiter hin, da eben natürliche Gegebenheiten wie Quellen, Teiche oder Berge als solche angesehen werden konnten. Auch wenn solche Kultplätze kaum nachweisbar sind, falls es dort – anders als beim eben genannten Beispiel aus Šarišša – keine festen Bauinstallationen gibt, werden sie in Texten mehrfach als Kultplätze genannt. Die vorhin zitierte Instruktion von Arnuwanda I. setzt nach der Aufforderung, die Stelen zu restaurieren, unmittelbar mit dem Auftrag fort, auch die Quellen hinter der Stadt zu besuchen und die Rituale dort durchzuführen; anschließend werden auch die Opfer für die Berge (in der Umgebung der Stadt) genannt (KUB 13.12 iii 13–19).

Somit bot sich für die Hethiter ein weites räumliches Spektrum, wo kultische Handlungen ausgeführt werden konnten – von monumentalen Tempeln über lokalen Schreinen und Kulträumen im Palastbereich, wie etwa dem *ḫalentu*-Raum bzw. -Gebäude, bis hin zu »Kultanlagen« im Freien an Quellen, Teichen oder Bergen. Manche dieser Anlagen dürften nur temporär gewesen sein, so dass sie nicht archäologisch, sondern lediglich textlich nachweisbar sind. Genauso zeigen die Kultutensilien, die in den Bauwerken in İnandık und Hüseyindede gefunden wurden, dass Kulthandlungen auch an Orten, die nicht exklusiv der Durchführung des Kultes dienten, stattgefunden haben.

2.4 Akteure und Akteurinnen im Kult

An den vielfältigen Formen des Kultes sind Personen mit unterschiedlichen Aufgaben beteiligt, wobei eine einheitlich verwendete Terminologie bzgl. »Kult«, »Liturgie«, »Rituale« usw. in den hethitologischen Publikationen nicht vorhanden ist. Daniel Schwemer verwendet »Kult« primär für Feste (und vermeidet Begriffe wie »Zeremonie« bzw. »Liturgie« wegen ihrer jüdisch-christlichen Konnotation) und unterscheidet den »Kult« terminologisch von »Ritualen« (häufig mit therapeutischer Funktion). Allerdings erwähnt er zutreffend, dass eine genaue Abgrenzung von »Kult« und »(magisches) Ritual« nicht immer möglich ist.[104] Aus meiner Sicht ist es daher besser, »Kult« als allgemeinen Oberbegriff zu verwenden, d. h. dazu gehören sowohl Zeremonien und Liturgien bei Festen und Opfern zur Verehrung von Gottheiten sowie

103 Müller-Karpe 2017: 123–126; Wilhelm 1997: 9–15; Cammarosano 2019: 319f.; vgl. ferner Arroyo 2014: 209–213.

104 Vgl. Schwemer 2016: 2 Anm. 4.

jene Rituale, die für einen Einzelnen oder eine Gruppe mit therapeutischen, reinigenden oder stärkenden Zielen durchgeführt werden. Auch in den Ritualen werden dabei Götter durch Opfer und Gebete einbezogen, wie auch bei Festzeremonien die Teilnehmer (bzw. Priester) mit Opfern und Gebeten in Kontakt zu den Gottheiten treten. In dieser Hinsicht sind daher sowohl »Rituale« als auch »Feste« lediglich unterschiedliche Ausdrucksformen bzw. Typen innerhalb des Kultes. Alle die bei solchen kultischen Handlungen – in verschiedener Weise – beteiligten Personen kann man daher als »Akteure im Kult« bezeichnen, wobei die Funktionen dieser Personen weit gestreut sind: Priester und Priesterinnen (inklusive möglicher Spezialisierungen), Musiker(innen) und Tänzer(innen) als »professionelle« Akteure bei Festzeremonien, aber auch jene Personen, die Aufgaben im Tempel – inklusive der Betreuung oder Verwaltung von Wirtschaftsgütern des Tempels bzw. von Abgaben für den Tempel – ausüben; Ritualfachfrauen, Therapeuten, Heilerinnen bzw. Spezialisten und Spezialistinnen zur Erschließung des göttlichen Willens durch Orakeltechniken sind weitere Gruppen von den mit dem Sammelbegriff »Kultakteure« zusammengefassten Personen. Die Aktivitäten einzelner Personen sind dabei nicht immer explizit auf eine einzige Funktion beschränkt.

Für das althethitische Priestertum ist auf die schon genannte Stelle des KI.LAM-Festes zu verweisen, dass der SANGA der Stadt Ziplanta ein erstklassiges Gewand bekommt, der *tazzelli*-Priester aber nur ein zweitklassiges. Dies zeigt eine Hierarchie für Ziplanta, aber man darf die Situation nicht automatisch als eine institutionalisierte priesterliche Rangordnung im ganzen althethitischen Reich interpretieren.[105] Denn obwohl in vielen Texten verschiedene »Priester« als Akteure von Kulthandlungen genannt sind, existieren keine Textzeugnisse, die Fragen der Institutionalisierung des Priestertums behandeln, sondern Priestertitel sind wenngleich in großer Zahl fast immer nur stereotyp mit der Aufzählung von – oft ebenso stereotypen – Kulthandlungen bezeugt: Sie brechen Brote als Opfergaben, rezitieren und bringen den Göttern Trankopfer dar. Spezifische Pflichten und besondere Funktionen verschiedener Priesterkategorien sind dabei nur ansatzhaft festzustellen. Genauso muss man bedenken, dass keineswegs alle »Tempelbediensteten« (LÚ^{MEŠ}/MUNUS^{MEŠ} É.DINGIR^{LIM}) zu den »Priester(inne)n« zählen, wie deutlich die »Instruktion für die Tempelbediensteten« (KUB 13.4) zeigt, wenn im Kolophon dieser Instruktionen folgende Personengruppen als Tempelbedienstete genannt sind:[106] Küchenpersonal der Götter, Bauern der Götter, Rinder- und Schafhirten der Götter. Im Zusammenhang

105 Zur Stelle KBo 25.175 Rs. 8'-12' siehe Singer 1984: 93. – Vgl. für das Folgende und die Problematik der Kategorisierung hethitischen Priestertums grundlegend Klinger 2002. Die umfangreiche Monographie von Taggar-Cohen 2006 zeigt ebenfalls die Problematik der Kategorisierung des hethitischen Priestertums, als daran deutlich wird, dass die Quellensituation für die ah. Zeit äußerst eingeschränkt ist; daher kann man die Darstellung Taggar-Cohens nicht automatisch für jede Situation der ah. Zeit heranziehen. Vgl. ferner Görke 2016: 105–109.

106 Siehe die Edition von Taggar-Cohen 2006: 69, 85; Miller 2013: 264f.; vgl. Klinger 2002: 101. – Der gut erhaltene Text stammt zwar erst aus jh. Zeit, zeigt aber deutlich ältere sprachliche Merkmale, so dass die Aussagen auch für die ah. Zeit gelten dürften.

mit der zeitlich richtigen Durchführung von Festen nennt die Instruktion auch die SANGA-Priester, die $GUDU_{12}$-Priester, die AMA.DINGIR^{LIM}-Priesterinnen und (andere) Tempelbedienstete (KUB 13.4 ii 57, iii 35f.).

Ausgehend von letzteren Begriffen kann man Folgendes sagen – und zugleich die Problematik einer Systematisierung von »Priestern« in althethitischer Zeit verdeutlichen. Der am häufigsten verwendete Begriff ist $^{LÚ/MUNUS}$SANGA, wobei sich dafür ein großes »Aufgabenspektrum« feststellen lässt, wobei eine ^{MUNUS}SANGA viel seltener genannt ist als ihr männliches Pendant. In Festritualen tritt ein solcher Priester oft als derjenige auf, der Libationen selbst durchführt oder dabei zumindest anwesend ist, er bricht die Opferbrote, teilweise rezitiert er auch während der Zeremonie. Eine interessante Nuance zeigt das hattisch-hethitische Textstück KUB 28.1, in dem von der Einsetzung eines Priesters – vielleicht für die Sonnengöttin Eštan, die Königin, und den Wettergott Taru, den König (iv 12–14) – die Rede ist.[107] Der Priester ist jedoch mit seiner Aufgabe unzufrieden und erzürnt. Es fehlt leider der größere Kontext, der die Unzufriedenheit des Priesters begründen würde, doch zeigt der Text, dass es manchmal zwischen Priestern und denjenigen, die ihn mit seiner Aufgabe betrauten, zu Unstimmigkeiten kommen konnte. Insofern gibt der Text einen Einblick in eine Facette des priesterlichen Alltags, die zweifellos nicht zum »offiziellen« Kult gehört. Hinsichtlich der Herkunft dieser Priester ist festzustellen, dass sie aus dem zentralen hethitisch-hattischen Kerngebiet stammen, wobei fast alle Orte, die mit einem SANGA genannt werden, sich auf dieses Gebiet beziehen. Dabei sind die beiden alten Kultzentren Arinna und Ziplanta viel häufiger als alle anderen genannt. Erwähnenswert ist, dass auch mehrere Personen, die Beschwörungs- oder Reinigungsrituale durchführen, als SANGA bezeichnet werden – d. h. außerhalb der Festliturgien in kultische Aktivitäten involviert sind. Chronologisch ist jedoch zu beachten, dass keiner von diesen individuellen und namentlich bekannten SANGA der althethitischen Zeit angehört.[108] Somit kann man mit Jörg Klinger zu Recht sagen, dass im Begriff SANGA »die allgemeinste Bezeichnung für einen mit Opfern und Ritualen befassten Kultfunktionär vorliegt.«[109] Welches hethitische Wort bzw. welche verschiedenen hethitischen (vielleicht ursprünglich auf das Hattische zurückgehenden) Wörter hinter diesem Logogramm verborgen sind, ist ungewiss.

Für das Logogramm $GUDU_{12}$ wird als Lesung meist das bereits in althethitischen Texten belegte Wort *tazzelli-* angenommen, was jedoch eher unwahrscheinlich ist.[110] Schreibungen wie $GUDU_{12}$-*iš* bzw. $GUDU_{12}$-*aš* im Nominativ zeigen, dass neben der Lesung mit einem Wort als i-Stamm (wie *tazzelli-*) $GUDU_{12}$ auch für ein hethitisches Wort im a-Stamm als Logogramm geschrieben wird; diese Schreibung $GUDU_{12}$-*aš* ist

107 Soysal 2004b, der jedoch bei diesem »zürnenden Priester« eher an eine kultische Funktion oder eine Person mit einer spezifischen Rolle im religiösen Kontext denkt (ebd. 96).

108 Siehe die Liste bei Taggar-Cohen 2006: 168f.

109 Klinger 2002: 107.

110 Zum *tazzelli-* und seinen Aufgaben – oft eng mit dem Kult in Ziplanta verbunden – siehe Arıkan 2007; zur Ablehnung der Gleichsetzung zwischen $GUDU_{12}$ und *tazzelli-* siehe die Argumente bei Taggar-Cohen 2006: 277f.

möglicherweise *kumra-* zu lesen, eine Bezeichnung für Priester, die bereits in den Texten aus Kaneš verwendet wird.[111] D. h. mit der Schreibung $GUDU_{12}$ werden wenigstens zwei unterschiedliche hethitische Wörter logographisch wiedergegeben. Auch der $GUDU_{12}$ führt Trank- bzw. Speiseopfer durch, trägt bzw. hält Kultutensilien bei Opfern oder rezitiert während oder im Anschluss an Ritualhandlungen. Insofern sind seine Aktivitäten nicht grundlegend von denen des SANGA verschieden, wobei beide Priester auch manchmal gemeinsam agieren. Beachtet man die Götter, für die der $GUDU_{12}$ Kulthandlungen ausführt (vor allem für den Wettergott, Telipinu, Inar, Kataḫḫa), sowie die Orte, mit denen er verbunden ist (Ziplanta, Arinna, Tawiniya), so kann man daraus schließen, dass der $GUDU_{12}$ ein Priester des hattisch-althehtitischen Milieus war.[112]

Dem Logogramm AMA.DINGIR^{LIM}, die »Gottesmutter«, entspricht die hethitische Bezeichnung *šiwanzanna- / šiunzanna-* als wörtliche Übersetzung. Sowohl die syllabische als auch die logographische Schreibung der Bezeichnung dieser Priesterin werden seit althethitischer Zeit verwendet, so dass damit wohl unzweifelhaft die wichtigste Priesterin bezeichnet wird. Möglicherweise ist diese Priesterin – nach der althethitischen Zeit – auch mit dem (allgemeineren) Titel ^{MUNUS}SANGA bezeichnet, da letzterer Titel erst ab dieser Zeit verwendet werden. Da die SANGA-Priesterin aber eindeutig mit den Gottheiten des hattischen Milieus verbunden ist, lägen dann nur zwei – chronologisch zu differenzierende – Titel vor, die jedoch nur einen »Typ« Priesterin bezeichnen.[113] Auch über ihre genaue Tätigkeit im Kult erfahren wir – abgesehen von stereotypen Aussagen, dass eine oder mehrere Priesterinnen Opferhandlungen durchführen – wenig für die althethitische Zeit.[114]

Neben diesen drei Begriffen – in der genannten Reihenfolge der Häufigkeit entsprechend – nennen hethitische Texte noch eine Reihe weiterer Akteure im Kult, ohne dass sich deren Funktionsunterschiede sicher bestimmen ließen.[115] Für die althethitische Zeit zu erwähnen sind unter anderem der »Priester des Wettergottes«, der wohl von allgemein genannten Priestern ($^{LÚ.MEŠ}$SANGA) zu unterscheiden ist, oder der »Mann des Wettergottes« (LÚ ^{D}10/^{D}IŠKUR); dieser ist nicht nur in Festritualen aktiv, sondern als Kultspezialist auch in Ritualen, die zur Beruhigung bei einem Gewitter oder zur Reinigung eines Ortes dienen. Manchmal agiert er gemeinsam mit der »Frau des Wettergottes« (MUNUS ^{D}10/^{D}IŠKUR). Auf die Gruppe der 12 SANGA,

111 Siehe oben B.3.3.1.; vgl. Popko 1995: 54f., 77; Taggar-Cohen 2006: 32.

112 Klinger 2002: 105; Taggar-Cohen 2006: 231–236, 274–278.

113 Taggar-Cohen 2006: 367f. verweist auf die Beziehungen zwischen den beiden Priesterinnen-Bezeichnungen, geht aber nicht von einer Gleichsetzung aus. Siehe auch Collins 2016: 331.

114 Die umfangreichen Ausführungen bei Taggar-Cohen 2006: 336–367 stützen sich v. a. auf die Zeit nach dem ah. Reich.

115 Vgl. dazu z. B. Görke 2016: 109–115, die hervorhebt, dass in kleineren (und lokalen) Festen andere Akteure im Kult wichtig sind als bei den großen Festen, bei denen SANGA, $GUDU_{12}$ und AMA.DINGIR^{LIM} die zentralen priesterlichen Personen sind. – Zum Mann bzw. zur Frau des Wettergottes siehe Ünal 1998: 67–82, zur Rolle der 12 SANGA Taracha 2016b, zur *ḫazgarai*-Priesterin Soysal 2010a und zur KAR.KID Collins 2016: 332.

die anscheinend eng mit dem Königtum verbunden sind, hat Piotr Taracha hingewiesen. Zu dieser Zwölfergruppe werden folgende Priester zusammengefasst: aus Ḫattuša der Priester des Wettergottes und der »Mann des Wettergottes«, aus Ziplanta der Priester des Wettergottes von Ziplanta und der *tazzelli-*, aus Ankuwa der Priester der Göttin Kataḫḫa (der »Königin«) und der Priester der Getreidegottheit Ḫalki. Danach werden Götter, die ebenfalls mit dem Königtum verbunden sind, genannt (der Kriegsgott Zababa bzw. Wurunkatte, Tašmetu, Kašḫala, Ḫalmašuit) und abschließend die Schicksalsgöttinnen Anzili und Zukki. Bemerkenswert an dieser Zwölfergruppe ist der fehlende Bezug zu Arinna, was Taracha dahingehend deutet, dass in der frühen Formung des hethitischen Staatskults die beiden benachbarten Orte Ziplanta und Ankuwa eine größere Rolle gespielt haben dürften als Arinna, so dass die Sonnengöttin (von Arinna) in dieser alten Gruppe nicht genannt ist. Eine weitere Gruppe von Frauen, die wahrscheinlich bereits in althethitischer Zeit im Kult aktiv waren, sind die $^{\text{MUNUS.MEŠ}}$*ḫazgarai-*. Anscheinend leisten sie aber den Priestern lediglich »Hilfsdienste«, indem sie die nicht allzu großen Götterstatuen von einem Platz zum anderen tragen, Opferbrote und Früchte bereitstellen und gelegentlich auch singen. Ob sie selbst Opferhandlungen vornehmen, ist unsicher, so dass man sie zwar zu den Akteurinnen im Kult zählen kann, sie aber nicht Priesterinnen im engeren Sinn sind. Eine weitere Personengruppe sind die KAR.KID-Frauen, die in einigen bereits hattischen Ritualen als Sängerinnen und Tänzerinnen aktiv sind. Auch andere Sänger(innen) ($^{\text{LÚ/MUNUS}}$NAR) sind bereits im althethitischen Kult bezeugt.

Auch der König spielt in verschiedenen Kulthandlungen eine – unterschiedlich wichtige – Rolle, die aber nicht überschätzt werden sollte. Die Teilnahme des Königs an unterschiedlichen Ritualen und Festen hat nämlich bei näherer Betrachtung eine größere symbolische als »reale« Bedeutung.[116] Zwar heißt es gleich zu Beginn der ersten Tafel des KI.LAM-Festes, dass der König sein (priesterliches) Festgewand anziehe,[117] allerdings zeigt sich bei genauer Betrachtung, dass die Opferhandlungen nicht direkt vom König selbst, sondern durch einen »professionellen« Priester durchgeführt werden, während der König das Opfer nur berührt. Wenn es daher heißt, dass der König Feste feierte oder die Ausführung von Riten unterließ, so ist damit nicht primär seine Funktion als agierender »Priester« gemeint, sondern es klingt darin an, dass er eine Verantwortung dafür trägt, dass die für das Wohl des Staates notwendigen Riten »richtig« durchgeführt werden. Nur in einem solchen Sinn sollte man daher primär von einer »priesterlichen« Funktion des Königs sprechen. In dieser Funktion obliegt ihm aber in besonderer Weise die Möglichkeit, Religion als einen auch mit Auswirkungen auf die Gesellschaft verbundenen Kulturbereich im Sinn des

116 Klinger 2002: 109f. Insofern ist die von Zinko 2018–19: 268 (aber auch sonst häufig in der Literatur, z. B. Haas 1994: 196) verwendete Bezeichnung des Königs als »oberster Priester und Ritualist« kritisch zu sehen. Die Praxis, dass manche spätere Könige als Prinzen für eine Gottheit als Priester fungierten, ist erst in der Großreichszeit üblich geworden und hatte auch keine tiefgreifende Bedeutung für das »Image« des Königs, vgl. Klinger 2002: 98 sowie Taggar-Cohen 2006: 28.

117 KBo 10.23 i 6–17 (Singer 1984: 9).

auf das Opfer stehen muss, sondern auch von der sozialen Stellung des Opferers abhängen kann. Zentrale Begriffe des Wortfeldes »opfern« sind *šipant-* und *ḫuek-* bzw. *ḫatta-*.[125] Etymologisch bezieht sich *šipant-* (vgl. griech. *spendō*, lat. *spondeo*) auf eine Libation (Gussopfer), was sich in althethitischer Zeit auf die Libation des Blutes als zentraler Lebensessenz des getöteten Opfertieres bezogen hat. In jüngerer Zeit erfährt *šipant-* jedoch eine Bedeutungsverallgemeinerung im Sinn der »Weihung« des Opfers bzw. als ein allgemeiner Begriff für »opfern« – unabhängig von der Frage der Libation des Blutes. Die beiden anderen Begriffe *ḫuek-* »schlachten« bzw. *ḫatta-* »abschlagen, abschneiden« verweisen ebenfalls auf die Wichtigkeit der Tieropfer in der althethitischen Zeit – möglicherweise zur Versorgung der Götter durch das Opfer als vielleicht wichtigstem Zweck der Opfer.

2.5.1 Zweck und Notwendigkeit der Opfer

Die Darbietung von Opfern wird häufig von Musik mit verschiedenen Instrumenten begleitet. Die Verbindung der Musik mit Opfern dürfte mehrere Funktionen gehabt haben, wobei Vokalmusik der Kommunikation mit den Göttern diente sowie Musik im Allgemeinen eine passende Form darstellte, um die Verehrung der Götter auszudrücken oder eine Gottheit herbeizurufen bzw. zu erfreuen, damit sie das Opfer wohlwollend akzeptiert oder den Opferern wohlgesonnen ist. Lange Opferhandlungen – wie das Trinkzeremoniell oder kultische Mahlzeiten – werden ebenfalls von Musikdarbietungen begleitet, wobei Musik oder Gesang zwischenzeitlich verstummen[126] können. Resümierend formuliert Monika Schuol zutreffend:[127]

> Die während der Trink- und Speiseopferzeremonielle ausgeführte Musik unterstützt also zum Einen die Kommunikation zwischen Gottheit und Festgemeinde, dient zum Anderen aber auch der Unterhaltung der beopferten Götter.

Die Vielfalt der Musikdarbietungen während der Opferpraktiken und in Verbindung mit Festzeremonien spiegelt auch die große Zahl unterschiedlicher Musikinstrumente wider, die bei solchen Anlässen – neben der Vokalmusik – eingesetzt werden.[128]

Ein Festritualfragment, das zu einer lokalen Form des *purulli*-Festes gehören dürfte, gewährt einen ersten Einblick in die Versorgung der Götter durch verschiedene Opfergaben.[129]

---

125 Haas 1994: 651; vgl. Kühne 1986: 89f.

126 Schuol 2004: 153–155 spricht in diesem Zusammenhang etwas missverständlich von »Gesangs- bzw. Musikverbot«.

127 Schuol 2004: 204.

128 Das umfangreiche Material zu Musikinstrumenten und zum Gesang – nach hethitischen Texten und unter Einbeziehung visueller Darstellungen – hat Schuol 2004: 97–153 zusammengestellt; vgl. auch den kurzen Überblick von Alp 2000: 8–12.

129 KBo 25.31 iii 7–11; zu den Ergänzungen vgl. KBo 20.32 ii 1–5; KUB 56.46+ ii 22–31. Siehe auch von Bredow 1995: 86 (mit kleinen Korrekturen); zur Übersetzung »Metzger« (^{LÚ}*MU-RIDI*) bzw. »jung vergorener Wein« (KAŠ.GEŠTIN) siehe die Literaturhinweise bei Singer 1983: 157 Anm. 25 und 26.

Die Leier bringt man zum Verstummen. Die NIN.DINGIR-Priesterin läuft zum Herold und zu den *ḫapi*-Männern. Sie laufen zum Herd und nehmen ihre Plätze ein. Die Tischmänner bringen 15 belegte Brote. Die *ḫapi*-Männer breiten darunter [Stoff] aus. Die Metzger legen ein belegtes Brot und einen Fleischanteil überall hin. Eine Schale jungen vergorenen Wein und eine Schale *marnuwan*-Bier geben sie (dazu).

Brot- und Fleischopfer verschiedenster Art sowie Bier- und Weinsorten sind Grundbestandteile der Opfer zur Versorgung der Götter im hethitischen Kernland, wie ein zwar erst junghethitisch überlieferter Text zu einem lokalen Jahreszeitenfest zeigt, der aber wohl in einer viel älteren Tradition der Kultstadt Ziplanta steht:[130]

Er opfert ein Rind und ein Schaf der Sonnengöttin der Erde. Man legt das Fleisch vom rohen und vom gekochten hin. Er bricht die Brotlaibe. Man füllt die Rhyta mit Weinbier. Einen Stier und einen Widder, die für die Gottheit (?) (bestimmt sind), treibt er zum Tempel zurück, und der Priester opfert sie dem Wettergott von Zippalanda. Er nimmt das Fleisch vom rohen und gekochten, bricht die Brotlaibe, füllt die Rhyta ... und richtet die Becher des Tempels her. ...

Der König tritt zur Kultstele hin und beopfert reihum drei (Gottheiten): den Wettergott von Zippalanda, den Berg Daḫa und Ḫašmaiu. Die *ḫalliyari*-Leute singen zur kleinen Leier.

Die Fleischopfer – roh oder gekocht – sind in der Religionsgeschichte Anatoliens auch in den späteren hethitischen Epochen fast ausschließlich auf den zentralanatolisch-hattischen Raum beschränkt,[131] wobei die Fleischrationen als Opfer häufig auf Brote gelegt werden, um sie den Göttern anzubieten – auch verbunden mit Guss- und Trankopfern. Ohne solche Opferspeisen würden die Götter Schaden erleiden, so dass ihre Abhängigkeit von den Opfergaben der Menschen in Notzeiten als Argument genannt werden kann, dass die Götter aus Eigeninteresse das Unheil von den Menschen entfernen müssen. Diesen Zusammenhang betont Muršili II. in seinem so genannten 3. Pestgebet (CTH 378.3):[132]

Falls aber (ihr) Götter, die Herren, die Seuche au[s *dem Land nicht schickt*?], die [wenigen] Brotopferer und Weinschen[ke, *die noch übrig geblieben sind*], falls auch jene wegsterben, (dann) hören [*Brot- und*] Gussopfer für die Götter, die He[rren,] auf.

Obwohl das Gebet aus der Großreichszeit stammt, darf man die Sichtweise, dass die Götter die Speiseopfer der Menschen benötigen, sicherlich als altes Gedankengut bewerten. Dies zeigt indirekt auch die Ermahnung, die Ḫattušili I. in seinem so genannten »Politischen Testament« dem Thronfolger Muršili I. gibt:[133]

Sei aber auch [in der Angelegenheit der Götter] respektvoll: Ihre Dickbrote (und) ihre Libationsgefäße, und auch ihre [Eintöpf]e (und) ihre Grütze sollen bereit stehen. Du (Muršili) darfst (sie) [weder] verschieben noch darfst du (sie) vernachlässigen.

---

130 KUB 11.30 + 44.14 iii 10'-30' (Popko 1994: 206–209).

131 Mouton 2008a: 569.

132 KUB 14.12 Rs. 7–10 (Daues/Rieken 2018: 390f., Kolon 30–33). – Ein vergleichbarer Argumentationsgang wird im Ḫedammu-Mythos dem Gott Ea, dem Herrn der Weisheit, in den Mund gelegt; KUB 33.100 + iii 8–12, vgl. die Übersetzung z. B. bei Hoffner 1998: 52; Siegelová 1971: 46f.

133 KUB 1.16+ iii 49–52 (Gilan 2015: 81).

Teilweise können Opfer – besonders bei Festen – recht umfangreich werden, indem die Zahl der Opfertiere im mehrstelligen Bereich liegt, die vom Palast oder von öffentlichen Einrichtungen der Stadt und der benachbarten Orte zu liefern sind.[134] Auch die zu einem Tempel gehörigen Ländereien und agrarischen Nutzflächen dienten dazu, diesen Bedarf an Opfermaterialien zu decken. Der Großteil der Opfergaben wurde von den Opferdarbringern und den Teilnehmern an Festen konsumiert bzw. sie wurden als »Bezahlung« auch den Bediensteten im Tempel sowie Mitwirkenden an den kultischen Handlungen gegeben. Dadurch wird die Funktion der Opfer mehrschichtig: Ausdruck der Verehrung und Wertschätzung der Götter; Versorgung der Götter; materielle Abgeltung von Dienstleistern, die in unterschiedlicher Weise in religiöse Aktivitäten bzw. in Einrichtungen, die damit verbunden waren, involviert sind; Versorgung (von Teilen) der Bevölkerung als Nahrungsmittel.

Eine Opferpraxis, die häufig in Festen genannt wird, wird mit folgender Formel ausgedrückt: LUGAL MUNUS.LUGAL ^{D}NN *ekuzi*, wörtlich: »Der König und die Königin ›trinken‹ die Gottheit NN«. Die Deutung war lange strittig, indem man den Satz entweder kausativisch umschrieb »der König und die Königin lassen die Gottheit trinken/tränken die Gottheit«, oder man darin eine verkürzte Bildung für »der König und die Königin trinken (aus dem Becher) der Gottheit« sah, als Ehrenbezeugung für die Gottheit. Die Zusammenstellung einer repräsentativen Liste der Belege[135] dieser Formel durch O. Soysal macht deutlich, dass die überwiegende Anzahl der Stellen den Gottesnamen mit der Akkusativendung *-n* nennt, gelegentlich steht der Gottesname im Dativ oder in der (unflektierten) Stammform. Ferner zeigt Soysal, dass diese hethitische Formel hattischen Ursprungs ist und die hethitische Akkusativendung aus dem Missverständnis der hattischen Dativendung auf *-n* resultiert. Die wenigen hethitischen Stellen mit dem Gottesnamen im Dativ spiegeln dabei die »richtige« hattische Ausgangslage der Formulierung wider. Somit drückt die Phrase das »Trinken zu (Ehren) einer Gottheit« aus,[136] d. h. damit wird die Verehrung der Gottheit betont, während das Darbringen von Opferbroten oder Gussopfern die Versorgung der Gottheit betrifft. Beides wird z. B. in einem althethiti-

---

134 Zur Materialität und der wirtschaftlichen Seite von Opfern vgl. z. B. Popko 1994: 60–63; ebd. 98–125 konnte Popko aus verschiedenen ah. Textstücken (unter Einbeziehung ergänzender jh. Texte) sehr anschaulich den Umfang von Zuteilungen an verschiedene Teilnehmer im Kult von Ziplanta rekonstruieren; vgl. dazu auch Marcuson 2016: 85f. Die wirtschaftlichen Aktivitäten eines Tempels mit den dazugehörigen Ländereien – inklusive des möglichen Missbrauchs dieser wirtschaftlichen Ressourcen durch Tempelbedienstete – illustriert auch die Dienstanweisung für das Tempelpersonal (CTH 264), vgl. Siegelová 2019: 575. Siehe die Übersetzungen der einschlägigen Textabschnitte durch Taggar-Cohen 2006: 74–76 (§§ 7f.), 83f. (§§ 17f.); Miller 2013: 252–255 (§§ 7f.), 262–265 (§§ 17f.).

135 Soysal 2008: 48–53; vgl. weitere Überlegungen zu diesen und anderen Belegen bei Goedegebuure 2008a: 68–70. – Burgin 2019: 130–144 hat weitere Stellen aus Festritualen zusammengestellt, was zugleich deutlich macht, dass diese Ritualhandlung bis in die hethitische Spätzeit als Verehrungsgestus üblich geblieben ist.

136 Soysal 2008: 55–58.

schen Monatsfest mehrfach nebeneinander in Bezug auf verschiedene Götter genannt, wie folgende Zeilen verdeutlichen können:[137]

> Der König und die Königin trinken im Stehen zu Ehren der Göttinnen Eštan und Tappinu aus einem wertvollen *zeri*-Gefäß. ... Ein Tischmann nimmt zwei süße Dickbrote vom Tisch. Er gibt (sie) dem König. Der König bricht sie. Der Tischmann nimmt dem König die süßen Dickbrote ab. Und er legt sie zurück auf den reinen (Opfer-)Tisch.

Zu beachten ist dabei, dass diese Verehrung der Gottheit durch die Trinkzeremonie nicht isoliert betrachtet werden darf, sondern in weitere Handlungen eingebettet ist.[138] Sie beginnt mit einer Formulierung, dass der König zu dieser »Trinkzeremonie« auffordert und danach der Mundschenk die entsprechenden Becher herbeibringt. Direkt mit dieser Verehrungshandlung verbunden ist die Bereitstellung von Broten. Danach »trinkt« der König bzw. »trinken« der König und die Königin entweder stehend oder sitzend die verschiedenen Gottheiten, wobei diese – bei einer größeren Zahl von Gottheiten – länger andauernde Handlung durch Musik- und Tanzdarbietungen begleitet wird. Abschließend werden die vorher bereitgestellten Brote zerbrochen und geopfert. Der ganze Handlungsablauf kann dabei, wenn der König erneut zu einer solchen Zeremonie im Fest auffordert, wiederholt werden.

2.5.2 Visuelle Repräsentation von Kulthandlungen

Bei Ausgrabungen gefundene (Kult-)Gefäße vermitteln einen Eindruck von den Gerätschaften, die etwa für Gussopfer und für das Trinken zu Ehren einer Gottheit verwendet werden konnten. Manche solcher Gefäße haben die Form von Wild- oder Haustieren bzw. Vögeln, wobei die Palette der Tierdarstellungen umfangreich ist.[139] Wie schon erwähnt, sind solche Gefäße bereits in der vorhethitischen *kārum*-Zeit in Zentral- und Nordanatolien bekannt gewesen. Der Formenschatz lebt in hethitischer Zeit weiter. Berühmte Beispiele dafür sind die Libationsfaust aus dem Boston Museum sowie die beiden Silberrhyta aus der Schimmel-Sammlung, eines in Stier- und eines in Hirschgestalt.[140] Ferner kann man die silbernen Stierkopfgefäße aus Kastamonu nennen. Dabei ist nur der Vorderteil des Tieres mit Kopf wiedergegeben; allerdings sind diese Gefäße auch ausführlich mit kultischen Reliefszenen verziert.

Verschiedene Kannen, häufig mit einem charakteristischen Schnabel für das Ausgießen des Trankopfers versehen, sind ebenfalls zu erwähnen. Die Qualität solcher Kannen[141] scheint auf den kultischen, vielleicht aber auch höfischen Gebrauch zu

---

137 KBo 20.67+ i 18–28 (leicht modifiziert nach Klinger 1996: 305); vgl. auch Burgin 2019: 130–132. Zu der vom hethitischen Schreiber missverstandenen Stelle i 19 siehe Goedegebuure 2008a: 71 und Klinger 1996: 330. Tappinu ist als hattische Phrase »ihre Tochter« (bezogen auf die Sonnengöttin Eštan) zu interpretieren.

138 Burgin 2019: 114–119, 145f.

139 Vgl. z. B. die Abbildungen bei Özgüç 2002c: 127.

140 Abbildung z. B. bei Alp 2000: 28, 86f.; Haas 1994: Abb. 100a und 100b. Siehe auch die Beschreibung von Schuol 2004: 64f.

141 Özgüç 2002d: 248f.

verweisen, wobei die Dünnwandigkeit und eine Politur, die der Kanne einen metallischen Glanz gibt, ebenfalls ein Indiz für die Verwendung in der Verehrung und Versorgung der Götter sein dürfte. Als weiteres Kultgerät sind die so genannten Libationsarme zu erwähnen, die ebenfalls dazu dienten, Flüssigkeiten vor oder über Götterstatuen auszugießen. Becher sowie hohe schlanke Krüge mit rundem oder spitzem Boden, d. h. die in ein Gestell eingepasst werden müssen, finden ebenfalls bei der Durchführung von Opfern Verwendung. Auch (flache) Schalen, aus denen getrunken werden kann oder auf die Brote oder Fleischopfer gelegt werden, sind zu nennen. Die archäologischen Funde zeigen eine große Variabilität von Kannen, Bechern, Tellern oder Ausgussgefäßen, die im Kult verwendet werden können. Es ist jedoch schwierig, diese Gefäße mit entsprechenden Termini zu verbinden, die im Kontext von Opfern und kultischen Handlungen zur Versorgung der Götter genannt werden, wie Stefano de Martino anhand weniger Beispiele gezeigt hat.[142]

Weitere visuelle Eindrücke von Opferhandlungen vermitteln einige so genannte Kultvasen, d. h. reliefierte Vasen als Bildträger. Einige dieser Kultvasen – z. B. aus Bitik, Eskiyapar, Kalehöyük, Boğazköy oder Alaca Höyük – sind nur bruchstückhaft erhalten, so dass die Rekonstruktion des exakten Bildprogramms dieser Vasen nicht möglich ist. Aus zwei anderen Fundorten – İnandık und Hüseyindede – stammen jedoch praktisch vollständig erhaltene Vasen, wobei T. Yıldırım deutlich gemacht hat, dass die dargestellten Inhalte weitgehend miteinander vergleichbar sind.[143]

Die Vase aus İnandık ist 82 cm hoch und die Darstellungen darauf sind auf vier Register verteilt.[144] Auf dem untersten Register sitzen sich ein Gott und vermutlich eine Göttin an einem Altar und einer davorstehenden Vase gegenüber und hinter der Göttin steht ein Musikant mit einer großen Leier. Weitere Musikanten – mit einer Doppelleier, mit Zimbeln und einer Laute – gehören ebenfalls zur Szenerie, genauso Personen, die Speisen und Getränke für ein Opfer bereitstellen. Das darüber liegende Register zeigt weitere Opferszenen. Ein Mann hält vor der an einem Altar sitzenden Gottheit eine Schnabelkanne, eine weitere Gruppe von Personen bewegt sich mit Opfergaben auf einen auf einem Podium stehenden Stier als Repräsentant des Wettergottes zu. Das dritte Register zeigt Musikanten, einen Tempel, auf dessen Dach eine Kulthandlung stattfindet, und ein Götterpaar oder eventuell zwei Göttinnen entsprechend der Darstellung auf der großen Vase von Hüseyindede. Dieses Paar sitzt auf einem Bett. Zwischen dem Tempel und dem Bett sind ein Altar und ein Vorratsgefäß dargestellt. Das oberste vierte Register zeigt Musikanten und Musikantinnen, Akrobaten oder Tänzer sowie einen Geschlechtsakt.

Vier andere reliefierte Vasen wurden 1998 im Gebäude I in Hüseyindede gefunden, wobei eine Datierung in die zweite Hälfte des 16. Jahrhunderts wahrscheinlich ist. Die

142 de Martino 2016a: 96–100.

143 Yıldırım 2008: 838f.; vgl. auch Haas 2011: 277–280.

144 Zur Beschreibung siehe Özgüç 1988: 100–104; Alp 2000: 19–24, der jedoch die Register von oben nach unten zählt. Siehe auch Schuol 2004: 56–58 für die darauf abgebildeten Musikinstrumente.

größte der vier Vasen ist 86 cm hoch.[145] Die Abbildungen auf der Vase erstrecken sich über vier Register, wobei man das Bildprogramm von unten nach oben interpretieren kann: Auf der untersten Ebene der Darstellung sind Stiere abgebildet, in der Reihe darüber ist eine männliche Figur begleitet von Wildtieren und einem Widder dargestellt, daneben eine vor einem Opfertisch sitzende Gottheit und zwei Musikanten mit Leier. Das dritte Register gibt die zentrale Szene wieder – mit einem männlichen und zwei weiblichen Musikerinnen, weiteren Figuren, von denen eine ein Kohlebecken trägt; davor sieht man eine Tempelfassade, danach einen Altar und daran anschließend zwei Göttinnen auf einem Bett, vor dem ein Mann mit einer Tasse in der Hand steht. Im obersten Register sind ein Ochsenkarren, einige weitere Musikanten sowie die Reste eines weiteren (Opfer-)Tieres zu sehen. Eine zweite, 52 cm hohe Vase aus Hüseyindede[146] hat nur einen Darstellungsfries, auf dem Tänzer, Musikanten sowie ein Akrobat, der über einen Stier springt, zu sehen sind. Vergleicht man das Register mit den jeweils obersten Registern der İnandık- und ersten Hüseyindede-Vase, so ist der vergleichbare Kontext der Musik und der akrobatischen Unterhaltung, wie ich den Stiersprung verstehe, deutlich erkennbar.

Dass die Darstellung auf den Vasen zum Großteil kultische Handlungen zeigt, ist unbestritten, die Detaildeutungen sind jedoch strittig. T. Yıldırım überlegt, ob darin vielleicht Abschnitte der althethitischen Feste des Staatskults oder lokaler Feste dargestellt werden.[147] S. Alp sieht in der Abbildungsfolge die Darstellung eines Festes zur (sexuellen) Initiation und Verehelichung eines Prinzen.[148] Als gemeinsamer Punkt in der Interpretation – beginnend mit T. Özgüç[149] – wird auf eine so genannte »Heilige Hochzeit« verwiesen, wobei jedoch T. Yıldırım anhand der Hüseyindede-Vase deutlich gemacht hat, dass dort auf dem Bett zwei Göttinnen dargestellt werden, womit diese Deutung wohl hinfällig wird. Auch die direkte Beziehung des Dargestellten zu einem uns aus den Texten bekannten Fest ist wohl nicht möglich. Man kann in diesen Darstellungen Illustrationen von Opferhandlungen sehen, die im Rahmen von Festen und in Tempeln stattgefunden haben, oder Abbildungen der Versorgung der Götter im Tempel – eventuell auch die (nächtliche) Ruhe der Gottheiten auf dem Bett. Genauso lassen sich manche Szenen auf das »alltägliche« Beiwerk des Kultes beziehen – beginnend mit der Zubereitung von Opfergaben bis hin zur allgemeinen weltlichen Unterhaltung durch Akrobatik und sexuelle Lebensfreude im Rahmen von lokalen oder überregionalen Festen. Insofern liefern die Kultvasen weniger die Interpretation zu einem konkreten Fest, sondern sind Illustrationen von kultischen und nicht-kultischen Aktivitäten bei hethitischen Festen im Allgemeinen.

---

145 Yıldırım 2009: 239–244; Yıldırım 2008: 839–844; Schuol 2004: 58f.

146 Yıldırım 2009: 244f. – Wegen des »Stiersprungs« ist diese Szene mehrfach diskutiert und mit ägäischem Material verglichen worden, siehe z. B. Taracha 2002; Hutter-Braunsar 2008: 33f.; de Martino 2016a: 93f.

147 Yıldırım 2009: 245.

148 Alp 2000: 24.

149 Özgüç 1988: 103f.; zu Recht skeptisch sind z. B. Taracha 2002: 13; Ders. 2009: 63; de Martino 2016a: 92.

2.6 Feste auf staatlicher und lokaler Ebene

Geht man von den teilweise lokal gefeierten Herbst- und Frühjahrsfesten aus, so ist zunächst die Reihenfolge zu beachten. Diese Reihenfolge zeigt, dass der ursprüngliche Jahresbeginn im hethitischen Kleinasien im Herbst (zur Tag- und Nachtgleiche) gelegen ist. Spätestens Muršili II. scheint im frühen 13. Jahrhundert jedoch unter babylonischem Einfluss den Beginn des Jahres in den Frühling verlegt zu haben.[150] Da die Textüberlieferung aus junghethitischer Zeit ungleich größer ist als aus früheren Epochen, besitzen wir folglich wesentlich mehr Texte, die sich auf lokale Frühjahrsfeste als auf Herbstfeste beziehen. Aufgrund dieser Texte entsteht auch der Eindruck, dass die Frühjahrsfeste scheinbar höhere Priorität besaßen. Allerdings darf dieser für die Großreichszeit richtige Befund nicht den Blick verstellen, dass die Religion in althethitischer Zeit anders gelagert war. Im Mittelpunkt der Herbstfeste stand dabei der Gedanke der eingebrachten Ernte und der abgeschlossenen (Winter-)Aussaat, wobei Riten zum Schließen der Vorratsgefäße (als eine Art Sichtung des Ernteertrags) zu den charakteristischen Merkmalen der Herbstfeste gehören. Frühjahrsfeste legen hingegen den Fokus auf die wiederaufkeimende Fruchtbarkeit des Landes. So ist etwa vom Öffnen der Vorratsgefäße, von rituellen Wettkämpfen, in denen Trockenheit oder Unfruchtbarkeit besiegt werden sollen, oder von Regen bringenden Riten die Rede. Somit strukturieren Feste das hethitische Jahr nach jahreszeitlichen Einschnitten, wobei auch die so genannten »Gewitterrituale« oder »Gewitterfeste«[151] einen klimatisch-jahreszeitlichen Bezug zum Frühlingsbeginn haben dürften. Der Jahreslauf dürfte somit wohl an den Gegebenheiten einer landwirtschaftlich geprägten Kultur orientiert gewesen sein, wobei es schon in althethitischer Zeit regelmäßige Monatsfeste gegeben hat.[152]

Die Feste des zentralen Nordanatolien gehören ins hattische Milieu, wobei sie in ihren Grundzügen sehr wahrscheinlich in die vorhethitische Zeit zurückgehen und lokal durchaus unterschiedliche Ausprägungen zeigen. Im sich politisch immer stärker entfaltenden althethitischen Reich werden diese Feste weiter gefeiert, indem sie Teil des Staatskults werden, da König und Königin oder hochrangige Prinzen

---

150 Vgl. Haas 1994: 693.

151 Die so genannten »Gewitterfeste« sind eine charakteristische Textgruppe, die in der ah. Religion anscheinend eine wichtige Rolle spielten, wenn ein Gewitter die Aktivitäten des Königs oder ein anderes Fest stört – ein Vorfall, der klimatisch im Frühling nicht ungewöhnlich war. Unter den Nummern CTH 631 (in neuer Edition durch Barsacchi 2017: 25–129), einer Sammlung mehrerer Feste und Rituale aufgrund von Gewittern, und CTH 630, ein »Gewitterfest«, das als Reaktion auf die Störung eines Festes für den Mond(gott) gefeiert wird, sind die wichtigsten diesbezüglichen Textüberlieferungen zusammengestellt. Für CTH 631 sind ah. Textexemplare erhalten, während für CTH 630 bislang zwar frühe mh. Textexemplare vorliegen, deren thematische Nähe zu CTH 631 jedoch höchst wahrscheinlich macht, dass auch dieses Fest bereits in ah. Zeit gefeiert wurde. Siehe auch Steitler 2017: 72–76.

152 Popko 1995: 147f.; Taracha 2009: 70; Barsacchi 2017: 24. Vgl. zu dieser Wechselwirkung zwischen »lokalen« Festen und Festen des »Staatskults« auch Taracha 2017a: 142f.

als Vertreter des Staats daran teilnehmen. Damit ergibt sich jedoch für die Rekonstruktion die erste methodische Schwierigkeit, dass eine Unterscheidung zwischen Festen des Staatskults und »nur« lokalen Festen nicht immer eindeutig möglich ist. Meines Erachtens waren bereits in früher althethitischer Zeit das KI.LAM-Fest, das *purulli*-Fest sowie wahrscheinlich Monatsfeste weitgehend in den Staatskult einbezogen. Diese werden daher im Folgenden zunächst dargestellt, ehe auf einige weitere »nur« lokale Feste eingegangen wird. Ein weiteres Problem in der Rekonstruktion althethitischer Feste besteht darin, dass manche Feste noch in der Großreichszeit gefeiert und dabei mehrfacher Überarbeitung unterzogen worden sind. Dadurch zeigen zwar noch Feste der Großreichszeit unzweifelhaft »alte« Elemente, ohne dass es jedoch möglich wäre, den althethitischen Festverlauf exakt daraus zu erschließen. So hat z. B. das umfangreiche junghethitische *nuntarriyašḫa*-Fest unübersehbar eine Verbindung zum hattischen Milieu, wobei eine endgültige Gestaltung des Festverlaufs unter Muršili II. wahrscheinlich hattische Festtraditionen neu gestaltet hat. Möglicherweise wurde dabei – als 27. bis 29. Festtag – das althethitische KI.LAM-Fest als »Subfest« in den neuen Festverlauf eingebettet.[153] Genauso fällt für das KI.LAM-Fest auf, dass es in der Aufzählung hethitischer Feste in der Instruktion für Tempelbedienstete (KUB 13.4 i 39–49) nicht genannt ist. Auf dieses Problem ist bei der Darstellung der Feste der Großreichszeit später einzugehen.

2.6.1 Feste des althethitischen »Staatskults«

Das KI.LAM-Fest, das »Fest des Torbaus« (heth. *ḫilammar*)[154] ist hattischen Ursprungs und durch Texte zum Ritualverlauf[155] sicher für die althethitische Zeit bezeugt, wobei jüngere Abschriften (und Modifikationen) des Festes noch aus der Zeit Tudḫaliyas IV. vorhanden sind. Der Name des Festes bezieht sich auf die Toranlagen (der Tempel, des Palastes und der Stadt), bei denen einzelne Zeremonien durchgeführt werden, d. h. er sagt über den Inhalt und Zweck des Festes kaum etwas aus. Das Fest dauert in der Großreichszeit drei Tage, in der althethitischen Zeit vielleicht nur zwei Tage. Das Fest findet in der Hauptstadt Ḫattuša statt, wobei der König sich am ersten Tag auf das Fest vorbereitet, indem er sich für die Durchführung seiner kultischen Aktivitäten reinigt. Anschließend geht er vom *ḫalentu-*

---

153 Houwink ten Cate 1988: 191–194; vgl. Nakamura 2002: 128–134.

154 Singer 1983: 121–124. Vgl. aber auch Kryszat 2004: 21f., der mit der Möglichkeit rechnet, dass KI.LAM als Äquivalent zu akkad. *maḫīrum* »Marktplatz« zu verstehen ist, wobei bereits in der *kārum*-Zeit in Kaneš so genannte *sikkātum*-Zeremonien am Marktplatz stattfanden. Kryszats Deutung impliziert eine vor-hethitische Idee, die eventuell im Namen des KI.LAM-Festes weiterwirkt; problematisch ist jedoch, diese Interpretation mit dem unbestreitbar hattischen Milieu des ah. Festes zu verbinden.

155 Burgin 2019: 15–18 diskutiert kritisch die Frage der Überlieferung und der Versionen bzw. der Typen der einzelnen Tafeln, ob es sich um »Überblickstafeln« (»outline tablets«) für das ganze Fest oder um Darstellungen des Festablaufs anhand der einzelnen Tage handelt. Seine Beobachtungen zeigen die sehr komplexe Überlieferungsgeschichte solcher Feste, was bei der Rekonstruktion immer beachtet werden muss, vgl. ferner Burgin 2019: 151f.

Gebäude im Palastbereich zum *katapuzna*-Haus, von wo aus er eine Tierprozession beobachtet:[156]

> Während aber alle Tiere und die Herren der Worte vor dem König vorbeiziehen, tanzen, rufen und spielen die ALAM.ZU. Solange der König aber im *katapuzna*-Gebäude sitzt, sind am Tor des Torbaues bereits die Wagen des *nanakalta*. Den Rindern, die angeschirrt sind, sind die Hörner mit Gold eingelegt, ihre Joche sind mit Gold eingelegt und an ihrer Stirn haben sie goldene Mondsicheln. ... Dahinter (folgen) die Speere, irgendwohin in die Berge hinauf gehen sie. Dahinter gehen zehn oder zwanzig kupferverzierte Vliese. Dahinter aber (kommt) ein silberner Leopard, dahinter aber ein silberner Wolf, dahinter aber ein goldener Löwe, dahinter aber ein silbernes Röhrichtschwein, dahinter aber ein Röhrichtschwein aus Karneol, dahinter aber ein silberner Bär. ... Ein INANNA-Instrument spielen sie, die Männer aus Anunumna singen folgendermaßen. ... Dahinter aber (kommt) ein goldener Hirsch – und ihn ziehen die Männer des Palastes. Dahinter aber (kommt) ein silberner Hirsch – sein Geweih ist vorhanden – die Hirten des Palastes ziehen ihn rechts und links. Dahinter aber (kommt) ein silberner Hirsch – sein goldenes Geweih ist vorhanden – die Männer der Stadt Ḫariyaša ziehen (ihn).

Diese Tierprozession ist ein typisches Merkmal des KI.LAM-Festes, welches in anderen Festen nicht vorkommt. Die Tierfiguren aus wertvollen Metallen ziehen auf Wagen oder auf Standarten vor dem König vorüber, wohl vergleichbar mit jenen Standarten, die aus den Königsgräbern in Alaca Höyük zu Beginn der zweiten Hälfte des 3. Jahrtausends stammen.[157] Wahrscheinlich stellen die Tiere verschiedene Götterattribute dar, wenn wir uns die mehrfach bezeugte Affinität mancher weiblicher Gottheiten zu Leoparden und Löwen oder der Schutzgottheiten zu Hirschen vergegenwärtigen. Begleitet wird die Prozession von Musik und Gesang. Anschließend begibt sich der König zum Tempel der Getreidegottheit Ḫalki, wo die Verwalter der einzelnen Städte vor den König treten und ihre Ernteerträge präsentieren. Die Verwalter werden dem König jeweils auf Hattisch vorgestellt, woraus man den Schluss ziehen darf, dass das Fest im hattischen Milieu entstanden ist.[158] Im weiteren Festverlauf verlässt der König die Stadt durch das *ašuwa*-Tor, währenddessen findet ein Wettlauf statt, dessen Sieger bei der »großen Versammlung« mit einer Mine Silber und zwei Imbissbroten belohnt wird. Der König selbst bringt beim *ḫuwaši*- des Wettergottes Opfer dar, anschließend kommt es zur großen Versammlung als Höhepunkt des Festtages:[159]

> Wenn der König vom *ḫalentu*-Gebäude kommt, geht er zum Kultzelt. König und Königin nehmen Platz, ein Palastangehöriger des Goldspeeres tritt ein. In der Hand hält er einen Goldspeer, einen Krummstab und ein Goldspeertuch, ... das Tuch gibt er dem König, den Krummstab aber legt er auf dem (göttlichen) Thron nieder. Der Palastangehörige stellt sich gegenüber vom König wiederum auf. Den Goldspeer hält er und ruft: *kašmišša* (»Du da, nimm!«). Der Oberste der Leibwache bringt ein silbernes *zau*-Gefäß des reinen Priesters

156 KBo 10.23 iii 9-iv 6, v 11–21, vi 1–3, 13–24 (TUAT.NF 4: 195f. [J. Klinger]). Vgl. Singer 1984: 12–15; Görke 2008: 55f.

157 Singer 1983: 94; vgl. für Abbildungen dieser Standarten z. B. Özgüç 2002a: Abb. 1–4; Bachhuber 2015: 12 Abb. 1.3.; siehe auch http://www.hittitemonuments.com/alacahoyuk/.

158 Zu sprachlichen hattischen Elementen im Fest siehe Klinger 1996: 236–241.

159 KBo 27.42 i 1–23, ii 43–65; vgl. Singer 1984: 54–58.

> von Zippalanda; der Szepterträger hält ein Dickbrot. Der Oberste der Leibwache stellt sich zum Tor des Innenraumes, er hält das silberne *zau*-Gefäß. Der Szepterträger legt das Dickbrot nieder, der Oberste der Leibwache aber stellt das silberne *zau*-Gefäß darauf. ... Dann geht der Szepterträger hinaus; der Anführer der Köche läuft nach vorne; die Köche legen vorne fettes, kaltes Fleisch auf. Wenn aber die Köche das vorn auflegen, setzen sich die reinen SANGA-Priester von Hattuša, der Herr von Ḫatti und die Priesterin der Getreidegottheit nieder. Der Szepterträger ruft dem Sänger zu: *zinir* (»Musik«). Die Sänger bringen die Leier zum König, gegenüber vom *arkiu*-Gebäude. Sänger, Spaßmacher, Psalmodisten und »Vortragspriester« stellen sich auf und nehmen ihre Plätze ein. Spaßmacher und »Vortragspriester« stellen sich gegenüber auf. Die Sänger ... mit den Leiern, die Psalmodisten ... stellen sich auf. Der Szepterträger läuft vor den »Fremden« und lässt sie niedersitzen.

Die nun stattfindende »große Versammlung«[160] besteht vor allem in der Verehrung von mehr als 30 Göttern, die im Ritual »getrunken« werden. Die in diesem Festabschnitt genannten Götter gehören sicherlich zum »Staatspantheon« der althethitischen Zeit. Neben diesen Trinkzeremonien werden Prozessionen mit Tier(standart)en erwähnt, die aus verschiedenen Tempeln kommen. Dies zeigt, dass die Tierprozessionen ein alter Bestandteil des Festverlaufs waren, obwohl die oben zitierte ausführliche Beschreibung dieser Prozessionen (KBo 10.23 iii 9ff.) erst ein junghethitischer Text ist. Nach dem Trinken der Götter beobachtet der König die Spaßmacher, die ein Bad in einem Bierfass nehmen, *marnuwan*-Bier ausgießen, ins Horn blasen und aus dem Fass heraus ein Orakel verkünden. Dabei geht es jedoch nicht bloß um Unterhaltung oder ausgelassene Stimmung während des Festes, sondern es handelt sich um einen Regenzauber, was an folgenden Elementen erkenntlich ist:[161] die rituelle Nacktheit der Spaßmacher, das Begießen mit einer Flüssigkeit als Analogie zum Herabströmen des Regens, das Hornblasen als Analogie zum Erschallen des Donners. Das von den Spaßmachern verkündete Orakel bezieht sich auf das »Heil«, das in Form von fruchtbringendem Regen für die notwendige agrarische Fruchtbarkeit sichtbar werden soll, wodurch sich das Fest gut in den jahreszeitlichen Kontext einfügt. Daher dient diese »Unterhaltung« im Festverlauf durchaus dem Wohlergehen des Landes, zeigt aber zugleich, dass zwischen der »weltlich-unterhaltenden« und der »religiös-heilbringenden« Seite des Festes fließende Übergänge bestanden.

Ein weiteres altes, hattisches Fest ist das schon oben im Zusammenhang mit dem Wettergott von Nerik und dem Illuyanka-Mythos genannte *purulli*-Fest. Nach einem junghethitischen Katalogtext (KUB 30.42 i 5–8) soll es 32 Tafeln umfasst haben, von denen jedoch nur wenig erhalten ist. Ein fragmentarisch erhaltener

---

160 Burgin 2019: 31–97 hat vier Manuskripte der »großen Versammlung« neu ediert: Manuskript 1: KBo 20.33++; Manuskript 2 besteht aus drei Teilmanuskripten: KBo 30.32; KBo 25.62(+); KBo 25.61+; Manuskript 3: KBo 25.12++ und Manuskript 4: KBo 38.12++. Vgl. schon Groddek 2004, der diese ah. Versionen des Festes in Umschrift und (Teil-)Übersetzung vorgelegt hat; siehe ferner Singer 1984: 32–38, 88–92; zu den Göttern siehe Singer 1983: 101–103; von Bredow 1995: 23–26.

161 Wegner 1978; Singer 1984: 64; Hutter 2008: 83f. – In viel kürzerer Form nimmt schon ah. ABoT 1.5+ ii 7 auf den Regen, den der Wettergott und Wašezzili bringen, Bezug, vgl. dazu im Detail Pecchioli Daddi 2010: 264–269 und Burgin 2019: 41f.

althethitischer Kolophon (KBo 30.37 iv 1') lässt sich als [EZEN$_4$ *pu-ru-ul-l*]*i-ya-aš* ^{URU}*Ne-ri-ik*^{KI}, d. h. »*purulli*-Fest (in) Nerik«, ergänzen, wobei im fragmentarischen Text auch ein gewisser Tatta, der Mann des Wettergottes, als kultischer Akteur genannt ist.[162] Dass das eng mit dem Wettergott von Nerik verbundene Fest für die althethitische Zeit schlecht dokumentiert ist, dürfte mit dem politischen Verlust des hethitischen Einflusses auf diese Stadt nach der althethitischen Zeit erklärbar sein, so dass erst das »erneuerte« Fest nach der Zurückgewinnung der politischen Kontrolle über Nerik in der späten Großreichszeit gut dokumentiert ist. Mit Vorsicht darf man aber annehmen, dass ein wesentlicher Aspekt des Festes eine Götterversammlung im Tempel des Wettergottes von Nerik war, die im letzten Abschnitt des Textes über die Besiegung Illuyankas beschrieben wird:[163]

> Folgendermaßen (sprechen) die Götter zu dem GUDU$_{12}$-Priester Taḫpurili: »Wenn wir zum Wettergott von Nerik gehen, wo setzen wir uns hin?« Folgendermaßen (spricht) der GUDU$_{12}$-Priester Taḫpurili: »Wenn ihr auf dem Stuhl aus Basalt sitzt (und) wenn die GUDU$_{12}$-Priester das Los werfen, wird der GUDU$_{12}$-Priester, welcher Zalinu halten wird, – über der Quelle steht ein Stuhl aus Basalt – dort sitzen.« Alle Götter werden ankommen und für sich das Los werfen. Von allen Göttern der Stadt Kaštama (ist) Zašḫapuna die größte.

Die Episode des Loswerfens steht in einem Zusammenhang mit einer Kultprozession der drei Götter von Kaštama, nämlich dem Berggott Zaliyanu, seiner Frau Zašḫapuna und seiner Geliebten Tazzuwašši, in die Stadt Nerik. Diese Kultreise kann dabei als ein wichtiges Merkmal im Festverlauf gelten. Ob es sich dabei – wie Volkert Haas vermutet hat – um ein Neujahrsfest gehandelt hat, das eventuell auch eng mit Überlieferungen über den Gott Telipinu zu verbinden wäre, muss fraglich bleiben.[164]

Es soll jedoch – wegen der Überlieferung des Illuyanka-Mythos – nicht der Eindruck entstehen, dass das *purulli*-Fest nur in Nerik gefeiert worden ist. Vielmehr weisen verschiedene Texte darauf hin, dass es *purulli*-Feste in an mehreren Orten gegeben hat.[165] Wahrscheinlich hat bei dem Fest in Tawiniya die Göttin Tetešḫapi eine wichtige Rolle gespielt, wobei F. Pecchioli Daddi gezeigt hat, dass dabei die NIN.DINGIR-Priesterin als hauptsächliche Kultakteurin fungierte.[166] Ferner konnte sie deutlich machen, dass sowohl im Illuyanka-Mythos (und der Feier in Nerik) als auch im Fest für Tetešḫapi gemeinsame Elemente vorkommen. So ist in beiden

---

162 Siehe Klinger 2009: 99f.

163 KBo 3.7 iv 4–17 (E. Rieken et al. (Hg.): hethiter.net/: CTH 321, Kolon 108–119); vgl. Hoffner 1998: 13f.

164 Haas 1994: 698–700, 707–719; siehe dazu kritisch Popko 1995: 149; Taracha 2009: 136.

165 Siehe Taracha 2017a: 143–145.

166 Siehe dazu u. a. folgende Beiträge von Pecchioli Daddi 1987; Dies. 1988; Dies. 2010: 261–264; Dies. 2014; es handelt sich vor allem um jene (teilweise von Pecchioli Daddi neu zusammengestellten) Texte, die unter CTH 649 (Festfragmente, nennend die Priesterin NIN.DINGIR) und CTH 738 (Feste für die Göttin Tetešḫapi) verbucht sind. – Vgl. dazu auch Steitler 2017: 98–100; Taracha 2017a: 144; Zinko 2016: 550–554. Skeptisch bzgl. der engen Verbindung der Texte der NIN.DINGIR-Priesterin mit der Verehrung Tetešḫapis und dem *purulli*-Fest ist Taggar-Cohen 2006: 411.

Traditionen von der »Tochter eines Armen« die Rede, wobei diese Bezeichnung in anderen Zusammenhängen nicht vorkommt. Ein weiteres Argument dafür, dass in den Riten für Tetešḫapi Teile eines *purulli*-Festes vorliegen, ist darin zu sehen, dass nur in dieser Festtradition von der »Botschaft der Inar« die Rede ist. Dass auch in der Großreichszeit noch mehrere *purulli*-Feste gefeiert wurden, macht eine Aussage von Muršili II. deutlich, der ein *purulli*-Fest für den Wettergott von Ḫatti und den Wettergott von Zippalanda, aber auch ein *purulli*-Fest für die Göttin Lelwani im *ḫešta*-Haus in Ḫattuša erwähnt.[167] Diese Hinweise machen deutlich, dass man im *purulli*-Fest eine althethitische Tradition sehen sollte. Das Fest wurde dabei an verschiedenen Orten – mit lokalen Ausprägungen – gefeiert, wobei noch in der Großreichszeit lokale *purulli*-Feste eigenständig gefeiert werden konnten, auch wenn Teile des Festes möglicherweise in das große AN.TAḪ.ŠUM-Fest im Frühjahr einbezogen worden sind. Möglicherweise ist aber diese »lokale« Situation einzelner *purulli*-Feiern am »Rande« des großreichszeitlichen Staatskults der Grund für die schlechte Überlieferungslage hinsichtlich der Ritualtexte zum Fest.

Schließlich ist noch ein Monatsfest zu nennen, allerdings stammt der überwiegende Teil der bislang bekannten Texte für dieses Fest aus der Großreichszeit, die jedoch auf Älteres zurückgehen. KBo 20.67+ ist das älteste erhaltene Textexemplar und stammt sicher aus der Vor-Großreichszeit.[168] Dass das Fest in den Staatskult eingebunden ist, zeigt sich z. B. daran, dass von »Ḫattuša, der Stadt der Götter« gesprochen wird (KBo 20.67 + 17.88 iii 6'f.) und dass mehrfach von einem eisernen Thron für den König und die Königin (mit den Titeln »mächtige Sonne« bzw. Tawananna) die Rede ist (z. B. KBo 20.67 + 17.88 iii 11'f., 25'f.; iv 10f.). Erwähnenswert ist auch die Götterliste in KUB 2.13 i 28–36, eines zwar erst im 13. Jahrhundert geschriebenen Textes, der aber auf eine deutlich ältere Vorlage zurückgeht.[169] Folgenden Göttern wird hier jeweils ein dickes Brot geopfert: Sonnengöttin; Wettergott; Mezzulla; Schutzgottheit (Inar?); Ḫulla; Telipinu; Zababa; Gottheit »Tag«; Wettergott von Zippalanda; Wettergott von Nerik. Die Aufzählung entspricht in der Reihenfolge weitgehend jenen Gottheiten, die z. B. im althethitischen KI.LAM-Fest in einer Opferrunde verehrt werden (KBo 17.9+ ii 6-iii 9). Allerdings zeigt das Monatsfest auch, dass die junge Version des Festes gegenüber der althethitischen Zeit sicherlich Veränderungen erfahren hat, was am augenfälligsten daran zu erkennen ist, dass an einer späteren Stelle (KUB 2.13 iii 16-iv 3) Opfer für jene Götter genannt werden, die als so genannte »Götter von Kaneš« gelten.[170] Insofern macht das Monatsfest deutlich, dass es einerseits im hattischen Milieu seine Wurzeln hat, wahrscheinlich bereits in althethitischer Zeit schrittweise in den Staatskult Ein-

---

167 Torri 2015: 296 zu KBo 2.5 iii 38–45, siehe die Übersetzung bei Goetze 1933: 188–191.

168 Klinger 1996: 294; vgl. Steitler 2017: 95. Edition und Übersetzung bei Klinger 1996: 302–325.

169 Klinger 1996: 299; Edition und Übersetzung ebd. 544–571.

170 Vergleichbares gilt auch für eine andere jh. Tafel des Monatsfestes (KUB 1.17), für die Steitler 2014: 306 damit rechnet, dass man »das Pantheon von Kaneš als eine Art religiöses Adstrat in einem ansonsten überwiegend hattischen Festritual betrachten« kann.

gang gefunden hat und bis in die Großreichszeit durch die Hinzufügung weiterer Gottheiten in die Opferriten »aktualisiert« wurde.

2.6.2 Lokale Feste

Andere Feste wurden primär lokal gefeiert, auch wenn der König oder ein Prinz daran teilnehmen konnten. Das große drei- oder viertägige Fest in Ziplanta im Tempel des lokalen Wettergottes wurde schon oben bei der Besprechung der Rolle dieser Kultstadt erwähnt.

Eine andere wichtige Siedlung ist Ḫanḫana. Hinsichtlich der Lokalisierung kann mit Sicherheit nur gesagt werden, dass Ḫanḫana nördlich der hethitischen Hauptstadt lag.[171] Im lokalen Kult dieser Stadt nahm Telipinu einen wichtigen Platz ein, wie ein ihm gewidmetes mehrtägiges Fest verdeutlicht (KUB 51.1+). Bemerkenswert an diesem Fest ist der große Aufwand von insgesamt 50 Rindern und 1.000 Schafen, weshalb V. Haas vermutet, dass es sich dabei um ein primär mit Hirten verbundenes Fest zu Ehren Telipinus handelt.[172] Telipinu ist ein Gott der landwirtschaftlichen Fruchtbarkeit, wobei das Mythenmotiv des »Verschwundenen Gottes« die katastrophalen Folgen des Weggehens des erzürnten Gottes zeigt:[173]

> Das Schaf stieß sein Lamm von sich. Das Rind aber stieß sein Kalb von sich. Telipinu aber ging fort. Er schaffte Getreide, Fruchtbarkeit, Wachstum, Gedeihen fort, (nämlich) auf das Feld, auf die Wiese, in die Moore. Telipinu aber ging (und) versteckte sich im Moor, (über) ihm aber wuchs die *ḫalenzu*-Pflanze. Nun gedeihen Getreide (und) Emmer nicht mehr. Rinder, Schafe (und) Menschen werden nicht mehr schwanger. Die aber, die schwanger (sind), auch die gebären nicht.

Dieses Notzeitmotiv fügt sich gut zur Charakterisierung Telipinus als Gott, der Fruchtbarkeit gewährt, so dass das Fest in Ḫanḫana gut mit dem Anlass der Förderung der tierischen Fruchtbarkeit verbunden werden kann. In den erhaltenen Texten wird allerdings nicht auf den Mythos angespielt. Der Festverlauf beginnt in Ḫanḫana, in den folgenden Tagen verlagern sich die Feierlichkeiten nach Taniškuriya und Kašḫa, ehe das Fest wiederum in Ḫanḫana endet.[174] An den Festtagen schlachtet man Opfertiere für Telipinu und Kataḫḫa, die an der Spitze des lokalen Pantheons von Ḫanḫana stehen, sowie für die anderen Götter des lokalen Pantheons. Jeder Festtag endet mit einem Mahl der Festteilnehmer, zu denen unter ande-

---

171 Lokalisierungsvorschläge, die eine gewisse Plausibilität aufweisen können, beziehen sich auf Çankırı, Alaca Höyük bzw. Çorum, ohne dass eine dieser Lokalisierungen allgemeine Zustimmung gefunden hätte. Zur Diskussion siehe Kryszeń 2016: 144–190; Weeden/Ullmann 2017: 220–222. Dass Ḫanḫana kein unbedeutendes ah. Verwaltungszentrum war, zeigen mehrere Landschenkungsurkunden hethitischer Könige, die in Ḫanḫana ausgefertigt wurden, vgl. Rüster/Wilhelm 2012: 58.

172 Haas 1994: 743.

173 KUB 17.10+ i 8'-15'. Das mh. Exemplar ist die am besten erhaltene Version des »Telipinu-Mythos«, der schon in ah. Zeit zusammengestellt wurde; zur Übersetzung siehe Hutter-Braunsar 2011: 130f.; Hoffner 1998: 15; E. Rieken et al. (Hg.): hethiter.net/: CTH 324.1.

174 Zum Ablauf vgl. Haas 1994: 743–746; von Bredow 1995: 43–46; Steitler 2017: 307–310.

rem ein Prinz und der Provinzgouverneur von Ḫanḫana gehören. Die Schlachtung von 12 Schafen vor 12 Stelen von 12 Gottheiten am dritten Tag könnte einen kalendarischen Jahresbezug haben. Die wichtigsten Gottheiten des Festes (und von Ḫanḫana) sind Telipinu, Kataḫḫa und Ḫatepinu. Einige andere Texte, die unter CTH 668 zusammengestellt sind, beziehen sich auf den Kult im Frühjahr in Ḫanḫana.[175] Der Wettergott, die Sonnengöttin und die Göttin Kataḫḫa, die »Königin«, sind hier als wichtige Gottheiten des lokalen Pantheons genannt; verbunden mit diesem wenigstens viertägigen Fest ist auch eine »Kultreise« eines Prinzen, der mehrere Ortschaften in der Umgebung von Ḫanḫana besucht und die dortigen Tempel, *ḫuwaši*-Heiligtümer und den Berg Takurpa in den Festablauf einbezieht. Die verschiedenen Götter werden dadurch in Trinkzeremonien verehrt; wahrscheinlich findet auch eine ähnliche Trinkzeremonie für jene 12 Götter statt, die auch im Fest für Telipinu am dritten Tag erwähnt sind.

Wichtige Erkenntnisse über lokale Kulte liefern auch einige Texte,[176] die sich auf die alte nordanatolische Stadt Zalpa – nahe dem Schwarzen Meer – beziehen, die bereits in vorhethitischer Zeit ein wichtiges politisches Zentrum gewesen ist und teilweise auch in der Formungsphase des Königtums in Ḫattuša das entstehende Hethiterreich beeinflusst hat. In kultischer Hinsicht haben jedoch die lokalen Vorstellungen Zalpas wenig Spuren im althethitischen Staatskult hinterlassen, so dass man aus Quellen über Zalpa einen guten Einblick in die religionsgeschichtliche Pluralität im nördlichen Anatolien erhält. Ebenfalls bemerkenswert an diesen Texten ist, dass – als ungewöhnlicher Fall der Überlieferung – mehr althethitische Texte als jüngere Abschriften erhalten geblieben sind, was J. Klinger dahingehend interpretiert, dass der lokale Kult in Zalpa zum Erliegen gekommen ist und in der Großreichszeit, als sich der politische Einfluss des Hethiterreiches wieder über den ganzen Norden erstreckte, nicht mehr revitalisiert wurde.[177] Dadurch zeigen aber die Texte in Bezug auf Zalpa die besondere Situation, dass sie praktisch lokale kultische Vorstellungen und Götter widerspiegeln, ohne dass diese durch die Einbeziehung in den Staatskult mit weiteren Traditionen kombiniert sind. Die Texte nennen daher auch eine Reihe von Göttern, deren Verortung im (sprachlich) hattischen Milieu zwar erkennbar ist, allerdings tauchen manche dieser Götter nur in dieser Textgruppe in Bezug auf Zalpa auf.

---

175 Die vorläufige Zusammenstellung der Texte liefert Taracha 2020: 280f. mit einigen ersten systematischen Bemerkungen zu Teilen des Festverlaufs. Ein interessantes Detail findet sich in KUB 43.33 i 1 mit dem Hinweis des Priesters Nunzidi auf die Überlieferung von Teilen der Festtradition. Siehe zu diesem lokalen Kult ferner Steitler 2017: 86–90; von Bredow 1995: 51–53.

176 Die Textgruppe ist in CTH 733 (und CTH 667) zusammengefasst. Aufbauend auf und weiterführend zu Forlanini 1984 zeigt Corti 2010a; Ders. 2010b den aktuellen Forschungs- und Bearbeitungsstand, wobei er die Zeremonien auch mit der (Gedenk-)Feier des Todes eines (lokalen) Herrschers verbindet. – Siehe auch Steitler 2017: 278; Taracha 2016a: 368–371; Ders. 2017a: 134.

177 Klinger 1996: 169f.

Als letzten Fall lokaler Feste sei noch auf den Kult in Liḫzina – wahrscheinlich nahe dem Schwarzen Meer zwischen Sinop und Samson gelegen[178] – hingewiesen, wobei im Hattischen der Name der Stadt Laḫzan lautete. Dass es sich bei dieser Stadt um einen wichtigen Ort in der hattischen religiösen Tradition gehandelt hat – Forlanini spricht davon, dass Liḫzina »das ursprüngliche Zentrum der hattischen Religion gewesen zu sein scheint«[179] –, zeigen mehrere Bezugnahmen auf die Stadt im Zusammenhang mit mythologischen Überlieferungen zum Gott Telipinu. Aufgrund des zürnenden Telipinu ist die Fruchtbarkeit auf der Erde zum Erliegen gekommen, woraufhin ihn endlich eine Biene auf einer Wiese bei Liḫzina findet (KUB 33.10 ii 4). Das Motiv wird auch in einer Evokation des verschwundenen Wettergottes angewandt, wo ihn ebenfalls die Biene an der gleichen Stelle findet (KUB 33.33 i 13). Auch mehrere Ritualtexte nennen die Stadt:[180] Das hattisch-hethitische Bauritual (CTH 726) ist mit der mythologischen Erzählung eingeleitet, dass die Sonnengöttin Eštan in Laḫzan/Liḫzina ihr »Haus« mit tatkräftiger Unterstützung des Wettergottes Taru und der Gottheit Lelwani[181] errichtet hat. In einem hattisch-hethitischen zweisprachigen Ritual, das die Angst vor einem Gewitter beseitigen soll (CTH 727), ist eine mythologische Erzählung eingebettet, bei der – in der hattischen Version – der Mondgott[182] vom Himmel auf die Stadt Laḫzan gefallen ist, während die hethitische Fassung davon spricht, dass der Mond auf den Torbau (KI.LAM) gefallen ist. Die hattische Göttin Kataḫzipuri bzw. die Göttin Kamrušepa in der hethitischen Version entdecken den Mond und fragen nach den Ursachen dieses Unglücks. Dass nur die hattische Version im Unterschied zur hethitischen Fassung die Stadt nennt, spricht für die Bedeutung von Laḫzan in der hattischen Frühzeit. Ein weiterer mythologisch-ritueller Text (CTH 331) beinhaltet eine Erzählung der Zerstörung der Stadt durch den Wettergott, wobei diese Erzählung keinen direkten inhaltlichen Zusammenhang mit den ausgeführten Ritualhandlungen, die der Beseitigung einer Augenkrankheit dienen, erkennen lässt. Leider lässt sich die Zerstörung bzw. Schädigung der Stadt durch den Wettergott mit keinem aus der hethitischen Geschichte bekannten Ereignis verbinden. Alle drei Ritualtexte gehören ursprünglich in das hattische Milieu, was auch die jeweilige Verbindung einer

178 Siehe Weeden/Ullmann 2017: 228; Kryszeń 2016: 364–368.

179 Forlanini 1984: 260; vgl. auch Haas 1994: 609f.

180 Zu CTH 726 siehe die Untersuchungen von Klinger 1996: 638–649; Schuster 2002: 156–167; Soysal/Süel 2016; zu CTH 727 siehe Schuster 2002: 381–398 und die Übersetzung von Hoffner 1998: 34–36; zu CTH 331 siehe Groddek 1999.

181 Lelwani war im hattischen Milieu ursprünglich eine männliche Gottheit, die erst in jh. Zeit – unter Einfluss obermesopotamischer bzw. hurritischer Göttinnen wie Allatu oder EREŠ.KI.GAL – als Göttin re-interpretiert wurde, vgl. Klinger 1996: 167f.; anders jedoch Torri 1999: 53–57, die immer von einer Göttin ausgeht und das Epitheton »König« (LUGAL in der hethitischen bzw. *katte* in der hattischen Version von KBo 37.1 i 5f.) an der Stelle nicht als geschlechtsspezifischen, sondern machtspezifischen Begriff interpretiert.

182 Der Name des hattischen Mondgottes lautete Kab (Schuster 2002: 412f., 422) und nicht Kašku (so z. B. Haas 1994: 377; Taracha 2009: 43), wie in Verbindung mit dem Namen des hurritischen Mondgottes Kušuḫ angenommen wurde (z. B. Klinger 1996: 153); vgl. auch Steitler 2017: 75 Anm. 232.

mythologischen Erzählung mit dem Ritualtext als typisches Merkmal hattischer Ritualtexte zeigt. Kumulativ kann man aus den wenigen Hinweisen zu Laḫzan/Liḫzina den Schluss ziehen, dass es sich dabei um ein wichtiges hattisches religiöses Zentrum gehandelt haben dürfte, das aber vielleicht schon in althethitischer Zeit an Bedeutung verloren hat; dies wäre auch eine Erklärung dafür, dass die »Erinnerung« an Laḫzan zwar in mythologischen Erzählungen bewahrt blieb, es aber – im Unterschied zu anderen lokalen religiösen Zentren im hattischen Gebiet – keine hethitischen Textzeugnisse über lokale (hattische) Feste in dieser Stadt gibt.

Rekapituliert man diesen Überblick zu Festen, so lässt sich eine religiöse Pluralität erkennen, mit einem Nebeneinander von lokalen Festen, die mit den alten – teilweise sicherlich vorhethitischen – Zentren im Norden Anatoliens verbunden sind und die von der lokalen Bevölkerung gefeiert wurden. Orte der kultischen Feiern sowie ein Teil der Akteure im Kult sind in solchen lokalen Traditionen verwurzelt, wobei man diese lokalen Feste, auch wenn daran ein Prinz teilgenommen hat, nicht automatisch als Teil der hethitischen Staatsreligion bewerten kann. Dies kann nämlich mit Sicherheit nur für die *purulli*-Festlichkeiten, das KI.LAM-Fest und wahrscheinlich die Monatsfeste – aufgrund der wichtigen Teilnahme des Herrschers – angenommen werden. Ebenfalls auf die Unterscheidung zwischen dem Staatskult und den lokalen Kulten weist die Wertigkeit der einzelnen alten hattischen Zentren in der hethitischen Überlieferung hin, von denen die Städte Arinna, Nerik und Ziplanta als zentrale Kultstädte im Staatskult fungieren, während andere Orte wie z. B. Zalpa oder Laḫzan Zentren lokaler Kulte waren. Zugleich zeigt die Teilnahme von Prinzen an den lokalen Festen aber, dass die Grenzen zwischen »lokaler« Religion und »offizieller« Staatsreligion offensichtlich nicht völlig starr waren, was in der weiteren religionsgeschichtlichen Entwicklung im Hethiterreich ermöglichte, dass in der Großreichszeit lokale Feste immer stärker in den »Staatskult« einbezogen wurden – als Ausdruck politischer Institutionalisierung und wohl auch als Instrument der Machtkontrolle über die einzelnen lokalen Zentren.

2.7 Exkurs: Religiöse Traditionen im palaischen Milieu

Das Land Pala ist im Nordwesten Anatoliens lokalisierbar, etwa im Gebiet des klassischen Paphlagonien.[183] Während der althethitischen Zeit war das Land Pala zunächst ein selbstständiger Handelspartner der Hethiter. Wie aus den Hethitischen Gesetzen § 5 hervorgeht, geriet es aber bereits in der althethitischen Zeit unter hethitische Verwaltung. Ein kleines Corpus palaischer Texte – etwa aus dem 16. und 15. Jahrhundert[184] – wurde in Ḫattusa gefunden. Bei den Texten handelt es sich um ein mythologisches Fragment, Ritualsprüche, die während der Opferung von Broten rezitiert werden, sowie weitere fragmentarische Kulttexte. Hinsichtlich

183 Für Details siehe van den Hout 2004a: 191f.

184 Starke 1985: 38; ferner zum Palaischen Carruba 1970; Ders. 1972.

der religiösen Vorstellungen der Palaer lässt sich daraus nur wenig ablesen, allerdings zeigen sich Wechselwirkungen mit hattischen (und luwischen) Vorstellungen.

Für die Rangordnung der Götter des palaischen Pantheons ist eine Textgruppe, die als so genannte »Brotopfersprüche« (CTH 751)[185] bezeichnet wird, aufschlussreich. An der Spitze steht der Wettergott Zaparwa, der in diesem Ritual zugunsten von König und Königin als zentraler Empfänger der Opfer gilt. In KUB 35.165 Rs. 11–18 findet sich dabei folgende Abfolge der Götter:[186] Zaparwa, Kataḫzipuri, Tiyaz, Ilaliyantika-Gottheiten, Ḫašamili, Kamama, Šaušḫalla, Ḫilanzipa, Gulzanika-Gottheiten und Uliliyantika-Gottheiten. Dabei werden reine Fleischstücke für Zaparwa niedergelegt und diese dann reihum an die genannten Gottheiten weitergereicht. Dasselbe geschieht anschließend mit einer Leber und mit einer Flüssigkeit, wobei diese Opferdarbringungen mit Gesang begleitet werden. Alle diese Götter werden im früheren Verlauf des Rituals mit verschiedenen Broten beopfert, allerdings sind – aufgrund des schlechten Erhaltungszustandes des Textes – nur noch die ersten drei Namen erhalten (KUB 35.165 Vs. 1–27), die weiteren können jedoch durch das Duplikat KUB 32.17+ Vs. 14–25 ergänzt werden.[187]

Sieht man sich das »palaische Pantheon« näher an, so steht Zaparwa an der Spitze, wobei er als palaischer Wettergott charakterisiert werden kann. Dies zeigt das Reinigungsritual KBo 8.74++, das neben einem palaischen (ii 1–7) auch einen luwischen (ii 22–25) Textabschnitt beinhaltet.[188] In iii 16–24 werden hier wiederum palaische Gottheiten aufgezählt, beginnend mit dem Wettergott (^{D}IŠKUR), gefolgt von Kataḫzipuri und dem Sonnengott. Danach wird der Text lückenhaft, jedoch kann man mit großer Wahrscheinlichkeit an vierter Stelle wiederum die Ilaliyantika-Gottheiten ergänzen. Ebenfalls verweist der Text KBo 19.153 auf den Charakter Zaparwas als Wettergott, wenn Zaparwa gemeinsam mit einem Stier genannt ist.[189] Zaparwa hat – unter dem Namen Ziparwa – später auch Eingang in den hethitischen Kult gefunden, indem ein Fest für ihn in der Großreichszeit in das AN.TAḪ.ŠUM-Fest und in das *nuntarriyašḫa*-Fest integriert wurde.[190]

An zweiter Stelle der »Götterlisten« steht Kataḫzipuri, eine Göttin, deren Name dem Hattischen zuzuweisen ist. Dadurch stellt sich die Frage, ob Kataḫzipuri lediglich der hattische Name für eine genuin palaische Göttin ist oder ob die hattische Göttin Eingang in das palaische Pantheon gefunden hat. Da die wenigen palaischen Texte keine spezifischen Aussagen über diese Göttin liefern, ist es derzeit nicht

185 KUB 35.165; vgl. die vorläufige Übersetzung bei Carruba 1972: 28–31 sowie die Detailbeobachtungen von Sasseville 2019.

186 Carruba 1970: 19; Ders. 1972: 14 (Text), 30f. (vorläufige Übersetzung).

187 Carruba 1970: 14, 16f.; Ders. 1972: 12f. (Text), 28–30 (vorläufige Übersetzung). – Auch in KUB 35.166 + KBo 19.154 dürfte diese Götterreihe genannt gewesen sein, vgl. Carruba 1972: 38.

188 Zur Edition des Textes siehe Starke 1985: 39–41, der diesen Text auf den Beginn des 15. Jh. datiert; vgl. zu diesem Ritualfragment auch von Bredow 1995: 75f.

189 Soysal 2016: 315f.

190 Marcuson 2011; vgl. auch Steitler 2017: 221f.; Haas 1994: 611f.

möglich, diese Frage definitiv zu entscheiden.[191] Da die hattische Kataḫzipuri in der hethitischen Überlieferung mit der luwischen Göttin Kamrušepa gleichgesetzt werden konnte, ist es möglich, dass sich der Name Kataḫzipuri auch im Palaischen nicht auf die hattische Göttin bezieht, sondern als Benennung für eine ursprünglich eigene palaische Göttin steht, deren Aufgabenbereich dann wohl ähnlich wie derjenige von Kataḫzipuri sowie Kamrušepa gewesen sein dürfte, nämlich als Göttin, an die man sich um Unterstützung in Beschwörungs- und Reinigungsritualen gewendet hat. In den palaischen Texten tritt Kataḫzipuri gelegentlich als Partnerin Zaparwas auf, wobei diese Bildung eines Götterpaares sich vom hattischen und luwischen Milieu unterscheidet: Während im hattischen Kontext Kataḫzipuri nicht als Partnerin des Wettergottes fungiert, ist im luwischen Milieu Kamrušepa mit dem luwischen Sonnengott Tiwad vergesellschaftet.

Dem luwischen Tiwad entspricht – auch etymologisch – im palaischen Pantheon der Sonnengott Tiyaz.[192] In den vorhin genannten Brotopfersprüchen wird er als »Vater und Mutter des Königs« angerufen, der an der Seite des Königs stehen soll (KUB 35.165 Vs. 21–24). Erwähnenswert ist, dass Tiyaz auch in einem mythologischen Text genannt wird,[193] in dem er einen Adler auffordert, einen verschwundenen Gott zu suchen, der sich anscheinend auf einer Wiese in Liḫzina befindet. Diesem Text (CTH 752) hat jüngst Susanne Görke eine kleine Untersuchung gewidmet,[194] indem sie nicht nur das Notzeitmotiv behandelt, das seit der althethitischen Zeit im Zusammenhang mit verschiedenen Gottheiten (am bekanntesten in Verbindung mit dem Gott Telipinu) sowie im Zusammenhang mit der Stadt Liḫzina überliefert ist. Genauso konnte sie deutlich machen, dass dieser Text, in dem mythologische Erzählung und Ritualanweisungen nebeneinander vorkommen, mit Texten und Traditionen hattischer und luwischer Provenienz verbunden werden kann. Insgesamt scheint es sich dabei um ein Festritual für das palaische Pantheon zu handeln, um durch die Durchführung des Festes zu gewährleisten, dass die palaischen Gottheiten den lebensnotwendigen Niederschlag garantieren sollen. Darauf weisen im Festverlauf die verschiedenen Riten mit Wasser hin, aber auch der differenzierte Wortschatz, wenn im Festritual vom Gewitterregen, Sturmregen und (Dauer-)Regen die Rede ist; ebenso deutet das abschließend im Fest rezitierte »Lied vom Wachstum und Gedeihen« auf den Zweck dieses Festes.

Eng verbunden mit Tiyaz sind die Ilaliyantika-Gottheiten, die »Begehrenden«, die eventuell als seine Helfer fungieren; zumindest erlauben hethitische und luwische Texte, die diese Gottheiten mit dem luwischen Sonnengott Tiwad verbinden, diesen Schluss. Die enge Verbindung dieser Göttergruppe mit dem Sonnengott ist somit als gemeinsame Vorstellung von Palaern und Luwiern zu bewerten, und nicht als hattische Vorstellung, die in die palaische Religion Eingang gefunden hätte.[195]

191 Steitler 2017: 222f.; Taracha 2009: 58.
192 Vgl. zu Tiyaz Hutter 2006b: 82f.
193 KUB 32.18 bei Carruba 1970: 8 sowie Ders. 1972: 2–11 für Bearbeitung und Übersetzung.
194 Görke 2020: 292–297.
195 Vgl. Hutter 1988: 125f.

Die weiteren Gottheiten des Pantheons scheinen teilweise aus dem Hattischen zu stammen (Ḫašamili, Šaušḫalla), andere (Ḫilanzipa, Gulzanika-Gottheiten, Uliliyantika-Gottheiten) scheinen auch im luwischen und hethitischen Milieu nicht unbekannt gewesen zu sein;[196] allerdings verhindert die geringe Überlieferung des Palaischen hier sichere Schlussfolgerungen.

Die beschränkten Kenntnisse über die religiösen Vorstellungen bei den Palaern können noch durch zwei kleine Hinweise auf Ritualspezialistinnen (^{MUNUS}ŠU.GI) ergänzt werden. Einer gewissen Anna aus Pala wird das (Beschwörungs-)Ritual KBo 17.47 zugeschrieben, wobei das Ritual anscheinend mit dem Wettergott Zaparwa verbunden ist.[197] Nach Ausweis des Tafelkatalogs KBo 31.9,2 war in Ḫattuša scheinbar ein weiteres Ritual einer palaischen ^{MUNUS}ŠU.GI bekannt, das jedoch nicht mehr erhalten ist, falls man es nicht mit Annas Ritual identifiziert. Die Kenntnis solcher Ritualpraxis bei den Palaern ist deswegen erwähnenswert, weil man daraus möglicherweise ableiten darf, dass die Gottheit Kamama, die immer mit dem Beiwort *ḫašawanza-* genannt wird, vielleicht ebenfalls mit solcher Ritualkompetenz verbunden war. Denn das palaische Beiwort der Göttin kann man mit dem hethitischen Wort ^{MUNUS}*ḫašawa-* (= ^{MUNUS}ŠU.GI) vergleichen.[198]

Wenn man somit die religiösen Vorstellungen der Palaer zusammenfasst, zeigt sich, dass sie offensichtlich durch kulturellen Kontakt mit den Hattiern beeinflusst waren.[199] Zugleich muss betont werden, dass z. B. das Festhalten am Sonnengott Tiyaz und den Ilaliyantika-Gottheiten auch das Beharrungsvermögen der Palaer in religiösen Vorstellungen belegt. Somit kann man davon sprechen, dass es im Nord(west)en Kleinasiens in althethitischer Zeit neben der dominierenden hattischen Tradition, die auch für den »Staatskult« der Hethiter entscheidend war, sowie jenen lokalen hattischen Traditionen, die außerhalb des Staatskults blieben, in geringem Ausmaß auch eigenständige palaische Lokalpraktiken gegeben hat; letztere zeigen dabei teilweise Gemeinsamkeiten mit Traditionen, die auch den Luwiern bekannt waren.

3 Religion als Faktor im Zusammenleben im Alltag

3.1 Ethisches Verhalten und Werte

Ein Instruktionstext Pimpiras, der vielleicht ein Bruder Ḫattušilis I. war und wahrscheinlich zunächst für den jungen Muršili I. die Regierungsgeschäfte geführt hat,[200] liefert einige »Werthaltungen«, wobei der fragmentarische Zustand des Textes allerdings nicht erlaubt, die Adressaten dieser Ratschläge zu bestimmen. Der

196 Siehe auch Taracha 2009: 58f.
197 Siehe zu Annas Ritual Marcuson 2016: 88.
198 So mit Carruba 1970: 77; ablehnend hingegen Starke 1990: 75.
199 Siehe auch Goedegebuure 2008b: 170–172; Görke 2020: 299f.
200 Klengel 1999: 60, 64.

Text schwankt zwischen Singular und Plural in der Anrede. Pimpira betont, dass er sich um den (jungen) König und die Angesprochenen kümmert, damit sie Recht und Unrecht unterscheiden. Man kann daher annehmen, dass die hier erteilten ethischen Aufforderungen als allgemeine Aussagen zu sehen sind, was als »richtiges« Verhalten gegolten haben mag. Die besser erhaltenen Zeilen der Anweisungen lauten:[201]

> Dem Hungrigen gib Brot, [dem Ausgedörrten] gib Öl, dem Nackten gib Kleidung. Wenn ihn Hitze niederschlägt, dann setz ihn ins Kühle. Und wenn Kälte ihn niederschlägt, dann setze du ihn ins Warme. Ich, Pimpira, beschütze den (jungen) König und regiere euch (für ihn).

Der Text legt einige Maßnahmen für ein gedeihliches Zusammenleben in der Gesellschaft fest. Dass aber nicht alle Werte immer beachtet wurden, zeigen auch Regelungen von menschlichem »Fehlverhalten« in den Hethitischen Gesetzen,[202] die ebenfalls bereits in althethitischer Zeit überliefert sind und weiteren Einblick in ethisches Verhalten geben können.

Zu den religiös-ethischen Anforderungen gehören die Sorge um das Eigentum und der Schutz desselben. Ein Grund dafür kann darin gesehen werden, dass es seit althethitischer Zeit eine Tradition gab, nach der das Land letztlich den Göttern gehört und dem König – sowie indirekt den Menschen – nur zur Verwaltung anvertraut wurde, wie schon erwähnt wurde (KUB 29.1 i 17–20). Daher können dubiose Wirtschaftsgeschäfte als »Sünde« (*waštul-*) bewertet werden, wie die §§ 146–148 der Hethitischen Gesetze zeigen, und Grenzverletzungen sind durch Opfer zu sühnen:[203]

> Wenn jemand ein Feld kauft und die Grenze verletzt, dann nimmt er ein Dickbrot und bricht es für die Sonnengöttin. ... Und er sagt: »Sonnengöttin, Wettergott. Kein Streit (war beabsichtigt).«

Beabsichtigter oder unbeabsichtigter Betrug beim wirtschaftlichen Austausch stört ein friedliches Zusammenleben, so wie auch Diebstahl von Besitztümern (§§ 93–97), von Nutztieren (§§ 57–92) oder Kulturpflanzungen (§ 101–107) bestraft und gesühnt werden müssen.

Genauso gilt die Verunreinigung und Schädigung eines Hauses oder des kultivierten Landes, indem dort Rückstände von rituellen Reinigungszeremonien in unzulässiger Weise deponiert werden, als schwerwiegendes Vergehen (§ 44b). Die richtige »Entsorgung« der Ritualmaterialien nach der Reinigung (und medizinischen Behandlung) eines Tieres, dessen Krankheit eine göttliche Strafe war (§ 163), ist

---

201 KBo 3.23 iv 7–11; Archi 1979: 42f.; zur Edition des Textes siehe Cammarosano 2006: 20, 27.

202 Eine Auflistung der verschiedenen Themen, die in den Gesetzen behandelt werden, bietet Hoffner 1997: 13f., wobei die Mehrheit der Themen den Schwerpunkt auf das Strafausmaß bzw. die geforderte Entschädigung oder Ersatzleistung legt, auch unter Berücksichtigung, ob der Straftäter ein(e) Freie(r) oder ein Sklave bzw. eine Sklavin ist. Dadurch bieten diese Gesetze auch einen guten Einblick in die wirtschaftlichen und sozialen Verhältnisse sowie in Preisleistungen oder in die Einschätzung von Arbeitskraft unterschiedlicher Personengruppen, vgl. dazu die Tabellen bei Hoffner 1997: 7–11.

203 KUB 20.35+ ii 5–7, ergänzt durch die jh. Manuskripte KBo 6.31 i 6–9; KBo 6.26 i 50–53; zu philologischen Problemen der Stelle vgl. Hoffner 1997: 215–217.

ebenfalls ein Thema, dessen Nicht-Beachtung zur Störung des Zusammenlebens führt. Genauso versuchen die hethitischen Gesetze die Störung des Hauskults, die Opferung von Dickbrot oder Wein, durch einen bösen Nachbarn zu unterbinden (§§ 164f.). Dass die Verunreinigung von Opfermaterie oder der Missbrauch von Ritualmaterialien, die in Reinigungszeremonien verwendet wurden und daher danach als »verunreinigt« galten, immer wieder thematisiert wird, hängt mit der hethitischen Vorstellung zusammen, dass mit solchen Materialien »Schadenzauber« (*alwanzatar*) betrieben werden könne, um dadurch andere zu schädigen.[204] Solches unethisches Verhalten versuchen die Gesetze zu unterbinden, da man befürchtete, dass Schadenzauber auch zur Durchführung von Morden eingesetzt werden könne (vgl. § 170 sowie den erst in junghethitischen Manuskripten überlieferten § 111). Dass Mord von den Göttern bestraft wird, zeigt z. B. die Bewertung verschiedener politischer Morde während der späten althethitischen Zeit im so genannten Telipinu-Erlass. Darin wird mehrfach gesagt, dass die Götter wegen der häufigen Morde Rache an der königlichen Familie nahmen bzw. dass sie Vergeltung für die Bluttaten suchten.[205]

Einen weiteren Einblick in Wertvorstellungen bieten die Hethitischen Gesetze in Bezug auf sexuelles Verhalten (§§ 187–200), indem unterschiedliche Sexualkontakte mit Tieren sowie männlichen oder weiblichen Angehörigen missbilligt werden. Manche dieser sexuellen Kontakte werden als *ḫurkel-* bezeichnet, d. h. unerlaubte Beziehungen, bei denen der oder die Schuldige getötet wird bzw. – sollte der König eine Begnadigung aussprechen – der oder die Begnadigte nicht mehr vor dem König erscheinen darf, um den König nicht zu verunreinigen.[206] Sklaven oder Sklavinnen, die solcher Verfehlungen schuldig wurden, wurden aus der Stadt verbannt. Genauso ist zu beobachten, dass selbst in Fällen von sexuellen Handlungen, die nicht unerlaubt sind, manches Verhalten gesellschaftliche Beeinträchtigungen nach sich zieht, wie der in § 200a (KBo 6.26 iv 23–25) behandelte Fall deutlich macht:

> Wenn ein Mann mit einem Pferd oder einem Maultier »sündigt« (*waštai*), ist es kein Vergehen (*ḫaratar*). Aber zum König tritt er nicht ein und er wird (auch) nicht Priester (^{LÚ}SANGA).

Obwohl der Sexualverkehr mit Pferd oder Maultier – im Unterschied zur Bewertung des Umgangs mit einem Rind (§ 187), einem Schaf (§ 188), einem Hund oder Schwein (§ 199) als *ḫurkel-* – weniger streng beurteilt wird, führt auch dieser Akt zu einer gesellschaftlichen Marginalisierung und zum Ausschluss von einer kultischen Laufbahn. Daraus ist sicher zu schließen, dass diese Formen von Sexualität in althe-

---

204 Zur Gefährdung, die von »Unreinheit« ausgeht, siehe Hutter 2013a: 166–168; Hutter 2015a: 199–201.

205 Zum Text siehe Gilan 2015: 137–158, vgl. auch 176f. sowie TUAT 1/5: 464–479 (H. M. Kümmel).

206 Hoffner 1997: 224f. Sexuelle Kontakte mit Tieren, deren Bewertung als *ḫurkel-* bezeichnet wird, und die notwendige Reinigung sind auch das Thema des Rituals der Zuwi (CTH 412), dessen Ursprung in ah. Zeit durch das kleine Fragment KBo 30.30 (+) KBo 17.17 gesichert ist; vgl. Hutter 2000: 101–105.

thitischer Zeit – und auch in den nachfolgenden Perioden der hethitischen Geschichte, da die Gesetze weiter tradiert wurden – als unangemessenes Verhalten abgelehnt wurden. Hinsichtlich der zwischenmenschlichen Sexualbeziehungen werden alle Kontakte mit nahen Blutsverwandten (Mutter, Tochter, Sohn) als *ḫurkel-* geächtet, ohne dass dies jedoch als todeswürdiges Vergehen bewertet würde – im Unterschied zu Vergewaltigung und Ehebruch. In letzterem Fall kann der betrogene Ehemann jedoch vor dem König die Begnadigung seiner Frau und ihres Liebhabers erwirken. Dieser Unterschied ist m. E. dadurch zu erklären, dass Vergewaltigung und Ehebruch auch einen Eingriff in eine fremde Familie darstellen, der rechtlich geahndet wird, während die Fälle von Inzest innerhalb der eigenen Familie geschehen und daher zwar das »Wertgefüge«, nicht aber das »Rechtsgefüge« betreffen; daher wird Inzest zwar als verwerfliches Verhalten abgelehnt, aber ohne direkte gesellschaftlich-rechtliche Sanktionierung.

3.2 Krisenbewältigung und soziales Gleichgewicht

Die genannten ethischen Vorstellungen tragen zur Aufrechterhaltung des sozialen Gleichgewichts bei, wobei man für die hethitische Gesellschaft annehmen darf, dass das Haus und die Hausgemeinschaft als Kernzelle der Gesellschaft gelten können. Dementsprechend ist anzunehmen, dass innerhalb eines Hauses auch »private« religiöse Praktiken ausgeübt wurden, die dem Wohlergehen der Hausgemeinschaft ähnlich dienten wie die öffentlichen Riten im »Staatskult«. Die Quellensituation für solche »Hauskulte« ist jedoch äußerst eingeschränkt.[207] Dass sich die Hinwendung an die Götter dabei in vergleichbarer Form wie in den öffentlichen Kulten gestaltete, kann aus den Fundkontexten der vorhin besprochenen Kultvasen abgeleitet werden. Wenn dabei zunächst der Ausgrabungsbefund in İnandık und in Hüseyindede jeweils als (kleiner) Tempel angesprochen wurde,[208] so musste diese Deutung relativiert werden, weil es sich bei den Bauten um Wohnhäuser handelte, in denen sich auch ein für die Verehrung von Göttern gewidmeter Raum befand; d. h. das Fundensemble liefert Einblick in Praktiken, die zwar nicht konträr, aber unabhängig von Kulten in Tempeln oder (Dorf-)Schreinen ausgeführt wurden und dadurch wenigstens teilweise den Umgang mit Göttern innerhalb einer Hausgemeinschaft – wahrscheinlich unter der priesterlichen Funktion des Familienoberhauptes – zeigen. Das Haus gilt als Mikrokosmos und die private Religionsausübung ist mit diesem Bereich verbunden. Daher wird die Errichtung eines neuen Hauses mit (Bau-)Ritualen begleitet. Der letzte und symbolisch den Bau abschließende Akt ist die Setzung des Herdes als religiöser Mittelpunkt des Hauses. Anscheinend war es die Aufgabe der Frauen, für das Herdfeuer zu sorgen, das zugleich als Symbol für die lebende Familie gegolten hat. Erlischt das Herdfeu-

---

207 Haas 1994: 249–293 stellt das diskussionswürdige Material aus hethitischen Quellen zusammen, wobei der Großteil der relevanten Quellen erst nach der ah. Zeit zu datieren ist.

208 Siehe Özgüç 1988: 70–76; Yıldırım 2009: 236f.

er, so gilt dies als unheilversprechendes Zeichen, so dass Ḫattušili I. in einer Ermahnung im Zusammenhang mit der Einsetzung Muršilis als seinen Nachfolger Folgendes betont: »Wenn ihr Feuer im Herd nicht anfacht, dann wird die Schlange kommen und Ḫattuša einschließen.«[209] Die Rolle des Hausfeuers symbolisiert auch die »Rollenverteilung« zwischen König und Königin in einem althethitischen Ritual zur Reinigung des Königspaares und der Bewohner von Ḫattuša von negativ bewerteter Verunreinigung. Dabei nimmt zuerst ein Palastangehöriger den Becher des Königs vom Thron und den Becher der Königin vom Herd, während im weiteren Verlauf des Rituals der König erneut den einen Becher auf den Thron, die Königin den anderen Becher auf den Herd stellt.[210] Wenn es daher in mythologischen Texten vom Verschwinden des Gottes Telipinu heißt, dass Rauch das Haus ergriffen hat und das Feuer zu ersticken droht, so ist dies ein äußerst unheilvolles Omen. Dementsprechend versammelt sich die ganze Familie um den Herd, bringt dem Herd Opfer dar, damit die Herdgottheit dem ganzen Haushalt wiederum Vitalität und Wohlergehen geben möge.[211]

Mythologische Überlieferungen, die das Verschwinden des erzürnten Telipinu thematisieren, werfen weiteres Licht auf die Rolle von Ritualen in der Bewältigung von Problemen im hethitischen Alltag(sleben). Telipinu gehört zu den wichtigen Göttern im hattischen Milieu, dementsprechend liegen die eng mit ihm verbundenen Kultorte – u. a. Tawiniya, Durmitta und Ḫanḫana – im nördlichen Zentralanatolien. In hethitischen Systematisierungen des Pantheons wird er als Sohn des Wettergottes bezeichnet, und Wurunšemu wird als seine Mutter genannt. Seine Gattin ist Ḫatepinu, die Tochter des Meeres. Das Mythenmotiv des Zornes einer Gottheit und deren Verschwinden,[212] was zu einer Notzeit unter den Menschen führt, ist in verschiedenen Variationen in der hethitischen Überlieferung präsent, wobei diese Variationsbreite weit über die Verbindung mit Telipinu hinausgeht. Zugleich lässt der Vergleich der Varianten erkennen, dass sie nicht nur in Ritualen in Verbindung mit dem »Staatskult« einbezogen wurden, sondern auch für die Lösung von Problemen einzelner Personen im »privaten Kult« Verwendung fanden. Die Herbeirufung oder Anrufung (*mugauwar*) Telipinus, dessen Abwesenheit eine Not bewirkt, ist da-

---

209 KBo 3.27 Vs. 25–27; siehe Gilan 2015: 101f.; vgl. auch Haas 1994: 269, der die »Schlange« als Chiffre für die Tawananna bzw. Ḫattušilis Schwester versteht.

210 Vgl. KBo 17.1+ ii 37–50 (Otten/Souček 1969: 26–29); siehe auch die Übersetzungen von Mouton 2016a: 66–69; C. Montuori (Hg.): hethiter.net/: CTH 416. – Zu den auf der Tafel zusammengestellten Ritualen siehe auch von Bredow 1995: 71–74 mit einer kurzen Inhaltsangabe.

211 KUB 17.10 i 5–8 mit Übersetzungen z. B. bei Hoffner 1998: 15; Hutter-Braunsar 2011: 130; Mouton 2016a: 461, 463; zur symbolischen Bedeutung des Herdes siehe allgemein Popko 1978: 48–59; Haas 1994: 263f., 267f.; Taracha 2009: 62f.

212 Hutter-Braunsar 2011. – Die wichtigsten diesbezüglichen Texte sind unter CTH 324–328, 330 und 333f. gebucht, wobei die Überlieferung dieser Texte bis zum Ende des Hethiterreiches andauert. Dadurch ergibt sich auch, dass diese Motive zumindest teilweise auch im luwischen Milieu Eingang gefunden haben oder möglicherweise sogar ursprünglich dem luwischen Milieu angehören, wie Steitler 2017: 203f. in Erwägung zieht.

bei jenes Mythologem, das eine Begründung dafür liefert, wie man Notzeiten durch so genannte »magische« Rituale beseitigen kann. Der Mythos von Telipinu sowie die anderen Mythen, die dieses Thema in Variation aufgreifen, benennen zwar keine konkrete Ursache für den Zorn der Gottheit, doch gilt er als Folge eines menschlichen Vergehens. Damit entsteht eine Kausalkette von Vergehen, göttlichem Zorn und irdischer Not. Um den zürnenden Gott zu besänftigen und dadurch die entstandene Krisensituation zu beseitigen, behandelt die Göttin Kamrušepa den Gott rituell:[213]

> Wütend kam Telipinu (herbei), er do[n]nert mit dem Blitz. Unten schlä[g]t er auf die dunkle Erde. Sie erblickte ihn, die Kamrušepa, bewegte für sich den Flüg[el] des Adlers [...] und hi[elt] ihn an. Die Wut, sie hielt sie an. Der Zo[rn, *sie hielt ihn an*]. [*Den Frevel*] hielt sie an. Den Ärger hielt sie an.
>
> Kamrušepa spricht wieder zu den Göttern: .... »Ich verbrannte über Telipinu hier (etwas), und dort verbrannte ich (etwas). Ich nahm Telipinu sein Böses von seinem Körper. Ich nahm seinen Frevel. Ich nahm seine Wut. Ich nahm seinen Zorn. Ich nahm sein *warku-*. [Ich] na[hm] seinen Ärger. Telipinu (ist) verärgert. Seine Seele (und) [sein] Inne[res] erstickte(n) im Feuerholz. Wie man dieses Feuer[holz] verbrannte, ebenso soll[en] auch Telipinus Wu[t], Zorn, Frevel (und) Ärger verbrennen! Wie [das Malz?] trocken (ist), [man] es nicht auf das Feld brin[gt] und es (nicht) zur Saat macht, es aber nicht zu Brot mac[ht] (und) ins Vorratshaus legt, ebenso sol[l] auch des Telipinu Wu[t, Zorn], Frevel (und) Ärger vertrocknen!«

Die Reinigungsriten und die symbolischen Analogien, die das Verschwinden des Grolls des Gottes ausdrücken, werden auf der mythologischen Ebene von der Göttin Kamrušepa ausgeführt, sie sind aber auch das Vorbild für die rituelle Sühnung eines menschlichen Vergehens und der Besänftigung einer Gottheit, wie der Mythos betont, da auch die (Ritual-)Rezitationen eines Menschen den Zorn und Ärger Telipinus stoppen sollen.[214] Ebenfalls begründet der Mythos die sichere Entfernung des schädigenden »Unheils« und der »Unreinheit« geistiger wie materieller Art in der Unterwelt, so dass davon keine negative Wirkung mehr auf einen Menschen ausgehen kann.[215]

> Es öffnete der Torwächter die sieben Türen (und) zog die sieben Riegel zurück. Unten in der dunklen Erde stehen bronzene *palḫi*-Gefäße, ihre Deckel (sind) aus Blei, ihre Verschlüsse? (sind) aus Eisen. Was hineingeht, kommt nicht wieder daraus hervor; es geht darin zugrunde. Auch des Telipinu Wut, Zorn, Frevel (und) Ärger soll er einschließen, und sie sollen nicht zurückkommen.

Der Mythos ist nur in mittel- und junghethitischen Manuskripten überliefert, aber er ist sprachlich der althethitischen Zeit zuzuordnen. Er spiegelt somit Vorstellungen dieser Zeit wider, wobei das zitierte Thema schon in einem Mythos verwendet wird, der vom Verschwinden des Wettergottes der Ḫarapšili, einer Tochter Ḫattuši-

---

213 KUB 17.10+ ii 33-iii 20 (E. Rieken et al. (Hg.): hethiter.net/: CTH 324.1, §§ 24–28); vgl. Mouton 2016a: 472–477.

214 KUB 17.10+ iv 6f., vgl. E. Rieken et al. (Hg): hethiter.net/: CTH 324.1, § 35; Mouton 2016a: 478f.

215 KUB 17.10+ iv 14–19 (E. Rieken et al. (Hg.): hethiter.net/: CTH 324.1, § 37); vgl. Mouton 2016a: 480f.

erst nach der althethitischen Zeit dafür eine Rolle spielen. Auch die vorhin genannten Ritualtexte dienen der Kommunikation, wobei in den Ritualen nonverbale und verbale Kommunikationsmöglichkeiten miteinander verbunden sind oder sich abwechseln, während Gebete (bzw. die überlieferten Gebets*texte*) die verbale Kommunikation mit den Gottheiten fokussieren, um diese zu erfreuen, zu beruhigen oder den menschlichen Dank zu formulieren. Die Kommunikationssituation der Gebete kann in einen – jedoch meist kurzen – rituellen Kontext eingebettet sein. Bei Ritualen ist zu beobachten, dass neben Analogiesprüchen, die Handlungsanweisungen oder Handlungen im Ritual begleiten, die verbale Seite vor allem durch Segenswünsche oder kurze Gebetsformulierungen bzw. Götteranrufungen ausgedrückt ist. In der schon vorhin erwähnten Sammlung von vier althethitischen Ritualen für ein Königspaar (CTH 416) auf einer Tontafel ist gegen Ende des ersten und des zweiten Rituals jeweils ein Ruf um Gnade formuliert. Im ersten Ritual finden zunächst Opfer für die Sonnengottheit des Himmels, für Ḫantitaššu, für die »Königin« von Katapa und für Inara von Ḫattuša statt; danach heißt es:[223]

> Und d[azu?] spreche ich [folgendermaßen zu den Götte]rn: »Gnade (*tuwattu*), o Götter! Hiermit habe ich vom König, von der Königin und von den Bewohnern von Ḫattuša [Böses,] Unreinheit, die schrecklichen Zungen (aus) Ei[sen, die] blutigen [Kleider] der Gottheit Ḫantašepa genommen. Nun, ihr Götter [beschütz]t sie!«

Danach findet ein abschließendes Mahl statt. Eine vergleichbare Formulierung findet sich auch im zweiten Ritual. Dieses beginnt mit der Bereitstellung der für das Ritual benötigten Materialien, unter anderem eines Adlers, der über dem Königspaar geschwenkt wird; danach wendet sich die Ritualakteurin an die Sonnengottheit:[224]

> Dann ge[he ich auf dem Berg der Sonnengottheit ent]gegen. Dann spreche ich zur Sonnengottheit und zum Wettergott [folgendermaßen]: »Gnade, o Sonnengottheit und Wettergott! Der Adler ist [Ver]mittler?... Der König hält eine Sichel [und die Königin] hält [einen Mühlstein]. Für euch [bereiten sie] für alle Zeit Brot(opfer) und Trankspende.«

Anschließend wird der Adler freigelassen und in analoger Weise soll das Königspaar von allem Unheil frei werden (KBo 17.1 iii 1–7). Die kurze Anrufung der Götter durch ein formalhaftes *tuwattu* (»Gnade«) ist als Gebetsbitte zu verstehen.

Dieser Ruf nach »Gnade« ist auch in einem der wenigen althethitischen Gebete belegt. Dieses ist an die Sonnengöttin der Erde gerichtet und soll üble Nachrede und Verleumdung vom König beseitigen (CTH 371.1). Der König opfert vor der Sonnengöttin der Erde und spricht danach zunächst die Sonnengöttin direkt an, wobei diese Anrede der Göttin mit dem Wort »Gnade« beginnt. Der König verleiht

---

223 KBo 30.33 ii 1'-5', übersetzt nach der Edition von Mouton 2016a: 62; vgl. auch Otten/Souček 1969: 22–25, ii 9–12; C. Montuori (Hg.): hethiter.net/: CTH 416, § 18.

224 KBo 17.1 ii 54–58, übersetzt nach der Edition von Mouton 2016a: 70, § 26. Siehe auch C. Montuori (Hg.): hethiter.net/: CTH 416, § 27. Die Übersetzung »[Ver]mittler« ist aufgrund des unvollständigen Überlieferungsbefundes unsicher, vgl. Otten/Souček 1969: 29 Anm. 9. – Wahrscheinlich wurde dieses Ritual von einer ^{MUNUS}ŠU.GI durchgeführt, allerdings nennt der Text dies nie explizit, siehe Marcuson 2016: 52.

seinem Gebet dadurch Nachdruck, dass er das Verbum *mugai-* »zu etwas drängen«[225] verwendet, um die Göttin dazu zu bringen, sich für das Anliegen des Königs anzustrengen. Diese intensive Gebetsbitte wird noch verstärkt, indem der Beter betont, dass er vor der Göttin auf die Erde kniet.[226] Danach formuliert er die Bitte, die Göttin möge nicht auf die Verleumdungen, die gegen den König ausgesprochen werden, hören. Das Stichwort »Gnade« zieht sich dabei als Leitmotiv durch das ganze Gebet, indem der Beter sich – beinahe monoton – um Gnade an die Schutzgottheit der Sonnengöttin, danach an den Wesir der Sonnengöttin der Erde, die Diener der Sonnengöttin der Erde, Darawa, Paraya, den Obereunuch, den Oberbarbier und Ḫilašši wendet. Sie alle sollen für den König vor der Sonnengöttin der Erde intervenieren. Die Erwähnung des Opfers für die Sonnengöttin zu Beginn des Gebets, die Aufforderung an die angerufenen Götter, (ebenfalls von diesem Opfer) zu essen und zu trinken, sowie der Hinweis, dass der Beter niederkniet, zeigen, dass dieses Gebet in eine Ritualhandlung eingebettet ist, was auch bei anderen althethitischen Gebeten zu beobachten ist. Das verwendete Verbum *mugai-* zeigt zugleich, dass dieses Gebet hinsichtlich des Genres als *mugauwar* zu bewerten ist, d. h. eine Gattung, die durch eher stereotype Bitten um Sieg, Wohlergehen und Erfolg geprägt ist und sich von persönlichen Gebeten der späteren Perioden inhaltlich unterscheidet.[227]

Neben dem Gebet an die Sonnengöttin der Erde sind zwei weitere *mugauwar*-Gebete bekannt. Die unter CTH 385.10 zusammengestellten Texte sind ein Gebet an die Sonnengöttin von Arinna, das wiederum in Opferhandlungen eingebettet ist.[228] Die Göttin soll dem König und der Königin, die mit ihren altertümlichen Titeln Labarna und Tawananna genannt werden, Schutz und Wohlergehen, aber auch Kriegserfolg geben, so dass die besiegten Feindesländer Gold und Silber nach Ḫattuša und Arinna, die Städte der Götter, entrichten. Auch wird der Segenswunsch formuliert, dass der König und die Königin die Grenze des Landes für die Sonnengöttin bis nach Zalpa am Schwarzen Meer ausdehnen mögen.

In dem Gebet eines Königs an die Sonnengottheit und den Wettergott, das unter CTH 389.2 verbucht ist,[229] nennt der König diese Götter als Vater und Mutter und betont, dass er von den Göttern das Land und die Herrschaft erhalten habe. Auch in diesem Gebet werden wieder Bitten formuliert, dass die Götter ihre Augen wohl-

---

225 Melchert 2010 betont, dass *mugai-* keine verbale Aktion bezeichnet, sondern ein Ausdruck dafür ist, jemanden zu etwas zu drängen, um eine entsprechende gewünschte Reaktion hervorzurufen, vgl. die ebd. 213 genannten englischen Entsprechungen zu *mugai-* als »to rouse, bestir, urge to action«.

226 KBo 7.28+ i 3–5; siehe die Übersetzung von E. Rieken et al. (Hg.): hethiter.net/: CTH 371.1, die gegenüber älteren Übersetzungen von Singer 2002: 22; Mouton 2016a: 531 einen Fortschritt des Verständnisses des teilweise fragmentarischen Textes darstellt.

227 Daues/Rieken 2018: 6; vgl. auch Hutter 2011: 122f.

228 Übersetzung bei E. Rieken et al. (Hg.): hethiter.net/: CTH 385.10; siehe auch Singer 2002: 25–27; Mouton 2016a: 540–549.

229 Übersetzung bei E. Rieken et al. (Hg.): hethiter.net/: CTH 389.2; siehe auch Singer 2002: 24f.

wollend dem König und der Königin zuwenden mögen und Verleumdungen gegenüber dem König, die vor sie gebracht werden, nicht hören mögen oder diese auf den Verleumder zurückwenden. Auch dieses Gebet ist in – fragmentarisch erhaltene – Ritualhandlungen eingebettet. Somit kann man zusammenfassend betonen, dass diese »Gebetsanrufungen« an die Götter wohl immer im Zusammenhang mit Ritualhandlungen stattfanden, um durch die Darbringung von Opfern und durch das bittende Wort die Kommunikation zwischen Menschen bzw. dem König und den Göttern zu bewirken, damit die Götter – als non-verbale Antwort – dem König (und den Menschen) Wohlergehen geben.

Interessant an der »Gebetssprache« der Hethiter in althethitischer Zeit ist, dass es keine eigenständigen hethitischen Hymnen – etwa als Erbe einer indoeuropäischen Hymnentradition – gegeben hat.[230] Hymnische Elemente in Texten dieser Zeit sind lediglich kurze Götteranrufungen, die sich in hattischer Sprache an hattische Götter wenden, so dass man diese Elemente als Zeugnis der autochthonen zentralanatolischen Kultur ansehen muss. Solche Götteranrufungen werden bereits in althethitischer Zeit ins Hethitische übersetzt, mit Anrede der Götter in der 2. Ps. Sg., wobei der Name der Gottheit bei den Göttern und bei den Menschen gegenübergestellt wird; in KUB 8.41 ii 4'-13' lesen wir z. B.:[231]

> Wenn der ›Sohn‹ (d. h. der Kronprinz) den Gott Wašezzili beschwört, spricht der Sänger: »Bei den Sterblichen bist du Wašezzili, unter den Göttern aber bist du der König Löwe. Himmel und Erde hältst du.« Wenn der ›Sohn‹ die Beischläferin des Wettergottes beschwört, spricht der Sänger: »Bei den Sterblichen bist du Tašimmeti, unter den Göttern aber bist du die Königin *IŠTAR*!« Dies ist entsprechend den Ritualen geordnet. Wenn der ›Sohn‹ den Wesir des Wettergottes beschwört, spricht der Sänger: »Bei den Sterblichen bist du der Wesir des Wettergottes, unter den Göttern aber bist du der Wettergott der Flur. Himmel und Erde hältst du.« Dies aber ist entsprechend den Ritualen des Wettergottes geordnet.

Kurze hymnische Anrufungen der Götter sind als sprachliches Element auch in Ritualen durchaus vorhanden, allerdings haben die Hethiter anscheinend keine literarische Gattung »Hymnus« kreativ gepflegt, sondern erst nach der althethitischen Zeit »Hymnen« aus Mesopotamien rezipiert.[232] Möglicherweise hat diese Rezeption dazu beigetragen, dass in Reaktion darauf von hethitischen Priestern oder Schreibern mit dem *arkuwar*-Gebet eine neue literarische Gattung geschaffen wurde, der der Großteil jener hethitischen Gebete zuzuweisen ist, die aus der Großreichszeit erhalten sind.

Als *arkuwar*-Gebete werden jene seit dem Ende des 15. Jahrhunderts entstandenen persönlichen Gebete bezeichnet, die den konkreten »Fall« des Beters, d. h. den Grund des Gebets, darlegen.[233] Die Bezeichnung dieses Textgenres ist vom Verbum

---

230 Vgl. zum folgenden Abschnitt Hutter 2011: 120f.; siehe auch Wilhelm 1994: 74; Haas 2006: 245f.

231 Wilhelm 1994: 61.

232 Vgl. Wilhelm 1994: 68.

233 Daues/Rieken 2018: 4.

arkuwai- »(seinen) Fall darlegen« abgeleitet, wobei die Durchführung eines solchen Gebets in den Texten als *arkuwar iya-* »(seine) Falldarlegung durchführen« umschrieben wird. Als ältestes überliefertes *arkuwar* haben Alexandra Daues und Elisabeth Rieken das Gebet eines Königs (CTH 374) an den männlichen Sonnengott (des Himmels) plausibel gemacht, da darin militärisch-historische Aktionen (KUB 31.130 Rs. 10–12) von Tudḫaliya II. in Arzawa, d. h. in Westkleinasien, erwähnt werden. Damit liegt ein relatives Datierungselement für dieses Gebet vor, das es in eine frühere Zeit einordnet als das thematisch ähnliche Gebet des Priesters Kantuzili (CTH 373), der ein Sohn des Herrscherpaars Arnuwanda I. und Ašmunikkal und ein Bruder von Tudḫaliya III. ist.[234] Diese Einordnung beider Gebete in die Chronologie der hethitischen Geschichte zeigt, dass sie erst aus der Zeit nach dem althethitischen Reich stammen. Dies zeigt auch ihr jüngerer sprachlicher Charakter sowie der inhaltliche Schwerpunkt mit der Fokussierung auf den männlichen Sonnengott, dessen »Aufstieg« in der Religionsgeschichte Kleinasiens eine Neuerung der religiösen Verhältnisse nach der Mitte des 15. Jahrhunderts darstellt. Im Detail ist darauf später einzugehen.

234 Daues/Rieken 2018: 4 Anm. 5. Singer 2002: 30 hat noch das Gebet Kantuzilis, den er für einen Sohn von Tudḫaliya II. und Nikkalmati hält, als ältere Version bewertet. Zur Übersetzung beider Gebete siehe Singer 2002: 31–34; Daues/Rieken 2018: 320–327, 334–341.

D Religiöser Wandel und Neuerungen zwischen der althethitischen Zeit und dem hethitischen Großreich

1 Wichtige geschichtliche Veränderungen bis zum Beginn der Großreichszeit

Das so genannte althethitische Reich hatte seinen Höhepunkt während der Herrschaft von Telipinu gehabt, doch kam es unter seinen Nachfolgern zu einer Periode der innen- und außenpolitischen Schwäche während des 15. Jahrhunderts. Dadurch reduzierte sich das zentrale hethitische Gebiet im Wesentlichen auf Zentralanatolien, indem der politische Einfluss auf den Norden Anatoliens sowie auf den Südosten des Landes in Richtung Syrien praktisch verschwand. Dies führte im Norden zum Erstarken der Kaškäer, während im Südosten das hurritisch geprägte Mittani-Reich kulturell in den Raum Kizzuwatnas auszustrahlen begann. Zugleich ist zu konstatieren, dass sich der luwische Raum Westanatoliens zu einem politisch starken Gegenspieler der Hethiter entwickelte. Vor diesem Szenario ist die Regierungszeit der hethitischen Herrscher Tudḫaliya II. (ca. 1420–1400/1390), Arnuwanda I. (ca. 1390–1370) und Tudḫaliya III. (ca. 1370–1355/1350) zwischen dem Ende des 15. Jahrhunderts bis zur Mitte des 14. Jahrhunderts[1] als jene Periode zu betrachten, in der sich gegenüber der vorhergehenden Schwächeperiode die hethitische Herrschaft wieder schrittweise, wenngleich mit Rückschlägen und Gebietsverlusten, konsolidierte und den Beginn der so genannten Großreichszeit mit dem Regierungsantritt Šuppiluliumas I. vorbereitete.

Mit Tudḫaliya II. begann eine neue Phase der hethitischen Geschichte, indem er durch Feldzüge in den Westen Kleinasiens sich dort bildende Kooperationen von lokalen Herrschern, von denen eine Gefahr für Zentralanatolien ausgehen könnte, zu unterbinden versuchte. Die Vorrangstellung im Westen hatte Arzawa unter der Führung von Kupanta-Kuruntiya, dem »Mann von Arzawa«. Ein langfristiges militä-

---

1 Die Zählung Tudḫaliya II. und III. ist aus konventionellen Gründen beibehalten worden. Die frühe Forschungsgeschichte hat die Existenz eines weiteren Königs dieses Namens in ah. Zeit angenommen, weshalb Tudḫaliya, der Vater von Arnuwanda, als Tudḫaliya II. gezählt wird, danach eben Tudḫaliya III., der Vater Šuppiluliumas. In der späteren Großreichszeit regiert schließlich Tudḫaliya IV., ein Sohn Ḫattušilis III. Gesichert sind somit drei hethitische Könige mit diesem Thronnamen. – Manche Autoren korrigieren die Zählung auf Tudḫaliya I. und II. und fügen einen Tudḫaliya III. bzw. »den Jüngeren« als Bruder von Šuppiluliuma mit einer sehr kurzen Regierungszeit (weniger als ein Jahr mit einem gewaltsamen Tod) in die Königsliste ein; die Zählung Tudḫaliya IV. (ca. 1240–1215) bleibt dadurch unverändert. – Vgl. zur Problematik z. B. Klengel 1999: 103, 148f.; Bryce 2005: 122f., 154f.

risches Engagement im Westen musste Tudḫaliya jedoch unterlassen, da aus dem Norden die Kaškäer sein Herrschaftsgebiet bedrängten.[2] Nach der Abwehr dieses Angriffs aus dem Norden durch Tudḫaliya – eventuell schon gemeinsam mit seinem Schwiegersohn Arnuwanda als Ko-Regenten – gelingt es, auch das Land Išuwa östlich des hethitischen Kernlandes gegenüber den geographischen Expansionsabsichten der Hurriter aus dem Südosten zu sichern. Diese dreifache Frontstellung – Kaškäer im Norden, Arzawa im Westen, Hurriter im (Süd-)Osten – gegen das Hethiterreich mit der Hauptstadt Ḫattuša setzt sich unter Arnuwanda fort. Arnuwanda unterstützt – um die Machtentfaltung von Arzawa zumindest zu bremsen – im Westen den Lokalherrscher Madduwatta, der sowohl vom »Mann von Aḫḫiyawa« als auch von Kupanta-Kuruntiya bedrängt wird, und lässt ihm weitgehend freie Hand, um dadurch die militärischen Kräfte der hethitischen Feinde zu binden. Erst als Madduwatta sich in einer militärischen Expansion nach Zypern begibt, das von den Hethitern als ihr eigenes Herrschaftsgebiet betrachtet wird, kommt es zur Auseinandersetzung zwischen Arnuwanda und Madduwatta. Zugleich muss Arnuwanda aber im Norden durch die Expansion der Kaškäer Gebietsverluste in Kauf nehmen, wie in einem Gebet des Herrschers und seiner Gattin Ašmunikal beklagt wird:[3]

> Welche eurer Tempel es in diesen Ländern (gab), die haben die Leute von Kaška umgestürzt und eurer, der Götter, Statuen haben sie zerschlagen.
>
> Sie haben Silber, Gold, Rhyta (und) Becher aus Silber, Gold (und) Kupfer(erz), eure (Opfer-)Geräte aus Bronze (und) eure Gewänder geplündert und sie (unter) sich aufgeteilt ...
>
> Auch eure Rinder (und) eure Schafe teilten sie (unter) sich auf. Die kultivierten Ländereien aber (für die Produktion) des Dickbrots (und) die Weingärten (für die Produktion) der Gussopfer teilten sie (unter) sich auf, und die Leute von K[aška nah]men sie sich.

Diese militärischen Auseinandersetzungen hatten Auswirkungen auf die religiösen Verhältnisse, wobei es nicht nur – wie im Fall der Expansion der Kaškäer – zur Reduktion im kultischen Bereich kam, sondern die (positiven wie negativen) Kontakte zum Westen Kleinasiens bzw. ins hurritische Gebiet brachten auch luwischen und hurritischen kulturellen und religiösen Einfluss ins Hethiterreich. Arnuwanda musste nicht nur im Norden Gebietsverluste in Kauf nehmen, sondern auch im Westen konnte Arzawa große politische Stärke entfalten,[4] was spätestens unter Tudḫaliya III. dazu führte, dass sich Arzawa unter seinem Herrscher Tarḫuntaradu als eigenständiger Staat neben dem Hethiterreich etabliert hatte. Dessen politische Kontakte reichten bis nach Ägypten und auf internationaler Bühne wurde er als den Hethitern zumindest gleichwertig betrachtet, wie der Briefwechsel zwischen dem König von Arzawa und dem ägyptischen Pharao Amenhotep III. zeigt.[5] Tudḫaliyas Regierung erfuhr aber durch die Kaškäer Druck, wobei zeitweilig die Hauptstadt

---

2 Klengel 1999: 111f.; Bryce 2005: 127f.; Singer 2007: 168.

3 KUB 17.21 ii 26-iii 11 (Daues/Rieken 2018: 330f., Kolon 37–46). Vgl. auch Singer 2002: 42; von Schuler 1965: 156–159; ferner Singer 2007: 171f.

4 Klengel 1999: 121f.; von Schuler 1965: 29–33; Yakubovich 2010: 80–82 sowie den rezenten Überblick bei Weeden/Ullmann 2017: 265–267.

5 Hoffner 2009: 269–277; vgl. Klengel 1999: 131.

Ḫattuša aufgegeben und die Regierung verlegt werden musste, eventuell nach Šamuḫa oder Šapinuwa. Von Šamuḫa aus beginnt Tudḫaliya schließlich - unter der militärischen Führung seines Sohnes Šuppiluliuma - Rückeroberungen im kaškäischen Gebiet; auch seine Expansion in den Nordosten ins Gebiet von Azzi und Ḫayaša sowie ein Feldzug gegen Arzawa im Westen tragen erfolgreich zur Festigung und Erweiterung des hethitischen Reiches bei.[6] Sein Sohn Šuppiluliuma I. entfaltet schließlich jenes Großreich, dessen Blüte bis zum Beginn des 12. Jahrhunderts weitgehend Bestand hat.

Über die Kaškäer geben die hethitischen Quellen oft nur wenige tendenziöse Hinweise.[7] Offensichtlich handelt es sich bei ihnen um eine halb-sesshafte Volksgruppe, die zwar mit den Hattiern verwandt gewesen sein dürfte, aber durch die Etablierung der alten hattischen Zentren und der damit verbundenen Urbanisierung der fruchtbaren Ebenen des nördlichen Zentralanatoliens in gebirgige Rückzugsgebiete abgedrängt wurde. Dadurch haben sie zwar gemeinsame - archaische - Traditionen der hattischen Kultur bewahrt, die jedoch aus der Perspektive der hattisch-(alt)hethitischen Überlieferung als »rückständig« und »unkultiviert« bewertet wurden. Gegenüber der Expansion der hethitischen Macht in den Norden Anatoliens setzten sie sich dabei mit Überfällen und Kriegszügen zur Wehr, wobei jedoch ihre halb-sesshafte Lebensweise verhinderte, dass sie auf Dauer einen eigenen Staat errichten konnten, auch wenn sie aufgrund der Schwäche der althethitischen Herrscher ab der Mitte des 15. Jahrhunderts mehrfach ins hethitische Herrschaftsgebiet vordrangen. Itamar Singer charakterisiert die Kaškäer zutreffend als »remnants of the indigenous Hattian population which was pushed northward by the Hittites.«[8] Als Teil des »hattischen Gürtels« südlich des Schwarzen Meeres scheint sich dabei der kaškäische Lebensraum vom Gebiet der Palaer im Westen bis ins Gebiet von Azzi im Osten erstreckt zu haben. Die spärlichen Hinweise auf die religiösen Vorstellungen der Kaškäer lassen vermuten, dass diese den Traditionen der Hattier recht ähnlich gewesen sein dürften. Als an den Rand gedrängte Bevölkerungsgruppe im Norden Anatoliens bleiben die Kaškäer bis zum Ende des Großreiches ein potenzieller Störfaktor in der hethitischen Geschichte, wobei sich die Kaškäer nach dem Untergang des Hethiterreiches ins Gebiet der ehemaligen Hauptstadt Ḫattuša und teilweise weiter in den Süden ausgebreitet haben.[9]

Die Gebietsverluste der Hethiter im Norden, d. h. in hattischen Gebieten, bedeutete zugleich, dass das hattische Milieu, das maßgeblich die althethitische Religion

---

6 Vgl. Klengel 1999: 132–135; Bryce 2005: 146–148; Ders. 2019: 51f. vergleicht die Verlagerung der Hauptstadt von Ḫattuša nach Šamuḫa unter Tudḫaliya III. mit dem späteren Umzug der Hauptstadt nach Tarḫuntašša unter Muwatalli II., wobei man aber berücksichtigen sollte, dass anscheinend nicht nur die Motive unterschiedlich waren, sondern Tudḫaliyas Aktion v. a. von der praktischen Situation geprägt war, wegen Šamuḫas geographischer Lage schneller gegen die Kaškäer vorrücken zu können.

7 Siehe v. a. Singer 2007; ferner Klinger 2008: 287f.; von Schuler 1965: 75–82.

8 Singer 2007: 176.

9 Singer 2007: 178; Seeher 2010: 224–226; Schachner 2011: 314. – Zur weiteren Geschichte der Kaškäer siehe von Schuler 1965: 66–70.

geprägt hatte, an Lebendigkeit und formativer Kraft verlor. Die hattischen Traditionen der althethitischen Religion spielten zwar weiterhin eine Rolle, aber sie wurden durch neue Traditionen bereichert. In dieser Zeit begannen sich Veränderungen der Religion abzuzeichnen, weshalb sich in der Großreichszeit Götterwelt, Feste und religiöse Praxis in vielerlei Weise von der althethitischen Zeit unterscheiden. Denn die Auseinandersetzung mit dem »Westen« bzw. die Orientierung an »neuen« Gebieten im Osten sowie Kontakte zu Kizzuwatna[10] brachten einerseits luwische Traditionen, vermehrt auch hurritische (und dadurch indirekt vermittelt nordsyrisch-mesopotamische) Kultur in die hethitische Gesellschaft. Äußerlich zeigt sich das in der Namengebung der hethitischen Königinnen:[11] Nikalmati ist die Gattin von Tudḫaliya II., Ašmunikal die Gattin von Arnuwanda I. und Taduḫepa die Gattin von Tudḫaliya III., der seinerseits den hurritischen Thronnamen Tašmišarri trägt. Die theophoren Namen verweisen nicht nur auf die hurritischen Göttinnen Nikkal bzw. Ḫebat, sondern Tašmišarri und Taduḫepa sind auch mehrfach in hurritischen Ritualen genannt, die in Ḫattuša und Šapinuwa überliefert wurden, d. h. Praktiken des hurritischen Kults haben spätestens unter diesem Königspaar Eingang in die hethitische Hauptstadt gefunden. Allerdings darf man, wie es in der frühen Erforschung der hethitischen Geschichte geschehen ist, wegen der Zunahme solcher hurritischen Traditionen nicht ableiten, dass unter diesen Königen eine neue hurritische Dynastie in Ḫattuša etabliert worden wäre.[12] Wohl aber hat diese von Kizzuwatna ausgehende religiöse Pluralität zu Veränderungen in der »Religion der Hethiter« geführt.

2 Die Pluralisierung der religiösen Traditionen

Die althethitische Religion beginnt sich durch eine zunehmende Pluralisierung nach der Mitte des 15. Jahrhunderts zu verändern, indem durch »fremde« Einflüsse neben das zuvor dominierende hattische Milieu eine Pluralität religiöser Vorstellungen tritt. Dadurch werden hattische Vorstellungen selbstverständlich nicht obsolet, da alte hattische Götter weiter verehrt und ihre Feste gefeiert werden. Neuerungen erfahren jedoch manche der althethitischen Kultzentren im Norden Zentralanatoliens, da durch Angriffe und das Eindringen von Kaškäern in das hethitische Gebiet der Zugang zu manchen dieser Orte unmöglich wurde. Am deutlichsten davon betroffen war die alte Kultstadt Nerik, da die hethitische Kontrolle über diese Stadt verloren ging, so dass der lokale Wettergott von Nerik nicht mehr in seiner Kultstadt verehrt werden konnte, sondern seine Kulte ersatzweise in Ḫakmiš durchge-

10 Vgl. dazu die Verträge zwischen Tudḫaliya II. und Šunašura von Kizzuwatna (Beckman 1999: 17–26) und Arnuwanda I. mit den Männern von Išmerika (Beckman 1999: 13–17), letzterer Vertrag bezieht sich ebenfalls auf einen Bereich Kizzuwatnas.

11 Siehe z. B. de Martino 2017a: 155. Zu den Verwandtschaftsverhältnissen und zur Prosopographie siehe ferner Klengel 1999: 110f.; Bryce 2005: 128; Zehnder 2010: 129, 232f., 289.

12 Vgl. Klengel 1999: 113; Campbell 2016: 297f.

führt werden mussten. Die politische Bedrohung aus dem Norden und die deswegen zeitweilige Verlagerung der Residenz weg von der Hauptstadt Ḫattuša in die schon seit altassyrischer Zeit bekannte Stadt Šamuḫa oder nach Šapinuwa ließ neue Kultzentren entstehen, auch wenn diese nie die gleich hohe Wertschätzung erfahren haben wie die traditionellen Kultstädte der hattischen Tradition. Dies zeigt einerseits die Erweiterung des Spektrums religiöser Zentren, andererseits aber auch die – zumindest ideelle – Kontinuität der alten Kultstädte und deren Ritualakteure.

Zwei weitere – geographisch bedingte – Neuerungen zogen deutlich sichtbare Veränderungen in der Religion nach sich. Durch das Erstarken von Arzawa westlich des Hethiterreiches konnten sich luwische religiöse Vorstellungen, die in geringem Ausmaß bereits in der althethitischen Religion greifbar waren, weit entfalten und strahlten dadurch ab der Mitte des 2. Jahrtausends nicht nur nach Ḫattuša, sondern auch nach Kizzuwatna aus. Analoges lässt sich östlich des Hethiterreiches beobachten, wo die Hurriter nicht nur zu direkten Nachbarn der Hethiter – und im südlichen Anatolien zu Kizzuwatna – wurden, sondern sich dadurch ebenfalls die Möglichkeit bot, dass hurritische Überlieferungen in Ḫattuša bekannt und rezipiert wurden, teilweise verbunden mit nordsyrischen und obermesopotamischen Traditionen. Diese Kontakte nach Ost bzw. West ermöglichten parallel – und wohl weitgehend zeitgleich – den Eingang sowohl luwischer als auch hurritischer religiöser Vorstellungen in die hethitische Religion als »fremde« (und neue) Anteile, so dass sie maßgeblich zu einem religiösen Wandel in der Religionsgeschichte Anatoliens beigetragen haben.

Die dadurch einsetzenden Veränderungen der Religion schaffen jedoch insgesamt keine neue mittelhethitische Religion, sondern sie spiegeln lediglich gesellschaftliche und politische Dynamiken wider.[13] Erst im Laufe des Großreiches kann man seit der zweiten Hälfte des 14. Jahrhunderts von so tiefgreifend veränderten religiösen Strukturen und Wertungen sprechen, die man – im Unterschied zur althethitischen Religion – mit einem Sammelbegriff als »junghethitische Religion« umschreiben kann, welche durch die Integration und Kombination einer Vielzahl von Traditionen nur noch an manchen Stellen aus dem ursprünglichen hattischen Milieu genährte Praktiken zeigt.

2.1 Der Aufstieg des Sonnengottes

Die hattische Göttin Eštan, die in althethitischer Zeit die wichtigste Sonnengottheit war, bleibt – vor allem durch die schon in althethitischer Zeit beginnende sekundäre Verbindung mit der Kultstadt Arinna – als »Sonnengöttin von Arinna« weiterhin

13 Bei Popko 1995: v. a. 86–91 bleibt unklar, inwieweit er die religiösen Vorstellungen der mh. Zeit gegenüber der ah. Zeit bzw. der Großreichszeit als eigenes System oder nur als Ausdruck eines kontinuierlichen Wandels sieht; Taracha 2009: 4 betont für seine Studie explizit, dass er nur mit klar zu unterscheidenden Vorstellungen der ah. Periode bzw. der Zeit des Großreiches rechnet.

die zentrale Göttin im Staatskult,[14] auch als Partnerin des Wettergottes von Ḫatti. Dies spiegeln die Götterlisten in frühen Verträgen wider, in denen die Göttin an der Spitze der Gottheiten, die als Zeugen des Vertrags aufgelistet sind, gemeinsam mit dem Wettergott genannt ist. So erwähnt der Vertrag zwischen Tudḫaliya II. und Šunašura von Kizzuwatna (CTH 41) die Sonnengöttin von Arinna, den Wettergott und die Schutzgottheit von Ḫatti als wichtigste Gottheiten; ähnlich darf man wohl auch die Götterreihenfolge in den Verträgen Arnuwandas mit den Kaškäern (CTH 138 und 139) interpretieren. Obwohl darin die Sonnengottheit (^{D}UTU) ohne ein klärendes Epitheton genannt wird, lässt die danach erfolgte Erwähnung des Wettergottes und der Schutzgottheit von Ḫatti wohl auch hier an die Sonnengöttin von Arinna denken. Weitere Verträge dieser Zeit zeigen jedoch insofern eine Veränderung im Pantheon, als neben der Sonnengöttin bzw. ihr vorgeordnet nun als »neue« Gottheit der männliche Sonnengott (des Himmels) als Garant der Vertragsbestimmungen genannt wird.[15] Der älteste Vertrag, der diese veränderte Götterhierarchie widerspiegelt, ist die Vereinbarung zwischen Arnuwanda und den Leuten von Išmerigga in Kizzuwatna (CTH 133), in der der Sonnengott vor dem Wettergott und der Sonnengöttin von Arinna genannt wird. Dass diese Veränderungen schrittweise vor sich gegangen sind, zeigt der Vertrag zwischen Šuppiluliuma I. und Šattiwaza von Mittani (CTH 51) mit der Reihenfolge Sonnengöttin von Arinna, Sonnengott des Himmels und Wettergott des Himmels, während Šuppiluliumas Vertrag mit Ḫayaša (CTH 42) für die Götteraufzählung erstmals jene Reihenfolge hat, die in den Verträgen der Großreichszeit regelmäßig vorkommt: Sonnengott des Himmels, Sonnengöttin von Arinna, Wettergott des Himmels. Somit spiegeln diese Verträge zwischen dem Ende des 15. und der Mitte des 14. Jahrhunderts deutlich den »Aufstieg« des männlichen Sonnengottes als neuen Gott in der hethitischen Religion wider, da es im hattischen Milieu keinen männlichen Sonnengott gegeben hat.[16]

Wann bzw. wie gewinnt daher dieser männliche Gott seine wichtige Position in der hethitischen Religion? In althethitischer Zeit kannten nur die Traditionen des luwischen sowie des palaischen Milieus einen männlichen Sonnengott, wobei diese Traditionen wahrscheinlich dazu beigetragen haben, das Konzept eines männlichen Sonnengottes auch in der hethitischen Religion zu entwickeln.[17] In mehreren Entsühnungs- bzw. Reinigungsritualen fungiert der Sonnengott als Zeuge für die Darbringung von Opfern oder als juristische Autorität, der man die Fähigkeit zubilligt, die Störung des zwischenmenschlichen Miteinanders durch das Ritual in gerechter Weise wieder auszugleichen. Auch die Mythentradition über eine verschwundene Gottheit wird dabei auf den Sonnengott (und die Ilaliyant-Gottheiten, die sowohl im

14 Yoshida 1996: 41f.; Steitler 2017: 323f.

15 Siehe zum Folgenden Steitler 2017: 379–381; vgl. auch Yoshida 1996: 10–19, 34–41; für Übersetzungen der entscheidenden Passagen der Götterlisten in den Verträgen vgl. z. B. die Untersuchung von Christiansen 2012: 175, 180, 187, 198, 204, 211.

16 Siehe Steitler 2017: 226f.

17 Zur detaillierten Studie zu den mh. Quellen bzgl. des männlichen Sonnengottes siehe Steitler 2017: 331–382.

luwischen als auch im palaischen Milieu mit dem jeweiligen Sonnengott verbunden waren) übertragen, d. h. anscheinend trägt diese hattisch-althethitische Mythentradition bei ihrer Adaptierung auf den Sonnengott zu dessen wachsender »Rezeption« in der hethitischen Religion bei.

Noch entscheidender für den Aufstieg des Sonnengottes in der Hierarchie des hethitischen Pantheons sind jedoch einige Gebete an den persönlichen Gott des Beters, dem der Sonnengott die Anliegen bzw. den Fall[18] des Beters darlegt. In diesen persönlichen Gebeten der Hethiter sind die Bitten, die an die unterschiedlichen Gottheiten gerichtet werden können, das zentrale Strukturelement, um die Intention des Gebetes zu vermitteln.[19] Das älteste dieser Gebete ist das eines (nicht namentlich genannten) Königs an den Sonnengott (CTH 374), damit dieser die Bitten an den persönlichen Gott weitervermittelt; etwas jünger ist das Gebet des Prinzen und Priesters Kantuzili (CTH 373), der sich ebenfalls an den Sonnengott als Vermittler seiner Gebetsbitten an den persönlichen Gott wendet. Die Entstehungszeit dieser Gebete liegt am Ende des 15. oder zu Beginn des 14. Jahrhunderts, wobei ein weiteres thematisch verwandtes Gebet (CTH 372) gegen Ende des 14. Jahrhunderts zu datieren ist. Die Rolle, die der Sonnengott in diesen Gebeten als Vermittler der Bitten an die persönliche Gottheit des Beters spielt, stammt aus der Tradition Mesopotamiens und ist in zweifacher Hinsicht als Neuerung in der hethitischen Religion gegenüber den älteren Traditionen zu bewerten: Die althethitische Religion ist durch das Fehlen mesopotamischer Elemente und Traditionen charakterisiert, und genauso ist zu beobachten, dass weder die hattische Sonnengöttin Eštan noch die Sonnengöttin von Arinna eine solche »Vermittlerfunktion« ausüben. Vergleicht man diese hethitischen Gebete mit mesopotamischen Texten, so kann man motivisch auf die so genannten ŠU.ÍL.LA-Gebete (»Handerhebungsgebete«) hinweisen, in denen die Bitte des Beters durch eine vermittelnde Gottheit an die persönliche Gottheit weitergegeben wird, damit sich diese wieder dem Betenden zuwendet. Fragt man über diese Entsprechung hinausgehend auch nach literarischen Bezügen, so ist zu betonen, dass Christopher Metcalf nachweisen konnte, dass ein sumerisches Gebet an den Sonnengott Utu als Vorlage dieser hethitischen Gebete gedient hat.[20] Insofern besteht kein Zweifel, dass diese ältesten *arkuwar*-Gebete, in denen die männliche Sonnengottheit als zentrale Gestalt im Gebetsverlauf handelt, dem mesopotamischen Milieu entlehnt sind, wobei diese Gebetstradition wesentlich dazu beigetragen hat, dass auch in der hethitischen Religion der Sonnengott (des

18 Diese Gebete werden im Hethitischen als *arkuwar* »Falldarlegung« bezeichnet, wobei es sich um ein neues Gebetsgenre im Hethitischen – gegenüber dem schon in ah. Zeit belegten *mugauwar* – handelt; zu *arkuwar* als Gattung vgl. Singer 2002: 13f.; Hutter 2011: 121–123; Daues/Rieken 2018: 4–6.

19 Siehe Daues/Rieken 2018: 16.

20 Metcalf 2015; vgl. auch Steitler 2017: 371f.; Daues/Rieken 2018: 19f., 31. – Ab dem Ende des 14. Jahrhunderts bzw. im frühen 13. Jahrhundert erweitert sich die religionshistorische Situation dahingehend, dass auch andere Götter unmittelbar in den *arkuwar*-Gebeten angerufen werden, so Telipinu (CTH 378), Lelwani (CTH 380.1), der Wettergott von Ḫatti (CTH 378.2) oder der Wettergott von Kummanni (CTH 382).

Himmels) nach der Mitte des 2. Jahrtausends seine hervorragende Position im Pantheon gewonnen hat. Als solcher übt er ab diesem Zeitpunkt in der hethitischen Religion die Funktion eines gerechten Richters über die Menschen aus, der täglich den Himmel durchquert und dadurch auch seine besondere Macht über den ganzen Kosmos zeigt.[21]

2.2 Neue Residenzstädte mit kultischer Relevanz

Die Kultstädte der althethitischen Zeit sind – abgesehen von Nerik, das wahrscheinlich unter Ḫantili II. dem politischen Einfluss der Hethiter verloren ging – weiter als Zentren der Religionsausübung relevant. Allerdings kann über die Entwicklung der kultischen Situation in Ziplanta (Zippalanda) bzw. in Arinna – wegen der noch nicht definitiven Klärung der Lokalisierung – zumindest aus archäologischer Sicht nichts gesagt werden. Besser ist die Kenntnis in Bezug auf Ḫattuša,[22] wo seit zwei Jahrzehnten erkennbar wurde, dass bereits im 15. Jahrhundert in der Oberstadt verschiedene Großbauten als Tempel errichtet wurden. Diese Neu-Interpretation des archäologischen Befundes korrigiert die Deutung von Peter Neve, demzufolge die Tempel der Oberstadt von Ḫattuša erst in der hethitischen Spätzeit durch Tudḫaliya IV. errichtet worden wären. Die frühe Datierung wird auch durch die Textfunde an verschiedenen Stellen der Oberstadt – vor allem in den Tempeln 8, 12, 15 und 16 – bestätigt, von denen mehr als 93% sprachlich dem Mittelhethitischen zugewiesen werden, und weniger als 1% dieser Textfunde ist als »späthethitisch« zu datieren, d. h. aus der Zeit Tudḫaliyas IV. Aus dieser sprachlichen Analyse zieht Jörg Klinger den zutreffenden Schluss, dass es unlogisch sei, dass fast nur »ältere« (eben mittelhethitische) Texte nachträglich in der Oberstadt deponiert oder archiviert worden seien, wenn diese Tempel erst im späten 13. Jahrhundert errichtet wurden. Daher muss der Ausbau dieses Tempelviertels von Ḫattuša schon im 15. Jahrhundert begonnen haben, was aber zugleich verdeutlicht, dass Ḫattuša – aufgrund des Status als Hauptstadt – auch in kultischer Hinsicht klare Kontinuität zeigt.

Die politischen Veränderungen nach der Mitte des 2. Jahrtausends haben mit der Errichtung von politischen »Vorposten« bzw. (zeitweiligen) Residenzstädten zugleich Orte entstehen lassen und zu deren Ausbau und Bedeutungsgewinn beigetragen, die – zumindest soweit der »Staatskult« betroffen war – auch als kultische

21 Siehe Steitler 2017: 373f. – Die direkte Abhängigkeit der »Sonnengottgebete« von mesopotamischen Vorbildern macht dabei die häufig angenommene hurritische Vermittlung dieser Tradition über den hurritischen Sonnengott Šimige (vgl. z. B. Haas 1994: 378f.; Popko 1995: 89–91) unnötig.

22 Neve 1993: 16–33 bietet einen kurzen Überblick über die von ihm zwischen 1978 und 1986 durchgeführten Ausgrabungen in der Oberstadt mit der Entdeckung von 27 Großbauten, die er als Tempel interpretiert und deren »Spätdatierung« er vertritt; zur Ablehnung dieser Datierung siehe Schachner 2011: 88–94 sowie die Datierung der dort gefundenen Texte durch Klinger 2006b: 15f.

Zentren gelten müssen. Dabei ist jedoch zu sagen, dass diese neuen Städte nie das Prestige der »Kultstädte« der älteren Zeit erlangt haben, auch wenn ihre Bedeutung für die Durchführung großer Feste oder für Rituale zu Gunsten des Herrscherpaares nicht übersehen werden kann. Zugleich zeigt sich anhand der kultischen Handlungen, die in jenen Orten durchgeführt wurden, dass ab der Mitte des Jahrtausends die vermehrte Integration lokaler Kulte in den Staatskult beginnt und manche Feste der althethitischen Zeit ausgebaut und erweitert wurden, was teilweise den Beginn einer kontinuierlichen Veränderung von älteren Praktiken einleitet, ohne jedoch diese Traditionen aufzugeben. Allerdings finden über solche »Vorposten« – v. a. im Osten des hethitischen Kerngebiets – auch hurritische Vorstellungen erstmals Eingang in Teile des Staatskultes.

2.2.1 Šamuḫa

Bereits in der Zeit der altassyrischen Handelskolonien bestand eine Handelsniederlassung, und altassyrische Texte aus Kaneš erwähnen einen Palast von Šamuḫa, was darauf hinweist, dass die Siedlung sich im Laufe der *kārum*-Zeit von einem kleinen Handelsumschlagort (*wabartum*) zu einer Handelsniederlassung (*kārum*) entwickelt hat.[23] Auch in althethitischer Zeit bleibt die Stadt – im Unterschied zu vielen Orten der vorherigen *kārum*-Periode – weiter besiedelt, liegt aber geographisch am Rand des althethitischen Herrschaftsgebiets, wo sie zeitweilig die Funktion einer Befestigung in Grenznähe hatte. Die Lokalisierung Šamuḫas[24] am Ausgrabungsort Kayalıpınar, ca. 45 km südwestlich von Sivas am Nordufer des Kızılırmak, hat Andreas Müller-Karpe bereits anhand einer 1999 zufällig gefundenen Tontafel (Kp 99/1 = KpT 1.1) vermutet, die sich auf den Kult der Göttin Šauška (ᴰ*IŠTAR*) von Šamuḫa bezieht. In der Folge begann Müller-Karpe im Jahr 2005 mit der archäologischen Erforschung von Kayalıpınar, die bis zur Gegenwart andauert. Ein weiterer Textfund aus dem Jahr 2014 (Kp 14/95 = KpT 1.36), den Elisabeth Rieken ediert hat, hat schließlich die Identifizierung des Ausgrabungsortes mit der hethitischen Stadt endgültig bestätigt.

In der Zeit von Tudḫaliya II. bis zur Mitte des 14. Jahrhunderts scheint die Stadt nach einer Zerstörung des Palastes durch ein von einem Erdbeben verursachtes Feuer schnell wieder restauriert und wohl – zur Abwehr von Angriffen aus Azzi und Ḫayaša – stärker befestigt worden zu sein.[25] Wahrscheinlich hat bereits Tudḫaliya II. Šamuḫa zeitweilig als Residenz- oder Hauptstadt genutzt, was die Stärkung des Kultes der Šauška von Šamuḫa – bzw. zunächst einer von ihr unabhängigen Göttin – ab dieser Zeit erklären könnte. Auch sein Enkel Tudḫa-

23 Vgl. Weeden/Ullmann 2017: 61f.; Wegner 1981: 160; Müller-Karpe, A./Müller-Karpe, V./Kryszat 2014: 26f. – Auch einige aass. Texte (KpT 1.2; 1.35) wurden bei den Ausgrabungen gefunden, siehe Rieken 2009: 119f.; Müller-Karpe, A./Müller-Karpe, V./Kryszat 2014: 26–38.

24 Müller-Karpe 2000: 360–364; Rieken 2014: 43–50; Müller-Karpe, A./Müller-Karpe, V./Kryszat 2014: 26.

25 Bryce 2005: 146–149; Weeden/Ullmann 2017: 61f.; Müller-Karpe, A./Müller-Karpe, V./Kryszat 2014: 28f.; Müller-Karpe, A./Müller-Karpe, V. 2019: 222f.

liya III. residierte zeitweilig in dieser Stadt, um die östliche Grenze und das so genannte Obere Land zu stärken (vgl. KBo 6.28 Vs. 6–15). Der archäologische Befund von Schicht 3 der Ausgrabungen in Kayalıpınar ist dieser Periode bis zur Mitte des 14. Jahrhunderts zuzuweisen, wobei auf dem so genannten Südosthügel zwei größere Gebäude festgestellt werden können:[26] Das Gebäude A (42,8 mal ca. 20 Meter) ist über einem älteren Vorgängerbau der althethitischen Zeit errichtet (Schicht 4), wobei der Zugang zu Gebäude A einzig vom Gipfel des Hügels her möglich war und das Gebäude direkt an der Hangkante zum rund 15 Meter darunter fließenden Kızılırmak errichtet wurde. Dass der Zugang zu diesem Gebäude eine wichtige repräsentative Rolle spielte, zeigt seine Ausstattung mit einem Relief einer Göttin. Wahrscheinlich war die Torfront links und rechts noch mit weiteren Reliefs geschmückt. Die Größe und die – soweit noch erkennbare – Ausstattung erlauben die Vermutung, dass Gebäude A der Palast von Šamuḫa war. Die sitzende Göttin[27] blickt nach rechts und hält in der einen Hand eine Trinkschale, in der anderen einen Vogel. Ihr gegenüber stand ursprünglich eine Person, von der nur noch die Fußspitzen erhalten sind – wahrscheinlich ein König oder eine Königin. Die Darstellung der Göttin als ehrwürdige thronende Frau lässt vermuten, dass es sich dabei vielleicht um die ursprüngliche Stadtgöttin handelt, wobei Oğuz Soysal erwägt, sie mit der in Texten aus Šamuḫa mehrfach genannten Apara zu identifizieren. Apara ist in mittelhethitischen Texten bezeugt, aus denen hervorgeht, dass sie in der Zeit vor Tudḫaliya II. die Hauptgöttin der Stadt war, ehe sie in dieser vorrangigen Position von der aus Kizzuwatna importierten »Göttin der Nacht« abgelöst wurde.[28] Das etwas kleinere, rechtwinkelig dazu gelegene Gebäude B war – wie auch Gebäude C und D – ein eng mit dem Palast verbundenes Verwaltungsgebäude. Gebäude A und B wurden möglicherweise während der Regierungszeit Tudḫaliyas III. zerstört und am Beginn der Großreichszeit durch zwei Neubauten ersetzt.

In der Großreichszeit ist Gebäude D mit den Ausmaßen von mindestens 60 mal 69,5 Metern das zentrale Verwaltungszentrum und der zentrale Palastbereich von Šamuḫa mit einzelnen Kulträumen und Archivräumen gewesen. Hervorzuheben ist die große Zahl der dort gefundenen Siegelabdrücke, die die Namen zahlreicher Personen nennen, die in verschiedenen Bereichen der Verwaltung tätig waren.[29] Rund fünf Prozent der Siegelabdrücke nennen eindeutig mit kultischen Aktivitäten verbundene Personen. Für einzelne Personen zeigt sich dabei, dass sie im Laufe der Zeit unterschiedliche Funktionen im Kult ausübten, d. h. in ihrer Laufbahn scheinbar aufstiegen. Genauso lässt sich prosopographisch erkennen, dass manche Perso-

26 Müller-Karpe et al. 2009: 173–185; Müller-Karpe, A./Müller-Karpe, V./Kryszat 2014: 17–22; Müller-Karpe, A./Müller-Karpe, V./Rieken 2017: 69–77.

27 Müller-Karpe et al. 2006: 216–221 mit Abb. 5 und 6; Soysal 2019b: 105–107. Siehe auch die Abb. in http://www.hittitemonuments.com/kayalipinar/.

28 Soysal 2019b: 104f. – Zu Apara siehe auch Wegner 1981: 162–165 für Einzelnachweise.

29 Zum Ausgrabungsstand siehe Müller-Karpe 2020b: 192–196; zu den Siegelabdrücken Müller-Karpe, A./Müller-Karpe, V. 2019: 243–251 sowie v. a. Müller-Karpe 2020a: 194–214.

nen wahrscheinlich zu unterschiedlichen Zeiten sowohl als Schreiber als auch als Kultbedienstete tätig waren. Indirekt belegt dies kultische Aktivitäten im Palast- und Verwaltungsareal. Insgesamt hat der gesamte Südosthügel das politische und administrative Zentrum der Stadt beherbergt, was auch die in diesem Areal gefundenen Tontafeln zeigen.

Zu den wichtigen Textfunden[30] im Bereich der Gebäude A, B und D gehören unter anderem Brieffragmente sowie eine umfangreiche hurritische Beschreibung eines Feldzugs gegen Kizzuwatna und Alalaḫ (Kp 05/226 = KpT 1.11), ferner Orakelberichte (z. B. KpT 1.56 bis KpT 1.71) sowie Ritualfragmente aus dem kizzuwatnäischen bzw. hurritischen Milieu, u. a. zum *ḫišuwa*-Fest (Kp 07/78 = KpT 1.16)[31], sowie jener Kultinventartext (Kp 14/95+ = KpT 1.36), der die Identifizierung Kayalıpınars mit Šamuḫa ermöglichte. Die Bedeutung der Tontafelfunde – v. a. derjenigen, die dem religiösen Bereich zuzuweisen sind – liegt darin, dass sie frühe Zeugnisse der Zunahme von Einflüssen religiöser Traditionen des hurritischen Milieus im Hethiterreich sind, wobei die Datierung dieser Textfunde vom späten 15. Jahrhundert bis ins 13. Jahrhundert reicht, d. h. Šamuḫa als religiöses Zentrum bleibt bis in die späte hethitische Großreichszeit relevant. Die Fundsituation zeigt, dass es sich um Reste eines Archivs[32] – und nicht um verstreute Zufallsfunde – handeln dürfte, das im Palastbereich vorhanden war. Interessant an diesem Befund ist ferner, dass – obwohl fast alle Texte dem religiösen Bereich zugeordnet werden können – bisher auf dem Südosthügel keine religiösen Bauten nachgewiesen werden konnten. A. Müller-Karpe vermutet, dass die zentralen Sakralbauten von Šamuḫa auf einem höheren Hügel rund 400 Meter nordwestlich von den Gebäuden A und B lagen,[33] allerdings sind dort noch keine Ausgrabungen durchgeführt worden. Die Textfunde sind auch insofern aufschlussreich, als die Festbeschreibungen KpT 1.72 und 1.73 zu »Festen für die unterirdischen Gottheiten« (CTH 645 aus Ḫattuša) gehören und KpT 1.74 bis 1.77 Entsprechungen zu Texten eines »Festes für Šauška von Šamuḫa« (CTH 712) sind.[34] Dies zeigt somit, dass nicht nur in der Hauptstadt Ḫattuša, sondern auch in einem regionalen Zentrum Feste in gleicher Weise gefeiert werden konnten.

Die religiösen Vorstellungen Šamuḫas zeigen Neuerungen gegenüber der althethitischen Religion. Unter Tudḫaliya II. ist aus Kizzuwatna die »Göttin der Nacht« nach Šamuḫa gebracht worden, wobei über diese Neuerung im Kult der Stadt jedoch keine Quellen Tudḫaliyas erhalten sind, sondern lediglich zwei jüngere Über-

---

30 Die zwischen 1999 und 2017 gefundenen Texte liegen nun in der Edition von Rieken 2019 vor. Für Vorberichte zu jenen Texten siehe u. a. Rieken 2009; Rieken bei Müller-Karpe et al. 2009: 208–214; Rieken 2014; Müller-Karpe, A./Müller-Karpe, V./Rieken 2017: 78–81. Für die 2018 und 2019 gefundenen Texte (meist aus der Zeit Tudḫaliyas IV.) siehe Soysal 2020.

31 Groddek 2011: 112 hat dieses Fragment als mh. Duplikat zu KBo 44.127++ iii 29ff. identifiziert und der 8. Tafel des *ḫišuwa*-Festes zugewiesen.

32 Siehe zum Ausgrabungsbefund des Archivgebäudes Müller-Karpe et al. 2009: 233–237.

33 Vgl. Müller-Karpe et al. 2009: 185.

34 Vgl. Müller-Karpe, A./Müller-Karpe, V./Rieken 2017: 80 sowie Soysal 2019b: 102.

lieferungen:[35] KUB 29.4 berichtet über ein mehrtägiges Ritual des Priesters Ulippi für die Erweiterung des Kultes der Göttin der Nacht, das sicherstellen soll, dass die Göttin auch in ihren neuen Tempel einzieht. Religionshistorisch ist an diesem Ritual die Vorstellung interessant, dass die Göttin praktisch »geteilt« wird, so dass sie sowohl in ihrem alten Tempel (in Kizzuwatna) bleibt als auch in ihrem neuen Tempel (in Šamuḫa) wohnt.[36] Ein Text Muršilis II. (KUB 32.133) verbindet diese Neuerung im Kult mit seinem Vorfahren Tudḫaliya (II.). Die Gründung des Kultzentrums für die Göttin der Nacht in Šamuḫa ist dabei eines der frühen fassbaren Ereignisse, das den Einfluss aus dem hurritisch-kizzuwatnäischen Raum seit der Mitte des 2. Jahrtausends zeigt. Die Göttin der Nacht dürfte im weitesten Sinn einer Ištar-Gestalt ähnlich gewesen, aber weder mit Ištar von Ninive noch mit der hurritischen Göttin Šauška zu identifizieren sein. Denn zunächst hatten die Göttin der Nacht und andere Ištar-ähnliche Göttinnen einen eigenen Kult in Šamuḫa.[37] In das Spektrum dieser Göttinnen gehört die oben erwähnte sitzende Göttin auf dem Relief beim Eingang von Gebäude A. Im weiteren Verlauf der Verehrung dieser Göttinnen kam es zu schrittweisen Angleichungen und Identifizierungen, wobei ab Muršili II. – also bereits in der Großreichszeit im späten 14. Jahrhundert – (die hurritische) Šauška vermehrt den Platz der Göttin der Nacht im lokalen Pantheon von Šamuḫa einnimmt und mit ihr identifiziert wird, ein Vorgang, der unter Ḫattušili III., der Šauška als seine persönliche Göttin verehrt,[38] seinen Höhepunkt erreicht. Dadurch wird die Göttin der Nacht in junghethitischen Kopien älterer Texte nicht nur von den Schreibern durch Šauška ersetzt, sondern auch in Opferlisten für Šauška und die Götter und Göttinnen, die eng mit ihr verbunden sind, ist die Göttin der Nacht nicht genannt. Dies zeigt, dass im 13. Jahrhundert die Göttin der Nacht vollkommen von Šauška absorbiert wurde. Diese Situation des 13. Jahrhunderts spiegeln nicht nur zahlreiche Texte aus Ḫattuša, sondern auch mehrere Tontafeln aus Kayalıpınar wider, wo die Feste als Hauptkultort dieser Göttin gefeiert wurden.

Die »Hurritisierung« des Kultes in Šamuḫa, die somit am Ende des 15. Jahrhunderts beginnt, setzt sich bis zum Ende der Hethiterzeit fort; dies zeigt etwa die Liste der Götter dieser Stadt in einem Gebet Muwatallis (CTH 381), das folgende Götter nennt (KUB 6.45 i 43–45):[39]

> Teššub von Aleppo, Ḫebat von Aleppo, Šauška des Feldes von Šamuḫa, die Herrin des *ayakku*-Heiligtums, Apara von Šamuḫa, die männlichen, die weiblichen Gottheiten, die Berge und Flüsse von Šamuḫa.

---

35 Siehe die Edition und Übersetzung von KUB 29.4 durch Miller 2004: 272–297 und von KUB 32.113 ebd. 312–315; vgl. CoS 1: 173–177 (B. J. Collins); TUAT.NF 4: 224–229 (J. Miller); Mouton 2016a: 334–373. Siehe dazu ferner Strauß 2006: 189f.; de Martino 2017a: 154.

36 Vgl. dazu Miller 2004: 259f.; ferner Wegner 1981: 160f.

37 Miller 2004: 389f.

38 Hutter-Braunsar 2004: 259–262. Zur dominierenden Stellung von Šauška ab der Zeit Ḫattušilis III. siehe auch Soysal 2019b: 108.

39 KUB 6.45 i 43–45; vgl. Singer 2002: 88; Mouton 2016a: 620f. – Zu *ayakku* siehe Wegner 1981: 35f.; Richter 2012: 3.

Der hurritische Wettergott Teššub wird manchmal in Texten auch explizit als Teššub von Šamuḫa bezeichnet. Somit kann man abschließend betonen, dass Šamuḫa ein – gegenüber der althethitischen Zeit – neues kultisches Zentrum im Osten des Hethiterreiches wird, dessen Kult eng mit dem hurritischen und kizzuwatnäischen Milieu zu verbinden ist.

2.2.2 Šapinuwa

Der Ausgrabungsort Ortaköy, in dem Aygül und Mustafa Süel nach einem ersten Survey im Jahr 1989 mit bis zur Gegenwart andauernden Ausgrabungen begonnen haben, liegt 60 Kilometer nordöstlich von Ḫattuša. Der Ausgrabungsort wird mit der Stadt Šapinuwa, die in mittel- und junghethitischen Texten genannt ist, identifiziert. Ob die Stadt bereits in althethitischer Zeit existiert hat oder erst um die Mitte des 2. Jahrtausends gegründet wurde bzw. in dieser Zeit eine größere Bedeutung für den hethitischen Staat erlangt hat, lässt sich derzeit nicht sicher sagen. Da die Stadt in jenen (alten) Festen, die auf das hattische Milieu der althethitischen Zeit zurückgehen, jedoch keine Rolle spielt, ist historisch letzteres wahrscheinlicher, weshalb hier Šapinuwa ebenfalls als »neues« hethitisches, aber mit deutlich hurritischen Einflüssen geprägtes Kultzentrum betrachtet werden soll.[40]

Šapinuwa wird in den Texten aus Ḫattuša oft genannt, genauso geben in Maşat Höyük gefundene Briefe Hinweise auf die Geschichte und Bedeutung der Stadt.[41] Dieses Textmaterial wird durch reichhaltige Textfunde bei den Ausgrabungen in Ortaköy ergänzt, wobei A. Süel von mehr als 4.000 Texten (inklusive der Fragmente) spricht,[42] von denen bislang jedoch nur weniges veröffentlicht ist, so dass die Auswertung dieser Texte für die historische und religionshistorische Bedeutung der Stadt noch nicht sehr weit fortgeschritten ist. Einen wichtigen Hinweis auf die Bedeutung von Šapinuwa als befestigte Garnisonsstadt kann man wohl einem Brief aus Maşat entnehmen, in dem es heißt, dass Kaššu und Pipappa so schnell wie möglich 1.760 Soldaten von der Stadt Išḫupitta zum König nach Šapinuwa schicken sollen; bei dem genannten Herrscher dürfte es sich um Tudḫaliya II. handeln.[43] Genauso weisen verschiedene Orakelanfragen in Bezug auf das Heer darauf hin, dass die Stadt im Grenzgebiet zu den Kaškäern eine wichtige Rolle spielte. Eine Reihe von Briefen des Königs bzw. der Königin, die

---

40 Süel/Süel 2017: 29f. sprechen etwas unpräzise davon, dass die ankommenden Hethiter nicht die kleinen vorhandenen Dörfer ausbauten, sondern eine Fläche auf dem Plateau planierten, um dort eine Stadt zu errichten. Allerdings geht aus diesen Überlegungen nicht klar hervor, ob die Ankunft der Hethiter schon in ah. Zeit oder erst später angesetzt wird.

41 Vgl. Kryszeń 2016: 324–332.

42 Süel 2009: 193.

43 HKM 20; siehe die Übersetzung von Hoffner 2009: 131f.; vgl. Kryszeń 2016: 328; Süel/Süel 2017: 30. Weitere Hinweise in den Maşat-Briefen, die Šapinuwa als regionales Verwaltungszentrum ausweisen, finden sich u. a. in HKM 58 und 59 sowie in ABoT 1.60. Aber auch die Briefe unter den Texten aus Šapinuwa zeigen die administrative Bedeutung der Stadt; einige Exzerpte solcher Briefe hat Süel 2009: 195–198 in Übersetzung vorgelegt.

in Šapinuwa gefunden wurden, zeigen ebenfalls die regionale Bedeutung der Stadt als Verwaltungszentrum; der Name des Königs ist dabei nicht genannt, da lediglich von der »Majestät« (^{D}UTU-*ŠI*) die Rede ist. In Frage kommen in erster Linie Tudḫaliya II. und III.; letzterer wird – gemeinsam mit seiner Gattin Taduḫepa – auch in den Texten des *itkalzi*-Rituals genannt, die bei den Ausgrabungen gefunden wurden. Unter diesen beiden Herrschern scheint Šapinuwa seinen politischen Höhepunkt gehabt zu haben, während ab Muršili II. die Bedeutung der Stadt anscheinend zurückgegangen ist und sie möglicherweise noch im (späten) 14. Jahrhundert zerstört wurde.

Die bisherigen Ausgrabungen beziehen sich auf zwei Bereiche, nämlich auf vier Gebäude in der »Unterstadt«, das so genannte Tepelerarası-Areal, und einen ca. 600 Meter nördlich davon gelegenen Ritualplatz, das so genannte Ağilönü-Areal.[44] In der Unterstadt ist Gebäude A mit einem Grundriss von 25 mal 100 Metern das größte Gebäude der Stadt und dürfte ursprünglich zwei Stockwerke gehabt haben. Die genaue Funktion ist noch nicht endgültig geklärt, aber es ist wohl als der zentrale Verwaltungsbau und vielleicht auch als Palast anzusprechen. Im Bereich des Gebäudes wurden an drei Stellen zahlreiche Tontafeln gefunden, die A. Süel als drei Archive bezeichnet. Etwa 150 Meter östlich davon liegt das kleinere Gebäude B, das als Vorratsgebäude interpretiert wird, was der Fund von rund 70 großen Pithoi plausibel macht. Auch ein kleineres »Archiv« wurde in Gebäude B gefunden. Die beiden Bauwerke C und D interpretieren die Ausgräber als Gebäude mit religiösen Funktionen. Gebäude C ist allerdings durch lokale Planierungsarbeiten für die wirtschaftliche Nutzung des Areals, ehe die Ausgrabungen begonnen haben, stark beschädigt worden, was die Deutung der Ausgrabungsbefunde erschwert. Das Gebäude hat einen Hof umschlossen, in dem zwei Altäre gefunden wurden; auch zwei Räume an der Ostseite des Gebäudes haben Statuenbasen enthalten, was die Nutzung des Gebäudes für kultische Handlungen nahelegt. Allerdings betonen die Ausgräber, dass es sich dabei nicht um einen Tempel handelt, sondern lediglich um Räumlichkeiten im Palastkontext, die kultischen Zwecken dienten. Ebenfalls ein kultischer Zweck wird Gebäude D zugeschrieben, da ein darin befindliches Becken (rituellen) Reinigungszwecken gedient haben soll. Der Eingang zu dem Gebäude war ursprünglich von zwei einander gegenüberliegenden Orthostaten geschmückt, von denen auf der einen Seite noch die untere Hälfte erhalten ist – mit einer stehenden männlichen Figur, die eine Lanze und einen Bogen trägt. Wenn es sich – entsprechend der Deutung der Ausgräber – um eine Darstellung des Wettergottes Teššub handelt, wäre dies ein unterstützendes Indiz für die kultische Funktion des Gebäudes;[45] der erhaltene Teil des Orthostatenreliefs stellt aber wahrscheinlicher einen König in der Tracht eines Kriegers[46] dar.

---

44 Zum Folgenden siehe die Überblicksdarstellungen von Süel 2009: 201–203; Süel/Süel 2017: 32f.

45 Süel 2009: 202 und Tf. 22 Abb. 12.

46 Zu dieser Darstellungsart des Königs, die sich von derjenigen des Wettergottes, der eine Keule trägt, unterscheidet, siehe Hutter/Hutter-Braunsar 2017: 163f., 167–169; Hutter-Braunsar 2015: 41. Siehe auch die Abbildungen in http://www.hittitemonuments.com/ortakoy/.

Das Ağilönü-Areal ist durch eine gepflasterte Plattform charakterisiert, die ein großer Zeremonialplatz gewesen sein dürfte. Auf diese Funktion weisen vor allem am Rande dieses Platzes gelegene Gruben hin, in denen Reste von verbrannten Vögeln, Schafen, Bergziegen und einem Ferkel gefunden wurden, deren Deutung als Opferrückstände möglich ist.[47] Dadurch kann man zumindest vermuten, dass in diesem Areal – als Freilichtheiligtum – Opfer für verschiedene hurritische Götter dargebracht wurden. Welche konkreten Opfer oder Feste von Šapinuwa in diesem Areal stattgefunden haben könnten, lässt sich aber bislang nicht näher bestimmen. Südlich des gepflasterten Ritualplatzes sind auch einige Gebäude vorhanden, die wohl bei den Ritualen verwendet wurden. Allerdings handelt es sich bei keinem dieser Gebäude um einen Tempel. In welchem Teil der Stadt sich die Tempel von Šapinuwa befunden haben, ist nicht bekannt.

Der wichtigste Gott in Šapinuwa dürfte der lokale (hurritische) Wettergott der Stadt gewesen sein, der mehrfach seit Šuppiluliuma in den Götterlisten der Staatsverträge genannt wird und somit in der Großreichszeit als einer der Götter des »Staatspantheons« gegolten hat. Für ihn fand – nach Ausweis eines Inventartextes – in (jedem?) dritten Jahr ein Fest statt (KUB 30.56 iii 2f.). Aus einem anderen Verwaltungstext geht hervor, dass die Bewohner der Stadt Arpa regelmäßige Abgaben an den Wettergott von Šapinuwa zu entrichten hatten (KBo 18.156, 3–5). Besonders hervorzuheben sind die Textfunde zum *itkalzi*-Ritual, einem Reinigungsritual für Tudḫaliya III. und seine Gattin Taduḫepa, die in Šapinuwa gefunden wurden. Diese Texte weichen von der schon lange aus Ḫattuša bekannten Version ab, zeigen aber die Bedeutung dieses Reinigungsrituals.[48] Der Anlass für dieses Ritual könnte die Eheschließung von Tudḫaliya III. mit Taduḫepa gewesen sein, wobei dieses Ritual aus diesem Anlass neu zusammengestellt wurde. Die Herkunft der in diesem Ritual fassbaren Traditionen ist Kizzuwatna bzw. eventuell auch Nordsyrien, was mit der ab Tudḫaliya II. einsetzenden Rezeption von hurritischen Traditionen aus dem nordsyrischen Raum gut übereinstimmt. Zugleich zeigt dieses Ritual auch, dass solche Traditionen nicht nur direkt aus Kizzuwatna bzw. Nordsyrien nach Ḫattuša gelangt sind, sondern teilweise auch in anderen Orten – wie eben Šapinuwa – rezipiert werden konnten. Einen vergleichbaren Rezeptionsfall stellt auch die Durchführung eines Festes für den – in Nordsyrien zu lokalisierenden – Berg Ḫazzi dar, das ebenfalls aus Kizzuwatna nach Šapinuwa importiert wurde.[49] Genauso geben Opferlisten für die gemeinsam mit dem Wettergott Teššub verehrten Gottheiten (CTH 786) einen guten Einblick in die rituelle Praxis des hurritischen Milieus der Stadt, was sich auch in der mythologischen Überlieferung über »Teššub und die Flüsse« (der Umgebung von Šapinuwa) zeigt (CTH 776).[50]

---

47 Süel/Süel 2017: 32f.; Süel 2015: 103–105; Süel, M. 2014.

48 Vgl. die Edition der 3. Tafel durch de Martino/Süel 2015; siehe ferner de Martino 2016b sowie Ders. 2017b für den detaillierten Überblick zum Überlieferungsbefund der *itkalzi*-Texte aus Ḫattuša und aus Šapinuwa. Zur komplexen Verflechtung des hurritischen *itkalzi*-Rituals mit Šapinuwa und Kizzuwatna und dem Ritual des Ammiḫatna siehe ferner Strauß 2006: 149–188. Die meisten Texte aus Ḫattuša hat Haas 1984 vorgelegt.

49 Siehe die Rekonstruktion dieses Festrituals durch Corti 2017.

50 Zur (Teil-)Edition dieser Texte siehe v. a. Wegner 2002: 217–228; Trémouille 2005: 1–7. Vgl. auch die Angaben bei Görke 2010: 272 mit weiterer Literatur.

Alle diese Hinweise ordnen die religiöse Praxis von Šapinuwa zur Zeit Tudḫaliyas III. in das hurritische Milieu ein und sind eng mit der Rezeption hurritischer Überlieferungen im hethitischen Königshaus ab der Wende vom 15. zum 14. Jahrhundert zu verbinden. Allerdings soll dadurch nicht der Blick dafür verstellt werden, dass man in Šapinuwa auch die hattischen und althethitischen Traditionen Zentralanatoliens weiter gepflegt hat. Dies zeigen beispielsweise jene zwei hattischen Baurituale, die schon im Zusammenhang mit der althethitischen Religion besprochen wurden, von denen ebenfalls Versionen in Šapinuwa überliefert wurden.[51] Da diese Baurituale mit der hethitischen Königsideologie verbunden waren, zeigen sie zugleich, dass unter der Herrschaft Tudḫaliyas diese Traditionen – trotz seiner Orientierung am Hurritischen – nicht geschwunden sind, sondern Šapinuwa durch die zeitweilige Anwesenheit der hethitischen Herrscher auch mit den zentralanatolischen Traditionen verbunden wurde. Für Šapinuwa als »Kultstadt« muss man daraus ableiten, dass die religiöse Bedeutung der Stadt eng mit der Anwesenheit des Königs verbunden war. Nachdem aufgrund der politischen Entwicklung und Festigung des Hethiterreiches in der Großreichszeit Šapinuwa die politische Bedeutung verloren hatte, reduzierte sich die religiöse Rolle auf den lokalen Status der Stadt, auch wenn ihr Wettergott weiterhin zu den Göttern des Staatspantheons gehörte.

2.2.3 Šarišša

Šarišša ist keine gewachsene Stadt, die aus einer kleineren Siedlung hervorgegangen ist, sondern eine königliche Neugründung vom Ende der althethitischen Zeit, deren archäologische Erforschung zwischen 1992 und 2004 durch A. Müller-Karpe durchgeführt wurde. Der Ausgrabungsort liegt ca. 50 Kilometer süd-südöstlich der modernen Provinzhauptstadt Sivas am Südrand eines Hochtales, wobei das Stadtareal sich auf einer Höhe zwischen 1.600 bis zum höchsten Punkt auf 1.654 Metern befindet.[52] Die Identifizierung des Ausgrabungsortes Kuşaklı mit der hethitischen Stadt Šarišša ist durch die 1994 und 1995 gefundenen Texte KuT 19 und KuT 6 gesichert, die Rituale für das Frühlingsfest beschreiben, das der König in Šarišša und im Stelenbezirk oberhalb der Stadt feiert.[53] Auch weitere Texte, die bei den Ausgrabungen gefunden wurden, nennen mehrfach die Stadt Šarišša.

Unter welchem hethitischen Herrscher die Gründung der Stadt erfolgte, ist nicht eindeutig festzustellen, wobei anscheinend der erste errichtete Bau das so genannte Gebäude C ist, dessen Ursprung in das letzte Viertel des 16. Jahrhunderts datiert wird. Entsprechend der Lage dieses Gebäudes sind auch die anderen Bauten der Stadt ausgerichtet, was zu einer klaren Orientierung entlang einer Nordwest-Südost- bzw. Nordost-Südwest-Achse führt. Der Stadtkern selbst ist von einer rund 1,5

---

51 Siehe Soysal/Süel 2016.

52 Müller-Karpe 2017: 12; Weeden/Ullmann 2017: 60f.

53 Wilhelm 1997: 17–19. – Ebenfalls für die Identifizierung, aber auch für die lokalen Kultpraktiken aufschlussreich sind die Kultinventartexte der Stadt, bearbeitet von Hazenbos 2003: 144–165.

Kilometer langen Mauer[54] mit vier Stadttoren und Befestigungstürmen umgeben, wobei zwei religiöse Großbauten in der Stadt nachgewiesen werden konnten: das Gebäude C auf der Akropolis und der Tempel auf der Nordterrasse. Gebäude C[55] ist das größte Bauwerk der Stadt, dessen Ausmaße von 76 mal 74 Metern sogar den Tempel 1 aus Ḫattuša bei weitem übertreffen. Die dominierende Lage auf der Akropolis und die architektonische Ausrichtung des Bauwerkes auf den Stelenbezirk von Šarišša zeigen, dass es sich um den Haupttempel der Stadt handelt, der dem Wettergott (von Šarišša) geweiht war. Inklusive von Kellerräumen hat das Gebäude rund 110 Räume, wobei der Nordteil des Gebäudes der (Tempel-)Wirtschaftstrakt gewesen sein könnte. Der Hauptzugang zum Tempel geschah durch das Nordostportal bzw. das Nordwestportal, durch die man einen sehr großen Innenhof betreten konnte. Wenn man diesen durchquerte, konnte man zu dem im Südwesten des Gebäudes gelegenen Allerheiligsten gelangen. Im Boden dieses Hauptkultraums war ein Abflussrohr eingelassen, durch das die Flüssigkeiten von Libationen nach außen geleitet wurden, damit der Boden in der Cella nicht aufgeweicht wird. In diesem Kultraum befand sich wahrscheinlich ein Altar mit der Statue des Wettergottes, allerdings ist davon nichts mehr erhalten geblieben. Dass Libationen durchgeführt wurden, bestätigt der Fund eines Libationsgefäßes in Form von zwei miteinander verbundenen Stierfiguren.[56] Nach der Zerstörung um die Mitte des 14. Jahrhunderts wurde der Tempel jedoch nicht wieder restauriert.[57]

Ein weiterer Tempel ist auf der Nordterrasse von Šarišša nachgewiesen,[58] mit Ausmaßen von 54 mal 36 Metern jedoch kleiner als Gebäude C. Auch dieser Tempel ist in der Gründungsphase der Stadt im letzten Viertel des 16. Jahrhunderts errichtet worden. Als zentrales Element weist er ebenfalls einen rechteckigen Innenhof auf, durch den man das Allerheiligste erreichen konnte. Nebenräume, die sich um den Hof gruppierten, dienten wirtschaftlichen Zwecken. Die Personennamen der Siegelabdrücke auf Tonplomben, die hier gefunden wurden, dokumentieren offensichtlich die Personen, die die Kontrolle der beim Tempel ein- und ausgehenden Wirtschaftsbewegungen vornahmen. Mit ziemlicher Wahrscheinlichkeit war dieser Tempel einer Göttin des Ištar-Typs geweiht, wofür mehrere Indizien sprechen: In den Texten aus Šarissa ist nach dem Wettergott der Stadt mehrfach eine Göttin genannt, deren Name ^{D}*IŠTAR-li* geschrieben ist, d. h. wahrscheinlich in der hethitischen Lesung Anzili.[59] Architektonisch weist der Tempel auf der Nordterrasse enge Entsprechungen zum Tempel 7 in Ḫattuša auf, in dem eine Elfenbeinfigur, die mög-

54 Müller-Karpe 2002: 176–178.

55 Siehe Müller-Karpe 2017: 89–107; Ders. 2013: 342f.

56 Müller-Karpe 2002: 189 Abb. 14; Ders. 2017: 98 Abb. 88a, b.

57 Müller-Karpe 2002: 184; Ders. 2017: 140–143.

58 Müller-Karpe 2017: 108–120.

59 Wilhelm 2010. – In KuT 53 werden Opfer für den Wettergott (von Šarišša) und eine Göttin Enzili genannt, wobei an anderer Stelle des Textes der Name der Göttin als ^{D}*IŠTAR* geschrieben ist, so dass diese Gleichsetzung wahrscheinlich ist; Enzili ist eine Nebenform der in anderen Texten verschiedentlich genannten Göttin Anzili.

licherweise die Göttin Šauška – unter ihrem Aspekt als Liebesgöttin – darstellt,[60] gefunden wurde, was ebenfalls auf die im Tempel verehrte Göttin hinweisen könnte. Ein entscheidendes Indiz für die Interpretation dieses Tempels als Kultort für Anzili als Ištar-Gestalt ergibt sich jedoch aus der Lage des Tempels, die von der bei den Großbauten der Stadt klar eingehaltenen Orientierung entlang der Nordost-Südwest- bzw. Nordwest-Südost-Achse abweicht. Diese Abweichung scheint bewusst vorgenommen worden zu sein, um den Tempel nach den Sonnenwenden zu orientieren, an denen der Sonnenaufgangspunkt der Sommersonnenwende und der Sonnenuntergangspunkt der Wintersonnenwende exakt in der Linie der Südfassade des Tempels lagen. Da auch der Venusaufgang bzw. -untergang nur in jenem Bereich zu beobachten ist, in dem auch Sonnenaufgang und -untergang zu sehen sind, zeigt die Orientierung des Gebäudes auch die Ausrichtung auf diesen Planeten, allerdings in größeren Abständen, da der Venusaufgang/-untergang nur rund alle acht Jahre an der von der Erde aus gleichen Stelle zu beobachten ist. Insofern könnte die Verehrung einer Ištar-Gestalt in diesem Tempel – unter dem astralen Aspekt dieser Göttin – durchaus in der architektonischen Ausrichtung ihre Widerspiegelung gefunden haben. In kumulativer Hinsicht kann man daher aus diesen Indizien den Tempel der Göttin Anzili – als Göttin des Ištar-Typs – zuweisen.

Eine wesentliche kultische Funktion hatte das ca. 2,5 km südlich der Stadt auf einer Höhe von rund 1.900 Metern gelegene Heiligtum.[61] Hierbei handelt es sich anscheinend um das in einem zum Frühjahrsfest in Šarišša gehörigen Text genannte *ḫuwaši*-Heiligtum der Stadt und des Wettergottes. Dieses Heiligtum wurde bei der kultischen Reise im Rahmen eines Frühjahrsfestes vom Großkönig besucht. Da der König dieses Heiligtum vor dem Betreten der Stadt (und damit auch der Tempel in der Stadt) besucht, lässt sich ableiten, dass dieses »Höhen- und Quellheiligtum« eine dominierende Rolle für die religiöse Praxis spielte. Hervorzuheben ist eine Doline, aus der ein Teich mit rund 130 Metern Durchmesser entstanden ist, den man mit dem in Texten genannten »heiligen Teich« (*šuppitaššu-*) identifizieren kann, dem der König beim Frühlingsfest Opfer darbringt. Das zweite charakteristische Merkmal dieses Freilufttheiligtums ist ein großer unbehauener Felsblock von mehr als 1 Meter Höhe. Dieser Felsblock liegt im Süden eines 32 mal 30 Meter großen Hofes, der von verschiedenen Räumen umgeben war. Dieses Bauensemble mit dem natürlichen Felsblock befindet sich westlich des »heiligen Teiches« und stellt einen Kultbau dar, dessen zentrales Kultobjekt der Felsblock als *ḫuwaši*-Stein gewesen sein dürfte.

Die drei wichtigsten religiösen Orte der Stadt sind aufgrund des archäologischen Befundes das Freilufttheiligtum, das Gebäude C als Tempel des Wettergottes und der Tempel auf der Nordterrasse. Diese archäologischen Befunde korrelieren gut mit

60 Siehe Abb. 108b bei Müller-Karpe 2017: 110; vgl. Neve 1993: 33 Abb. 82, allerdings mit anderer Identifizierung der Figur aus Tempel 7.

61 Siehe den Plan bei Müller-Karpe 2017: 122 Abb. 118. Zur Anlage insgesamt siehe Müller-Karpe 2002: 187f.; Ders. 2017: 121–126; Cammarosano 2018: 83f.; Ders. 2019: 319f.; Arroyo 2014: 208–213.

den textlichen Bezeugungen des Kultes der Stadt[62] – sowohl aus Šariššа selbst als auch aus Ḫattuša. Dabei steht der – ursprünglich lokale – Wettergott der Stadt an der Spitze des Stadtpantheons, der schließlich bereits im frühen 14. Jahrhundert überregionale Bedeutung erlangte. In den Staatsverträgen ab Šuppiluliuma wird er auch unter jenen Göttern des Hethiterreiches genannt, die als Zeugen die Einhaltung des Vertrags garantieren sollen. Neben Anzili wird in manchen Texten auch noch eine Schutzgottheit erwähnt. Insofern zeigt dieses »lokale« Pantheon, dass Šarišša ein lokaler Kultort war, der jedoch in der Vorgroßreichszeit auch in den Staatskult einbezogen wurde.

2.2.4 Zusammenfassung

Diese drei Städte gewinnen wegen ihrer Lage im östlichen Grenzgebiet des Hethiterreiches am Ende des 15. Jahrhunderts politische Relevanz zur Sicherung des Reiches gegenüber den Kaškäern sowie gegenüber den Ländern Azzi und Ḫayaša. Dadurch werden in ihnen – aufgrund der Anwesenheit des Herrschers in den lokalen Palästen dieser Städte – auch Praktiken des Staatskults fassbar. Zugleich wird der Unterschied dieser Kultzentren zu den älteren Kultstädten deutlich. Für Šamuḫa und Šarišša ist zunächst zu betonen, dass sie primär Einblick in lokale Kulte geben, jedoch mit unterschiedlichen Nuancen. Šamuḫa – seit der vorhethitischen Zeit nachweisbar – zeigt eine starke Beeinflussung durch die aus Kizzuwatna und den Gebieten südöstlich des Hethiterreiches stammenden hurritischen Traditionen, die in Šamuḫa anscheinend schnell die lokalen Traditionen absorbierten. Dadurch spiegelt die religiöse Situation in Šamuḫa im 14. Jahrhundert gut einen Aspekt der Veränderung in der Religionsgeschichte im hethitischen Reich wider, nämlich die beginnende Pluralisierung durch hurritische Traditionen. Davon ist Šarišša weniger betroffen, sondern die Stadt zeigt ein lokales Pantheon mit einem lokalen Wettergott an der Spitze, der in den Staatskult einbezogen wurde, sowie einer lokalen Ištar-Göttin (Anzili), die jedoch – anders als dies in Šamuḫa der Fall war – anscheinend nicht von der hurritischen Šauška absorbiert wurde. Nochmals anders stellt sich die Situation in Šapinuwa dar. Die religiösen Zeugnisse aus der Stadt sind zwar eng mit dem hurritischen Milieu verbunden, was hurritische Textfunde – neben den hethitischen – ebenfalls belegen; allerdings fällt auf, dass dieses hurritische Milieu eng mit dem König – und dessen Residenz in Šapinuwa als zeitweiliger Hauptstadt – verbunden war. D. h. der Befund aus Šapinuwa spiegelt in guter Weise jene Veränderungen im hethitischen Kult bzw. in der religiösen Praxis innerhalb

62 Vgl. Wilhelm 1997: 14f. – Einen Rückschluss auf die Vorgehensweise von Kultspezialisten erlauben dabei die Textfunde im Bereich von Gebäude A (Mitte 13. Jh.) und aus Gebäude D (1. Hälfte 14. Jh.); vgl. zur Auffindungssituation Müller-Karpe 2017: 50, 52f. Die Texte stammen nicht aus einem Archiv, sondern waren wahrscheinlich die »Handbibliothek« von Kultakteuren, die sie für die Ausübung ihrer Tätigkeit benötigten bzw. im Fall der Los- und Vogelflugorakel ihre Tätigkeit »protokollierten«. Haas 2008: 13 verweist darauf, dass am Šuppitaššu-Teich Auguren den Flug von Vögeln für Orakelzwecke beobachtet haben.

der königlichen Familie wider, die man während der Großreichszeit als »dynastische Religion«[63] besser fassen kann und die sich vom Staatskult unterscheidet. In dieser Hinsicht illustrieren alle drei Städte unterschiedliche Facetten der religiösen Pluralität, die – viel stärker als in der Religion der althethitischen Zeit – in der Großreichszeit als Charakteristikum hethitischer religiöser Traditionen gelten kann.

2.3 Ein Überblick zu luwischen religiösen Vorstellungen

Die frühesten sicheren Spuren des Luwischen reichen ins 19. Jahrhundert zurück, da in Texten in altassyrischer Sprache aus Kültepe bereits luwische Namen und Wörter vorkommen.[64] Dass das Gebiet westlich von Kaneš bereits zur Zeit der altassyrischen Handelskolonien luwisch geprägt war, wird auch durch die Überlieferung der hethitischen Gesetze (HG §§ 5, 19–21, 23) bestätigt, wenn bereits in den althethitischen Exemplaren der Gesetze von Kontakten zwischen den luwischen Gebieten in Südwest- und Westanatolien und den Hethitern die Rede ist. Allgemein kann man sagen, dass der luwische Raum im 2. Jahrtausend ein eigenständiger kultureller Bereich war.[65] Dieser war durch kleinere und mittlere Herrschaftsgebiete bzw. Königreiche[66] geprägt, die sowohl mit Gebieten, die in hethitischen Texten als Aḫḫiyawa-Länder bezeichnet werden, als auch mit den Hethitern in Kontakt standen. Für die Rekonstruktion der Kenntnisse über die luwische Kultur ist methodisch zu beachten, dass diese Rekonstruktion sich weitgehend auf sekundäre schriftliche Quellen – vor allem aus der Sicht der Hethiter – stützen muss. Denn originale Textfunde aus Südwest- und Westanatolien sind für das 2. Jahrtausend – abgesehen von einer Handvoll hieroglyphen-luwischer Inschriften – bisher nicht vorhanden,

63 Vgl. dazu Hutter 2010: 411f.; Taracha 2009: 92–95.

64 Yakubovich 2010: 208–223. Eine gegenteilige Position vertritt Kloekhorst 2019: 58–65, indem er betont, dass die aass. Überlieferung nicht den Schluss erlaubt, dass ein signifikanter Teil der Bevölkerung in Kaneš Luwisch gesprochen hätte; zur kritischen Auseinandersetzung mit Kloekhorts Annahme siehe Yakubovich 2020: 280–283.

65 Zangger/Mutlu/Müller 2016 heben im Prinzip zutreffend hervor, dass bislang die Bedeutung einer eigenen luwischen Kultur in Westkleinasien – als wesentlicher Raum zwischen den Kulturen der Minoer bzw. Mykener in der Ägäis und den Hethitern in Zentralanatolien – zu wenig beachtet wurde, indem sie (ebd. 69) »luwisch« als geographischen und chronologischen Begriff für einen Kulturbereich in Südwest- und Westanatolien im 2. Jahrtausend etablieren möchten. Eine solche Rekonstruktion ist – mit der daraus resultierenden Harmonisierung möglicher kultureller und regionaler Differenzierungen – aufgrund der noch sehr lückenhaften archäologischen Erforschung dieses Raumes als hypothetisch zu bewerten.

66 Zangger/Mutlu/Müller 2016: 76–81 betonen auch die Zugehörigkeit von Troia zum luwischen Raum. Für die Skepsis und Problematik bzgl. Troias als Teil des luwischen Raumes siehe bereits Hutter 2003: 265–267; zur Frage der geographischen Lokalisierung des in hethitischen Texten genannten Landes Wiluša in der Troas bzw. im Südwesten Anatoliens siehe zuletzt die unterschiedlichen Positionen und Bewertungen der hethitischen Quellen durch S. Heinhold-Krahmer bzw. J. D. Hawkins in Heinhold-Krahmer/Rieken 2020: 255–260, 352f.

und auch die archäologische Feldforschung hat nur wenige Fundstätten im größeren Umfang erschlossen.

Die frühesten Texte in Keilschrift-Luwisch stammen aus dem 16. Jahrhundert,[67] und die frühesten hieroglyphen-luwischen Siegelinschriften sind in das 15. Jahrhundert zu datieren. Wie erwähnt, weisen zwar schon einige hethitische Rituale aus dem Alten Reich einzelne luwische Elemente auf, doch Genaueres über die luwischen religiösen Vorstellungen lässt sich aufgrund der Quellensituation erst nach der Mitte des 2. Jahrtausends sagen. Methodisch ist – für die Rekonstruktion luwischer Vorstellungen – zu berücksichtigen, dass die keilschrift-luwischen Quellen in Ḫattuša gefunden wurden, wo diese Texte über einen längeren Zeitraum in »hethitischen« Kontexten überliefert wurden, d. h. es handelt sich zwar um Zeugnisse luwischer Religion, deren Überlieferung sich aber (auch) dem Interesse der »Fremdrezeption« durch die Hethiter verdankt. Dabei lässt sich kaum mit letzter Gewissheit differenzieren, was »nur« für luwische Rezipienten als genuin religiöse Praxis und was (»auch«) für den hethitischen Staat als integrative Praxis der Staatsreligion relevant war.[68] Genauso ist zu beachten, dass man die Verbreitung der luwischen Sprache nicht automatisch mit einer einheitlichen luwischen Kultur verbinden darf, da vor allem im Gebiet von Kizzuwatna sowie im frühen 1. Jahrtausend auch in Teilen Nordsyriens die luwische Sprache neben dem Hurritischen und semitischen Sprachen verwendet wurde.

Für die Darstellung luwischer Religion im 2. Jahrtausend – über ein weites Gebiet vom Südwesten Anatoliens über Südanatolien entlang der Mittelmeerküste sowie im so genannten Unteren Land bis süd(west)lich des Halys in Zentralanatolien – ist wegen dieser geographischen Weitläufigkeit mit unterschiedlichen lokalen Ausprägungen zu rechnen. Im südwestlichen Raum ist das Gebiet von Arzawa luwisch geprägt.[69] Ilya Yakubovich weist anhand des Namenmaterials aber auf interne Differenzierungen dieses Gebiets hin, die bereits Spuren einer späteren Aufgliederung des südwestanatolischen Raumes in Lyker, Karer und Lyder im 1. Jahrtausend zeigen. Diese fehlende Einheitlichkeit könnte damit zusammenhängen, dass es in Arzawa – anders als in Kizzuwatna oder Zentralanatolien – keine eigenständige literarisch-schriftliche Tradition gab, was z. B. die beiden im ägyptischen al-Amarna gefundenen Briefe EA 32 (Brief aus Arzawa) und EA 31 (Antwortschreiben des Pharao) zeigen, die in hethitischer (und nicht in luwischer) Sprache abgefasst sind. Durch die fehlende einheimische luwische Schreibtradition unterblieb auch die Harmonisierung lokaler Unterschiede. Als unabhängiger Staat hat Arzawa politische Kontakte nach Ägypten, aber auch zum hethitischen Staat, ehe das Gebiet (d. h. neben Arzawa selbst auch Mira-Kuwaliya, das Šeḫa-Flussland sowie Ḫapalla) unter Muršili II. im späten 14. Jahrhundert in das Hethiterreich eingegliedert wurde. Das

---

67 Vgl. zu Datierungsfragen Starke 1985: 29–31; Hawkins 2000: 3 sowie Melchert 2013.

68 Zur Problematik der Rekonstruktion siehe die methodischen Überlegungen bei Hutter 2003: 215–218, 277–280.

69 Bryce 2005: 52–54; vgl. auch Klengel 1999: 131–134; Yakubovich 2010: 86–96. Zur fehlenden Schriftlichkeit Arzawas siehe Archi 2015b: 291.

sich in Richtung Zentralanatolien an den Großraum von Arzawa anschließende Untere Land gehörte schon im Alten Reich politisch zur hethitischen Einflusssphäre, geriet aber zwischenzeitlich unter die Vorherrschaft Arzawas. Daher lebten hier – anders als in Arzawa – neben Luwiern auch Hethiter, wobei aber in der Mitte des 2. Jahrtausends auch ein von Kizzuwatna ausgehender geringer hurritischer Einfluss greifbar wird. Ein wichtiges lokales und religiös durch eigene Traditionen charakterisiertes Zentrum ist Ḫubešna in der Konya-Ebene. Ein anderes religiöses Zentrum, Ištanuwa, scheint (weit) im Norden des Unteren Landes – in der Nähe zum hattischen Gebiet – zu lokalisieren zu sein. In Kizzuwatna selbst verschmelzen – wie Volkert Haas und Gernot Wilhelm gezeigt haben[70] – luwische und hurritische Vorstellungen oft in einer lebendigen Symbiose, die seit dem 15. Jahrhundert auf kultische Praktiken im hethitischen Kernland und in der Hauptstadt zunehmend Einfluss gewinnen. Die hurritischen Elemente scheinen dabei etwas stärker ausgeprägt gewesen zu sein als die luwischen.

2.3.1 Die Eigenständigkeit der luwischen Götterwelt

Das luwische Wort für Gott lautet *maššan(i)-*, von dem auch einige Götternamen, Personennamen sowie der Titel [LÚ]*maššanami-* für einen Kultakteur in einem Fest für die Göttin Ḫuwaššanna abgeleitet sind.[71] Letzteren Titel kann man als »derjenige, der einer Gottheit gehört« interpretieren. Damit unterscheidet sich diese Terminologie klar von derjenigen im Hethitischen, wo mit *šiu(ni)-* ein völlig anderes Wort verwendet wird.[72] Aus diesem deutlichen terminologischen Unterschied zwischen den beiden eng verwandten Sprachen darf man wahrscheinlich auch auf Unterschiede in den Vorstellungen über »Gott« im hethitischen bzw. luwischen Milieu schließen. Ein Charakteristikum der Götter – jedoch nicht nur der luwischen – ist ihre Heiligkeit; das luwische Adjektiv *kumma-* »heilig« ist eng mit Gottheiten verbunden.[73] Dies zeigt der Name der Quellgottheit Kummayanni genauso wie die Formulierung in einem luwischen Festritualtext, worin es heißt, dass die »heiligen Götter« einen Menschen entsühnen sollen (KUB 32.13 i 7f.). Die Idee der Heiligkeit – und daraus resultierend die Notwendigkeit von Reinheit für alles, was in Kontakt mit den Göttern kommt – kann auch durch *wašḫa-* (und

70 Haas/Wilhelm 1974: 5–7. Zur sprachlichen Situation in Kizzuwatna mit der Differenzierung von luwischen Texten, die ohne hurritischen Einfluss sind, und solchen mit hurritischen Einflüssen siehe Melchert 2013: 168–170. Zu den hurritischen Einflüssen aus Kizzuwatna auf die hethitische Religion siehe auch Wilhelm 1982: 98–105.

71 Siehe für Einzelnachweise Hutter 2003: 218f.

72 Wegen dieses Unterschiedes zwischen *maššana-* und *šiu(ni)-* ist die Deutung des – v. a. in den Ištanuwa-Texten genannten – Gottes Šiuri (bzw. des noch in hellenistischer Zeit genannten Gottes Sinuri) durch Lebrun 2016 als »großer Gott«, zusammengesetzt aus heth. *šiu-* und luw. *ura/i-*, höchst unwahrscheinlich.

73 Zum komplexen Konzept »Reinheit/Heiligkeit«, das mit *kumma-* bzw. *wašḫa-* (vergleichbar der Verwendung des hethitischen Wortes *šuppi-*) verbunden ist, siehe Hutter 2013a: 162–166; vgl. ferner Ders. 2003: 256f.

Ableitungen davon) ausgedrückt werden. So hat die Schutzgottheit von Taurиša das Epithet *wašḫazza-* »geweiht, heilig«; genauso können verschiedene im Kult verwendete Gegenstände mit diesem Wort als »heilig« und damit als für die kultische Verwendung geeignet charakterisiert werden.

Einzelne Namen für luwische Gottheiten kann man daran erkennen, dass sie entweder in luwischen Kontexten genannt werden oder dass ein Name(nselement) sprachlich dem Luwischen zugewiesen werden kann. Dadurch sind uns folgende Götter(namen) bekannt:[74] Arma, Aššiya, Ayanti, Ḫapantaliya, Ḫuwaššanna, Ilali, Ilaliyant, Immarniya, Immaršiya, Inara, Innarawant, Iyarri, Iyašalla, Kamrušepa, Kinaliya, Kiušḫamaššani, Gurnuwala, Kurunta (^{D}LAMMA), Maliya, Marwainzi, Pirwa, Šanta, Šiuri, Šuwašuna, Darawa, Tarwalliya, Tarḫunt, Tiwad, *tiyammaššis* Tiwad (Sonnengöttin der Erde), Uliliyašši, Uramaššani, Urzamaššani, Utiyanuni, Walippantalla/i, Wandu, Warwaliya, Waškuwataššі, Winiyanta, Wištašša/i, Zilipura. Wichtig ist bei dieser Aufzählung, dass es sich dabei nicht um ein geschlossenes oder einheitliches Pantheon handelt, da es entsprechend der großen Ausbreitung des luwischen Sprachraumes und der Interferenzen dieses Raumes auch mit anderen religiösen Milieus[75] ein solches nie gegeben hat. Einige der genannten Gottheiten haben dabei überregionale Bedeutung gehabt, während andere lediglich von lokalem Interesse waren.

2.3.1.1 Wichtige männliche Gottheiten

Der wichtigste luwische Gott war der Wettergott Tarḫunt. Etymologisch kann der Name mit hethitisch *tarḫu-* »mächtig sein; besiegen, bezwingen« verbunden werden,[76] klingt aber auch an den – sprachlich nicht verwandten – Namen Taru des hattischen Wettergottes an. Anscheinend stand dabei für die Luwier nicht so sehr ein »abstrakter« überregionaler Wettergott, sondern der Wettergott in seiner jeweils lokalen oder speziellen Ausprägung im Vordergrund, so etwa der Wettergott von Arzawa, der Wettergott des Heeres, der Wettergott von Kuwaliya oder der Wettergott des Blitzes (*piḫaššašši-*), der als Pegasos in die griechische Mythologie Eingang gefunden hat.[77] Eine Besonderheit des luwischen Wettergottes ist, dass sein Wagen von Pferden gezogen wird (vgl. HT 1 ii 34–41), während der hurritische

---

74 Belegstellen dieser Götter sind verbucht bei Melchert 1993 s.v., van Gessel 1998; Ders. 2001 s.v. – Für eine Charakterisierung der wichtigsten luwischen Götter siehe auch Taracha 2009: 107–116.

75 Siehe oben zum Pantheon von Kaneš in vorhethitischer Zeit; vgl. auch Popko 1995: 89; Hutter 2003: 220.

76 Vgl. Starke 1990: 136–139; Schwemer 2016–18: 84f. – Der Name lebt auch im Hluw. und im Lykischen (Trqqas, Trqqiz) weiter. Den Aspekt der Macht des Gottes spiegelt auch sein Epitheton *muwatalla/i-* (NIR.GÁL) »tapfer; Ehrfurcht erregend« wider, das nicht nur in der Namengebung (als quasi »theophorer« Personenname) begegnet, sondern auch in den hluw. Inschriften bis ins 1. Jahrtausend weiterlebt; vgl. auch Starke 1990: 173f.

77 Hutter 1995; Ders. 2003: 269f.; Rutherford 2020: 192f., wobei die von Rutherford (nach Kloekhorst 2008: 674–676) favorisierte Deutung des Epitheton des Wettergottes als »mächtig« jedoch nicht sicher ist.

(und nordsyrische) Wettergott auf einem von Stieren gezogenen Wagen fährt. Eine weitere Besonderheit des luwischen Wettergottes ist seine Beziehung zu Weingärten (KUB 43.23; KUB 35.1.), was den auch bei anderen Wettergöttern vorhandenen allgemeinen Bezug zur Fruchtbarkeit konkretisiert; dieser Aspekt des luwischen Gottes bleibt bis in das 1. Jahrtausend lebendig.[78]

Auch die Verehrung des Sonnengottes Tiwad[79] ist bei den Luwiern – vergleichbar bei den Palaern und im Unterschied zu den Hethitern – weit verbreitet. Manchmal ist er mit dem Epitheton *tati-* »Vater« näher charakterisiert (z. B. KBo 9.143 iii 10; KUB 35.107 iii 10); ein anderer Text (KBo 9.127+) nennt Kamrušepa als Gattin des Sonnengottes[80] und die Schutzgottheit (ᴰLAMMA) von Tauriša als deren Sohn. Eine weitere Göttin aus dem Götterkreis Tiwads ist Ḫapantaliya, die sich im Telipinu-Mythos (KUB 17.10 iii 3–7) um die Schafe des Sonnengottes kümmert, wobei dieses Zeugnis aus dem Mythos auf frühe Kontakte zwischen Luwiern und Hattiern hinweist. Ebenfalls mit Tiwad verbunden sind die Ilaliyant-Gottheiten sowie Ilali.[81] Die Stellung des Sonnengottes zu den Menschen ist ambivalent, er ist einerseits derjenige, bei dem man schwört (*ḫirutalliš Tiwad*), aber er kann die Übeltäter auch verfluchen, wenn jemand den Schwur bricht oder den Eid übertritt. Zusammenfassend ist zu sagen, dass der luwische Sonnengott eine ähnliche Funktion gehabt hat wie der Sonnengott der Hethiter, dessen Aufstieg nicht völlig ohne das Vorbild des luwischen (und palaischen) Sonnengottes geschehen ist.

Die Verehrung des Mondgottes Arma scheint sich fast ausschließlich auf die Luwier beschränkt zu haben, eher konzentriert auf die (süd-)westlichen Teile Anatoliens, während in Kizzuwatna der hurritische Mondgott Kušuḫ und der lokale Mondgott von Harran dominierten. Rituale zur Erleichterung von Schwangerschaft bzw. Geburt beziehen sich manchmal auf den Mondgott (vgl. KUB 35.102 ii 11, iii 1; KUB 44.4+ Rs. 1–5). Insgesamt gesehen teilten die Luwier die Auffassung, dass es einen Zusammenhang zwischen dem Mondgott und den Monaten der Schwangerschaft gibt.[82]

Der Gott Šanta[83] ist bereits in Kaneš bekannt, wo theophore Personennamen sich auf diesen Gott beziehen. Im luwischen Milieu kann man ihn als kriegerischen Gott charakterisieren. Dem entspricht, dass er im Ritual des Zarpiya (KUB 9.31) von den Annarummenzi-Gottheiten (heth. Innarawanteš-Gottheiten), den »Kräftigen«, begleitet wird. Diesem Charakter entspricht ferner, dass er – wie auch der Kriegs-

---

78 Hutter 2003: 224 mit Details für das 1. Jahrtausend.

79 Vgl. zuletzt Steitler 2017: 382–403.

80 Die luwische Sonnengöttin der Erde (*tiyammaššiš* Tiwad), die wahrscheinlich nicht aus der west-luwischen Region stammte, sondern aus Kizzuwatna (vgl. Taracha 2000: 179), wird hingegen nicht als Gattin des Sonnengottes angesehen.

81 Für diese Götter im Umfeld Tiwads siehe Hutter 2003: 225; Steitler 2017: 205–207, 350f.

82 Vgl. Zeilfelder 1998: 438–440, 443f.; Taracha 2009: 110.

83 Melchert 2002: 241–243; Polvani 2002 geht auch auf das Problem der Abgrenzung der Schreibungen Šanta, ᴰ*MARDUK* bzw. ᴰAMAR.UD ein, inwiefern die logographischen Schreibungen immer auf Šanta bzw. auf den mesopotamischen Gott Marduk zu beziehen sind. Vgl. ferner Kammenhuber 1990: 191–193.

Gegend wie Ištanuwa zu suchen ist. Als ein Indiz für die ungefähre Lokalisierung von Ištanuwa gilt der in den Texten des Kultes von Ištanuwa einmal genannte Flussname Šaḫiriya (KUB 35.135 iv 16), der mit dem Sangarius der klassischen Quellen und dem modernen Sakarya identifizierbar ist; d. h. dieser Flussname weist auf eine Lokalisierungsmöglichkeit der Stadt im Gebiet des späteren phrygischen Zentrums Gordion.[91] Der Ortname Ištanuwa ist zwar vom Namen der hattischen Sonnengöttin Eštan abgeleitet, allerdings zeigen die auf Ištanuwa bezogenen Überlieferungen keine Spuren der Verehrung dieser Göttin. Die Ableitung des Ortsnamens vom Namen der Göttin kann jedoch als indirektes Indiz für eine allgemeine Lokalisierung des Ortes im luwisch-hattischen Grenzgebiet gelten, was keinen Gegensatz zur Lokalisierung im Bereich des Šaḫiriya darstellt. Als weiteres mögliches Indiz, dass Ištanuwa und die Feste dieser Stadt möglicherweise in der Nähe des hattischen Raumes liegen, können die Wechselgesänge während der Feste der Stadt sein. Wechselgesänge sind ein typisches Merkmal hattischer Feste und kommen außerhalb des hattischen Milieus in der gesamten Überlieferung Kleinasiens im 2. Jahrtausend nur noch im luwischen Milieu Ištanuwas vor.[92] Insofern mag es nicht völlig abwegig sein, dass es hier eine Wechselwirkung zwischen diesem luwischen Lokalkult und hattischen Festgesängen gibt, was jedoch die geographische Nähe beider Bereiche voraussetzt.

Frank Starke hat in einer grundlegenden Studie die Festtexte von Ištanuwa und Lallupiya zusammengestellt, von denen die ältesten Exemplare auf den Beginn des 15. Jahrhunderts zu datieren sind, wobei man damit rechnen kann, dass der Kult in Ištanuwa sogar noch älter ist.[93] Die Texte beschreiben kurz die Abläufe der Zeremonien und geben den Text der Kultlieder wieder. Die Lieder werden von den Männern von Ištanuwa oder Lallupiya vorgetragen, um damit die Opfer für die Götter zu begleiten. Dies scheint eine Besonderheit des Kults von Ištanuwa zu sein, zumindest in der Textüberlieferung, da es in zahlreichen hethitischen Festritualen meist nur pauschal heißt, dass Kultakteure »singen«. Der Gesang ist dabei anscheinend nicht fest normiert, sondern es obliegt den Kultmusikern, welche Gesänge stattfinden.[94] Eine weitere Besonderheit des mindestens vier Tage dauernden Festes ist die Verehrung einer Reihe von lokalen Gottheiten, von denen manche nur in den Texten der Feste von Ištanuwa vorkommen. An der Spitze der Gottheiten stehen dabei ein lokaler Wettergott und die Sonnengottheit des Wettergottes von Ištanuwa; beide scheinen als göttliches Paar aufgefasst worden zu sein.[95] Als weitere Götter des lokalen Pantheons kann man folgende nennen: Tarwalliya, Winiyanta, LAMMA, Šuwašunna, Yarri, Šiuri, Iyašalašši, Wandu, Wištašši, Sonnengott des Torhauses (KUB 55.65 iv

91 Vgl. Weeden/Ullmann 2017: 258; Haas 1994: 582; Yakubovich 2010: 243.

92 Zu den hattischen Wechselgesängen siehe Klinger 1996: 277–285; die Wechselgesänge aus Ištanuwa hat Starke 1985: 331–338 zusammengestellt; siehe auch Schuol 2004: 149f.

93 Siehe für Angaben zu den verschiedenen Textversionen Starke 1985: 296f. sowie zur Datierung ebd. 301–303.

94 Vgl. KUB 55.65 iv 38–42 (Hutter 2003: 239f. mit weiterer Literatur). Siehe auch Mouton 2016b: 125f.

95 Starke 1985: 294; Steitler 2017: 278f., 382f.; zu einigen der lokalen Götter siehe ferner Hutter 2003: 240f.

4–36; vgl. KUB 25.37 + 35.131 + 35.132 + 51.9 iv 8–15). Eine vergleichbare Aufzählung der beopferten Götter bietet KBo 4.11 Vs. 5–7 (vgl. Rs. 39–56): Wettergott, Sonnengott, LAMMA, Šuwašunna, Wandu, Šiuri, Iyašalla, LAMMA GAL, Immaršiya. Eine weitere Götterliste nennt den Wettergott von Ištanuwa, Kinaliya, Gurnuwala, Maliya des Horns, die hurritische Inara und den Fluss Šahiriya (KUB 35.135 iv 14–16).

Trotz der relativ großen Zahl verschiedener Texte lässt sich die Abfolge der Zeremonien und Opfer nicht im Detail rekonstruieren. Ein Thema, das anscheinend im Mittelpunkt des Festes stand, waren Riten der Entsühnung, wie die Tafel der »Lieder der Entsühnung/Versöhnung« (KUB 30.42 i 1) oder der leider recht fragmentarische Kontext in KUB 32.13 i 6–11 zeigen:

> Ich werde versöhnen, ich werde versöhnen [...] sie werden ihn versöhnen; die Götter [...], die Reinen [...]; sie werden ihn versöhnen [...] oben den/der Sonnengott [...].

Weder ist klar, wer derjenige ist, der versöhnt werden soll, noch warum dies notwendig geworden ist, aber eine allgemeine Zeremonie zur Aussöhnung bzw. Befriedung während eines Festes ist möglich. Einen anderen Aspekt des Festes nennt der Kolophon von KBo 4.11 lk. Rd. mit der Erwähnung von »Gewittergesängen«. Solche Gewittergesänge[96] sind in Anatolien weit verbreitet, wobei man daraus für die Datierung des Festes im kultischen Kalender ableiten darf, dass dieses Fest wohl im Frühjahr stattgefunden hat. Wenn wir die Gewittergesänge in einen Zusammenhang mit den »Liedern der Versöhnung« bringen, so lässt sich der Anlass für das Fest vielleicht etwas konkreter verstehen: Es wird als (jährliche) Aussöhnung der Menschen aus Ištanuwa und Lallupiya mit ihren Göttern gefeiert, wobei alle Vergehen beseitigt werden sollen, die den Zorn des Wettergottes und damit seinen Donner ausgelöst haben könnten. Alternativ kann man die Verbindung der Themen der Gesänge jedoch auch dahingehend verstehen, dass die Versöhnung gewährleisten soll, dass die Frühjahrsgewitter, über die man singt, rechtzeitig eintreten, damit die agrarische Fruchtbarkeit gewährleistet wird. Infolge der Versöhnung mit den Göttern bietet das Fest aber zugleich einen Anlass für allgemeine Fröhlichkeit, verbunden mit Tanz und Musik (KUB 25.37 + 35.131 + 35.132 + 51.9 iv).

Die zentrale Festgesellschaft besteht aus den Einwohnern von Ištanuwa und Lallupiya, die ihre eigenen Götter feiern. Die »Männer von Ištanuwa/Lallupiya« ($\text{LÚ}^{\text{MEŠ}}$ ^{URU}Ištanuwa/^{URU}Lallupiya) sind dabei die zentralen Akteure[97] im Fest, allerdings treten sie nie gemeinsam in den Texten auf. Wenn die vorgenannte Deutung stimmt, hat das Fest hauptsächlich mit ihrem Wohlergehen und der Versöhnung mit ihren Göttern zu tun. Eine besondere Eigenheit im Vergleich zu anderen hethitischen Fes-

---

96 Zu den »Gewitterfesten« in Anatolien und zu ihrer Einbettung in den kultischen Kalender vgl. Barsacchi 2017: 18–24.

97 Mouton 2016b: 119–124. – Taylor 2008 verbindet einige Aktivitäten der Männer von Lallupiya mit Motiven, die im Zusammenhang mit den *galloi* im hellenistischen Kybele-Kult vorkommen und verbindet diese auch mit dem sumerischen ^{LÚ}GALA (»Klagepriester«, vgl. akkad. *kalû*). Da das Verständnis der Ištanuwa-Rituale noch sehr eingeschränkt ist, muss gegenüber Taylors Überlegungen kritisch festgehalten werden, dass die von ihm genannten Gemeinsamkeiten zu isoliert für die daraus gezogenen kulturellen Verbindungen sind.

ten ist die zentrale Rolle von Liedern und (ekstatischen) Tänzen bei diesem Fest.[98] Dabei spielen die *ašušala*-Leute als Kultfunktionäre eine wichtige Rolle, deren Auftreten auch außerhalb der Texte über Ištanuwa nur noch in Ritualen des luwischen Milieus (z. B. CTH 665.1) nachweisbar ist.[99] Das hethitische Königspaar ist in den Ištanuwa-Texten nur von nachgeordneter Bedeutung, so dass der lokale Kult von Ištanuwa wohl erst nachdem der luwische Raum ein fester Teil des Hethiterreiches geworden war, sekundär den hethitischen »Staatsfesten« hinzugefügt wurde,[100] ein Vorgehen, das auch bei vielen anderen zunächst lokalen Kulten zu beobachten ist. Dass aber eine gewisse Eigenständigkeit des Kultes von Ištanuwa nie verloren ging, zeigt sich am Umfang und an der Bereitstellung der Opfergaben. Hierbei ist nämlich ein klarer Zusammenhang zwischen Beteiligung des Königspaares bzw. von Prinzen und den in diesen Fällen vom Palast gestellten Opfergaben zu sehen (KUB 35.123+ ii 34–37a): Im Fall der königlichen Beteiligung am Fest ist es ein staatlich finanzierter Kult, im anderen Fall bleibt es ein lokales Fest. D. h. möglicherweise ist die Beteiligung des Königshofes auf die Feier des Festes in Ḫattuša beschränkt, zu welchem Zweck auch Personen aus Ištanuwa bzw. Lallupiya in der Hauptstadt anwesend sind, wobei jedoch die lokalen Feiern in den beiden Orten nicht aufgegeben wurden.

2.3.2.2 Ḫuwaššannas Kult in Ḫubešna

Die vorhin genannte Göttin Ḫuwaššanna, die »Königin von Ḫubešna«,[101] stand vor allem in ihrem zentralen Kultort Ḫubešna, aber auch in Kuliwišna, im Mittelpunkt der lokalen Kulte des Unteren Landes. Die Identifizierung des Kultorts Ḫubešna mit dem antiken Kybestra und dem modernen Ereğli ist weitgehend anerkannt, allerdings schlägt Çiğdem Maner nun vor, aufgrund von archäologischen Feldbegehungen seit 2014 Ḫubešna präziser mit Tont Kalesi ca. 13 Kilometer südlich von Ereğli und 5,8 Kilometer nördlich von İvriz zu identifizieren.[102] Kuliwišna ist bisher nicht zu lokalisieren, dürfte aber wohl in derselben Gegend zu suchen sein. In der hethitischen Großreichszeit spielte Ḫubešna[103] – wie benachbarte Städte wie Nenašša, Tuwanuwa oder Landa (z. B. KUB 10.48 ii 6–8) – als Abgabenlieferant für die großen Feste des Staates eine Rolle, wenn der »Palast von Ḫubešna« für solche Abgaben aufkommen muss. Teilweise werden vom »Palast von Ḫubešna« auch lokale Feste finanziert; allerdings werden diese Feste häufiger durch die Wirtschaftsleistung des Tempels der Ḫuwaššanna finanziert – so ein Frühjahrs- und Herbstfest und ein Erntefest (KUB 25.30 Vs. 7–14). Im Mittelpunkt dieser lokalen Feste standen die Götter der Stadt, wobei neben Ḫuwaššanna (mit ihrem Kreis schon vorhin erwähnter »kleinerer« Gottheiten) eine Schutzgottheit[104] die zwei-

98 Mouton 2016b: 127–129; Hutter 2003: 242.
99 Siehe Görke 2020: 298f.
100 Vgl. Mouton 2016b: 127; Hutter 2003: 254 sowie zuletzt die Hinweise bei Görke 2020: 300.
101 Popko 1995: 94.
102 Maner 2017: 104–106.
103 Hutter 2014b: 345–347.
104 Für Details siehe Hutter 2014b: 349–351. Ebenfalls gelegentlich genannt wird Tunapi, dessen Verbindung mit Huwaššanna jedoch weniger eng zu sein scheint, vgl. Hutter 2004a: 250–254.

te Position eingenommen hat. Diese Gottheit wird in den Texten entweder durch die Hinzufügung des Ortnamens als »Schutzgottheit von Hubešna« oder als »Schutzgottheit der Ḫuwaššanna« klar spezifiziert, wobei mit den beiden unterschiedlichen Bezeichnungen wohl dieselbe lokale Gottheit gemeint ist.

Der Großteil unserer Texte, die sich auf Ḫuwaššanna und Ḫubešna beziehen, betreffen verschiedene lokale Feste für die Göttin der Stadt und ihren Kreis, wobei als Gemeinsamkeit dieser mit Ḫubešna verbundenen Feste auch die Rolle einer nur mit dem Kult der Göttin verbundenen Priesterin zu nennen ist, die dementsprechend den Titel *ḫuwaššannalli*-Priesterin[105] trägt. Dabei kann man folgende – fragmentarisch überlieferte – Feste[106] für die Göttin teilweise rekonstruieren, vier davon lokal in Ḫubešna und zwei eigenständige Feste einer Königin, die wahrscheinlich in Kuliwišna stattfanden. Am besten erhalten ist das so genannte *witašša*-Fest (CTH 691–692), das wenigstens drei Tage dauerte. Ein besonderes »Fest« gilt der Amtseinführung der neuen *alḫuitra*-Priesterin; diese Priesterin ist auf den Kult der Ḫuwaššanna beschränkt. Als weiteres Fest ist das *šaḫḫan*-Fest (CTH 693) zu nennen, in dem ebenfalls die *alḫuitra*-Priesterin als Akteurin beteiligt ist, genauso wie im so genannten $EZEN_4$ *ḫaššalli*-, dem »Fest des Fußschemels«. Da die Beschreibung der Festabläufe häufig stereotyp ist, ist leider die genaue Abgrenzung dieser Feste voneinander strittig, wobei eventuell die drei letzteren als ein einziges »Großes Fest« zusammengehören und die drei genannten Bezeichnungen sich lediglich auf einzelne Abschnitte innerhalb dieses »Großen Festes« beziehen könnten.[107] Andererseits spricht aber das Auftreten der *tarpašgana*-Priesterin ausschließlich im *šaḫḫan*-Fest dafür, die drei Feste voneinander zu trennen.

Die beiden weiteren Feste für Ḫuwaššanna (CTH 694) sind von den vier erstgenannten zu unterscheiden, da einerseits in beiden die Königin als Festakteurin beteiligt ist und die eng und ausschließlich mit Ḫuwaššannas Kult verbundenen Priesterinnen, die *alḫuitra*- und die *ḫuwaššannalli*-, in diesen beiden Festen nicht involviert sind. Obwohl nur für eines der beiden Feste der Ortsbezug zu Kuliwišna durch die textliche Überlieferung gesichert ist, ist anzunehmen, dass beide mit diesem Ort verbunden sind und zwar aufgrund der Rolle der Königin und der in beiden Festen vergleichbaren Gottheiten, die sich – als deutlicher Unterschied zum Milieu von Ḫubešna – völlig vom Götterkreis im Umfeld Ḫuwaššannas unterscheiden. Jedoch sind diese beiden Feste weniger Ausdruck der lokalen luwischen Religionsausübung, sondern weisen auf die Einbeziehung der Göttin in die »private« religiöse Praxis im Königshaus hin. Dies bestätigt in den beiden Festen der Königin auch die wichtige Stellung der Göttin Ḫarištašši, die mit dem Familienleben verbunden wird.[108]

Hebt man die Besonderheiten der Feste in Ḫubešna hervor, so ist zunächst zu betonen, dass in diesen Festen besondere Kultspezialistinnen involviert sind, die *ḫuwaššannalli*-, die *alḫuitra*- bzw. die *tarpašgana*-Priesterinnen, die außerhalb dieses loka-

105 Zu dieser Priesterin siehe Pecchioli Daddi 2004; Hutter 2003: 245–247; Ders. 2004a: 254f.
106 Hutter 2013b: 179–183.
107 Vgl. KBo 20.112 + KBo 14.89 iv 10'-13'; siehe Groddek 2002a: 82f.
108 Hutter 2015b: 78–80.

len Raumes keine Rolle spielen. Ferner ist hervorzuheben, dass der zentrale Akteur bzw. der »Opferherr« (EN.SISKUR) als Ausrichter eine »Privatperson« ist, in der Regel wohl von höherer lokaler Stellung. Allerdings ist mehrmals auch davon die Rede, dass der Opferherr ein »Armer« ist, was – bedenkt man den finanziellen Aufwand, den Feste erforderten – nicht als absoluter Ausdruck von Mittellosigkeit zu verstehen ist, sondern als Umschreibung für Personen der allgemeinen Bevölkerung[109] (und nicht nur der Oberschicht). Dabei kann man mit mehreren Gelegenheiten für diese Feste rechnen, deren Durchführung teilweise von spezifischen Situationen abhängen mag. Zusammenfassend ist daher zu betonen, dass Ḫuwaššannas Kult für die lokale luwische Bevölkerung von Bedeutung war, die verschiedene Feste und Zeremonien für die Göttin durch lokale Kultspezialistinnen durchführen ließ. Trotz der beiden Feste für Ḫuwaššanna in Kuliwišna, an denen die Königin teilnahm, sind diese Feste jedoch kein Teil der hethitischen Staatsreligion geworden.

2.3.2.3 Lokale Traditionen in Arzawa

Die Hethitischen Gesetze behandeln in § 19a den Fall, dass ein Luwier einen Freien entführt und nach Luwien (so im althethitischen Text KBo 6.2) bzw. nach Arzawa (so im junghethitischen Manuskript KBo 6.3) verschleppt. Daraus ist abzuleiten, dass zumindest in der hethitischen Großreichszeit Arzawa als »luwischer« Bereich betrachtet wurde, wozu nicht nur das Kerngebiet von Arzawa, sondern auch »Groß-Arzawa«, d. h. Arzawa zuzüglich von Mira, Kuwaliya und vom Šeḫa-Flussland, gehört. Daher kann man Traditionen aus Arzawa hier im Kontext der luwischen Religion behandeln, aber es handelt sich wiederum – wie vorhin bei Ištanuwa und Ḫubešna – um eigenständige Lokaltraditionen, für die I. Yakubovich anhand sprachlicher Elemente auch auf die Nähe zu den karischen und lydischen Traditionen des 1. Jahrtausends hingewiesen hat.[110] M.E. schließen sich diese Aussagen gegenseitig nicht aus, solange man die lokalen Besonderheiten der jeweiligen »luwischen« Bereiche ausreichend beachtet.

Die mit Arzawa verbundenen Texte, die in Ḫattuša überliefert wurden, kann man thematisch in zwei Gruppen einteilen:[111] Die eine Gruppe sind Rituale jener Ritualfachfrauen (Alli, Ambazzi, NÍG.GA.GUŠKIN, Paškuwatti), die durch die Durchführung eines therapeutischen oder reinigenden Rituals einzelne Personen behandeln. Die andere Gruppe kann man unter der Überschrift »Seuchenrituale« zusammenfassen, deren Akteure jeweils Männer sind: Adda, Ašḫella, Dandanku, Maddunani, Puliša, Tapalazunawali, Tarḫantupaddu, Uḫḫamuwa. Mehrheitlich dürfte es sich dabei um Auguren ge-

---

109 Vgl. z. B. KUB 27.59 i 26–28; für weitere Stellen siehe Hutter 2010: 403–405.

110 Yakubovich 2010: 86–117.

111 Archi 2015b: 287f.; Collins 2019: 191f. Zu den Seuchenritualen siehe auch Hutter 2003: 235f. mit Hinweisen zu den so genannten Sündenbockritualen, für die zwischen einer westlichen (luwischen) Tradition aus Arzawa und einer östlichen (teilweise hurritischen) Tradition aus Kizzuwatna und Nordsyrien unterschieden werden sollte. Die rituelle Entfernung einer negativen Situation, indem diese auf ein Substitut übertragen wird, als arzawäische Ritualtechnik scheint dabei in Westanatolien an Griechen vermittelt worden zu sein, vgl. Rutherford 2020: 133–140.

handelt haben.[112] Das entsprechende Ritual des Uḫḫamuwa aus Arzawa beginnt folgendermaßen:[113]

> So spricht Uḫḫamuwa, der Mann aus Arzawa. Wenn es im Land anhaltendes Sterben gibt oder wenn ein Gott des Feindes dies verursacht, dann mache ich Folgendes: ... »O Gott, der du diese Seuche gemacht hast, nun sei mit dem Land Ḫatti wieder in Frieden und wende dich dem Land Ḫatti zum Guten zu.« Das geschmückte Schaf aber treibt man ins Feindesland.

Vergleichbare Formulierungen liefern ferner die Rituale weiterer Ritualspezialisten aus Arzawa wie Ašḫella (KUB 9.32 i 1ff.), Maddunani (KUB 7.54 i 1ff.) oder Tapalazunawali (KUB 34.74 i 1ff.; 41.17 ii 14–17). Aufgrund der Thematik und Formulierung lassen sich auch die Rituale des Puliša (KBo 15.1 i 1ff.) und Dandanku (KUB 7.54 ii 7 ff.) mit Arzawa verbinden, obwohl diese Herkunft in den Texten nicht genannt wird.

Erklärungsbedürftig ist die Tatsache, dass diese Texte, die mit Arzawa verbunden sind und in Ḫattuša überliefert wurden, – abgesehen von wenigen Ausnahmen – keine luwisch-sprachlichen Elemente zeigen. H. Craig Melchert erwägt, dass man davon ausgehen sollte, dass es in Ḫattuša eher nur indirekte Kenntnisse über die religiösen Vorstellungen Arzawas gegeben hat und die »Arzawa-Rituale« von hethitischen Schreibern ohne unmittelbaren Kontakt mit Ritualspezialisten aus Arzawa angefertigt wurden.[114] Alfonso Archi ergänzt und variiert diesen Aspekt mit dem Hinweis auf die fehlenden literarischen Traditionen in Arzawa, wobei er davon ausgeht, dass die Kenntnisse über »Seuchenrituale« von Hethitern in Arzawa zwar (mündlich) gesammelt wurden, jedoch als (kurze) Ritualanweisungen erst in Ḫattuša verschriftlicht wurden. Der Anlass, um solche Rituale als Hilfe zur Bewältigung gesellschaftlicher Probleme zu sammeln, war dabei die mindestens zwanzig Jahre lang andauernde Seuche während der Regierung Muršilis II.[115] Dadurch sind die Seuchenrituale Arzawas in der hethitischen Überlieferung jünger als die anderen aus Arzawa stammenden Traditionen, für die Billie J. Collins vorgeschlagen hat, dass diese Ritualtexte, die zur Beseitigung von individuellen Krisensituationen dienen, bereits unter Tudḫaliya II. aus Arzawa importiert wurden.[116] Die Konflikte, die zwischen ihm und seiner Schwester Ziplantawiya bestanden, da Ziplantawiya Tudḫaliyas Gattin Nikalmati durch Schadenzauber bekämpfte, sind nicht nur durch ein hethitisches Ritual gegen die Machenschaften der Schwester des Königs dokumentiert (CTH 443), sondern sie können auch als Anlass dafür gelten, im arzawäischen Kontext nach analogen Ritualen zu suchen, um diese nach Ḫattuša zu importieren. Die Rituale der Alli (CTH 402)

---

112 Siehe dazu auch die Zusammenfassung von Bawanypeck 2005: 243–248. Die Tätigkeit von Auguren dürfte in der Religionsgeschichte Anatoliens im luwischen Raum ihren Ursprung gehabt haben, d. h. die Verbreitung und Popularität dieser Technik, den Willen der Gottheiten zu erkunden, ist nicht auf Arzawa beschränkt, vgl. auch Archi 2015b: 291; Collins 2019: 192; siehe schon Bawanypeck 2005: 299f.; Hutter 2003: 237.

113 HT 1 ii 17, 19, 29–33 (CTH 410); vgl. CoS 1: 162 (B. J. Collins); S. Görke (Hg.): hethiter.net/: CTH 410.

114 Melchert 2013: 170–172.

115 Archi 2015b: 290; Collins 2019: 197–199.

116 Collins 2019: 195–197. Diese zutreffende Differenzierung der Übernahme der unterschiedlichen Rituale aus Arzawa ist bei Rutherford 2020: 123–128 unbeachtet geblieben.

bzw. der Ambazzi (CTH 391; CTH 429) stammen als solche Importe aus dem westlichen luwischen Raum vom Ende des 15. Jahrhunderts, wobei auch noch in späterer Zeit Arzawa-Rituale – z. B. das der NÍG.GA.GUŠKIN aus der Zeit Muršilis II. – nach Ḫattuša gebracht wurden. Aufgrund dieser Rezeption in Ḫattuša sind zwar Kenntnisse über Aspekte der religiösen Praktiken in Arzawa vorhanden, aber sie sind nur aufgrund der Bearbeitung durch hethitische Schreiberhände bekannt, weshalb methodisch berücksichtigt werden muss, dass vielleicht nicht alles, was in diesen Texten über Arzawas religiöse Vorstellungen überliefert ist, völlig zuverlässig sein muss.

Individuelle Gottheiten werden kaum fassbar. Die Götterlisten in hethitischen Staatsverträgen, die mit Herrschern der Arzawa-Länder abgeschlossen wurden, nennen die Gottheiten dieser Länder – im Unterschied zu den Details der hethitischen Götteraufzählungen – weitgehend pauschal, als männliche und weibliche Gottheiten sowie Berge, Flüsse und Quellen des jeweiligen Vertragspartners. Nur wenige Texte geben mehr Informationen. In einem junghethitischen Festritual der Šauška von Šamuḫa wird der Wettergott von Kuwaliya als Opferempfänger genannt (KUB 27.1 i 58), wobei diese Opfer bereits am Ende des 14. Jahrhunderts unter Muršili II. eingeführt waren, und an einer anderen Stelle nennt Muršili den Wettergott von Arzawa (KUB 14.13 i 16). Man kann beide Wettergötter als lokale Manifestation des »gesamtluwischen« Wettergottes Tarḫunt deuten, allerdings machen die beiden Erwähnungen keine konkreten Angaben zur Form des Kultes.[117] Eine andere lokale Göttin ist Uliliyašši[118] der Stadt Parmanna (KUB 14.13 i 12f.), die ebenfalls im genannten Gebet Muršilis und in einem Ritual der Paškuwatti aus Arzawa (CTH 406) angerufen wird. Der Name der Göttin verweist auf ihre Verbindung mit der freien Natur und mit Pflanzen.[119] Eine weitere Göttergruppe aus Arzawa sind die Marwainzi-Gottheiten,

117 Als Beispiel für unsere eingeschränkte Kenntnis zu kultischen Praktiken sei auch die große sitzende Statue eines Gottes in Akpınar am Nordosthang des Manisa Dağ weit im Westen Anatoliens genannt, wobei wegen der geographischen Lage zu erwägen ist, dass es sich dabei möglicherweise um ein luwisches (und nicht hethitisches) Monument handelt (vgl. dazu die Beobachtungen von Hawkins 2015: 2f.). Die ältere Forschung sah in dieser Figur, beeinflusst von der Nennung der Darstellung der »Göttermutter« bei Pausanias (III 22), eine Göttin, allerdings sprechen Details der Figur – trotz der Verwitterungsspuren – dafür, dass es sich bei der monumental aus dem Felsen herausgearbeiteten Figur um einen (Berg-)Gott handelt (vgl. Kohlmeyer 1983: 28–34; Ehringhaus 2005: 84–87; http://www.hittitemonuments.com/akpinar/). Für die Deutung des Monuments ist wahrscheinlich zu berücksichtigen, dass unterhalb des Bergabhangs ein Wasserlauf ist, so dass man möglicherweise in der Anlage ein Open-Air-Heiligtum für eine Berggottheit in Verbindung mit Quellen sehen kann (Ökse 2011: 226), ein Phänomen, dass der hethitischen religiösen Praxis nicht unbekannt ist (vgl. dazu unter E.2.3.3.). Da das Monument im luwischen Gebiet liegt, kann man vermuten, dass auch die luwische Religion die Vorstellung der Göttlichkeit von Berg(gottheit)en und Quellen kannte.

118 Hutter 2003: 238; Yakubovich 2010: 101.

119 Eventuell kann man auch Artemis von Ephesos, d. h. von Apaša als Hauptstadt von Arzawa, als ursprünglich arzawäische Schutzgöttin dieser Stadt sehen, die erst sekundär von Ioniern mit Artemis verknüpft wurde, vgl. dazu die grundlegenden Beobachtungen von Morris 2001 sowie zusammenfassend Hutter 2003: 268f.

die »Dunklen«, die im 2. Jahrtausend außerhalb Arzawas nicht belegt sind. Da sie – gemeinsam mit dem Kriegs- und Seuchengott Yarri – im Ritual des Auguren Dandanku gegen eine Seuche erwähnt sind, könnte ihr »dunkles« Wesen mit dem Unheil, das Seuchen bewirkt, zusammenhängen. Ferner werden – allerdings nur pauschal – in einem Vertrag zwischen Muršili II. und Kupanta-Kuruntiya von Mira und Kuwaliya die »Gottheiten von Mira« genannt. Solche Informationen zeigen zwar die Existenz lokaler Kulte, liefern aber keine Hinweise über die Praktiken, wie und mit welchen Festen diese Gottheiten verehrt wurden. Aus der Sicht der Hethiter bzw. der hethitischen Quellen wird aber die Eigenständigkeit dieser Kultpraktiken betont, wie der Orakeltext KUB 5.6 bezüglich der so genannten Mašḫuiluwa-Affäre zeigt.[120] Mašḫuiluwa, der Sohn eines Königs von Arzawa, war Vasall der Hethiter und mit Muršili II. verschwägert, hat sich aber gegen seinen Vasallenstatus erhoben und den hethitischen König verflucht. Um den König von der durch den Fluch bewirkten Unreinheit zu befreien, wird die Orakelanfrage gestellt, um zu erkunden, auf welche Art ein Reinigungsritual durchgeführt werden soll – mit dem Ergebnis, dass dieses Ritual für den hethitischen König »in der Art von Ḫattuša und in der Art von Arzawa« durchzuführen ist (KUB 5.6 iii 24–26, 35–37). Wir wissen zwar nichts Näheres über diese Reinigungspraxis »in der Art von Arzawa«, können daraus aber die lokale Eigenständigkeit ritueller Praktiken ableiten. Ein nach dieser Auseinandersetzung zwischen Mašḫuiluwa und Muršili zu datierender Text, der Vertrag zwischen Muršili und Kupanta-Kuruntiya, dem Nachfolger Mašḫuiluwas als hethitischem Vasallenherrscher in Mira und Kuwaliya,[121] erwähnt eine »Gottesstadt« des Mašḫuiluwa am Šiyanta-Fluss, die eine Sonderstellung gegenüber den anderen Städten einnimmt. Möglicherweise war diese Gottesstadt das zentrale Zentrum für die Verehrung mancher Gottheiten von Arzawa »in der Art von Arzawa«, was ein indirekter Hinweis auf Unterschiede zwischen hethitischer und »luwischer« bzw. arzawäischer Religion ist.

2.3.2.4 Kizzuwatna

Kizzuwatna ist in der ersten Hälfte des 2. Jahrtausends ein Schnittpunkt und ein Grenzgebiet zwischen Anatolien, Nordsyrien und Obermesopotamien.[122] Im Norden bildet das Taurus-Gebirge die natürliche Grenze zwischen Kizzuwatna und Zentralanatolien, im Osten das Amanus-Gebirge und im Süden das Mittelmeer mit dem Golf von Iskenderum. Die Westgrenze Kizzuwatnas war – mangels einer natürlichen Grenze – im Laufe der Geschichte variabel. Da bereits Ḫattušili I. und Muršili I. bei ihren Feldzügen nach Nordsyrien weitgehend ungehindert durch Kizzuwatna in den Süden vordringen können, scheint es bereits seit althethitischer Zeit ein politisch-

120 Beckman/Bryce/Cline 2011: 196–199; siehe die Inhaltsangabe bei Haas 2008: 72–75; zum historischen Hintergrund vgl. Klengel 1999: 194f.

121 Beckman 1999, 71 § 10.

122 Zur politischen Geschichte Kizzuwatnas mit den Beziehungen zu den Hethitern siehe z. B. Strauß 2006: 3–9; Klengel 1999: 85–88, 95f.; Wilhelm 1982: 32–25, 42–45; Bryce 2005: 104–106, 112–116.

militärisches Überlegenheitsgefälle vom Hethiterreich nach Kizzuwatna gegeben zu haben. Allerdings zeigen Unruhen und Aufstände sowie mehrere Verträge zwischen hethitischen und kizzuwatnäischen Herrschern, dass in der Zeit vor der Etablierung des hethitischen Großreiches diese Beziehungen wechselhaft waren. Aufgrund der geographischen Lage ist die religiöse Situation in Kizzuwatna eine Kontaktzone von luwischen, obermesopotamischen, hurritischen und nordsyrischen Vorstellungen. Diese lassen sich dabei nicht immer ganz exakt voneinander abgrenzen, wobei Folgende zum luwischen Milieu gehören.

Chronologisch sind die luwischen religiösen Elemente in Kizzuwatna älter als die hurritischen,[123] so dass in älteren Ritualtexten (von Ḫantitaššu, Anniwiyani, Ḫatiya oder Zarpiya) auch die oben genannten luwischen Götter vorkommen. Zu diesen Göttern gehören z. B. Tiwad, Šanta und die Annarummenzi-Götter (die »Starken«, »Vitalen«), wohingegen in jüngeren Texten (z. B. von Puriyanni, Ḫebattarakki, Kuwattalla und Šilalluḫi) auch hurritische Gottheiten wie Ḫebat, Šauška, Ninatta oder Nubadig eine Rolle spielen. Eine weitere luwische Göttin, die möglicherweise in Kizzuwatna wichtig war, ist Kamrušepa, mit der einige luwische Geburts(hilfe)rituale verbunden sind. Darin fungiert die Göttin als Hebamme, um das Kind zu reinigen, wie KUB 35.88 iii 12–17 zeigt:[124]

> Man schickt hinein nach der »Frau des Hebens«. Sie hob das Kind hoch. Sie, und zwar Kamrušepa, nimmt die 9 Kämme (mit den Worten): »Folgende Krankheiten sollen weggekämmt sein: die Krankheiten des Kopfes, die Krankheiten der Augen, die Krankheiten der Ohren, die Krankheiten des Mundes, die Krankheiten der Kehle, die Krankheiten der Hände.«

Dass die Verbindung mit Kamrušepa und die luwische Sprache dieser und anderer mit der Göttin verbundener Geburts(hilfe)rituale das Ritual dem luwischen Milieu zuweisen, ist unbestritten. Unsicher bleibt jedoch, ob man dieses Ritual in Kizzuwatna verorten darf. Zwar spielen die einzelnen Körperteile auch in anderen mit Kizzuwatna verbundenen Ritualen immer wieder eine Rolle, aber ihre rituelle Behandlung ist nicht auf diesen Raum beschränkt, sondern auch in Ritualen aus dem Unteren Land bekannt.[125] Da es aber auch zum hurritischen Milieu Kizzuwatnas gehörende Geburts(hilfe)rituale gibt,[126] soll die Vermutung geäußert werden, dass auch die luwischen Texte hier zu verorten sind.

Deutlicher mit dem luwischen Milieu Kizzuwatnas sind Reinigungs- und Heilungsrituale zu verbinden, obgleich auch diese teilweise die enge Symbiose zwischen Luwiern, Hurritern und Nordsyrern zeigen, so dass Kizzuwatna ein wichtiger Knotenpunkt für die Vermittlung unterschiedlicher religiöser Traditionen gewesen ist. Hervorzuheben sind die Rituale Kuwattallas, die im 15. Jahrhundert entstanden

---

123 Vgl. Görke 2010: 271f. mit weiterer Literatur.

124 Starke 1985: 207; vgl. Hutter 2003: 230f.; Beckman 1983: 228–230.

125 Vgl. dazu z. B. Miller 2004: 457f.; Haas 2003: 71–74; Hutter 1988: 76f.

126 Vgl. die Edition durch Mouton 2008b, die jedoch nicht genauer auf die Frage der Verortung dieser Rituale im hurritischen Milieu eingeht.

sind.[127] Dazu gehört das »große Ritual« (*šalli aniur*), das einige verschiedene Sub-Rituale beinhaltet, beispielsweise SÍSKUR *ḫalliyatanza-* und *katta walḫuwaš* SÍSKUR: Ersteres zielt darauf ab, Krankheit entgegenzuwirken. Ein weiteres Ritual, SISKUR *dupaduparša-*, scheint mit der Versöhnung eines lokalen Wettergottes zu verbinden zu sein, damit er von der Bestrafung des Übeltäters absehen möge. In Kuwattallas Ritualen finden wir in unterschiedlicher Weise Praktiken,[128] um Unreinheit und Unheil zu beseitigen, etwa durch das Ausspucken des Unheils durch den Patienten oder durch das Schwenken eines Ferkels über ihm, um so die unheilvollen Substanzen vom Patienten zu entfernen und diese in die Unterwelt zu bringen. Diese Praktiken, die die Ritualexpertin Kuwattalla anwendet, sind dabei auch im luwischen Kontext außerhalb Kizzuwatnas vorhanden, vor allem im westlich benachbarten Unteren Land. Dabei ist nicht immer ganz eindeutig festzustellen, ob eine solche Praxis ursprünglich eher mit Kizzuwatna oder dem Unteren Land bzw. anderen luwischen Gegenden zu verbinden ist.

2.3.3 Zu einigen Kultakteuren und Kultakteurinnen

In der Überlieferung der keilschrift-luwischen Texte sowie der hethitischen Texte, die sich auf luwische kultische Praktiken beziehen, finden sich einerseits die (in der Regel logographisch geschriebenen) Titel von Kultakteuren, die als allgemeine Bezeichnungen auch in der hethitischen Religion vorkommen. Andererseits sind bei den vorhin besprochenen lokalen Kulten auch Personen tätig, die auf die jeweiligen Kulte beschränkt bleiben: Dazu gehören die »Männer von Ištanuwa/Lallupiya« (LÚ^{MEŠ} ^{URU}Ištanuwa/^{URU}Lallupiya) sowie die *ḫuwaššannalli-*, die *alḫuitra-* bzw. die *tarpašgana*-Priesterinnen und ein ^{LÚ}*maššanami*-Priester in Ḫubešna im Zusammenhang mit der Verehrung der Göttin Ḫuwaššanna. Einige der Seuchenrituale aus Arzawa werden von einem Auguren durchgeführt. In einer detaillierten Studie hat Daliah Bawanypeck deren Rituale untersucht, wobei sie überzeugend dargelegt hat, dass die Auguren[129] (^{LÚ}MUŠEN.DÙ) mit ihren Ritualen nicht nur »Gegenmittel« gegen die Seuche bieten, sondern auch lokale Spezialisten für die Beseitigung ungünstiger Omina sind, die aus dem Vogelflug vorhergesagt wurden. In diesem Fall arbeiten die Auguren – während ihrer rituellen Behandlung – mit einer ^{MUNUS}ŠU.GI[130] (der »Alten Frau«) zusammen. Andere männliche Kultspezialisten, die in luwischen Texten genannt werden, sind der Arzt Zarpiya aus Kizzuwatna oder Puriyanni, der wahrscheinlich ebenfalls aus Kizzuwatna stammt.

---

127 Hutter 2003: 253f. und mit weiterer Differenzierung zur Textzusammenstellung Hutter 2019a und Sasseville 2020.

128 Vgl. Kammenhuber 1985: 78–88; Hutter 1988: 123; Beckman 1990: 53f.

129 Bawanypeck 2005: 292–302; vgl. Haas 2008: 48–55.

130 Vgl. z. B. Anniwiyani, die zusammen mit ihrem Sohn Armati, dem Auguren, handelt (VBoT 24 i 1); Pupuwanni und ein ^{LÚ}MUŠEN.DÙ unbekannter Herkunft (IBoT 2.115+ i 1).

Eine Reihe von »Alten Frauen« sind in der luwischen Religion als religiöse Spezialistinnen bekannt, von denen unterschiedliche Rituale zur Bewältigung von verschiedenen Krisen stammen. Obwohl »Alte Frauen« als Akteure im Kult bereits in der althethitischen Zeit[131] nachweisbar sind, ist eine Zunahme der Zahl dieser Akteurinnen ab der Mitte des 2. Jahrtausends unübersehbar. Ebenfalls zeigt sich ab dieser Zeit, dass diese Kultakteurinnen in erster Linie mit Praktiken des luwischen (und in geringerem Ausmaße auch des hurritischen) Milieus verbunden sind – sowohl als autochthoner Teil der luwischen (bzw. hurritischen) Religion als auch der hethitischen Religion der staatlichen[132] wie auch der alltäglichen Ebene als Ausdruck der Interferenz zwischen Lokalität und »zentraler« Religion im Hethiterreich. Hier seien wenigstens einige dieser Frauen namentlich erwähnt.[133] Aus Arzawa stammt Alli, mit der ein Ritual für die Entfernung von Unreinheit verbunden ist, und Paškuwattis Ritual dient der Beseitigung von sexueller Schwäche.[134] Auch Anniwiyani, die Mutter des Auguren Armati, dürfte aus Arzawa stammen. Von einer gewissen NÍG.GA.GUŠKIN stammt ein Ritual zur Behandlung eines behexten Mannes oder einer behexten Frau. Wahrscheinlich ist sie auch die Akteurin der für Mašḫuiluwa durchgeführten Reinigungszeremonien. Andere »Alte Frauen« stammen aus dem Unteren Land (östlich von Arzawa und südlich des Maraššantiya), so etwa Tunnawiya, der vier oder fünf Rituale[135] zugeschrieben werden können, sowie wahrscheinlich eine gewisse Kuranna. Wieder andere Ritualspezialistinnen stammen aus Kizzuwatna: so z. B. Ḫantitaššu aus der Stadt Ḫurma und möglicherweise Ḫebattarakki aus dem Ort Išḫaruwa, in deren Ritual die luwische Gottheit Annamiluli erwähnt wird. Auch Ḫatiya[136] gehört zu den »Alten Frauen« aus Kizzuwatna, genauso wie Kuwattalla[137], die ihre Reinigungsrituale manchmal gemeinsam mit der »Alten Frau« Šilalluḫi (KUB 34.33 iv 2ff.) durchführt.

---

131 Marcuson 2016: 40–95.

132 Hier kann man z. B. an den Nutzen der Rituale aus Arzawa für die Beseitigung von Seuchen denken, aber auch an das so genannte *taknaz da*-Ritual der Tunnawiya zur Stärkung des Königspaares, vgl. Hutter 1988: 113–118; Ders. 2003: 247f.

133 Zu den einzelnen Namen vgl. den Katalog von Zehnder 2010, wo anhand der Stellenangaben und weiterführender Literatur leicht Informationen zur Prosopographie dieser Frauen gewonnen werden können; vgl. auch Hutter 2003: 237f., 247f.; Miller 2004: 488–492; Collins 2019: 191f. Siehe ferner Haas 2003: 28–32, der allerdings im Zusammenhang mit männlichen und weiblichen Ritualakteuren von »Ritualschulen« spricht, d. h. die Verortung der unterschiedlichen Traditionen in religionsgeschichtlich lokalen Milieus in den Hintergrund rückt.

134 Siehe die Übersetzung der Rituale bei Mouton 2016a: 190–251.

135 Hutter 1988: 55–57; Beckman 1990; Ders. 1983: 32–41.

136 Miller 2004: 445–447 betont, dass Ḫatiyas Ritual keine hurritischen Spuren zeigt, so dass diese Akteurin hier im Zusammenhang mit den luwischen Traditionen Kizzuwatnas genannt ist.

137 Vgl. Hutter 2019a für Überlegungen zur textlichen Zusammenstellung des Textcorpus mit Bezug zu älterer Literatur; Kaynar 2019: 105–108 untersucht Aspekte des (Sub-)Rituals *dupaduparša* als Teil des »Großen Rituals« (*šalli aniur*).

2.3.4 Reinheit und Rituale zur (individuellen) Krisenbewältigung

Das oben im Zusammenhang mit den Gottheiten schon genannte Konzept von Heiligkeit bzw. der kultischen Reinheit der Menschen bedingt die Notwendigkeit, dass bei Beeinträchtigung dieser Reinheit ein Mensch Schaden bzw. bei Bewahrung der Reinheit Wohlergehen erfährt. Die zentralen luwischen Begriffe sind *kumma-* »rein, heilig« und *wašhay(a)-* »heilig«, wobei es schwierig ist, diese beiden Begriffe semantisch exakt voneinander zu unterscheiden.[138] Der diesem semantischen Feld im Hethitischen entsprechende Begriff ist *šuppi-* »rein, heilig« und das luwische Verbum *papparkuwa-* »reinigen« ist mit hethitisch *parkui-* »rein« verwandt. Aufgrund ihrer Untersuchung von kizzuwatnäischen Ritualen hat Rita Strauß dabei die Bedeutung von Reinheit anhand von terminologischen Unterschieden folgendermaßen charakterisiert:[139]

> *šuppi-* dient hier zur Kennzeichnung des ursprünglich reinen Zustandes, dessen man durch selbst- oder fremdverschuldete Vergehen verlustig geht. Einen anderen Grad, eine andere Qualität von Reinheit markiert das Attribut *parkui-*. Es bezeichnet in der Regel die durch kathartische Riten wieder angestrebte und in den Rezitationen erbetene Reinheit.

Implizit nähert sich dabei *šuppi-* genauso wie luwisch *kumma-* der kultischen Sphäre der Heiligkeit, während *parkui-* »rein« den allgemeineren Begriff der alltäglichen »Reinheit« darstellt. Dies erklärt die große Zahl der so genannten »Reinigungsrituale« der luwischen wie allgemein anatolischen Überlieferung: Manche Reinigungsrituale sind notwendig zur Entfernung kultischer Vergehen, viele sind jedoch auf die Bewältigung zwischenmenschlicher Probleme bezogen, seien es sexuelle Probleme, Streit, Mord oder böse Vorzeichen und Flüche.

Flüche und Segenssprüche, die am häufigsten in Reinigungsritualen formiert werden, können auf jeden einwirken, indem sie entweder Leben und Wohlstand oder Krankheit und Tod bringen. Annelies Kammenhuber hat umfangreiche Formeln in luwischen Ritualen analysiert, mit denen Segenssprüche, Flüche und daraus resultierende Schwierigkeiten ausgedrückt werden.[140] Neben den Ritualformeln dienen rituelle Handlungen der Wiederherstellung der kultischen Reinheit eines Menschen.[141] Dazu gehören z. B. das Schwenken eines Ferkels über den »verunreinigten« Menschen, damit das Ferkel die Unreinheit absorbiert. Genauso ist mehrfach davon die Rede, dass der Mensch alles Böse und Unreine, Verfluchung und Verleumdung, Schmerz (*aḫra-*) und Wehe (*waḫra-*) ausspucken soll. Als positive Symbolik für die Vorstellung der Überwindung der Krisensituation werden manchmal Honig oder Öl in solchen Ritualtexten genannt, in die sich alle Verfluchungen und anderen Merkmale des Bösen verwandeln sollen, wie beispielsweise die »Alte Frau« Kuwattalla betont (KUB 9.6+ i 26–31). Solche Ritualhandlungen, die die Reinheit

---

138 Vgl. Hutter 2013a: 162f. Die Begriffe haben auch Entsprechungen im Hluw. und Lykischen, vgl. Payne 2014: 147; Melchert 2004: 33f., 78; Neumann 2007: 175–178, 417.

139 Strauß 2006: 247; vgl. Hutter 2013a: 165f.

140 Kammenhuber 1985; Dies. 1986.

141 Vgl. Hutter 2003: 262f.; Kammenhuber 1985: 89–91.

eines Menschen wiederherstellen sollen, verbinden die Handlungen immer wieder mit Segenswünschen, um den Menschen z. B. mit Leben, mit Zeugungskraft, mit langen Jahren, mit der Gunst der Götter auszustatten (KUB 35.43 ii 8–10), oder der Mensch soll mit Enkeln, Urenkeln, künftigen Zeiten und Gesundheit gesegnet werden (KBo 9.143 iii 13–15). Ängste und Hoffnungen, die dabei formuliert werden, sind durchaus ein weitverbreitetes und nicht auf Luwier beschränktes Phänomen. Aber die Aufmerksamkeit, die diesen Themen in den luwischen Ritualen geschenkt wird, erlaubt die Schlussfolgerung, dass diese Werte in der luwischen Gesellschaft besonderes Interesse erfahren haben.

Solche Reinigungsrituale werden häufig, aber nicht ausschließlich[142] von den »Alten Frauen« durchgeführt. Das Themenspektrum ist vielfältig: Paškuwattis Ritual zur Wiederherstellung der männlichen Zeugungskraft, Anniwiyanis Abfassung zur Erlangung von Fruchtbarkeit, Tunnawiyas Fähigkeit, Unreinheit zu beseitigen oder bei Geburten zu helfen, auch Puriyannis Sorge um das Zunichtemachen von Unreinheit oder Annas Ritual für einen unfruchtbaren Weinberg sind auf das alltägliche Leben ausgerichtet. Trotz der inhaltlichen Unterschiede ist ihnen gemeinsam, dass sie auch für »Privatpersonen« durchgeführt werden und nicht nur König oder Königin im Mittelpunkt dieser Rituale stehen, so dass solche Praktiken Einblick in religiöse Vorstellungen der allgemeinen Bevölkerung geben. Da jedoch diese luwischen Ritualtexte in Ḫattuša überliefert wurden, darf man daraus ableiten, dass Luwier, die in Ḫattuša lebten, auch zumindest teilweise Rezipienten dieser Ritualpraktiken waren. Eine solche Analyse führt zu dem Ergebnis, dass Luwier in Ḫattuša ihre eigene Religion in der hethitischen Hauptstadt praktizierten. Mit Glück könnte es in der Zukunft vielleicht möglich werden, in Ḫattuša gefundene religiöse Architektur luwischen Göttern und ihren Anhängern zuzuordnen.

2.4 Ein Überblick zu hurritischen religiösen Vorstellungen

Die historischen Spuren der Hurriter[143] lassen sich bis ins 3. Jahrtausend zurückverfolgen, wobei die frühe hurritische Geschichte – zeitgleich der Akkad-Zeit in Mesopotamien (23.-22. Jh.) – noch keine Rolle für die Religionsgeschichte Anatoliens spielt. Frühe Herrscher wie Atal-šen oder Tiš-atal residieren am Ende des 3. Jahrtausends bzw. zu Beginn des 2. Jahrtausends in der damaligen hurritischen Hauptstadt Urkeš im Nordosten Syriens am oberen Ḫabur. Durch die Heirat zwischen einer Prinzessin aus Akkad mit einem Prinzen des hurritischen Königshauses entstanden diplomatische, aber auch kulturelle Austauschprozesse zwischen Mesopotamien

142 Vgl. z. B. ^{f}Bappi, die als *ḫuwaššanalli*-Priesterin (KBo 29.191 i 1) bezeichnet wird (Hutter 2004a: 253–255), oder Yarri, den »Mann aus Lallupiya« (LÚ ^{URU}*La-al-lu-pí-y*[*a*]), als Verfasser eines Rituals gegen Unreinheit (KUB 7.29), siehe dazu Hutter 2003: 242f. Das Ritual des Arztes Zarpiya (KUB 9.31 i 1) handelt von »schlechten Jahren« und andauerndem Sterben im Land (Hutter 2007), Puriyannis Ritual dient dazu, die Unreinheit eines Hauses zu beseitigen (Hutter 2003: 252).

143 Vgl. den historischen Überblick bei Wilhelm 1982: 9–58.

und den Hurritern und am Ende der Akkad-Zeit haben sich hurritische Bevölkerungsgruppen bis ins nördliche Osttigrisgebiet niedergelassen. Ab dem Beginn des 2. Jahrtausends nimmt die Verbreitung der Hurriter westwärts über Nordsyrien und entlang des Oberlaufs des Eufrats zu. Aus den altassyrischen Handelsurkunden aus Kaneš sind zwar einzelne hurritische Händler bekannt, doch sollte man daraus keinen Einfluss der Hurriter auf Kleinasien bereits in jener Zeit ableiten. Ab der ersten Hälfte des 17. Jahrhunderts machen jedoch Hurriter in Alalaḫ am Unterlauf des Orontes einen wichtigen Bestandteil der Bevölkerung dieser Stadt und ihrer Umgebung aus. Auch in Aleppo, Ḫaššum und teilweise in Karkamiš ist bis zur Mitte des 2. Jahrtausends bereits eine starke hurritische Prägung festzustellen, genauso im Osttigrisgebiet mit dem Zentrum Nuzi. Die Syrien-Expansion von Ḫattušili I. bringt Hurriter in Alalaḫ anscheinend erstmals in direkten Kontakt mit der hethitischen Geschichte und nach der Eroberung von Ḫaššum lässt Ḫattušili die Gottheiten der Stadt (bzw. deren Statuen) in den Tempel der Sonnengöttin von Arinna überführen.[144] Dadurch sind eventuell bereits in althethitischer Zeit die ersten Elemente hurritischer Kulte nach Ḫattuša gelangt, falls diese aus Ḫaššum deportierten Götter in Ḫattuša verehrt wurden. Auch Muršili I. unternahm Expeditionen gegen hurritische Städte, ohne jedoch die Hurriter dominieren zu können. Die internen Probleme in den letzten Jahrzehnten der althethitischen Zeit verhinderten weitere externe Aktivitäten der Hethiter gegen hurritische Gebiete; auch Aleppo und Kizzuwatna lösten sich dabei von der hethitischen Herrschaft. In dieser veränderten Situation erstarkte zu Beginn des 15. Jahrhunderts das hurritische Mittani-Reich,[145] ausgehend vom Bereich der Quellflüsse des Ḫabur in Nordostsyrien; wahrscheinlich dehnte es sich bis in die Ebene von Diyarbakır und weiter bis ins Land Išuwa aus. Etwa zwei Jahrzehnte danach geraten auch weite Teile Nordsyriens bis zur Nähe des Mittelmeers unter den Machtbereich Mittanis und in der Mitte des 15. Jahrhunderts gehört auch Kizzuwatna[146] zur politischen Einflusssphäre der Hurriter. Gegen Ende des Jahrhunderts gelingt es den Hethitern, durch einzelne Verträge mit nordsyrischen Städten den Einfluss von Mittani zurückzudrängen, doch kann Mittani durch eine diplomatische Heiratsverbindung mit Ägypten in den ersten Jahrzehnten des 14. Jahrhunderts seinerseits die Macht in Syrien erneut festigen, ehe innenpolitische Streitigkeiten im Zusammenhang mit der Thronbesteigung durch Tušratta (ca. 1365–1335) dem Hethiterkönig Šuppiluliuma I. ermöglichten, den hethitischen Einfluss in Nordsyrien wieder auszudehnen. Zugleich nutzte auch der babylonische König die Schwäche Mittanis, um ca. 1340 ins hurritische Gebiet im Osttigrisland einzumarschieren, und im Norden Mesopotamiens besetzten die Assyrer einige zuvor zu Mittani gehörige Territorien. Diese Bedrohung von drei politischen Gegen-

---

144 Zu Ḫaššum siehe Wilhelm 2008c: 190–193; siehe zur hurritischen Bevölkerung in Nordsyrien ferner die Hinweise von Archi 2013: 3f.; de Martino 2017a: 151f.

145 Für die politische Bedeutung Mittanis vom 16. bis 14. Jh. siehe – neben Wilhelm 1982: 34–49 – v. a. Giorgieri 2005: 77–83; de Martino 2014.

146 Zur wechselvollen Geschichte Kizzuwatnas zwischen Eigenständigkeit und Einbeziehung in die hurritische oder hethitische Machtsphäre vgl. Abschnitt D.2.3.2.4.

spielern führte zusammen mit der Ermordung Tušrattas zum Ende des Mittani-Reiches. Einer seiner Nachfolger, Šattiwaza, schließt mit Šuppiluliuma einen Vertrag, der das Kerngebiet Mittanis zwar politisch vom Hethiterreich abhängig macht, jedoch anscheinend eine gewisse Konsolidierung und eingeschränkte Eigenständigkeit von Mittani zulässt. Unter Muršili II. löst sich Mittani durch Bruch des mit Šuppiluliuma geschlossenen Vertrags von den Hethitern, gerät aber zunehmend unter den Druck der Assyrer, so dass ab den ersten Jahrzehnten des 13. Jahrhunderts Mittani nur noch ein unbedeutender Kleinstaat im politischen Gefüge des Vorderen Orients ist.

Dieser geraffte Überblick zur hurritischen Geschichte macht für die folgenden Ausführungen zweierlei deutlich: Einerseits ist zu betonen, dass die hurritische Kultur und Religion keineswegs homogen ist, sondern man drei »Schichten« bzw. Einflusssphären feststellen kann. Entsprechend der frühen historischen Zentren liegt der Ausgangspunkt der hurritischen geistigen Vorstellungen im oberen Ḫabur-Gebiet und im Osttigrisland; hier dürften auch die ältesten oder »genuinen« hurritischen religiösen Vorstellungen zu verorten sein. Bereits ab der Akkad-Zeit kommt es zu sumerisch-akkadischem Einfluss auf die hurritischen religiösen Vorstellungen, und mit der Expansion in Nordsyrien ab dem Beginn des 2. Jahrtausends lassen sich Kontakte zur nordsyrisch-nordwestsemitischen Religionswelt feststellen, die als dritter Faktor die Religion der Hurriter beeinflussen.[147] Diese unübersehbare Inhomogenität ist bei der Frage nach religiösen Vorstellungen der Hurriter zu beachten. Für die vorliegende Darstellung der Religionsgeschichte Anatoliens ist andererseits diese Inhomogenität von untergeordneter Bedeutung, da die hurritischen religiösen Ideen, die großteils über Kizzuwatna und die Kommagene (Kummuḫu) ins Hethiterreich gekommen sind, in erster Linie der nordsyrisch-nordwestsemitischen Komponente der hurritischen Religion angehören bzw. genuin hurritische Vorstellungen aus dem östlichen Bereich entsprechend verändert haben. Obwohl nicht ausgeschlossen ist, dass vereinzelte hurritische Kulte oder Götter bereits ab der althethitischen Zeit von den Hethitern rezipiert wurden, setzt die massive Zunahme hurritischer Traditionen in Ḫattuša erst am Ende des 15. bzw. zu Beginn des 14. Jahrhunderts ab Tudḫaliya II. und seinem Nachfolger Arnuwanda I. ein.[148]

Für die Darstellung der hurritischen religiösen Vorstellungen im hethitischen Kontext liegen uns aus den Fundbeständen in Ḫattuša und Šapinuwa sowie in geringerem Umfang aus anderen Fundorten eine Fülle von Texten vor, sowohl in hurritischer als auch in hethitischer Sprache. Die zunehmende Erschließung des Hurritischen vergrößert dabei zwar das Verständnis der hurritischen Texte, allerdings muss sich die Darstellung vieler religiöser Details noch immer vor allem auf die hethitische Überlieferung stützen. Dass dies relativ gut möglich ist, liegt daran, dass hethitische Texte hurritische Mythen wiedergeben, aber in weitgehend eigenständiger literarischer Gestaltung, wie der Vergleich mit entsprechenden hurri-

147 Vgl. Wilhelm 1982: 69.
148 Vgl. Wilhelm 1982: 98; Archi 2006: 160; Ders. 2013: 3–5; Campbell 2016: 295f.

tisch-sprachigen Mythen zeigt.[149] Der reichhaltige Bestand der Ritualistik (Reinigungs- und Stärkungsrituale sowie Festliturgien) ist weitgehend hethitisch abgefasst mit eingebetteten Rezitationen in hurritischer Sprache. Dadurch ist zwar über weite Strecken der Ritualverlauf rekonstruierbar, die Rezitationen bleiben aber häufig noch unverständlich, was auch für die – in wesentlich geringerem Umfang vorhandenen – hurritischen Gebetstexte gilt.[150] Neben solchen hurritisch-sprachigen Quellen weisen zahlreiche hethitische Texte unübersehbar auf die Einbettung in das hurritische Milieu hin und tragen zur Erschließung hurritischer religiöser Vorstellungen im hethitischen Kleinasien bei.

2.4.1 Die hurritische Götterwelt

Das hurritische Wort für Gott(heit) ist *eni* (Plural mit bestimmtem Artikel: *enna*).[151] Entsprechend der vorhin genannten unterschiedlichen Komponenten, die die hurritische Religion beeinflusst haben, kann man schwerpunktmäßig die hurritische Götterwelt in ein osthurritisches und ein westhurritisches Pantheon einteilen. Einige Götter – Teššub, Šauška, der Sonnengott Šimige, der Mondgott Kušuḫ, Kumarbi, Nubadig und der hurritische Nergal – sind gesamthurritische Götter, d. h. im Osten und im Westen des hurritischen Bereichs nachweisbar, während das westhurritische Pantheon durch Einflüsse aus Mesopotamien und durch die Einbeziehung von lokalen Gottheiten aus einem älteren religionshistorischen Substrat im nordsyrischen Raum deutlich erweitert wurde.[152] Gottheiten, die aus Mesopotamien in das westhurritische Pantheon Eingang gefunden haben, sind beispielsweise Nik(k)al (< Ningal), Tapkina (< Damkina), Pendigalli (< akkad. *bēlet ekalli*: »Herrin des Palastes«) oder Peltimati (< akkad. *bēlet māti*: »Herrin des Landes«). Zu den Substratgottheiten aus Nordsyrien gehören unter anderem Adamma, Aštabi, Išḫara oder Ḫebat. Charakterisiert man die Göttervorstellungen der Hurriter im Allgemeinen, so zeigt sich, dass auch sie sich – wie die Luwier und die Hethiter – ihre Götter anthropomorph gedacht haben. Im Ḫedammu-Mythos formuliert dies Ea in der Versammlung der Götter folgendermaßen:[153]

> Warum vernichtet ihr die Menschheit? Geben sie den Göttern nicht Opfer und räuchern sie euch nicht Zedernholz? Würdet ihr die Menschheit vernichten, würde sie die Götter nicht mehr feiern, und niemand mehr wird euch Brot und Trankopfer spenden. Es wird (noch dazu) kommen, dass der Wettergott, der mächtige König von Kummi, den Pflug selbst ergreift und es wird (noch dazu) kommen, dass *IŠTAR* und Ḫebat die Mühle selbst drehen.

---

149 Vgl. Wilhelm 1982: 81–88; Trémouille 2000: 135–145; Hazenbos 2006: 136.

150 Vgl. Wilhelm 1982: 98–101; Giorgieri 2000: 177; siehe ferner de Martino 2017a: 155–158, wo auch der – recht beschränkte aktive – Gebrauch des Hurritischen im hethitischen Kerngebiet diskutiert wird.

151 Zu vom Grundwort *eni* abgeleiteten hurritischen Götternamen siehe Richter 2012: 86.

152 Zur Unterscheidung von genuin hurritischen Gottheiten, Gottheiten aus Mesopotamien und (nordsyrischen) Substratgottheiten siehe Haas 1978; Hutter 1996a: 124–126; Trémouille 2000: 122f.; Taracha 2009: 118–120; Archi 2013.

153 KUB 33.100 + KUB 36.16 iii 10–15 nach Siegelová 1971: 46f.; vgl. Wilhelm 1982: 88.

Die Götter sind daher von den Menschen abhängig, weil sie – beim Ausbleiben von Opfern – hungern und wie Menschen selbst arbeiten müssten, ein Thema, das den hurritischen Mythos eng mit mesopotamischen Traditionen[154] verbindet. Dem Anthropomorphismus der Götter entspricht dabei auch, dass sie in Familien oder weltlichen Sozialverbänden entsprechenden Strukturen zusammengestellt werden können.

2.4.1.1 Wichtige männliche Gottheiten

An der Spitze jenes hurritischen Pantheons, das in der Mitte des 2. Jahrtausends über Kizzuwatna Eingang ins hethitische Gebiet gefunden hat, steht Teššub[155] mit seiner Gattin Ḫebat, denen der ursprüngliche südanatolische Stier- und Berggott Šarruma als Sohn zugeordnet wird. Dies ist aber der Endpunkt einer religionsgeschichtlichen Entwicklung. Der älteste Nachweis der Verehrung des Gottes Teššub ist die Inschrift des Tiš-atal von Urkeš, und sein ursprünglicher Hauptkultort war die nordmesopotamische Stadt Kummi(ya) im Tal des östlichen Ḫabur, weshalb er als »großer König von Kummi« bezeichnet werden kann. Die Bedeutung Teššubs und dieser Stadt spiegelt auch der Mythenzyklus des Gottes Kumarbi wider, in dem Kumarbi den Wettergott bekämpft. Im Verlauf dieser Auseinandersetzung erschafft Kumarbi das Ungeheuer Ullikummi als Widersacher Teššubs. Der Name des Ungeheuers drückt das Programm und seinen Auftrag aus, denn Ullikummi ist ein hurritischer Satzname mit der Übersetzung »Zerstöre/Unterdrücke (die Stadt) Kummi«.[156] Teššubs Gattin könnte ursprünglich Šauška gewesen sein, was noch in Texten aus Ugarit sichtbar ist. Dass wir es jedoch nicht mit einer durchgehend einheitlichen Sichtweise zu tun haben, zeigt sich daran, dass Texte aus Alalaḫ zu Beginn des 17. Jahrhunderts Šauška als Schwester Teššubs und Ḫebat als seine Gattin nennen, wobei diese Verwandtschaftsverhältnisse auch ab der Mitte des 2. Jahrtausends im Hethiterreich gelten. Aufgrund der zunehmenden Hurritisierung Nordsyriens sowie der politischen Beziehungen zwischen Aleppo und Mittani[157] kam es auch zur teilweisen Identifizierung von Teššub mit Ḫadda, dem nordwestsemitischen Wettergott von Aleppo, so dass eine hurritische Hymne ihn als »Teššub von Aleppo« bezeichnet. In Ḫattuša ist Teššub eng mit zwei Stieren (als Attributen des Wettergottes) verbunden, oft werden diese als Šeri und Ḫurri bezeichnet. Ikonographisch findet das einen Niederschlag darin, dass der Wettergott in seinem von zwei Stieren gezogenen Wagen dargestellt werden kann, aber auch die beiden Stiere selbst sind mehrfach in Form von Gefäßen für Gussopfer abgebildet und in einigen gut erhalten

---

154 Hutter 1996a: 32f.

155 Schwemer 2016–18: 82–84; vgl. auch Wilhelm 1982: 70f.; Popko 1995: 96–98; Hutter 1996a: 126, 132; Taracha 2009: 120f.; ferner Wegner 1981: 43f. zu den Verwandtschaftsverhältnissen.

156 Zu Kumme/Kummi (z. B. KBo 32.15 iii 14, 21f., iv 14) siehe Wilhelm 1982: 69f.; Neu 1996: 296f., 361; Trémouille 2000: 149. – Zum Namen Ullikummi vgl. Giorgieri 2001: 147–149.

157 Giorgieri 2005: 85–87.

Exemplaren bei Ausgrabungen entdeckt worden.[158] Dass Teššub als Wettergott (sekundär) auch mit dem Gebirge verbunden wird, spiegelt die Ikonographie insofern wider, als er – als Übernahme aus dem nordsyrischen Raum – auf dem Rücken der beiden Berggötter Nanni und Ḫazzi stehend dargestellt werden kann. Als Gewittergott ist er mit Blitzen, Donner, Regen und Sturm ausgerüstet, die ihm auch im Kampf gegen Kumarbi als Waffen dienen.

Kumarbi ist ebenfalls ein gesamthurritischer Gott, dessen Name wahrscheinlich eine »Herkunftszeichnung« mit Bezug zu einem nicht näher lokalisierbaren Ort *Kumar (mit Genitiv-Suffix *-bi*) ist. In der frühen hurritischen Hauptstadt Urkeš ist er als Hauptgott verehrt worden, aber auch in anderen wichtigen Zentren der hurritischen Kultur – z. B. in Nuzi, teilweise in Mari sowie in Arrapḫe – nahm Kumarbi eine Spitzenposition im jeweiligen (lokalen) Pantheon ein.[159] Den Bedeutungsverlust, den Kumarbi gegenüber Teššub erfahren hat, zeigen mehrere hurritische Mythen, die in hethitischer Bearbeitung – sowie in noch immer schwer interpretierbaren hurritischen Versionen – überliefert sind. Insgesamt sind bislang fünf unterschiedliche »Erzählungen« bzw. »Lieder« (SÌR) zu identifizieren, die um das Schicksal Kumarbis kreisen, wobei sich der Kampf zwischen ihm und Teššub als roter Faden durch die Texte zieht.[160] Als erster Text der Überlieferung über Kumarbi gilt der häufig als »Theogonie« oder »Königtum im Himmel« bezeichnete Text, dessen Originaltitel Carlo Corti als »Lied des Anfangs« rekonstruieren konnte.[161] Dieser Text schildert die Verdrängung der ersten Göttergeneration – mit Alalu an der Spitze – durch den (mesopotamischen) Himmelsgott Anu, der danach seinerseits von Kumarbi gestürzt wird, ehe auch Kumarbi seine Führungsposition im Pantheon gegen Teššub verliert. Nachdem Teššub die Macht über die Götter erlangt hat, bekämpft Kumarbi den Wettergott mit Hilfe seiner Nachkommen. Im »Lied vom Silber« ist »Silber« der Name eines Sohnes von Kumarbi mit einer menschlichen Frau, im »Lied von LAMMA« bleibt die genealogische Beziehung zwischen Kumarbi und LAMMA zwar unklar, aber in Analogie zu den anderen Liedern ist wohl auch LAMMA ein direkter Nachkomme Kumarbis – wie die beiden Ungeheuer Ullikummi, den Kumarbi mit einem Felsen zeugt, und Ḫedammu, der wahrscheinlich der Sohn Kumarbis und der Šertapšuruḫi, der Tochter des Meergottes, ist. Diese beiden Nachkommen Ku-

158 Solche Libationsgefäße in Form eines Stierpaares – als Begleiter des Wettergottes allgemein und nicht nur des hurritischen Teššub aufgrund seiner Identifizierung mit dem Wettergott – sind u. a. in Boğazkale, İnandık, Oymaağac, Kuşaklı und Kayalıpınar gefunden worden, siehe Müller-Karpe 2017: 98f.

159 Vgl. Wilhelm 1982: 73f.; Popko 1995: 99; Buccellati/Kelly-Buccellati 1997: 77–79.

160 Neuere (Teil-)Übersetzungen dieser Texte liegen u. a. durch Siegelová 1971: 38–71; Hoffner 1998: 40–65; Mouton 2016a: 485–511 sowie TUAT 3/1: 828–848, 856–858 (A. Ünal) vor. Zur literaturgeschichtlichen Analyse dieser Texte siehe Haas 2006: 130–176, zur motivischen Nähe mancher dieser Texte zu griechischen Traditionen siehe ebd. 126–130 sowie vor allem die detaillierte Analyse bei Rutherford 2020: 144–158, der als Vermittlungsraum die aus Kilikien, Zypern und der Levante bestehende »Kontaktzone« zwischen Luwiern, Phönikern und Griechen vorschlägt. D. h. die Vermittlung dieser mythologischen Traditionen in den griechischen Raum ist nicht über die hethitische Überlieferung in Ḫattuša geschehen, in der uns diese hurritischen Traditionen am besten fassbar sind.

161 Corti 2007: 116–119.

marbis sind die Hauptakteure im »Lied von Ullikummi« bzw. im »Lied von Ḫedammu«. Letztlich spiegeln diese Überlieferungen über den Gott Kumarbi die Umschichtungen im hurritischen Pantheon zugunsten des Wettergottes Teššub wider. Die fünf großen Widersacher Teššubs, denen jeweils ein eigenes Lied gewidmet ist, bilden den letztlich unterlegenen Machtbereich, wobei folgende Gottheiten – in dieser Mythologie – auf der Seite Kumarbis stehen: sein Vater Alalu, sein Wezir Mukišanu, das große Meer und dessen Tochter Šertapšuruḫi, eventuell auch Ubelluri, auf dessen Schultern Ullikummi aufwächst. Ihnen gegenüber steht der Kreis der Götter um Teššub. Zu ihnen gehören sein Vater Anu, seine Gattin Ḫebat, seine Geschwister Tašmišu, Aranzaḫ und Šauška, die beiden Stiere Šeri und Ḫurri, einige Berge und der Kriegsgott Aštabi, um nur die wichtigsten zu nennen. Eine dritte Gruppe von Göttern ist neutral: Ea, Enlil sowie die uralten Götter. Diese Akteure in der Kumarbi-Mythologie zeigen dabei deutlich den Komposit-Charakter des hurritischen Pantheons aus »gesamthurritischen« und mesopotamischen Elementen sowie Vorstellungen, die einem nordsyrischen Substrat entstammen. – Dass die Mythologie nicht ein vollständiges Bild Kumarbis liefert, muss erwähnt werden. Denn manche hethitischen Texte zeigen kein konfliktuöses Verhältnis zwischen Teššub und Kumarbi, sondern Teššub ist der Herrscher, während Kumarbi zwar angesehen, aber dem Wettergott hierarchisch untergeordnet, jedoch nicht vernichtet ist.

Ebenfalls zu den männlichen Göttern im hurritischen (aus mesopotamischen Traditionen stammenden) Pantheon gehören die »früheren« bzw. »unteren« Götter (hurr. *ammadena enna*; heth. DINGIR^{MEŠ} *karuilieš/kattereš*; akkadographisch *ANUNNA-KI*). Sie sind Teil einer früheren, depotenzierten Göttergeneration, deren jetzt gültiger Seinsbereich die Unterwelt ist, wo sie jedoch ihren eigenständigen Aufgabenbereich behalten. Zu Beginn des »Liedes vom Anfang« (»Königtum im Himmel«) wird diese Göttergruppe angerufen, wobei folgende namentlich genannt werden: Nara, Napšara, Minki, Ammunki, Ammezzadu. Durch das weitere Geschehen im Mythos wird dann auch Alalu zu dieser Gruppe gerechnet. Die Götter bilden ein Kollektiv, wobei die Namen wiederum teilweise nach Syrien und Mesopotamien weisen. Bezüglich ihrer Herkunft und Chronologie in der kleinasiatischen Religionsgeschichte kann man sagen, dass sie über den nordsyrischen Raum zunächst in Kizzuwatna Eingang gefunden haben und von dort wiederum weiter ins hethitische Kerngebiet gebracht worden sind, wo sie dem Götterkreis um die Sonnengöttin der Erde hinzugefügt worden sind.[162] Neben ihrer Verbindung zur Unterwelt fungieren sie auch als Beschützer der Eide, so dass sie in Verträgen oder in Schwurformeln, aber auch in manchen Beschwörungstexten angerufen werden, um dort die »Rechtssache« dessen, der durch die Beschwörung gereinigt bzw. entsühnt werden soll, zu entscheiden. Ihr Wohnort in der Unterwelt macht sie zu Herren über das »Unreine«, das in die Unterwelt verbannt werden soll, wo die früheren Götter es aufbewahren und dafür sorgen, dass es keinen weiteren Schaden mehr in der Welt der Lebenden anrichten kann.

---

162 Torri 1999: 94–97; vgl. auch Haas/Wilhelm 1974: 51f.; Wilhelm 1982: 79f.; Archi 2013: 15f.; Hutter 2013c: 167f.

Von den weiteren männlichen Göttern seien noch der Sonnengott und der Mondgott erwähnt. Der Sonnengott Šimige[163] gehört zu den gesamthurritischen Göttern, hat aber im täglichen Kult keine herausragende Stellung eingenommen. Einige seiner Wesenszüge teilt er mit dem mesopotamischen Sonnengott Šamaš, wobei der mesopotamische Einfluss auch in seiner Genealogie sichtbar ist. Šimiges Gattin ist Aya – entsprechend der Gattin des babylonischen Gottes Šamaš –, wobei Ayas Name manchmal mit dem Epitheton Ekalte zum »Doppelnamen« Aya-Ekaltu erweitert wird. Die Mutter des Sonnengottes ist Nikkal, d. h. eine Göttin, die nicht nur als mesopotamischer Einfluss auf die hurritische Götterwelt gelten muss, sondern Nikkals sumerisches Pendant Ningal ist ihrerseits ebenfalls die Mutter des sumerischen Sonnengottes Utu, d. h. dieses ursprüngliche südmesopotamische Konzept wird in der hurritischen Götterwelt rezipiert. Mit der Übernahme hurritischer Traditionen in Ḫattuša findet der hurritische Sonnengott Eingang in die Religionsgeschichte Kleinasiens; allerdings bleibt er in der Bedeutung deutlich hinter dem hethitischen Sonnengott zurück, dessen Bedeutung seit der Mitte des 2. Jahrtausends zunimmt. Als hurritischer Sonnengott blieb er daher im hethitischen Bereich auf das hurritische Milieu beschränkt, wobei Aufzählungen von Göttern in Opferlisten ihn und seine Gattin jeweils erst gegen Ende der Nennung der verschiedenen Gottheiten erwähnen. Dies ist ein Zeugnis einer nicht allzu großen Bedeutung des hurritischen Sonnengottes in Kleinasien.

Auch der Mondgott Kušuḫ[164] ist ein gesamthurritischer Gott, der aber ähnlich wie Šimige bereits einen frühen mesopotamischen Einfluss auf die Hurriter zeigt. Denn seine Gattin Nikkal gilt auch in der sumerischen Tradition als Gattin des Mondgottes Nanna. Ähnlich wie Šimige zeigt sich bei Kušuḫ, dass er keine besondere Rolle im regelmäßigen Kult gespielt hat. Eine Besonderheit des Mondgottes scheint lediglich seine Rolle als Beschützer der Eide zu sein, eine Funktion, die dem mesopotamischen Mondgott nicht zugeschrieben werden kann. Auch mit dem wachsenden Einfluss hurritischer religiöser Strömungen auf die Hethiter hat die Bedeutung des Mondgottes kaum zugenommen. Da vom Namen seiner Gattin die Namen einiger Königinnen (z. B. Nikalmati; Ašmunikal) in der entstehenden Großreichszeit abgeleitet sind, kann man sogar annehmen, dass Nikkal zumindest in dieser Zeit im hethitischen Milieu populärer war als der hurritische Mondgott.

2.4.1.2 Wichtige weibliche Gottheiten

Im gesamthurritischen Pantheon hat Šauška[165] wahrscheinlich die wichtigste Position eingenommen, wobei ihr Name vom hurritischen Wort *šawuše/i-* »groß« abgeleitet ist, d. h. der »Name« der Göttin ist ursprünglich lediglich ein Epitheton »die Große«, mit dem die Hurriter die mesopotamische Ištar (von Ninive) bezeichnet haben. Gemeinsam

---

163 Steitler 2017: 407–412; vgl. auch Wilhelm 1982: 74f.; Hutter 1996a: 137.

164 Wilhelm 1982: 75f.; Hutter 1996a: 136; Görke 2010: 291.

165 Siehe dazu v. a. die grundlegende Untersuchung von Wegner 1981: 21–81; ferner Haas 1994: 345–347. Für die Herleitung des Namens siehe Richter 2012: 341 mit weiterer Literatur.

mit ihrem Bruder (und Gatten) Teššub steht sie in Nuzi, aber auch im Mittani-Reich an der Spitze des Pantheons. In Nuzi war wohl im 19. Jahrhundert der Haupttempel der Stadt diesem Götterpaar geweiht. Noch in der ersten Hälfte des 2. Jahrtausends verbreitet sich – mit der Expansion der Hurriter – auch der Kult der Göttin von Nordmesopotamien nach Nordsyrien, wo sie unter anderem in Alalaḫ und Ugarit Fuß fasst. Aus diesem nordsyrischen Raum gelangt die Göttin in der Mitte des 2. Jahrtausends schließlich in den hethitischen Raum; allerdings liegt im hethitischen Bereich ein Schwerpunkt ihrer Verehrung in jenen Zentren, in denen vor allem das hurritische Milieu fassbar ist. Solche Orte der Verehrung der Šauška sind besonders Šamuḫa, Ḫattarina und Lawanzantiya. Ein Charakteristikum der Göttin ist ihr weiblicher und männlicher Aspekt, den sie mit Ištar von Ninive teilt.[166] Mit dem weiblichen Aspekt ist ihr Sexappeal verbunden, durch den sie Teššubs Widersacher Ḫedammu überlistet, während die männliche Seite Šauška mit kriegerischen Aktivitäten verbindet. Ebenfalls zu den Wesenszügen der Göttin gehört ihre Tätigkeit als Heilerin sowie gelegentlich die Aufgabe, Rechtsentscheide zu fällen. Diese grundsätzlich die Göttin charakterisierenden Züge bleiben auch im hethitischen Kontext erhalten, allerdings verändert sich in Nordsyrien ihr Verhältnis zu Teššub, da Teššub hier mit Ḫebat als Gattin verbunden ist, während Šauška »nur« als Schwester des Wettergottes gilt. Im hethitischen Kontext ist sie auch häufig mit ihren beiden Dienerinnen Ninatta und Kulitta verbunden.

Ḫebat als Gattin Teššubs ist eine sekundäre Entwicklung, auch wenn diese Verbindung bereits in der altbabylonischen Zeit durch Zeugnisse aus Mari bezeugt ist und sie in Alalaḫ im 17. Jahrhundert – gemeinsam mit Šauška und Teššub – eine Triade bildet (AlT 1), was die jüngere Idrimi-Inschrift aus Alalaḫ ebenfalls zeigt.[167] Im Pantheon von Mittani taucht Ḫebat jedoch nicht auf, was zeigt, dass sie nicht zu den gesamthurritischen Gottheiten gehört, sondern aus Nordsyrien stammt. Ihr Ursprungsort ist Aleppo, da die in Texten aus Ebla genannte Göttin ^{D}Ḫa-a-ba-du wohl eine Ableitung vom Ortsnamen Aleppo (Ḫalab) darstellt, da dieser Name auf *^{D}Ḫa(l)abājtu »die (Göttin) aus Ḫalab« bzw. »die ḫalabäische (Göttin)« zurückzuführen ist. Als (Lokal-)Göttin von Aleppo ist sie dort sowie in Nordsyrien mit dem syrischen Wettergott Ḫadda verbunden. Als es bei der Expansion der Hurriter nach Nordsyrien zur Angleichung bzw. Gleichsetzung zwischen Teššub und Ḫadda kam, wurde Ḫebat zur Gattin Teššubs, wobei diese neue Strukturierung des hurritischen Pantheons über Kizzuwatna nach Ḫattuša[168] gebracht wurde; in Alalaḫ und Ugarit fand diese familiäre Verbindung zwischen den beiden Gottheiten nicht statt.

Išḫara ist eine weitere aus dem syrischen Substrat stammende Göttin, die in das westhurritische Pantheon Eingang gefunden hat.[169] Die ältesten Belege für

---

166 Vgl. Hutter 1996a: 45.

167 Siehe zur frühen lokalen Verbreitung Ḫebats die Monographie von Trémouille 1997: 48–56; vgl. Hutter 1996a: 126f.; Haas 1978: 65f. – Die Erklärung des Namens der Göttin hat Archi 1994: 249–251 gezeigt.

168 Zur Überlieferung zu Ḫebat in den Texten aus Ḫattuša siehe Trémouille 1997: 79–146.

169 Für eine umfangreiche Darstellung der Göttin, ihrer Verbreitung und der mit ihr verbundenen Kulte siehe Prechel 1996; siehe auch die knappen Hinweise bei Hutter 1996a: 125 sowie Archi 2014: 147–149.

diese Göttin stammen aus dem 23. Jahrhundert aus Ebla, auch altbabylonische Texte z. B. aus Mari und Alalaḫ erwähnen sie, und ab der mittelsyrischen Zeit kann man sie auch in Emar nachweisen, wo sie unter anderem den Titel »Herrin der Stadt« trägt. Texte aus Ugarit nennen Išḫara sowohl im Kontext semitisch-syrischer als auch hurritischer Gottheiten. Diese unterschiedliche Bezeugung der Göttin, die gewisse Charaktereigenschaften mit der babylonischen Ištar sowie der hurritischen Šauška teilt, ist Ausdruck ihrer syrischen Provenienz, von wo aus sie mit anderen (west-)hurritischen Gottheiten in der Mitte des 2. Jahrtausends in das hurritische Milieu Kizzuwatnas und weiter nach Ḫattuša importiert wurde.[170] In diesem Raum kann als zentrales Charakteristikum der Göttin ihre Verbindung mit Eiden genannt werden.

Der Name der Unterweltsherrin Allani geht auf das hurritische Wort *alla(i)-* »Herrin« in determinierter Form (*-ni*) zurück. Von diesem Namen bzw. Titel wird dabei in neusumerischer Zeit der akkadisierte Name Allatu gebildet, d. h. mit der akkadischen Femininendung versehen, um damit die akkadische Unterweltsherrin zu bezeichnen. Als Unterweltsgöttin[171] wohnt Allani in ihrem Palast, umgeben von den »früheren« Göttern. Eine Beschreibung dieser Unterweltsszene liefert das »Fest der Freilassung«, wenn Allani den Wettergott Teššub respektvoll zu sich in die Unterwelt einlädt.[172] Die Vorstellung von einem Palast in der Unterwelt als Wohnort der (hurritischen) Göttin dürfte dabei letztlich auf bereits in Sumer und in altbabylonischer Zeit bezeugte mesopotamische Vorstellungen zurückgehen. Eventuell lässt ein hurritisches Beschwörungsritual der Allaiturahḫi[173] das – ebenfalls letztlich aus Mesopotamien stammende – Motiv erkennen, dass die Göttin Šauška bei der Unterweltsgöttin Allani gefangen gehalten ist und von Teššub aus der Unterwelt befreit werden muss. Das vorhin genannte »Epos der Freilassung« liefert dabei gleich in der Eröffnung (Proömium) ein kleines treffendes Detail über den Machtbereich Allanis, wenn es heißt:[174]

> Erzählen will ich von Teššub, dem großen König von Kummi, preisen will ich die junge Frau Allani am Riegelwerk der Erde.

Die Nennung des »Riegelwerks« dürfte eine (poetische) Umschreibung des Tores der Unterwelt sein. Gelegentlich ist auch davon die Rede, die Riegel der Erde abzuschließen, um alles Böse in der Unterwelt (bei Allani) festzuhalten. Dass die Unterwelt in der hurritisch-hethitischen Bilingue als »dunkle Erde« bezeichnet wird, verdeutlicht einerseits den negativen Charakter des Herrschaftsbereichs von Allani, allerdings ist auch zu betonen, dass Allani als junge Göttin im Rahmen des Festes und keineswegs als abschreckende »Totengöttin« geschildert ist.

---

170 Hierfür mit reichhaltigen Details Prechel 1996: 90–129.

171 Torri 1999: 81–85, 97–107; Hutter 2013c: 165f.

172 KBo 32.13; Neu 1996: 220–227.

173 Haas 1994: 406.

174 KBo 32.11 i 1–3 (Neu 1996: 30).

2.4.2 Lokale Kulte im hurritischen Raum und ihr Verhältnis zum hethitischen Staatskult

Es ist vorhin bei neuen Zentren wie Šamuḫa oder Šapinuwa gesagt worden, dass deren religiöse Vorstellungen z. T. als Neuerungen auf hurritische Importe zurückgehen, wobei solche Importe hurritischer Traditionen ab Tudḫaliya II. und Arnuwanda I. aktiv gefördert wurden, so dass in dieser Zeit Wechselwirkungen zwischen dem »hethitischen Staatskult« und hurritischen Traditionen eingesetzt haben. Allerdings ist dies kein Hinweis darauf, dass etwa mit den genannten Herrschern eine neue hurritische Dynastie in Ḫattuša an die Macht gekommen wäre,[175] denn die Könige setzen die herrschende Dynastie der althethitischen Zeit fort. Allerdings beginnt – unter diesen letzten Herrschern vor dem Großreich – die Entwicklung einer »dynastischen« Religion hurritischer Prägung, die sich in der Großreichszeit weiter verstärkt.

Die wichtigsten hurritischen religiösen Traditionen, die einen nachhaltigen Einfluss auf die Religion bei den Hethitern hatten, wurden den Hethitern durch hurritische Zentren in Kizzuwatna bekannt. Vorhin ist bereits die geographische Ausweitung des Kultes der »Göttin der Nacht« von Kizzuwatna nach Šamuḫa unter Tudḫaliya II. genannt worden (vgl. D 2.2.1.), wo der Göttin ein neuer Tempel errichtet wurde. Die wichtigsten Orte in Kizzuwatna waren Kummanni und Lawanzantiya. Kummanni wird in manchen Texten überhaupt mit Kizzuwatna gleichgesetzt, was die Bedeutung dieser Stadt ausdrückt. Wahrscheinlich kann Kummanni mit Sirkeli Höyük identifiziert werden, ein Ort, der noch in der hethitischen Großreichszeit bedeutungsvoll war, wie zwei dort erhaltene Felsreliefs zeigen, die Muwatalli II. und möglicherweise seinen Sohn Muršili III. darstellen.[176] Einer der ältesten Texte, die auf die religiösen hurritischen Praktiken verweisen, wird Palliya, dem König von Kizzuwatna am Beginn des 15. Jahrhunderts zugeschrieben. Die Variation der Ortsangaben als »Kizzuwatna« (KUB 7.20 i 1f.) bzw. »Kummanni« (KBo 9.115 i 1f.) in zwei Versionen des Rituals lässt sich am besten dadurch erklären, dass Kummanni die Hauptstadt von Kizzuwatna war. Das Ritual behandelt die Verehrung des Wettergottes durch den König als Erfüllung eines Gelübdes. Insgesamt hat dieses umfangreiche Ritual zur Verehrung des Wettergottes der Stadt wenigstens 13 Tage gedauert.[177] Neben dem Wettergott Teššub

175 Vgl. Klengel 1999: 113; Campbell 2016: 297f.

176 Zur wahrscheinlichen Identifizierung von Sirkeli Höyük mit Kummanni siehe Weeden/Ullmann 2017: 138f., 284. Die Zuweisung der Reliefs an die beiden genannten Könige ist aufgrund der detaillierten Untersuchung durch Marazzi/Bolatti Guzzo/Repola 2019 geklärt. Für die Reliefs vgl. auch Ehringhaus 2005: 95–101, 106f., der bei SİRKELİ 2 jedoch an eine Darstellung von Muwatallis Sohn Kuruntiya dachte. Für die beiden Reliefs und die damit verbundenen Bauwerke siehe Kozal/Novák 2017, die vorsichtig die Vermutung ausdrücken, dass das Relief und ein dazugehöriges Steingebäude eventuell das ^{na4}*ḫegur* für Muwatalli sein könnte, der eventuell auf dem Weg von Nordsyrien nach Tarḫuntašša in Sirkeli (Kummanni) verstorben sein könnte, so dass sein Totenkult an diesem Ort stattgefunden hat.

177 Edition des Textes durch Beckman 2013a; vgl. auch Haas/Wilhelm 1974: 43f.

sind seine Gattin Ḫebat, sein Bruder und sein Wezir Tenu die Gottheiten, die während der Zeremonien verehrt und mit Opfern versehen werden. Das Ritual beginnt mit der Bereitstellung von Wasser für Reinigungsriten, welches von sieben Quellen aus der Stadt Lawanzantiya geholt wird; dies zeigt zugleich die Bedeutung auch dieser Stadt für die hurritischen religiösen Vorstellungen. In der Liste der Götter von Kummanni, die in einem nur fragmentarisch erhaltenen Vertrag genannt sind, kann man noch einige Namen der »früheren« Götter als Zeugen für die Befolgung der Satzungen lesen (KBo 12.31 iv 10–13). Auch das – jedoch wiederum bereits die Situation der hethitischen Großreichszeit widerspiegelnde – Gebet Muwatallis an die Versammlung der Götter lässt deutlich erkennen, dass das Stadtpantheon von Kummanni klar der hurritischen Tradition verhaftet ist; u. a. werden der Wettergott von Kummanni und Ḫebat von Kummanni genannt, ferner der Wettergott des Berges Manuzi sowie Nikkal (NIN.GAL).[178]

Der Wettergott des Berges Manuzi und seine Partnerin Lelluri stehen im Mittelpunkt des *ḫišuwa*-Festes, das den Zweck hatte, dem Königspaar Gesundheit und Wohlergehen zu sichern.[179] Die vorliegenden am besten erhaltenen Texte stammen aus der Großreichszeit, aber das Fest geht auf eine mittelhethitische Vorlage zurück, jedoch ist der ursprüngliche Festverlauf im hurritischen Kontext Kummannis derzeit nicht genau rekonstruierbar. Die Rezeption des Festes am hethitischen Hof hat möglicherweise bereits unter Tudḫaliya II. begonnen. Das Fest dauerte acht Tage, wobei die Beschreibung des Festverlaufs und der Zeremonien insgesamt 13 Tafeln umfasst. Unter Puduḫepa erfuhr das Fest in der Mitte des 13. Jahrhunderts in Ḫattuša besondere Förderung, da die Königin erneut *ḫišuwa*-Traditionen und Festtexte aus Kummanni in die Hauptstadt bringen ließ.[180] Der Name des Festes hat nichts mit dem Išuwa-Land am oberen Eufrat zu tun, sondern könnte vielleicht mit dem göttlichen Adler Išuwa (Varianten: Ešuwa bzw. Ešue), der im Mittelpunkt von Ritualhandlungen der fünften Tafel der Version aus Ḫattuša steht, zusammenhängen.[181] Charakteristisch für das Fest ist dabei ferner, dass neben dem Wettergott von Manuzi weitere Götter des hurritischen Milieus in ihren Tempeln gefeiert werden: der lokale Nubadig des Ortes Bibita und derjenige des Ortes Zalmana, die mit der lokalen Dyade der Göttinnen Adamma und Kubaba verbunden sind, sowie Išḫa-

---

178 KUB 6.45 i 62–65. – Auch Muwatallis Gebet an den Wettergott von Kummanni nennt wiederum die hurritischen Götter dieses Zentrums. Interessant an diesem Text ist dabei Muwatallis Betonung, dass er den vernachlässigten Kult in der Stadt wieder reaktivieren will; dafür lässt er entweder in alten Überlieferungen nachforschen oder sich von alten Menschen über den früheren Kult beraten; vgl. die Übersetzung bei Singer 2002: 83f.; Daues/Rieken 2018: 415, 419.

179 Siehe Doğan-Alparslan 2020: 363f. mit weiterer Literatur.

180 Zum Festablauf des 13. Jh. vgl. Wegner/Salvini 1991: 6–11; Haas 1994: 848–851; Hutter/Hutter-Braunsar 2016: 294–298. – Charakteristisch für das Fest sind auch die typisch dem hurritischen Milieu zugehörigen Reinigungs- und Opferhandlungen mit Brand- und Vogelopfern, vgl. unten Abschnitt D.2.4.4.

181 Zu symbolischen Handlungen im Fest, die mit einem Adler oder einer Adlerfeder verbunden sind, vgl. auch Doğan-Alparslan 2020: 364–366, 369.

ra, Allani und Maliya. In dieser Zusammenstellung kommen die genannten Götter nur im *ḫišuwa*-Fest vor.[182] Da das Fest bereits in Kummanni eine zentrale Bedeutung für die religiöse Praxis hatte, diente die Feier in der hethitischen Hauptstadt wohl auch dazu, die hurritische Oberschicht Kizzuwatnas in die hethitische Politik einzubinden, ein Prozess, der zur Zeit Ḫattušilis und Puduḫepas noch verstärkt wurde.[183]

Lawanzantiya als weiteres religiöses Zentrum in Kizzuwatna dürfte mit Tatarlı Höyük zu identifizieren sein, d. h. in der Nähe des Amanus-Gebirges. Der Ort ist – unter der Lautung Luḫuza(n)tiya – schon in der Zeit der altassyrischen Handelskolonien bekannt und in althethitischer Zeit gehörte der Ort politisch zu Kizzuwatna. Die im Ritual des Palliya genannten Quellen der Stadt werden auch in anderen Ritualen genannt, um mit diesem Wasser Reinigungen durchzuführen, was die kultische Bedeutung des Ortes zeigt. Auch hier werden die zentralen hurritischen Gottheiten verehrt,[184] genannt werden mehrfach Ḫebat bzw. Šauška von Lawanzantiya; für erstere wurde dort jährlich ein großes Fest gefeiert (CTH 699). Ursprünglich dürften an der Spitze des lokalen Pantheons zwei »einheimische« Gottheiten gestanden haben, Ḫašigašnawanza und Mulliyara (KUB 6.45 i 76), die im Laufe der Ausbreitung hurritischer Vorstellungen nach Kizzuwatna mit hurritischen Göttern gleichgesetzt wurden. Die Bedeutung der Stadt wird im 13. Jahrhundert innerhalb des hethitischen Großreiches noch zusätzlich gesteigert, da die Königin Puduḫepa von dort stammt.

Ein weiterer wichtiger geographischer Bereich hurritischer Kultur, von dem Auswirkungen auf die Hethiter ausgegangen sind, ist Mukiš mit der am Orontes gelegenen Hauptstadt Alalaḫ. Die Stadt war seit dem späten 4. Jahrtausend besiedelt, wobei im 18. Jahrhundert Alalaḫ politisch zunächst in den Machteinfluss von Aleppo geriet, ehe die Expedition Ḫattušilis I. nach Nordsyrien die Stadt zerstörte. Um 1500 erreichte der hurritische Einfluss von Mittani über die Stadt Aleppo auch Alalaḫ, wobei Idrimi sowie sein Sohn und anschließend sein Enkel die politische Macht über Alalaḫ – allerdings unter der Oberherrschaft des Mittani-Reiches – ausübten. In Idrimis Inschrift wird als wichtigste Göttin der Stadt »*IŠTAR*, die Herrin von Alalaḫ« genannt, wobei die logographische Schreibung *IŠTAR* keine definitive Entscheidung ermöglicht, ob bei dieser Göttin an Šauška oder an Išḫara zu denken ist.[185] Neben dieser Göttin nennt die Inschrift auch den hurritischen Wettergott Teššub und Ḫebat als wichtige Götter der Stadt. Wenn man vom Zeugnis der aus Ḫattuša überlieferten Texte ausgeht, so scheint man in der Mitte des 2. Jahrtausends in Mukiš eigene – und bei den Hethitern beliebte – Ritualtraditionen gepflegt

---

182 Hutter/Hutter-Braunsar 2016: 299f. Doğan-Alparslan 2020: 372 zählt die im *ḫišuwa*-Fest genannten Gottheiten auf und verweist zutreffend darauf, dass viele der Gottheiten in anderen Kontexten nur selten vorkommen.

183 Hutter 2008: 81.

184 Zu den Gottheiten und Kulten der Stadt (in hethitischer Zeit) siehe v. a. Lebrun 1979; Wegner 1981: 172–174; Trémouille 1997: 110–119 sowie die Zusammenstellung der Texte, in denen Lawanzantiya seit der aass. Zeit genannt wird, bei Akdoğan 2019.

185 Vgl. Trémouille 1997: 51; Wegner 1981: 176f.; Prechel 1996: 164f.

zu haben.[186] Tulbiya, der Beschwörungspriester der Išḫara, wird mehrfach als »Verfasser« von hurritisch geprägten Ritualen, die in Ḫattuša gefunden wurden, genannt. Auch Gizziya, der »Mann aus Alalaḫ«, vermittelt – genauso wie Allaituraḫḫi aus Mukiš – Ritual- und Reinigungskompetenz aus diesem Gebiet an die Hethiter.

Solche Orte, in denen die hurritischen Traditionen gepflegt wurden, gehörten ursprünglich nicht zum hurritischen Milieu. Da unsere Quellen darüber jedoch fast ausschließlich aus der Perspektive der Hethiter (und mehrheitlich sogar erst von der Großreichszeit) stammen, kann man nicht mehr immer im Detail feststellen, ob diese Orte manchmal nur punktuelle Bedeutung hatten und lokal-autochthone Vorstellungen durch hurritisch-importierte Gedanken eventuell auch verändert wurden. Als Zentren, von denen hurritische Kultpraktiken an die Hethiter überliefert wurden, ist die Bedeutung dieser Orte jedoch nicht zu unterschätzen. Allerdings muss bei der Frage nach der Rezeption hurritischer religiöser Vorstellungen auch mit der Möglichkeit gerechnet werden, dass manches ohne Vermittlung über den nordsyrischen Raum direkt aus den östlichen hurritischen Gebieten zu den Hethitern gelangt sein kann.[187]

2.4.3 Zu einigen Kultakteuren und Kultakteurinnen

Texte aus dem hurritischen Milieu nennen einige Kultakteure und Kultakteurinnen, deren Herkunftsangaben sie in den kizzuwatnäischen oder nord(ost)syrischen Raum einordnen.[188] Auffallenderweise wird die Bezeichnung ^{LÚ}SANGA – im hethitischen Kontext als allgemeiner Begriff für Priester – in Texten des hurritischen Milieus kaum verwendet; eine Ausnahme ist der Priester Ammiḫatna. Mehrere dieser Akteure werden als ^{LÚ}ḪAL (Opferschaupriester; Seher) oder ^{LÚ}AZU (Opferschaupriester; Seher) bezeichnet, wobei beide Begriffe semantisch nahe beieinanderliegen, so dass eine exakte Abgrenzung der Aufgaben dieser beiden Akteure kaum möglich ist.[189] Zu ihren Aufgaben[190] gehört die Durchführung von Orakeln und die Eingeweideschau. Ein anderer Tätigkeitsbereich des ^{LÚ}AZU betrifft die Reinigung von Personen sowie Kultgegenständen, um dadurch bzw. danach Gottheiten herbeizurufen und ihnen Opfer darzubringen, wie mehrere erhaltene (Reinigungs-)Rituale zeigen, so etwa das im Zusammenhang mit der Stadt Šapinuwa genannte *itkalzi*-

---

186 Trémouille 1997: 51f., Strauß 2006: 210f.

187 Wilhelm 1982: 99.

188 de Martino 2017a: 156; vgl. auch Miller 2004: 488–492, 506–551; Haas 2003: 11–13. Auch einige Titel von Kultakteuren, die durch die Siegelabdrücke aus Kayalıpınar bekannt geworden sind, lassen sich mit dem kizzuwatnäischen Raum verbinden, siehe Müller-Karpe 2020a: 205.

189 Die semantische Nähe beider Logogramme zeigt sich schon daran, dass beide im Akkadischen als logographische Schreibungen für den *bārû*, den »Opferschauer«, verwendet werden.

190 Vgl. Görke 2010: 244–250. Für durch einen (in der Regel nicht namentlich genannten) ^{LÚ}AZU durchgeführte Reinigungsrituale siehe Salvini/Wegner 1986 und Haas 1984 für Texte zum *itkalzi*-Ritual.

Reinigungsritual eines AZU-Priesters. Die mit diesen Akteuren verbundenen Ritualanweisungen sind meist in der 3. Person Präsens verfasst und häufig sind die Akteure nur mit ihrem Titel – und viel seltener mit dem Namen – bezeichnet. Ein weiterer Kultspezialist ist der ^{LÚ}*purapši-*, wobei der Begriff möglicherweise eine hurritische Lesung des Logogramms ^{LÚ}AZU (und vielleicht auch ^{LÚ}ḪAL) ist. Einige wichtige solche Akteure sind Folgende: Mehrfach ist Ammiḫatna – teilweise gemeinsam mit Tulbiya und Madi – als Ritualspezialist genannt. Madi ist auch in einem anderen Ritual gemeinsam mit Dakuya und Ašnunigalli als Ritualakteur tätig.[191] Mehrere Beobachtungen sind dabei aufschlussreich: So wechselt gelegentlich die Herkunftsangabe zwischen Kummanni und Kizzuwatna, was erneut die wichtige Rolle der Stadt Kummanni innerhalb des kizzuwatnäischen Kultbetriebs belegt. Ferner wird Ammiḫatna in CTH 471 als ^{LÚ}SANGA der Išḫara charakterisiert, in CTH 472 jedoch gemeinsam mit seinen Kollegen Madi und Tulbiya als *purapši*-Priester bezeichnet. In einem zu CTH 473 gehörigen Ritual, in dem Madi mit Dakuya und Ašnunigalli gemeinsam agiert, haben alle drei Akteure ^{LÚ}AZU als »Berufsbezeichnung«. Ein weiterer namentlich genannter Kultakteur ist Papanigri, der ein Geburtshilferitual durchführt, um das Unheil, das möglicherweise durch das Zerbrechen des Gebärstuhls als Omen angekündigt ist, zu verhindern.[192] In diesem Ritual trägt er den Titel *patili*-Priester. Wenn man Papanigri mit dem in KBo 31.4++ gemeinsam mit Tulbiya und Madi genannten Papaniggi gleichsetzen darf, so liegt es nahe, dass dieser Kultakteur – so wie seine Kollegen – auch als *purapši*-Priester agiert hat. Weitere namentlich genannte Ritualspezialisten sind Gizziya, der »Mann aus Alalaḫ«, dem das so genannte Allanuwaššiya-Ritual[193] zugeschrieben wird (KUB 45.3+). Da in diesem Ritual ein AZU-Priester als hauptsächlicher Ritualfachmann agiert, könnte auch Gizziya ein AZU-Priester gewesen sein. Auch von einem gewissen Eḫal-Teššub, dem »Seher« (^{LÚ}ḪAL) aus Aleppo, ist bekannt, dass er verschiedene Rituale verfasst hat, wie aus dem sehr fragmentarisch erhaltenen Textstück KBo 53.41 und Einträgen in Inventarverzeichnissen (KUB 30.56 iii 10–13; KUB 30.51++ ii 14–17; KBo 31.27++ ii 15–18) hervorgeht.

Für Akteurinnen im Kult und bei der Durchführung von Ritualen findet sich wiederum der Titel ^{MUNUS}ŠU.GI, wobei jedoch trotz der gleichen logographischen Schreibung in hethitischen und luwischen Kontexten die Aufgaben dieser Kultakteurin nicht immer vollkommen identisch gewesen sein dürften. Solche Akteurinnen scheinen im hur-

191 Die entsprechenden Texte (CTH 471–473) hat Strauß 2006: 216–283 untersucht. Siehe auch die Übersetzung von CTH 471 durch Mouton 2016a: 282–319. Übereinstimmungen zwischen CTH 471 und der 10. Tafel des *itkalzi*-Rituals hat Strauß 2006: 149–188 diskutiert, was ebenfalls für die Charakterisierung von Ammiḫatna als AZU-/*purapši*-Priester sprechen könnte; vgl. dazu jedoch auch Gurney 1977: 45f. mit Anm. 6, der darauf hinweist, dass diese Zuschreibung nur möglich ist, wenn es sich bei den Nennungen von Ammiḫatna, aber auch von Madi, um ein und dieselbe Person handelt und nicht Namensgleichheit verschiedener Personen vorliegt.

192 CTH 476, siehe Strauß 2006: 284–309; vgl. auch Mouton 2016a: 253–282; Dies. 2008b: 95–109; Beckman 1983: 116–123.

193 Salvini/Wegner 1986: 263–275; vgl. auch Miller 2004: 506f.

ritischen Milieu weniger verbreitet gewesen zu sein als ihre luwischen Entsprechungen. Im Unterschied zu den männlichen Akteuren sind die Texte, die mit einer ^{MUNUS}ŠU.GI verbunden werden, häufig in der 1. Person Präsens formuliert und die Frauen werden meist namentlich genannt. Aštu hat ein umfangreiches Ritual verfasst (CTH 490), das ursprünglich angeblich sieben Tafeln umfasst hat (KUB 30.65+ iii 5f.). Die Charakterisierung als Hurriterin[194] sagt nicht präzise aus, ob sie aus Kizzuwatna oder Nord(ost)syrien stammt. Der Anfang des Rituals charakterisiert diesen Text als Ritual des »Aus der Erde Nehmens«, wobei auch anderen Akteurinnen Rituale dieses Typs zugeschrieben werden, u. a. der Luwierin Tunnawiya und der Maštigga aus Kizzuwatna.[195] Von Letzterer sind wenigstens vier verschiedene Rituale überliefert, am besten erhalten ist dabei ein Ritual, das im Falle von Streitigkeiten innerhalb einer Familie zur Wiederherstellung des gedeihlichen Zusammenseins durchgeführt werden soll.[196] Eine andere umfangreiche Ritualserie einer ^{MUNUS}ŠU.GI aus dem hurritischen Milieu stammt von Allaituraḫḫi aus Mukiš.[197] Die Serie umfasste sechs Tafeln, wobei verschiedene Versionen die Beliebtheit dieses Textensembles zeigen, das der Reinigung von einzelnen (behexten) Personen, aber auch des ganzen Hauswesens mit Gärten und Feldern diente. Das Ritual einer gewissen Ummaya[198] dient dem Wiedererlangen von Kriegs- und Waffenglück, wobei als Adressat, dem der Erfolg des durchgeführten Rituals zukommen soll, der hethitische König Muršili II. gemeint ist. Da der hethitische Text des Rituals äußerst schlecht erhalten ist und die (besser erhaltenen) hurritischen Partien noch immer schwer verständlich sind, sind weitere Detailaussagen über den Inhalt kaum möglich. Ein weiteres – ursprünglich mindestens neun Tafeln umfassendes – Ritual geht auf Šalašu zurück.[199] Da nur die achte Tafel erhalten geblieben ist, lässt sich kaum Näheres über den Inhalt sagen.

Fasst man diesen Überblick zu Kultakteuren und Ritualspezialistinnen im hurritischen Milieu zusammen, so wird einerseits die wichtige Rolle des ^{LÚ}AZU sowohl für Opfer- und Reinigungszeremonien deutlich, andererseits fällt zugleich auf, dass die ^{MUNUS}ŠU.GI als Spezialistin zur Beseitigung von Unreinheit deutlich seltener auftritt als männliche Akteure. Hierin lässt sich ein Unterschied zwischen der Bedeutung der ^{MUNUS}ŠU.GI im hurritischen gegenüber dem luwischen Milieu erkennen. Ebenfalls muss – als methodische Einschränkung – erwähnt werden, dass die hurritischen Rezitationen in diesen Kulttexten noch an vielen Stellen nicht (oder kaum) verständlich sind, was oft die Interpretation erschwert.

---

194 KUB 7.33 i 1: ^{MUNUS}ŠU.GI ^{URU}*ḫur-la-aš*. Zur Mehrdeutigkeit der Herkunftsangabe siehe Görke 2010: 273–275. Die grundlegende Textbearbeitung des Rituals stammt von Görke 2010: 31–160; vgl. auch Haas/Wegner 1988: 250–315.

195 Vgl. Görke 2010: 174–190; ferner Hutter 1988: 116–118.

196 CTH 404.1, bearbeitet von Miller 2004: 61–108; vgl. auch Mouton 2016a: 374–419. Für Maštiggas weitere Rituale siehe Miller 2004: 133–140, 144–152.

197 CTH 780, bearbeitet von Haas/Thiel 1978: 93–293; Haas/Wegner 1988: 48–208; ferner Mouton 2016a: 421–431.

198 CTH 779 bei Kümmel 1967: 141–147; Haas/Wegner 1988: 233–247.

199 CTH 788; Haas/Thiel 1978: 295–333; Haas/Wegner 1988: 208–232. Vgl. auch die Hinweise bei Kaynar 2019: 99–105.

2.4.4 Reinheit und Rituale zur (individuellen) Krisenbewältigung

Die Aktivitäten der meisten vorhin genannten Kultakteure und Kultakteurinnen betreffen die Durchführung von Ritualen zu Reinigungszwecken bzw. zur Überwindung von unerwünschten Zuständen, wie z. B. im Fall des Eḫal-Teššub (KUB 30.56 iii 10–13):

> Wort des Eḫal-Teššub, des Sehers von Ḫalab. Wenn (mit) einem Menschen seine Sklaven und seine Sklavinnen nicht übereinstimmen oder ein Mann und eine Frau nicht übereinstimmen oder ein Mann und eine Frau immer wieder für sich schlechte Träume sehen, wie man für Šauška das Ritual gegen Zwietracht und Behexung durchführt.

Grundsätzlich kann man dabei sagen, dass sich die Konzepte über Reinheit oder Verunreinigung im Hurritischen wenig von den luwischen und gesamtanatolischen Vorstellungen unterschieden haben. Man kann zunächst wieder die relevanten Termini nennen:[200] *itk-* »reinigen« mit der Nominalbildung *itkalzi-*; *parn-* »rein sein« sowie *šeḫl-* »rein sein«. Auch hier lassen sich semantische Übereinstimmungen zwischen den hurritischen und verschiedenen hethitischen Begriffen finden: *parn-* kann als eine Entsprechung zu *parkui-* gelten, da sich in der hurritischen Version des Allaituraḫḫi-Rituals und der hethitischen Version diese beiden Begriffe entsprechen (vgl. z. B. KBo 33.118 + KBo 23.23 Rs. 64f. mit VBoT 120++ i 20–22). Die Nominalbildung *itkalzi-* als Titel einer Ritualserie wird in einem Kolophon zu dieser Serie als *aiš šuppiyahhuwaš* »(kultische) Reinigung des Mundes« erläutert: »10. Tafel. (Die Serie) ist beendet; (nämlich) das Ritual *itkalzi* – Mundwaschung.«[201] Solche Beispiele zeigen die semantische Nähe der einzelnen Begriffe zueinander.

Die Bezeichnung »Mundwaschung« im Kolophon des *itkalzi*-Rituals zur Reinigung für das Königspaar Tudḫaliya III. und Taduḫepa, das in Šapinuwa und in Ḫattuša überliefert ist und wahrscheinlich im Zusammenhang mit der Eheschließung Tudḫaliyas zusammengestellt wurde, lässt sich mit R. Strauß mit den mesopotamischen »Mundwaschungsritualen« (*mīs pî*) vergleichen – allerdings mit einem Unterschied: Letztere dienen der Herstellung bzw. der Investitur eines neuen Kultbildes und haben die Intention, der Götterstatue »Leben einzuhauchen«. Genauso können »Mundwaschungen« in Mesopotamien bei der Renovierung einer Statue stattfinden, um sie wieder »kultfähig« zu machen. Der Vergleichspunkt zwischen der mesopotamischen und hurritischen Praxis liegt darin, dass diese Reinigung die Teilnahme am Kult und den Kontakt zur göttlichen Welt der »Reinheit« bzw. »Heiligkeit« erst möglich macht, so dass Strauß zusammenfassend betont:[202]

> Somit könnte auch das *itkalzi*-Ritual zum Zwecke der Wiederherstellung der rituellen Reinheit des Königspaares oder, statt einer Begründung, der (erneuten) Bestätigung und der Stabilisierung seiner Herrschaft zu vollziehen sein.

---

200 Wegner 2007: 257, 271, 276; Richter 2012: 114f., 301, 367–369. Vgl. zum Folgenden auch Hutter 2013a: 163.

201 KUB 29.8 iv 36f.; Haas 1984: 100; Strauß 2006: 151; vgl. auch den Kolophon zur dritten Tafel, FGH 21++ iv 38f.

202 Strauß 2006: 186. Zu mesopotamischen Traditionen der Mundreinigung siehe ebd. 181f. und v. a. Dick 2003–2005 mit weiterer Literatur; siehe auch Mouton 2008b: 65f.; Hutter 1996a: 85f.

Die traditionsgeschichtlichen Anklänge der hurritischen Praxis an mesopotamische Ritualistik lassen dabei nochmals erkennen, dass hurritische religiöse Traditionen teilweise Beziehungen zu Mesopotamien aufweisen und diese auch indirekt nach Kleinasien vermittelt haben.

Als Ort der Durchführung solcher Reinigungen ist häufig das *šinapši*-Gebäude[203] genannt, das »Entsühnungshaus«, wobei diese Deutung jedoch primär von der Funktion dieses Gebäudes bzw. Raumes innerhalb eines größeren (Kult-)Baus hergeleitet wird. Andere Lokalitäten, in denen solche Reinigungen, aber auch die daran zur Besänftigung oder Erfreuung der Götter durchgeführten Opfer stattfinden, werden als *ḫamri*- (Tempel(modell), Heiligtum) oder *purni-/pur(ul)li*- (Tempel, Haus) bezeichnet.[204] Ersteres ist mehrfach auch mit der Göttin Išḫara verbunden.

Eine Besonderheit der hurritischen Tradition sind Vogelopfer.[205] Sie finden sowohl im Zusammenhang mit Reinigungsprozessen statt als auch bei der Herbeirufung einer Gottheit, die sich von den Menschen abgewandt hat, wenn Reinheitsvorschriften missachtet wurden. Dabei sind die Empfänger solcher Vogelopfer in der Regel mit der Unterwelt verbundene Gottheiten, weil durch das Opfer die Unreinheit in die Unterwelt transferiert werden soll, so dass davon kein weiterer Schaden ausgehen kann. Die Form der Übermittlung des Unheils in die Unterwelt geschieht durch die Verbrennung eines Vogels, wobei Brandopfer innerhalb der Religionswelt Anatoliens bis ins 1. Jahrtausend auf Traditionen des hurritisch-nordsyrischen Milieus beschränkt sind.[206] Verbunden mit der Verbrennung eines Opfervogels zu Reinigungszwecken sind aber auch Blutriten (*zurgi*-), wobei der zu reinigende Gegenstand – oft im *šinapši*-Gebäude – mit dem Blut des geopferten Tieres bestrichen wird. Im Geburtshilferitual des Papanigri von Kummanni geschieht dies beispielsweise dadurch, dass Papanigri den Gebärstuhl und die Pflöcke, die zur Erleichterung des Geburtsvorgangs bereitgestellt sind, mit Blut bestreicht. Für dieses reinigende »Blutopfer« werden zwei Schafe und vier Vögel benötigt. Im weiteren Verlauf des Rituals werden ferner zwei Vögel für die Beseitigung von Verfehlung und Sünde und ein Schaf für die »Besänftigung« (*enumašše*) der Götter verbrannt.[207] Wird die Reinigung – ob im Ritual des Papanigri oder in anderen Fällen – nicht durchgeführt, bedeutet dies eine Schwächung der verunreinigten Person bzw. eine Vermehrung des Schadens, der von einem verunreinigten Gegenstand ausgeht. Um solche realen oder potenziellen Krisen zu beseitigen, dient das auch bei den Hurritern[208] weit verbreitete Bemühen um Bewahrung bzw. Wiederherstellung der Reinheit.

---

203 Siehe dazu Haas/Wilhelm 1974: 36–38; Richter 2012: 383–384.

204 Haas/Wilhelm 1974: 116–119; Richter 2012: 123f., 329f.; vgl. zur Verbindung zwischen Išḫara und *ḫamri*- auch Prechel 1996: 104f.

205 Vgl. Haas/Wilhelm 1974: 50–58, 137–139; Wilhelm 1982: 102; Haas 1994: 658–661.

206 Kümmel 1967: 23f.; Haas 1994: 661–664; Hutter 2019b.

207 KBo 5.1 i 25–27, ii 1–3; vgl. Strauß 2006: 296f.; Mouton 2008b: 103f.; Haas 1994: 665f. – Zu *enumašše* siehe Haas/Wilhelm 1974: 75–77; Richter 2012: 90f.

208 Vgl. allgemein Hutter 2013a: 171f.

3 Ein kurzes Zwischenresümee

Die hier skizzierten religiösen Veränderungen in Anatolien, die gegen Ende des 15. Jahrhunderts im größeren Stil begonnen haben, haben die Kontinuität der hattisch-hethitischen Vorstellungen der althethitischen Zeit nicht beendet, so dass grundlegende anatolische Traditionen auch in der Großreichszeit seit der Mitte des 14. Jahrhunderts weiter lebendig sind und teilweise sogar revitalisiert werden. Während somit ein Traditionsstrang während der rund ein halbes Jahrtausend andauernden hethitischen Religionsgeschichte vorhanden bleibt, sind Veränderungen und Neuerungen unübersehbar. Diese Neuerungen seit dem späten 15. Jahrhundert bilden – etwas verallgemeinernd – den zweiten Traditionsstrang der hethitischen Religion in der Großreichszeit, wodurch sich diese aber zugleich deutlich von der Situation in althethitischer Zeit unterscheidet. Wenn vorhin einige neue Zentren und zeitweilige Hauptstädte genannt wurden, so stellen diese innerhalb des religiösen Wandels eher ein Randphänomen dar: Es handelt sich um lokale Zentren, deren wechselhafte Bedeutung eher von politischen Gegebenheiten abhängt als von grundlegenden religionsgeschichtlichen Prozessen. Insofern konnten diese Zentren nie einen gleich hohen Status wie die alten »Kultstädte« Nerik, Arinna, Ziplanta und Ḫattuša erlangen. Ungleich entscheidender war jedoch der Aufstieg des männlichen Sonnengottes, der gegenüber der althethitischen Paarbildung zwischen der Sonnengöttin (von Arinna) und dem Wettergott (des Himmels bzw. von Ḫatti) eine Neuerung darstellt. Diese alte Paarbildung verschwindet zwar nicht, jedoch ändert sich in den Götterlisten der Staatsverträge als Zeugnisse der Staatsreligion seit der Mitte des 14. Jahrhunderts die Hierarchie: Der Sonnengott wird nunmehr in der Regel vor der Sonnengöttin von Arinna und dem Wettergott genannt, so dass keine geradlinige Kontinuität durch die Jahrhunderte bis ins Großreich besteht.

Die andere Veränderung ist durch die chronologisch weitgehend parallele Zunahme hurritischer und luwischer religiöser Vorstellungen markiert. Allerdings werden diese Traditionen in unterschiedlichen Kreisen rezipiert. Die Verbreitung luwischer religiöser Vorstellungen hängt mit der Zunahme des Einflusses der luwischen Sprache – und wohl auch Bevölkerung – im Kernland der Hethiter innerhalb des Halysbogens zusammen. Dadurch bleiben luwische religiöse Vorstellungen mit ihren luwischen »Trägern« verbunden, die diese religiösen Praktiken im hethitischen Kerngebiet durchführen, wobei Rituale, die dem Wohlergehen des Einzelnen oder der Gesellschaft dienen, auch von »Nicht-Luwiern« in der hethitischen Hauptstadt rezipiert worden sein dürften.[209] Anders stellt sich die Situation der Verwendung hurritischer religiöser Vorstellungen dar. Diese waren offensichtlich eng mit dem hethitischen Herrscherhaus verbunden; dies zeigt sich beispielsweise in der hurritischen Überlieferung in der zeitweiligen Hauptstadt Šapinuwa. Mit Dennis Campbell kann man daher zutreffend sagen, dass die hurritischen religiösen Vor-

---

209 Vgl. dazu Hutter 2003: 254–256. – Zur Verbreitung der luwischen Sprache und Bevölkerung im hethitischen Kerngebiet im 14. und 13. Jahrhundert siehe auch Yakubovich 2010: 304–308.

stellungen und Reinigungs- und Festrituale eng mit der (herrschenden) Oberschicht verbunden waren. Für die allgemeine Bevölkerung dürfte die hurritische religiöse Tradition genauso wie die hurritische Sprache jedoch kaum eine Rolle gespielt haben.[210] Denn es wurden aus dem kizzuwatnäisch-nordsyrischen Raum zwar religiöse Überlieferungen und (wenige) Kultspezialisten zur Ausführung der damit verbundenen Zeremonien ins hethitische Kernland transferiert, aber keine nennenswerten hurritischen Bevölkerungsteile. Darin liegt ein grundlegender Unterschied in der Rezeption luwischer bzw. hurritischer Religion in der anatolischen Religionsgeschichte.

Zusammenfassend zeigt sich, dass die Veränderungen, die in der Vor-Großreichszeit gegenüber der althethitischen Zeit sichtbar werden, unterschiedliche Ebenen »hethitischer Religion« berühren:[211] Die Rolle des Sonnengottes und die Etablierung einzelner (politischer) Zentren gehörten primär in den Bereich der »politischen Religion des hethitischen Staates«, die Übernahme hurritischer Religion ist auf die »dynastische Religion des Königshauses« beschränkt und die luwischen religiösen Vorstellungen geben auch Einblick in die »Religion der allgemeinen Bevölkerung«, soweit es sich dabei um Luwier handelt. Hinsichtlich der Religion der hattischen und hethitischen Bevölkerungsgruppen im Hethiterreich ist anzunehmen, dass ihre Vorstellungen tendenziell manchen Praktiken der »politischen Religion des hethitischen Staates« in vereinfachter Form[212] nahe standen, vielleicht aber auch unter nicht immer scharfer Abgrenzung gegenüber den anderen religiösen Milieus.

---

210 Campbell 2016: 300; vgl. auch de Martino 2017a: 158, der ebenfalls betont, dass das Hurritische im Wesentlichen auf die höfischen Kreise und damit verbundene Ritualakteure aus dem hurritischen Raum beschränkt war.

211 Zu dieser grundsätzlichen »Dreiteilung« von Religion im Hethiterreich, die das Resultat der Veränderungen und Neuerungen der Vor-Großreichszeit ist, siehe Hutter 2010: 410–413.

212 Vgl. Hutter 2010: 403–405; Ders. 2015a: 193f.

E Religion in der Großreichszeit

1 Eckpunkte der geschichtlichen Entwicklung

Die erste Hälfte des 14. Jahrhunderts ist jene Phase der hethitischen Geschichte, in der sich die Entwicklung des Großreiches bereits abzeichnete, da Šuppiluliuma I. (ca. 1355/50–1320) gemeinsam mit seinem Vater Tudḫaliya III. die Ausdehnung und Festigung der hethitischen Gebiete einleitete.[1] Dadurch erwies sich Šuppiluliuma als sehr erfolgreicher Feldherr. Jedoch haben nach Tudḫaliyas Tod die Prinzen (inklusive Šuppiluliuma) und Heerführer einem gewissen »Tudḫaliya dem Jüngeren« einen Eid geleistet. Dieser jüngere Tudḫaliya war wahrscheinlich der Kronprinz und eventuell sogar kurzfristig Nachfolger seines Vaters Tudḫaliyas III.; allerdings hat Šuppiluliuma ihn beseitigt und dadurch die Königsherrschaft an sich gerissen. Dass Šuppiluliuma nicht legitim an die Macht gekommen ist, klingt mehrfach in den so genannten Pestgebeten seines Sohnes und Nachfolgers Muršili II. an, der eine Seuche, die während dieser Zeit im Hethiterreich zahlreiche Opfer forderte, als göttliche Strafe für diesen »Staatsstreich« betrachtete.[2] In der Folge gelingt es Šuppiluliuma jedoch, durch Feldzüge im Westen gegen die Arzawa-Länder, im Norden gegen die Kaškäer und im Osten gegen Išuwa die Herrschaft im hethitischen Kernland zu stabilisieren. Dies bot auch die Möglichkeit, sich nach Syrien sowie nach Obermesopotamien gegen den Mittani-Staat zu wenden. Damit wurde der Grundstein für die bis zum Ende des Großreiches andauernde Präsenz der hethitischen Herrschaft über Nordsyrien gelegt, wobei der Großkönig seinen Sohn Piyaššili (mit dem hurritischen Thronnamen Šarri-Kušuḫ) in Karkamiš zum König einsetzte. Durch diese Expansion nach Syrien stießen ägyptische und hethitische Interessen hinsichtlich der Vormachtstellung in Syrien aufeinander. Die wachsende Macht der Hethiter veranlasste wahrscheinlich die Witwe des Pharao Tutanchamun, in einem Brief die Heirat mit einem hethitischen Prinzen von Šuppiluliuma zu erbitten. Nach Überprüfung des Anliegens wird rund ein Jahr später der Prinz Zannanza nach Ägypten geschickt; die Eheschließung kommt jedoch wegen der Ermordung des hethitischen Prinzen nicht zustande, worauf Šuppiluliuma gemeinsam mit dem Kronprinzen

---

1 Vgl. die detaillierte Darstellung der Rekonstruktion der historischen Ereignisse durch Klengel 1999: 147–168; Bryce 2005: 154–189; für die Auseinandersetzung mit Ägypten siehe auch Freu 2004: 33–47. Vgl. auch die von Šuppiluliuma geschlossenen Verträge (Beckman 1999: 26–58), die ebenfalls der Festigung des Reiches dienen sollen.

2 KUB 14.14+ Vs. 8–22 bei Daues/Rieken 2018: 368–371; Singer 2002: 61f.; vgl. zur historischen Einordnung Klengel 1999: 148f.; Bryce 2005: 205f.

Arnuwanda in Syrien einen Krieg gegen Ägypten beginnt und diesen siegreich beendet. Die Feindschaft zwischen Ägypten und den Hethitern bleibt in der Folge für mehr als ein halbes Jahrhundert bestehen. Auf dem Rückmarsch aus Syrien schleppen hethitische Truppen die vorhin schon erwähnte Seuche nach Kleinasien ein, an der in den folgenden Jahren zahlreiche Hethiter und Šuppiluliuma selbst sterben. Arnuwanda II. folgt für etwa zwei Jahre seinem Vater auf den hethitischen Thron und scheint ebenfalls an den Folgen der Seuche gestorben zu sein.

Da Arnuwanda anscheinend keinen Sohn hatte, wird der jüngste Sohn Šuppiluliumas, Muršili (ca. 1318–1290), neuer Großkönig.[3] Diese Situation nutzen die Nachbarn des Hethiterreiches, um gegen den unerfahrenen Herrscher Kriegshandlungen zu starten. In Annalen und Gebeten Muršilis betont er mehrfach, dass seine erfolgreiche Regierung aufgrund seiner kultischen Aktivitäten – vor allem für die Sonnengöttin von Arinna – möglich war, da er den Beistand der Göttin hatte; sein Vater habe hingegen die Feste der Götter nicht regelmäßig in Ḫattuša gefeiert, weil er auf Feldzügen unterwegs war. Muršili thematisiert als Ursache der mehr als zwei Jahrzehnte andauernden Seuche, dass diese als Strafe der Götter wegen Šuppiluliumas Vergehen gegen den jüngeren Tudḫaliya das Land getroffen hat. In militärischer Hinsicht muss sich auch er – ähnlich seinem Vater – gegen die Bedrohung aus allen Richtungen zur Wehr setzen. Durch Verträge mit von ihm eingesetzten Lokalherrschern gelingt es jedoch Muršili während seiner langen Regierungszeit, die hethitische Herrschaft über die Arzawa-Länder im Westen zu festigen. Durch die Loyalität von Šarri-Kušuḫ und dessen Sohn und Nachfolger Šaḫurunuwa als Unterkönige in Karkamiš kann auch der syrische Raum trotz gelegentlicher Unruhen und Aufstände kontrolliert werden. Innenpolitisch muss sich Muršili mit der Witwe Šuppiluliumas, die als AMA.DINGIR-Priesterin anscheinend auf manche Kreise auch politischen Einfluss hatte, auseinandersetzen. Ihr wird Bereicherung am Tempelbesitz und Schadenzauber gegen den König und die Königin vorgeworfen, so dass sie schließlich aus ihrem Priesterinnenamt entfernt und vom Hof verbannt wird. Trotz solcher innenpolitischen Schwierigkeiten geht der Regierungswechsel nach Muršilis Tod ohne Probleme vonstatten.

Da Muršilis ältester Sohn Ḫalpašulupi anscheinend vorzeitig verstorben war, wurde dessen jüngerer Bruder Muwatalli König und regierte ungefähr zwei Jahrzehnte lang.[4] Zu seinem jüngeren Bruder Ḫattušili, den er mit wichtigen Ämtern betraute, hatte Muwatalli zeitlebens ein gutes Verhältnis. Ḫattušili verwaltete das Obere Land

3 Klengel 1999: 178–201; Bryce 2005: 191–220; für verschiedene Verträge zwischen Muršili und lokalen Herrschern im Westen Kleinasiens siehe Beckman 1999: 69–86 sowie mit Piyaššili von Karkamiš siehe Beckman 2019: 34–36; vgl. ferner zur Diskussion bezüglich der geographischen Verhältnisse im Westen Heinhold-Krahmer/Rieken 2020: 256–261 sowie zu Šaḫurunuwa von Karkamiš ebd. 240–246. Auch aus verschiedenen Gebeten Muršilis (Singer 2002: 47–79; Daues/Rieken 2018: 364–402) lassen sich zahlreiche Informationen zu seinen Aktivitäten und deren religiöser Interpretation gewinnen.

4 Klengel 1999: 207–218; Bryce 2005: 221–245. Muwatalli regelt manche politischen Probleme ebenfalls durch Verträge mit den Nachbarn (Beckman 1999: 87–96), wobei wahrscheinlich bereits während seiner Regierungszeit der Einfluss des Großkönigs Tawagalawa von Aḫḫiyawa aus dem mykenischen und ägäischen Raum auf den Westen Kleinasiens einsetzte, vgl.

mit der wichtigen Stadt Šamuḫa, von deren Göttin Šauška er sich beschützt sah. In der Auseinandersetzung mit den Kaškäern und bei einem Syrienfeldzug unterstützte er seinen Bruder, so dass er nach der Rückkehr vom Syrienfeldzug von Muwatalli als lokaler König in Ḫakmiš eingesetzt wurde. Etwa zur Hälfte seiner Regierungszeit verlegte Muwatalli die Hauptstadt von Ḫattuša nach Tarḫuntašša in einem nicht genau zu lokalisierenden Gebiet im Süden. Wahrscheinlich spielten dafür die unsichere politische Lage aufgrund der andauernden Unruhen unter den Kaškäern sowie die größere Nähe zu Westanatolien und zum syrischen Raum eine Rolle. Auch kultische und religionspolitische Gründe dürften bei der Verlegung der Hauptstadt mitgewirkt haben, um religiösen Praktiken des luwischen sowie hurritischen Milieus im kizzuwatnäischen Raum mehr Gewicht zu geben. Die geographische Beachtung Syriens als Faktor der hethitischen (Außen-)Politik gewann dabei aufgrund der zunehmenden Spannungen mit Ägypten an Bedeutung, wobei letztere nach der Ermordung des vorhin erwähnten hethitischen Prinzen durch ägyptische Akteure in der Schlacht von Qadeš zwischen den beiden Großmächten gipfelten, anschließend aber auch von beiden Seiten das Bemühen sichtbar wurde, das Verhältnis zueinander nicht weiter eskalieren zu lassen.

Muwatalli wird von seinem Sohn Muršili III. beerbt.[5] Fast alle Quellen über Muršili stammen erst aus der Zeit Ḫattušilis und spiegeln dessen Sichtweise wider, der das rund sieben Jahre dauernde Königtum Muršilis durch eine Usurpation beendete. Nach der Thronbesteigung hatte Muršili die Hauptstadt wieder schnell nach Ḫattuša zurückverlegt, was den Einfluss von Ḫattušili im Norden des Hethiterreiches schwächte, da er als Lokalherrscher in Ḫakmiš auch Ḫattuša verwaltet hatte, solange Muwatalli in Tarḫuntašša regierte. Als Muršili die Macht Ḫattušilis weiter einschränkte, indem er ihm auch die Herrschaft über Ḫakmiš und die wieder erbaute Stadt Nerik entzog, rebellierte Ḫattušili gegen den Großkönig, schloss ihn in Šamuḫa ein und exilierte ihn nach Nordsyrien. Dass die Absetzung in Šamuḫa geschah, konnte Ḫattušili in seiner Propaganda günstig für sich auswerten, indem er dies nicht als sein Werk, sondern als Rechtsentscheid der Göttin Šauška von Šamuḫa zu seinen Gunsten darstellte.

Für die Aktivitäten des Großkönigs Ḫattušili III. (ca. 1265–1240) gibt es zahlreiche Quellen.[6] Bereits unter Muwatalli und Muršili hat er wichtige Ämter ausgeübt, wodurch er wahrscheinlich einen genügend großen Rückhalt in Teilen der hethitischen Oberschicht hatte, so dass seine Usurpation des Thrones auf keinen massiven Widerstand gestoßen ist. Noch vor seiner Thronbesteigung hatte er Puduḫepa, die Tochter eines Priesters aus Kizzuwatna, geheiratet, die stärker als andere hethiti-

---

zuletzt die Diskussion bei Heinhold-Krahmer/Rieken 2020: 135–143. Zur Auseinandersetzung mit Ägypten siehe Freu 2004: 135–148. Informativ für Muwatallis religionspolitische Aktivitäten sind zwei Gebete (Singer 2002: 80–95; Daues/Rieken 2018: 402–420).

5 Klengel 1999: 225–235; Bryce 2005: 252–259.

6 Klengel 1999: 254–273; Bryce 2005: 259–294; vgl. auch die Monographie von Ünal 1974 sowie Freu 2004: 149–163 für das Verhältnis zu Ägypten. Politische und religiöse Aktivitäten Puduḫepas spiegeln ferner eine Reihe von Texten der Großkönigin bzw. über sie wider, vgl. etwa Gelübde und Träume (de Roos 2007: 88–117) bzw. Gebete (Singer 2002: 101–105; Daues/Rieken 2018: 420–443).

sche Königinnen in die Politik eingegriffen und zur Stärkung hurritischer religiöser Traditionen am hethitischen Königshof im 13. Jahrhundert beigetragen hat. Durch eine innenpolitisch wichtige Aktion macht er Kuruntiya, einen Sohn Muwatallis und Bruder Muršilis III., zum König in Tarḫuntašša. Dadurch konnte er einen potenziellen Konkurrenten, der seine Usurpation hätte in Frage stellen können, von Ḫattuša fernhalten und zugleich eine zum Großkönig – aufgrund der engen Verwandtschaft – loyale Lokalherrschaft in Tarḫuntašša etablieren, die zusätzlich vertraglich[7] gesichert wurde. Die stabilen Verhältnisse in Tarḫuntašša halfen dabei, den hethitischen Herrschaftsanspruch im Süden und Südwesten Anatoliens gegenüber den so genannten Lukka-Ländern, gegenüber der von Piyamaradu im Westen geschürten Unruhe und gegenüber dem König von Aḫḫiyawa zu verdeutlichen.[8] Jedoch brachte die Stärkung von Tarḫuntašša mit sich, dass sich Kuruntiya – sowie Ini-Teššub von Karkamiš – zunehmend als eigenständiger Herrscher gebärdete, was zu einer impliziten, wenn auch nicht offiziellen Dreiteilung des hethitischen Bereiches mit dem Großkönigtum in Ḫattuša und den beiden untergeordneten, aber weitgehend eigenständig agierenden Königen in Tarḫuntašša und Karkamiš führte. Für die Stärkung der Außenpolitik trug aber maßgeblich bei, dass es Ḫattušili daran lag, das Verhältnis zu Ramses II. in Ägypten zu verbessern, was durch den Friedensvertrag zwischen den beiden Großmächten schließlich gelang. Dadurch wurde der seit Šuppiluliuma schwelende Konflikt zwischen Hethitern und Ägyptern, der in der Schlacht von Qadeš seinen Höhepunkt erfahren hatte, endgültig beigelegt.

Tudḫaliya IV. (ca. 1240–1215) wurde Ḫattušilis Nachfolger.[9] Die Thronfolge lief reibungslos ab, weil ein älterer (Halb-)Bruder Tudḫaliyas bereits von Ḫattušili aus der Stellung als Kronprinz entfernt und durch Tudḫaliya ersetzt wurde, der eventuell während der letzten Regierungsjahre Ḫattušilis auch als Mitregent fungierte. Tudḫaliya konnte sich dabei auch auf die uneingeschränkte Unterstützung durch die politisch aktive Puduḫepa verlassen. Ob Puduḫepa Tudḫaliyas Mutter war, ist ungewiss, aber wahrscheinlich. Die Entwicklung der Zersplitterung der Macht – verteilt auf die drei Zentren Ḫattuša unter Tudḫaliya, Tarḫuntašša unter Kuruntiya und Karkamiš unter Ini-Teššub und Talmi-Teššub – setzte sich unter seiner Regierungszeit fort. Dadurch blieb – indi-

---

7 Siehe den so genannten Ulmi-Teššub-Vertrag, der wohl von Ḫattušili mit seinem Neffen Kuruntiya (unter dessen hurritischem Namen) geschlossen wurde; zum Text siehe van den Hout 1995: 22–49; Beckman 1999: 109–113. Dieser Vertragsschluss wurde durch Ḫattušilis Nachfolger Tudḫaliya IV. durch einen weiteren Vertrag mit Kuruntiya (Otten 1988: 10–29; Beckman 1999: 114–124) bestätigt.

8 Die durch Piyamaradu hervorgerufene Konfliktsituation, in die der namentlich nicht bekannte Großkönig von Aḫḫiyawa als Nachfolger von Tawagalawa einbezogen wurde und die für Ḫattušili den Anlass bot, militärisch in den Westen Kleinasiens (und in das von Aḫḫiyawa beanspruchte Gebiet) vorzudringen, ist das zentrale Thema des so genannten Tawagalawa-»Briefes« (Heinhold-Krahmer/Rieken 2020), wobei die Kategorisierung als »Brief« unzutreffend ist (siehe ebd. 3f.), hier aber als konventionelle Bezeichnung beibehalten wird; vgl. auch die Übersetzungen in TUAT.NF 3: 240–247 (J. Miller), ferner Hoffner 2009: 296–313 und Beckman/Bryce/Cline 2011: 102–119.

9 Klengel 1999: 285–297; Bryce 2005: 295–325; vgl. auch den vorhin genannten Vertrag mit Kuruntiya.

rekt über Karkamiš bzw. Tarḫuntašša – die Kontrollmöglichkeit über Teile Nordsyriens und (süd)westlich an das Untere Land anschließende Gebiete erhalten. Allerdings konnte das erstarkende assyrische Reich gegen Ende der Regierung Tudḫaliyas bis ins Gebiet von Išuwa vordringen und den Zusammenhalt des hethitischen Großreiches dadurch gefährden.

Nach Tudḫaliyas Tod wurde sein Sohn Arnuwanda III. Herrscher in Ḫattuša, doch scheint er nach einer kurzen Regierung kinderlos verstorben zu sein. Sein Nachfolger wurde Šuppiluliuma II. als – nach heutigem Kenntnisstand – letzter hethitischer Großkönig, der noch rund zwei Jahrzehnte an der Macht bleiben konnte.[10] Die Wertschätzung für seinen Vater Tudḫaliya zeigte Šuppiluliuma in mehrfacher Weise, indem er für diesen nicht nur im »beständigen Felsheiligtum«, wahrscheinlich einer Kultstätte zur Verehrung der (königlichen) Ahnen, eine Statue errichtete, sondern möglicherweise auch die so genannte Kammer B in Yazılıkaya für den Totenkult für Tudḫaliya ausbauen ließ. Allerdings war die Regierungszeit durch Unruhen, die schon unter seinem Vater begonnen hatten, belastet. Talmi-Teššub verselbstständigte sich – trotz vertraglicher Bindung an den Großkönig – immer stärker, und auch mit Unruhen auf Zypern sowie in den westlichen Randgebieten des Großreiches musste sich Šuppiluliuma auseinandersetzen – als Ausdruck des schrittweisen Zerfalls der Zentralmacht.

Was den endgültigen Zusammenbruch des Großreiches bewirkt hat, ist teilweise unklar. Bis in die 1970er Jahre ist die Forschung[11] meist von äußeren feindlichen Angriffen ausgegangen, die zur Zerstörung von Ḫattuša geführt haben sollen. Der archäologische Befund, der im späten 20. Jahrhunderts sichtbar wurde, machte jedoch deutlich, dass Ḫattuša bereits verlassen war, als einzelne Feuer den Untergang der ehemaligen Hauptstadt bewirkten.[12] Anscheinend wurde die Stadt von Seiten des Königshauses inklusive der in der Verwaltung und wohl auch (militärischen) Sicherung der Stadt tätigen Personen während der Regierungszeit Šuppiluliumas aufgegeben, wobei Nützliches und Wertvolles abtransportiert wurde. Mit oder nach dem Abzug der »Staatsführung« verließen die damit verbundenen Fachleute für den Staatskult, aber auch Händler oder spezialisierte Handwerker die Hauptstadt, so dass nur noch eine geringe Zahl von Bewohnern in einer schutzlosen und ökonomisch geschwächten Stadt zurückblieb. Ob dabei einzelne Brände durch Schadenfeuer entstanden sind und von der Restbevölkerung bewusst an offiziellen Gebäuden gelegt wurden, ist nicht mehr entscheidbar. Dieses Szenario des Verfalls der aufgegebenen Hauptstadt ließ die Restbevölkerung teilweise ebenfalls abwandern, und neue Bevölkerungsgruppen teilweise kaškäischer Provenienz haben sich im Verlauf des 12. Jahrhunderts – allerdings mit bescheidener materiel-

---

10 Klengel 1999: 298–300, 305–308; Beckman 2019: 36–40. Die umfangreiche hluw. Inschrift SÜDBURG aus Ḫattuša wird von Hawkins 1995 ebenfalls Šuppiluliuma zugeschrieben; möglicherweise stammt diese Inschrift aber bereits von Šuppiluliuma I.

11 Einen Überblick zu den seit dem 19. Jahrhundert in der Forschung genannten Ursachen für den Zusammenbruch des Hethiterreiches bietet Alaura 2020. Eine übersichtliche Abwägung der verschiedenen Faktoren, die – in unterschiedlicher Gewichtung – zum Ende des Großreiches beigetragen haben, liefert de Martino 2018.

12 Seeher 2001; Ders. 2010; vgl. auch Schachner 2011: 112f.; de Martino 2018: 24f.; Bryce 2019: 53–56.

ler Kultur – im Gebiet der Stadt Ḫattuša angesiedelt. Diese politischen, wirtschaftlichen und demographischen Veränderungen sind die Ursache dafür, dass hethitische Traditionen in diesem Raum nicht weiterbewahrt geblieben sind.

Das Verlassen der Hauptstadt durch Šuppiluliuma hat zwar den »Untergang« von Ḫattuša besiegelt, aber es handelt sich dabei nicht um die unmittelbare Ursache für den Zusammenbruch des Hethiterreiches, der durch verschiedene Faktoren bedingt ist.[13] Die historische Entwicklung des Großreiches hat seit der Mitte des 13. Jahrhunderts durch die zunehmende Stärkung der mit der Dynastie in Ḫattuša verwandten, aber immer mehr eigenständig agierenden Könige in Tarḫuntašša und Karkamiš nicht nur eine Dezentralisierung der Macht erfahren, sondern dadurch auch den Gesamtbestand des einheitlichen Großreiches geschwächt. Dies haben – in einer Art Domino-Effekt – lokale Herrscher an der Peripherie des Großreiches genutzt, um ihre untergeordnete Stellung zum Großkönig nicht mehr unhinterfragt zu lassen, was zu politisch-militärischen Unruheherden führte. Neben solchen »hausgemachten« internen Ursachen spielten ökologische und ökonomische Faktoren mit Missernten und Hungersnöten sowie daraus resultierender wirtschaftlicher Schwächung ebenso eine Rolle für die De-Stabilisierung des Hethiterreiches. Diese Faktoren betrafen weite Teile der Levante, was zu Migrationsbewegungen führte, die sich besonders auf die Küstengebiete des Hethiterreiches am Mittelmeer auswirkten. Die Summe dieser Faktoren mag für Šuppiluliuma den Ausschlag gegeben haben, die symbolträchtige, aber politisch im frühen 12. Jahrhundert eher am nördlichen Rand des hethitischen Gebietes liegende Hauptstadt zu verlassen und die Macht an einen strategisch günstigeren Ort zu verlagern. Wo diese neue Hauptstadt lag, ist unbekannt. Berücksichtigt man jedoch das Weiterleben hethitischer Traditionen vor allem im Unteren Land sowie in Kizzuwatna und im Grenzgebiet zu Nordsyrien, ist eine »Südverlagerung« der Herrschaft Šuppiluliumas wahrscheinlich, die jedoch keinen Fortbestand des Hethiterreiches gewährleisten konnte.

2 Vielfalt, Synkretismus und Abgrenzungsprozesse der Religion in der Großreichszeit

Das etwas mehr als eineinhalb Jahrhunderte existierende Großreich stand sowohl in freundschaftlichem als auch spannungsgeladenem Kontakt zu den Nachbarn. Dadurch wurde die schon in der Vor-Großreichszeit beginnende Pluralisierung der religiösen Traditionen fortgesetzt bzw. wurden alte Traditionen revitalisiert. Die starke Orientierung am syrischen Raum verstärkte – im Kontext des Königshauses – hurritische religiöse Praktiken. Die Wechselwirkungen zwischen dem hethitischen

---

13 de Martino 2018: 28–37; siehe dazu u. a. auch schon Klengel 1999: 309–312. – Die Rolle der so genannten »Seevölker« ist dabei sicherlich nur einer der Faktoren, die mit dem politischen Ende des hethitischen Großreiches zu verbinden sind, wobei die Annahme, dass die »Seevölker ein militärisches Bündnis westanatolischer und damit luwischer Kleinstaaten waren« (Zangger/Mutlu/Müller 2016: 75), unzutreffend ist.

Zentrum mit dem Unteren Land, Arzawa und dem Westen Anatoliens erweiterten das luwische religiöse Milieu im Blickfeld der Hethiter. Genauso führten die Bemühungen, die alte Kultstadt Nerik wieder unter hethitischen Einfluss zu bringen, zu einer Rückbesinnung auf hattische Traditionen, die mit dem Wettergott von Nerik verbunden waren, aber auch in anderen lokalen Kulten nie ganz verschwunden waren. Dadurch stehen die religiösen Verhältnisse der Großreichszeit immer in einer Spannung zwischen der Angleichung verschiedener Traditionen und dem Bemühen um Abgrenzung, um »Hethitisches« von »Nicht-Hethitischem« auch zu unterscheiden – eine religionsgeschichtliche Konsequenz des ständigen Kontaktes zwischen dem hethitischen Kernland und den »Randgebieten« im Süden, Westen und Nord(ost)en.

2.1 Die Götterwelt als Widerspiegelung gesellschaftlicher Prozesse

Ein Charakteristikum der Religionen Anatoliens ist die große Zahl von Göttern, worauf häufig mit der Rede von »allen Göttern« oder von den »tausend Göttern« des Hethiterreiches Bezug genommen wird, wobei die Vorstellung wahrscheinlich aus dem hattischen Milieu rezipiert wurde.[14] So wünscht beispielsweise der Schreiber eines Briefes aus Maşat Höyük seinem Vater und seiner Schwester am Ende des Briefes Folgendes:[15] »Bei euch möge alles gut sein. Die 1.000 Götter sollen euch in Güte beschützen!« Aber auch als Garanten bei Vertragsabschlüssen können diese Götter genannt werden, wenn es beispielsweise im Vertrag zwischen Ḫattušili III. und Ulmi-Teššub von Tarḫuntašša heißt:[16] »In dieser Angelegenheit sollen ... die 1.000 Götter des Landes Ḫatti Zeugen sein.« Auch wenn es sich dabei um eine runde Zahl für alle Götter handelt, ist zu betonen, dass die Texte der Großreichszeit eine äußerst große Zahl von Götternamen bezeugen. Jedoch ist dabei zweierlei zu beachten: Diese Götter gehören zu höchst unterschiedlichen kultischen Milieus seit der althethitischen Zeit und ferner beziehen sich die vielen Götternamen auch auf zahlreiche lokale Gottheiten bzw. auf Götter jener Nachbarstaaten, mit denen die Hethiter im politischen Kontakt standen, die aber nicht zu den Göttern der »Hethiter« gehörten. Dadurch ist die große Zahl ein Resultat historischer Entwicklungen und nicht ein substanzielles Charakteristikum der Religion der Großreichszeit. Bei einem mechanischen Addieren aller in den Texten genannten Götternamen kommt man zwar durchaus nahe an 1.000 heran, allerdings wurden diese Götter nie in allen Milieus des Hethiterreiches verehrt. Somit sollte man die Zahl der »1.000 Götter« primär als Symbolwert für die Gesamtheit der Gottheiten bewerten, die dem Land wie auch dem Einzelnen Schutz und Wohlergehen gewähren, und nicht

---

14 Im hattisch-hethitischen Bauritual KBo 37.1 ist bereits von den »1.000 Göttern« die Rede, vgl. die sprachliche Diskussion von Schuster 2002: 244–247. Zu den »1000 Göttern« der Hethiter siehe auch Singer 1994: 90–93.

15 HKM 60 Rs. 30–31, vgl. Hoffner 2009: 212.

16 KBo 4.10 Vs. 48f., vgl. van den Hout 1995: 38f.; Beckman 1999: 111.

als reale Zahl. Damit keine Gottheit unberücksichtigt bleibt, ist manchmal pauschal von »allen Göttern« die Rede. Erwähnenswert ist in diesem Zusammenhang ein Gebet von Muršili II., das mit einer Liste der Götter beginnt, an die sich der König wendet, bevor er die Vergehen gegenüber Ägypten bekennt. In dieser Götterliste zu Beginn des Gebets ruft der königliche Beter alle Götter geordnet nach »Typen« bzw. entsprechend ihrer Funktion an:[17]

> [...] Son[nengott des Himmels, Sonnengöttin von Arin]na, Mezzulla[, Zinduḫiya,] Wettergott von Ḫatti, [Wettergott von Zippa]lanta, [...] Šeri, Ḫurri, [...], alle Wettergötter, [...], Ḫebat von Kummanni, [al]le [Ḫebat-Gottheiten,] Ḫalki, alle [...], [...], Ḫebat, alle Könige, [Schu]tzgott, [Schutz]gott [von Ḫat]ti, alle Schutzgottheiten, Ištar, [Ištar des Feldes] der Majestät, Ištar von Šamuḫa, a[lle] Ištar-Gottheiten, Telipinu, alle Telipinu-Gottheiten, Zababa, alle Zababa-Gottheiten, Sonnengöttin der Erde, Lelwani, Pirwa, Marduk, Iyarri, Ḫašamili, Schicksals- und Muttergöttinnen, alle männlichen Götter der Versammlung, alle weiblichen Göttinnen der Versam[m]lung, Ort der Versammlung, Ort des Gerichts, der O[rt], an wel[chem] die Götter (gerade) zur [V]er[sam]mlung (zusammen)treten.

Die Charakterisierung der Vorstellung über Götter – besonders der Großreichszeit, im Prinzip aber genauso bereits in den früheren Epochen, wie oben zu Göttern der althethitischen Zeit mit dem hattischen Milieu sowie zu den Göttern des luwischen bzw. hurritischen Milieus gezeigt wurde – kann man folgendermaßen beschreiben.[18] Götterlisten oder Opferlisten sowie mythologische Erzählungen mit einem »strukturierten« Pantheon erlauben folgende Rückschlüsse auf Gottesvorstellungen: Götterbeschreibungen orientieren sich in Kleinasien an der »menschlichen« Umwelt, d. h. auch die Götterwelt ist prinzipiell monogam konzipiert, was der gesellschaftlichen Situation einer Ehe mit einer »Hauptfrau« entspricht. Ebenfalls analog zu menschlichen Familien werden meist nur drei Generationen genannt. Beispielsweise wendet sich der Vater des Wettergottes in einem Mythenfragment, in dem es um die Suche des verschwundenen Wettergottes geht, an dessen Großvater um Rat, wo sich der Wettergott aufhalten könnte (KUB 33.22+ ii 30–36). Dass vergleichbare Vorstellungen auch für Götter gelten, die aus dem hurritischen Milieu stammen und in der Großreichszeit in Ḫattuša populär waren, zeigt sich für die Familie Ḫebats mit ihrem Sohn Šarruma und ihren Enkelinnen Alanzu und Kunzišalli. Genauso orientiert sich die Struktur der Götter(familien) an »menschlichen« Haushalten, so dass manchen Göttern Wesire als Diener beigegeben sind.

Ein weiterer Aspekt der Göttlichkeit sind die fehlende Allwissenheit und Allmacht der Götter.[19] In den Mythentraditionen um eine verschwundene Gottheit wissen die anderen Götter nicht, wo sich der Verschwundene verborgen hält. Genauso ist die Macht der Götter relativ – es gibt »starke« und »machtvolle« Götter, wie den Wettergott, der mit einer »starken« Waffe ausgestattet ist. Zugleich zeigt

---

17 KUB 31.121+ i 1'-22' (E. Rieken et al. (Hg.): hethiter.net/: CTH 379, Kolon 1–6); vgl. auch Singer 2002: 66f. sowie Ders. 1994: 90.

18 Vgl. Wilhelm 2002: 59f.; Haas 1994: 300–302.

19 Wilhelm 2002: 60–64.

aber der Illuyanka-Mythos, dass auch der mächtige Wettergott durchaus der Hilfe bedarf, um Illuyanka zu überwinden.

2.1.1 Staatspantheon

Die Veränderung der religiösen Situation zu Beginn des entstehenden hethitischen Großreiches spiegelt sich in einer Umgestaltung des »Staatspantheons« wider. Götter, die schon in althethitischer Zeit zu den Göttern des Staates gehörten, bewahren teilweise ihre Position, und der Aufstieg des männlichen Sonnengottes fügt sich in das Staatspantheon ein. Anders ist es jedoch hinsichtlich der luwischen und hurritischen Gottheiten, die nicht allgemein in das Staatspantheon einbezogen werden. Wichtige Quellen für das offizielle Staatspantheon sind die Eidgötterlisten in Staatsverträgen, die die »hethitischen« Götter und die »fremden« Götter des Vertragspartners als Zeugen für die Befolgung der Vertragsbestimmungen nennen. Die Aufzählung letzterer Gottheiten ist deutlich kürzer als diejenige der Götter des Staatspantheons. Gegenüber der älteren Zeit ist für das Staatspantheon zu betonen, dass auch Götter von vormals nur lokalen Kulten teilweise in das Staatspantheon einbezogen wurden. Die Entfaltung dieses Staatspantheons hängt mit der Entwicklung und Zunahme der politischen Macht des hethitischen Großreiches zusammen, wobei es im Wesentlichen bereits unter Šuppiluliuma I. geformt und geordnet war.[20] Im Vertrag dieses Königs mit Ḫuqqana von Ḫayaša in Nordost-Anatolien werden folgende Götter als Zeugen des Vertragsschlusses genannt:[21]

> Den Sonnengott des Himmels, die Sonnengöttin von Arinna, den Wettergott des Himmels, den Wettergott von Ḫatti; den Wettergott von Ḫalap, den Wettergott von Arinna, den Wettergott von Zippalanda, den Wettergott von Šapinuwa, den Wettergott von Nerik, den Wettergott v[on Ḫi]ššašḫapa, den Wettergott von Šaḫpina, den Wettergott des Heerlagers, den Wettergott von Ud[a,] den Wettergott von [Kizz]uwatna, den Wettergott von Pitteyarik, den Wettergott von Šam[uḫa, den Wettergott von Šar]išša, den Wettergott von Ḫurma, den Wettergott von Liḫzina, den Wettergott vo[n ...-n]a, den Wettergott von Ḫullašša, die Ḫebat von Uda, die Ḫebat von Kizzu[wat]na, die Schutzgottheit, die Schutzgottheit von Ḫatti, Zitḫariya, Karzi, Ḫapantalliya, die Schutzgottheit von Karaḫna, die Schutzgottheit des [Fel]des, die Schutzgottheit der Jagdtasche, Ea, *IŠTAR*, die *IŠTAR* des Feldes, die *IŠTAR* von Ninive, die [*IŠTAR*] von Ḫattarina, *IŠTAR*, die Königin des Himmels, Ninatta, [Kuli]tta, Zababa, Zababa von Ellaja, Zababa von A[rziya,] alle [Göt]ter des Heerlagers, *MARDUK*, *ALLATU*, die Sonnengöttin der Erd[e,] Ḫuwaššanna [vo]n Ḫubešna, A[para] von Šamuḫa, Ḫantitaššu [von Ḫurma,] Kataḫḫa von Ankuwa, [Ammamma v]on Taḫurpa, die Königin von Katapa, Ḫallara von Dunna, die *lu*[*laḫḫe*-Gottheiten, die *ḫap*]*iru*-Gottheiten, alle Gottheiten der Stadt Ḫattuša, die [...]-Göt[ter] des Landes, die Gottheiten des Himmels, die Gottheiten der Erde, die Berg[e, die Flüsse, die Quellen, die Wolke]n, Himmel (und) Erde, das große Meer: [Sie (alle) sollen Zeugen sein, und [sie sollen (es) sehen!]

---

20 Taracha 2005: 95; Schwemer 2006: 244f.

21 KBo 5.3 i 41–59 (G. Wilhelm (Hg.): hethiter.net/: CTH 42); vgl. Beckman 1999: 28f. sowie die Zusammenstellung von Schwurgötterlisten bei Taracha 2005: 101–104.

Im Prinzip wird diese Struktur der Götterliste in anderen Verträgen beibehalten: Angefangen mit den beiden Sonnengottheiten, dann kommen die Wettergötter, schließlich die Schutzgötter (und die Gruppe der *IŠTAR*-Šauškas), danach die Kriegsgötter, gefolgt von Göttern der Unterwelt. Es folgt – in geographischer Reihenfolge, die teilweise nach der Herkunft des Vertragspartners variieren kann – die Aufzählung lokaler Götter sowie die Nennung »fremder« Götter. Abgeschlossen wird die Liste mit Bergen, Flüssen und anderen Naturerscheinungen.[22]

Somit setzt das Staatspantheon im Kern zunächst die schon in althethitischer Zeit sichtbare Dreierstruktur »Sonnengottheit – Wettergott – Schutzgottheit« fort, erweitert um die Göttinnen vom *IŠTAR*-/Šauška-Typ und den Kriegsgott. Diese Struktur bleibt bis zum Ende der Hethiterzeit erhalten.[23] Die genannten Götter sind die »Götter von Ḫatti« aus der Perspektive der Politik, woran sich lokale Gottheiten anschließen. Charakteristisch für das »Reichspantheon« ist dabei ferner, dass der Sonnengott des Himmels vor der Sonnengöttin von Arinna genannt wird. Denn der Sonnengott des Himmels gilt als derjenige, der die Götterversammlung einberuft, wodurch er die (hierarchische) Ordnung der himmlischen Götterwelt gewährleistet. Wenn er in den Verträgen an erster Stelle genannt ist, soll diese »Ordnungsfunktion« auch auf der Erde – durch den Vertrag – wirken, wobei der König durch den Vertragsabschluss ein irdischer Vertreter des Sonnengottes ist, von dem Ordnung und Wohlergehen des Landes ausgehen. In Götterlisten außerhalb des (politischen) Staatspantheons steht hingegen die Sonnengöttin von Arinna vor dem Sonnengott des Himmels, so etwa, wenn die großen Götter des Hethiterreiches als Helfer des Königs in militärischen Unternehmungen angerufen werden.

Weiteren Aufschluss, welche Götter zum hethitischen »Staatspantheon« gerechnet wurden, gibt die umfangreiche Götter- und Opferliste im Gebet Muwatallis II. an die Götterversammlung (KUB 6.45) aus dem frühen 13. Jahrhundert.[24] Dabei ist zu erwarten, dass dieses Gebet »alle« Gottheiten des Staatskults nennt, so dass es für das Verständnis des »Staatspantheons« aufschlussreich ist, welche Gottheiten in diesem Gebet nicht genannt sind. Unmittelbar fällt auf, dass – trotz des hurritischen Einflusses auf das Königshaus – in den drei Listen von Gottheiten in diesem Gebet die aus den mythologischen Überlieferungen des hurritischen Milieus bekannten Götter fehlen, so etwa Teššub und sein Bruder Tašmišu. Mehrfach werden – mit dem Logogramm *IŠTAR* – Göttinnen einzelner Orte erwähnt; damit sind lokale Göttinnen bezeichnet, die den »*IŠTAR*-Typ« repräsentieren, aber es handelt sich nicht um die hurritische Šauška. Lediglich die in Kizzuwatna populäre Ḫebat ist gemeinsam mit ihrem Sohn Šarruma genannt. Daraus kann man ableiten, dass – trotz des Kultureinflusses und der Verehrung hurritischer Götter im Königshaus – die politische Theologie des Hethiterreiches die hurritischen Götter nicht zum Staatspantheon gezählt hat. Gleiches gilt für die luwischen Götter, die trotz des luwischen Bevöl-

---

22 Zur Bedeutung von Flüssen und Flussgottheiten siehe Gerçek 2020: 261–269.

23 Schwemer 2006: 250f.

24 Die Interpretation folgt Singer 1996: 161–177; vgl. die Übersetzungen ebd. 31–45; Ders. 2002: 86–94; Daues/Rieken 2018: 402–411.

kerungsanteils und der Verwendung der luwischen Sprache in Ḫattuša und in anderen Teilen des Hethiterreiches nicht als »Götter des hethitischen Staatspantheons« verstanden wurden, sondern ethnisch gebundene Götter geblieben sind. Sieht man genauer auf die Götterlisten in diesem Gebet Muwatallis an die Versammlung der Götter, so folgen nach einer ersten kurzen Liste der Anrufung der Götter von Ḫatti (KUB 6.45 i 10–19) drei weitere Aufzählungen von Göttern: Die lange Liste (i 37-iii 12) wendet sich an alle Götter des Landes, danach folgen am Ende des Textes zwei Opferlisten, die nochmals alle Götter von Ḫatti (iv 1–44) und die Götter des Landes (iv 49–55) nennen. Aus dem Vergleich der vier Listen ergeben sich einige Schlussfolgerungen:[25]

1. Die Übereinstimmungen der kurzen Liste am Beginn des Textes und der ersten Opferliste mit den Göttern von Ḫatti sind nicht zu übersehen: Die führende Position gehört dem Sonnengott des Himmels und der Sonnengöttin von Arinna, dann folgt – jedoch nur in der Opferliste – der Wettergott des Blitzes (^{D}10 *piḫaššašši-*), der der persönliche Gott des Königs ist.[26] An nächster Stelle steht der Wettergott des Himmels mit Ḫebat, die oft mit der Sonnengöttin von Arinna gleichgesetzt wird. Anschließend nennt die Liste den Wettergott von Ḫatti, den Wettergott von Zippalanda, schließlich die beiden Stiere Šeri und Ḫurri, die Begleiter des Wettergottes, und die Götter, Göttinnen, Berge und Flüsse von Ḫatti. – Blickt man von diesem hethitischen Pantheon zurück in die althethitische Zeit, so ist die Umgestaltung augenfällig: Die führende Position hat der Sonnengott, während der Wettergott etwas zurückgetreten ist; d. h. die alte Paarbildung »Wettergott (von Ḫatti)« und Sonnengöttin von Arinna ist offiziell nicht mehr relevant und durch eine neue Paarbildung Sonnengott (des Himmels) und Ḫebat typologisch ersetzt. Dass der Wettergott des Blitzes hier ebenfalls eine hohe Stellung gewonnen hat, hängt mit der persönlichen Religiosität des Herrschers zusammen und ist daher eine individuelle Neuerung.
2. Die lange Liste entspricht zu Beginn (i 37–60) in der Grundstruktur der Aufzählung der »Götter von Ḫatti«, ist allerdings insofern ausführlicher, als die Eintragungen erweitert sind, da typologisch ähnliche Götter ebenfalls hinzugefügt wurden. Dabei finden wir in der langen Liste das auch in anderen Götteraufzählungen beobachtbare Phänomen, dass Götter, die von ihrem Typ her zusammengehören, gemeinsam angeführt werden, auch wenn sie verschiedene Kultorte besitzen.
3. Die im zweiten Teil der Opferliste (iv 49–55) nur allgemein genannten Gottheiten des Landes sind im weiteren Verlauf der langen Liste (i 61-iii 9) detailliert aufgezählt, geordnet nach ihren Kultorten. Anhand der Geographie, die durch die genannten Kultorte festgelegt ist, ergeben sich wiederum einige Folgerungen für die Entwicklung des »hethitischen« Pantheons. Götter der Pala-Länder in Nordwest-Anatolien fehlen, was politisch erklärt werden kann, da zur Zeit Mu-

25 Vgl. Singer 1996: 171–177. – Zu dieser Götterliste siehe auch Taracha 2005: 105f.
26 Er wird iv 8–12 genannt; zu diesem Gott siehe Hutter 1995: 80–90; Singer 1996: 185–189.

> watallis dieses Gebiet nicht unter der politischen Machtsphäre Ḫattušas gestanden hat. Allerdings ist diese Erklärung aufgrund politischer Machtverhältnisse nicht ausreichend, wie der Vergleich mit den luwischen Göttern zeigt. Denn – abgesehen von der Aufnahme des luwischen Wettergottes des Blitzes als persönlicher Gott Muwatallis in die Liste – fehlen andere luwische Götter, d. h. die Götter der Arzawa- und Lukka-Länder, obwohl diese Länder Teil des Hethiterreiches waren. Daraus kann man den religionshistorischen Schluss ziehen, dass weder die palaischen noch die luwischen Götter als Teile des hethitischen Staatspantheons gegolten haben. Als hethitische Götter gelten – nach dem Zeugnis dieses Gebets Muwatallis – lediglich die Götter von Ḫatti sowie die Götter der Hauptprovinzen, d. h. die innerhalb des Halysbogens liegen, das so genannte Obere und Untere Land sowie die im Osten liegende Provinz Išuwa und das im Süden liegende Kizzuwatna. In beiden letzteren ist zugleich ein starker hurritischer Kulteinfluss bemerkbar. Anders formuliert heißt dies zugleich, dass nicht alle Götter, die in den von den Hethitern politisch beherrschten Gebieten bekannt waren, zum hethitischen »Staatspantheon« gehörten.[27]

Ähnlich wie das vorhin erwähnte Gebet Muršilis II. (KUB 31.121) stellen auch die Listen der Staatsverträge die Götter nach Typen zusammen. Dies ermöglicht dabei die Einfügung lokaler Götter in das Staatspantheon bzw. die theologische Gleichsetzung von Göttern, deren Typ als gleich bzw. ähnlich empfunden wurde. Diese Praxis ist schon in althethitischer – und vielleicht sogar schon vorhethitischer[28] – Zeit vorhanden. Solche Zusammenstellungen von Göttertypen erlaubten dabei auch die Konstruktion von fiktiv-theologischen Familienverhältnissen, wenn beispielsweise der Wettergott von Nerik manchmal als »Sohn« des himmlischen Wettergottes genannt wird. Genauso sind die in der Götterliste mehrfach gemeinsam genannten Schutzgötter, Kriegsgötter oder Göttinnen des *IŠTAR*-Typs anzuführen, die zur Strukturierung und Systematisierung des Staatspantheons beitragen. Aber auch die Gleichsetzung der Sonnengöttin von Arinna mit Ḫebat, die Puduḫepa in ihrem Gebet an die Sonnengöttin von Arinna vornimmt (KUB 21.3+ i 3–6), ist Ausdruck einer Systematisierung des Pantheons.

2.1.2 Die Gottheiten des Königtums und das »dynastische Pantheon«

Neben dem Staatspantheon sind zwei weitere theologische Modelle zu erwähnen, die einen unmittelbaren Zusammenhang zwischen der Götterwelt und dem König-

---

27 Dies betont auch Schwemer 2006: 249 sowie Ders. 2008: 147f., indem er zusätzlich darauf verweist, dass in den Verträgen »fremde« Götter immer nur in Bezug auf den Vertragspartner in die Liste des Staats- bzw. »Reichpantheons« aufgenommen werden; unabhängig von solchen konkreten Vertragssituationen gehören diese »fremden« Götter aber nie zum »hethitischen« Pantheon.

28 Vgl. oben zum möglichen »typologischen« Weiterwirken – bei Verlust des Namens – des aus *kārum* II bekannten Nipas im »Wettergott (^{D}IŠKUR) des Himmels« in der Anitta-Inschrift.

tum im hethitischen Großreich zeigen – in einem Fall als modifiziertes Weiterwirken althethitischer Vorstellungen, im anderen Fall als Konsequenz der »Hurritisierung«.

Die »Gottheiten des Königtums«[29] (KBo 2.6+ i 32: DINGIR^{MEŠ} LUGAL-*UT-TI*) sind als terminologische Gruppe in einem Orakeltext genannt, der das Vorgehen erörtert, wie der Fluch eines gewissen Armatarḫunta, den dieser vor den »Göttern des Königtums« gegen den Herrscher Tudḫaliya IV. ausgesprochen hat, beseitigt werden kann. Auch wenn nicht ausdrücklich gesagt wird, wer diese »Götter des Königtums« sind, dürfte es sich an dieser Stelle wohl um den Wettergott (von Ḫatti) und die Sonnengöttin (von Arinna) als Garanten der Herrschaft handeln. Dabei zeigt sich jedoch kein unveränderliches Konzept einer klar umrissenen Gruppe der »Gottheiten des Königtums«, denn in einem Ritual für Muršili II. werden die Gottheiten des Königtums gemeinsam mit der Sonnengöttin von Arinna genannt (VSNF 12.7 iv 16). Die Verbindung der Sonnengöttin und des Wettergottes mit dem Königtum ist seit der althethitischen Zeit bekannt, wobei zahlreiche Texte bis zum Ende der Großreichszeit die Bedeutung dieser Götter für den König als Amtsträger (und nicht als Individuum) bzw. das Königtum als Institution zeigen. Treffend heißt es daher in der Fluchformel, die die Beachtung der vertraglichen Vereinbarungen zwischen Tudḫaliya IV. und Kuruntiya (von Tarḫuntašša) garantieren soll, folgendermaßen:[30]

> Für alle Zukunft soll das Königtum des Landes Tarḫuntašša der Nachkommenschaft des Muwatalli niemand fortnehmen! – Tut jemand selbiges und gibt das (Königtum) einem anderen Nachkommen des Muwatalli, nimmt es aber der Nachkommenschaft des Kuruntiya fort – wer selbige Sache tut, den sollen der Wettergott von Ḫatti und die Sonnengöttin von Arinna vernichten. Das Königtum des Landes Tarḫuntašša soll für alle Zukunft nur ein Nachfahre des Kuruntiya innehaben.

Im weiteren Verlauf der Vertragsbestimmungen (iii 75–77) wird dabei auch dem hethitischen König, sollte er den Vertrag brechen, angedroht, dass der Wettergott und die Sonnengöttin ihm die Königsherrschaft über das Land Ḫatti wegnehmen sollen. Mit solchen Aussagen in den Vertragsbestimmungen lassen sich daher noch weitere Aussagen vergleichen:[31] Muršili II. spricht mehrfach in seinen Annalen davon, dass die Sonnengöttin von Arinna und der stolze Wettergott (gemeinsam mit deren Tochter Mezzulla) ihm als zentrale Helfer gegen die Feinde, die seine Herrschaft bedrohen, zur Seite standen. Diese Funktion als helfende Göttin für das Königtum ist dabei nicht auf diesen Herrscher beschränkt. Denn auch die Südburg-Inschrift von Šuppiluliuma nennt die Göttin gemeinsam mit dem Wettergott von Ḫatti als diejenigen, die den König unterstützen, die feindlichen Länder zu unterwerfen und dadurch die hethitische Herrschaft zu bewahren. Nur

29 Siehe Hutter-Braunsar 2015: 38–40 mit weiterer Literatur; siehe auch Taracha 2009: 90f.; Groddek 2002b: 85.

30 Bo 86/299 iii 3–10 (Otten 1988: 20f.). Vgl. auch Hutter-Braunsar 2015: 39.

31 Vgl. für Einzelnachweise verschiedener Belegstellen für diese Vorstellung Yoshida 1996: 54–61.

der Wettergott von Ḫatti wird hingegen von Tudḫaliya IV. in der Yalburt-Inschrift als derjenige genannt, der den König bei seinen militärischen Aktivitäten unterstützt. Solche Stellen machen deutlich, dass – unabhängig davon, dass einzelne hethitische Könige jeweils einzelne Gottheiten als »persönliche« Gottheit verehrten – die Idee der Bedeutung der Sonnengöttin von Arinna und des Wettergottes von Ḫatti als Garanten des Königtums ein wesentliches Kontinuum im religiösen Denken der hethitischen Großreichszeit darstellt.

Dies spiegelt auch die Ikonographie wider, wenn der hethitische König als Krieger oder als Sonnengott abgebildet wird. Dass auch hier die Idee der »Gottheiten des Königtums« anklingt, kann man daran sehen, dass die Verbindung des Königs mit dem männlichen Sonnengott in administrativen und rechtlichen Kontexten häufig auftritt, während in kultischen Kontexten scheinbar eine Differenzierung vorliegt, indem in Festritualen der König eher mit der Sonnengöttin von Arinna verbunden ist. Die rechtliche bzw. administrative Verbindung des Königs mit dem Gott zeigt auch die Königstitulatur »Meine Sonne«. Genauso entspricht der engen Verbindung zwischen König(tum) und männlichem Sonnengott, dass einige hethitische Herrscher auf Reliefs in der Art des Sonnengottes abgebildet sind.[32] Von Muwatalli II. stammt ein Relief in Sirkeli (am Ceyhan-Fluss), auf dem der Herrscher mit einer Kappe und einem langen Mantel (vergleichbar dem Sonnengott) bekleidet ist und einen Krummstab in der Hand trägt. Die beiden Reliefs Tudḫaliyas IV. aus Yazılıkaya (Nr. 64; Nr. 81) zeigen den König mit einem langen Mantel, mit einer runden Kappe und einem Krummstab. Das Relief eines nicht identifizierbaren Königs auf dem Sphingentor in Alaca Höyük zeigt den Herrscher in derselben Gewandung vor einem Altar des Wettergottes. Wenn daher der König wie der Sonnengott dargestellt wird, so drückt diese Repräsentationsart nicht die Individualität des einzelnen Herrschers aus, sondern damit ist das Amt des Königtums dargestellt:[33] So wie der Sonnengott die himmlischen Götter – in Krisensituationen – zur Beratung zusammenruft und so das Bestehen der Ordnung gewährleistet, so garantiert auch der König als Repräsentant der »Institution Königtum« das Funktionieren der Gesellschaft.

Ein weiterer ikonographischer Darstellungstyp zeigt den König als Krieger – mit einem kurzen Rock, mit Hörnerkrone und Waffen (Schwert, Lanze, Bogen).[34] Als ikonographische Vorlage für diese Darstellung lässt sich jedoch – im Unterschied zur Ikonographie des Sonnengottes – keine individuelle hethitische Gottheit ausfindig machen, sondern der König soll dabei – abgesehen vom Sonnengott – allen Göttern gleichen, was sein »Amtscharisma« verdeutlichen soll. Es geht dabei wiederum nicht um den individuellen König in der Abbildung, sondern um das Königtum als Institution bzw. den königlichen Amtsträger, dessen Nähe zu

32 Für Abbildungen siehe z. B. Ehringhaus 2005: 8 (Alaca Höyük), 25 (Yazılıkaya), 98 (Sirkeli).
33 Vgl. zum Themenkomplex »König in der Darstellung als Sonnengott« v. a. Houwink ten Cate 1987: 19–22; Hutter-Braunsar 2015: 40f.; Steitler 2017: 432–436, 444–447; Hutter/Hutter-Braunsar 2017: 156 – jeweils mit Verweisen auf weitere Forschungen.
34 Hutter-Braunsar 2015: 41; Hutter/Hutter-Brausar 2017: 167–170.

den Göttern als Garant für das Wohlergehen des Landes ikonographisch dargestellt wird.

Beide Darstellungstypen drücken somit die enge Verflechtung zwischen den Gottheiten und der hethitischen Königsideologie ikonographisch aus, vergleichbar der Terminologie »Gottheiten des Königtums«. Auch wenn dabei oft an die Sonnengottheit bzw. den Wettergott gedacht wird, ist diese Symbolik der »Gottheiten des Königtums« weder deckungsgleich mit dem vorhin genannten Staatspantheon noch mit den in der königlichen Dynastie besonders geschätzten Gottheiten des hurritischen Milieus als »dynastischem Pantheon«. Allerdings gibt es Überschneidungen zwischen den drei Bereichen, da Götter des Staatspantheons teilweise die Ikonographie für das Amt des Königs beeinflussen und vom individuellen König bzw. von der königlichen Dynastie auch die Götter des dynastischen (hurritischen) Pantheons mit den Göttern des hethitischen Staatspantheons gleichgesetzt wurden.

Als »dynastisches Pantheon« ist – mit Piotr Taracha[35] – die Bedeutung hurritischer Götter und deren Verehrung im Königshaus bzw. in der königlichen Familie zu verstehen. An der Spitze steht das Götterpaar Teššub und Ḫebat mit den Familienmitgliedern Šarruma, Alanzu und Kunzišalli. Aufgrund einer typologischen Gleichsetzung Teššubs mit dem Wettergott (von Ḫatti bzw. des Himmels) und Ḫebats mit der Sonnengöttin von Arinna lassen sich zwar Anklänge an das Staatspantheon und an die »Gottheiten des Königtums« konstruieren, allerdings wird die restliche Familie – Šarruma, Alanzu, Kunzišalli – nicht an die »Systematik« des Staatspantheons angepasst. Daher spiegeln Staatspantheon und dynastisches Pantheon im Kern völlig unterschiedliche Systematisierungen wider. Es handelt sich nämlich beim dynastischen Pantheon um die Götter, die von einer ausgewählten Eliteschicht im hethitischen Staat verehrt werden: außerhalb dieser Elite haben diese Götter als systematisches Pantheon jedoch in der »hethitischen« Religion allgemein keine Rolle gespielt. Dabei handelt es sich – wie schon oben erwähnt – um eine Neuerung der Religionsgeschichte des hethitischen Kernlandes, die aus Kizzuwatna importiert wurde. Spuren hat diese dynastische Religion in der Ausgestaltung der Götterdarstellungen in Yazılıkaya hinterlassen, aber auch in der Feier des *ḫišuwa*-Festes in Ḫattuša. Die Bedeutung dieser Götter und hurritischen Kultpraktiken für das Königshaus ist jedoch nicht völlig ohne Relevanz für den hethitischen Staat. Denn die Verehrung dieser Götter dient dem Wohlergehen der königlichen Familie, was sich letztlich indirekt auch positiv auf die Fähigkeit des Königs auswirkt, zugunsten des hethitischen Staats sein Amt auszuüben. Dadurch bestehen gegenseitige Interferenzen zwischen der Bedeutung des Staatspantheons und den Göttern des dynastischen Pantheons, was erneut die Dynamik und komplexe Beziehung der Verehrung der »1.000 Götter« in der Großreichszeit zeigt.

35 Taracha 2009: 92–95; Ders. 2005: 99–101. Siehe zusammenfassend Hutter 2010: 411f. Schwemer 2006: 257–265 verwendet zwar nicht den Begriff »dynastisches Pantheon«, aber auch er hebt klar hervor, dass das Staatspantheon der Staatsverträge und das in Yazılıkaya fassbare Pantheon zwei theologisch verschieden gestaltete Systematisierungen sind.

2.1.3 Lokale Panthea

Wie schon in den vorangegangenen Abschnitten sichtbar wurde, ist – trotz der Neuerungen – die Verehrung der Götter der althethitischen Zeit nicht verschwunden. Das lokale Pantheon der jeweiligen Ortschaften[36] bildet den Mittelpunkt der religiösen Praxis in diesen Orten, häufig durch ein Herbst- und ein Frühjahrsfest strukturiert. Ein bekanntes Beispiel der Gottheiten der verschiedenen Orte liefert das bekannte Gebet von Muwatalli an die Götterversammlung (KUB 6.45), das zwar aus der Perspektive des Staatspantheons »alle« Götter des hethitischen Staates nennt, aber in der Strukturierung bzw. Aufzählung der Götter entlang einzelner Orte auch deutlich macht, dass die Ebene der lokalen Religionsausübung nicht außer Acht bleiben darf – mit Interferenzen zwischen dem »staatlichen« und dem »nicht-staatlichen« Kult. Auch als Muwatalli die Hauptstadt von Ḫattuša nach Tarḫuntašša verlegt und dadurch die Götter des Staatskults in die neue Hauptstadt transferiert,[37] verschwindet der Kult in Ḫattuša nicht grundsätzlich, sondern nur die Praktiken des Staatskults. Nach der Machtergreifung durch Ḫattusili III. und der Rückeroberung von Teilen des nördlichen Anatoliens – vor allem der alten Kultstadt Nerik – kommt es unter diesem König und stärker noch unter seinem Sohn und Nachfolger Tudḫaliya IV. zu kultischen Reorganisationen,[38] durch die alte und vernachlässigte lokale Kulte wiederum gestärkt werden. Eine Ursache dieser Kultreorganisation scheint aus einem Gebet Tudḫaliyas an die Sonnengöttin von Arinna hervorzugehen, die ihm zürnt, aber deren Hilfe und Beistand gegen Feinde – wahrscheinlich gegen den assyrischen König Tukulti-Ninurta I. – er benötigt.[39] Um den Zorn der Göttin zu besänftigen, verspricht der König, dass er keine Feste mehr auslassen und auch nicht mehr Festtermine zwischen Frühjahr und Herbst vertauschen wird. Genauso verspricht er, dass er die Kultobjekte der Göttin wieder restaurieren wird.

Zahlreiche Kultinventare und Texte mit so genannten »Bildbeschreibungen« von Götterstatuen liefern dabei ein umfangreiches Quellenmaterial,[40] das guten Einblick in die lokalen Panthea und lokalen nicht-staatlichen Kulte der hethitischen Spätzeit liefert. Die Verehrung dieser Götter als Ausdruck des nicht-staatlichen Kults ergibt sich daraus, dass in den Festen, die in den Orten lokal gefeiert werden, die königliche Kernfamilie (König, Königin, Prinzen) nicht teilnimmt, sondern – im Unterschied zum

36 Taracha 2009: 95–107 stellt für eine Reihe von Orten in Zentral- und Nordanatolien übersichtlich die dort verehrten Götter im Rahmen lokaler Kulte dar. Vgl. Taracha 2017a: 130–142 für traditionelle lokale Kulte in Nordanatolien sowie Hazenbos 2003: 176–190 für eine Liste aufgrund der Kultinventare.

37 Doğan-Alparslan/Alparslan 2011: 90–93.

38 Im Unterschied zu älteren Interpretationen, die von einer »Reform« des Kultes sprachen, d. h. an eine Veränderung und zielstrebige Neuerung dachten, ist zu betonen, dass es sich um eine Reorganisation bestehender (und teilweise vernachlässigter) Praktiken handelt; vgl. – jeweils mit Hinweis auf frühere Arbeiten – u. a. Gordeziani/Tatišvili 2019: 29–31; Cammarosano 2018: 20–23; Hazenbos 2003: 11–13; Taracha 2009: 102.

39 KBo 12.58 + 13.162; CTH 385.9; Singer 2002: 108f. Zur Verbindung des Gebets mit der Kultreorganisation siehe Hazenbos 2003: 11.

40 Siehe dazu v. a. die Monographien von Cammarosano 2018 und Hazenbos 2003.

Staatskult – die Ausrichtung dieser Kulte durch die jeweilige lokale Gemeinde unter Einbeziehung aller Bewohner der Siedlung geschieht.[41] Das abgedeckte geographische Spektrum bezieht sich auf das zentral- und nordanatolische Kerngebiet der hethitischen Spätzeit, d. h. in erster Linie auf bekannte Orte wie Katapa, Zippalanda, Ištaḫara, Kammama, Ḫattena, Nerik und Ḫakmiš sowie östlich von Ḫattuša auf Gebiete mit Orten wie Šapinuwa, Tapikka, Šariššа, Šamuḫa und Karaḫna und ferner nordwärts entlang des Kızılırmak.[42] Die Zusammenstellung der lokalen Götter lässt teilweise einen Traditionsbezug erkennen, indem häufig eine Dreiheit – Wettergott, Sonnengottheit und Schutzgott[43] – genannt wird. Dies zeigt, dass es sich nicht um eine Reform mit grundlegender »Neuerung«, sondern um eine Reorganisation (in manchen Fällen auch eine notwendige Restauration) einzelner Kulte handelt. Ebenfalls zu erwähnen ist, dass diese Reorganisation keine harmonisierende »Vereinheitlichung« der lokalen Kulte bedeutet hat. Denn die einzelnen Kultinventartexte zeigen, dass die einzelnen Orte unterschiedlich wichtig waren, so dass die lokalen Kulte im größeren oder geringeren Umfang ausgeübt wurden. Es lässt sich eine »obere« Klasse von Kultstädten feststellen, an denen nicht nur das Herbst- und Frühjahrsfest gefeiert wurden, sondern die einzelnen Götter der Siedlung von einem fest angestellten Kultpersonal täglich mit Brot- und anderen Opfern verehrt wurden, ferner mit Monatsfesten und kleineren Festen. Zu solchen wichtigen Städten kann man beispielsweise Nerik, Karaḫna, Parnašša, Nenašša oder Durmitta[44] zählen. Am unteren Ende der Bedeutung solcher Orte stehen kleine lokale Zentren, deren »Kultfähigkeit« lediglich durch eine *ḫuwaši*-Stele markiert ist und bei denen nur aus Anlass des Frühjahrs- und Herbstfestes religiöse Feierlichkeiten stattgefunden haben. Zwischen diesen beiden Extrempolen sind alle Orte mit ihren jeweiligen lokalen Gottheiten einzuordnen, wobei manche regionalen Götter(typen) an mehreren Orten verehrt wurden, teilweise auch aufgrund von Gleichsetzungen solcher »ähnlicher« Götter.

2.1.4 Familien- und Vatersgottheiten, Ahnen und der »vergöttlichte« König

Als Ausdruck der in der Familie praktizierten Religion sind die Vatersgottheiten zu nennen, wobei terminologisch zwischen Singular (»Gott des Vaters«) und Plural (»Götter des Vaters«) gewechselt werden kann.[45] Vatersgötter werden von den Kö-

41 Cammarosano 2018: 14–18. Die »Nicht-Staatlichkeit« der lokalen Kulte bedeutet jedoch nicht, dass nicht finanzielle Zuwendungen vom Staat an die lokalen Kulte bzw. Tempel als Aspekt des Wirtschaftslebens geflossen sind (vgl. Gordeziani/Tatišvili 2019: 33f.; Siegelová 2019: 581f.), sondern es ist lediglich zu betonen, dass es lokale Kulte *neben* dem »Staatskult« sind, was die Mehrschichtigkeit von Religion im Hethiterreich zeigt.

42 Cammarosano 2018: 26–30. Demgegenüber nimmt Hazenbos 2003: 191–199 an, dass auch der Süden und Westen des Hethiterreiches in diese Reorganisation einbezogen worden wären.

43 Zu dieser Dreiheit siehe Steitler 2017: 167–171; Cammarosano 2018: 53–55.

44 Hazenbos 2003: 217f.

45 Görke 2004. Zum Bezug dieser Gottheiten zu den Ahnen vgl. auch Taracha 2000: 195f.

nigen in Festen verehrt, so dass sie – durch die königliche Familie – eine wichtige Stellung innerhalb staatlicher Kulte eingenommen haben. Genauso wichtig sind Familien- und Vatersgottheiten in der Religionsausübung der allgemeinen Bevölkerung. Ihr Familien- und Hausbezug zeigt sich gut an jenen Stellen, die diese Gottheiten im Kontext einer Geburt nennen, da sie den Weg des Neugeborenen beeinflussen mögen. In der Appu-Erzählung wird dadurch der Name des Sohnes »Schlecht« begründet, da die Vatersgötter ihn nicht den rechten Weg einschlagen ließen.[46] Eine andere auf den Geburtskontext bezogene Stelle vermerkt Folgendes: »Den kleinen wie den großen Sohn sollen die Vatersgötter schützen. Und sie sollen sich an seiner Person (und seinem) Leben erfreuen!« (KUB 45.20 ii 10'-12'). Die Bedeutung dieser Götter für das Wohlergehen der Familien wird indirekt daran sichtbar, dass die Vernachlässigung ihrer Verehrung negative Folgen zeigt. Ein gewisser Pazzu ist offensichtlich deswegen krank geworden, weil er die Verehrung seiner Vatersgötter unterlassen hat oder möglicherweise sie nicht richtig verehren konnte, weil er beruflich im Westen Anatoliens – außerhalb des hethitischen Kernlandes – tätig war (KBo 18.15 Vs. 3–11).

Insgesamt sind die Vatersgötter keine feste oder bestimmte Gruppe von Göttern, sondern von Familie zu Familie verschieden, wobei diese »Familiengottheiten« im häuslichen Bereich eine wichtige Rolle gespielt haben dürften, da sie einem Menschen von Geburt an zur Seite standen und für den Schutz und die Unterstützung der Familie als verantwortlich galten. Manchmal dürfte diese Vatersgottheit bzw. Familiengottheit auch als persönliche Gottheit von einem Einzelnen bzw. von einzelnen Familienmitgliedern erwählt worden sein, wenn Kantuzili etwa betet, dass »sein Gott« ihn seit der Geburt »großgezogen« habe.[47]

Indirekt verbunden mit der Verehrung der Familiengottheit(en) ist die Sorge für den Ahnenkult als Aufgabe des Hausherren in der privaten Religionsausübung bzw. in der Verehrung der »dynastischen Ahnen« durch den König.[48] Die toten Ahnen bleiben ein Teil der Familie, die positiv auf das Leben der Hinterbliebenen einwirken können, wenn man ihnen die Opfer und Verehrung nicht vorenthält. Die »Familienzugehörigkeit« der Toten wird auch dadurch deutlich, dass der Todestag als »Tag der Mutter« bezeichnet werden kann. Damit vergleichbar heißt es in einem Abschnitt eines Rituals mit der Anrufung des Totengeistes:[49]

> Wenn er (der *patili*-Priester) beim siebten Male aber (vom Dach des *šinapši*-Hauses) hinab spricht: »Wohin ist er gegangen?«, dann antworten sie ihm von unten hinauf: »Die Mutter ist ihm [entgegen gegangen und] hat ihn an der Hand genommen und ihn geleitet.« Dann ziehen sie das *ḫabannatum*-Gefäß hinauf und zerbrechen es. Und man beginnt zu klagen.

Kehrt der Tote somit zur Mutter zurück, so wird deutlich, dass durch den Tod die (groß-)familiären Bande nicht vollständig zerbrechen. Die Weiterexistenz im Jenseits ermöglicht dabei nicht nur die schon genannten Familienbande, sondern es

46 Siegelová 1971: 11 iii 11–16.
47 Görke 2004: 210f.
48 Vgl. zum Ahnenkult Haas 1994: 243–248; Taracha 2000: 192–200; Hutter 2013c: 171f.
49 KUB 30.28+ Rs. 9–13 (Otten 1958: 97); vgl. Haas 1994: 228f.; Archi 2007: 189.

kann dadurch auch notwendig werden, zu Gunsten der verstorbenen Ahnen Opfer darzubringen, um diese noch nachträglich zu entsühnen, wenn sie etwa Unrecht erlitten hatten.[50]

Für die Königsideologie sind die kultische Verehrung des Königs nach seinem Tod und seine Stellung als »bevorzugter Ahne« von besonderer Bedeutung, wobei die Durchführung des Totenrituals für den König zu diesem Statuswechsel führt. Das Ritual[51] beginnt gleich nach dem Tod des Königs mit allgemeiner Trauer wohl im Palastbereich auf Büyükkale, die zunächst ihren Ausdruck in Opfern für die Seele des Verstorbenen findet. Der tote König wird dabei durch eine Statue repräsentiert. Die wichtigsten Handlungen des Rituals finden bereits am 2. und in der Nacht zum 3. Tag statt, wenn der Leichnam des toten Königs für die rituelle Verbrennung vorbereitet wird. Dabei werden am Ende des zweiten Tages Goldblättchen auf den Mund und die Augen des Toten gelegt; dies scheint Teil einer Bestattungspraktik zu sein, die bereits bei Gräbern im *kārum*-zeitlichen Kaneš zu beobachten ist. Denn in diesen Gräbern wurden dünne Goldblättchen gefunden, die ursprünglich auf dem Gesicht der Toten platziert waren.[52] In der Nacht wird der Leichnam verbrannt und das Leichenfeuer mit Bier, Wein und *walḫi-* gelöscht. Eine solche Bestattungspraxis dürfte bereits in althethitischer Zeit existiert haben, da auf dem so genannten Tyskiewicz-Siegel eine Leichenverbrennung dargestellt ist. Die Verbrennung des Leichnams des hethitischen Königs, das Ausgießen von Wein und Bier sowie das Aufsammeln der Knochen und deren Behandlung erinnert dabei an die Szene der Totenfeiern für Patroklos in Homers Ilias (Gesang 23), worauf seit Entdeckung der hethitischen Totenritualtexte mehrfach hingewiesen wurde.[53] Am 3. Tag werden die Knochen und der Leichenbrand eingesammelt und ins Mausoleum (É.NA$_4$) gebracht. Am 4. Tag wurde wahrscheinlich der neue Herrscher inthronisiert. Neben der rituellen Behandlung des Leichnams finden Opfer und kultische Aktivitäten statt, die sich auch am textlich schlecht bezeugten 5. und 6. Tag fortsetzen. Der 7. Tag ist von Opfern für die Statue des Verstorbenen geprägt; bis zum letzten Tag des Rituals, an dem die Statue wahrscheinlich verbrannt wird, finden Ritualhandlungen zugunsten des Toten statt. Man opfert ein Rind und acht Schafe für mit der Unterwelt verbundene Götter, für den »Günstigen Tag« und die Ahnen des Toten; des Weiteren findet ein Totenmahl statt. Am 8. Tag ist davon die Rede, dass dem Toten ein Stück Wiese übereignet wird, und die Sonnengöttin (der Unterwelt) wird angerufen, so dass niemand dem König diese Wiese in der Unterwelt streitig macht. Das Bild erinnert an die agrarische Sphäre, d. h. ein wesentlicher

50 Taracha 2000: 197.

51 Vgl. den ausführlichen Überblick des Ritualverlaufs mit den jeweiligen dazu vorhandenen Texten bei Kassian/Korolëv/Sidel'tsev 2002: 22–40. – Eine detaillierte Untersuchung zu den Vorstellungen der Seele auf dem Weg ins Jenseits bietet Archi 2007.

52 Siehe dazu Heffron 2020: 110f. für den Vergleich mit dem hethitischen Ritual sowie die Abbildung der Positionierung solcher Goldblättchen auf dem Kopf des Toten in Kaneš ebd. 95.

53 Vgl. Alp 2000: 43–45 zur Interpretation der Szene auf dem Siegel sowie z. B. Popko 1995: 155; Haas 2011: 289 oder Rutherford 2020: 224 für Hinweise zu den griechischen Praktiken.

Faktor der hethitischen Lebensgrundlage prägt dieses Bild vom Jenseits. Ritualhandlungen der folgenden Tage greifen wiederum die Symbolik der agrarischen Sphäre auf, wenn unter anderem Handlungen mit einem Pflug und auf einem Dreschplatz vollzogen werden, oder wenn am 12. Tag das Abhacken eines Weinstocks zu den zentralen Ritualhandlungen zählt. Die *laḫanzana*-Vögel, die im Mittelpunkt des 13. Tages stehen, dienen schließlich dazu, um den endgültigen Übergang der Seele des Verstorbenen vom Diesseits ins Jenseits zu gewährleisten; am 14. Tag werden die Vögel getötet. Damit ist der Abschluss des Bestattungsrituals erreicht.

Die Formulierung »Wenn in Ḫattuša großes Unheil geschieht, indem König oder Königin Gott werden«[54] charakterisiert zu Beginn des Rituals die Verbundenheit der Begräbniszeremonien mit dem ganzen Land und nicht nur mit der königlichen Familie. Sprachlich drückt der Begriff *waštai-* »Unheil« einen grundsätzlichen »Mangel« aus, d. h. durch den Tod des Herrschers fehlt dem Land Wesentliches. Auch die Formulierung »Gott werden« (DINGIR^{LIM} *kiš-*), die euphemistisch das Sterben des Königs (sowie weiterer hochrangiger Personen der Königsfamilie) bezeichnet, ist erwähnenswert. Denn der Tod von »Privatpersonen« wird nur allgemein als »Sterben« (*ak-*) bezeichnet, so dass »Gott werden« den »bevorzugten« Tod umschreibt, durch den der König zu einem (vergöttlichten) Ahnen wird, der auch in die kultische Verehrung einbezogen wird, ohne jedoch mit den großen Göttern gleichgestellt zu werden.[55] Auf kultischer Ebene ist hinsichtlich der Verehrung des toten Königs als vergöttlichter Ahne äußerlich kein Unterschied zur Verehrung von Göttern zu beobachten,[56] so dass wir im Ritual mehrfach beobachten, dass die Seele des Königs getrunken wird, so wie auch die Götter getrunken werden. Genauso ist die Statue des Toten Empfängerin von Opfern. Dass die toten Könige in den Ahnenkult miteinbezogen werden und daher deren Statuen in (Toten-)Tempeln aufgestellt sind, zeigen auch verschiedene Festrituale.[57]

In Bezug auf die Bedeutung des Rituals für die hethitische Gesellschaft sind noch zwei Punkte zu erwähnen. Das »Gott werden« und die Überführung des Königs in den Status der göttlichen Ahnen sind nicht nur für den toten König wichtig, sondern es ist auch ein religiös begründeter Stabilisationsfaktor der Gesellschaft.[58] Die Durchführung des Rituals soll die Position des Thronerben sichern und Glück und Schutz des Vorgängers für den neuen König garantieren. Darauf nimmt etwa KUB 30.19 iv 1–6 Bezug, wenn davon gesprochen wird, dass der (tote) König seine Kinder segnet – allen voran den Thronfolger. Dass dem Totenkult legitimierende Kraft zukommt, sieht man genauso – wenngleich aufgrund negativer Formulierung – im Vertrag zwischen Tudḫaliya IV. und Kuruntiya von Tarḫuntašša; darin heißt es, dass

---

54 KUB 30.16+ i 1f.; vgl. Kassian/Korolëv/Sidel'tsev 2002: 46f. – Zum Begriff *waštai-* »Mangel« bzw. daraus resultierendes »Unheil« siehe Hutter 1992: 221f. mit weiterer Literatur.

55 Taracha 2000: 196; ferner van den Hout 1994: 46.

56 Vgl. Otten 1958: 29, 33.

57 Vgl. die Opferlisten bei Taracha 2000: 197 mit Lit.; Hutter-Braunsar 2001: 268f.; Singer 2009: 174, 180.

58 Vgl. Hutter-Braunsar 2001: 271.

Ḫattušili seinem Neffen Kuruntiya verboten hat, sich der »beständigen Felsanlage« (^{NA4}*ḫegur* SAG.UŠ) zu nähern (§ 10). Mit dieser Felsanlage[59] ist möglicherweise der Totentempel für Muwatalli II., den Vater Kuruntiyas, gemeint. Mit dem Verbot verhindert Ḫattušili in diesem Vertrag, dass Kuruntiya den (dynastischen) Totenkult für seinen Vater ausüben und dadurch Ansprüche auf den hethitischen Thron erheben könnte. Tudḫaliya hat dieses Verbot schließlich aufgehoben. Anders formuliert: Das Totenritual, die damit verbundene Bestattung des Leichenbrands des Toten im Mausoleum und die legitime Übernahme der Regierung durch den Thronerben gehören zusammen. Dadurch gewinnt die richtige Durchführung des Rituals zugleich gesellschaftlich-politische Relevanz und der Statuswechsel des toten Königs zu einem »bevorzugten Ahnen« dient nicht nur dem individuellen jenseitigen Wohlergehen des Herrschers, sondern ist zugleich Ausdruck staatlich gelenkter religiöser Praxis zur Sicherung politischer Interessen.

2.2 Die ideologische Bedeutung und Gestaltung des Raumes

Zentrale »Kultstädte« bzw. königliche Residenzen als zeitweilige »Hauptstädte« haben zwar einen realen – geographischen und politischen – Hintergrund, doch sind solche Orte immer auch ideologisch in die kosmologischen Vorstellungen eingebunden. Dabei erlaubt die Überlieferung der Großreichszeit besser, als dies für die althethitische Zeit möglich ist, diese Vorstellungen zu beschreiben, die indirekt auch den Symbolwert der Hauptstadt Ḫattuša und die Problematik, die aus der Verlagerung der Hauptstadt nach Tarḫuntašša unter Muwatalli II. entsteht, zeigen. Genauso ist im Folgenden auf die Bedeutung der seit althethitischer Zeit bekannten Kultstadt Nerik einzugehen, die aber lange außerhalb der politischen Sphäre des Hethiterreiches gelegen hat, bis es Ḫattušilis III. gelang, sie wieder unter großreichszeitliche Verwaltung zu stellen. Auch die im Grenzgebiet zu Nordsyrien gelegene Stadt Karkamiš hat in der Großreichszeit eine zentrale politische Stellung für den Süden des Großreiches eingenommen.

2.2.1 Kosmologische Konzepte

Aussagen zur Kosmologie sind – verglichen mit Texten anderer geographischer Bereiche des Alten Orients – in hethitischen Texten eher selten. Unterwelt und Himmel als kosmische Räume umgeben die irdische Welt und den irdischen Raum, wobei in solchen kosmischen Darstellungen gelegentlich auch das Meer als Umschreibung der Unterwelt als kosmischer Gegenpol zum Himmel genannt wird. Dies zeigt z. B. eine Anrufung der hattischen Göttin Zintuḫi, in der die allumfassende Macht des Herrschers durch folgendes Bild ausgedrückt wird (KUB 28.8 + KBo 37.48 Rs. 9'-11'): »[Des Labarna Wur]zeln reichen zum Grund des Meeres, die

59 Otten 1988: 43; Hutter-Braunsar 2001: 271; van den Hout 1994: 50; Balza/Mora 2011: 220f.

Zweige aber reichen zum Himmel.« Dabei drückt die »Meersymbolik« nicht nur die realen Grenzen des Herrschaftsbereichs des Labarna aus, sondern überhöht diesen propagandistisch mit den kosmischen Bezügen.[60] Da die Wassersymbolik mit der Unterwelt verbunden werden kann, prägen Flüsse (und Quellen) ebenfalls die kosmische Raumaufteilung und gelten als Wege zur Unterwelt. Dadurch sind sie ideale Orte, die in Reinigungsritualen aufgesucht werden können, um die Unreinheit und die mit ihr infizierten Ritualutensilien gegebenenfalls durch den Fluss in die Unterwelt zu leiten. Für das Raumkonzept kann man daraus schließen, dass Flüsse als Grenzen zwischen der »geordneten« Welt der Reinheit und Zivilisation sowie der ungeordneten »Außenwelt« der Unreinheit fungieren können. Wenn es daher in einem Reinigungsritual heißt, dass die Beschwörungsfachfrau »hinter dem Fluss« agiert (KUB 36.83 iv 19), ist diese Grenze zwischen der »kultivierten« eigenen Welt und der unkultivierten, feindlichen »Außenwelt« angedeutet. Somit liegen hier symbolische Andeutungen von Grenzziehungen innerhalb naturgegebener Räume vor, wobei das unkultivierte Land – auch die Steppe oder das Ödland (mit seiner potenziellen Nähe zur »unreinen« Unterwelt) – als jener Bereich gilt, in dem Rückstände von Reinigungsritualen deponiert werden können. Die negative Konnotation des Ödlandes oder auch des Feindeslandes, das außerhalb des eigenen Raumes liegt, bringen weitere Ritualtexte dadurch zum Ausdruck, indem stereotyp gesagt werden kann, dass die Beschwörerin an einen »geheimen Ort« tritt (KBo 23.23 Vs. 28) oder dass man an einem »geheimen Ort des Bösen« die Götter um Böses anfleht (KUB 15.31 i 45f.). Solche Texte lassen somit eine Differenzierung zwischen dem kultivierten eigenen Raum und dem äußeren feindlichen Raum erkennen. Als solcher gilt auch der Raum der ungebändigten Natur und der Tierwelt; königliche Jagd in diesen Gefilden trägt dazu bei, das Chaos bzw. die Gefahr des unkultivierten Raumes zur Sicherung des Staates zu überwinden.

Eine weitere Orientierung im Raum liefern wenige Hinweise auf die »vier Ecken« des Kosmos, d. h. auf die Himmelsrichtungen.[61] Eine Evokation wendet sich an den Wettergott von Nerik, der von allen denkbaren Räumen, wohin er sich begeben haben könnte, zurückkommen soll:[62]

> Er soll kommen! Wettergott von Nerik, vom Himmel, von der Erde, herbei, vom Osten (und) vom Westen; herbei, Wettergott von Nerik, vom Himmel, wenn du beim Wettergott, deinem Vater (bist), (oder) wenn (du) in der dunklen Erde bei deiner Mutter Ereškigal (bist)! … Herbei vom Westen, vom Norden, vom Süden, vom Osten, von den vier Ecken (des Kosmos).

60 Vgl. Dardano 2012: 622–627 mit weiteren Beispielen der »Meersymbolik«. Zur Beziehung zwischen Unterwelt und Flüssen und Quellen siehe auch Hutter 2013c: 161f. sowie zur Verbindung mit »Unreinheit« und der davon ausgehenden Gefährdung Hutter 2013a: 166–168. Quellen und Flüsse sind nicht ausschließlich mit Unreinheit bzw. der Unterwelt verbunden, wie der detaillierte Beitrag von Steitler 2019a über »sakrale Quellen« zeigt. Zur Reinigungssymbolik des Wassers siehe ferner Arroyo 2014: 239–247; Gerçek 2020: 257–261.

61 Vgl. de Roos 1990: 88.

62 KUB 36.90 Vs. 7–13, 39f. (Haas 1970: 177, 179).

Obwohl diese Evokation zeigt, dass die Hethiter eine Abstraktion hinsichtlich der Himmelsrichtungen durchaus kannten, werden Richtungsangaben häufig nicht nach abstrakten Himmelsrichtungen, sondern nach konkreten Namen von Städten oder Ländern bzw. »nach der Richtung des Meeres« gemacht.[63] Man kann diese Beobachtung in das Gesagte einordnen, dass die Himmelsrichtungen (und implizit die Begrenzung des Raumes am Horizont) eine Nähe zu außerhalb des eigenen kontrollierbaren Raumes liegenden Sphären ausweisen, so dass man konkrete Richtungen bevorzugt mit »bekannten« (und damit kontrollierbaren) Orts- und Landesbezeichnungen angab.

Die »Orientierung« im (kosmischen) Raum dürfte auch bei den »Kultreisen« der großen hethitischen Feste der Großreichszeit – dem AN.TAḪ.ŠUM-Fest im Frühjahr und dem *nuntarriyašḫa*-Fest im Herbst – in symbolischer Weise angedeutet sein. Der geographische Rahmen dieser Raumerschließung bleibt auf jene zentralanatolischen Orte beschränkt, die von der Hauptstadt Ḫattuša aus in ein oder zwei Tagen erreichbar waren.[64] Für die Deutung und Symbolkraft dieser Reisen ist zu beachten, dass bei mehreren dieser Reisen des Königs ein ^{KUŠ}*kurša-* als Symbol der Schutzgottheit mitgenommen wurde. Dies ist als Hinweis darauf zu interpretieren, dass der Besuch der Orte dazu dient, den Herrschaftsanspruch auf diese und den Beistand der Schutzgottheit (symbolisiert durch die »Reise« des ^{KUŠ}*kurša-*) in diesen Orten zu demonstrieren, zugleich aber auch das »hethitische« Gebiet als (zentralen) Teil des Kosmos zu markieren. Denn obwohl die reelle Ausdehnung des Einflussbereiches von Ḫattuša meist weit über den geographischen Rahmen der besuchten Orte hinausging, betonen die Reisen im Fest symbolisch die »Grenzziehung« und die Beherrschung des kosmischen Raumes.

Die Grenzziehung zwischen »innen« und »außen« bzw. zwischen unterschiedlichen Räumen markieren auch Torriten; dementsprechend kennt die hethitische Religionsgeschichte Torwächtergottheiten, wie Aškašepa oder die Šatuwaneš/Šalawaneš, die offensichtlich das zentrale Stadttor bewachen. Daher finden bei Festritualen – z. B. beim *purulli*-Fest zu Neujahr in der Stadt Ḫanḫana – auch Opfer für diese Gottheiten des Stadttores statt (KUB 51.1++ ii 14). Das Tor ist jener Ritualbereich, in dem die Riten für die Götter ausgeführt werden, die die Stadt beschützen. Die Toranlagen sind zugleich ein »zeremonieller Durchgang« vom ungeordneten zum geordneten Raum und Kosmos. Wenn daher wie etwa in Alaca Höyük oder in Malatya Jagdszenen in den Toranlagen dargestellt sind,[65] markieren sie die Überwindung der ungeordneten Natur und des ungeordneten »Außen« des Kosmos. Damit wird das Stadttor symbolisch zur Schnittstelle zwischen der Räumlichkeit der Natur und dem Raum der Zivilisation (des Hethiterreiches), d. h. Stadttore haben neben ihrer unmittelbaren »technischen« Funktion immer auch diesen symbolisch-repräsenta-

---

63 de Roos 1990: 88.

64 Nakamura 2002: 11f., vgl. auch die Skizze ebd. 438 mit den von Ḫattuša aus erreichbaren Orten; vgl. auch Hutter 2008: 77. Zur Rolle der Schutzgottheit bei diesen Reisen siehe McMahon 1991: 166, 253f.; Haas 1994: 785f.

65 Vgl. Mazzoni 1997: 310, 313.

tiven Zweck als Ausdruck des Raumverständnisses und der königlichen Autorität für die hethitische Kultur.[66]

2.2.2 Ḫattuša

Wie schon für die althethitische Zeit erwähnt, setzte die Erschließung der Oberstadt von Ḫattuša noch im 16. Jahrhundert ein.[67] Zwischen Sarıkale im Norden und Yerkapı im Süden wurden dabei im Laufe der Zeit eine Reihe von Tempeln errichtet, wobei davon auszugehen ist, dass die Mehrheit der Tempel der Oberstadt bereits im frühen 14. Jh. existiert hat. Dies geht daraus hervor, dass alle Texte, die in diesem Areal gefunden wurden, mittelhethitisch sind. Die Annahme von Peter Neve aufgrund des Befundes seiner Ausgrabungstätigkeit,[68] dass der Ausbau der Oberstadt von Ḫattuša als »Tempelstadt« im späten 13. Jahrhundert vor allem durch Tudḫaliya IV. im Zusammenhang mit seiner »Kultreorganisation« und der Transferierung aller lokalen Kulte in die Hauptstadt geschehen sei, ist durch die Datierung der Schriftfunde, aber auch durch die Interpretation der »Kultreorganisation« primär als »Bestandsaufnahme« der lokalen Kulte, ohne diese jedoch in der Hauptstadt zu konzentrieren, nicht zutreffend.

Baulich charakteristisch für die Oberstadt sind die fünf Toranlagen – unteres und oberes Westtor, Löwentor, Sphingentor, Königstor – in der Stadtmauer, wobei zwischen Königstor und Tempel 5 sowie zwischen Löwentor, Tempel 30 und Yenicekale bauliche Bezugnahmen bestehen, da diese Bauwerke aufeinander ausgerichtet sind.[69] Wahrscheinlich fanden diese Bauensembles im Rahmen des königlichen Ahnenkultes Verwendung. Tempel 5 dürfte ursprünglich mit dem Ahnenkult für einen der Könige mit Namen Tudḫaliya verbunden gewesen sein. Yenicekale scheint ein Bauwerk zu sein, das in hethitischen Texten als ^{NA4}*ḫegur* SAG.UŠ »ewige Felsanlage« bezeichnet wird und das in den Totenritualen für hethitische Herrscher einen wichtigen Platz einnimmt.[70]

Neben diesem Bezug zwischen einigen Tempeln und dem Totenkult haben zumindest die drei figürlich geschmückten Tore – Löwentor, Sphingentor und Königstor (die modernen Namen nehmen auf die Ausgestaltung der Tore Bezug) – für Prozessionen bei Festen offensichtlich eine Rolle gespielt. Dabei fanden am Tor bzw. im Torbereich auch Kulthandlungen statt. Archäologisch weist die Inschrift über dem Kopf des linken Löwen am Löwentor darauf hin, dass ein Kultakteur in diesem Tor – und analog ist anzunehmen, dass Ähnliches bei den anderen Toren geschah – Reinigungs- oder Stär-

66 Vgl. Schachner 2011: 158; Ders. 2020: 147f.

67 Schachner 2011: 82.

68 Neve 1993: 16f., 23–27, 31. – Durch weitere Grabungstätigkeit ist nicht nur das höhere Alter dieser Tempel deutlich geworden, sondern auch, dass ihre Nutzung als Kultbauten irgendwann aufgegeben wurde, möglicherweise im Zusammenhang mit der Verlegung der Hauptstadt nach Tarḫuntašša durch Muwatalli, vgl. Schachner 2011: 181.

69 Schachner 2011: 92f.; vgl. Neve 1993: 36. – Dass bei der Errichtung von solchen Sakralbauten auch astronomische Aspekte beachtet wurden, darauf verweist Müller-Karpe 2013: 350f.

70 Vgl. Schachner 2011: 165; zu diesen Anlagen siehe auch Balza/Mora 2011: 220f.

kungsriten durchführte.[71] Möglicherweise haben solche Prozessionen die Stadt durch das Königstor verlassen, haben das Sphingentor südlich passiert und sind durch das Löwentor wieder in die Stadt zurückgekehrt, wobei die Prozessionen eine »Umwandlung« und (symbolische) Erschließung des Raumes der Hauptstadt darstellen.[72] Ähnlich wie vorhin schon allgemein erwähnt, zeigt hier der archäologische Befund die religiös-rituelle Repräsentanzfunktion der Tore, da zumindest Yerkapı (das Sphingentor) als Tor- und Befestigungsanlage zur Sicherung des Zugangs zur Stadt ungeeignet ist. Daher hat dieses Tor wohl eine kosmologische Symbolik als Eintritt in die Welt der Rituale, die die »Außenwelt« mit den nahegelegenen Tempeln der Oberstadt verbinden.

Die Tempelanlagen, die Stadtmauer mit den Stadttoren und die Einbeziehung natürlicher Erhebungen innerhalb des Stadtareals zeigen in der Großreichszeit – deutlicher als in althethitischer Zeit – die symbolisch-ideologische Rolle von Ḫattuša. Als daher Muwatalli im frühen 13. Jahrhundert zeitweilig die Hauptstadt von Ḫattuša nach Tarḫuntašša verlagerte, bedeutete dies einen kurzzeitigen Einschnitt in die Geschichte Ḫattušas, der aber letztlich keinen langfristigen Erfolg hatte. Denn die spirituelle Qualität Ḫattušas war nicht auf einen anderen Ort übertragbar, da Ḫattuša nicht nur »Hauptstadt« im Sinn des Aufenthalts des Königs war, sondern zugleich Kulminationspunkt vieler Aspekte der Königsideologie und der Legitimation von Herrschaft und Kultausübung.[73] Daher machte Muwatallis Sohn und Nachfolger Muršili III. den Umzug der hethitischen Hauptstadt nach Tarḫuntašša rückgängig.

Neben den religiösen Bauten in der Hauptstadt spielt das Felsheiligtum Yazılıkaya[74] – rund zwei Kilometer nordöstlich des Königspalastes auf Büyükkale und außerhalb der Stadtmauern von Ḫattuša gelegen – eine wichtige Rolle für die Sichtbarkeit der Religion in der Großreichszeit. Dabei war die heute scheinbar isolierte Lage von Yazılıkaya in der Großreichszeit nicht gegeben, da sich kleinere Siedlungen nordöstlich des Palastes bis in die Nähe der Felsformationen von Yazılıkaya erstreckt haben und sich auch zwei Wasserbecken für die Versorgung der Hauptstadt zwischen der Stadt und der Felsgruppe befanden. Dadurch ist Yazılıkaya zwar eine Freilichtanlage außerhalb der Stadt, aber nicht völlig von den bebauten Gebieten isoliert. Natürliche Felsformationen ergeben vier offene Räume, die als die beiden größeren Kammern A (ca. 30 mal 6–12 Meter) und B sowie die kleineren Kammern C und D bezeichnet werden. Bereits um 1500 wurde diese Felsgruppierung durch die Errichtung von davorliegenden Bauten zu einem Open-Air-Tempel. Unter Tudḫaliya IV. kam es schließlich zu einer grundlegenden Neugestaltung der ganzen mehrteiligen Anlage.

---

71 Zu den Toren vgl. Neve 1993: 17f.; Schachner 2011: 161. Für die Lesung der Inschrift als »Großer Sitz des *lulu*- am Tor(bau)« siehe jetzt Marazzi et al. 2020: 54f. (mit älterer Literatur), wobei hluw. *lulu*- einen wünschenswerten Zustand bezeichnet.

72 Zur rituellen Erschließung des Raumes vgl. Hutter 2014a: 140f.

73 Schachner 2011: 96, 117; vgl. ferner Hutter 2014a: 145.

74 Für die grundlegende Erforschung der ganzen Anlage siehe Bittel 1975 sowie die umfangreiche systematische Beschreibung (mit zahlreichen Abbildungen) durch Seeher 2011; vgl. Ders. 2016–18; Schachner 2011: 99–104; Schwemer 2006: 257–265. Für gute Abbildungen siehe ferner Ehringhaus 2005: 14–31 sowie http://www.hittitemonuments.com/yazilikaya/.

Die frühe architektonische Gestaltung von Yazılıkaya zeigen die Bauwerke I und III.[75] Bauwerk I ist eine rund 32 Meter lange Mauer, die sich zwischen zwei Felsen erstreckt und dadurch die Kammer A gegenüber der Außenwelt abschließt. Diese Mauer liegt in einer Linie mit Bauwerk III, das massiver als die Mauer ist und als Torbau zur Anlage später als die Mauer errichtet wurde. Der Bau (13,8 mal 12 Meter) besteht aus sechs kleinen Räumen und ermöglichte den Zugang zur Anlage. In dieser Frühphase des Heiligtums waren die Felswände von Kammer A noch nicht mit Reliefs geschmückt. Zwar hat Carlo Corti die Möglichkeit in die Diskussion eingebracht, dass die Reliefs bereits aus dem frühen 14. Jahrhundert stammen könnten, da sie jenes hurritische Pantheon darstellen, das mit der Vermittlung kizzuwatnäischer und nordsyrischer Traditionen Eingang in den Kult des Hethiterreiches gefunden hat.[76] Allerdings spricht die Gestaltung der Reliefs gegen einen solchen frühen Datierungsansatz, da das älteste sicher datierbare hethitische Felsrelief von Muwatalli in Sirkeli erst vom frühen 13. Jahrhundert stammt. Eine Ausnahme könnte eventuell lediglich das abseits der Reliefs der hurritischen Gottheiten am Eingang von Kammer A dargestellte stark verwitterte Relief eines vor einem Opfertisch sitzenden Götterpaares (Nr. 65–66) darstellen.[77] Es weist weder einen räumlichen noch thematischen Bezug zu den anderen Reliefs auf, so dass es sich dabei um einen möglicherweise älteren, aber nicht genauer datierbaren Reliefschmuck der Anlage handeln könnte.

Die Neugestaltung der Anlage unter Tudḫaliya (und in Bezug auf Kammer B vielleicht teilweise erst durch einen seiner beiden Nachfolger) betrifft sowohl die Bauten vor den Felsenkammern als auch die Ausgestaltung letzterer durch Reliefs. Die ältere Mauer (Bauwerk I) wird in der zweiten Hälfte des 13. Jahrhunderts durch das Bauwerk II (37 mal 18 Meter) überlagert.[78] Dieses Bauwerk schließt den Zugang zu Kammer A von außen völlig ab, so dass man die Felskammer nur noch nach dem Durchschreiten von Bauwerk II betreten kann, dem seinerseits weiterhin funktional das ältere Bauwerk III als Torbau vorgelagert bleibt. Damit ist ein neues Bauensemble geschaffen, indem über den Torbau und das Bauwerk II der Zugang zu Kammer A als Adyton der Tempelanlage möglich wird. Dieses Adyton hat im Rahmen der baulichen Umgestaltung die Ausstattung durch die Reliefs erfahren. Betritt man von Bauwerk II her den offenen Raum von Kammer A, so ist der große freie Platz bemerkenswert, der wohl für verschiedene Kulthandlungen genutzt werden konnte. Die Reliefs liegen dabei – aus der Perspektive von Bauwerk II – erst im hinteren Teil von Kammer A. Diese Reliefs zeigen das dynastische Pantheon der Großreichszeit, wobei die einzelnen Götter durch Namensbeischriften in anatolischen Hieroglyphen weitgehend identifizierbar sind.[79] An den

75 Seeher 2011: 133–137.

76 Corti 2017: 14f. – Seeher 2011: 149 schließt eine Datierung der Reliefgruppen in Kammer A vor dem 13. Jahrhundert definitiv aus.

77 Seeher 2011: 85, 158.

78 Seeher 2011: 128–131.

79 Grundlegend zu den Namensbeischriften sind die Arbeiten von Güterbock bei Bittel 1975 sowie Güterbock 1982. Aufgrund von dreidimensionalen Aufnahmen konnten Bolatti Guzzo/Marazzi/Repola 2016: 34–42 einige Lesungen weiter verbessern bzw. nur vermutete Interpretationen einzelner Zeichen bestätigen.

beiden Längsseiten der Kammer A sind auf der linken Seite die männlichen Gottheiten und auf der rechten die Göttinnen dargestellt, die auf das Hauptbild an der dem Eingang gegenüberliegenden nördlichen Schmalseite ausgerichtet sind.[80] Dabei ist die Zahl der Götter auf der linken Wand rund doppelt so hoch wie die der Göttinnen.

Die Götterreihe an der linken Seite beginnt am Eingang zur Kammer A mit der Gruppe von 12 weitgehend identisch dargestellten Gottheiten, die in ähnlicher Weise auch in Kammer B abgebildet sind. Meist werden diese Götter, die nicht durch Namensbeischriften identifiziert sind, als Unterweltsgötter gedeutet. Zwei alternative neuere Interpretationen seien hier genannt, die jedoch beide nicht ohne Probleme sind: C. Corti hat vorgeschlagen, diese 12 Götter mit dem Wettergott Teššub bzw. seinem Thron (als Symbol der Herrschaft) zu verbinden, d. h. die 12 Götter wären anthropomorphe Darstellungen von abstrakten Begriffen, die mit dem Thron bzw. der Herrschaft des Gottes verbunden sind.[81] Diese Interpretation ist zwar in Bezug auf Teššub im Hauptkultbild nicht auszuschließen, sie lässt sich jedoch schwer mit dem Jenseitsbezug von Kammer B vereinbaren. Da beide Gruppen der 12 Götter jedoch stilistisch nicht voneinander zu trennen sind, ist eine unterschiedliche Interpretation der Gottheiten nicht sinnvoll. Eberhard Zangger und Rita Gautschy ihrerseits interpretieren die 12 Gottheiten – sowohl in Kammer A als auch in Kammer B – als Darstellung der 12 Monate, wobei die ganze Kammer A kalendarisch interpretiert wird, denn die 30 Figuren Nr. 13 bis Nr. 41 sollen die 30 Tage eines Monats abbilden.[82] Aufgrund der Ikonographie bzw. der Namensbeischriften sind die weiteren Götter individuell folgendermaßen zu deuten. Zunächst sind einige Berggötter (Nr. 13–17; vgl. die Beischrift (DEUS)*pa-pa-na*) dargestellt. Für die Götter Nr. 17–25 ist eine eindeutige Identifizierung leider nicht möglich. Es folgen namentlich durch die Beischriften gedeutete Götter: Piša(i)šapḫi (Nr. 26), Nergal (Nr. 27), das Stierpaar Ḫurri und Šeri (Nr. 28f.), Zababa (bzw. mit hurritischem Namen Ḫešue; Nr. 30), Pirinkir (Nr. 31), eine Schutzgottheit (Nr. 32), Aštabi (Nr. 33), Sonnengott Šimige und Mondgott Kušuḫ (Nr. 34f.), Šauškas Dienerinnen Ninatta und Kulitta (Nr. 36f.) sowie Šauška (Nr. 38) und Ea (Nr. 39). Die Dreiergruppe Ninatta, Kulitta und Šauška ist aufgrund der männlichen und weiblichen Charakteristika, die Šauška besitzt, hier eingeordnet.[83] Da bei den meisten dieser Götter somit die Funktion bekannt ist, lässt die Interpretation als Darstellung der 30 Monatstage Fragen offen: Zangger und Gautschy interpretieren Nr. 13 und Nr. 14 als Neumond (im Fall eines 29- bzw. 30-tägigen Mondmonats) und Nr. 28 und 29 als Vollmond.[84] Erstere sind ikonographisch eindeutig als Berggottheiten zu identifizieren, Nr. 28 und 29 als Hurri und Šeri. Eine solche Lunarisierung der beiden göttlichen Stiere bzw. von Berggottheiten kommt in den zahlreichen Textquellen zu religiösen Vorstellungen der Großreichszeit nicht vor. Genauso kann als kritische Frage gegenüber einem solchen Zyklus von Tagesgottheiten aufge-

80 Vgl. Haas 1994: 633–636; Seeher 2011: 33–78.
81 Corti 2017: 15.
82 Zangger/Gautschy 2019: 10f.
83 Wegner 1981: 36. Seeher 2011: 60 betont, dass Šauška männlich mit einem langen offenen Umhang dargestellt ist.
84 Zangger/Gautschy 2019: 13.

worfen werden, weshalb nicht der Mondgott (Nr. 35) in die Position des Vollmonds gerückt wurde.

Auf der gegenüberliegenden rechten Felswand kann man derzeit 18 Göttinnen sehen, deren Darstellungsweise weniger individuell ist, als dies bei der Abbildung der Götter der Fall ist.[85] Dadurch wird in manchen Fällen die Identifizierung erschwert. Vom Eingang zur Kammer A kommend trifft man zunächst auf eine Gruppe von nicht näher zu bestimmenden Göttinnen (Nr. 56–63), danach in Richtung zum Hauptkultbild sind es folgende Göttinnen: Aya (Nr. 55), Nikkal (Nr. 54), Tapkina (Nr. 53), Šaluš (Nr. 52), Nabarbi (Nr. 51), eventuell Išḫara (Nr. 50), Allatu[86] (Nr. 49), Ḫutena und Ḫutellura (Nr. 47f.) und vielleicht Taru-Takitu (Nr. 46a). Für die Rekonstruktion der Reihe der Göttinnen ist zu beachten, dass sich sowohl zwischen dem Hauptkultbild, d. h. der Göttin Nr. 46, und der ersten Göttin in der Reihe der Göttinnen (Nr. 46a) eine Felsspalte befindet, genauso ist zwischen den Göttinnen Nr. 55 und 56 ein ca. 1,3 Meter breiter Spalt. Es ist daher wahrscheinlich, dass nicht alle Reliefs der Göttinnen erhalten geblieben sind, wobei eine im Dorf Yekbaş gefundene fragmentarische Stele einer Göttin sich ursprünglich in einer der beiden Spalten befunden haben könnte;[87] dadurch erhöht sich die Zahl der dargestellten Göttinnen auf 19. Die Göttin auf der Stele ist nicht identifizierbar, da sich der rechts von der Göttin angebrachte Name Šauška auf die auf dem Relief nicht mehr erhaltene Göttin bezieht. Da die Einfügung dieser Stele in die Reihe der Göttinnen nicht vollkommen sicher ist, bleibt auch die Gesamtzahl der Göttinnen unsicher. Dies ist zu beachten, wenn Zangger und Gautschy die (rekonstruierte) Zahl der 19 Göttinnen als Darstellung des 19-Jahre-Zyklus interpretieren, in dem jeweils 19 lunare Jahre mit sieben eingeschobenen Schaltmonaten den 19 Solarjahren entsprechen.[88] Somit lässt auch diese kalendarische Interpretation der Reliefs Fragen offen.

Die männliche und die weibliche Reihe zeigen eine Hierarchie, indem die Gottheiten, die dem Eingang zu Kammer A am nächsten stehen und somit am weitesten von den Reliefs an der Schmalseite entfernt sind, auch in der Hierarchie dieser Pantheonliste am Ende stehen. Der Mittelpunkt der großen zentralen Darstellung (ca. 7 mal 2,6 Meter) sind Teššub (Nr. 42) und Ḫebat (Nr. 43). Links von Teššub sind ein weiterer Wettergott, wahrscheinlich sein Bruder Tašmišu[89] (Nr. 41), und Kumarbi (Nr. 40) dargestellt, und Teššub selbst steht auf den beiden Berggöttern Nanni und Ḫazzi. Eine solche Ikonographie, dass der (bzw. ein) Wettergott auf zwei Berggöttern steht, zeigt auch die Beschreibung eines Wettergottes in einem Kultinventar:[90]

> Der Wettergott des Himmels, Abbild eines Mannes, mit Gold überzogen, sitzend. In der rechten Hand hält er eine Keule, in der linken Hand hält er (das Hieroglyphen-Zeichen) »gut« aus Gold. Er steht auf zwei Bergen, Abbildern von Männern, mit Silber überzogen.

---

85 Seeher 2011: 72.

86 Torri 1999: 107–109 vermutet, dass Allatu eventuell eine Schreibung für die Unterweltsgöttin Allani sein könnte.

87 Seeher 2011: 73, 78.

88 Zangger/Gautschy 2019: 14–16.

89 Seeher 2011: 65 vermutet jedoch, dass es sich bei Nr. 41 um den Wettergott von Ḫatti handelt.

90 KUB 38.2 ii 8–11; vgl. Cammarosano 2018: 296f.

Ihrem Gatten Teššub gegenüber befindet sich Ḫebat (Nr. 43) auf einem Leoparden, der seinerseits auf vier kleinen Bergen steht. Teilweise verdeckt vom Götterpaar stehen zwei Stierkälber (*ḫubiti*). Rechts von Ḫebat steht ihr (und Teššubs) Sohn Šarruma (Nr. 44), gefolgt von der Tochter und der Enkelin Teššubs (Nr. 45f.), Alanzu und Kunzišalli.

Fasst man das Bildprogramm in Kammer A zusammen, so ist unbestritten, dass es die Verehrung hurritischer Götter des dynastischen Pantheons in Ḫattuša widerspiegelt, wobei man wahrscheinlich die ganze Anlage als ein *ḫuwaši*-Heiligtum für den Wettergott Teššub deuten darf,[91] ähnlich wie auch in Šarišša außerhalb der Stadt ein solches Heiligtum für den Wettergott existierte. Die einzelnen Götter, die hier dargestellt sind, sind dabei denjenigen ähnlich, die bereits in den so genannten *kaluti*-Opferlisten für den Kult für Teššub und Ḫebat genannt werden.[92] Diese Opferlisten sind seit der mittelhethitischen Zeit in Ḫattuša bezeugt und haben aus dem kizzuwatnäischen Raum als hurritisches Traditionsgut in Zentralanatolien Eingang gefunden.

Die rund 18 Meter lange, aber schmale Kammer B hat eine von Kammer A unabhängige Funktion, die mit einem Umbau von Bauwerk II zusammenhängt, da der hintere – näher zu Kammer B gelegene – Teil dieses Bauwerks noch im 13. Jahrhundert abgerissen und durch einen Neubau ersetzt wurde.[93] Dieses so genannte Bauwerk IV scheint den Zweck zu haben, einen (neuen) Zugang zu Kammer B zu schaffen, die wiederum mit Reliefs geschmückt ist.[94] In Kammer B sind erneut die 12 Unterweltsgötter (Nr. 69–80) dargestellt sowie der so genannte Schwertgott (Nr. 82), der mit Nergal verglichen werden kann. Da keine anderen Gottheiten mehr allein an diesen Felswänden dargestellt sind, kann von der Funktion dieser Gottheiten auf den Zweck dieser Anlage im Zusammenhang mit Unterweltsvorstellungen geschlossen werden, wobei das große Relief Tudḫaliyas mit seinem persönlichen Gott Šarruma (Nr. 81) und die Namenskartusche dieses Königs (Nr. 83) eine enge Verbindung zwischen dem König und der Felskammer zeigen. Kammer B diente allgemein dem Totenkult für Tudḫaliya, allerdings lässt sich nicht sagen, ob es sich um die Grabanlage (É.NA_4) oder um eine Gedenkstätte (^{NA4}*ḫegur*) für den Herrscher handelt. Genauso lässt sich nicht mehr entscheiden, ob Tudḫaliya selbst diese Anlage für sich errichten ließ oder ob erst seine Nachfolger Arnuwanda III. bzw. Šuppiluliuma II. die Felskammer für ihren verstorbenen Vater gestal-

---

91 Schwemer 2006: 263f. sowie Seeher 2011: 155f.; vgl. Cammarosano 2019: 321–323, der jedoch betont, dass die Deutung von Kammer A als *ḫuwaši*- zwar nicht unplausibel ist, es dafür jedoch wenig sichere Argumente gibt.

92 Zu den Göttern in den Standard-Listen für Teššub bzw. Ḫebat siehe Wegner 2002: 53–56 sowie zu lokalen Listen ebd. 56–65. – Die von Haas 1994: 638f. hergestellte Verbindung zwischen den Gottheiten in Kammer A und den auf der 10. Tafel des *itkalzi*-Rituals für Tašmišarri (Tudḫaliya III.) genannten Gottheiten (KUB 29.8 i 11–27) ist insofern problematisch, da die Reliefs in Yazılıkaya zur Zeit Tašmišarris noch nicht vorhanden waren; siehe auch Schwemer 2006: 263.

93 Seeher 2011: 131–133.

94 Vgl. Seeher 2011: 101–115; ferner Ehringhaus 2005: 27–30. – Eine m. E. unwahrscheinliche Funktion der Kammer B zur Beobachtung von Gestirnkonstellationen nehmen Zangger/Gautschy 2019: 19f. an.

ten ließen.[95] Auf alle Fälle unterscheidet sich Kammer B in ihrer Funktion vollkommen von Kammer A. Aufgrund der Neuerrichtung von Bauwerk IV ist hinsichtlich der Datierung anzunehmen, dass auch die Reliefgestaltung in dieser Felskammer erst nach der Ausgestaltung von Kammer A geschehen ist, selbst wenn diese bereits von Tudḫaliya – und nicht erst von seinen Nachfolgern – in Auftrag gegeben wurde.

Die beiden mit Reliefs ausgestatteten Felskammern A und B in Yazılıkaya sind zentrale kultische Anlagen aus der späten Großreichszeit, wobei sie – aufgrund des politischen Endes des hethitischen Reiches – nach ihrer Errichtung nur für eine relativ kurze Zeit in Verwendung geblieben sind. Trotz ihrer natürlichen Verbindung miteinander gehören die beiden Kammern nicht unmittelbar zusammen, da die eine Anlage als Heiligtum für hurritische Götter, die andere Anlage für den Totenkult eines Herrschers in Ḫattuša diente.

2.2.3 Tarḫuntašša

Muwatalli II. hat rund ein Jahrzehnt vor seinem Tod die hethitische Hauptstadt von Ḫattuša in die Stadt Tarḫuntašša verlegt. Da der Name der Stadt vor der Transferierung der Hauptstadt in den Texten nicht belegt ist, ist unklar, ob es sich dabei um eine Neugründung als Zentrum der Verehrung des Wettergottes des Blitzes (^{D}10 *piḫaššašši*) oder um die Umbenennung einer älteren Stadt handelt. Bislang ist es nicht gelungen, die Stadt zu lokalisieren. Wahrscheinlich lag sie jedoch verkehrsgünstig an den Straßen, die Zentralanatolien mit dem Westen und über die Pässe im Taurusgebirge mit Kizzuwatna verbunden haben.[96]

Die Gründe, die Muwatalli für diesen einschneidenden Schritt hatte, sind nicht völlig klar, da sowohl sicherheitspolitische als auch religiöse Motive dabei eine Rolle gespielt haben. Ḫattuša lag nahe des unruhigen und aufrührerischen Nordens, von wo aus die Kaškäer mehrfach in das hethitische Gebiet in Richtung der Hauptstadt vorgestoßen sind, so dass eine Verlagerung des politischen Zentrums in den Süden bezweckte, dieser Gefahr auszuweichen. Als religiöses Motiv könnte genannt werden, dass durch diese Südexpansion Muwatallis der Zunahme hurritischer Kulte im Königshaus Rechnung getragen wird. Eine definitive Klärung der Motivation Muwatallis für diesen einschneidenden Schritt ist aufgrund der Quellensituation bislang nicht möglich. In seinem – allerdings negativen – Rückblick auf diese Aktion Muwatallis nennt Ḫattušili III. in seiner so genannten Apologie den Umzug der Götter von Ḫatti und der Ahnen(geister) (DINGIR^{MEŠ} ^{URU}KUBABBAR-*ti* GIDIM$^{ḪI.A}$-*ya*)

95 Seeher 2011: 159–164.

96 Siehe Klengel 1999: 210; Doğan-Alparslan/Alparslan 2011: 94 und die Angaben bei Weeden/Ullmann 2017: 251 jeweils mit weiterer Literatur zu Lokalisierungsvorschlägen. Das Areal der beiden Berge Kızıldağ und Karadağ ist – trotz der dort gefundenen Inschriften, die eine Fortsetzung der politischen und religiösen Tradition der Stadt Tarḫuntašša zeigen – wegen der fehlenden Größe nicht als Ort für die Hauptstadt Muwatallis geeignet. Genauso betont Hartapu in der Inschrift KIZILDAĞ 3 ausdrücklich, dass erst er diese Anlage errichtet hat, siehe d'Alfonso 2014: 228f.

zwar gemeinsam mit Aufständen der Kaškäer gegen Muwatalli,[97] in einem Gebet an die Sonnengöttin von Arinna negiert er jedoch explizit seine Verantwortung für diese Aktion seines Bruders Muwatalli.[98]

> Ob es dein Wunsch war, die Götter von Ḫatti und die Ahnen(geister) zu verlagern, oder ob es aber nicht dein Wunsch war, du, Sonnengöttin von Arinna, du bist es, die du es in deinem Sinn wusstest. In den Befehl des Überführens der Götter war ich in keiner Weise involviert. Ich wurde gezwungen, denn er war mein Herr. Es war das Überführen der Götter aber nicht mein Wunsch: Gegenüber jenem Befehl war ich ängstlich. Auch Silber und Gold aller Götter nahm er. Und welcher Gottheit er Silber und Gold eines jeden gab, auch in jenen Befehl war ich in keiner Weise involviert.

Ḫattušilis Distanzierung von Muwatallis Vorgehen lässt unschwer erkennen, dass es für die Königslegitimation undenkbar war, einen anderen Ort außer Ḫattuša als Hauptstadt und als ideellen Mittelpunkt des Reiches – wenngleich real-geographisch im 13. Jahrhundert am Rand des Reiches gelegen – zu haben. Dem entspricht, dass Muwatallis Sohn Muršili III. nach seinem eigenen Herrschaftsantritt die Hauptstadt wieder zurück nach Ḫattuša verlegte.[99] Politisch blieb Tarḫuntašša jedoch auch in der darauffolgenden Zeit bedeutsam. Denn nachdem Ḫattušili III. den legitimen Thronerben Muršili abgesetzt und somit die Herrschaft usurpiert hatte, setzte er – in einer Art Kompensation – in der Mitte des 13. Jahrhunderts Muršilis jüngeren Bruder Ulmi-Teššub als untergeordneten König in Tarḫuntašša ein.[100] Ulmi-Teššub regierte – unter dem Thronnamen Kuruntiya – über das Land Tarḫuntašša mit der gleichnamigen Hauptstadt während der Regierungszeit Ḫattušilis III. und Tudḫaliyas IV., wobei dieses politische Verhältnis durch zwei Verträge geregelt war.[101]

Muwatallis religiöse Aufwertung der Stadt Tarḫuntašša durch die Verlagerung der Götter von Ḫatti zur Durchführung des Staatskults war zwar nur eine kurze religionsgeschichtliche Episode, aber sie hat indirekt Spuren hinterlassen, indem

97 Otten 1981: 10f., i 75-ii 2.

98 KUB 14.7 i 2'-15' (Daues/Rieken 2018: 422f., Kolon 32–42); vgl. Singer 2002: 98; Doğan-Alparslan/Alparslan 2011: 92.

99 Vgl. Schachner 2011: 91f.; Hutter 2014a: 144; Bryce 2019: 52f.

100 So nach Ḫattušilis Apologie, Otten 1981: 28f., iv 62–64; vgl. auch die Formulierung im Ulmi-Teššub-Vertrag KBo 4.10+ Vs. 41f. (van den Hout 1995: 34f.; Beckman 1999: 111) sowie in Bo 86/299 i 15 (Otten 1988: 10f.; Beckman 1999: 114).

101 Der ältere, so genannte Ulmi-Teššub-Vertrag Ḫattušilis III. (KBo 4.10+; van den Hout 1995: 22–49; Beckman 1999: 109–133) und der jüngere durch Tudḫaliya IV. geschlossene Vertrag (Bo 86/299; Otten 1988: 10–29; Beckman 1999: 114–123). Trotz dieser vertraglichen Regelungen scheint das Verhältnis zwischen dem König Kuruntiya in Tarḫuntašša und dem hethitischen Großkönig in Ḫattuša nicht völlig konfliktfrei gewesen zu sein. Denn in seiner hluw. Inschrift in Hatip, die wahrscheinlich die Grenze zwischen dem Gebiet von Tarḫuntašša und dem hethitischen Bereich als Verwaltungseinheit markiert, bezeichnet sich Kuruntiya als »Großkönig (MAGNUS REX), Sohn des Großkönigs Muwatalli« (Ehringhaus 2005: 102). Auch auf Abdrucken von Siegeln, die in Tempel 2 und Tempel 3 in Ḫattuša gefunden wurden, bezeichnet sich Kuruntiya als »Großkönig« (siehe Otten 1988: 4f. mit Abb. 1; Neve 1993: 19, 21 mit Abb. 40–42; Ehringhaus 2005: 106f. mit Abb. 188).

Tarḫuntašša als Kultzentrum dadurch anscheinend an Bedeutung gewonnen hat. Wenn in beiden Verträgen davon die Rede ist, dass die Götter von Tarḫuntašša durch Abgaben aus Ḫattuša versorgt werden, so liegt dies auf einer Ebene mit anderen Aussagen über lokale Kulte, die teilweise ebenfalls von Ḫattuša (d. h. vom Palast) aus finanziert werden.[102] Aufschlussreicher ist aber eine Aussage im Vertrag zwischen Tudḫaliya und Kuruntiya:[103]

> Welche Regelungen im kultischen Bereich der König des Landes Tarḫuntašša in der Stadt Tarḫuntašša durchführt, entspricht der Regelung der Städte Ḫattuša, Arinna und Zippalanda. Was mein Vater (Ḫattušili) dem Kuruntiya gegeben hat und was ich, die Majestät, ihm gegeben habe – weil Kultlieferungen und traditionelle Aufwendungen für die Götter schwer geworden sind – so habe ich es ihm im Interesse des Wettergottes *piḫaššašši*, Šarruma, des Sohnes des Wettergottes, sowie aller Götter der Stadt Tarḫuntašša gegeben.

Damit gewinnt Tarḫuntašša in der Spätzeit des Hethiterreiches einen hervorragenden Status als »Kultstadt«, der die Stadt auf eine Ebene mit den seit althethitischer Zeit hochrangigen Kultstädten Ḫattuša, Arinna und Zippalanda[104] stellt. Lediglich Nerik, obwohl seit Ḫattušili wieder im hethitischen Herrschaftsbereich gelegen, fehlt in dieser Aufzählung. Dieser Statusgewinn könnte möglicherweise nach dem politischen Untergang des Großreiches im frühen 12. Jahrhundert dazu beigetragen haben, dass sich die Dynastie von Muwatalli und seinen beiden Söhnen Muršili III. sowie Kuruntiya eine Zeit lang erfolgreich als lokales Königtum behaupten konnte – auch mit dem Anspruch, das »Großkönigtum« der Hethiter fortzusetzen. Denn Hartapu bezeichnet sich selbst in mehreren hieroglyphen-luwischen Inschriften[105] als Großkönig (MAGNUS REX) und als Sohn des Großkönigs Muršili, worunter sehr wahrscheinlich Muršili III. gemeint ist. Die verschiedenen Inschriften auf dem Kızıldağ und auf dem Karadağ weisen dabei beide Erhebungen als Kultplätze aus, was darauf hindeuten könnte, dass sich Hartapu zur Legitimation seiner Herrschaft auch der religiösen Bedeutung der »Kultstadt« Tarḫuntašša bediente.

---

102 KBo 4.10+ Vs. 41; Bo 86/299 ii 21–30; zur Finanzierung »lokaler« Kulte vgl. als eines der Beispiele die Restaurierung des Kultes der Gottheit Pirwa in der Stadt Šippa durch Muršili III. (IBoT 2.131 Vs. 15–28; Cammarosano 2018: 262f.).

103 Bo 86/299 iii 61–68 (Otten 1988: 24f.); vgl. Beckman 1999: 121.

104 Für Arinna bzw. Zippalanda vgl. oben C.2.2.2. und C.2.2.3. Da beide Orte bislang nicht identifiziert werden konnten, lassen sich keine Aussagen bzgl. deren baulicher Entwicklung in der Großreichszeit treffen, so dass hier keine Beschreibung hinsichtlich ihrer »Kulttopographie« im Großreich möglich ist.

105 Edition der Inschriften KIZILDAĞ 1-3 und 5, KARADAĞ 1-2 durch Hawkins 1995: 104–107 und Ders. 2000: 433–442, der die eng zusammengehörigen (kurzen) Inschriften kurz nach dem Ende des Großreiches datiert. KIZILDAĞ 4 und BURUNKAYA hingegen sind wohl erst im 8. Jahrhundert entstanden und beziehen sich auf einen weiteren Herrscher dieses Namens, wie aus der 2019 neu gefundenen Inschrift TÜRKMEN-KARAHÖYÜK 1 (Goedegebuure et al. 2020) hervorgeht. Für eine umfangreiche Beschreibung der Inschriften, der kultischen Anlagen und des historischen Kontextes siehe Ehringhaus 2014: 14–33; d'Alfonso 2014: 223–228; Hawkins 2015: 6.

2.2.4 Nerik

Die bereits in althethitischer Zeit bezeugte Kultstadt Nerik ist mit Oymaağaç Höyük zu identifizieren, so dass Ausgrabungsergebnisse teilweise Einblick in die wechselvolle Geschichte der Stadt ermöglichen.[106] Eventuell endete die hethitische Herrschaft über Nerik noch in althethitischer Zeit, spätestens aber war die Stadt unter oder kurz vor der Regierung von Arnuwanda I. in die Hände der Kaškäer gefallen, denn Arnuwanda und Ašmunikal beklagen in einem Gebet, dass der Norden des Reiches von den Kaškäern verwüstet wurde, wovon auch Nerik betroffen war. Dadurch war die Verehrung des hattischen Wettergottes von Nerik und seiner Partnerin Zašḫapuna nicht mehr möglich, so dass der Kult für den wichtigen Gott ersatzweise in Ḫakmiš durchgeführt werden musste (vgl. KUB 28.80 iv 4–6). Erst Muwatalli unternahm Anstrengungen, die Stadt wieder unter hethitische Herrschaft zu bringen, maßgeblich war es aber sein Bruder Ḫattušili, der vom König als politischer Vertreter der Zentralmacht und als Priester in Ḫakmiš eingesetzt wurde (KBo 6.29 i 24–26) und die Rückeroberung und den Wiederaufbau von Nerik als alter Kultstadt zu seinem Hauptanliegen machte (KUB 21.19+ iii 11–25). Die Förderung des Kults von Nerik blieb für Ḫattušili auch nach seiner Thronbesteigung ein wichtiges Anliegen, weshalb er seinen Sohn Tudḫaliya als Priester des Wettergottes von Nerik in der Stadt einsetzte (KUB 36.90 Vs. 15–17).

Dadurch wurde in der Großreichszeit unter Ḫattušili die Renaissance der Verehrung des Wettergottes in der Stadt wieder möglich, wobei die traditionelle Zugehörigkeit des Gottes zum hattischen Milieu sichtbar bleibt, wie schon Muwatallis Gebet an die Versammlung aller Götter zeigt. Darin sind der Wettergott von Nerik, Zababa von Nerik, Telipinu, Zašḫapuna und der Berg Zaliyanu genannt[107] – Götter, die auch im *purulli*-Fest in Nerik in der althethitischen Zeit eine wichtige Rolle spielen. Trotz dieser Traditionsbewahrung und Restaurierung kam es aber auch zu Neuerungen: Galt im hattischen Milieu Šulinkatte[108] als Vater des Wettergottes von Nerik, so kommt es in der Großreichszeit zu Neuerungen, indem auch der Wettergott des Himmels als sein Vater genannt wird, ferner die (babylonische) Göttin Ereškigal als seine Mutter, während ältere Überlieferungen die (hattische) Sonnengöttin von Arinna als seine Mutter nennen. Aufgrund der weiten Verbreitung des hurritischen Milieus im hethitischen Königshaus wird im späten 13. Jahrhundert sogar der Gott Šarruma (als Sohn Ḫebats) mit dem Wettergott von Nerik parallelisiert, ohne jedoch beide Götter völlig miteinander zu identifizieren.[109]

---

106 Vgl. Haas 1970: 5–14; Klinger 2008: 280–284. – Zu den aktuellen Ausgrabungsarbeiten siehe zuletzt Czichon et al. 2019; Mielke 2020 – jeweils mit Hinweis auf frühere Ergebnisse sowie die laufend aktualisierte Internetseite www.nerik.de.

107 KUB 6.45 i 68–70. Vgl. Singer 1996: 57, der erwähnt, dass diese Stelle auch zeigt, dass der Kult des Wettergottes nicht nur in Ḫakmiš, sondern auch in Kaštama (und wahrscheinlich auch in anderen Orten) ersatzweise durchgeführt wurde.

108 Hutter 2012b; Haas 1970: 93–99.

109 Haas 1970: 110–112.

Eine zentrale Bedeutung im Kult von Nerik hat das so genannte *daḫanga*-Gebäude,[110] das bereits in althethitischer Zeit existierte. Die Mehrheit der Texte, die diesen Kultbau nennen, stammt aus der Großreichszeit, was das Festhalten an der Tradition zeigt. Hervorzuheben ist, dass ein solches Kultgebäude nur in Nerik existiert hat und daher wohl exklusiv mit der Verehrung des Wettergottes zu verbinden ist – so unter anderem beim *purulli*-Fest und dem lokalen Monatsfest. Diese unmittelbare Verbindung des *daḫanga*- mit der Stadt hat vor einigen Jahren auch zur endgültigen Identifizierung der Ausgrabungsstätte Oymaağaç Höyük geführt. Denn zwei im Jahr 2013 gefundene Fragmente (OyT 13/1; OyT 13/2) von Festbeschreibungen nennen jeweils das *daḫanga*-Gebäude, wobei OyT 13/1 ein Fest von Nerik, das eben in Nerik (= Oymaağaç Höyük) durchgeführt wurde, erwähnt.[111] Die Textstellen, die sich auf *daḫanga*- beziehen, sagen nicht allzu viel über Aussehen und Ausstattung des Gebäudes aus. Sicher wurden in ihm neben dem Wettergott auch andere Götter der Stadt verehrt, und verschiedene Angaben weisen darauf hin, dass das *daḫanga*- wahrscheinlich mehrere Räume umfasste. Eventuell besaß das Gebäudeensemble auch einen Innenhof. Diese Textzeugnisse machen daher die manchmal geäußerte Annahme, dass das *daḫanga*- den zentralen Kultraum des Tempels des Wettergottes der Stadt bezeichnet, unwahrscheinlich, da manchmal einzelne Kulthandlungen im *daḫanga*- klar von denen im Tempel unterschieden werden und auch an unterschiedlichen Tagen stattfinden. Somit kann man für die Kulttopographie Neriks annehmen, dass diese maßgeblich vom kleineren Bauensemble des *daḫanga*-Gebäudes und vom großen Tempel für den Wettergott geprägt war. Leider geben weder die Texte noch die bisherigen Ausgrabungen vor Ort Aufschluss über die genaue Lage des *daḫanga*- in der Stadt.

Anders stellt sich die Situation hinsichtlich des Haupttempels der Stadt dar, der auf der Nordostecke der höchsten Erhebung von Oymaağaç Höyük als Repräsentationsbau errichtet worden war.[112] Bereits in althethitischer Zeit markierte ein älterer Tempelbau diesen Platz, über dem in der zweiten Hälfte des 13. Jahrhunderts ein jüngerer und größerer Bau errichtet wurde.[113] Architektonisch unterscheidet sich dieser jüngere Tempel durch seine vorspringenden Räume von der zeitgenössischen großreichszeitlichen Tempelarchitektur; dies dürfte ein bewusstes Festhalten am Vorbild des Vorgängerbaus sein. Der Tempel grenzte an die Stadtmauer und der Haupteingang im Süden des Tempels war auf eine imposante Toranlage hin ausgerichtet. Durch den Haupteingang gelangte man in den ca. 17 mal 14 Meter großen

---

110 Abgesehen von den beiden in Oymaağaç Höyük gefundenen Texten hat Lamante 2014 alle Belegstellen für *daḫanga*- untersucht und damit weitgehend zur Klärung dieses mit dem Kult des Wettergottes verbundenen Gebäudes beigetragen.

111 Klinger 2016: 53–55.

112 Siehe dazu Hnila 2016: 23–27.

113 Erwähnenswert ist, dass die im Zusammenhang mit der ah. Stadt Nerik beschriebene »Quelle von Nerik«, deren Nutzung von ca. 1600 bis zum Ende des 15. Jahrhundert archäologisch fassbar ist, zwischen dem 14. und 12. Jh. – nach dem derzeitigen archäologischen Befund (Mielke 2020: 177) – nicht verwendet wurde, obwohl die Quelle in jh. Texten genannt wird.

Innenhof der Anlage, wobei das gesamte Tempelareal rund 1.440 m^2 umfasste. Einige Textfunde aus diesem Bereich und die Hinweise auf die Bedeutung des Kultes für den Wettergott und des Tempels in Texten aus Ḫattuša lassen daher keinen Zweifel an der Interpretation des Bauwerkes als Tempel für den Wettergott von Nerik zu, der am Ende der Großreichszeit durch ein Feuer zerstört wurde.

2.2.5 Karkamiš

Die am Westufer des Eufrat an der heutigen türkisch-syrischen Grenze gelegene Stadt ist seit der Mitte des 3. Jahrtausends v.Chr. textlich bezeugt.[114] Eine Schreibung des Stadtnamens in Texten aus Ebla als *Gàr-gàr-mi-iš*^{ki} macht die häufig vorgeschlagene Deutung des Ortsnamens als »Handelsplatz (*kārum*) des Gottes Gamiš« unwahrscheinlich. Im dritten Jahrtausend ist die Stadt noch von untergeordneter Bedeutung und auch im 2. Jahrtausend steht sie lange unter wechselnder Oberherrschaft der Mächte in Obermesopotamien, Nordsyrien und Mittani. Seit Šuppiluliuma I. in der Mitte des 14. Jahrhunderts Karkamiš zur Festigung des entstehenden Großreiches unter hethitische Herrschaft brachte, nennen hethitische Quellen sie häufig.

Für die Rekonstruktion der religiösen Verhältnisse kann von einer Notiz über die Eroberung der Stadt durch Šuppiluliuma ausgegangen werden, worin es heißt, dass zwar die Unterstadt geplündert und ein Großteil der Bevölkerung deportiert wurde, die Oberstadt mit dem Tempel für Kubaba und Karḫuḫa jedoch verschont blieb.[115] Die wahrscheinlich aus dem nordsyrischen Raum um Alalaḫ stammende Göttin Kubaba wurde bereits im 18. Jahrhundert in Karkamiš verehrt[116] und ihr Tempel auf der Akropolis der Stadt im 14. Jahrhundert zeigt ihre wichtige Stellung im lokalen Pantheon. Die wichtige Stellung der Göttin zeigen auch die Götterlisten der Verträge, die Šuppiluliuma I. mit Šarri-Kušuḫ von Karkamiš sowie Šuppiluliuma II. mit Talmi-Teššub von Karkamiš geschlossen hat. Beide Verträge sind nur fragmentarisch erhalten, so dass die Aufzählung der Götter von Karkamiš nicht vollständig sein dürfte. Der ältere Vertrag nennt Karḫuḫa, Kubaba und die Götter des Landes Karkamiš, der jüngere zählt folgende Götter der Stadt auf: Kubaba, Karḫuḫa, den Wettergott einer Stadt, deren Namen nicht erhalten ist, sowie nach einer Lücke eine Göttin des Ištar-Typs in der logographischen Schreibweise ^{D}LIŠ.[117] Vergleicht man beide Texte, so kann vielleicht die Erwähnung des Wettergottes in der jüngeren Liste auf eine religionsgeschichtliche Entwicklung hinweisen, die dem zunehmenden Einfluss des Hethiterreiches geschuldet sein könnte.

---

114 Vgl. Marchetti 2014a: 75–80.

115 KBo 5.6 iii 31–39; vgl. z. B. Haas 1994: 578; Klengel 1999: 162; Hutter 2017: 114.

116 Siehe das Siegel der Matrunna, der Tochter des Königs Aplaḫanda von Karkamiš, die sich als Dienerin der Kubaba bezeichnet; vgl. Marchetti 2014a: 82f.; Hutter 2017: 115. – Auf die Herkunft Kubabas (und möglicherweise sogar Karḫuḫas) aus dem nordsyrischen Raum weist möglicherweise auch die gemeinsame Nennung des Götterpaares im Ritual der Allaituraḫḫi aus Mukiš, vgl. hurrit. KBo 33.118 Vs. 15 (Haas/Wegner 1988: 54); heth. KUB 24.13 iii 3 und KBo 35.95 iii$^{?}$ 4f. (Haas/Wegner 1988: 111, 118).

117 Beckman 2019 hat diese hethitischen Verträge in Übersetzung vorgelegt, zur Identifizierung der Götter siehe besonders Singer 2001: 639.

Kubaba und Karḫuḫa gehören nicht zu Göttern, die in den religiösen Traditionen der Hethiter eine Rolle spielen, da Karḫuḫa auf Karkamiš beschränkt bleibt und Kubaba – außerhalb ihrer Stellung in Karkamiš – nur in Texten des hurritischen Milieus im hethitischen Raum vorkommt. Die Nennung eines lokalen Wettergottes hingegen fügt sich gut in die religiösen hethitischen Vorstellungen ein, so dass darin eine möglicherweise durch den hethitischen Einfluss bedingte Neuerung der Verhältnisse in Karkamiš zu sehen ist. Dies dürften auch einige Siegelabdrücke widerspiegeln.[118] Von Ini-Teššub, der zur Zeit der Großkönige Ḫattušili III. und Tudḫaliya IV. in Karkamiš regierte, stammen einige Siegelabdrücke, auf denen der Wettergott (Teššub) abgebildet ist. Dies ist als Machtzuwachs jenes Gottes innerhalb des Stadtpantheons von Karkamiš zu interpretieren. Ferner zeigt der theophore Name des Herrschers – wie auch seiner Nachfolger Talmi-Teššub und Kuzi-Teššub – die Bedeutung dieses Gottes zumindest innerhalb der königlichen Familie. Damit manifestiert sich am Ende der hethitischen Zeit eine Verschiebung im Pantheon der Stadt, die auch im ersten Jahrtausend gültig bleibt. Denn einige hieroglyphen-luwische Inschriften aus der Stadt nennen vor den weiterhin verehrten Gottheiten Kubaba und Karḫuḫa nunmehr den Wettergott.[119]

Neben diesen textlichen Hinweisen geben auch archäologische Befunde einen Einblick in die Religion in Karkamiš. Durch Ausgrabungen auf der Akropolis (Oberstadt) und in der Unterstadt durch Leonard Woolley zwischen 1912 und 1914 sowie durch erneute Ausgrabungen eines italienisch-türkischen Teams seit 2011 erschließt sich die materielle Überlieferung dieser Stadt – allerdings bisher noch mit Einschränkungen. Einerseits stammt der Großteil des Materials aus dem 1. Jahrtausend und derzeit ist auf dem Areal der Oberstadt keine Ausgrabungstätigkeit möglich. Der Tempel der Kubaba[120] (und eventuell des mit ihr eng verbundenen Gottes Karḫuḫa) lag in hethitischer Zeit am Nordwestende der Oberstadt. Dieser Tempel der Göttin wurde – nach dem Bericht über die Eroberung von Karkamiš durch Šuppiluliuma I. – bei der Eroberung der Stadt nicht zerstört. Einige Fundstücke aus dem Bereich dieses Bauwerks stützen dabei die Deutung des Befundes als Tempel für Kubaba. Hervorzuheben ist eine beschriftete Stele mit der Abbildung Kubabas, die schon vor den Ausgrabungen im oberen Teil des Nordwestabhangs der Akropolis gefunden wurde. Sie ist im Laufe der Zeit aufgrund

118 Vgl. die Abbildungen der Siegelabdrücke bei Herbordt 2005: 139 Nr. 150 und 151 sowie Tf. 12 (aus Ḫattuša) sowie bei Marchetti 2014a: 96 (aus Ugarit); auch das Siegel von Kuzi-Teššub aus Lidar Höyük zeigt einen Wettergott, der auf zwei Berggöttern steht, siehe die Abbildung bei Hawkins 2000: 574f.

119 Vgl. z. B. KARKAMIŠ A11a § 26 (Hawkins 2000: 96); KARKAMIŠ A11b+c § 9, 25 (Hawkins 2000: 103f.); KARKAMIŠ A12 § 3 (Hawkins 2000: 113); KARKAMIŠ A 15b § 1 (Hawkins 2000: 130); KARKAMIŠ A4a § 13 (Hawkins 2000: 152).

120 Zum Tempel vgl. die Hinweise bei Marchetti 2014a: 25, 37 und die Karte zur Lage der Bauwerke bei Marchetti/Peker 2018: 82. Für die so genannte Kubaba-Stele mit der Inschrift KARKAMIŠ A31 siehe die Edition von Hawkins 2000: 141f. sowie ebd. 140 den Hinweis zur Auffindungssituation: »have been found lying high up on north-west slope of citadel mound«. Durch den 2015 gelungenen Zusammenschluss der Stele mit dem oberen Teil ist nun auch der Beginn der Inschrift erhalten, siehe dazu Marchetti/Peker 2018: 83–90 sowie Text und Übersetzung ebd. 95f.

von Erosion und natürlicher Zerstörung aus dem Tempelareal abgerutscht. Der obere Teil dieser Stele fehlte lange Zeit, doch konnte 2015 das dazugehörige Stück identifiziert werden. Dabei handelt es sich um einen Zufallsfund aus dem Jahr 1978, der ebenfalls am Nordwestabhang der Akropolis gemacht worden war. Zwar stammt die – nunmehr fast vollständige – Stele selbst erst aus dem 10. Jahrhundert, doch gehören die architektonischen Spuren im Tempelareal in die hethitische Großreichszeit. Da in Karkamiš hethitische Traditionen bis ins 8. Jahrhundert weiter bewahrt wurden, erlaubt diese Kontinuität, bereits den Tempelbau der hethitischen Zeit der Göttin zuzuweisen.

Zwei Tempel der Unterstadt, deren Bausubstanz ebenfalls in die hethitische Zeit zurückreicht, lassen sich wahrscheinlich ebenfalls mit den in den Verträgen genannten Göttern von Karkamiš verbinden. Im so genannten Areal A befindet sich der Tempel des Wettergottes. Die Bausubstanz geht in die hethitische Zeit zurück, wobei jedoch nicht näher zu klären ist, ob dieser Tempel erst mit dem Aufstieg des Wettergottes, der vorhin erwähnt wurde, zusammenhängt oder ob bereits zuvor eine lokale (aber tendenziell wenig bedeutsame) Wettergottgestalt verehrt wurde. Die Lage des Tempels in der Unterstadt zeigt jedoch, dass es sich dabei ursprünglich nicht um die wichtigste Gottheit der Stadt gehandelt hat. Das Gebäude wurde bereits zwischen 1912 und 1914 als Tempel für einen Wettergott identifiziert, wobei die Grabungen seit 2011 diese Befunde verdeutlicht haben.[121] Es handelt sich dabei um eine Anlage, die einen Innenhof besitzt, der durch zwei Toranlagen zugänglich war. Innerhalb der ganzen Anlage befand sich das Tempelgebäude mit dem Heiligtum für den Wettergott. Auch hier ist aufgrund des archäologischen Befundes die Kontinuität der Nutzung von der Großreichszeit bis ins 8. Jahrhundert festzustellen. Der andere große Tempel der Unterstadt ist das Gebäude im Areal B, das Woolley als *ḫilani*-Gebäude bezeichnet hat.[122] Dieser Baukomplex des 1. Jahrtausends ist etwa doppelt so groß wie der Tempel des Wettergottes und ist über einer älteren Bauschicht der Großreichszeit errichtet. Wahrscheinlich ist der Tempel im 1. Jahrtausend der Göttin Nikarawa geweiht gewesen. Als Argument ist der Fund einer Bronze-Figur eines Hundes im Gebäude zu nennen, der als Votivgabe für diese – auch mit Heilung assoziierte – Göttin im Tempel deponiert wurde. Der Name der Göttin, die in der Inschrift KARKAMIŠ A6 § 31 genannt ist, ist mit der aus dem vorsemitischen Substrat Syriens stammenden Göttin Ni(n)karrak zu verbinden, die in Texten aus Mari und Emar auch manchmal gemeinsam mit der Göttin Išḫara erwähnt wird.[123] Geht man – wie bei den Tempeln der Kubaba und des Wettergottes – wiederum von einer Kultkontinuität aus, so mag der Tempel in der Großreichszeit ebenfalls bereits dieser Göttin geweiht gewesen sein. Dabei kann man vermuten, dass mit dem Logogramm ^{D}LIŠ im Vertrag mit Talmi-Teššub vielleicht auf sie Bezug genommen wird.

Wenn man die Situation in Karkamiš kurz zusammenfasst, so lässt sich Folgendes beobachten: Die wichtigen Gottheiten in Karkamiš stammen aus dem nordsyrischen

121 Marchetti 2014b: 310; Ders. 2016: 373–376.

122 Marchetti 2014b: 315–317; Ders. 2016: 378–380

123 Siehe dazu grundlegend Westenholz 2010 sowie für den Bezug zu Karkamiš Hutter-Braunsar 2020. Zu Išḫara und Ninkarrak, die manchmal in Götteraufzählungen gemeinsam genannt werden, siehe Prechel 1996: 49, 56, 77.

Raum, wobei ihre Bedeutung weitgehend unverändert bleibt – trotz der politischen Rolle von Karkamiš als hethitisches Zentrum für Nordsyrien ab Šuppiluliuma. Abgesehen von der zunehmenden Wichtigkeit des Wettergottes spielen andere Götter des hethitischen Staatspantheons in dieser Stadt anscheinend keine Rolle. Daher kann man sagen, dass die Götter von Karkamiš auch während der hethitischen Zeit aus Sicht der Hethiter tendenziell »fremde« Götter bleiben.[124] Anders als Tarḫuntašša hat Karkamiš – trotz der gleichen politischen Bedeutung – daher in religiöser Hinsicht keinen vergleichbaren Rang mit den »alten« Kultstädten, denen Tarḫuntašša hinzugefügt wurde, erhalten.

2.3 Plätze der Kultausübung

Manches zu Tempeln ist bereits bei den verschiedenen Kultstädten zur Sprache gekommen, aber auch bei der Darstellung der religiösen Traditionen in der althethitischen Zeit war schon von Architektur und Ausstattung der Tempel und Kultstätten die Rede. Daher kann hier stärker auf die Symbolik und Ideologie solcher Kultstätten eingegangen werden. Genauso sind einige Kultbauten zu erwähnen, die besonderen Zwecken dienten. Allgemein kann gesagt werden, dass auch in der hethitischen Religionsgeschichte die Wahl eines Ortes für die Durchführung einer Kulthandlung von der Vorstellung geprägt ist, dass eine Gottheit an diesem Ort entweder temporär oder dauernd anwesend ist, so dass dieser Ort geeignet ist, mit der Gottheit in Kontakt zu treten. Dabei ist nicht grundsätzlich notwendig, dass es sich um ein festes Bauwerk handelt, sondern eine Gottheit kann auch durch eine Stele oder einen anderen Gegenstand präsentiert werden. Freiluftheiligtümer, die durch besondere Naturgegebenheiten auffällig sind (z. B. Berge, Quellen oder charakteristische Wasserläufe und Flüsse), eignen sich ebenso als Orte zur Durchführung von Riten, auch wenn dies aufgrund fehlender archäologisch fassbarer Spuren manchmal schwieriger nachzuweisen ist. Dadurch bietet sich jedoch eine – zumindest theoretisch – große Bandbreite von möglichen Plätzen der Kultausübung.

Terminologisch werden »Tempel« meist allgemein als É.DINGIR^{LIM} bzw. É.DINGIR^{MEŠ} (»Haus der Gottheit« bzw. »Haus der Götter«) bezeichnet oder als É (»Haus«) einer namentlich genannten Gottheit, z. B. É ^{D}IŠKUR oder É ^{D}UTU ^{URU}Arinna, d. h. »Haus/Tempel des Wettergottes« oder »Haus/Tempel der Sonnengöttin von Arinna«. Das Wort

124 Vgl. Singer 2001: 640, der anhand der Struktur der Götteraufzählungen in den Verträgen mit Karkamiš zeigt, dass das Pantheon von Karkamiš als »fremdes« (oder ausländisches) Pantheon bewertet wurde. Genauso ist – allerdings nur als negativer Befund – zu erwähnen, dass kein hethitischer Prinz in Karkamiš als Priester z. B. Kubabas eingesetzt wurde, während andererseits Šuppiluliumas Sohn (und Šarri-Kušuḫs Bruder) Telipinu zunächst als Priester für Teššub, Ḫebat und Šarruma in Kizzuwatna und schließlich für den Wettergott in Aleppo eingesetzt wurde (vgl. Klengel 1999: 165f., 372f.); möglicherweise zeigt auch dies die – aus der Sicht des hethitischen Großreiches – weitgehend fehlende Relevanz von Karkamiš in religiöser bzw. religionspolitischer Hinsicht.

karimmi- bzw. *karimni-* ist ebenfalls ein allgemeiner Begriff für ein Heiligtum oder einen Tempel. Da die »Instruktion für Tempelbedienstete« jedoch *karimmi-* und É.DINGIR^{LIM} nebeneinander nennt (KUB 13.4 iii 36f.), zeigt zumindest diese Stelle, dass beide Begriffe semantisch nicht vollkommen deckungsgleich sind, ohne dass es möglich wäre, genau zu bestimmen, worin sich ein *karimmi-* von einem É.DINGIR^{LIM} unterscheidet. Während für letzteres in Übersetzungen meist die allgemeine Bezeichnung »Tempel« verwendet wird, ist die Bandbreite bei *karimmi-* mit Übersetzungen als »Tempel, Heiligtum, Schrein« größer. Andere Begriffe beziehen sich auf einzelne Bauteile oder Bauten innerhalb des gesamten Tempelareals, wobei manche dieser Begriffe auch für Bauten, die nicht mit dem Tempel verbunden sind, verwendet werden. Vor allem das *ḫalentu-*Gebäude,[125] das Sedat Alp als »Tempel« deuten wollte, ist hier zu nennen. Es ist ein Raum oder Bauensemble, das sich sowohl in einem Tempelareal, im Palastareal sowie unabhängig davon befinden konnte, wobei in diesem Gebäude sowohl Zeremonien im Kontext der öffentlichen Religionsausübung als auch der (nur) mit dem Königshaus verbundenen Riten standfanden. Aber auch in anderen Gebäuden oder Räumen, die primär anderen Zwecke dienen,[126] fanden kultische Handlungen statt. Dies zeigt die große Bandbreite von Orten der Kultausübung.

2.3.1 Tempelsymbolik und sakraler Raum

Fragt man nach möglichen Abstufungen der Sakralität einer Tempelanlage, so kann man mit Michael Hundley vier Abstufungsgrade benennen.[127] Dabei ist die erste Raumebene (*primary space*) durch die unmittelbare göttliche Präsenz – materialisiert im Kultbild und dem »Allerheiligsten« – charakterisiert. Die direkt an diesen zentralen Kultraum (die Cella eines Tempels) angrenzenden Räume stellen die zweite Raumebene

---

125 Alp 1983: 15–103 und v.a. die Zusammenfassung 100–102 interpretierte ^{É}*ḫalentu-* als »Hauptkultraum/Cella« hethitischer Tempel. Nachfolgende Untersuchungen haben jedoch gezeigt, dass die von Alp 1983: 7–13 verworfene Deutung als »Palast(teil)« durchaus zutreffen kann, denn auch im Palast(areal) fanden kultische Handlungen statt. Taracha 2017b: 106f. versucht die Funktion des *ḫalentu-*Gebäudes weiter zu präzisieren, wenn er auf die Wichtigkeit von Handlungen des Ahnenkultes und Hauskultes in diesem Gebäude bzw. Raum hinweist.

126 Als Beispiele für Bezeichnungen von Räumen oder Gebäude(teile)n, bei oder in denen auch Kulthandlungen stattfinden, kann man u.a. folgende Begriffe nennen: *arkiu-* (Vestibül, Korridor; vgl. Alp 1983: 333–348), *ḫarištani-* (Obergeschoss; Raum für Hauskult; vgl. Hutter 2015b: 81–83) oder *kuntara-* (Göttergemach; Wohnraum; vgl. Richter 2012: 224f.). Manche Begriffe beziehen sich anscheinend primär auf Funktionsgebäude, z.B. *šinapši-* (Entsühnungshaus, Entsühnungsraum; vgl. Haas/Wilhelm 1974: 36–38; Richter 2012: 383f.), oder das für Nerik nachgewiesene *daḫanga-*. – Andere sind eher auf ein besonderes kultisches Milieu beschränkt, z.B. *ḫamri-* (kultischer Bereich, v.a. in Verbindung mit Išḫara oder dem hurritischen Wettergott, vgl. Prechel 1996: 104, 122; Richter 2012: 123f.).

127 Hundley 2013: 15f. spricht in diesem Zusammenhang von »spatial terminology« und unterscheidet dabei »primary, secondary, tertiary« und »quaternary space«. Für Konsequenzen bzgl. des Eintritts in den sakralen Raum, die sich aus einer solchen Raumideologie ergeben, siehe auch Hutter 2014a: 138–140.

(*secondary space*) dar. In einer anderen Terminologie lässt sich dieser Bereich eines Heiligtums als »inneres Heiligtum« bezeichnen, zu dem wegen der daran anschließenden Baustrukturen kein direkter Zugang von außen möglich ist.[128] Diese weiteren Gebäudeteile bilden das »äußere Heiligtum«. Dazu gehören Korridore, die in diesen Innenbereich des Tempels führen, ferner Archiv- und Lagerräume sowie Tempelhöfe als dritte Raumebene (*tertiary space*) und Priesterwohnungen und Zugänge zum Tempel von außen als vierte Ebene (*quaternary space*). Ein solches Abstufungsmodell des sakralen Raumes eignet sich – wenn man es nicht als unveränderlich starr auffasst – als Beschreibungsmodell von Tempelsymbolik. Denn damit lässt sich verdeutlichen, dass die direkte Nähe zum »Kernbereich« des Tempels (*primary/secondary space*) nicht jedem möglich ist, da der Zugang in den stufenweise ideologisch »abgegrenzteren« Bereichen des »inneren Heiligtums« zu sichern ist, um dadurch auch die Reinheit und Heiligkeit eines solchen Ortes als Ganzes sowie einzelner Teile (z. B. Fenster, Türriegel oder Herd[129]) zu bewahren. Diese Abgrenzung thematisiert die »Instruktion für Tempelbedienstete« (CTH 264) folgendermaßen:[130]

> Wer auch immer ein Tempelbediensteter ist – die großen Priester, die kleinen Priester, die »Gesalbten«– ein jeder, der die Schwelle der Götter zu überschreiten pflegt, der eine (wie) der andere soll es keineswegs unterlassen, oben im Tempel zu schlafen. Ferner sollen Patrouillen zur Nacht bestimmt sein. Und die ganze Nacht sollen sie die Runde machen. Die Wache draußen sollen Wachsoldaten halten, drinnen aber sollen die Tempelbediensteten die ganze Nacht die Tempel bewachen. Keinen Schlaf darf es für sie geben. Nacht für Nacht soll ein Oberpriester die Patrouillen anführen. Ferner aber soll von den Priestern der, der für das Tempeltor zuständig sein soll, der soll den Tempel bewachen. ... Seid äußerst wachsam im Bezug auf die Tempel. Es darf für euch keinen Schlaf geben. Ferner soll die Wache unter euch aufgeteilt sein. In wessen Wache aber ein Frevel geschieht, der soll getötet werden.

Vordergründig hat die »Instruktion für Tempelbedienstete« das praktische Anliegen im Blick, dass ein Tempel keinen materiellen Schaden erleidet. Da zu Beginn des zitierten Abschnittes die Schwelle der Götter genannt wird, geht die Instruktion durchaus über die vordergründige Bewachung und den Schutz der materiellen Unversehrtheit hinaus. Die Schwelle als Grenze zwischen »außen« und »innen« des Tempels markiert das Heiligtum als besonderen Raum. Daher unterliegen nicht nur die Tempelbediensteten, die die Schwelle überschreiten, ihren Verpflichtungen, sondern die Schwelle schließt auch manche davon aus, den Tempel zu betreten bzw. es wären ein Frevel und eine Verunreinigung des Heiligtums, wenn etwa ein Schwein oder ein Hund diesen Raum betreten würden (CTH 264 § 14).

Neben dieser Abschließung des Tempels als Sakralort gegenüber Unreinheit ist noch eine weitere wichtige Aussage getroffen, da der Zugang zum Tempel für Fremde in unterschiedlicher Weise beschränkt ist.[131]

---

128 Vgl. Hundley 2013: 99.

129 Zu solchen *loci numinosi* siehe Steitler 2019a: 15f.

130 KUB 13.4 iii 3–20 (TUAT.E: 77f. [J. Klinger]); vgl. Taggar-Cohen 2006: 77f., § 10/2; Miller 2013: 256f.

131 KUB 13.4 ii 11–15 (TUAT.E: 75f. [J. Klinger]); vgl. Taggar-Cohen 2006: 73f. § 6/2; Miller 2013: 252f.

> Wenn zu irgendjemand ein Fremder (LÚUBĀRU) kommt und falls diesem gestattet ist, zum Tempel hinaufzugehen, und er pflegt die Schwelle des Königs und der Götter zu überschreiten, dann soll jener ihn hinaufführen. Er (der Fremde) soll essen (und) trinken. Wenn er aber ein Fremder (LÚ*araḫzena-*) ist, wenn er (also) kein Hethiter ist, und er sich den Göttern nähert, dann wird er sterben. Für den, der ihn aber hinaufführt, ist es ein Kapitalverbrechen.

Diese Differenzierung zwischen unterschiedlichen Typen von »Fremden« (LÚ*UBĀRU* bzw. LÚ*araḫzena-*) erlaubt dem Ersteren als Diplomaten in seiner »offiziellen« Funktion an Teilen des Staatskults – z. B. an den großen Festen – im Tempel teilzunehmen. Andere Fremde hingegen gehören nicht zum hethitischen Kulturraum und sind daher – physisch, politisch und religiös – von der Teilnahme an den Praktiken der »hethitischen« Religion an Kultstätten ausgeschlossen. Wird gegen diese Abgrenzung des »sakralen« Raums mit der Abstufung zwischen dem »inneren« und dem »äußeren« Heiligtum verstoßen, ist dies ein religiöses Vergehen, das die Gottheit erzürnt.[132] Somit zeigen hethitische Tempel eine Raumkonzeption, in der ein Tempel als ideeller abgegrenzter Raum eine Sphäre abgestufter Sakralität bildet und den Übergang von der alltäglichen »profanen« Welt in die sakrale und reine Welt der kultischen Praxis darstellt.[133]

Dieses Modell einer stufenweise zunehmenden Sakralität einer Kultstätte von der Peripherie hin zum Zentrum ist architektonisch bei Tempelbauten durch die Anordnung der Räume sichtbar. Aber auch bei Freiluftheiligtümern darf man davon ausgehen, dass für sie ebenfalls Stufen der zunehmenden Heiligkeit und Reinheit gegolten haben, deren Zentrum eine Stele, ein anderer markanter (Kult-)Gegenstand oder beispielsweise die Quelle selbst gebildet haben. Architektonisch sind solche Abgrenzungen zwischen innen und außen zwar weniger klar fassbar, sie fehlen jedoch nicht vollkommen. Bei so genannten *ḫuwaši*-Heiligtümern ist davon die Rede, dass man »in das *ḫuwaši-* hineingeht« oder dass sich in der *ḫuwaši*-Anlage behauene Steine oder eine Quelle befinden können.[134] Genauso wurden manche Quellheiligtümer sekundär architektonisch ausgestaltet, wofür neben der repräsentativen Gestaltung[135] eines solchen Heiligtums auch die Absicht, das Heiligtum von der »Außenwelt« ideologisch und teilweise real zu unterscheiden, beigetragen haben mag.

»Heilige« Räume, unabhängig davon, ob diese künstlich geschaffen werden oder als Naturraum existieren, bedürfen der zeitweiligen Erneuerung oder Restaurierung, da

---

132 Vgl. Schwemer 2008: 138 Anm. 5. Auch das schon oben einmal zitierte Protokoll aus Alalaḫ (AlT 454; Haas 2008: 123) thematisiert als Ursache des Zorns des Wettergottes, dass der Tempel entweiht wurde, weil – anscheinend in Abstufung der Grade der Entweihung – eine Frau unerlaubterweise durch das Fenster einen Blick auf die Götterstatue warf, ein Kind in den Tempelbereich hineinlief bzw. jemand durch seine unangemessene Kleidung den Tempel verunreinigte.

133 Hundley 2013: 99 fasst dies zusammen: »Hittite temples ... were the socially constructed and controlled spaces used to bridge the mundane and divine spheres, bringing divine presence and blessing to bear in the human world and giving humanity a greater role in cosmic events.«

134 Vgl. Cammarosano 2018: 79f., 83f.; Ders. 2019: 310–312; Hazenbos 2003: 175. – Vgl. z. B. auch das *ḫuwaši*-Heiligtum in Šarišša oben D.2.2.3.

135 Steitler 2019a: 10–14; vgl. auch Beckman 2013b: 157.

ein verfallenes Heiligtum Ursache für den Zorn einer Gottheit werden kann. In seiner Regierungszeit ist Muršili II. immer wieder mit dem Problem konfrontiert, dass seit den Tagen seines Vorgängers Šuppiluliuma im Land eine Seuche herrscht, die das Land nicht verlässt, obwohl er – wie auch sein Vater Šuppiluliuma – um die Heiligtümer Sorge getragen und verfallene Tempel sowie zerstörte Götterstatuen wieder restauriert hat oder erneuern will, um die Götter zufriedenzustellen.[136] Muwatalli thematisiert in seinem Gebet an den Wettergott von Kummanni (CTH 382) ebenfalls sein Bemühen, die Heiligtümer zu restaurieren, um dadurch den Gott zu versöhnen.[137]

> Falls aber irgendein Berg oder ein *šinapši*-Tempelraum, reine Orte, irgendwie zu Schaden gekommen (sind) und er dem Wettergott den Fall dargelegt hat: Jetzt aber mache ich h[ier] es wieder gut. Die Städte, die besiedelt (sind), die Städte (darunter), die einen *šinapši*-Tempelraum haben, das untersucht man. [...]. Wie das Wiederreinigen (ansteht), so machen sie sie wieder rein. Und wenn irgendetwas entheiligt (worden ist), (so) wie sie es kennen, so [machen] sie es wieder [r]ein. ...]. Am (ganzen) Land aber räche es nicht! Und (du), Wettergott, mein Herr, [schau] das Land [wieder] mit gütigen Augen an! Falls irgendjemand einen Thron des Wettergottes (oder) einen Kultstein (^{NA4}ZI.KIN) umgeworfen hat oder irgendjemand eine reine Quelle verstopft hat, [...!] (Dann) werde ich es wieder gut machen.

Genauso sei – als letztes Beispiel – für die Sorge und Verantwortung für Kultstätten auf den Wiederaufbau der alten Kultstadt Nerik durch Ḫattušili III. verwiesen, aber auch auf die Übereignung des »Beinhauses« in Šamuḫa durch ihn an seine persönliche Göttin Šauška.[138] All dies zeigt die Bedeutung von sakralen Räumen.

2.3.2 Einzelne Bauten in Verbindung mit dem Totenkult und chthonischen Gottheiten

Das eben genannte »Beinhaus« (É-*ir ḫaštiyaš*) ist wahrscheinlich ein Mausoleum. Diese Interpretation ergibt sich aus dem fragmentarischen Text Bo 3826, worin es heißt, dass Statuen von Ahnen in diesem Beinhaus standen.[139] Auch wenn der Begriff É-*ir ḫaštiyaš* eventuell volksetymologisch mit dem É *ḫešta*-Gebäude verbunden wurde, ist letzteres davon verschieden, da es sich dabei um die Bezeichnung für einen Tempel der Unterweltsgöttin Lelwani handelt. Das *ḫešta*-Gebäude ist seit althethitischer Zeit eng mit dem Jahresfest für die Göttin verbunden (vgl. KBo 17.15), das in diesem Gebäude durchge-

---

136 Vgl. z. B. das so genannte vierte Pestgebet (CTH 378.IV), worin es heißt: »Welchem [Gott ein Tempel] gehört, ein T[em]pel aber ihm nicht (vorhanden) ist, i[hm] werde ich wi[eder einen Tempel] herstellen. Welchem Go[tt] aber [...], ich werde i[hm] wieder einen Tempel bauen. Welche[r Gott] ganz zerstört (ist), früher aber als Statue (vorhanden) w[ar], [ihn] werde ich als [Stat]ue [w]ieder herstellen.« (KBo 27.71 ii 6'-11', Daues/Rieken 2018: 394f., Kolon 49–56); vgl. Singer 2002: 65 § 8). Auch hinsichtlich seines Vaters betont Muršili in diesem Gebet, dass auch jener die Tempel gut gepflegt habe (Daues/Rieken 2018: 392f.; Singer 2002: 65 § 4).

137 KBo 11.1 Vs. 32–41 (Daues/Rieken 2018: 416f., Kolon 73–97); vgl. Singer 2002: 84 § 6f.

138 Vgl. seine Apologie iv 71–80, Otten 1981: 29.

139 Haas/Wäfler 1977: 116f.; Singer 2009: 170, 179.

führt wird.[140] Spätestens im 13. Jahrhundert ist dieses ursprünglich eigenständige Fest als 11. Tag in das umfangreiche AN.TAḪ.ŠUM-Fest eingefügt worden. Die zentrale Kulthandlung des Jahresfestes für Lelwani sowie später bei der Übernahme des Festes in das AN.TAH.ŠUM-Fest besteht darin, dass das »Jahr« in das *ḫešta*-Gebäude gebracht wird. Nach Giulia Torri kommt dadurch zum Ausdruck, dass die Existenz und das Wohlergehen des Königs für das kommende Jahr gesichert werden sollen, indem der Göttin dieses »Jahr« – neben anderen Symbolen wie Fenster, Türriegel, Sonnenscheiben – als Opfer gegeben wird. Aus KUB 15.17++, einem Gelübdetext der Königin Puduḫepa, die der Göttin »Jahre« aus Gold und Silber für das Leben Ḫattušilis verspricht, leitet Torri ferner ab, dass Lelwani regelmäßig »Jahre« als Votivgaben erhalten hat, um ihrerseits dem König lange Lebensjahre zu geben. Sekundär scheint das *ḫešta*-Gebäude auch in den königlichen Ahnenkult einbezogen worden zu sein.

Manche Texte, die sich auf die Verehrung oder das Gedenken der verstorbenen Herrscher beziehen, nennen ein (É) $^{\text{NA4}}$*ḫegur* SAG.UŠ, die »ewige Felsanlage«.[141] Šuppiluliuma II. betont, dass er eine solche Anlage für seinen Vater Tudḫaliya IV. errichtet und darin eine Statue des Toten aufgestellt hat. Auch im Zusammenhang mit anderen Königen sind solche Bauwerke zur Verehrung der Toten genannt. Aufschlussreich für die Bedeutung eines solchen Monuments sind zwei Aussagen im Vertrag zwischen Tudḫaliya IV. und Kuruntiya.[142] In einem historischen Rückblick betont Tudḫaliya, dass sein Vater Ḫattušili verboten hat, dass Kuruntiya sich dem Bauwerk für die Verehrung des verstorbenen Königs Muwatalli nähern dürfe. Tudḫaliya hebt dieses Verbot auf und gibt die Verfügungsgewalt (und damit das Zutrittsrecht) wieder an Kuruntiya zurück. Daraus kann abgeleitet werden, dass die Ausübung kultischer Praktiken zu Ehren des Toten denjenigen, der sie durchführt, in eine legitime Nachfolge des Toten stellt. Wenn Ḫattušili daher Kuruntiya von dieser Kultanlage fernhält, unterbindet er zugleich, dass Kuruntiya – als Sohn Muwatallis – Ansprüche auf den Thron gegenüber dem Usurpator Ḫattušili stellen könnte. In der veränderten Herrschaftssituation unter Tudḫaliya ist dies nicht mehr notwendig, und Tudḫaliya unterstützt durch die Rückgabe des $^{\text{NA4}}$*ḫegur* SAG.UŠ an Kuruntiya zugleich die Herrschaftslegitimität Kuruntiyas und seiner Nachkommen als Herrscher von Tarḫuntašša. Das Aussehen bzw. die Struktur eines solchen Gebäudes wird in den hethitischen Texten kaum beschrieben. Die Bezeichnung als »Felsanlage« – manchmal auch als »Haus« (É) näher bestimmt – führt zur Interpretation, dass auffällige Felsformationen oder sich aus der Landschaft abhebende Felsgruppen geeignete Orte für solche Anlagen darstellen – als Ausdruck des numinosen Charakters von Felsen, wobei solche Naturheiligtümer baulich ausgestattet werden

140 Torri 1999: 21–29 sowie Dies. 2015; vgl. auch Haas/Wäfler 1977: 95–97; Singer 2009: 170f. – Torri 1999: 31 vermutet, dass dieses Gebäude sich eventuell auf dem Burgberg von Ḫattuša befand.

141 van den Hout 1994: 49–51; Haas 1994: 245f.; Taracha 2000: 198; Balza/Mora 2011: 218–220; Beckman 2013b: 155. Ünal 2020 verweist darauf, dass solche Anlagen auch Funktionen, die nicht direkt mit dem Totenkult verbunden waren, gehabt haben.

142 Bo 86/299 i 91-ii 2, ii 57–66 bei Otten 1988: 14f., 18f.; Beckman 1999: 116, 118. – Zum $^{\text{NA4}}$*ḫegur* für Muwatalli siehe auch die vorsichtigen Erwägungen von Kozal/Novák 2017: 378f. zum Muwatalli-Relief und den Bauten in Sirkeli.

konnten. Aus diesem Grund werden einige Bauten[143] in Ḫattuša (z. B. Yenicekale, Sarıkale, Nişantepe) als É *ḫegur* (SAG.UŠ) interpretiert und manche Autoren deuten auch die so genannte Kammer B in Yazılıkaya als ein solches Bauwerk. Auch außerhalb der Hauptstadt gab es solche Felsanlagen, so etwa Gavurkalesi rund 69 Kilometer südwestlich von Ankara.[144] Die Anlage zeigt ein in den Felsen gemeißeltes Relief einer thronenden Göttin, der sich von rechts zwei männliche Figuren als Adoranten nähern. Links davon befindet sich eine kleine ebene Fläche (ca. 6 mal 4 Meter), die als Plattform geeignet war, um darauf Opfergaben vor dem Bild der Göttin niederzulegen. Oberhalb des reliefierten Felsens befand sich ein nicht mehr allzu gut erhaltenes Gebäude, von dessen Nordmauer ein Zugang zu einer unterirdischen 3 mal 4,65 Meter großen (Grab-)Kammer möglich war. Für wen diese Anlage in der Großreichszeit als *ḫegur* errichtet wurde, ist nicht mehr zu klären.

Ein anderes Gebäude, das im Totenritual für den verstorbenen Herrscher eine Rolle spielt, ist das »Steinhaus« (É.NA$_4$). Es ist ein Mausoleum, in dem der verstorbene König bzw. seine Knochen und die Leichenasche im Totenritual nach der Kremation am zweiten Tag des Totenrituals bestattet werden.[145] Anscheinend hat es nicht nur in Ḫattuša, sondern auch außerhalb der Hauptstadt solche »Steinhäuser« gegeben, d. h. es handelt sich dabei nicht ausschließlich um Bestattungsplätze für Könige, sondern auch für andere Personen der hethitischen Oberschicht. Möglich ist jedoch, dass nicht alle hethitischen Könige in Ḫattuša begraben wurden. Namentlich sind »Steinhäuser« für die Herrscher Tudḫaliya II., Arnuwanda I. und Šuppiluliuma I. bezeugt; der Hinweis auf das É.NA$_4$ der »Vorfahren der Majestät« weist aber darauf hin, dass es sich dabei um eine länger bestehende Institution handelt.[146] Anders als im Fall des (É) *ḫegur* (SAG.UŠ), mit dem einige konkrete Bauten wahrscheinlich identifiziert werden können, ist innerhalb der Forschung weitgehend umstritten, welche archäologisch nachgewiesenen Bauwerke eventuell ein »Steinhaus« darstellen könnten.[147]

2.3.3 Berg- und Quellheiligtümer

Dass Stelen einen sakralen Ort markieren und selbst eine Kultstätte darstellen, ist eine Vorstellung, die bereits in althethitischer Zeit bekannt war und die in der Großreichszeit und darüber hinaus bekannt ist. Innerhalb der sakralen Raumvorstellung markiert die Stele dabei den *primary space*, auch wenn die graduelle Zunahme der Sakralität – im Unterschied zu Tempelbauten – aufgrund des Standortes

143 Schachner 2011: 165–167; Beckman 2013b: 156; Hawkins 2015: 7.

144 Siehe u. a. Ehringhaus 2005: 11–14; Singer 2009: 172; Ökse 2011: 232; Arroyo 2014: 113–116; Hawkins 2015: 2 und http://www.hittitemonuments.com/gavurkale/.

145 KUB 30.15++ Vs. 46–51 (Kassian/Korolëv/Sidel'tsev 2002: 270–273); KBo 41.26++ Rs. 2"-14" (Kassian/Korolëv/Sidel'tsev 2002: 279–281); vgl. van den Hout 1994: 48f., 59f.

146 Siehe Haas/Wäfler 1977: 118f.; Taracha 2000: 199–202; Singer 2009: 171f.

147 Vgl. Singer 2009: 173, der – ohne ein konkretes Gebäude für Ḫattuša zu benennen – die Vermutung äußert, dass das É.NA$_4$ in Ḫattuša im nördlichen Bereich der Stadt, nicht allzu weit von Yazılıkaya und vom Gräberfeld Osmankayası entfernt, gelegen sein könnte.

der Stele im freien Raum weniger deutlich ausgedrückt ist. Die Errichtung einer Stele als religiös erforderliche oder verdienstvolle Aufgabe zeigt sich in der Großreichszeit, wenn beispielsweise Puduḫepa gelobt, zu Gunsten des Wohlergehens ihres Gatten eine Stele mit Edelmetall herstellen zu lassen (KUB 15.1 ii 1–4), oder wenn ein Opfermandant der Gottheit verspricht, im Fall der Heilung zum Dank eine Stele zu errichten. Die Vorstellung der Belebtheit der Stele führt sogar zur Vorstellung einer eigenständigen »Stelengottheit«, nämlich Zikkanzipa[148], vor der sich die Königin in einem junghethitischen Ritualtext verneigt, um zu opfern (KUB 58.33 iii 20f).

Neben der Positionierung von Stelen innerhalb eines Tempels als Teil eines kultischen Raumensembles können Stelen ein Freiluftheiligtum bilden; die Errichtung von Stelen für die Schutzgottheit, für die Göttin Ala und den (vergöttlichten) Berg Šarpa am Fuße jenes Berges durch Tudḫaliya IV. in seiner Inschrift auf den so genannten EMİRGAZİ-Altären (§§ 1ff., 34ff.). Opfer für diese Gottheiten in Verbindung mit dem Berg Šarpa werden auch in KUB 2.1 i 46, iii 37 genannt. Auch der umfangreiche *ḫuwaši*-Komplex, der in KBo 62.5 beschrieben wird, zeigt die Existenz solcher Anlagen im Freien. Genauso scheinen verschiedene Stelen mit hieroglyphen-luwischen Inschriften aus dem 13. Jahrhundert ein Freiluftheiligtum als Kultstätte dargestellt zu haben.[149] In diesem Zusammenhang ist erneut auf das *ḫuwaši*-Heiligtum mit dem Teich Šuppitaššu außerhalb der Stadt Šarišša hinzuweisen, das schon im Zusammenhang mit den religiösen Verhältnissen in Šarišša in der Vor-Großreichszeit besprochen wurde. Durch die Verbindung eines Teiches mit der Gebirgslage auf 1.900 Metern Höhe zeigt das Heiligtum das Phänomen, dass Quellen oder Wasserbecken und Gebirge Anknüpfungspunkte für Open-Air-Heiligtümer bilden. Berge, Flüsse und Quellen werden regelmäßig am Ende der Götterlisten in Staatsverträgen nach den namentlich genannten Göttern als weitere Zeugen für den Vertragsabschluss genannt, so dass sie zu natürlichen Kultstätten werden können. Muwatallis Gebet an die Versammlung aller Götter nennt in recht stereotyper Weise am Ende der Aufzählung der wichtigen Götter der einzelnen Orte ebenfalls regelmäßig die »Berge und Flüsse« des jeweiligen Ortes. Dass es sich dabei nicht nur um vergöttlichte Naturphänomene handelt, sondern dass ihnen auch regelmäßige Opfer darzubringen waren, zeigt die bereits mittelhethitische Instruktion Arnuwandas I. an die Beamten der Grenzposten, zu deren Pflichten nicht nur die Sorge um die Wiedererrichtung von Stelen für die Gottheiten gehört, sondern auch, dass sie sich darum kümmern, dass die Opfer für Quellen, Flüsse und Berge durch-

---

148 Hutter 1993: 91.

149 Cammarosano 2018: 80f.; Ders. 2019: 314–317 nennt Beispiele solcher Stelen, wobei er aber auch zutreffend darauf hinweist, dass diese – wegen der Inschriften und teilweise Gestaltung mit Reliefs – von *ḫuwaši*-Stelen unterschieden werden sollten, da solche in der Regel keine Reliefs oder hluw. Inschriften trugen. Zur Diskussion hinsichtlich der Vielfalt und der Größe eines *ḫuwaši*- ist erwähnenswert, dass Kammer A in Yazılıkaya als ein begehbares *ḫuwaši*-Heiligtum interpretiert wird, siehe Singer 1983: 101 sowie Schwemer 2006: 263f. und Cammarasono 2019: 321–323 mit weiterer Literatur.

geführt werden.[150] Einige Monumente, die mit solchen Kulthandlungen verbunden werden können, seien im Folgenden besprochen.

Rund 6,5 Kilometer östlich des Beyşehir-Sees liegt an bzw. nahe der Straße, die das Gebiet des Ḫulaya-Flusses mit Tarḫuntašša verbindet, das Quellheiligtum Eflatun Pınar.[151] Das Wasserbecken misst 34 mal 30 Meter, wobei sich an der Nord- und Südseite Bauten aus dem 13. Jahrhundert befinden. Der Bau an der Südseite des Beckens bzw. des eingefassten Teichs ist eine Plattform (6 mal 8,5 Meter), an deren dem Wasser zugewandter Seite die Statuen eines Götterpaares angebracht sind, von denen die Göttin noch recht gut erhalten ist. Gegenüber dieser Plattform liegt ein reichlich reliefierter 6,55 Meter hoher Bau aus massiven Blöcken, dessen dem Wasser zugewandte 7 Meter breite Fassade mit Reliefs geschmückt ist. In der untersten Reihe sind fünf Berggötter abgebildet, aus den drei mittleren Figuren floss Wasser aus Öffnungen unter ihrer Brust in den Teich. Im darüberliegenden Register ist ein Götterpaar – entsprechend dem an der Südseite – dargestellt, wobei über beiden Gottheiten jeweils eine geflügelte Sonnenscheibe schwebt. Sowohl rechts und links als auch zwischen dem Götterpaar sind jeweils zwei kleinere Figuren dargestellt, deren untere jeweils auf dem Kopf eines der Berggötter des untersten Registers steht. Die drei oberen Figuren stützen mit erhobenen Händen die geflügelten Sonnenscheiben. Die ganze Relieffassade wird schließlich an der rechten und der linken Außenseite durch zwei wiederum aufeinander stehenden Gottheiten abgeschlossen. Der jeweils untere Gott steht auf einem Berggott, während die beiden oberen Gottheiten eine Flügelsonne stützen, die als oberstes Register die ganze Reliefkomposition abschließt. Weitere kleinere Reliefs von Gottheiten schmückten die Einfassungsmauer des Beckens. Rund 15 Meter südwestlich des Beckens befindet sich ein Block mit drei Stierfiguren, wobei im ganzen Areal der Anlage noch weitere Reste von weiteren Stier- sowie zwei Löwenfiguren gefunden wurden. Dieser archäologische Befund erlaubt sicherlich eine Deutung der Anlage als Quellheiligtum. Welche Kulthandlungen an diesem Heiligtum durchgeführt wurden, lässt sich im Detail nicht rekonstruieren. Aufschlussreich ist die Verbindung von Berggottheiten und Quellgottheiten sowie die Wasserzuleitungen aus drei Berggottheiten. Dadurch konnte während ritueller Handlungen der Wasserspiegel gehoben werden, um so das Wirken der Gottheiten zu symbolisieren.[152] Möglicherweise diente, wie Volkert Haas erwägt, diese Anlage ähnlich wie der Šuppitaššu-Teich in Šarišša zur Beobachtung von Vögeln, in deren Flugverhalten Auguren als »Vogelkundige« (^{LÚ}MUŠEN.DÙ) Orakelauskünfte erkennen konnten.[153]

---

150 Zu Berg- und Quellgottheiten siehe den Überblick bei Haas 1994: 460–466; für Quellgottheiten ferner Steitler 2019a: 14–21 sowie Lepši 2009: 135–140.

151 Vgl. die aktuellen Beschreibungen und Abbildungen bei Ehringhaus 2005: 50–57, Ökse 2011: 222–225 sowie Arroyo 2014: 65–68, die den durch die Ausgrabungen zwischen 1996 und 2002 wesentlich erweiterten Kenntnisstand des Monuments gegenüber der älteren Forschung zeigen; vgl. http://www.hittitemonuments.com/eflatunpinar/ für einige Abbildungen.

152 Vgl. Steitler 2019a: 22 Anm. 105 mit weiterer Literatur.

153 Haas 2008: 14f.

Ein weiterer »sakraler Teich« dürfte die auf Tudḫaliya IV. zurückgehende Anlage von Yalburt am Berghang des Gölcük Dağ ca. 23 Kilometer nördlich der Stadt İlgin sein.[154] Das Wasserbecken misst ca. 12,5 mal 8,5 Meter, wobei diese Einfassung durch eine umfangreiche hieroglyphen-luwische Inschrift Tudḫaliyas gekrönt ist. Der Inhalt der Inschrift[155] bezieht sich auf politische und militärische Aktivitäten des Königs in Westanatolien, d. h. liefert keinen unmittelbaren Bezug zur kultischen Funktion des Wasserbeckens. Allerdings zeigt ein in der Anlage ebenfalls gefundenes Relieffragment[156] Teile eines Berggottes, so dass – in einer Analogie zu Eflatun Pınar – auch das Wasserbecken in Yalburt die Verbindung einer Quelle mit Berggottheiten darstellt.

Ebenfalls zu solchen – oft nicht näher hinsichtlich der exakten Funktion bestimmbaren – Open-Air-Heiligtümern kann man den so genannten »Heiligen Teich« in der Oberstadt von Ḫattuša im Areal der Südburg zählen.[157] Der künstlich angelegte Teich wurde durch eine Wasserzuleitung aus den südlich der Stadt gelegenen Bergen gefüllt. An der westlichen und nördlichen Ecke des Teiches lagen zwei identische Kammern, von denen Kammer 2 durch spätere Überbauung weitgehend erhalten geblieben ist. Diese Kammer ist 4 Meter lang, vorne 2 und hinten 1,6 Meter breit. Die Höhe nimmt von 3,3 Metern über dem Eingang zu 3,1 Metern an der Rückseite der Kammer ab. Die dem Eingang gegenüberliegende Wand der Kammer ist durch das Relief einer männlichen Figur in der Gewandung des Sonnengottes geschmückt, die linke Wand zeigt Šuppiluliuma mit Bogen und Lanze und die rechte Wand enthält eine umfangreiche hieroglyphen-luwische Inschrift des Königs, die diese Kammer als »(göttlichen) Weg zur Unterwelt« bezeichnet. Die Zusammengehörigkeit zwischen den beiden Kammern, dem nördlich daran anschließenden so genannten Tempel 31 und dem Teich als Kultensemble ist unbestritten. Im Unterschied zu den beiden vorher genannten Teichen scheint diese Anlage wahrscheinlich nicht der Verehrung von Quellgottheiten gedient zu haben, sondern mit der Symbolik von Quellen und Flüssen als Zugängen zur Unterwelt[158] verbunden zu sein.

Quellen und (künstliche oder natürliche) Wasserbecken haben unterschiedliche religiöse Konnotationen, teilweise in Verbindung mit Jenseitsvorstellungen, teilweise mit Berggottheiten, da von Bergen fruchtbares Wasser ins Tal strömt. Eventuell

154 Vgl. Özgüç 1988: xxv-xxvii und Tf. 85–95; Ehringhaus 2005: 37–46 für Beschreibung und Abbildungen der Anlage; Arroyo 2014: 73–76; siehe auch die Fotos in http://www.hittitemonuments.com/yalburt/.

155 Hawkins 1995: 66–85.

156 Ehringhaus 2005: 38 Abb. 62 verweist darauf, dass dieses Relief erst 1995, also deutlich später als die Inschrift gefunden wurde.

157 Zum archäologischen Befund siehe Neve 1993: 63–80; Ders. bei Hawkins 1995: 9–12; Arroyo 2014: 150–159. Für einige Abbildungen vgl. http://www.hittitemonuments.com/bogazkoy/.

158 Haas 1994: 127f.; Hutter 2013c: 162. Der genannte »(göttliche) Weg zur Unterwelt« (DEUS.VIA+TERRA) in der Inschrift drückt dies auch explizit aus, siehe Hawkins 2015: 7f.; Steitler 2019a: 7.

zeigen einige Berggottheiten (Nr. 13–15) in Yazılıkaya diese Verbindung mit Quellen, falls die zungenartigen Fortsätze, die aus den Bergkegeln hervortreten, welche den Unterkörper des jeweiligen Gottes bilden, als Quellen interpretiert werden dürfen.[159] Unabhängig von einer solchen Interpretation einiger Figuren in Yazılıkaya ist aber sicher, dass manche Felsreliefs als Haftpunkte für kultische Handlungen gedient haben. Allerdings verweist die Lage dieser Felsreliefs auch auf andere Funktionen, da diese häufig an wichtigen Verkehrswegen – an Pässen oder Flüssen[160] – lagen. Genauso sind manche dieser Reliefs als Grenzmarkierungen zu interpretieren, um als solche den Einflussbereich eines Herrschers zu dokumentieren.[161] Bei den Reliefs aus Taşçı und Hanyeri ist jedoch eine kultische Funktion – neben den anderen Funktionen – wahrscheinlich.

Die Reliefs von Taşçı[162] befinden sich rund 60 Kilometer südöstlich von Kayseri auf einem Berghang an einem Nebenfluss des Zamantı-su. Relief A misst 3 mal 1,25 Meter, wobei diese bearbeitete Fläche auf der rechten unteren Hälfte drei nach rechts gerichtete Figuren zeigt; links von ihnen und darüber sind hieroglyphen-luwische Namensbeischriften angebracht. Die drei Figuren (zwei Männer und eine Frau) erwecken den Eindruck, dass es sich um die Darstellung einer Prozession handelt. Rund 100 Meter südlich bzw. flussaufwärts befindet sich das Relief B, das eine rund 0,8 Meter hohe männliche Figur zeigt, deren unterer Teil durch das Flusswasser im Laufe der Zeit teilweise zerstört worden ist. Auch diesem Relief ist eine Namensbeischrift beigefügt. Die Interpretation der Namen ermöglicht, die Figuren der Reliefs als Beamte aus der Zeit Ḫattušilis III. zu deuten, wobei die Figur von Relief B aufgrund der Kleidung ein Kultakteur sein dürfte. Diese Darstellung, die Lage der Reliefs am Fluss und eine über Relief A befindliche Höhle, von der in den Stein gemeißelte Abflussrinnen Flüssigkeiten zum Fluss leiten können, erlauben die Deutung, dass an diesem Platz Libationen oder Reinigungsrituale – eventuell in Verbindung mit Gottheiten der Unterwelt – durchgeführt werden konnten.[163]

Der Fundort Hanyeri[164] liegt an einem antiken Weg, der zum 1.960 Meter hohen Gezbelpass hinaufführt, rund 30 Kilometer von Taşçı entfernt. Die Darstellung kann in drei Teile gegliedert werden: Links sind die Darstellung eines Stieres, der Gott Šarruma und eine Inschrift zu sehen (Gesamthöhe rund 1,65 Meter), die Mitte des Reliefs (2,05 Meter Höhe) wird durch die Figur eines Mannes mit Lanze

159 Vgl. Seeher 2011: 38f.

160 Ökse 2011: 237 weist für die Reliefs von Karabel, Hanyeri und İmamkulu auf die Lage in der Nähe eines Passes hin, für die Reliefs von Fraktın und Taşçı auf die Flussnähe.

161 Dies gilt ziemlich sicher für das Relief von Karabel, Karakuyu-Torbalı und Hatip, vgl. Ökse 2011: 233f.; Hawkins 2015: 6.

162 Kohlmeyer 1983: 74–80; Ehringhaus 2005: 65–70; Arroyo 2014: 92–96; http://www.hittitemonuments.com/tasci/. – Zur Lesung der einzelnen Namen siehe die Analyse von Hawkins bei Herbordt 2005: 292f.

163 Kohlmeyer 1983: 80; Hawkins 2015: 3.

164 Kohlmeyer 1983: 86–90; Ehringhaus 2005: 76–80; Arroyo 2014: 101–105; http://www.hittitemonuments.com/hanyeri/.

und Bogen und einer Namensbeischrift dominiert; rechts befindet sich ein weiterer – eventuell nachträglich hinzugefügter – Name. Die Hauptfigur in der Mitte stellt den Prinzen Kuwalanamuwa[165] dar, der auch auf dem Relief von İmamkulu abgebildet und namentlich genannt wird. Eine Person mit diesem Namen ist zur Zeit von Muršili II. bezeugt, so dass unter der Voraussetzung, dass die beiden Personen miteinander gleichzusetzen sind, das Relief in das frühe 13. Jahrhundert datiert werden kann. Die Inschrift neben dem Stier und dem Gott Šarruma bezeichnet diesen Gott als »König des Gebirges«. Die deutlich größere Abbildung des Prinzen gegenüber der des Gottes weist auf den politisch-propagandistischen Aspekt des Reliefs hin, die Blickrichtung des Prinzen zum Gott deutet aber auch auf die Verehrung des Gottes Šarruma im Gebirge. Da unterhalb des Reliefs Quellen sind, scheint die Lage durchaus geeignet zu sein, als eine kleine Kultstätte für Rituale für Šarruma zu gelten.[166]

Zusammenfassend kann man somit feststellen, dass Berge und Quellen als Naturphänomene nicht nur landschaftlich-geographische Markierungspunkte waren, denn sie konnten auch als Verehrungsplätze für Gottheiten bzw. als Orte des Kontakts zum Jenseits in die kultische Praxis einbezogen werden. Da die menschengemachte Ausgestaltung dieser Orte jedoch in unterschiedlichem Ausmaße geschehen ist, bleibt die Kenntnis über die konkreten, an solchen Orten ausgeübten Kulthandlungen eingeschränkt, wobei man wahrscheinlich damit rechnen darf, dass es sich hierbei teilweise um nur lokale Praktiken gehandelt haben dürfte.

2.4 Akteure und Akteurinnen im Kult

Bei den auf den Reliefs von Taşçı abgebildeten Figuren handelt es sich sehr wahrscheinlich um Personen, die im Kult aktiv waren, ohne dass deren genaue Aufgaben bestimmt werden können. Reichhaltige Auskunft über Kultakteure geben jedoch junghethitische Texte, wobei zu betonen ist, dass die Aufgaben dieser sozialen Gruppe nicht auf kultische Aufgaben beschränkt werden dürfen. Vielmehr können sie recht unterschiedliche Aufgaben erfüllen, damit der gesamte Bereich von »Religion« in der Gesellschaft floriert. Dass der Personenkreis dabei weit über Spezialisten für die Durchführung von Ritualen hinausgeht, zeigt die

165 Bei dem neben der thronenden (Berg-)Gottheit in Akpınar (http://www.hittitemonuments.com/akpinar/) genannten Kuwalanamuwa handelt es sich wahrscheinlich um eine andere Person. Die Abbildung des Prinzen in Hanyeri und İmamkulu ähnelt stark derjenigen auf dem Relief von Hemite, ca. 75 Kilometer nordöstlich von Adana, weshalb diese Ähnlichkeit manchmal als Hinweis dafür dient, dass eventuell auch das Relief von Hemite (http://www.hittitemonuments.com/hemite/) einen Kultplatz am Wasser markieren könnte (Ökse 2011: 236). Wahrscheinlicher ist Hemite aber ein repräsentativer Markierungspunkt entlang eines Verkehrswegs bzw. über den Fluss (vgl. Kohlmeyer 1983: 95; Ehringhaus 2005: 107f.).

166 Kohlmeyer 1983: 90; Hawkins 2015: 4.

»Instruktion für das Tempelpersonal«. Die in einer junghethitischen Abschrift vorliegende Instruktion gibt Vorstellungen wieder, die bereits in der Vor-Großreichszeit gegolten haben. Der Personenkreis, auf den sich diese Instruktion bezieht, wird im Kolophon aufgezählt:[167]

> 1. Tafel der Regelungen für alle Tempelbediensteten, das Küchenpersonal der Götter, die Bauern der Götter und die Rinderhirten (und) Schafhirten der Götter – vollständig.

Damit spiegelt dieser Kolophon deutlich wider, dass nicht nur der engere »Kult« der »Tempelleute« zu berücksichtigen ist, sondern auch jene Leistungen von Personen, die für den Tempel als soziale und wirtschaftliche Einrichtung erbracht werden müssen. Die gewissenhafte Erfüllung solcher Aufgaben und die loyale Einstellung der Betroffenen gegenüber dem Tempel ist durch die Verpflichtungen, die diese Instruktion festlegt, zu gewährleisten. Auch wenn sich dabei die Instruktion wegen der Nennung der Feste in Ḫattuša (KUB 13.4 i 45) auf die Situation in der Hauptstadt bezieht, gilt Vergleichbares auch für lokale Heiligtümer und deren Personal. Denn die »Instruktion Arnuwandas I. an die Beamten der Grenzposten« verpflichtet nicht nur diese, sondern auch die Priester, Gesalbten und Gottesmütter ($^{\text{LÚ.MEŠ}}$SANGA, $^{\text{LÚ.MEŠ}}$GUDU$_{12}$, $^{\text{MUNUS.MEŠ}}$AMA.DINGIR), sich entsprechend um die Tempel – als wirtschaftliche und religiöse Einrichtungen – zu kümmern.[168]

> Ferner: Den Göttern soll Ehrfurcht erwiesen werden. Für den Wettergott soll aber besondere Ehrfurcht gelten. Wenn irgendein Tempel undicht ist, dann sollen ihn der Herr der Grenzwarte und der Stadtkommissär wieder in Ordnung bringen. Oder wenn irgendein Rhyton für den Wettergott oder eine Gerätschaft für irgendeine andere Gottheit beschädigt ist, dann sollen es die Priester, die Gesalbten (und) die Gottesmütter erneuern.
>
> Ferner soll der Herr der Grenzwarte die Gerätschaften der Gottheit auflisten und sie vor die Majestät senden. Ferner soll man die Gottheiten regelmäßig versorgen. Für die Gottheit, für die ein (bestimmter) Zeitpunkt festgesetzt ist, zu diesem Zeitpunkt soll man sie versorgen. Für die Gottheit, für die ein Priester, eine Gottesmutter (oder) ein Gesalbter nicht vorhanden ist, soll man sofort einen einsetzen.

Arnuwandas Instruktion zeigt eine Kontinuität der Aufgaben der verschiedenen Arten von Priestern, denn die in der Instruktion genannten Priestertitel sind seit der althethitischen Zeit bis in die späte Phase des Großreiches bezeugt. Priester und Tempelbedienstete sind dabei Teil der Administration des Hethiterreiches, was solche Regulierungen der Aufgaben der Tempelangehörigen durch den König begründet. So genannte »Kultinventare«,[169] die vor allem aus der Zeit Ḫattušilis III. und Tudḫaliyas IV. mehrfach überliefert sind, geben ebenfalls guten Einblick

167 KUB 13.4 iv 78–81 (TUAT.E: 81 [J. Klinger]); vgl. Taggar-Cohen 2006: 69, 85; Miller 2013: 264f.

168 KUB 13.2++ ii 36'-46' = CTH 261.1 §§ 33f. (TUAT.NF 9: 221 [J. Klinger]); vgl. Miller 2013: 226f.; Haas 1994: 33.

169 Vgl. zu den wirtschaftlichen Aspekten v. a. Cammarosano 2018: 139–158; Zinko/Zinko 2019: 188–191.

in die Aufgaben der mit dem Tempel verbundenen Personen und in deren administrative und religiöse Aktivitäten, nicht nur aus der Perspektive des Zentrums in Ḫattuša, sondern auch in lokalen Tempeln im ganzen Land. Da diese mit den Tempeln verbundenen Personen auch dem Staat verpflichtet sind, ihre Aufgaben für das Wohlergehen des Staates sorgfältig durchzuführen, nennt die »Instruktion für die Tempelbediensteten« Sanktionen gegen sie, falls sie ihren Aufgaben nicht nachkommen oder verschiedene Formen von Fehlverhalten zeigen sollten. So werden die Priester davor gewarnt, sich am Tempelschatz zu vergreifen, aus welchem Bereich ausdrücklich wertvolle Gegenstände aus Gold, Silber, aber auch Kleider oder bronzene Kleinutensilien genannt werden. Alle diese Gegenstände gehören den Göttern, und sollte einem Priester ein solcher Gegenstand geschenkt werden, muss er die Rechtmäßigkeit dieses Besitzes durch eine Schenkungsurkunde nachweisen können, um über jeden Verdacht eines eventuellen Diebstahls erhaben zu sein (§ 8). Dass der Tempelbesitz einen Priester noch in weitere Interessenskonflikte bringen konnte, zeigt der Hinweis, dass Priester nicht das eigene Feld, das wenig Ertrag bringt, mit dem Feld der Gottheit vertauschen dürfen, um einen größeren Ertrag zu erzielen. Genauso wenig ist die Hinterziehung der Erstlingsfrüchte, die der Gottheit zustehen, zulässig (vgl. §§ 16–18). Vergehen dieser Art können mit der Todesstrafe geahndet werden (§ 5).[170]

Neben diesen Aufgaben und Verpflichtungen der mit dem Tempel und dem Kult verbundenen Personen, welche die administrativen Aspekte von Religion betreffen, sind die kultischen Aktivitäten im engeren Sinn zu nennen. Die bereits in althethitischer Zeit bekannten unterschiedlichen Priester sowie unterschiedliche Ritualspezialist(inn)en, deren Funktionen und Aufgaben bereits seit den Anfängen des Hethiterreiches aufgrund verschiedener Texte rekonstruiert werden können, gehören auch im Großreich zum kultischen Personal. Wegen der Verbreitung luwischer und hurritischer Traditionen in der Großreichszeit zählen in dieser Zeit aber auch Ritualspezialist(inn)en, die ursprünglich in diesem Milieu beheimatet waren, zu den Kultakteur(inn)en im weitesten Sinn.

Aufgrund dieser Vielfalt von Personen, die im 14. und 13. Jahrhundert mit den verschiedenen Bereichen von Religion zu tun hatten, ist deren soziale Stellung sicher nicht einheitlich. Aus wirtschaftlicher Perspektive ist anzunehmen, dass Personen, die mit großen Tempeln oder für Angehörige der Oberschicht in religiöse Aktivitäten involviert waren, ein höheres Einkommen erzielten als Personen, deren Tätigkeitsfeld sich auf einen kleinen Tempel beschränkte – und dadurch auch weniger »Arbeitsaufwand« erforderte.[171] Hinweise in Kultinventaren, dass ein Priester

---

170 Siehe die Übersetzung der entsprechenden Abschnitte bei Taggar-Cohen 2006: 73, 75f., 82–84; Miller 2013: 251–255, 261–265. – Verfehlungen der Tempelbediensteten behandelt auch ein Text aus Šarišša, worin ebenfalls von der Tötung solcher Personen die Rede ist, siehe Wilhelm 1997: 29f.

171 Für einige Überlegungen zur Bezahlung und zur wirtschaftlichen Situation von Kultpersonal siehe Hutter 2019c. – Zu den sozialen Verhältnissen von Priestern siehe auch Taggar-Cohen 2006: 209–217.

seine Arbeitsstelle verlassen hat, sowie die Hinweise in der Instruktion für Tempelbedienstete, die den Missbrauch von Tempelgütern und -abgaben zum eigenen Nutzen aufzeigen, lassen den Schluss zu, dass in manchen Fällen diese kultischen Aktivitäten aus wirtschaftlich-materieller Perspektive nicht attraktiv waren. Wahrscheinlich dürften manche Kultakteure ihre Kompetenz – auch außerhalb der institutionalisierten Tempelrituale – verschiedenen Klienten »freiberuflich« angeboten haben. Die Beachtung der wirtschaftlichen Situation ist deswegen für Priester und Priesterinnen sowie Ritualspezialist(inn)en relevant gewesen, da sie – wohl meist – verheiratet waren und dadurch eine Familie zu ernähren hatten. Unbekannt ist, ob das Priestertum regelmäßig vererbt wurde.

2.5 Opfer als Praxis der Verehrung und Versorgung der Gottheiten

Opfer sind non-verbale Formen der Kommunikation, die der Herbeirufung oder Anlockung einer Gottheit dienen, um durch ihre Präsenz göttlichen Beistand zu erfahren, aber auch, um die Götter durch die Opfer zu erfreuen und zu versorgen. Verehrung und Respekt vor den Göttern erfordert die Reinheit dessen, der ein Opfer darbringt, was die »Instruktion für das Tempelpersonal« folgendermaßen formuliert:[172]

> Ferner sollen die, die das tägliche Dickbrot bereiten, sauber sein. Sie sollen gewaschen und gekämmt sein. Ihre Haare und ihre Nägel sollen abgeschnitten sein, und sie sollen saubere Kleidung tragen. Wenn (sie es) nicht (sind), lasst sie (es) nicht bereiten. Diejenigen, die üblicherweise den Sinn und den Leib der Götter versorgen, sollen sie (dann) bereiten. Im Haus des Bäckers aber, in dem sie bereitet werden, muss gereinigt und gesprengt sein. Ferner darf ein Schwein (und) ein Hund nicht an die Tür der Küche kommen.

Da der Sinn der Götter und Menschen nicht verschieden ist, wird – so fährt die Instruktion fort – diese erforderliche Reinheit damit begründet, dass auch ein Sklave seinem Herrn nur in Reinheit gegenübertreten darf. Diese anthropomorphe Analogie erlaubt die Schlussfolgerung, dass den Göttern dieselben Speisen angenehm sind, die auch den Menschen gefallen.[173] Einen »respektablen Speiseplan« liefern manche Ritualzurüstungen, wie beispielsweise in einem bis in die späte Großreichszeit überlieferten Ritual der Tunnawiya, das folgende als Opfer benötigte Materialien nennt:[174]

> 3 warme Brote, 1 kleiner Käse, zweimal 9 dünne Brote, 2 Grützebrote ... 2 Gebildbrote aus 2 Handvoll Emmermehl, 4 lanzenförmige Brote aus 3 Handvoll Emmermehl ... zweimal 9 kleine radförmige Brote; ... 1 *sutu* feuchtes Mehl ... 1 *sutu* Malz, 1 *sutu* Bierwürze, 1 Handvoll Gerste, 1 Handvoll Emmer, 1 Handvoll Bohnen ... 1 Handvoll Erbsen ... 2 Krüge billiges Bier zum Trinken, 1 Krug Bier, 2 Krüge Wein, 1 Gefäß mit *tawal-*, mit *walḫi-*, mit *limma-*. Alle Früchte: Feige, Rosine, Granatapfel, Apfel, Aprikose, Birne, ...

---

172 KUB 13.4 i 14–20 (TUAT.E: 74 [J. Klinger]); vgl. Taggar-Cohen 2006: 70f.; Miller 2013: 248f.
173 Vgl. Haas 1994: 640.
174 KBo 21.1 i 6–29 (Hutter 1988: 15, 17).

Diese Aufzählung vermittelt einen Eindruck über vegetabile Opfer, wobei mehr als 100 Brotsorten als Opferbrote wichtig waren. Gebildbrote könnten dabei manchmal (ursprüngliche) Tieropfer ersetzt haben. Der Verzehr solcher Opferspeisen durch Götter und Menschen geschieht im Kontext großer kultischer Zeremonien, verbunden mit Trankopfern von Wein und anderen vergorenen Getränken (z. B. *walḫi-*, *tawal-*, *marnuwant-*), aber auch mit Fleischopfern.[175] Bei Fleischopfern bzw. den Opfern, bei denen ein Opfertier getötet wird, sind Blut, Herz und Leber sowie manchmal auch die anderen Innereien den Göttern vorbehalten. Diese Teile des Opfertieres werden in Zentralanatolien – als hattische Tradition seit althethitischer Zeit – häufig in roher Form den Göttern dargebracht, indem man sie auf den Altar oder vor eine Götterstatue legt. Ursprünglich weniger häufig kam vor, dass man diese Teile über einer offenen Flamme gebraten hat und dann auf Broten den Göttern dargeboten hat. Der Umgang mit dem Fleisch in roher oder gekochter Weise ist regional verschieden, da im Unteren Land rohes Opferfleisch nur gelegentlich vor die Götter gelangte und im Süden Anatoliens die Opferteile nur in gekochter Form an die Gottheiten übermittelt wurden. Die anderen Fleischteile wurden gebraten oder zu Eintöpfen verkocht, von den Teilnehmern an der Zeremonie verzehrt oder den Kultakteuren als materielle Abgeltung ihrer Dienste überlassen.[176]

Häufige Opfertiere[177] sind Schafe, da die Kosten dafür geringer sind als für ein Rind. Grundsätzlich können alle Tiere geopfert werden. Regionale Unterschiede sind teilweise zu erkennen, da etwa die Opferung von Vögeln weitgehend auf Traditionen aus Kizzuwatna beschränkt ist. Manchmal lassen sich auch gewisse symbolische Zuordnungen erkennen, indem Götter männliche, Göttinnen weibliche Opfertiere empfangen und Hunde und Ferkel nur für mit der Unterwelt verbundene Gottheiten geopfert werden. Entscheidend für das Opferverständnis ist jedoch, dass die Opfermaterie dem profanen Gebrauch entzogen wird: Tiere werden geschlachtet, Opferbrote werden auseinander gebrochen oder zerkrümelt, Flüssigkeiten werden ausgegossen oder materielle Gegenstände auf irgendeine Art zerschlagen oder zerstört. Die »Vernichtung« der Opfermaterie durch Verbrennen in Form eines Brandopfers war im genuinen hethitischen Kult nicht vorhanden, sondern ist auf die hurritischen Traditionen beschränkt. Dieser »Statuswechsel« der Opfergabe übermittelt sie an die Gottheiten und entzieht dadurch das Opfer dem weltlichen Zugriff.

Für die Übermittlung der Opfergabe an die Gottheiten und als Kontakt mit ihnen ist die Reinheit des Opferers und des Kultakteurs notwendig, so dass jede Opferzeremonie mit einer Reinigungsszene beginnt – entweder durch Handwaschung oder

---

175 Zu den Opferarten siehe Cammarosano 2018: 140f., 151f. mit weiterer Literatur. Für Tieropfer vgl. ferner Mouton 2008a: 568–570 sowie teilweise darauf aufbauend und weiterführend Rutherford 2020: 251–258.

176 Für Beispiele dieser Verteilung sowie »Bezahlung« vgl. Hutter 2019c: 43 sowie Barsacchi 2019 mit weiterer Literatur.

177 Siehe die Zusammenstellung bei Haas 1994: 646–648.

durch die Verwendung von reinigenden Aromata.[178] Der Bezug zwischen dem Opfernden und dem Opfer geschieht im kultischen Ablauf dadurch, dass der Opfernde das Opfer in die Hand nimmt und dem Kultakteur übergibt oder symbolisch die Hand an das Opfer legt bzw. sie wenigstens in Richtung der Opfergabe ausstreckt. Nach der Darbringung des Opfers an die Gottheit durch den Kultspezialisten zeigt der Opfernde seine Verehrung der Gottheit, indem er niederkniet oder sich vor der Gottheit verneigt.

Umfangreicher ist der Ablauf der Darbringung von Tieropfern.[179] Zu Beginn werden die lebenden Opfertiere in den Tempelhof oder zu einer Open-Air-Kultstätte gebracht, wo eine Weihung des Tieres an die Gottheit vorgenommen wird. Danach treibt man die Tiere wieder weg, um sie zu schlachten. Die Schlachtung geschieht durch einen Schnitt durch die Kehle des Tieres, wodurch das schnelle Ausbluten des Tieres gewährleistet ist. Da das Blut eine bevorzugte Opfermaterie ist, scheint auch die Richtung der Schlachtung eine Bedeutung gehabt zu haben. In manchen Texten heißt es, dass »nach unten« geschlachtet wird, wobei es sich bei einer solchen Ausdrucksweise immer um chthonische Gottheiten als Empfänger des Opfers handelt. Dementsprechend verweist die gegenteilige Formulierung, dass man »hinauf schlachtet«, auf himmlische Götter als Opferempfänger.[180] Die auf die Schlachtung folgende Zerteilung des Opfertieres dient dazu, das Opferfleisch entsprechend bereitzustellen, um die gekochten bzw. rohen Innereien – neben dem bei der Schlachtung aufgesammelten Blut – für die Gottheit, das restliche Fleisch des Tieres für den Verzehr vorzubereiten. Als abschließenden Akt legt man das Fleisch mit Broten für die Gottheit auf einen Altar oder Opfertisch, während das übrige Fleisch bzw. die aus dem Fleisch gekochten Eintöpfe von den Teilnehmern am Opfer konsumiert werden.

Ein solcher idealtypisch zu rekonstruierender Ablauf ist nicht immer in allen Details beschrieben, zumal manchmal einzelne Abschnitte genauer und andere kürzer in den Ritualpräskriptionen erwähnt sind. Einige Zeilen aus einer Opferzeremonie während des 5. Tages des *nuntarriyašḫa*-Festes zeigen dies:[181]

> Und die Königin kommt aus dem Innengemach [...] und sie geht ins *ḫalentuwa*-Haus. Und die Hofjunker bringen ihr Handwasser. Der Priester gibt (ihr) ein Tuch. Sie wischt ihre Hände ab. Die Königin verneigt sich vor der Sonnengöttin von Arinna.

---

178 Für einige Beispiele aus Festritualen, bei denen der König als Opferer auftritt und sich und das Opfer mit Wasser und der Räuchersubstanz *tuḫḫeššar* reinigt, siehe Alp 1983: 344–348; Haas 2003: 371f. mit Literatur.

179 Vgl. Haas 1994: 649–658; Cammarosano 2018: 150–152. Zur Bedeutung des Blutes im Opferablauf siehe auch Kühne 1986: 115f. – Das Herbeitreiben der Opfertiere ist manchmal auch bildlich dargestellt, so z. B. auf dem Relieffries in Alaca Höyük, wenn hinter dem König, der vor einem Altar für den Wettergott steht, Opfertiere herbeigebracht werden, vgl. die Fotos bei Ehringhaus 2005: 7f. Abb. 2–4 bzw. die Umzeichnung bei Görke 2008: 67 Abb. 3.

180 Kühne 1986: 94f.

181 KUB 25.14 i 18'-35' (Nakamura 2002: 193).

Und sie weiht den Sonnengöttinnen von Arinna folgendermaßen: Sie weiht sieben Lämmer, davon zwei Lämmer der Sonnengöttin von Arinna von (der Königin) Walanni, ein Lamm der Sonnengöttin von Arinna von (der Königin) Nikalmati, ein Lamm der Sonnengöttin von Arinna von (der Königin) Ašmunikal.

Ein Lamm (weiht sie) der Sonnengöttin von Arinna von Duduḫepa, ein Lamm der Sonnengöttin von Arinna von Ḫenti (und) ein Lamm der Sonnengöttin von Arinna von Tawananna. Und sie treiben die Lämmer in [die Küche ?] hinein.

Und sie zerlegen die Lämmer; und sie kochen die Leber (und) das Herz auf offener Flamme.

Und sie bringen sie (d. h. die Opfergaben) herbei.

Dieses Zitat kann zusammenfassend zeigen, dass Opfer immer in einem größeren zeremoniellen Ablauf zur Versorgung, Verehrung oder Kontaktaufnahme mit einer Gottheit eingebettet sind. Dabei ist erwähnenswert, dass Blut- bzw. Tieropfer in einen komplexeren Ritualablauf eingebettet sind als vegetabile Opfer oder als das Ausgießen einer Flüssigkeit als Opferhandlung. Dadurch setzt die Großreichszeit jedoch kontinuierlich jene Praktiken fort, die schon in althethitischer Zeit der Interaktion der Menschen mit ihren Gottheiten gedient haben, da »Importe« aus dem nordsyrisch-hurritischen Milieu weitgehend auf die Rezeption solcher Traditionen innerhalb des Kultes des Königshauses beschränkt bleiben.

2.6 Feste auf staatlicher und lokaler Ebene

Ein sehr großer Teil der hethitischen Texte gibt Anweisungen für die Zeremonien verschiedener Feste ($EZEN_4$) wieder. Da diese Beschreibungen häufig durch stereotype Formulierungen geprägt sind, ist – gerade bei fragmentarischer Überlieferung – die Zuordnung zu einem bestimmten Fest nicht immer gesichert. Die Einschränkung, der man sich im Umgang mit den Ritualtexten bewusst sein muss, wird jedoch durch eine andere Textform reduziert: So genannte »Überblickstafeln« verzeichnen manchmal mehrere (Sub-)Feste in einer Beschreibung oder fassen ein mehrtägiges oder mehrwöchiges Fest zusammen, indem in kurzer Form der Festablauf der einzelnen Tage geschildert wird bzw. die Handlungen und Kultaktivitäten eines einzelnen Festtages kompakt beschrieben werden. In ähnlicher Weise geben auch so genannte Kultinventartexte einen Überblick über lokale Feste, die an verschiedenen Orten gefeiert werden. Weitere Quellen zur Rekonstruktion hethitischer Feste sind Listen von Rationen oder Abgaben, die für die Durchführung eines Festes benötigt werden. Auf einzelnen Tontafeln sind manchmal auch – vor allem hattische – Kultgesänge oder Rezitationen überliefert, die Einblick geben, welche verbalen Darbietungen während der Festzeremonien stattfanden. Diese verschiedenen Quellen[182] geben sehr gut Einblick in den Verlauf der Festliturgien, werfen aber kaum Licht auf die theologischen Inhalte eines Festes oder auf dessen genaue historische Einordnung. Letzteres ist durch andere Quellen möglich, etwa durch Aussagen in Instruktionstexten und Orakelberichten sowie durch beiläufige Notizen in

182 Zu diesen Quellentypen siehe Schwemer 2016: 7–11.

historiographischen Texten oder Gebeten, die einem König zugeschrieben werden können. In Abwägung dieser Quellen ist es weder möglich, die Entwicklung aller hethitischen Feste von der althethitischen Zeit bis in die (späte) Großreichszeit vollständig zu rekonstruieren, noch den Ablauf und die Inhalte aller hethitischen Feste darzustellen. Dabei ist es nicht überraschend, dass sich die Durchführung von Festen und die »Festtheologie« im Laufe der hethitischen Religionsgeschichte verändert haben. Allerdings ist auch zu erwähnen, dass diese Texte zugleich Versuche der Traditionsbewahrung widerspiegeln.[183]

Insgesamt nennen die hethitischen Texte additiv weit mehr als 100 Feste,[184] was einen Hinweis darauf gibt, dass im hethitischen religiösen Jahr Feste als Mittelpunkt des gesellschaftlichen Lebens nicht zu unterschätzen sind. Allerdings muss man kritisch abwägen und in Rechnung stellen, dass ein bloßes Addieren nicht gerechtfertigt ist, da lokale Feste keineswegs landesweite Relevanz hatten. Denn in jeder größeren Siedlung gab es einzelne Feste, die auf diesen Ort beschränkt waren, genauso wie auch die Feste des luwischen und hurritischen Milieus nicht in allen hethitischen Gebieten gefeiert wurden. Die Aufzählung der 18 Feste in Ḫattuša, die die »Instruktion für das Tempelpersonal« nennt, verdeutlicht, dass Feste mit unterschiedlichen geographischen, gesellschaftlichen oder jahreszeitlichen Aspekten zwar nebeneinander genannt werden können, jedoch deswegen nicht immer für alle Bevölkerungsteile gleich wichtig gewesen sein dürften. Folgende Feste werden hier aufgezählt:[185]

> Außerdem gibt es das Monatsfest, das Jahresfest, das Fest des Hirsches, das Herbstfest, das Frühjahrsfest, das Gewitterfest, das *ḫiyara*-Fest, das *pudaḫa*-Fest, das *ḫišuwa*-Fest, das *šatlašša*-Fest, das Rhyton-Fest, die Feste des heiligen SANGA-Priesters, die Feste der alten Männer, die Feste der AMA.DINGIR-Priesterinnen, das *daḫiya*-Fest, die Feste der *upati*-Männer, die Feste des Loses, die Feste des Harkens, und welches Fest auch immer in Ḫattuša (gefeiert wird).

Diese Liste[186] ist keine vollständige systematische Aufzählung der in Ḫattuša gefeierten Feste, denn es fehlen nicht nur die beiden großen Feste im Frühling und im Herbst, das AN.TAḪ.ŠUM- und das *nuntarriyašḫa*-Fest, sondern auch das seit althethitischer Zeit gefeierte KI.LAM-Fest. Als Erklärung hierfür vermutet Itamar Singer,[187] dass sich in der Aufzählung eventuell ein anderer Festname auf das

183 Schwemer 2016: 13–16.

184 Siehe die Aufzählung bei van Gessel 2001: 281–287; vgl. Taggar-Cohen 2006: 117; Hazenbos 2003: 167. Cammarosano 2018: 108–110 bietet eine Liste von mehr als 50 – lokal beschränkten – Festbezeichnungen, die in Kultinventaren genannt sind.

185 KUB 13.4 i 39–45 (Hutter 2008: 76); vgl. Taggar-Cohen 2006: 43, 72; Miller 2013: 250f.

186 Taracha 2009: 137 sieht darin nur eine Auswahl der Feste in Ḫattuša. Vgl. TUAT.E: 74 (J. Klinger); anders Taggar-Cohen 2006: 122, die in der Liste die aus der Sicht des Königshauses wichtigsten Feste in der Hauptstadt sieht; problematisch an dieser Interpretation einer verbindlichen Liste ist jedoch, dass am Ende der Aufzählung eine gewisse »Beliebigkeit« ausgedrückt scheint, wenn noch allgemein auf »welches Fest auch immer« verwiesen wird.

187 Singer 1983: 136–138; vgl. auch Taggar-Cohen 2006: 118f., die jedoch zu Recht darauf verweist, dass sich das »Fest des Hirsches« auf eine Schutzgottheit (^{D}LAMMA) beziehen könnte.

KI.LAM-Fest beziehen könnte – etwa das »Fest des Hirsches« wegen der Tierprozessionen im althethitischen Fest oder das Rhyton-Fest wegen der beim KI.LAM verwendeten Rhyta in Tiergestalt. Solche Versuche der Identifizierung bleiben aber unsicher. Genauso muss man bei dieser »Festliste« beachten, dass die genannten Feste typologisch sehr unterschiedlich sind. Neben den durch den (klimatischen und agrarischen) Jahresablauf bestimmten Festen[188] finden sich Feste, deren geographischer (und kultureller sowie möglicherweise religionspolitischer) Hintergrund mit Südostanatolien und Nordsyrien[189] zu verbinden ist. Ferner nennt die Liste Feste, die sich auf verschiedene soziale oder religiöse Gruppen[190] beziehen, während das *daḫiya*-Fest mit dem dynastischen Ahnenkult (vgl. KUB 16.34 i 5–12; KUB 16.39 ii 11–22) verbunden werden kann.

Die unterschiedlichen Zielgruppen der Feste zeigen, dass man im »hethitischen Festkalender« nicht pauschal von »Staatsfesten« sprechen darf, sondern die Feste – teilweise besser als dies bei anderen Aspekten der Religion möglich ist – auch Einblick in lokale Formen der Religionsausübung und der Rolle von Religion für unterschiedliche Lebenssituationen sowie in die Interaktion zwischen Religion und Gesellschaft geben können. Die aktive Einbeziehung der »allgemeinen« Bevölkerung in die Feste ist nicht mehr vollkommen zu klären.[191] Bei den Staatsfesten scheint sich der Teilnehmerkreis wahrscheinlich auf die königliche Familie, auf die amtierenden Kultakteure, hochrangige Würdenträger, Repräsentanten von Städten und Angehörige der diplomatischen Vertretungen beschränkt zu haben, während bei lokalen Festen anscheinend die gesamte Bevölkerung der ausrichtenden Gemeinde beteiligt war. Eine solche tendenzielle Unterscheidung der Teilnehmerschaft ist zwar möglich, nicht zu klären bleibt jedoch, wie weit bei »öffentlichen« Teilen der Staatsfeste, vor allem bei damit verbundenen Prozessionen, am »Rande« des Festgeschehens auch die allgemeine Bevölkerung als »Zuseher« beteiligt war. Scharfe Abgrenzungen dürfte es dabei nicht gegeben haben, sondern die »Intensität« der Teilnahme am Fest ist eher in Form von konzentrischen Kreisen zu beschreiben, wobei die Rolle der Teilnehmer von innen nach außen abgenommen hat. Um im Bild zu bleiben: Bei staatlichen Festen wäre der »äußerste« Kreis der Teilnehmer –

188 Monatsfest, Jahresfest, Fest des Hirsches, Herbstfest, Frühlingsfest, Gewitterfest, Rhyton-Fest (?), Feste des Harkens.

189 Dazu gehören das *ḫiyara*-Fest, das *pudaḫa*-Fest, das *ḫišuwa*-Fest und das *šatlašša*-Fest.

190 Ersteres sind die Feste der alten Männer und die Feste der *upati*-Männer, zu letzteren gehören die Feste des heiligen SANGA-Priesters, die Feste der AMA.DINGIR-Priesterinnen und möglicherweise die Feste des Loses; Taggar-Cohen 2006: 121 sieht – einschließlich des *daḫiya*-Festes – alle sechs Feste als Feste von Angehörigen des Kultpersonals.

191 Cammarosano 2018: 104 rechnet bei den »Staatsfesten« mit einem sehr eingeschränkten Kreis, der sich nur aus der Oberschicht zusammensetzt, während er für lokale Feste mit der Teilnahme aller Mitglieder der das Fest ausrichtenden Gemeinde rechnet. Vgl. auch Haas 1994: 678–680; Hutter 2008: 79f. – Ünal 2019: 696–700 hat einen interessanten Inventartext (Çorum 6-1-96) ediert, der eine Orakelanfrage bzgl. eines lokalen Festes für Pirwa behandelt. Ein Fest für die Gottheit richtet dabei der Priester mit seiner eigenen Finanzierung aus, ein anderes hingegen führt die lokale Gemeinde durch.

d. h. der allgemeinen Bevölkerung – zwar sehr groß, aber auch praktisch unbedeutend, während bei lokalen Festen weniger konzentrische Kreise der abnehmenden Bedeutung der Teilnehmer vorhanden sind.

2.6.1 Die zeitliche Einordnung der Feste

Ein allgemein verbindlicher kultischer Kalender ist in der kleinasiatischen Religionsgeschichte nie vorhanden gewesen; allerdings orientieren sich viele Feste anhand der Jahreszeiten. Explizit nennt Muršili II. in einem Gebet an Telipinu einige mit dem Jahreslauf verbundene Feste:[192]

> Feste, Monatsfest(e), Jahreszeitenfeste für Winter, Frühling (und) Herbst, Opfertiere und Herbeirufungsfeste gibt es für dich nur im Land Ḫatti. Ferner aber führt man (sie) für dich nirgendwo in einem anderen Land durch.

Da dieselbe Aufzählung auch im hymnischen Abschnitt eines Gebetes dieses Königs an die Sonnengöttin von Arinna[193] vorkommt und der Herrscher betont, dass nur im Hethiterreich diese Feste gefeiert werden, kann man fragen, ob die genannten Feste jährlich von Muršili veranlasst wurden oder ob diese Aussage nicht auch eine »gelehrte« und propagandistische Tradition repräsentiert. Dennoch ist als grundsätzliches Strukturelement für hethitische Feste nicht in Frage zu stellen, dass Wendepunkte im natürlichen Jahreslauf bzw. entsprechend den von klimatischen Bedingungen abhängigen Jahreszeiten einen Teil des Festrhythmus ausmachen. Daraus ergibt sich, dass manche Festtermine durch agrarische Tätigkeiten bestimmt sind, worauf gewisse Bezeichnungen wie das »Fest der Sichel« (EZEN$_4$ ^{URUDU}ŠU.KIN, KBo 2.8 iii 4'ff.) oder das »Fest des Getreidehaufens« (EZEN$_4$ *šeliyaš*, KUB 42.91 iii 10'–16') hinweisen.[194] Aus den mit den Jahreszeiten verbundenen klimatisch-agrarischen Bedingungen ergibt sich daher eine Grundstruktur des Festkalenders. Manche Feste sind jedoch nicht an diese Struktur gebunden, so dass deren chronologische Fixierung im Kalender nicht immer eindeutig rekonstruierbar ist. Genauso ist zu beobachten, dass manche Feste nur in größeren Zeitabständen[195] von bis zu sechs oder neun Jahren gefeiert wurden, wobei die Charakterisierung solcher Feste als »beständige« (SAG.UŠ; *ukturi-*) bzw. »große« (*šalli-*) Feste jedoch die Wichtigkeit zeigt.

2.6.1.1 Lokale Herbst- und Frühjahrsfeste

In Zentralanatolien gibt es nur drei Jahreszeiten mit jeweils rund vier Monaten:[196] Frühling (*ḫamešḫa-*) von März/April bis Juni, Herbst (*zena-*) von Juli bis Oktober

---

192 KUB 24.1+ ii 3–8 (Daues/Rieken 2018: 364f., Kolon 25f.); vgl. Singer 2002: 55, § 7.

193 Vgl. KUB 24.3 i 16–20 bei Daues/Rieken 2018: 354f.; Singer 2002: 51, § 2.

194 Vgl. zu diesen Festen zuletzt Cammarosano 2018: 131–135.

195 Vgl. Haas 1994: 695.

196 Cammarosano 2018: 106; eine etwas andere Struktur des jahreszeitlichen Ablaufs nennt Haas 1994: 693f.

und Winter (*gim*(*mant*)-) von November bis März. Die (Frühlingsgewitter-)Regen haben den Höhepunkt im Mai, und zu Beginn des Winters im November fällt in geringerem Ausmaß erneut Regen. Aufgrund dieser Klimasituation kann man neben den allgemeinen Bezeichnungen Frühjahrs-, Herbst- oder Winterfest auch andere Festnamen in eine ungefähre Abfolge der Jahreszeiten einbetten.[197] Festbezeichnungen, die im weitesten Sinn auf die Ernte Bezug nehmen, weisen auf einen Festtermin im Herbst. Feste, die auf Erstlingsfrüchte, Tierjunge oder Regen und Gewitter verweisen, werden in den Frühlingsmonaten gefeiert. Weniger häufig sind Feste im Winter. Hervorzuheben ist dabei, dass in Aufzählungen lokaler Feste fast immer die Herbstfeste vor denjenigen im Frühjahr genannt werden, was eine ältere Tradition des Jahresbeginns im Herbst widerspiegelt, obwohl das »profane« hethitische Jahr in der Großreichszeit durch babylonischen Kalendereinfluss im Frühjahr begann.[198]

Die beiden großen Feste des Staatskults in der Großreichszeit, das *nuntarriyašḫa*-Fest im Herbst und das AN.TAḪ.ŠUM-Fest im Frühjahr, haben in mehreren Redaktionen Elemente aus lokalen Festen rezipiert. Daneben bleiben aber außerhalb der Hauptstadt und parallel zu den beiden dominierenden Staatsfesten die lokalen Feste ein kontinuierlicher Faktor der religiösen Praxis. Kultinventare, die zum Großteil aus der Zeit Tudḫaliyas IV. stammen, zeigen die Vielfalt dieser lokalen Feste. Das Verhältnis dieser Feste zum Staatskult wird in der Forschung unterschiedlich gesehen. Häufig wird die Ansicht vertreten, dass es unter Tudḫaliya IV. zu einer »Kultreform« bzw. »Reorganisation« der (lokalen) Kulte gekommen ist, wodurch der Staatskult direkt auf diese Feste Einfluss genommen hat, indem diese »am Ort umgewandelt, typisiert oder sogar verfremdet, d. h. einem offiziellen Modell angepasst [werden ...,] um eine einheitliche, staatsübergreifende Götter- und Vorstellungswelt durchzusetzen«.[199] Dadurch sollte, als in der späten Großreichszeit durch die Entstehung von Sub-Königtümern in Tarḫuntašša oder Karkamiš sowie durch Tendenzen an anderen geographischen »Rändern« des Großreiches die Einheit des hethitischen Staates gefährdet wurde, mit Hilfe der Religion die Zentralmacht gestärkt werden. P. Neve verband mit diesen Tendenzen auch den Ausbau der Oberstadt von Ḫattuša als »Tempelviertel«, um die lokalen Kulte in die Hauptstadt zu verlagern. Neves Interpretation des archäologischen Befundes ist jedoch durch nachfolgende Untersuchungen widerlegt worden.[200] Diesem Erklärungsmodell einer

197 Vgl. Cammarosano 2018: 110 für eine Zuordnung der in Kultinventaren genannten lokalen Feste zu den drei Jahreszeiten. Weitere Details ebd. 129–137. Zu lokalen Gewitterfesten, die in Kultinventaren genannt werden, siehe Barsacchi 2017: 13–18.

198 Vgl. Hazenbos 2003: 168f.; Haas 1994: 693.

199 Klinger 1996: 23. Eine vergleichbare, wenn auch etwas weniger strikt formulierte Auffassung vertritt Hazenbos 2003: 169.

200 Neve 1993: 31f. Für den Ausbau der Oberstadt mit dem Tempelviertel spätestens im frühen 14. Jh. siehe Schachner 2011: 88–90; auch alle in diesem Bereich gefundenen datierbaren Texte sind dem Mittelhethitischen – und somit deutlich einer Zeit vor dem von Neve angenommenen Ausbau der Oberstadt unter Tudḫaliya – zuzuweisen, siehe dazu die Details bei Klinger 2006b: 15f.

staatlichen Steuerung und Harmonisierung lokaler Kulte, was eine weitgehend »neue« Form einer einheitlichen hethitischen (Staats-)Religion unter Tudḫaliya ergeben hätte, stellt Michele Cammarosano ein alternatives Modell entgegen.[201] Unbestritten bleibt dabei, dass sich der Großkönig um die Pflege zuvor von ihm vernachlässigter Kulte kümmerte, weshalb die Sonnengöttin von Arinna zürnte. In einem *arkuwar*-Gebet an die Göttin (CTH 385.9) umschreibt er sein Fehlverhalten wie folgt:[202]

> Ich frevelte [gegen (dich,) die Sonnengöttin von Arinna], meine Herrin. Ich kränkte (dich,) die Sonnengöttin von Arinna, meine Herrin. So nahm ich [der Sonnengöttin von Arinna Feste] weg und beschnitt deine (anderen) Feste. ... (Deine) Feste [werde ich] niemals mehr beschneiden. Frühlings[feste] und [Herbstfeste] werde ich nicht mehr vertauschen: [Ich werde Frühlingsfeste] nur im Frühling [feiern], Herbst[feste] aber werde ich nur im Herbst feiern.

Die Betonung, in Zukunft die Feste wieder vollständig und ohne Vertauschung oder Vernachlässigung der Termine zu feiern, weist auf Tudḫaliyas restauratives Bemühen in kultischen Angelegenheiten. Dabei hebt M. Cammarosano – im Gegensatz zur früheren Diskussion – besonders hervor, dass Tudḫaliya nicht Neuerungen hinsichtlich dieser Frühjahrs- und Herbstfeste eingeführt hat, um alle nach einem vereinheitlichten Muster zu feiern, sondern dass er die Vielfalt der alten lokalen Traditionen revitalisiert und wiederum intensiviert. Dadurch ist Tudḫaliya nicht ein »Reformer« der Religion in der zweiten Hälfte des 13. Jahrhunderts, sondern er erweist sich als Förderer der alten lokalen Festtraditionen, um so das – in den lokalen Kulten seit althethitischer Zeit bestehende – religiöse Erbe des hethitischen Kerngebiets zu bewahren. Da nur ein Teil der Kultinventare, die solche Feste beschreiben, gesichert der Zeit Tudḫaliyas zugewiesen werden können, sollte man die Revitalisierung der lokalen Kulte jedoch nicht ausschließlich als Werk dieses Königs sehen.

Herbst- und Frühjahrsfeste sind in den einzelnen Orten durch einige gemeinsame Elemente eng aufeinander bezogen.[203] An erster Stelle sind die beiden zentralen Riten zu nennen: das Füllen und Schließen der Vorratsgefäße mit Getreide zu Beginn des Herbstfestes und das Öffnen der Gefäße zum Auftakt der Zeremonien im Frühjahr. Die Symbolik der zentralen Festhandlungen ist weitgehend selbsterklärend: Nach der eingebrachten Ernte werden die Vorräte für den Winter eingelagert, um zu Beginn des Frühjahres den »Rest« der Ernte des Vorjahres festlich zu verzehren, zugleich aber auch um aus den geöffneten Vorratsgefäßen das Saatgut für den neuen Agrarzyklus – mit der Erwartung einer erneuten guten Ernte – zu entnehmen. Die Einbettung beider Handlungen in Akte der Verehrung und Erfreuung der Götter durch Opfer sowie die Verteilung der Opfer(speisen) an die Götter auf dem

201 Cammarosano 2018: 20–24.

202 KBo 12.58 Vs. 2f., 7–9 (Rieken et al. (Hg.): hethiter.net/: CTH 385.9, Kolon 2–5, 12–15); vgl. Singer 2002: 108.

203 Vgl. Cammarosano 2018: 111f. Zur Symbolik des Füllens bzw. Öffnens der Vorratsgefäße siehe ebd. 119–121 und zur Prozession zu einer Stele als Open-Air-Heiligtum ebd. 121f.

Altar und an die Festteilnehmer, die bei den lokalen (»nicht-staatlichen«) Festen aus allen Einwohnern der Siedlung bestehen, geben diesen lokalen Festen eine gewisse Einheitlichkeit. Weitere Festelemente tragen aber zu einem gewissen Variantenreichtum bei: So sind Frühjahrsfeste häufig durch eine Prozession zu einer Stele außerhalb der Siedlung charakterisiert, und bei manchen lokalen Festen finden auch Wettkämpfe zur »Unterhaltung« (*duškaratt-*)[204] der Götter (und Menschen) statt. Frühjahrsfeste dauern mit zwei bis drei Festtagen länger als die in der Regel nur eintägigen Herbstfeste. Ebenfalls zur Differenzierung der Feste trägt die jeweilige – für die Siedlung relevante – Gottheit bei, wobei die Opfer, die diesen Göttern dargebracht werden, ebenfalls von unterschiedlichem Umfang sein können. Solche Beobachtungen der Unterschiede zwischen den lokalen Festen können zumindest als Indiz dafür gelten, dass die in den Kultinventaren dokumentierten Feste keiner staatlichen Normierung oder staatlich angeordneten einheitlichen Reform unterzogen wurden. Allerdings ist zu betonen, dass lokale Festtraditionen in der Großreichszeit auch in die beiden Hauptfeste des staatlichen Kults eingefügt wurden. Dadurch entsteht eine Wechselwirkung zwischen lokalen »nicht-staatlichen« und überregionalen »staatlichen« Festen; dies führt dabei dazu, dass gelegentlich auch der König oder Angehörige des Herrscherhauses an den lokalen Festen teilnehmen oder zur Ausrichtung derselben materiell beitragen.[205]

2.6.1.2 Das AN.TAḪ.ŠUM-Fest

Das AN.TAḪ.ŠUM-Fest im Frühling ist das große Fest des staatlichen Kultes in der Großreichszeit, wobei sich der Name des Festes auf eine Pflanze, wahrscheinlich Krokus, bezieht. Den umfangreichen Festverlauf der Großreichszeit beschreiben mehrere »Überblickstafeln«,[206] die in kurzer Form die (wichtigsten) Aktivitäten der einzelnen Festtage aufzählen. Diese sehr knappen Informationen, die für die Rekonstruktion des Ablaufs eines Festes hilfreich sind, werden durch »Tagestafeln« ergänzt, in denen die einzelnen Ritualhandlungen für einen Tag oder auch nur für eine Zeremonie genannt werden. Die Zuordnung solcher Tagestafeln ist in jenen Fällen problematisch, wenn die Tafel unvollständig erhalten geblieben ist und ein Kolophon fehlt, der die genaue Zuordnung ermöglicht. – Für die Dauer des Festes nennen die drei am besten erhaltenen Überblickstafeln unterschiedliche Angaben. KUB 30.39+ ist das älteste Exemplar dieser Tafeln

---

204 Vgl. Cammarosano 2018: 127–129; Wettkämpfe und »Unterhaltung« beschränken sich jedoch nicht auf die lokalen Feste, sondern finden auch in den großen Festen des Staatskults statt, siehe Hutter-Braunsar 2008; Dies. 2014.

205 Vgl. Hazenbos 2003: 201–203; siehe ferner Zinko/Zinko 2019: 182–188, worin jedoch die kultische Rolle des Königs für die Durchführung dieser Feste zu stark betont wird.

206 Grundlegend ist noch immer die aus dem Jahr 1960 stammende Untersuchung Güterbocks zu KBo 10.20, wiederveröffentlicht in Güterbock 1997: 91–98, jetzt vor allem zu erweitern durch die Studie zum erst später edierten Text VSNF 12.1 durch Houwink ten Cate 2003; KBo 10.20 ist der am besten erhaltene Text, vgl. die Übersetzungen von Güterbock 1997: 95–97; Alp 1983: 136–147. Zu den Gattungen »Überblickstafeln« und »Tagestafeln« siehe Schwemer 2016: 8f.

und stammt aus der Zeit von Muršili II., darin ist von 35 Tagen die Rede. KBo 10.20 stammt aus der Zeit Tudḫaliyas IV. und zählt 38 Tage des Festes auf, und VSNF 12.1, eine ebenfalls aus der Zeit Tudḫaliyas stammende Tafel, nennt wahrscheinlich 40 Tage. Diese unterschiedliche Länge weist dabei nicht nur darauf hin, dass die Überblickstafeln sich auf verschiedene Redaktionen des Festverlaufs beziehen, sondern zeigt zugleich, dass dieses Staatsfest während der Geschichte des Großreiches – und schon zuvor – immer wieder modifiziert werden konnte. Die Version aus der Zeit Muršilis dürfte jener Form des Festes nahe gestanden sein, die wahrscheinlich unter Šuppiluliuma I. zusammengestellt wurde. Darauf scheint Muršili in seinem Tatenbericht über seinen Vater hinzuweisen, wenn er darin Folgendes sagt:[207]

> Und es geschah, dass mein Vater für die Götter von Ḫatti und die Sonnengöttin von Arinna das AN.TAḪ.ŠUM-(Fest) festsetzte.

Volkert Haas hat ferner darauf hingewiesen, dass während der Zeremonien des 18. Tages von Šuppliluliuma zwölf Brote dem Wettergott gelobt werden, wobei diese Brote schon »früher zugerüstet« waren (KUB 10.11 i 5–9); dieser Hinweis auf einen »Brot-Ritus« deutet darauf hin, dass schon vor Šuppiluliuma eine solche Zeremonie im Frühjahrsfest gefeiert wurde. Für die Entstehungsgeschichte des Festes kann man daraus ableiten, dass Šuppiluliuma – zu Beginn der Großreichszeit – eine erste umfangreiche Festagenda erstellen ließ, ohne jedoch ein völlig neues Fest zu begründen. Denn es sind aus Ḫattuša eine Reihe von Texten erhalten geblieben, auf denen verschiedene Kulthandlungen einzelner Tage (entsprechend den vorhin genannten Überblickstafeln) in mittelhethitischer Sprachform überliefert sind, d. h. noch aus dem 15. Jahrhundert stammen. In althethitischer Zeit war das Fest jedoch noch unbekannt. Ausgehend von Šuppiluliumas Gestaltung des Festes ist zu betonen, dass Eingriffe und Neuerungen des Festverlaufs sicher auch durch Muršili II. und Tudḫaliya IV. sowie wahrscheinlich durch Muwatalli II. geschehen sind, ohne dass im Detail alle Einzelheiten der Festmodifikationen rekonstruierbar wären.[208] Dass dabei solche Änderungen des Festverlaufs nicht willkürlich stattfinden konnten, sondern durch Orakel die Zustimmung der Götter eingeholt wurde, klingt in KBo 10.20 iv 26f. an, worin es heißt, dass durch Orakelanfragen der richtige Wortlaut festgestellt wurde. Genauso könnten sich einige Aussagen des Orakelprotokolls CTH 568 bzgl. des *ḫadauri*-Ritus (oder *ḫadauri*-Subfestes) für die Göttin Kataḫḫa, für Šulinkatte (^{D}U.GUR) und für Ḫašamili auf den 21. Tag (KBo 10.20 iii 19–22) beziehen.[209] Auch der umfangreiche Orakelbericht KpT 1.56 + 1.71 aus der Mitte des 13. Jahrhunderts, der 2015 in Kayalıpınar gefunden wurde, behandelt unter anderen eine Verfehlung in Bezug auf das AN.TAḪ.ŠUM- und das *šatlašša*-Fest, weil die dafür notwendigen Abgaben gekürzt wurden; durch eine Orakelanfrage sollte dabei festgestellt werden, ob diese Verfehlungen in Bezug auf die Durchführung der Feste den Zorn der Šauška von Šamuḫa bewirkt haben.

---

207 KUB 19.22, 1f. (Haas 1994: 772f.). Vgl. ferner Haas 1994: 804–806; Galmarini 2013: 337.

208 Schwemer 2004: 397.

209 Siehe zu diesen Orakelanfragen Haas 2008: 119f.; vgl. Schwemer 2016: 10 mit weiterer Literatur.

drei dominierenden Kultorte Arinna, Ḫattuša und Zippalanda in einen gemeinsamen Festablauf einzubinden, wobei die Besuche der anderen Orte eher untergeordnete Stationen zwischen Ḫattuša und Arinna bzw. zwischen Ḫattuša und Zippalanda sind. Diese sukzessive Durchführung von »Subfesten« an verschiedenen Orten fügt die besuchten Orte zu einem überregionalen Netzwerk im hethitischen Kernland zusammen, wobei die Bedeutung der Reisen durch die Reise der Jagdtasche als Symbol der Schutzgottheit Zitḫariya verstärkt wird.[220] Der Besuch des Herrschers in verschiedenen Orten dient dazu, die Herrschaft über diese Orte und den Beistand der Schutzgottheit (symbolisiert durch die »Reise« des ^{KUŠ}*kurša-*) in diesen Orten zu demonstrieren. Da die reelle Ausdehnung des Einflussbereiches von Ḫattuša meist weit über den geographischen Rahmen der besuchten Orte, die innerhalb von ein bis maximal drei Tage von Ḫattuša aus zu erreichen sind, hinausging, betonen die Reisen im Fest symbolisch die »Grenzziehung« und die Beherrschung des Raumes, indem die Reisen eine Verbindung zwischen dem (politischen) Zentrum und der Peripherie des hethitischen Herrschaftsgebietes darstellen.[221] Zugleich erlauben die Feiern dieser »Subfeste« in den verschiedenen Orten, ursprünglich nur lokal gefeierte Feste dieser Orte[222] in den Staatskult zu integrieren. Dadurch machen diese Kultreisen die Religion(sausübung) »im Raum sichtbar« und bringen den Staatskult in die »Öffentlichkeit«, um die hethitische Bevölkerung als Teilnehmer bzw. Zuschauer in das Fest einzubinden.

Die unmittelbaren Festtage in Ḫattuša sind der 10. bis 32. Tag. Hinsichtlich der Struktur des Festes kann man vermuten, dass die ersten Tage in Ḫattuša die zentralen Teile des Festes ausmachen, die durch die zusätzliche Hinzufügung weiterer Tage zur Integration ursprünglich unabhängiger Feste erweitert wurden. Nachdem der König am 10. Tag aus Arinna nach Ḫattuša zurückgekehrt war und im Palastbereich eine »große Versammlung«, d. h. ein Hofzeremoniell mit Angehörigen der Oberschicht, stattgefunden hat, bringt der König – gemeinsam mit dem Obersten der Palastangestellten – das »Jahr« am 11. Tag in das *ḫešta*-Haus. Dieser Kultbau ist ein Tempel für Lelwani und das Ziel dieser Ritualhandlung besteht darin, dass durch die Deponierung des »Jahres« im Tempel der Göttin dem König (und implizit auch der Königin) Wohlergehen für das kommende Jahr im Rahmen des mit dem Jahresbeginn verbundenen Frühjahrsfestes gegeben wird.[223] Die Opfer im Tempel für Lelwani gehören wahrscheinlich zu den ältesten Teilen des AN.TAḪ.ŠUM-Festes, da hierfür ein ursprünglich eigenständiges Fest der Göttin, das möglicherweise bereits in althethitischer Zeit in Verbindung mit dem *purulli*-Fest durchgeführt wurde, rezipiert wurde. Auf dieses Fest für Lelwani verweist Muršili II. in seinen »Ausführlichen Annalen«,

220 Vgl. McMahon 1991: 19–23, 250–254; Haas 1994: 785f.

221 Hutter 2008: 77f.

222 Vgl. z.B. das Monatsfest in Tawiniya am vierten Tag (KBo 10.20 i 26), das Fest für den Berg Puškurunuwa am 34. Tag (iv 9–11) oder das Regenfest in Ankuwa am 38. Tag (iv 19). Görke 2008: 61f. verweist darauf, dass die Reise der Jagdtasche ursprünglich auch ein unabhängiges Fest gewesen sein dürfte.

223 Torri 1999: 23f., 124–127.

wenn er erwähnt, dass er im Frühjahr nach Ḫattuša zog, um dort das »*purulli*-Fest, das große Fest,« im *ḫešta*-Haus zu feiern (KBo 2.5 iii 38–47). Zweierlei kann man daraus ableiten: Das in der frühen Großreichszeit schrittweise erweiterte AN.TAḪ.ŠUM-Fest löst das althethitische *purulli*-Fest ab, indem einzelne Teile dieses alten Frühjahrsfestes in den neuen Festablauf integriert werden. Ferner kann die Feier im *ḫešta*-Haus in Verbindung mit dem (neuen) Jahr aufgrund des Alters dieses Teils im AN.TAḪ.ŠUM-Fest als Kern des Festes gelten. D. h. wenn man die Subfeste außerhalb von Ḫattuša unberücksichtigt lässt, dann ist der 11. Festtag nach der Eröffnung durch den König mit der »großen Versammlung« in Ḫattuša die zentrale Zeremonie[224] für das Frühjahrs- und Neujahrsfest, um damit das positive Schicksal des Herrschers und des Landes für das neue Jahr rituell zu sichern. Inhaltlich fügt sich der Ritus des »Öffnens der Vorratsgefäße« am 12. Tag im Tempel des Gottes Ziparwa gut in den Ablauf eines (Neujahrs- und) Frühjahrsfestes ein, da dieser Ritus ein zentrales Merkmal vieler lokaler Frühlingsfeste in Zentralanatolien ist. Dabei zeigt dieser Ritus erneut, dass das großreichszeitliche AN.TAḪ.ŠUM-Fest eine Kompilation ursprünglich verschiedener Feste darstellt, da man mit Hannah Marcuson annehmen darf, dass der 12. und 13. Festtag zu Ehren Ziparwas – genauso wie der 8. bis 10. Tag des *nuntarriyašḫa*-Festes im Herbst – Materialien verarbeitet, die ursprünglich zum lokalen Kult des palaischen Wettergottes Zaparwa/Ziparwa gehörten.[225] Bei einer »minimalistischen« Interpretation ließe sich daher sagen, dass mit der »Kombination« der Riten für das kommende Jahr im *ḫešta*-Haus und dem Öffnen der Vorratsgefäße der Neujahrsbeginn in der Hauptstadt gebührend gefeiert wird. Als zentrales Staatsfest erweitern aber die folgenden Tage die Feierlichkeit und erhöhen somit die symbolische und repräsentative Bedeutung des Festes.

Am 14. und 15. Tag finden Open-Air-Zeremonien bei einer Stele in einem Buchsbaumhain statt, der folgende Tag ist dem Gott Zababa gewidmet[226] und der 17.Tag feiert den Gott Ḫannu. Da am 18. und 19. Tag der Wettergott *piḫaššašši* im Mittelpunkt des Geschehens im »Haus der Reinheit« steht, lässt sich eventuell vermuten, dass dieser Festteil erst unter Muwatalli II. – zu Ehren seines persönlichen Gottes[227] – hinzugefügt wurde. In Muwatallis Gebet an die Götterversammlung (KUB 6.45 i 41f.) werden dieser Wettergott, die Sonnengöttin von Arinna und die Götter des Hauses der Großväter (Ahnen) gemeinsam genannt. Daher ist es wegen dieser im Gebet angedeuteten Verbin-

224 Eine detaillierte Beschreibung der an diesem Tag durchgeführten Opfer bietet Haas 1994: 791–795. Umfangreicher erhaltene Tagestafeln sind v. a. IBoT 3.1 (Haas/Wäfler 1977: 88–95) sowie VSNF 12.5. – Haas geht davon aus, dass das »Jahr« symbolisch das vergangene Jahr darstellt und dass die Zeremonien im *ḫešta*-Haus eng mit dem Ahnenkult für die verstorbenen Könige zu verbinden wären; letzteres ist als sekundäre Erweiterung bzw. Umdeutung des Festinhalts möglich. Jedoch darf nicht unbeachtet bleiben, dass die Verehrung der verstorbenen Könige (erst) am 18. Tag (Haas 1994: 804–806; vgl. Schwemer 2004: 409) einen wichtigen Festabschnitt darstellt.

225 Vgl. Marcuson 2011.

226 Für die umfangreichen Opfer an diesem Tag siehe die Edition von Badalì/Zinko 1994: 12–55; vgl. TUAT.NF 4: 198–202 (J. Klinger).

227 Vgl. Hutter 1995: 84, 89; Singer 1996: 18.

dung des Gottes mit dem Ahnenkult wahrscheinlich, dass am 18. Tag des Festes die königlichen Ahnen bzw. deren Statuen im »Haus der Reinheit« (KBo 10.20 iii 4) mit Opfern verehrt werden; dieser Kultraum ist noch an anderen Stellen in Bezug auf Opfer für die Ahnen bezeugt (KUB 10.11 i 11; KUB 51.13, 9'). Für die beiden folgenden Tage sind nur die kurzen Hinweise aus den Überblickstafeln bekannt. Vom 22. bis zum 27. Tag findet ein relativ umfangreiches Subfest für Šauška von Ḫattarina und die Gottheiten ihres Kreises statt;[228] die meisten gehören dem hurritischen Milieu an, wobei in einigen zu diesen Tagen gehörenden Festabschnitten auch hurritische Textpassagen vorkommen (z. B. KUB 45.102+; KBo 11.20). Diese – im Fest einmalige – Sprachsituation ist dabei nicht nur ein klarer Hinweis darauf, dass dieses Subfest aus dem hurritisch-nordsyrischen Milieu nach Zentralanatolien importiert wurde, sondern diese Festtage sind auch kaum redaktionell in Anpassung an die zentralanatolischen Traditionen bearbeitet worden. D. h. für die Entstehung des »Gesamtfestes« zeigt diese Hinzufügung, dass offensichtlich ein gut etablierter Kult für Šauška als Ganzer rezipiert wurde, wobei die ältesten Textzeugnisse noch aus der Vor-Großreichszeit stammen.[229] Ebenfalls ein Import eines ursprünglich im kizzuwatnäischen Raum verankerten Festes sind die Feierlichkeiten am 28. und 29. Tag, für die es in KBo 10.20 iii 40f. nur kurze Einträge mit der Erwähnung des Berges Tapala und des Tempels für Ea gibt.[230] Neben Ea und seiner Gattin Damkina nennen einige Texte, die sich auf Zeremonien an diesen Tagen beziehen, auch einige hurritische Gottheiten wie Mati, Ḫazzizi oder Izzummi, was ebenfalls auf einen Ursprung der Festtradition im Süden Anatoliens verweist. Da die Feiern dieser beiden Tage jedoch stärker redaktionell an zentralanatolische Festtraditionen angepasst wurden, ist es – anders als bei den Feierlichkeiten für Šauška von Ḫattarina – schwierig zu sagen, wie das Fest für den Berg Tapala ausgesehen hat, bevor die Tradition schon kurz vor Beginn des hethitischen Großreiches auch in Ḫattuša – wohl im Kontext der beginnenden Rezeption von Traditionen des kizzuwatnäisch-hurritischen Raumes – bekannt wurde. Daran schließen zwei Tage mit Feiern für die Muttergöttin (DINGIR.MAḪ) an und der 32. Tag wird im Tempel des Schutzgottes (der Wildflur) gefeiert. Diese drei Tage[231] verbinden die Feste mit dem luwisch-südanatolischen Milieu. Wahrscheinlich enden an diesem Tag die Festaktivitäten in Ḫattuša, wenn man den

228 KBo 10.20 iii 23–39. Die Übersichtstafel VSNF 12.1 Rs, 1'-7' datiert diese Feiern auf den 24. und 25. Tag und hat danach eine abweichende Abfolge von Subfesten, da vom 26. bis 28. Tag der Schutzgott von Tauriša bzw. der Schutzgott der Jagdtasche und am 29. Tag der Mondgott, der Sonnengott und die Getreidegöttin Ḫalki gefeiert werden.

229 Galmarini 2013: 339f.; vgl. auch Haas 1994: 808–812. – Zur Lokalisierung Ḫattarinas im nordsyrisch-hurritischen Raum siehe Wegner 1981: 167.

230 Vgl. zuletzt die Hinweise von Galmarini 2013: 340–343 zur Herkunft dieser Festtage und zu den dazugehörigen Texten.

231 Die Tageszählung und die Detailangaben in VSNF 12.1 Rs. 19'-22' weichen von KBo 10.20 iii 42-iv 6 ab. Dadurch scheint mir auch die Zuordnung von KUB 2.8 (vgl. Haas 1994: 816f.) als Tagestafel für den »32.« Tag (entsprechend KBo 10.20 iv 4f.) unsicher zu sein, da KUB 2.8 sich auf das AN.TAḪ.ŠUM-Fest für den Schutzgott von Tauriša (KUB 2.8 iv 4–7) bezieht; nach VSNF 12.1 Rs. 5'-9' sind jedoch der 25. und 26. Tag mit jenem lokalen Schutzgott verbunden.

Hinweis auf die (weitere) Reiseroute (KASKAL) in KBo 10.20 iv 5 als Notiz versteht, dass damit die in Ḫattuša gefeierten Festtage beendet sind, da die weiteren dem Fest zugeordneten Subfeste außerhalb der Hauptstadt stattfinden.

Somit kann man zusammenfassen: Geht man von den im Festverlauf genannten Gottheiten[232] aus, so ist zu sagen, dass das Fest für »alle« Götter zelebriert wurde, doch es zeigt sich – in den zentralen Tagen in Ḫattuša wie auch bei den auswärtigen Festtagen, die mit den hattischen Kultstädten verbunden sind – eine Präferenz für die Sonnengöttin von Arinna. Wenigstens am 3., 7.-9., 18.-19. und am 35. Tag finden wichtige Zeremonien für diese Göttin statt. In diesen Interpretationsrahmen fügt sich zugleich ein, dass einige der Subfeste ursprünglich unabhängige lokale althethitische Frühjahrsfeste darstellen, die bei der Schaffung des umfangreichen Festes integriert wurden, während andere Subfeste aus dem hurritisch-kizzuwatnäischen Milieu stammen. Durch die Kultreisen bzw. Besuche in verschiedenen Orten außerhalb der Hauptstadt konnten dabei die lokalen Kulte mit dem Staatskult verbunden werden, ähnlich wie dies teilweise für lokale Herbstfeste und deren Integration in das *nuntarriyašḫa*-Fest gilt.

2.6.1.3 Das nuntarriyašḫa-Fest

Sowohl von der Länge, von den einzelnen Tagesabläufen als auch von der Entstehung her ist das große im Herbst gefeierte *nuntarriyašḫa*-Fest durchaus mit dem Frühjahrsfest AN.TAḪ.ŠUM vergleichbar. Auf den Zeitpunkt des Festes im Herbst beziehen sich mehrere Hinweise. So beginnt die am besten erhaltene Überblickstafel wie folgt (KUB 9.16+ i 1f.): »Wenn der König aus dem Feldzug kommt, feiert er für die Götter das *nuntarriyašḫa*-Fest.« Der Kolophon dieser Überblickstafel datiert das Fest in den Herbst (KUB 9.16+ iv(?)/vi(?) 12'f.). – Eine Tagestafel für den 6. Tag verbindet im Kolophon für diesen Tag das Ende des Feldzugs mit der Nennung der Jahreszeit (KUB 25.12 vi 9–13): »5. Tafel: Wenn der König im Herbst vom Feldzug von Arinna für das *nuntarriyašḫa*-Fest nach Ḫattuša kommt.« Mit dem Herbsttermin in einem nicht unmittelbar durchsichtigen Zusammenhang steht der Name des Festes, der vom Verbum *nuntarriya-* »eilen« abgeleitet werden kann, d. h. etwas an diesem Fest hat mit »Eile« zu tun. Ob damit eine Bezugnahme auf die zahlreichen kultischen Reisen des Königs während des Festes vorliegt, ist eher unwahrscheinlich, da sonst auch andere hethitische Feste als »Eile-Feste« zu bezeichnen wären.[233] Vielleicht darf man vermuten, dass die »Eile« geboten war, damit der König rechtzeitig nach Feldzügen oder anderen Aktivitäten wieder zurück nach Ḫattuša kommt, um das umfangreiche Fest pünktlich zu feiern.

Für die Rekonstruktion des Festverlaufs liegen wiederum zwei Textgattungen vor, Überblickstafeln bzw. Tagestafeln.[234] Die Überblickstafeln zeigen – der Situation

---

232 Taracha 2009: 139 nennt in seiner kurzen Beschreibung des Festes diese Götter in übersichtlicher Form.

233 Nakamura 2002: 9f.; vgl. Haas 1994: 827.

234 Nakamura 2002: 5f.

beim AN.TAḪ.ŠUM-Fest vergleichbar – unterschiedliche Versionen; insgesamt sieben hat Mitsuo Nakamura in seiner Bearbeitung des Festes ausfindig gemacht. Dies ist das Ergebnis eines längeren Wachstumsprozesses mit mehreren Redaktionen, was aber die genaue Einordnung mancher Tagestafel in den Festverlauf erschwert. Ebenfalls erschwerend für die Rekonstruktion und Beschreibung des Festes ist der teilweise sehr schlechte Erhaltungszustand beider Textgruppen. Aufgrund dieser Überlieferungssituation lässt sich nur für die ersten 16 Tage eine gesicherte Zählung aufgrund der Überblickstafel KUB 9.16+ feststellen, während die von Nakamura vorgenommene Zählung ab Tag 17 als praktische Übersicht zu werten ist. Die verschiedenen Versionen der Überblickstafeln ordnen einzelne »Subfeste« bzw. Zeremonien an unterschiedlichen Tagen ein, so dass sie auch unterschiedliche Angaben für die Gesamtdauer des Festes machen.[235]

Die Wurzeln des Festes liegen im hattischen Milieu, da fast alle Gottheiten dem hattischen Pantheon zugeordnet werden können, so etwa Inar, Taurit, Tutitti, Wurunkatte oder die Dreiheit Sonnengöttin von Arinna, Mezzulla und Wettergott. Die in der Großreichszeit bekannten Götter luwischer bzw. hurritischer Herkunft spielen im Fest praktisch keine Rolle.[236] Genauso verweisen hattische Kultrufe bzw. die Erwähnung hattischer Gesänge durch die Kultakteure (z. B. in der Tagestafel KBo 11.73 Vs. 11, 19 für den 4. Tag; KUB 11.34 iv 11' für den 6. Tag) auf die Wurzeln des *nuntarriyašḫa*-Festes in hattischen Herbstfesttraditionen.

Zur Datierung und Entstehung des Festes ist zu sagen, dass es sicher ab der Zeit Muršilis II., vielleicht schon unter Šuppiluliuma I., zu einem großen Fest zusammengestellt wurde. Die älteste Überblickstafel des Festes bezieht sich auf die Regierungszeit Muršilis und stammt vielleicht noch aus dieser Zeit oder aus den frühen Jahren seines Nachfolgers Muwatalli.[237] Hinweise auf jüngere Bearbeitungen bzw. Umgestaltungen finden sich für die Zeit Ḫattušilis III., der für den »30.« Tag die »süßen Brote und die Honigtöpfe« gestiftet hat,[238] und unter der Regierung Tudḫaliyas IV. wurden die »süßen Brote und die Honigtöpfe« für den 5. Tag eingesetzt.[239] Insofern lässt sich ein Wachstum des Festes erkennen, wobei eventuell auch das althethitische KI.LAM-Fest bzw. Teile davon in der zweiten Hälfte des 13. Jahrhunderts in das Fest einbezogen wurden. Einen anderen Hinweis auf redaktionelle Veränderungen zeigt die junghethitische Überblickstafel KUB 55.5 + IBoT 4.70, derzufolge Zeremonien, die in früherer Zeit auf zwei Tage verteilt waren, in dieser jungen Version nur noch an einem Tag stattfanden, um dadurch das Fest etwas zu verkürzen.[240]

---

235 Vgl. Nakamura 2002: 11 sowie seine Rekonstruktion des Gesamtverlaufs des Festes ebd. 78–81 (Überblick) bzw. 82–139 für die detaillierte Beschreibung der einzelnen Tage; siehe ähnlich auch Haas 1994: 828–847.

236 Vgl. Nakamura 2002: 13.

237 KUB 9.16++ iv (?)/vi (?) 5'; vgl. Nakamura 2002: 16; Houwink ten Cate 1988: 170f.

238 KBo 30.77 iv 20'-24' (Nakamura 2002: 265f.); vgl. Haas 1994: 846.

239 KBo 11.43 vi 28'-33' (Nakamura 2002: 183f.); vgl. Haas 1994: 832.

240 Houwink ten Cate 1988: 185; vgl. auch Nakamura 2002: 48f.

Auch wenn sowohl die Überblickstafeln als auch die Tagestafeln vieles noch unklar lassen, sieht man hinsichtlich der Struktur des Festes, dass diese durch (ausgedehnte) Kultreisen des Königs bestimmt wird. V. Haas gliedert – aufgrund der Überblickstafeln – das Fest in vier große Runden, bei denen der König und die Königin einzelne Kultorte besuchen.[241] Die erste Runde beginnt in Katapa und führt über Taḫurpa, Arinna und Tatiška nach Ḫattuša, wo der König vom 6. bis 11. Tag bleibt. Vom 12. bis zum 16. Tag werden verschiedene Orte besucht, wobei Beginn und Ende dieser Runde in der Hauptstadt sind. Auf der dritten Runde besucht der König verschiedene Orte, unter anderem wiederum Arinna, und führt dann Festhandlungen bis zum 30. Tag zunächst in Ḫattuša und an den beiden letzten Tagen in Arinna durch. Eine vierte Runde beginnt mit dem Besuch der Stadt Tawiniya, wie lange sie dauert und ob noch weitere solcher Runden anzuschließen sind, bleibt derzeit unklar. Alle diese zentralanatolischen Kultorte sind von Ḫattuša aus in maximal zwei Tagen erreichbar.[242] Analog zur Reisetätigkeit des Königs im Frühling aus Anlass des AN.TAḪ.ŠUM-Festes haben auch diese Reisen den Zweck, dadurch ursprünglich lokale Herbstfeste mit dem »Staatsfest« zu verbinden.

Im Detail gibt es Parallelen dieser Reisen in beiden Festen. Hervorzuheben sind der zweite und dritte Tag des *nuntarriyašḫa*-Festes, an dem die Reise des ^{KUŠ}*kurša*- des Gottes Zitḫariya von Katapa nach Ḫakkura und Tatašuna beschrieben wird; damit vergleichbar ist die Reise desselben Kultsymbols des Gottes vom 3. bis 6. Tag im AN.TAḪ.ŠUM-Fest.[243] Da Zitḫariya in der älteren Zeit noch keine besondere Rolle in der hethitischen Religion gespielt hat, könnte die Reise erst im Zusammenhang mit der Kompilation des *nuntarriyašḫa*- bzw. AN.TAḪ.ŠUM-Festes entstanden sein, auch wenn die Jagdtasche als Symbol, das eng mit der Natur als Lebensgrundlage zusammenhängt, schon in althethitischer Zeit bekannt gewesen sein dürfte. Versucht man auf Grund dieser Informationen die Reisen des Symbols in den beiden genannten Festen im Frühling und Herbst zu interpretieren, so kann man davon ausgehen, dass die Reisen bezwecken sollen, dass das mit diesem Symbol verbundene Heil auf das Land überströmt. Der Naturbezug des ^{KUŠ}*kurša*- ist sowohl einem Herbstfest als auch einem Frühjahrsfest durchaus angemessen, so dass man abschließend festhalten kann, dass die Feiern des AN.TAḪ.ŠUM- und des *nuntarriyašḫa*-Festes zwei prägende und aufeinander abgestimmte Feste des hethitischen Staatskults sind, die markant den Festkalender strukturieren.

2.6.2 Religiöse Feste und die allgemeine Bevölkerung

Feste sind nicht nur eine Kommunikation zwischen den Angehörigen einer Religion und den außermenschlichen Mächten, sondern immer auch eine innerweltliche Kommunikation zwischen den Mitgliedern der feiernden Gemeinde und der

241 Haas 1994: 828–847; Nakamura 2002: 11f. mit Angaben zur Lokalisierung der Orte, die teilweise auch bei den Reisen im AN.TAḪ.ŠUM-Fest besucht werden.

242 Vgl. Görke 2008: 58.

243 Siehe auch Hutter 2008: 77.

Gesellschaft im Allgemeinen. Zugleich unterbrechen Feste die »Routine« des Alltags und schaffen dadurch eine »Ausnahmesituation«. Dadurch zeigen Festbeschreibungen teilweise, wie die allgemeine Bevölkerung Anteil an religiösen Praktiken haben kann, auch wenn die meisten Informationen über Festteilnehmer sich vor allem auf Eliten beziehen. Dabei sollte man jedoch den Unterschied zwischen lokalen Festen und denen des Staatskults nicht unbeachtet lassen, auch wenn nicht immer eine feste Abgrenzung dieser beiden Kategorien von Festen möglich ist. Unter Beachtung solcher »Unschärfen« darf man jedoch sagen, dass Beschreibungen der Feste insofern Einblick in die Rolle von Religion für die Bevölkerung geben können, als die Beteiligung an den Festen gesellschaftliche Positionen Einzelner stärkt und eine Abwechslung zum »Alltagstrott« darstellt. Nicht beantwortet werden kann jedoch – aufgrund der Quellenlage – die Frage, inwiefern die Durchführung der Rituale im Festverlauf die individuelle religiöse Erfahrung beeinflusst hat.

Der gesellschaftliche Status der Teilnehmer spiegelt sich recht gut in der Zusammensetzung der – staatlichen – Feste wider.[244] Im Mittelpunkt von Festen stehen als Akteure selbstverständlich das Königspaar, Prinzen und das Kultpersonal. Wichtig in der Festgemeinde sind ferner die hohen Beamten von Ḫattuša, die Provinzgouverneure und die Vertreter einzelner Städte sowie die »Fremden«, d. h. das diplomatische Corps. Diese Teilnehmergruppen verweisen auf die gesellschaftliche Hierarchie des Hethiterreiches: Je näher jemand innerhalb der Festgemeinde zum König steht, desto höher ist sein gesellschaftlicher Rang, und durch die Feier wird dieses soziale Gefüge bestätigt und bekräftigt. In dieser Hinsicht kommt im Verlauf der Feste der so genannten »großen Versammlung« eine wichtige Aufgabe zu, durch die – seit althethitischer Zeit[245] – unter den »wichtigen« Festteilnehmern durch das gemeinsame Mahl ein soziales Band der *communitas* entsteht.[246] Die großen Teile der Bevölkerung sind – entsprechend ihrem Status unterhalb der Eliten – jedoch nicht vertreten oder bestenfalls am Rand als Zuseher dabei. Diese »Hierarchie« wird bei den vorhin beschriebenen Staatsfesten der Großreichszeit sowie beim KI.LAM- und *purulli*-Fest in der althethitischen Zeit sichtbar. Im Gegensatz dazu ist zu beobachten, dass die lokalen Feste der allgemeinen Bevölkerung einen größeren aktiven Part zuweisen – sowohl hinsichtlich ihrer Involviertheit in die kultischen Handlungen, als auch durch ein »Alltagsbeiwerk«, das den lokalen Festen den Charakter einer Ausnahmesituation gegenüber dem Alltag gibt. Dazu gehören sportliche Wettkämpfe und Aktivitäten der »Unterhaltung« und »Jahrmarktstimmung«, die im »Staatskult« als unpassend empfunden wurden.[247]

244 Haas 1994: 680f.; vgl. Hutter 1997: 82.

245 Haas 2011: 266.

246 Vgl. Hutter 2008: 80.

247 Cammarosano 2018: 129: »The so-called state cults reflect the official, institutionalized ritual tradition, where physical exuberance and other manifestations of sheer ›joy‹ may have been considered not quite appropriate and hence inhibited. The cult inventories, on the other hand, tend to reflect local cult practices that are closer to commoners.«

Diese »Unterhaltung« (*duškaratt-*) ist dabei mehrschichtig: Sie trägt allgemein zur »weltlichen« Festesfreude bei und ist zugleich ein »soziales Ventil«.[248] Solche Aktivitäten, die diese soziale Funktion der »Unterhaltung« zeigen, sind u. a. Ringkampf, Steinstoßen, Wettläufe oder szenische Kampfspiele, deren Ausgang von vornherein klar ist, wenn eine Gruppe schon aufgrund der Bewaffnung in der Rolle der »Sieger« bzw. »Verlierer« feststeht. Dabei tragen solche Kampfspiele in lokalen Festen zur Erhaltung bzw. Erneuerung des sozialen Gleichgewichts bei. Genauso darf man teilweise die artistischen Einlagen im Kontext der Feste mit dem »Ausbrechen« aus dem Genormten sehen. Erinnert sei an die Kultvase aus İnandık, die eine Prozession von Musikanten zeigt, zwischen denen zwei Artisten bei Luftsprüngen und Überschlägen abgebildet sind. Ebenfalls kann man die Reliefs aus Alaca Höyük erwähnen – mit einem Schwertschlucker und zwei Akrobaten, die auf eine Leiter klettern. Ferner kann man die Stiersprungdarstellung auf der Hüseyindede Vase in diesen Zusammenhang von »Unterhaltung«, »Akrobatik« und Festen stellen. Letztere Beispiele aus der althethitischen Zeit zeigen dabei auch die Kontinuität lokaler Kulttraditionen.

Nicht immer lassen sich Aspekte der »Unterhaltung« und der »Feierlichkeit« vollkommen voneinander trennen, wie sich am besten bei der Verwendung von Musik zeigt. Musik und Tanz erhöhen die Feststimmung.[249] Eine Reihe von Musikinstrumenten sind dabei sowohl in Texten genannt als auch bildlich bezeugt:[250] Saiteninstrumente (GIŠ ^{d}INANNA-Instrument bzw. *zina/ir:* Leier; ^{GIŠ}TIBULA: Harfe; Laute), Perkussionsinstrumente (*arkammi-*: Trommel, *ḫuḫupal-*: Zimbel oder Laute; *galgalturi-*: Kastagnetten, Becken; *mukar*: Rassel), Blasinstrumente (*šawitra-*: Horn; GI.GÍD: Doppelflöte). Die unterschiedlichen Instrumente erforderten wahrscheinlich auch unterschiedliche Musikspezialisten, so dass die Akteure für Musikdarbietungen während oder am Rand des Festes vielleicht manchmal auch eine »Doppelrolle« eingenommen haben – als Akteure für den Kult und als Mitglieder der Festgemeinde als »Rezipienten« des Kultes.

Zusammenfassend kann man festhalten, dass bei Festen als »öffentlicher« Religionsausübung die allgemeine Bevölkerung sicher in einem größeren Umfang einbezogen wird als bei einzelnen Opfern, Orakelanfragen zur Erkundung des Willens der Götter oder bei Gebeten an eine Gottheit. Da die präskriptiven Quellen, die uns für die Festabläufe zur Verfügung stehen, nicht an der Rolle der »Teilnehmer«, sondern nur an derjenigen der Kultakteure interessiert sind, bleiben manche Aussagen zur Bedeutung der Feste für die allgemeine Bevölkerung vorläufig; dabei scheint die aktive Einbeziehung weiter Teile der allgemeinen Bevölkerung bei lokalen Festen größer gewesen zu sein als bei Zeremonien der Staatsfeste. Dies erlaubt die wahrscheinliche Schlussfolgerung, dass lokale, oft agrarisch-jahreszeitlich be-

---

248 Zum Komplex solcher Aktivitäten und deren Funktion in den lokalen Festen siehe v. a. Hutter 2008: 83f.; Hutter-Braunsar 2014; Cammarosano 2018: 127–129.

249 Haas 1994: 682–686; Schuol 2004: 203–209.

250 Alp 2000: 8–13; Schuol 2004: 97–136. Die genaue Identifizierung der Musikinstrumente ist nicht in allen Fällen gesichert.

stimmte Feste vor Ort für die Mehrheit der hethitischen Bevölkerung eine größere Rolle in ihrer religiösen Praxis gespielt haben dürften als die Staatsfeste in Ḫattuša und Umgebung.

2.6.3 Feste und (Religions-)Politik

Zu Beginn seiner Zehnjahresannalen betont Muršili II., dass sich nach dem Tod Šuppiluliumas I. die Feindesländer gegen ihn empört haben und seine Herrschaft nicht anerkannt haben. Bevor er jedoch gegen diese Länder in den Kampf zog, kümmerte er sich um die Durchführung der Feste für die Sonnengöttin von Arinna, die ihm in der Folge in seinen außenpolitischen militärischen Aktivitäten beistand (KBo 3.4 i 19–22). Muršili verbindet somit die Feier der Staatsfeste mit seinen Aufgaben als Herrscher und militärischer Garant des Bestands des Staates. Indirekt verweist er auch in einem Gebet an Telipinu (KUB 24.1 ii 3–8) sowie in einer ähnlichen Gebetsformulierung an die Sonnengöttin von Arinna (KUB 24.3 i 16–20) auf die politische Komponente von Festen; denn deren regelmäßige Durchführung findet nur bei den Hethitern statt. Aus solchen Aussagen kann man ableiten, dass die Feier der Staatsfeste der Sicherung der »Außenpolitik« und der »Innenpolitik« dienen sollte, um das Wohlergehen des Landes zu gewährleisten.[251]

Wichtiger als der Bezug auf die Außenpolitik ist die Funktion der verschiedenen Feste zur Stabilisierung innenpolitischer Prozesse, da die Durchführung von Festen teilweise die Möglichkeit bietet, unterschiedliche Personengruppen in ein Loyalitätsverhältnis zum Königshaus zu bringen. Die »Besuchsreisen« des Königs in den beiden großen Staatsfesten dienen genauso diesem Ziel wie gewisse Aktivitäten in Bezug auf die Ausrichtung lokaler Feste, wenn diese auch von Seiten des Herrscherhauses durch materielle Zuwendungen gefördert werden.[252] Besonders deutlich wird die Stärkung des Zusammenhaltes zwischen dem Zentrum der Staatsgewalt in Ḫattuša und der südostanatolischen »Peripherie« im *ḫišuwa*-Fest, das in der zweiten Hälfte des 13. Jahrhunderts – nach Tafeln aus Kizzuwatna[253] – in Ḫattuša neu bearbeitet und gegenüber älteren Formen erweitert wurde. Neben

251 Vgl. Hutter 2008: 84f.

252 Vgl. dazu die Formulierung »Seine Majestät macht/ließ machen« (DÙ-*at* / *iyat*) in Kultinventaren, die auf die Verfertigung von Kultgegenständen für lokale Tempel Bezug nimmt, vgl. Zinko/Zinko 2019: 187f. Wahrscheinlich dient auch die Angabe im Vertrag zwischen Tudḫaliya IV. und Kuruntiya von Tarḫuntašša, durch die die Versorgung der Götter von Tarḫuntašša aus der »Staatskasse« in Ḫattuša festgelegt wird (Bo 86/299 ii 25–30), der Festigung der Loyalität des Sekundokönigtums in Tarḫuntašša gegenüber dem Großkönigtum.

253 Vgl. dazu den Kolophon bei Wegner/Salvini 1991: 4: »Als die Königin Puduḫepa den Walwaziti, den Obertafelschreiber, in Ḫattuša nach Tafeln aus Kizzuwatna zu suchen beauftragt hat, da hat er daraus (d. h. aus den genannten Tafeln) diese Tafeln des *išuwa*-Festes an jenem Tage angefertigt.« Zum politischen Nutzen des Festes im 13. Jh. vgl. Doğan-Alparslan 2020: 372 Anm. 23.

dem Wettergott (von) Manuzi und seiner Partnerin Lelluri sind Išḫara, Allani, Maliya und zwei lokale Formen des Gottes Nubadig die Hauptgottheiten des Festes. In der 10. Tafel des *ḫišuwa*-Festes ist ein Heilsorakel für den König formuliert:[254]

> Die Harfenspieler singen »ermutigende Gesänge« des Kampfes und schlagen die Harfe und das *galgalturi*-Instrument dauernd. Einer der Harfenspieler aber steht im Tor der Gottheit drinnen; er bläst ein Horn. Ein *purapši*-Mann aber, der auf dem Dach steht, sagt dem König gegenüber »ermutigende Worte« wie folgt: »Verzage nicht, oh König! Der Wettergott hat dir, dem König, die Feindesländer unter die Füße gelegt, (damit) du sie zerbrichst wie leere Töpfe. Dir, dem König, hat er (d. h. der Wettergott) Leben, Gesundheit, eine heldenhafte Waffe für die Zukunft, und das ewige Wohlgefallen der Götter gegeben. So fürchte nichts! Alles hältst du besiegt.«

Man kann dieses Heilsorakel als eine Stärkung des Königs in seiner Herrschaft über den Süden des Landes sehen. Diese politische Seite des Festes wird zusätzlich dadurch verdeutlicht, dass Vertreter aus den Provinzen Kummanni, Zunnaḫara, Adaniya, Tarša und Ellibra[255] mit ihren Opfergaben zum König kommen und diese Gaben anschließend in den Tempeln der sechs Gottheiten, die im Mittelpunkt des Festes stehen, niedergelegt werden. Wenn somit die kizzuwatnäisch-südostanatolische »Oberschicht« vor den König und die Götter tritt, dient dies einerseits der Stärkung ihrer Loyalität zum König, andererseits aber auch einem »Prestigegewinn« dieser Oberschicht in Ḫattuša aufgrund des Festes.

Einige andere Feste dienen vielleicht in ähnlicher Form dazu, die Festgruppe in die hethitische innenpolitische Gesellschaft zu »integrieren«, gleichzeitig die eigene Identität dieser Gruppen zu stärken, um – unter Akzeptanz ihrer Eigenständigkeit – auch ihre Loyalität zum Staat zu sichern. Das *ḫiyara*-Fest, das wie das *pudaḫa*-Fest[256] in Ḫattuša für den Wettergott von Aleppo gefeiert wurde, ist noch in Ḫattuša eng mit seiner Herkunft aus Nordsyrien verbunden geblieben.[257] Die Funktion beider Feste liegt dabei nicht in der Betonung der Loyalität der Festgemeinde zur Hauptstadt, sondern sie dient dazu, die religiöse Identität der »Festgemeinde« – nämlich primär Leute aus Aleppo und Nordsyrien – zu bewahren und »einen Beitrag zur Lebensbewältigung der aus Aleppo stammenden Personen in der ›fremden‹ Umgebung der hethitischen Hauptstadt zu leisten«.[258] Ähnliches kann für das *šatlašša*-Fest vermutet werden, das mehrfach gemeinsam mit dem *ḫiyara*- und *pudaḫa*-Fest genannt wird (vgl. KBo 8.82). Der Name des Festes scheint eine luwische -*ašša*-Bildung zu **šatla*- zu sein, ohne dass das Ausgangswort deutbar wäre; doch legt die Wortbildung nahe, den Namen des Festes im luwisch-kizzuwatnäischen Raum zu verorten.

---

254 KBo 15.52 + KUB 34.118 v 6'-22' (Wegner/Salvini 1991: 10); vgl. Haas 1994: 867f. und Schuol 2004: 26f.

255 Vgl. Haas 1994: 869f.

256 Vgl. Souček/Siegelová 1974.

257 Zur syrischen Vorgeschichte des Festes vgl. Hutter 2002: 189–193.

258 Hutter 2002: 195.

Kurz zusammengefasst ergibt sich daraus Folgendes für die Beziehung zwischen Festen, Gesellschaft und Politik: Was wir aus den Ritualtexten, Inventaren, Gebeten sowie historiographischen Texten über hethitische Feste ableiten können, zeigt, dass die Durchführung von Festen ein geeignetes Instrumentarium für die Sicherung der Herrschaft sowie für die Stabilisierung der Gesellschaft bot. Wieweit die Durchführung der Feste im Staats- oder Stadtkult die individuelle religiöse Erfahrung von Teilnehmern beeinflusst haben kann, geht aus den Quellen nicht hervor. Vielmehr wollte und konnte die »Präsentation von Religion« mithilfe der Feste unter den Teilnehmern den Eindruck vermitteln, dass die Durchführung der Feste auf lokaler wie überregionaler Ebene den Interessen aller Beteiligten dient.

2.7 Exkurs: Hethitische Religion im »Ausland« – Die so genannten anatolischen Rituale in Emar

Die politische Ausdehnung des Hethiterreiches hat dazu geführt, dass Hethiter auch außerhalb des zentralanatolischen Kernlandes sesshaft waren, wovon die Ausübung der Religion betroffen sein konnte. Die Götter des Landes Ḫatti[259] (*Ḫattušaš utne/māt Ḫatti*) müssen in der Art von Ḫattuša verehrt werden (KUB 21.17 iii 7–8). Auch ein »Pestgebet« Muršilis II. an die Sonnengöttin von Arinna (KUB 24.3+ i 6'-28') betont, dass die Götter nur in Ḫatti angemessene Verehrung erfahren. Die Verehrung der Götter entsprechend der »lokalen« Tradition ist dabei – im Kontext des Umgangs mit dem Fremden – ein wichtiger Aspekt. Denn die falsche rituelle Verehrung der Išḫara aus dem Land Aštata (südlich von Karkamiš) gilt nach dem Zeugnis der Orakelanfragen, die in KUB 5.6 zusammengestellt sind, als eine mögliche Ursache für die Krankheit des hethitischen Königs, wahrscheinlich Muršilis II., so dass man mit Hilfe einer Orakelanfrage zu klären versucht, ob der Zorn der Göttin behoben wird, wenn sie »in der Art von Aštata« verehrt wird.[260] Eventuell ist auch – wie ein Brief Mašḫuiluwas an Muršili II. vermuten lässt[261] – die Erkrankung eines gewissen Pazzu eine Folge davon, dass er fern von der Hauptstadt Ḫattuša anscheinend seine Ahnengötter nicht entsprechend verehren konnte, so dass er erkrankte und Mašḫuiluwa ihn deshalb zurück (nach Ḫattuša) geschickt hat. Solche Beispiele zeigen die Vorstellung, dass Gottheiten am richtigen Ort bzw. mit den richtigen »hethitischen« Ritualen verehrt werden müssen, wobei die Missachtung der Verehrung den Zorn einer Gottheit hervorrufen kann.

Einige Texte, die aus Emar, der Hauptstadt des Landes Aštata, stammen, illustrieren gut die Notwendigkeit, »hethitische« Götter auch im »Ausland« zu vereh-

259 Vgl. Schwemer 2008: 137f.; Singer 2002: 11.

260 KUB 5.6 i 6'-33'; vgl. Beckman/Bryce/Cline 2011: 184–186; Schwemer 2008: 149; Archi 2014: 145f.

261 KBo 18.15 Vs. 4–19; vgl. Hoffner 2009: 321f.

ren.[262] Emar bzw. Aštata waren in der Großreichszeit keine eigenständigen politischen Größen, sondern vom hethitischen Vizekönig in Karkamiš abhängig. Neben der Mehrheit der syrischen und teilweise hurritischen Bevölkerung waren hethitische Beamte in der Verwaltung vor Ort tätig, in einer deutlichen Minderzahl. Vier hethitische Orakeltexte stehen im Zusammenhang mit der hethitischen Verwaltung und sind hinsichtlich der Orakeltechnik mit den zahlreichen in Emar gefundenen hurritischen Orakeltexten vergleichbar. Die vier hethitischen Texte befassen sich – unter Einbeziehung lokaler Gottheiten – mit dem Verhältnis der Stadt zum König von Karkamiš und dessen Besuch in Emar.[263] Von besonderem Interesse unter den Textfunden aus dieser mittelsyrischen Stadt ist jene Gruppe von akkadischen Texten, die im Gebäude M-1 gefunden wurden und die man in die Zeit Tudḫaliyas IV. datieren kann. Es ist üblich, diese Texte – mit den Editionsnummern Emar 471–473 – sowie einige kleinere Fragmente als »anatolische Rituale« zu bezeichnen, obwohl es sich dabei nicht um Ritualtexte, sondern eher um Kultinventare mit Auflistungen von Opfern, Festen und Gottheiten handelt. Unbeschadet der Gattung als Inventare – und nicht als präskriptive Ritualanweisungen – dienten diese Texte der Durchführung einer Liturgie für hethitische Gottheiten und damit zumindest indirekt den religiösen Belangen der im »Ausland« tätigen hethitischen Verwaltungsbeamten. Die Texte sind aus dem Hethitischen ins Akkadische übersetzt worden, worauf einige aus dem Hethitischen übernommene Ausdrücke als Fremdwörter hinweisen, die es im Standard-Akkadischen nicht gibt. Die Übersetzung ins Akkadische zeigt, dass diese Texte auch für einheimische Beamte verständlich sein sollen, so vor allem für den Seher (^{LÚ}ḪAL) Zū-Ba^{c}la, der eine wichtige Person für die kultischen Belange der Stadt – und damit auch für die Bereitstellung der notwendigen Materialien verantwortlich – war.[264]

Den Einblick, den diese Texte in die Durchführung von Opfern für hethitische Götter der Großreichszeit geben, kann man folgendermaßen zusammenfassen:[265] Einerseits ist vom Brechen von Opferbroten und von Gussopfern die Rede, was den zentralanatolischen Traditionen entspricht, andererseits werden Brandopfer genannt, die vom hurritisch-kizzuwatnäischen Milieu ausgehend den Hethitern bekannt wurden. Diesen beiden unterschiedlichen Traditionen trägt die Formulierung im Text Emar 471 Rechnung, wo von den »oberen« und den »unteren« Städten von Ḫatti, d. h. von Zentralanatolien und dem kizzuwatnäischen Gebiet, die Rede ist. Dieser »Zweiteilung« entsprechen auch die genannten Götter: Dem Bereich Zentralanatoliens gehören v. a. der Wettergott von Nerik, die Berge Ḫaḫarwa

262 Dies gilt anscheinend auch umgekehrt, wenn das *ḫiyara*-Fest, das mit dem Wettergott von Aleppo verbunden ist, von Personen *aus* Aleppo *in* Ḫattuša zu Ehren ihres Gottes gefeiert wird; vgl. Hutter 2002: 194f.

263 Für die hethitischen Orakel-Texte siehe Salvini/Trémouille 2003: 232–248 sowie Archi 2014: 151–153. Die hurritischen Texte hat Salvini 2015 in Transkription vorgelegt, eine Bearbeitung dieser unterschiedlich gut erhaltenen Orakeltexte steht noch aus.

264 Prechel 2008: 251; Archi 2014: 155f.

265 Vgl. dazu v. a. Prechel 2008: 245–248; Archi 2014: 154f.

und Zaliyanu, weitere Wettergötter mit den luwischen Epitheta *piḫaimmi-* (»mit Glanz erfüllt«), *putalimmi-* (»mit Kampfbereitschaft ausgestattet«) bzw. *ḫapaimi-* (»bewässernd«, »Wasser gebend«) und die Gottheit Ḫandašima an; letztere ist wohl eine lokale akkadisch gefärbte Wiedergabe der bereits aus althethitischer Zeit bekannten Gottheit Ḫantašepa. Schließlich darf man noch die göttliche Dyade Daḫagu und Daḫagunanu als Gottheiten mit dem zentralanatolischen Raum verbinden, da Daḫagu wahrscheinlich als personifizierte Nennung des aus dem Kult von Nerik bekannten Kultsymbols bzw. Kultraums *daḫanga-* zu verstehen ist. Dem »unteren« Gebiet sind in diesen Texten die aus dem hurritischen Milieu stammenden Gottheiten zuzuweisen: das Stierpaar Ḫurri und Šeri (in Emar Šeli geschrieben), die beiden Berge Ḫazzi und Nanni, der luwische Gott Šanta sowie Ea und Madi. – Alle die als Empfänger der Opfer genannten Götter sind zwar abgesehen vom Wettergott *ḫapaimi-* auch aus Texten aus Ḫattuša bekannt, aber sie gehören nicht zu den wichtigen Göttern des hethitischen Staatskults. Eine gewisse Ausnahme bildet lediglich der Wettergott von Nerik, der seit der Restaurierung seiner Kultstadt durch Ḫattušili III. wieder an Bedeutung im zentralanatolischen Kult gewonnen hat. Zieht man daraus eine Schlussfolgerung, so ist zunächst als negatives Ergebnis festzuhalten, dass diese Texte nicht Praktiken der Verehrung des hethitischen Staatspantheons der Großreichszeit widerspiegeln.[266] Vielmehr haben die in diesen Texten genannten Gottheiten sehr unterschiedliche Ursprünge, wobei die Nennung von Nerik und der beiden Berge Ḫaḫarwa und Zaliyanu sowie der Dyade Daḫagu-Daḫagunanu auf eine Bevorzugung von Traditionen aus dem Umfeld der alten Kultstadt Nerik hinweist.[267] Daneben stehen Gottheiten der seit der Großreichszeit populären und im Süden Anatoliens weiter als in Zentralanatolien verbreiteten luwischen bzw. hurritischen Traditionen. Daraus kann man ableiten, dass dieses unterschiedliche lokale Kolorit der Götter und Opfer möglicherweise auf unterschiedliche religiöse Interessen bzw. Traditionen der in Emar anwesenden hethitischen Verwaltungsbeamten hinweist – ein Teil aus den geographisch naheliegenden südanatolischen Gebieten, eventuell aus Karkamiš, da Emar direkt dieser Stadt politisch unterstellt war, während der andere Teil der Hethiter in Emar Beziehungen zu Zentralanatolien hatte bzw. von dort stammte. Dieser unterschiedlichen Zusammensetzung der Hethiter im »Ausland Emar« tragen die in den Texten genannten Gottheiten Rechnung, damit sie auch in Emar in der richtigen Art verehrt werden.

266 So zutreffend differenzierend Prechel 2008: 251. Archi 2014: 155 spricht von einem »imperial cult with instructions emanating from the central power – in order to complete the local pantheon«, was nur mit Einschränkungen zutrifft. Denn obwohl der Text ins Akkadische übersetzt wurde, scheint er für die semitische Bevölkerung Emars nicht relevant gewesen zu sein, weil die »anatolischen« Götter nicht gemeinsam mit den lokalen semitischen Göttern verehrt wurden. Die zentrale Macht spiegeln die Texte zwar insofern wider, als die Bereitstellung der notwendigen Opfer den lokalen Personen aufgetragen wurde, aber als »imperial cult« kann man dies wegen der verehrten Götter nicht bezeichnen.

267 Zu den Traditionen von Nerik in Emar siehe Lamante 2014: 453f. sowie zuletzt Michel, P. 2020: 534–539.

3 Religion als Faktor im Zusammenleben im Alltag

3.1 Ethische Werte und Verhaltensweisen

Was aus religiöser oder gesellschaftlicher Sicht als richtig oder falsch gilt, kann aus verschiedenen Quellen, die praktische Anweisungen, Regeln und Vorschriften über das Verhalten zwischen Menschen und Gottheiten bzw. zwischen Menschen untereinander dokumentieren, erschlossen werden. Solche Aussagen spiegeln den Wunsch wider, das kosmische Gleichgewicht und die gesellschaftliche Harmonie aufrechtzuerhalten, wobei die gültigen Normen letztlich auf einzelne Gottheiten zurückgeführt werden. Daher sind solche von den Göttern gesetzten Vorschriften nicht auf den Kult beschränkt, sondern beziehen sich auch auf Sitten und Verhaltensweisen im Alltag und in der Politik. Daraus ergeben sich jene Werte, die – in Kontinuität zu früheren Perioden – in der Großreichszeit weite Akzeptanz erfahren haben und deren Missachtung als religiöse »Sünde« oder weltliches »Vergehen« gilt.

Das Wortfeld[268] des Verbums *wašta-* »sündigen; freveln« mit den dazugehörigen nominalen Ableitungen *waštai-*, *waštumar* oder *waštul-* (»Sünde; Vergehen«) ermöglicht eine gute Annäherung an das hethitische Verständnis von Werten. Mit *wašta-* beschreiben hethitische Texte einen Zustand, in dem etwas fehlt, was für ein (ideales) kosmisches Gleichgewicht bzw. die (angestrebte) Ordnung notwendig ist. Als reiner »Mangelbegriff«, ohne ethische Konnotation, finden wir das Wort z. B. in der so genannten Appu-Erzählung. Appu und seine Frau haben keine Kinder, weshalb Appu dem Sonnengott ein Lamm opfert; danach heißt es:[269]

> Der Sonnengott blickte vom Himmel herab; er wurde zum jungen Mann, trat zu ihm (Appu) hin und begann, ihn zu fragen: »Was ist dein Mangel (*waštul-*)? Ich will ihn dir abnehmen.«

Dass ein solcher Mangel nicht nur individuell sein kann, sondern die ganze Gesellschaft schwer betreffen kann, zeigt der Beginn des so genannten »Hethitischen Totenrituals«, in dem der Tod des Herrschers als *waštai-* (»Unheil, Mangel«) umschrieben wird. Aber auch politische Texte bringen diese gesellschaftliche – und letztlich die gesamte Ordnung in Frage stellende – Komponente ein, wenn politische Vergehen wie Rebellion oder der Bruch eines Vertrages durch die vom Hethiterreich abhängigen Staaten mit diesem Wort umschrieben werden.[270] Dementsprechend ist es notwendig, einen solchen Zustand zu beseitigen, wobei der Verursacher einer solchen Situation eventuell zu bestrafen ist. Somit bezeichnet das Verbum *wašta-* ein unerwünschtes bzw. unerfreuliches Handeln, das im religiösen Kontext dem deutschen Begriff »sündigen« entspricht. Manche Texte verdeutlichen den religiösen Bezug dadurch, dass von einer »Sünde vor den Göttern« (*waštul-* + *piran/menaḫḫanda* + Gottesname) gesprochen wird. In anderen Fällen macht die literarische Gattung des Textes (z. B. Gebete, Kultvorschriften) die religiöse Semantik deutlich. In politischen Kontexten ist jedoch damit tenden-

268 Hutter 1992: 221–224; Kloekhorst 2008: 985f.
269 KUB 24.8+ i 41–45 (Siegelová 1971: 6f.).
270 Hutter 1992: 224–226.

ziell ein Vergehen gegenüber dem Herrscher oder gesellschaftlichen Regeln ausgedrückt und nicht primär jenes gegenüber den Göttern.

Neben dem Wortfeld *wašta-* gibt es weitere semantisch vergleichbare Begriffe. In Ritualtexten, die Verfahren zur Behebung von Stör- oder Krisensituationen behandeln, bezeichnet *ḫaratar* (vgl. auch luwisch *ḫarattar*[271]) einen »Verstoß« gegen kultische oder ethische Regeln; dabei wird *ḫaratar* oft auch parallel zu *waštul-* verwendet. In einem der Rituale der Maštigga (KBo 43.319 i 6'-8') ist davon die Rede, dass das »Substitut die Sünde (*waštul-*), das Vergehen (*ḫaratar*) und die Tränen (*išḫaḫru-*) des Opfermandanten nehmen und wegschaffen soll«. Das Gebet Muwatallis II. an den Wettergott von Kummanni beginnt damit, dass *ḫaratar* und *waštul-* benannt werden, um den Zorn des Gottes zu besänftigen (KBo 11.1 Vs. 1f.). Ähnlich wie *ḫaratar* bzw. *waštul-* auf eine negative Situation verweisen, bezeichnet die Phrase *natta āra* »nicht erlaubt«[272] nicht akzeptierte Verhaltensweisen, die die Beziehungen zwischen der religiösen und der weltlichen Sphäre betreffen, oder unerwünschte und verbotene Handlungen in der hethitischen Gesellschaft. Die dadurch untersagten Verhaltensweisen betreffen zum Teil Kultvorschriften, besonders aber Regulierungen von erlaubten bzw. nicht erlaubten sexuellen Aktivitäten sowie jenen Aktivitäten, die die interne Stabilität der hethitischen Gesellschaft oder die Sicherheit des Staates durch Missachtung der diplomatischen Vereinbarungen gefährden würden.

Mit der Formulierung der Missachtung von akzeptierten Werten als »Sünde« oder »Vergehen« oder als »nicht erlaubt« ist die in manchen Texten ausgedrückte Vorstellung einer allgemeinen Sündhaftigkeit der Menschen verbunden. Ḫattušili III. betont in seiner Apologie, dass er vor den Göttern in gerechter Weise handelte und nicht nach der Bosheit der Menschen.[273] In den gleichen politischen und ideologischen Kontext gehören Aussagen in Staatsverträgen, wenn betont wird, dass die Menschen verdorben sind und immer wieder böse Gerüchte über den hethitischen König in die Welt setzen. Obwohl die Bosheit hier primär über andere ausgesagt wird, um das eigene Vorgehen zu rechtfertigen, darf man darin einen wichtigen Zug im Menschenbild sehen. Dementsprechend formuliert Muršili II. im so genannten zweiten Pestgebet:[274]

> Wettergott von Ḫatti, mein Herr, (und ihr) Götter, meine Herren, es geschieht so: Man (die Menschheit) frevelt immer wieder (*wašteškanzi*) (und) auch mein Vater hat gefrevelt. Er

---

271 Vgl. Starke 1990: 442–445.

272 Vgl. Cohen 2002: 34–160 mit zahlreichen Textbelegen.

273 KUB 1.1++ i 46–50; siehe Otten 1981: 6f. – Zu »politischen« Sünden siehe ferner Hutter 2012c: 671.

274 KUB 14.8 Rs. 10'-13' (Daues/Rieken 2018: 384f., Kolon 113–119 – leicht modifiziert); vgl. Singer 2002: 59. – Andere Texte fragen trotz dieser allgemeinen »Sündenverfallenheit« der Menschen manchmal konkret danach, wessen Sünde die Ursache für ein Unheil ist. In einer Mythenvariante über den verschwundenen Wettergott (CTH 325.A) wird gefragt, wer gesündigt habe, weil das Land vertrocknet (KUB 33.24 i 39–32). Auch im Geburtshilferitual des Papanigri aus Kummanni (CTH 476) stellt sich die Frage, ob die Ursache für den zerbrochenen Gebärstuhl in einem sündhaften Verhalten des Vaters oder der Mutter des Kindes liegen könnte (KBo 5.1 i 41–46); zur Beseitigung von Vergehen (*ḫaratar*) und Sünde (*waštul-*) werden zwei Vögel als Brandopfer dargebracht (KBo 5.1 ii 1f.).

übertrat das Wort des Wettergottes von Ḫatti, meines Herren. Ich aber habe in keiner Weise gefrevelt und es geschieht so: Der Frevel seines Vaters gelangt zu seinem Sohn.

Aufgrund dieses Verständnisses von Sünde liegt es nahe, dass ein akutes Unheil, das den Staat oder einen Einzelnen betrifft, als direkte Folge einer Sünde betrachtet wird, auch wenn die Sünde selbst nicht offenbar ist. Daher ist es notwendig, zunächst die konkrete Ursache der Sünde bzw. des Verstoßes gegen die Normen oder Pflichten festzustellen.

Verschiedene Techniken, die Ursachen einer Sünde zu erforschen, nennt das Gebet Kantuzilis (ca. 1400) an den Sonnengott. In einem »negativen Sündenbekenntnis« betont er, dass er sich zwar keiner Sünde bewusst sei, allerdings sieht er – aufgrund der allgemeinen Sündhaftigkeit der Menschen – ein unbewusstes Vergehen als Grund für seine Krankheit. Daher bittet er seinen persönlichen Gott, dass dieser ihm seine Sünde offenbaren möge:[275]

Jetzt aber soll mein Gott mir sein Innerstes (und) seine Seele offenbaren mit ganzem Herzen! Er soll mir meine Vergehen benennen, so dass ich sie erkenne! Entweder soll mein Gott zu mir im Traum sprechen! Mein Gott soll mir sein Innerstes offenbaren! Er soll mir meine Vergehen benennen, so dass ich sie erkenne! Oder es soll eine Seherin zu mir sprechen! Oder ein Orakelpriester des Sonnengottes soll es mir aufgrund der Leber sagen! Mein Gott soll mir sein Innerstes (und) seine Seele offenbaren mit ganzem Herzen! Er soll mir meine Vergehen benennen, so dass ich sie erkenne!

Als Techniken, mit deren Hilfe der Beter sein Vergehen erkennen kann, sind Traumvisionen, eine Seherin bzw. ein Spezialist für Eingeweideschau genannt, damit die Sünde erkannt und vom Beter anerkannt werden kann, so dass er die missachteten richtigen Verhaltensweisen in Zukunft beachtet. Auch Muršili nennt ähnliche Techniken, um die Ursache für die Seuche, die zur Zeit seines Vaters Šuppiluliuma und zu seiner Zeit die Bewohner in Kleinasien in großer Zahl sterben lässt, zu erkunden: Traumvisionen, Orakelanfragen oder der Schlaf von Priestern im Heiligtum, damit eine Gottheit ihnen die Ursache des Sterbens offenbare (KUB 14.8 Rs. 41'-46').

Die Art der Sünde zu wissen, ist nicht nur für die Sühnung notwendig, sondern ermöglicht zu erkennen, ob es sich um eine schwere oder eine leichte Sünde handelt, obwohl der Unterschied nicht besonders betont wird. Wenn Texte manchmal von der »Sünde der Hand« sprechen (etwa KUB 5.3 ii 3f.; KUB 5.4 ii 27), darf man vielleicht an eine leichte (unbewusste) Sünde denken. Die Paragraphen 3 und 4 der Hethitischen Gesetze legen zumindest eine solche Deutung nahe. Hier wird ein Totschlag infolge der »Sünde der Hand« (*keššaraš waštul-*) als unbeabsichtigte Tötung milder beurteilt als die analogen Rechtsfälle in den Paragraphen 1 und 2, wo Totschlag infolge eines Streites geahndet wird. Wenn man die Rechtssprache auf den religiösen Bereich überträgt, lässt sich also durchaus von einer leichten Sünde sprechen. Zusätzlich darf noch darauf verwiesen werden, dass die parallele Formulierung »Sünde des Kopfes« (SAG.DU*aš waštul-*) als schwere Sünde zu deuten ist, wobei der Terminus in der Rechtssprache ein todeswürdiges Verbrechen bezeich-

275 KUB 30.10 Vs. 24'-28' (Daues/Rieken 2018: 336f., Kolon 41–52); vgl. Singer 2002: 32.

net, wie einige so bewertete Verstöße gegen die Instruktionen, die Tempelbediensteten auferlegt sind, zeigen (KUB 13.4 iii 16, iv 33, 66).

Der Schutz des Eigentums eines anderen, die Wertschätzung menschlichen Lebens und das Verbot von Mord oder die Ablehnung von Eidbruch und Meineid sind nicht nur Beispiele, deren Missachtung – wie schon in althethitischer Zeit – als Sünde betrachtet wird, sondern sie zeigen auch richtiges Verhalten gegenüber den anderen. Ein solches Verhalten wird gegenüber Menschen und Göttern eingefordert. Wer daher den Göttern den Ertrag des Ackers stehlen will, ist ein Sünder, genauso wie derjenige, der den Göttern aus der Tempelwirtschaft ein Rind – entweder durch Verkauf, Austausch mit einem mageren Tier oder Verzehr – entwendet (vgl. KUB 13.4 iv 12–33). Im Gegensatz dazu betont Kantuzili in seinem Gebet, dass er den Göttern nie etwas entwendet hat (vgl. KUB 30.10 Vs. 15'). Selbst wenn ein solches Vergehen vor den Menschen verborgen bliebe, wird es den Göttern offenbar, weil man diese nicht bestehlen oder täuschen kann. Die Ablehnung der Ermordung des legitimen Thronerben Tudḫaliya des Jüngeren durch Šuppiluliuma benennt Muršili als einen der Gründe, weshalb zwei Jahrzehnte lang eine Seuche unter den Hethitern verbreitet ist. Im so genannten ersten Pestgebet formuliert Muršili dieses ethische Vergehen folgendermaßen:[276]

> Auf mir lastete die Angelegenheit des Tudḫaliya, des Jüngeren, des Sohnes des Tudḫaliya, schwer. Auch von der Gottheit ermittelte ich (sie) durch Orakel. Die Angelegenheit des Tudḫaliya, des Jüngeren, wurde auch von der Gottheit festgestellt. Was das betrifft, dass Tudḫaliya, der Jüngere, für das Land Ḫatti ihr Herr war: Auf ihn legten die Prinzen von Ḫattuša, die Herren, die Anführer von Tausend, die Würdenträger und die Fuß- (und) Wagentruppen ein jeder einen Eid ab. Auch mein Vater legte auf ihn einen Eid ab. Später aber bedrängte mein Vater den Tudḫaliya. [Das Land von] Ḫattuša aber, die Prinzen, die Herren, die Anführer von Tausend, die Würdenträger schlossen sich ein jeder meinem Vater an. Sie fehlten gegen Tudḫaliya, ihren Herrn der Eide, und töteten ihn.

Obwohl das Stichwort *waštul-* nicht fällt, sind die Folgen so eindeutig, dass es gerechtfertigt ist, die genannten Vergehen – Eidbruch und Mord – als schwere Sünde zu bewerten.

Diese Überlegungen zur Sündhaftigkeit der Menschen einerseits und zu den aus der Religion gewonnenen Werten, die das Leben des Individuums bestimmen, lassen sich gut mit einem Abschnitt aus Kantuzilis Gebet zusammenfassen:[277]

> Niemals habe ich bei meinem Gott einen Meineid geleistet. Einen Eid habe ich auch niemals verletzt. Was aber von dem meinem Gott Heiligen mir nicht zu essen erlaubt (ist), das habe ich niemals gegessen. Ich habe mir meinen Körper nicht verunreinigt! Ein Rind aber habe ich nie von seiner Hürde wieder getrennt. Auch ein Schaf von seinem Pferch wieder ditto. Brot habe ich für mich gefunden und habe es niemals für mich allein gegessen. Wasser aber habe ich für mich gefunden und habe es niemals für mich allein getrunken.

---

276 KUB 14.14 Vs. 10'-19' (Daues/Rieken 2018: 368–371, Kolon 10–19); vgl. Singer 2002: 61 mit etwas anderer Ergänzung des teilweise lückenhaften Textes.

277 KUB 30.10 Vs. 12'-17' (Daues/Rieken 2018: 336f., Kolon 19–29); vgl. Singer 2002: 32.

Dieser Wertekatalog Kantuzilis ist nicht nur ein Spiegel dessen, was recht und was unrecht ist, sondern er bringt gleichzeitig die Hoffnung auf die neuerliche göttliche Gnade zum Ausdruck, die Kantuzili schon von Kindesbeinen an begleitet hat und die ihm Zuflucht gewesen ist (vgl. KUB 30.10 Vs. 6'). Allerdings ist die göttliche Huld allein zu wenig, wenn nicht wenigstens der Ansatz einer Bußgesinnung gegeben ist, indem man die Sünde vor der Gottheit bekennt. Denn wenn ein Knecht seinem Herrn gegenüber gefehlt hat, dies aber seinem Herrn gesteht, wird sich sein Herr ihm wieder huldvoll und im Verzeihen zuwenden; genauso verhält sich Gott gegenüber dem Sünder (vgl. KUB 14.8 Rs. 25'-29'). Eine solche Einstellung soll dazu beitragen, Götter und Menschen zu versöhnen und so die durch die Sünde gestörte Beziehung wieder in Ordnung zu bringen. Wo ein Mensch seine Sündhaftigkeit erkennt, kann er seine Vergehen wieder gutmachen und sein Verhalten gemäß dem gestalten, was für ihn und die Gesellschaft nützlich und gut ist. Denn die Missachtung ethisch »erwarteter« Verhaltensweisen stört das Zusammenleben, so dass zwischenmenschliche und gesellschaftliche Konflikte entstehen, für deren Lösung verschiedene Rituale Hilfen anbieten.

3.2 Krisenbewältigung und soziales Gleichgewicht

P. Taracha[278] betont, dass Rituale, die zur Beseitigung von so genannter Unreinheit und deren Folgen oder zu therapeutischen Zwecken in der Großreichszeit ausgeführt werden konnten, meist einen weitgehend standardisierten Aufbau aufweisen. Am Anfang werden der oder die Ausführende des Rituals und der Zweck desselben genannt, und daran schließt sich der im Prinzip dreiteilige Text an: Aufzählung der dafür benötigten Materialien; Beschreibung der durchzuführenden Ritualhandlungen; Nennung der passenden Beschwörungsformeln. Ein abschließender Kolophon wiederholt in der Regel den zu Beginn genannten Zweck. Solche Rituale dienen dazu, den unerwünschten Zustand des Patienten oder Klienten, für den das Ritual durchführt wird, zu beenden. Die Formen eines solchen negativ oder gefährlich für das Wohlergehen des Klienten empfundenen Zustands können vielfältig sein, z. B. Krankheiten, Folgen von Verbrechen, Intrigen und üble Nachrede, Schadenzauber, militärische Niederlagen oder familiäre Probleme. Solche Situationen kann man aus moderner Perspektive in vielen Fällen dem umfangreichen Bereich der (Psycho-)Therapie[279] zuordnen, manches auch dem medizinischen Bereich. Eine solche

278 Taracha 2009: 152, wobei jedoch die Rede von »magical texts« oder »magical practices« nicht optimal ist; vgl. zur Problematik der »magischen« Rituale Hutter 2015a: 198f. Zum Aufbau solcher Rituale vgl. auch Haas 1994: 888–891.

279 Roth 2020: 189–201 hat zutreffend auf die Möglichkeiten hingewiesen, psychologische und/oder psychotherapeutische Kenntnisse z. B. bzgl. Traumata, Stressreaktionen, neuronalen Blockaden oder posttraumatischen Belastungssyndromen – weiteres ließe sich hinzufügen – auch zur Deutung von Ritual(text)en heranzuziehen und exemplifiziert dies an einigen hethitischen Beispielen des militärischen Bereichs (Roth 2020: 209–219); siehe auch die kurzen Bemerkungen bei Haas 2003: 67f. über »psychotherapeutische Maßnahmen mit psychologischen Effekten« als Teil des Heilverfahrens, dem hethitische Rituale dienen (können).

strikte Trennung ist jedoch der anatolischen Anthropologie fremd, da solche Zustände als »Unreinheit« (*papratar*) umschrieben werden, womit das gemeint ist, was einen Menschen betrifft und ihn in seiner gesellschaftlichen Position beeinträchtigt, so dass seine Stärke oder Rüstigkeit (*innarawatar*) schwinden. Als Ursache dafür nennen die Texte häufig entweder Behexung bzw. Schadenzauber (*alwanzatar*) oder den Zorn (*kartimmiyatt-*) einer Gottheit. Auch wenn die Ursache somit innerweltlich oder außerweltlich gedeutet wird, ist es notwendig, daraus resultierende staatlich-politische, gesellschaftliche oder private Krisensituationen zu bewältigen und den Einzelnen oder eine Gruppe von Menschen wieder in eine harmonische Balance mit ihrer Umgebung zu bringen.

Ein junghethitischer Ritualtext zur Reinigung einer Stadt und zur Beseitigung der dort herrschenden üblen Zustände wegen unterschiedlicher Vergehen illustriert solche Möglichkeiten der Wiederherstellung des gesellschaftlichen Gleichgewichts folgendermaßen. Der Text beginnt mit der Nennung des Ritualakteurs, der Darlegung des Zwecks des Rituals und einer sehr kurzen Aufzählung der benötigten Materialien:[280]

> Folgendermaßen (spricht) Iriya, der Opferschauer: Wenn ich eine Stadt von Blutschuld, Eid (und) Gerede der Menge behandle, bereitet man die Opferzurüstung vor und legt sie nieder: eine Hacke (aus) Bronze, einen Spaten (aus) Bronze, ein *šatta-* (aus) Bronze, Öl, Honig (und) dünne Brote.

Danach finden verschiedene Ritualhandlungen an einem Flussufer und einer Quelle statt, in deren Verlauf Dickbrote, Wein und Flüssigkeiten als Opfer dargebracht werden. Im weiteren Verlauf werden Beschwörungen und Anrufungen an die »früheren Götter« formuliert, die als Richter fungieren sollen (vgl. KUB 30.34 iii 8'), um die Störung des Gemeinwohls zu beseitigen. Anschließend wendet sich der Ritualakteur an einen *šurašura*-Vogel:[281]

> Und entweder hast du dich auf das Dach des Palastes gesetzt, oder du hast dich auf das Dach des Tempels gesetzt. Jetzt aber reinige den Palast und den Tempel! Und wohin diese Krankheit, Blut, Göttereid gehen, du, *šurašura*-Vogel, geh dorthin! Und Blut (und) Eid soll(en) den Palast (und) den Tempel nicht ergreifen!

Danach führt man einen Ziegenbock und den Vogel aus der Stadt hinaus, verbrennt schließlich den Ziegenbock und begräbt den getöteten Vogel als Symbolhandlungen, dass nunmehr alles Unheil aus der Stadt genauso beseitigt und der Unterwelt – als Ort der Verwahrung alles Bösen und aller Unreinheit – übermittelt worden ist. Somit zeigt dieses junghethitische Ritual die rituelle Entfernung der unheilvollen Zustände, die die Stadt belasten: Bluttat, Meineid, üble Nachrede, aber auch Krankheit und Gräueltaten, die ebenfalls im Ritual genannt werden. Das Ritual des Iriya, das Elemente von Reinigungs- und Entsühnungspraktiken des hurritischen Milieus verwendet, zeigt, dass solche Rituale sowohl die Öffentlichkeit (d. h. die Stadt, die

---

280 KUB 30.35+ i 1–4 (S. Melzer/S. Görke (Hg.): hethiter.net/: CTH 400.1).

281 KBo 54.14 iii 5'-11' (S. Melzer/S. Görke (Hg.): hethiter.net/: CTH 400.1). Beim *šurašura*-Vogel handelt es sich vielleicht um eine Krähe.

hier entsühnt werden muss), aber auch den Einzelnen (vgl. die Erwähnung der »Menschenkinder« in KUB 30.34 iii 13') betreffen. Einige weitere Aspekte der Notwendigkeit zur Beseitigung solcher Krisen, die den König und den Staat genauso wie den Einzelnen betreffen, sind zu beachten.

3.2.1 Die Sicherheit des Königs in Krisensituationen

Da der König ein »institutionalisierter« Vermittler zwischen Göttern und Menschen ist, sind nicht nur seine religiösen Aktivitäten oft genannt, sondern es ist auch notwendig, Unheil vom König abzuwenden, da dieses negative Folgen für das ganze Land hätte. Daher sind der König oder das Herrscherpaar häufig als Klienten in Ritualtexten, aber auch in Orakelanfragen und anderen Genres genannt. In vielen Fällen ist dabei lediglich anonym vom König die Rede, d. h. solche Texte der Krisenbewältigung sind nicht immer auf einzelne historische Situationen zu beziehen, obwohl auch konkrete Einzelfälle überliefert sind.

Die Vorstellung, dass der legitime König im Fall einer Gefährdung durch böse Vorzeichen geschützt werden muss, indem ein anderer als »Ersatzkönig« für eine Zeit lang eingesetzt wird, stammt aus Mesopotamien, worauf Hans Martin Kümmel in seiner grundlegenden Bearbeitung solcher Ersatzrituale für den hethitischen König hingewiesen hat:[282]

> Es kann daher als sicher angenommen werden, dass den hethitischen Ersatzkönigsritualen babylonische Vorbilder zugrunde liegen, die in ihrer originalen akkadischen Form nicht mehr erhalten sind, die aber weiter tradiert in Babylonien auch die Grundlage der neuassyrischen Ersatzkönigsriten bilden. ... Doch dürfte es sich bei den hethitischen Texten um keine direkten und reinen Übersetzungen aus dem Akkadischen handeln. ... Die hethitischen Ersatzkönigsrituale unterscheiden sich aber in einem wesentlichen Punkte vom babylonischen Ritus: Nur die hethitischen Rituale verbinden nämlich mit dem Motiv der magischen Stellvertretung des Königs, der Ablenkung von dessen ominöser Bedrohung auf den mit ihm identifizierten rituellen Amtsträger, also dem eigentlichen Substitutionsmotiv, das Motiv eines eliminatorischen Ritus vom so genannten »Sündenbock«-Typus.

Letzteres zeigt dabei, dass die hethitischen Rituale gegenüber den über den kizzuwatnäisch-nordsyrischen Raum rezipierten babylonischen Vorbildern modifiziert wurden. Obwohl viele dieser Texte erst aus der Großreichszeit überliefert sind, hat der Prozess der Adaption solcher Praktiken vielleicht schon früher eingesetzt, da Vorstellungen eines Ersatzkönigs in Mesopotamien seit der altbabylonischen Zeit bekannt sind.[283] Durch die Durchführung eines solchen Rituals sollte das befürchte-

---

282 Kümmel 1967: 191; siehe auch Taracha 2000: 220f.

283 Vgl. Hutter 1996a: 106f., Haas 2008: 151 sowie ausführlich Kümmel 1967: 169–187. Um 1800 wurde für den König Erra-Imittī von Isin ein Ersatzkönig eingesetzt, der – nachdem Erra-Imittī dennoch unerwartet verstarb – als »regulärer« König im Amt blieb. Große Bedeutung hat das Ersatzkönigtum unter dem neuassyrischen König Asarhaddon (681–669), während dessen Regierungszeit dreimal aufgrund einer Mondfinsternis, die als ungünstiges Omen galt, ein Ersatzkönig (*šar pūḫi*) für 100 Tage auf den Thron gesetzt wurde.

te Unheil vom König (und damit vom Hethiterreich) ferngehalten und auf den Ersatzkönig übertragen werden. Dass es sich um ein angekündigtes – und noch nicht real eingetretenes – Unheil handelt, drückt der Kolophon eines mehrtägigen Ersatzrituals aus:[284]

> Erste Tafel, nicht beendet. Beschwörung [...]: Wenn dem König Sterben vorherbestimmt ist (?), ob er es im Traum schaut oder ob es ihm aus den Fleischorakeln oder Vogelorakeln angezeigt wird, oder ob ihm (sonst) irgendein böses Omen für Tod geschieht, so ist dies das Ritual dafür.

Das angekündigte Unheil für den König soll dabei auf ein Substitut übertragen werden. Dies ist beim Text KUB 24.5++ der Fall. Zwar sind weder der Beginn noch der Kolophon erhalten, doch erwähnt der Text, dass durch ein Mondomen für den Herrscher der Tod angekündigt wurde. Deshalb stellt der König Substitute bereit, um dieses Unheil abzuwenden. Der Inhalt des Textes kann so zusammengefasst werden:[285] Ein Stier, der verbrannt wird, soll dem Mondgott das Leichenfeuer im Rahmen der Totenrituale für den Herrscher ersetzen, der Sonnengott des Himmels und Lelwani sollen durch ein Schafopfer befriedigt werden. Zusätzlich zum Leichenfeuer erhält der Mondgott ebenfalls ein Schafopfer. Schließlich setzt man einen Gefangenen als Ersatzkönig ein, indem man ihn analog zur Königsinvestitur salbt, mit königlichen Gewändern bekleidet und ihm ein königliches Diadem auf den Kopf setzt. Durch diese rituelle Einsetzung als König sollen die kurzen Jahre auf den Gefangenen fallen und ihn treffen. Der König selbst vollzieht einen Reinigungsritus und opfert mehrmals, wobei er immer wieder darauf hinweist, dass er betreffs der bösen Vorzeichen Substitute gegeben hat, so dass die Götter ihn freilassen mögen. Der Ersatzkönig wird abschließend aus dem Hethiterreich vertrieben.

Neben den von H. M. Kümmel als »Ersatzkönigsriten« bezeichneten Ritualen, die ihre Vorbilder in Mesopotamien haben, gibt es eine weitere Gruppe von Texten, die die Rettung der gefährdeten Person als »Aus der Erde nehmen« umschreiben. Im Zusammenhang mit solchen Praktiken hebt P. Taracha[286] hervor,

> dass Substitutsriten im kleinasiatischen Raum bereits in althethitischer Zeit weit und breit praktiziert wurden, wenn auch die uns erhaltenen Texte nicht allzu zahlreich sind und in der Regel auf südanatolische Traditionen verweisen. Alte Riten – in neuer Fassung und um

284 KUB 15.2 Rs 5'-9' (Kümmel 1967: 70f.); das mehrtägige Ritual (CTH 421) ist in mehreren unterschiedlich gut erhaltenen Exemplaren von mehreren Fundplätzen in der hethitischen Hauptstadt überliefert; die Edition von Kümmel 1967: 56–71 kann inzwischen durch neue Textfunde erweitert werden.

285 Vgl. die Edition von Kümmel 1967: 8–13; vgl. auch Haas 2008: 149–151. Ähnliche Motive – Bekleidung des Ersatzkönigs, zeitweiliges Verlassen des Throns durch den wirklichen König, Gebete und Opfer mit der Bitte um Schonung des Königs – zeigen auch die erhaltenen Abschnitte des mehrtägigen Ersatzrituals CTH 421; was am Ende mit dem Ersatzkönig geschieht, bleibt unklar, da der unvollständig erhaltene Text dies nicht mehr berichtet. Wahrscheinlich ist auch hier der dem König angekündigte Tod symbolisch auf den Ersatzkönig übertragen worden und der dürfte – ähnlich wie in KUB 24.5++ – aus dem hethitischen Gebiet verbannt worden sein.

286 Taracha 2000: 211.

neue Motive ergänzt – sind bis zum Ende der hethitischen Großreichszeit tradiert worden, und die Verfasser(innen) späterer Kompilationen nahmen sie öfters zum Vorbild.

Einzelne Texte, die sich auf das »Aus der Erde nehmen« (*taknaz da-*) beziehen und das dem König (oder einer Privatperson) angekündigte Sterben rituell abwenden wollen, sind seit der Mitte des 2. Jahrtausends bekannt.[287] Phrasen wie »Worte des Aus-der-Erde-Nehmens« (KUB 46.46+ i 7') oder »Ritual des Aus-der-Erde-Nehmens« (KUB 17.18 iii 20) zeigen, dass es sich um eine typische Gruppe von Ritualen gehandelt hat, wobei diese Formulierungen ein bildlicher Ausdruck dafür sind, dass die Ritualakteurin den Klienten durch ein Ersatzopfer dem Bereich des vorzeitigen Todes bzw. der drohenden Unterwelt entreißt. So bittet beispielsweise die ^{MUNUS}ŠU.GI Maštigga die Sonnengöttin der Erde zugunsten der zu behandelnden Person folgendermaßen: »Aus der dunklen Erde lass ihn herauf« (KUB 58.79 i 5f.). Interessant an dieser Ritualgruppe ist, dass solche Rituale sowohl für »Privatpersonen« als auch für Könige durchgeführt werden können. Die »Alte Frau« Aštu (KUB 7.33+) und ihre Berufskollegin Maštigga (KUB 58.79) haben jeweils ein solches »nicht-königliches« Ritual konzipiert. Die Personen, für die Tunnawiya ihrerseits ein solches Ritual (KBo 21.1) zusammengestellt hat, sind der König und die Königin, die beide jedoch nicht namentlich genannt werden. Bei den parallelen Ritualtafeln KUB 17.18 und KUB 46.46+ fehlen aufgrund des Erhaltungszustandes beider Texte die Verfasserangaben, aufschlussreich an beiden parallelen Ritualtexten ist jedoch, dass ersterer das Ritual für einen Mann und eine Frau behandelt, letzterer für den König und die Königin. Diese unterschiedlichen Zielgruppen der so genannten *taknaz da*-Rituale erlauben indirekt einen Rückschluss darauf, dass die Religionsausübung von »Normalsterblichen« und religiöse Praktiken in Bezug auf den König nicht vollkommen gegensätzlich waren. Die »königlichen« Rituale zeigen eine terminologische Nähe zu den vorhin genannten Ersatzkönigsriten. Denn auch in den Ersatzkönigsriten wird der – zeitweilig seines Amtes entkleidete – König zu einer »Privatperson«[288] degradiert und damit symbolisch ein Mitglied der allgemeinen Bevölkerung. Daher verschwimmt in dieser Ritualpraxis die scharfe Grenzziehung zwischen dem König und der Allgemeinheit, aber auch zwischen den so genannten Ersatzkönigsriten und den *taknaz da*-Ritualen als zwei Ritualtypen. Daher hat P. Taracha für ein großes »Ersatzritual« für Tudḫaliya III. (CTH 448.4)[289] deutlich gemacht, dass dieses Ritual zwar Unheil von Tudḫaliya auf ein Substitut abwälzen soll, aber durch den Aufbau steht dieses Rituals der *taknaz da*-Gruppe näher als den von H. M. Kümmel bearbei-

287 Hutter 1988: 116–118; Taracha 2000: 213–217; Görke 2010: 174–179. Erwähnenswert ist, dass diese Ritualgattung mit Traditionssträngen Kizzuwatnas und des Unteren Landes zu verbinden ist.

288 Vgl. z. B. KUB 17.14 Vs. 24'; KBo 15.2 Rs. 3'f., wenn betont wird, dass der Name des Königs nicht mehr genannt wird; siehe dazu Kümmel 1967: 89f.

289 Zur Rekonstruktion der sehr lückenhaften Textexemplare siehe die Tabellen bei Taracha 2000: 15–23. Für die Zuweisung des Rituals an Tudḫaliya III. siehe die Ausführungen ebd. 2000: 163–165, wobei auch das Erkranktsein dieses Großkönigs in seinen letzten Regierungsjahren erwähnt wird – als Möglichkeit, durch dieses Ritual dem unerwünschten Tod entgegenzuwirken.

diesem Zweck werden von den Gefangenen ein Mann und eine Frau genommen und mit königlichen Gewändern bekleidet. Die Gefangenen werden der Gottheit mit dem Hinweis vorgestellt, dass sie gesund und kräftig seien, um die Seuche auf sich zu nehmen, damit das Ḫatti-Land davon befreit werde. Ferner werden ein Stier und ein Schaf als Substitutstiere vorbereitet, um die Seuche zurück ins Feindesland zu tragen. Die Seuche bedroht dabei den König und das Land in gleicher Weise, so dass dieses Unheil abgewendet werden muss. Auch wenn Muršili in diesem Ritual nicht genannt ist, ist es möglich, dass Pulišas Ritual der Stärkung und »Reinigung« dieses Königs gedient hat.

Dass ein ungünstiges Mondomen der Anlass für Aktivitäten sein kann, um dadurch angekündigtes Unheil zu beseitigen, oder dass durch Orakelanfragen versucht wird, die Ursache einer negativen Situation zu erkunden, zeigt die Bedeutung von mantischen Praktiken für Hilfestellungen in der Bewältigung von Krisensituation, aber auch zur Vermeidung eines falschen Verhaltens, das negative Wirkungen haben könnte. Wenigstens fünf unterschiedliche Orakeltechniken kann man anhand der Texte feststellen:[297] KIN-Orakel, Wasserschlangen-Orakel, Vogel-Orakel, Orakel mit »Höhlenvögeln« und Eingeweideschau. Die ersten Zeugnisse für solche Praktiken reichen ins frühe 15. Jahrhundert zurück, der überwiegende Teil der Quellen stammt jedoch erst aus dem 13. Jahrhundert, vor allem aus der Zeit Ḫattušilis III. und Tudḫaliyas IV.[298] Die KIN-Orakel sind eine genuin anatolische Praxis, auf die in vielen Orakelprotokollen Bezug genommen wird. An der Durchführung eines solchen Orakels sind meist drei oder vier ŠU.GI-Frauen beteiligt, die als Team zusammenwirken.[299] Sie bewegen die Orakelsymbole auf dem Orakelfeld (als einer Art »Spielbrett«) und kommentieren diese Aktionen durch die jeweilige Anfrage, ob das Ergebnis »günstig« (SIG_5) oder »ungünstig« ($NU.SIG_5$) sein wird. Die Anzahl der Orakelschritte, d. h. der Bewegungen der Orakelsymbole auf dem Orakelfeld, und die Anzahl der Frauen korrespondiert miteinander, wobei aus der Position der Orakelsymbole zueinander die Absicht der Götter erschlossen wird. Mehr als die Hälfte der Orakel, in denen Göttinnen genannt werden, beziehen sich dabei auf DINGIR.MAḪ (Ḫannaḫanna), während unter den Göttern der Sonnengott des Himmels in über 50 Prozent der Anfragen als Adressat genannt ist.[300] – Im Unterschied zum KIN-Orakel sind die anderen Orakeltechniken aus mesopotamischen Traditionen an die Hethiter vermittelt worden. Die Konsultation von Orakeln ermöglichte nicht

297 Haas 2008: 17–65; Beal 2002; Warbinek 2020: 90–95 sowie die Tabelle ebd. 37. – Neben Texten, die solche Orakel »protokollieren«, finden sich in den Texten auch immer wieder Hinweise darauf, dass man durch eine entsprechende mantische Technik den Willen der Götter oder die Ursache eines Unheils erkennen möchte; auf einige solcher Beispiele, die schon in anderen Zusammenhängen erwähnt wurden, sei nochmals verwiesen: siehe KUB 15.2 Rs. 5'-9' (Kolophon eines Ersatzkönigrituals); KUB 30.10 Vs. 24'-28' (Gebet Kantuzilis); KUB 14.8 Rs. 41'-46' (Gebet Muršilis II.); vgl. auch Mouton 2007: 30f.

298 Siehe die Einordnung der Texte in die Zeit dieser beiden Könige bei Warbinek 2020: 136–138.

299 Warbinek 2017: 116–118; Ders. 2020: 77–83.

300 Warbinek 2020: 86–90.

nur Entscheidungsfindungen hinsichtlich der Durchführung politischer, militärischer oder kultischer Aktivitäten, sondern gab auch Aufschluss über Ursachen, weshalb eine unerwünschte Situation, die den König bedroht, entstanden ist. Das Themenspektrum ist dabei äußerst umfangreich. V. Haas nennt z. B. die Ernennung oder Absetzung von Hoffunktionären, Epidemien im Heerlager, Mord und Intrigen, Verschwörungen oder Unterschlagung bzw. Diebstahl aus dem Palast- und Tempelschatz.[301] Damit decken die verschiedenen Orakelprotokolle fast alle Bereiche des »öffentlichen« Lebens und des Lebens des Königs ab.

Auch Träume erschließen nach dem Ausweis mancher Texte Ursachen für Krankheiten und Notsituationen, die beispielsweise durch unbewusste Sünden, durch kultische Vergehen oder zwischenmenschliche Verstöße und den dadurch hervorgerufenen Zorn einer Gottheit bewirkt werden. Am häufigsten sind dabei Berichte über Träume von Ḫattušili III. bzw. von seiner Gattin Puduḫepa überliefert. Ein Thema, das in mehreren dieser Träume begegnet, ist die schlechte Gesundheit Ḫattušilis. So berichtet der König in seiner so genannten Apologie davon, dass die Göttin Šauška seinem Vater Muršili erschienen sei und ihn aufgefordert habe, Ḫattušili als ihren Priester einzusetzen, damit er am Leben bleibe.[302] Auch Puduḫepa[303] thematisiert diese Schwäche ihres Gatten, wenn sie in verschiedenen Träumen immer wieder verspricht, einer Gottheit für den Erhalt des Lebens ihres Gatten Votivgaben zu stiften – so für Ḫebat von Uda (KUB 15.1 i 1–11), Šarruma von Uda (i 19–28) bzw. Gurwašu (iii 7'-16').

Die genannten Beispiele von Maßnahmen, die dazu dienen, den König oder das Königshaus und damit auch die Gesellschaft als Ganze vor Unheil zu bewahren oder bereits erfahrenes Unheil zu bewältigen, zeigen das gesellschaftsstabilisierende Potenzial von Religion und Ritualen. Da es sich in manchen Beispielen um einen konkreten König handelt, gewinnt man daraus zumindest teilweise einen Einblick in chronologisch eng umgrenzte religiöse Vorgänge. Jene Fälle, die allgemein vom »König« oder der »Königin« sprechen, zeigen aber auch, dass es sich nicht nur um einmalige, sondern um allgemeine Vorgänge handelt. Daraus darf man wahrscheinlich ableiten, dass vergleichbare Strategien zur Lösung von Problemen im gesellschaftlichen, zwischenmenschlichen und individuellen Bereich auch außerhalb des Königshauses anwendbar waren.

3.2.2 Rituelle Konfliktbewältigung im Alltag

Die schon mehrfach genannte ^{MUNUS}ŠU.GI ist eine seit althethitischer Zeit bezeugte Spezialistin für Rituale, die dazu dienen, Unheilszustände zu überwinden, wobei

301 Haas 2008: 66. Eine Reihe von Beispielen, wie durch Orakel Kenntnisse über die Reinheit des Königs(paares), über Intrigen oder sonstige Auseinandersetzungen in der königlichen Familie gewonnen werden, hat Haas 2008: 80–103 anschaulich zusammengestellt.

302 Vgl. KUB 1.1 i 12–17 bei Otten 1981: 4f.; siehe auch Haas 2008: 159; Mouton 2007: 32.

303 Vgl. KUB 15.1 bei de Roos 2007: 88–105; siehe auch Mouton 2007: 260–266.

sie manchmal von einer anderen Frau, die als ^{MUNUS}SUḪUR.LÁ[304] bezeichnet wird, unterstützt wird. Genauso ist sie eine in Orakelangelegenheiten kompetente Akteurin – vergleichbar mit anderen Spezialisten wie dem ^{LÚ}AZU oder dem ^{LÚ}ḪAL. Ihre Aktivitäten sind dabei nicht auf den Palastkontext beschränkt, sondern die Kompetenz dieser Personen scheint auch von der »allgemeinen Bevölkerung« in Krisensituationen in Anspruch genommen worden zu sein. Solche Situationen betreffen dabei psychisch oder emotional auffällige Zustände (u. a. Angst, Panik, böse Träume), nicht genau mit dem Körper bzw. mit körperlichen Gebrechen zu verbindende psychosomatische Symptome oder soziale Störungen.[305] Der Unterschied in der »Behandlung« solcher Situationen bei Angehörigen der allgemeinen Bevölkerung gegenüber der Behandlung eines Königs liegt dabei im individuellen Fokus, da die Krise eines Einzelnen nur für den davon Betroffenen, nicht aber für die gesamte Gesellschaft bzw. das Hethiterreich Konsequenzen hat. Als weiteren Unterschied kann man die Kosten (und damit verbunden den Umfang) der »Behandlung« nennen. Die Behandlungsmethoden unterscheiden sich aber nicht prinzipiell.[306] Dies zeigen einige Texte, in denen davon die Rede ist, dass eine rituelle Handlung von einem »Armen« (^{LÚ}*ašiwant-*), der nicht zur (königlichen) Oberschicht gehört, ausgeführt wird. Manchmal wird dies durch die parallele Struktur der Aussagen noch zusätzlich verdeutlicht, wenn es heißt: »Wenn der Opferherr reich ist .... Wenn er aber arm ist ...«.

Im Ritual des Auguren Dandanku wird der materielle Unterschied durch das Substitutstier, das das Unheil vom Opferherrn entfernen soll, ausgedrückt (KUB 54.65 iii 32–38): Ein reicher Opferherr verwendet dafür einen Esel, während der finanzschwache Opferherr nur ein Eselimitat aus Ton zur Verfügung stellt. Aber in beiden Fällen wird das Unheil auf die Substitutsfigur übertragen und ins Feindesland geschickt. Einen ähnlichen Unterschied hinsichtlich des Wertes des Substitutstieres, auf das das Unheil übertragen wird, zeigt ein Ritual des Ammiḫatna aus Kizzuwatna (KBo 5.2 iii 30–35): Ist die zu entsühnende Person ein Angehöriger der breiten Bevölkerungsschicht, so dient eine junge Ziege als Substitut, ist es aber ein »Großer« (GAL) oder ein »Herr« (*BĒLU*), so ist entweder ein Mensch oder ein Rind freizulassen, damit dieses Substitut die Unreinheit (KBo 5.2 i 3–9) des zu Behandelnden auf sich nimmt und so den (psychischen) Schaden von ihm entfernt. Eine andere »Gegenüberstellung« von Oberschicht und Unterschicht, die wiederum nicht die Technik der Durchführung des konfliktlösenden Rituals betrifft, zeigen die beiden unterschiedlichen Redaktionen eines Rituals der Ambazzi, das sich gegen Tarpatašša, Zarnizza und Alauwaima, die den Patienten schädigen, wendet. Die Durchführung des Rituals soll den Patienten vom negativen Wirken dieser drei Gottheiten befreien. In der ersten Version (KUB 9.25) ist das Ziel der rituellen Behandlung ein »Herr« (*BĒLU*; EN) oder mehrere »Herren«, in der zweiten Version (KBo 13.109) hingegen ein König (LUGAL). Solche Stellen zeigen, dass

---

304 Collins 2016: 331f.

305 Vgl. Christiansen 2019: 49f.; Roth 2020: 207f.

306 Vgl. zum Folgenden Hutter 2015a: 194–197; siehe ferner Hutter 2010: 403–405.

die Behandlung eines Königs oder einer beliebigen Person nicht grundsätzlich anders verläuft, wobei auch das Themenspektrum solcher Rituale des »privaten« Bereichs demjenigen des »höfischen« Bereichs vergleichbar ist.

Einblick in familiäre Angelegenheiten scheint der ziemlich fragmentarisch erhaltene Text KUB 12.26 zu geben, den die Übersetzerin fragend als ein Ritual zur Versöhnung eines Kindes mit seiner Mutter deutet.[307] Diese Deutung stützt sich darauf, dass im Ritualverlauf von einem Streit zwischen dem Sonnengott und Kamrušepa berichtet wird, wobei diese Erzählung zu einer Ritualhandlung überleitet, die mit der Aussage endet, dass die beiden Gottheiten die rituell behandelte Person wieder »zu einem Kind für die Mutter machen« (vgl. KUB 12.26 ii 12; vgl. ii 16f.).

Ein anderes Ritual – ebenfalls aus dem »Familienbereich« – ist KBo 10.37, das der Behandlung eines kranken Kindes dient.[308] Der Kolophon des Textes ist sehr allgemein gehalten, da als Anlass des Rituals die böse Rede eines Menschen vor den Göttern zur Verleumdung eines anderen und die Behandlung dieser »bösen Zungen«, d. h. der schlechten bzw. verleumderischen Worte, genannt sind (KBo 10.37 iv 51–54; vgl. auch KBo 10.6 i 3f.). Die Ritualsprüche und die Handlungen beziehen sich auf ein erkranktes Kind. Interessant an diesem Ritual ist, dass es anscheinend eine konkrete Krankheit behandeln soll, deren Grund jedoch – laut Kolophon – in einer Verleumdung oder eventuell Verfluchung des Kindes vor den Göttern gesehen wird. Die genaue Art der Krankheit ist schwer festzustellen; als zentrales Merkmal wird gesagt, dass der Mund des Kindes durch eine schleimige Flüssigkeit verschmiert und sein Anus ebenfalls durch Ausscheidungen beschmutzt ist (i 61'f.; ii 23'-25'; iii 48f.). Birgit Christiansen hat sich jüngst erneut intensiv mit dem Text auseinandergesetzt und dabei kritisch bisherige Deutungen diskutiert:[309] Es könnte sich beim kranken Kind um ein Neugeborenes handeln, dessen Mund durch die erste Milch beschmiert und dessen Anus Spuren der ersten Kotausscheidung des Babys zeigt; eine andere Deutung geht von einem schon älteren Kind aus, das an einer Magen-Darm-Erkrankung leidet, und deshalb sind durch Erbrochenes und Durchfall sein Mund und sein Anus beschmutzt. B. Christiansen selbst sieht in der Ritualbeschreibung hingegen Symptome eines epileptischen Anfalls, der medizinisch oft mit unkontrollierbaren Körperausscheidungen verbunden ist, wobei im Falle einer solchen Krankheit die ersten Anfälle bereits im Kinder- oder Jugendalter vorkommen. Dass es sich beim »Patienten« dabei kaum um ein Neugeborenes handeln dürfte, zeigen die Segenswünsche, die dem Kind zugesprochen werden: Die Götter sollen ihm wieder jugendliche Vitalität, Heldenhaftigkeit, Mut und Kraft verleihen (iii 15f.), wobei sich das Adverb »wieder« (EGIR-*pa*) auf einen schon einmal vorhandenen Zustand zurückbezieht, was bei einem Neugeborenen als »Patient« nicht zutreffen würde.

---

307 S. Melzer (Hg.): hethiter.net/: CTH 441.1.

308 Christiansen 2019: 55–75; vgl. bereits Christiansen 2006: 177–209, 250–256.

309 Christiansen 2019: 70–72.

Andere Rituale, die ihren Ursprung[310] teilweise im zentralanatolisch-hattischen, luwischen oder kizzuwatnäisch-hurritischen Milieu haben, kreisen um Hilfestellungen im Kontext von Schwangerschaft und Geburt. Diese als »Geburtshilferituale«[311] zu bezeichnenden Texte dienen der Bewältigung von Schwierigkeiten, die in diesen Zusammenhängen auftreten können. Dabei betreffen diese Rituale einen Bereich, in dem eine exakte Unterscheidung zwischen medizinisch-gesundheitlichen, sozial-zwischenmenschlichen oder individuell-psychologischen Problemen nicht immer exakt vorzunehmen ist. Aber auch in solchen Fällen können die Ritualfachleute – genannt sind die »Alte Frau« (^{MUNUS}ŠU.GI), die Hebamme (^{MUNUS}ŠÀ.ZU; *ḫašnupalla-*), der *patili*-Priester, der Arzt (^{LÚ}A.ZU) – durch die Ausführung eines Rituals damit verbundene »Lebenskrisen«[312] beheben.

Zusammenfassend sei noch auf jene Rituale zurückverwiesen, die von den »Alten Frauen« aufgeführt werden, von denen eine Reihe einzelner Frauen – inklusive der »Titel« oder Thematik ihrer Rituale im Zusammenhang mit dem luwischen bzw. hurritischen Milieu, aber auch dem zentralanatolischen Milieu – schon an verschiedenen Stellen genannt wurden.[313] Diese Frauen wenden – sowohl bei der Durchführung ihrer Rituale im »höfischen« Kontext als auch für Klienten aus der breiteren Bevölkerung – vielfältige therapeutische Methoden zur Bewältigung von Konflikt- und Problemfällen an. Die einzelnen »Typen« oder Techniken, die dabei zur Anwendung kommen, seien als Zusammenfassung dieses Abschnittes kurz erwähnt.[314]

a) Eine Fülle von Möglichkeiten bieten Analogien zwischen einer Handlung und einem gewünschten Zustand, wobei das Beschwörungswort solche Analogien eindeutig macht. Einige Beispiele können dies illustrieren: »Wie Schafe das Salz lecken, so soll der Sonnengott diese Beschwörung auflecken« (KBo 11.14 i 21f.). – »Wie das Wasser vom Dach abfließt und nicht zurückkehrt, so sollen Unreinheit, Bluttat, Fluch ... ausgegossen werden und nicht wieder zurückkehren« (KUB 7.41 i 29–34). – »Wie das Wachs zerschmilzt und das Schaffett zerfließt, so soll der, welcher die Eide übertritt, wie Wachs zerschmelzen und wie Schaffett zerfließen« (KBo 6.34 i 48-ii 3).
b) Eine weitere Gruppe sind Kontakt- und Übertragungsriten, bei denen zwischen demjenigen, für den das Ritual vollzogen wird, und einer »magischen« Materie eine Berührung herbeigeführt wird, wodurch alles Unheil vom Ritualherrn auf die »magische« Materie übertragen wird. Gerne in einem solchen Verfahren verwendete Materialien sind Edelmetalle, aber auch (bunte) Wolle; genauso gehört

310 Vgl. Beckman 1983: 249.
311 Vgl. dazu die Editionen der meisten relevanten Texte durch Beckman 1983; Starke 1985: 202–236; Mouton 2008b.
312 Vgl. Mouton 2008b: 17f.
313 Vgl. die Abschnitte C.2.4., D.2.3.3. und D.2.4.3.; siehe auch Haas 2003: 18–23, der die meisten dieser Ritualspezialistinnen unter Angabe ihrer Texte in einem gut zusammengefassten Überblick nennt, sowie die Eintragungen zu den namentlich genannten Ritualspezialistinnen bei Zehnder 2010.
314 Siehe zum Folgenden Haas 1994: 891–904.

zu dieser Gruppe, dass etwas über dem Opferherrn geschwenkt wird, damit dadurch das Böse absorbiert wird. Manchmal kann die Übertragung konkretisiert werden, indem der Opferherr ausspuckt (und sich dadurch vom Unheil trennt) bzw. einem kleinen Hund oder Ferkel ins Maul spuckt. Die Form des Übertragens kann auch auf andere Arten geschehen, z. B. durch Abstreifen oder Abwischen und Wegmassieren, durch Durchschreitungsriten oder durch Wegkämmen.

c) Als weitere Gruppe sind Identitäts- oder Substitutionsriten zu nennen, d. h. der (kranke, behexte, geschwächte) Opferherr wird rituell durch eine andere Person, eine Puppe oder ein Tier ersetzt. In den Ersatzkönigsriten wird der König durch eine Substitutsperson vertreten, auf die das angekündigte Unheil übertragen wird. Auch in anderen Ritualen wird die Krankheit oder alles Unheil auf ein Substitut transferiert und dadurch vom Patienten entfernt. Eine alternative Substitutionspraxis zeigen jene Handlungen und Ritualworte, bei denen die Körperteile eines Tieres mit den Körperteilen des Menschen identifiziert werden und betont wird, dass die Körperteile des Tieres viel »besser« oder »größer« sind als die Körperteile des Menschen, so dass der Zorn der Gottheit doch vom Menschen ablassen soll, da die Gottheit durch das Tier, das ihr anstelle des Menschen gegeben wird, einen viel besseren Ersatz hat. Dies zeigt zum Beispiel das Gebet für die Genesung der Prinzessin Gaššuliyawiya (CTH 380), wo vor dem Gebet ein solcher Ersatzritus durchgeführt wird.

d) Neben solchen eliminatorischen Praktiken stehen Techniken, durch die eine Gottheit angelockt wird, um wiederum einen erwünschten Zustand herzustellen. Hierfür dienen Evokationen, durch die man Götter herbeiruft. Dazu bereitet man ihnen z. B. Stoffbahnen als Wege aus allen Richtungen, damit sie herbeikommen; zur Verstärkung der Anlockung der Gottheiten können dabei auch wohlduftende Speisen bereitgestellt werden.

e) Schließlich sind jene Hilfsmittel zu erwähnen, die als Apotropaion dienen und somit von vorneherein ausschließen, dass ein Reinigungs- oder Heilritual überhaupt notwendig wird; d. h. man verwendet Amulette oder Schutzfiguren, damit nichts Unerwünschtes in ein Haus oder in einen Tempel hineinkommt.

Diesen Techniken ist gemeinsam, dass sie in den meisten Fällen ohne besondere Interpretation weitgehend verständlich sind, so dass die »Manipulation« mit solchen Techniken und den dabei verwendeten Hilfsmitteln während des Rituals einen psychologischen Effekt herbeiführt, der sich positiv auf den zu Behandelnden auswirkt.[315] Das symbolische Abstreifen oder Herausziehen von Unheil – verbunden mit Rezitationsworten zur Verstärkung – vermittelt dem Klienten die Entfernung der Schadstoffe, auch wenn diese physisch nicht fassbar wird. Zugleich können positive Heilszusagen und Wünsche in der Art »Die Götter mögen dir lange Jahre, Vitalität, Kraft geben« das Wohlbefinden des Klienten stärken. Andere Techniken wie Massagen oder Formen der körperlichen Berührung haben konkrete körperlich-

315 Zur psychologischen Wirkung, die von einzelnen Ritualhandlungen ausgehen kann, siehe zuletzt Christiansen 2019: 54f.

physische Auswirkungen, was ebenfalls den Erfolg einer rituellen Behandlung fördern konnte. Durch solche Techniken und Methoden vermochten Ritualspezialisten und Ritualfachfrauen zur Behebung von Störungen und zu einem Ausgleich mit der Welt der (Mit-)Menschen bzw. der Welt der Götter beizutragen, so dass Rituale nicht nur eine Form der Kommunikation mit den Göttern, sondern immer auch ein Mittel zur positiven Gestaltung des Lebens waren.

3.3 Kommunikation mit den Gottheiten

3.3.1 Gelübde

Die zweiteilige Grundstruktur[316] eines Gelübdes besteht darin, dass zunächst in der Protasis die Bitte an eine Gottheit formuliert wird und danach in der Apodosis das Versprechen genannt ist, das man jedoch erst erfüllen muss, wenn die Gottheit positiv auf die Bitte reagiert und den Wunsch des Gelübdegebers erfüllt hat. Dadurch zeigt ein Gelübde eine andere Rollenverteilung zwischen menschlichem Akteur und göttlichem Empfänger, als dies bei einem Opfer oder einem Gebet der Fall ist. Denn in jenen Situationen erbringt zunächst der Mensch eine Leistung in Form einer Opfergabe, eines Dankes oder seiner Verehrung der Gottheit, was von der Gottheit positiv angenommen werden soll. Da der Begriff »Gelübde«[317] (*malteššar; malduwar*) vom Verbum *mald-* »rezitieren, ein Gelübde ablegen« abgeleitet ist, kann man sagen, dass ein Gelübde – wie das Gebet – eine verbale Kommunikation mit den Göttern darstellt. Im althethitischen Sprachgebrauch ist das Wortfeld noch eng mit Opfern und der Durchführung von Ritualen verbunden, wobei der verbale Charakter die Anrufung oder Herbeirufung der Götter zu einem solchen Opfer betrifft – und noch nicht das Versprechen, für die Götter eine Leistung zu erbringen. Genauso macht der Sprechakt die Handlung öffentlich. Noch im 14. und frühen 13. Jahrhundert bezeichnet *malteššar* ein Opfer, wie ein Gebet von Arnuwanda I. und Ašmunikal zeigt, worin für die Darbringung von Opfern in zwei Duplikatstexten des Gebets einmal das Wort SÍSKUR (KUB 17.21 i 19') und einmal das Wort *malteššar* (KBo 51.17 i 5') verwendet wird. Frühestens ab Muwatalli II. kann man daher davon sprechen, dass Gelübde als eine besondere Form der menschlich-göttlichen Kontaktaufnahme in der religiösen Praxis der Hethiter nachweisbar sind.[318]

Gelübdetexte sind eine eigene literarische Gattung des hethitischen Schrifttums, wobei die Texte das Versprechen der Stiftung bestimmter Weihegaben an eine Gottheit formulieren. Es handelt sich um Verpflichtungen, die von der Königin, dem

316 Torri 2019: 57f.

317 Zur semantischen Entwicklung des Begriffs siehe de Roos 2007: 38–41.

318 Da die ältere hethitische Überlieferung keine Gelübde kennt und auch Texte aus Mesopotamien im 2. Jahrtausend, die ein Versprechen an eine Gottheit ausdrücken, sich formal von den hethitischen Gelübdetexten deutlich unterscheiden, ist eine Übernahme einer religiösen Praxis, die solche Formen der Kommunikation mit den Göttern kennt, aus Nordsyrien wahrscheinlich, vgl. de Roos 2007: 53f.

König oder von Palastangehörigen gegeben worden sind und in direkter Rede zitiert werden. Meist sind diese Gelübde an die Erfüllung eines konkreten Wunsches gebunden. Häufige Themenkreise sind Gesundheit und lange Jahre, genauso der erwünschte Erfolg in militärischen Aktionen oder der Wunsch nach guter Ernte. Da viele der Texte fragmentarisch erhalten sind,[319] mag das Themenspektrum, welche Bedingungen für die Erfüllung eines Gelübdes gemacht werden, noch umfangreicher gewesen sein. An welche Gottheit das Gelübde gerichtet werden soll, wird häufig durch einen Traum oder durch eine Orakelanfrage erkannt. Denn die jeweilige konkrete (Not-)Situation, für die man die positive Unterstützung der Gottheit benötigt, setzt voraus, dass man sich mit dem eigenen Anliegen an die »richtige« Gottheit wendet. Dies zeigt ein Orakelprotokoll aus der Zeit Ḫattušilis III., worin zunächst die Ursachen für die bösen Träume über die Kinder des Königs ermittelt werden:[320]

> [Was das betrifft, dass die Majestät] böse Träume die Kinder betreffend sah (?) ... wenn die Götter für das Leben des Tašmi-Šarruma Böses angekündigt haben, dann sollen die Vögel festgestellt werden.

Der weitere Verlauf des Orakelprotokolls schildert, dass die Ursache für die Erkrankung des Prinzen Tašmi-Šarruma, des Prinzen Ḫuzziya sowie der Prinzessin Gaššuliyawiya der Zorn des Wettergottes in Tarḫuntašša ist. Schließlich dokumentiert der Text das Gelübde, das sich jedoch nicht an den genannten Wettergott, sondern an *IŠTAR* von Lawanzantiya wendet.

> Und inmitten irgendeiner Stadt werde ich Häuser bestimmen und ein Bild der *IŠTAR* von Lawanzantiya wieder [errichten], wenn dann du dich, o Gottheit, mir dadurch jetzt in Wohlwollen zuwendest.

Dieses Gelübde wird – durch Puduḫepa – wiederholt.[321] Im Gelübdetext KUB 48.123 i 12'-22' erwähnt sie nicht nur die bösen Träume, sondern verlangt von der Göttin auch, das angekündigte Unheil vom König und den Kindern fernzuhalten. Dafür wird Puduḫepa eine Statue der Göttin aus Silber von einer Mine Gewicht und eine Statue der Göttin von 20 Šeqel Gold errichten. Im Unterschied zum »Bericht« über das Gelübde im Orakelprotokoll, in dem zunächst die versprochene Leistung und danach die Bedingung an die Gottheit genannt ist, folgt der Gelübdetext dem weitgehend festen Formular für diese Textgattung:[322] Nach der Nennung des Namens der Gottheit wird die Bedingung formuliert, wofür die Gottheit bei positiver Erfüllung der Bedingung eine »Belohnung« erhält; danach folgt ein formalisierter Abschluss des Gelübde(texte)s.

Obwohl die Gelübde Ḫattušilis bzw. Puduḫepas den Fokus auf das Wohlergehen der königlichen Familie legen und damit ein »staatliches Interesse« widerspiegeln,

---

319 Vgl. die Editionen und Übersetzungen von de Roos 2007: 129–311.

320 KBo 4.10+ i 1–3, iii 41'-45' (van den Hout 1995: 197f.); siehe auch Haas 2008: 155f. – Zur negativen Wirkung von »bösen Träumen« im Allgemeinen siehe Mouton 2007: 54–62.

321 Edition und Übersetzung des Textes durch de Roos 2007: 216, 221; Mouton 2007: 289–291.

322 de Roos 2007: 5.

erwecken einige Gelübde der Königin – mit fließenden Grenzen – den Eindruck einer »persönlichen Frömmigkeit«. Dies zeigt ein Gelübde, in dem sich die Königin an Lelwani wendet und langes Leben für ihren Gatten erbittet.[323]

> Folgendermaßen Puduḫepa, die Großkönigin, Königin des Landes Ḫatti, Tochter der Stadt Kummanni: Der Göttin Lelwani, meiner Herrin, habe ich für das Leben der Person der Majestät (dieses) Gelübde abgelegt. »Wenn du, o Göttin, meine Herrin, die Majestät für lange Jahre bei Leben und Gesundheit erhältst, so dass er vor dir, Göttin, für lange Jahre wandelt, so werde ich dir, Göttin, jährlich ... die Jahre aus Silber und die Jahre aus Gold, die Monate aus Silber und Gold, die Tage aus Silber und die Tage aus Gold, einen Becher aus Silber und einen Becher aus Gold, einen Kopf der Majestät aus Gold ... und jährlich werde ich dir, seien es hundert, seien es fünfzig Schafe geben; die Zahl hat keine Bedeutung.«

Dass die Königin dieses Gelübde an Lelwani richtet, kann man mit der Funktion der Göttin bei ihrem Jahresfest im *ḫešta*-Haus verbinden, durch dessen Feier dem König für das jeweils kommende Jahr Wohlergehen garantiert werden soll. Dasselbe Thema formuliert Puduḫepa auch in einem Gebet an die Sonnengöttin von Arinna (CTH 384), wobei das Gelübde in den Gebetstext eingebettet ist:[324]

> Dir, Lelwani, meiner Herrin, soll vor den Göttern das Leben des Ḫattušili, deines Dieners, und der Puduḫepa, deiner Dienerin, aus deinem Mund kommen! Dem Ḫattušili, deinem Diener, und der Puduḫepa, deiner Dienerin, gib lange Jahre, Monate und Tage! Falls du, Lelwani, meine Herrin, den Göttern Gutes übermittelst, und deinen Diener, Ḫattušili, am Leben erhältst, und ihm lange Jahre, Monate (und) Tage gibst, werde ich später der Lelwani, meiner Herrin, eine silberne Statue des Ḫattušili – ebenso groß wie Ḫattušili –, seinen Kopf, seine Hände (und) seine Füße aus Gold herstellen (lassen). Ich werde sie aber gesondert abwiegen lassen.

Im weiteren Verlauf des Gebetes wendet sich Puduḫepa an Zintuḫi, Mezzulla und den Wettergott von Zippalanda.[325] Alle drei sollen dabei die Bitte der Königin für das lange Leben ihres Gatten an die anderen Götter weitergeben, so dass Zintuḫi, Mezzulla und der Wettergott hier jeweils als Fürbitter angerufen werden. Dafür wird auch diesen Göttern, falls sie der Bitte der Königin um Fürsprache nachkommen, jeweils eine Gabe als Belohnung gelobt: ein großes Schmuckstück für Zintuḫi, ein durch eine Textlücke nicht mehr identifizierbarer Gegenstand und die Überlassung von Deportierten für Mezzulla sowie ein Schild aus Gold von zwei Minen Gewicht und die Überlassung der Stadt Putana für den Wettergott. Bemerkenswert ist dabei, dass das Versprechen einer Gabe an Zintuḫi deutlich kleiner ist als die Gaben, die Mezzulla und der Wettergott erhalten sollen, obwohl die Bedingung, die Bitte Puduḫepas den anderen Göttern zu vermitteln, in allen drei

323 KUB 15.17++ i 1–9 (Otten/Souček 1965: 16f.); vgl. Torri 1999: 27f.; Hutter-Braunsar 2019: 54–57.

324 KUB 21.27 iii 31'-42' (Daues/Rieken 2018: 438f., Kolon 114–120); vgl. Singer 2002: 103f. Die Einbettung der vier Gelübde – an Lelwani, Zintuḫi, Mezzulla und den Wettergott von Zippalanda – in das Gebet ist ein Einzelfall, da kein anderes hethitisches Gebet mit einem Gelübde verbunden wird, siehe Daues/Rieken 2018: 152f. und Torri 2019: 54–57.

325 KUB 21.27 iii 43'-iv 49'; lk.Rd. 1–3; vgl. Daues/Rieken 2018: 438–443; Singer 2002: 104f.

Fällen gleich ist. Dies macht deutlich, dass der materielle Wert der im Gelübde versprochenen Gabe[326] an die Götter und die »Größe« der Bitte, mit der man sich an eine Gottheit wendet, in keinem notwendigen proportionalen Zusammenhang stehen. Dass diese Gelübde in das Gebet eingebettet sind, verbindet Gelübde und Gebete hinsichtlich ihrer Funktion als Formen der Kommunikation zwischen Menschen und Göttern.

3.3.2 Persönliche Gebete des Königs und der Königin

Gebete sind Kommunikationsformen, deren Aufbau man mit Gesprächen vergleichen kann; allerdings hat die menschlich-göttliche Kommunikationsrichtung im Gebet gegenüber einem Gespräch den Nachteil, dass die Reaktion des göttlichen Gegenübers in dessen Mimik oder Gestik nicht wahrgenommen wird.[327] Wenn daher die Bitten im persönlichen Gebet den guten Gemütszustand oder das freundliche Verhalten der Gottheit gegenüber dem Beter erwähnen bzw. den Wunsch ausdrücken, dass die Gottheit ihren Blick dem Beter zuwenden oder ihm Gehör schenken möge, sind dies Beispiele, durch die der Beter sich des Erfolgs dieser einseitigen Kommunikationsrichtung sicher sein möchte. Dadurch ist das »persönliche Gebet« eine sprachliche Hinwendung des Beters oder der Beterin an die Gottheit, durch die letztere das Anliegen oder den (Anlass-)Fall des Gebets erfahren soll, um darauf zu Gunsten des Betenden zu reagieren. Um die Gottheit zum Eingreifen zu bewegen, folgen diese Gebete einer dreiteiligen Argumentationsstruktur:[328] Zunächst rekapituliert das Gebet rückblickend die positive »gute alte Zeit«, der in einem nächsten Schritt die negativ geschilderte gegenwärtige Situation gegenübergestellt wird. Diese Unheilsituation wird im Argumentationsmuster auch dafür genutzt, um der Gottheit vor Augen zu führen, dass sie Schaden erleidet, wenn die Menschen aufgrund der negativen Umstände sich nicht mehr entsprechend um die Gottheit kümmern können. Schließlich wird die erwünschte zukünftige positive Situation genannt, die durch das Eingreifen der Gottheit hergestellt werden soll. Auf diese Weise wird die gegenwärtige unerwünschte Situation als Anlassfall des Gebets in einen größeren Kontext eingebettet. Die Darlegung dieses Anlasses – ausgedrückt durch das Verbum *arkuwai-* oder durch das Syntagma *arkuwar iya-* – ist das Charakteristikum der so genannten *arkuwar*-Gebete als persönliche Gebete. Der Begriff *arkuwar* ist mit lateinisch *argumentum* zu verbinden, wodurch diese persönlichen Gebete die Verbindlichkeit der Rechtssprache[329] erhalten, so dass man sich der Gottheit verpflichtet und diese dem Menschen gegenüber verpflichtet wird. Dieses gegenseitige Verhältnis drückt Muršili im Bild des Dieners und des Herren aus (KUB 14.8 Rs. 23'-25'): Wenn der Diener von einer Sache be-

326 Zu materiellen bzw. wirtschaftlichen Aspekten der Gaben, die in Gelübdetexten genannt werden, siehe de Roos 2007: 42–48; Hutter-Braunsar 2019: 57f.

327 Vgl. Daues/Rieken 2018: 22–25, 137–141.

328 Torri 2019: 49f.

329 Singer 2002: 5; Mouton 2016a: 527.

drückt ist, so berichtet er diese seinem Herrn und dieser kümmert sich um den Diener. Genauso rechtfertigt sich der Betende vor seiner Gottheit für sein Tun, um dafür aber des göttlichen Beistandes sicher zu sein.

Diese Gebetsgattung ist – wie am Ende von Abschnitt C.3.3. bereits erwähnt – gegen Ende des 15. Jahrhunderts entstanden und als neues Genre zur weithin dominierenden Gebetsgattung geworden. Dadurch wurde die ältere Gattung *mugawar* in den Hintergrund gedrängt und möglicherweise verhindert, dass sich eine »hethitische« Hymnik als eigene Gattung entwickelt hat, da hymnische Elemente[330] in *arkuwar*-Gebete eingebettet werden konnten. Obwohl hethitische Gebete literarische Formen sind und als »Texte« überliefert wurden, sind sie wohl kaum isoliert nur als Wort-Kommunikation mit den Gottheiten vorgetragen worden, sondern die Rezitation der Gebetstexte geschah in einem rituellen Kontext, worauf später noch einzugehen sein wird.

Als »persönliche« Gebete stammen alle *arkuwar*-Gebete – abgesehen vom Gebet des Prinzen und Priesters Kantuzili (CTH 373) – von einem König oder einer Königin der Großreichszeit.[331] Im ältesten Gebet an den Sonnengott (CTH 374) ist der Beter ein nicht namentlich genannter König. Mit individuellen königlichen Betern sind folgende Gebete verbunden: das Gebet des Königspaars Arnuwanda und Ašmunikal an die Sonnengöttin von Arinna (CTH 375); das Gebet Muršilis II. an die Sonnengöttin von Arinna (CTH 376) und sein ähnliches, aber kürzeres Gebet an Telipinu (CTH 377); die so genannten Pestgebete dieses Herrschers (CTH 378) und sein Gebet für die Genesung seiner Tochter Gaššuliyawiya (CTH 380); Muwatallis Gebet an die Götterversammlung (CTH 381) sowie sein Gebet an den Wettergott von Kummanni (CTH 382); an die Sonnengöttin von Arinna richtet sich ein gemeinsames Gebet von Ḫattušili III. und Puduḫepa (CTH 383) sowie ein Gebet der Königin alleine (CTH 384). In einer detaillierten Untersuchung zu Struktur, Themen und Argumentationsgängen dieser Gebete haben Alexandra Daues und Elisabeth Rieken die Kenntnisse hethitischer Gebete wesentlich erweitert.[332] Dabei ist deutlich, dass die dominierenden Adressaten dieser Gebete fast immer die zentralen Gottheiten des hethitischen Staates sind, d. h. diese persönlichen Gebete des Königs und der Königin geben detaillierten Einblick in die Öffentlichkeit von Religion zu Gunsten des Staates, aber erlauben keine direkten Rückschlüsse auf die »persönliche Frömmigkeit« der Herrscher oder das »Gebetsleben« der allgemeinen Bevölkerung. Dies belegen auch manche in diesen Gebeten angesprochene Themen, die die staatliche Perspektive widerspiegeln, so dass die Gebete einerseits Quellen zur Geschichte des Hethiterreiches sind, andererseits aber auch die Verpflichtung des Königs gegen-

330 Vgl. dazu schon Hutter 2011: 121–123 sowie Daues/Rieken 2018: 160–164.

331 Daues/Rieken 2018: 15; vgl. Singer 2002: 14.

332 Daues/Rieken 2018: 33–96 (Struktur der einzelnen Texte), 127–392 (Analyse der einzelnen Strukturelemente sowie Detailkommentierung zum Gebetsablauf von CTH 372, 373, 376, 378, 381, 383, 384); 320–443 (Übersetzung). – Dass kaum Gebete von Šuppiluliuma I. und Tudḫaliya IV. – trotz deren relativ langer Regierungszeit – überliefert sind, ist wahrscheinlich genauso Zufall der Überlieferung wie bei anderen kürzer regierenden Königen.

über den Göttern und seinem Volk zeigt. Diese Verantwortung des Königs wird mehrfach thematisiert, wenn etwa die Götter um Schutz gegenüber der Bedrohung aus dem Kaškäer-Gebiet, aus Mittani oder Arzawa angerufen werden, wenn innenpolitische Spannungen oder die langandauernde Seuche zur Zeit Šuppiluliumas I. und Muršilis II. zur Sprache kommen. Lediglich bei den Gebetsbitten zur Stärkung der angeschlagenen Gesundheit Ḫattušilis kann man vielleicht – neben dem Hauptanliegen, durch die Stärkung des Königs auch den Staat zu stärken – ansatzweise ein persönliches Interesse Puduḫepas am »privaten« Wohlergehen ihres Gatten sehen.

3.3.2.1 Einbettung der Gebete in rituelle Kontexte

Ein oberflächlicher Blick erweckt den Eindruck, dass die Gebete nur vom Beter oder der Beterin selbst – ohne Vermittlung eines weiteren Kultakteurs – gesprochen würden. Allerdings gibt es in einigen Gebetstexten Hinweise darauf, dass die Gebete »für« den Klienten von einem Ritualakteur gesprochen werden konnten. Neben der grammatikalisch-strukturellen Beobachtung, dass die Götter in der 2. Person angesprochen werden, der Beter jedoch in der 1. Person Singular fungiert, nehmen manche Gebete auch mit der 3. Person Singular auf den Beter Bezug. Dieser formale Wechsel zeigt, dass man in manchen Fällen davon auszugehen hat, dass nicht der König oder die Königin selbst aktiv sind, sondern ein »professioneller« Kultspezialist diese Gebete spricht und dazugehörige Ritualhandlungen ausführt.[333] Denn die Hinwendung zur Gottheit ist nicht nur ein Verbalakt, sondern sie wird durch Gesten unterstützt: Der Beter verneigt sich vor der Gottheit, er kniet sich nieder, erhebt beide Hände in Gebetshaltung, winkelt den linken Arm an oder er betet auf dem Dach, um dadurch symbolischen Blickkontakt zu den Göttern zu haben.[334] Damit ist das Gebet mit rituellen Handlungen verbunden, wobei man vermuten kann, dass sich – umfangreiche – Gebete aus kurzen Segensbitten und -sprüchen für den König bzw. für das Königspaar entwickelt haben, die in Rituale eingebettet waren. War in dieser »Vorgeschichte« des Gebets dabei der Verbalakt gegenüber der Ritualhandlung untergeordnet, so verschiebt sich die Gewichtung, dass Gebete zwar weiterhin einen rituellen Kontext zeigen, aber der Sprechakt des Gebets gegenüber dem Ritualakt in den Vordergrund der Kommunikation mit den Gottheiten tritt. Da – wie erwähnt – das einzige »nicht-königliche« persönliche Gebet von Kantuzili stammt,

---

333 Vgl. Wilhelm 1994: 63f.; Daues/Rieken 2018: 19. Auch in jenen Fällen, in denen der König selbst der Sprecher ist, kann er sich der Hilfe eines lesekundigen Schreibers oder Liturgiefachmannes bedient haben, wie Daues/Rieken 2018: 18 erwägen: »Darüber wie der König den Vortrag der recht langen Texte mnemotechnisch bewältigt, gibt es keine Aussage, doch ist denkbar, dass ihm die Worte von einem lesekundigen Schreiber vorgesprochen wurden.«

334 Haas 2006: 263f.; Mouton 2016a: 526. Barsacchi 2020: 346–350 hat – über die Gebete hinausgehend – eine Reihe von Belegen aus Festliturgien und Reinigungsritualen zusammengestellt, die Kulthandlungen auf dem Dach für himmlische oder astrale Gottheiten nennen.

kann man erwägen, ob nicht Kantuzili als Priester und Ritualspezialist[335] trotz der »Gewichtung« des Wortes im persönlichen Gebet dafür Sorge getragen hat, dass auch die *arkuwar*-Gebete in einem rituellen Kontext verbleiben. Dieses Zusammenwirken von Gebet und Ritualhandlung ist bei mehreren Gebeten noch gut erkennbar.

Im Gebet an den Sonnengott (CTH 372) endet der erste Abschnitt nach der Anrede des Gottes und einer Hymne zu seiner Verherrlichung mit einer körperbezogenen Ritualistik, indem gesagt wird, dass sich der »Mensch« vor dem Gott verneigt (KUB 31.127+ i 12f.). Anscheinend ist dieser Teil des Gebets nicht vom Beter selbst gesprochen, da auf ihn als »Mensch« in der 3. Person Singular hingewiesen wird. Hier spricht kurz ein Kultakteur, der den Beter vor der Gottheit einführt, ehe jener selbst das Wort direkt an die Gottheit richtet, die mit der 2. Person Singular angesprochen wird. Im weiteren Verlauf des Gebets kommt es erneut zum »Rollenwechsel«, wenn der Kultakteur beim Sonnengott für den Beter interveniert:[336]

> Auch diesen (hier), deinen Diener unter den Menschen, unterstütze (du), Sonnengott! Dann opfert er (dir,) dem Sonnengott, Brot (und) Bier. Nimm ihn (als) deinen treuen Diener, Sonnengott, an die Hand! Welche Vier du, Sonnengott, angeschirrt hast, ihnen hat das Menschenkind hier Gerste hingeschüttet. Deine Vier sollen fressen! Und solange deine Vier die Gerste fressen: – du aber, Sonnengott, lebe! – Zu dir spricht der Mensch hier, dein Diener, ein Wort.

Danach wird in der »Gebets- und Ritualabfolge« wiederum der Beter selbst aktiv, wobei der zuvor gegebene Hinweis, dass der Beter den Pferden des Sonnengottes Gerste bereitet hat, auch eine Ritualhandlung parallel zum Gebet zeigt. D. h. dieses Gebet an den Sonnengott bezeugt eine Verbindung von »Handlung« und »Wort« in einer Form, die auch in Ritualtexten vorkommt.

Auch in einigen Gebeten Muršilis II. ist die Mitwirkung eines Kultakteurs als Vermittler des Gebets nicht zu übersehen, so zu Beginn des Gebets an die Sonnengöttin von Arinna (CTH 376), wo – trotz der Fragmentarität der ersten Zeilen – noch zu erkennen ist, dass der Kultakteur erwähnt, dass Muršili ihn geschickt hat, damit er vor der Göttin das Gebet des Königs rezitiert. Besser erhalten ist der vergleichbare Beginn in Muršilis Gebet an Telipinu (CTH 377), wo die – tägliche – rituelle Einbettung des Gebetes ausgedrückt ist:[337]

> [Diese] Tafel aber spricht der Tafelschreiber Tag für Tag zur Gottheit, [und] er rühmt die Gottheit. »Telipinu, erhabener (und) gewichtiger Gott, du. Es schickte mich Muršili. Der König, dein Diener, und die Königin, deine Dienerin, schickten (mich): ›Geh (und) rufe den Telipinu, unseren Herrn, unseren persönlichen Gott, herbei!‹«

---

335 Einige Ritualtexte werden ihm zugeschrieben: KUB 17.22 iv 1 (Fragment eines Festrituals aus Kizzuwatna); KUB 30.56 iii 7–9 (ein Inventartext, der ein Ritual Kantuzilis nennt); KUB 27.42 Rs. 27f. (ein hurritisches Ritual für das Königspaar).

336 KUB 31.127 i 49–57 (Daues/Rieken 2018: 342–345, Kolon 44–52); vgl. Singer 2002: 37. – Daues/Rieken 2018: 183–195, hier besonders 187f. heben bei ihrer Analyse der Struktur des Gebets diesen Wechsel hervor.

337 KUB 24.1+ i 1–7 (Daues/Rieken 2018: 364f., Kolon 1–6); vgl. Singer 2002: 54.

Auch der Kolophon (KUB 24.1+ iv 19–21) erwähnt, dass der »Tafelschreiber« für den König täglich die Herbeirufung Telipinus durchführt, wobei dies öffentlich unter Einbeziehung der »Versammlung« (*panku-*) geschieht. Möglicherweise obliegt auch beim so genannten 2. Pestgebet die Durchführung des Gebets einem Ritualspezialisten, der das Gebet vor dem Wettergott von Ḫatti und den anderen Göttern rezitiert (KUB 14.8 i 1–5). Eine Begründung dafür, dass ein Gebet von einem Ritualspezialisten für den Beter an die Götter vermitteln wird, könnte man darin sehen, dass auch Götter im Gebet angerufen werden können, damit sie das Gebet an eine andere Gottheit weitergeben, wie dies etwa in Puduḫepas Gebet an die Sonnengöttin von Arinna der Fall ist (CTH 384). Darin wendet sich die Königin an Lelwani, Zintuḫi, Mezzulla und den Wettergott von Zippalanda, damit diese die Worte der Königin an den Wettergott (des Himmels) und die Sonnengöttin von Arinna weitergeben mögen, so dass Ḫattušili gesundet. D. h. in diesem Gebet fungieren Götter als Vermittler des »irdischen« Gebets, was als Legitimation für Ritualakteure als Vermittler des Gebets für einen anderen Menschen gegolten haben mag.

Die Einbeziehung der »Öffentlichkeit« im Gebet an Telipinu und die Ritualhandlungen, die während des Gebets an den Sonnengott stattfinden, zeigen, dass diese Gebete in einen Ritualrahmen eingebettet waren.[338] Explizit wird dies auch bei einigen anderen Gebetstexten sichtbar, so beginnt das schon aus der Vor-Großreichszeit stammende Gebet CTH 371 an die Sonnengöttin der Erde mit einer Libation, ehe der Ritualspezialist das Gebet zu Gunsten des Königs rezitiert und die Göttin anruft.[339] Hervorzuheben ist auch ein Passus innerhalb des *arkuwar*-Gebets Muwatallis an die Götterversammlung. Nach einer langen Aufzählung von Opfern heißt es folgendermaßen:[340]

> Sobald er aber abschließt, die Dickbrote zu brechen, welche Worte (da) der Majestät auf dem Herzen (liegen), die legt sie (vor) den Göttern als Fall dar (*arkuwar* DÙ-zi). Sobald der Vortrag der Falldarlegung beendet ist: Danach bricht er drei weiße Dickbrote, eines davon rot, für die männlichen Götter aller Länder. Er schüttet Fettbrot (und) Grütze hin, gießt Honig (und) Feinöl aus, libiert einen Krug Wein. Danach aber bricht er drei weiße Dickbrote für die weiblichen Göttinnen aller Länder. Welchen er seinen Fall vorgelegt hat, schüttet er Fettbrot (und) Grütze auf die Dickbrote. Er gießt Honig und Feinöl aus.

Das Gebet erwähnt eingangs als Ort der Durchführung der mit dem Gebet verbundenen Opfer das Dach, um den Blick des Beters in Richtung der Gottheit zu wenden und so die kommunikative Funktion des Gebets zu verdeutlichen (KUB 6.45 i 4–9). Dass das Dach als passender Ort für ein Gebet angesehen wurde, zeigt bereits das althethitische Gebet CTH 385.10 an die Sonnengöttin von Arinna, das ebenfalls auf dem Dach des Tempels rezitiert wurde, nachdem der Kultakteur sich rituell gerei-

---

338 Vgl. dazu auch die kurzen Hinweise bei Singer 2002: 12f.; Mouton 2016a: 526; Daues/Rieken 2018: 19–21.

339 KBo 7.28+ i 1'-5' bei Singer 2002: 22.

340 KUB 6.45 iv 45–54 (Daues/Rieken 2018: 410f., Kolon 204–215); vgl. Singer 2002: 94. – Zur Struktur dieses Abschnitts und zum Verhältnis zu den Ritualhandlungen vgl. Daues/Rieken 2018: 80f., 265f. Zu den Opfern siehe ferner Singer 1996: 155–157.

nigt hatte. Solche Beispiele zeigen wiederum die enge Wechselwirkung von Gebeten mit Ritualhandlungen.

3.3.2.2 Gebete als Verpflichtung des Königs auf die Wahrheit

Da der königliche Beter seinen Fall vor die Götter bringt, um diese zum Eingreifen zu bewegen, wirft das in den Gebeten Berichtete die Frage auf, wie verlässlich die darin genannten Informationen sind. Diese Informationen beziehen sich dabei meist auf Ereignisse aus der Vorgeschichte des Gebetes, die einen Anlass für das Gebet darstellen. Als »persönliche Gebete« haben diese Texte – unabhängig davon, ob sie im Auftrag des Königs von einem Ritualspezialisten oder vom König selbst rezitiert werden – immer eine autobiographische Seite.[341] In seiner Apologie überliefert Ḫattušili ein kurzes Gebet bzw. einen an ein Gebet anklingenden Abschnitt, in dem er sein positives Verhalten beschreibt, weshalb seine Göttin sich immer um ihn gekümmert hat:[342]

> Wenn mich irgendwann Krankheit befiel, sah ich gerade als Kranker dabei der Gottheit gerechtes Walten. Die Gottheit, meine Herrin, hielt mich in jeder Situation an der Hand. Weil ich aber ein gerecht geleiteter Mann war, und weil ich vor den Göttern in gerechter Haltung wandelte, tat ich niemals eine böse Sache (nach Art) der Menschen. Du Gottheit, meine Herrin, nahmst mich aus allem und jedem (heraus), war es nicht (so)?

Man kann diesen kurzen Abschnitt mit Kantuzulis Gebet an den Sonnengott vergleichen, wenn Kantuzili darin betont, dass er durch das Wort des Gottes gesunden würde (KUB 30.10 Vs. 11'-19'). Genauso betont Kantuzili, dass er sich nie durch einen Meineid oder Diebstahl oder durch Missachtung von Reinheit verfehlt hat, d. h. Ḫattušili und Kantuzili beteuern in vergleichbarer Weise ihre Unschuld vor der Gottheit, wobei Ḫattušili eine »Bestätigung« seines rechten Verhaltens von Šauška von Šamuḫa durch seine direkte Frage an die Göttin erwartet. Solche Aussagen in den »autobiographischen« Abschnitten – sowohl in Ḫattušilis Apologie als auch in den königlichen Gebeten – sind dabei nicht nur für den König als Person relevant, sondern auch für ihn als Amtsträger und somit für die hethitische Gesellschaft. Dadurch sind die Gebete nicht nur Zeugnisse des »betenden« Königs bzw. der Königin, sondern zugleich Ausdruck der Religion des Staates. Dem entspricht, dass die in diesen Gebeten genannten Gottheiten zu den wichtigen Gottheiten der Großreichszeit gehören.

Als weiterer wichtiger Aspekt ist zu erwähnen, dass diese Gebetsgattung – anders als Hymnen – auch eine Rechtskomponente hat. Beispielsweise nennt Muršili den Vertragsbruch gegenüber Ägypten (KUB 14.8 Vs. 13'-19') als eine der Ursachen für die Seuche, an anderer Stelle auch den Bruch der Eidesverpflichtung, die die Großen des Landes mit Tudḫaliya dem Jüngeren geschlossen hatten, und die darauffolgende Ermordung dieses Tudḫaliya (KUB 14.14. Vs. 16–22). Solche rechtlichen Verfehlungen führen zum Zorn der Götter. Im Gegensatz dazu verweisen Arnuwan-

341 Für Details siehe Hutter 2012c: 667–669.

342 KUB 1.1 i 44–51 (Otten 1981: 6f.).

da und Ašmunikal in ihrem Gebet darauf, dass die Kaškäer die Vereinbarungen mit den Hethitern gebrochen haben (KUB 17.21 iv 11–19), so dass nunmehr die Götter verpflichtet seien, als Garanten des Rechts zugunsten des Königspaares und des Landes einzugreifen.[343]

In Bezug auf die historischen Aussagen der Gebete bedeutet dies, dass die Rechtskomponente den königlichen Beter stärker auf eine »historische Wahrheit« verpflichtet, als dies in manchen historiographischen Texten der Hethiter der Fall ist. I. Singer formuliert dies folgendermaßen:[344]

> Hittite prayers ... contain important, sometimes even singular historical information. ... In that respect, a confession in a prayer is a more reliable source than the usual genres of historiographic writing, in which emphasis is laid on success rather than failure, on praiseworthy deeds rather than contemptible transgressions.

Dieser Wahrheitsgehalt führt dazu, dass in den Gebeten betont wird, dass der Beter bzw. der Rezitator des Gebets das Berichtete selbst erlebt hat. Durch diesen Wahrheitsanspruch werden Gebete zu einem sinnstiftenden Element der kleinasiatischen Gesellschaft, wobei die in den Gebeten genannten konkreten Ereignisse prinzipiell in ähnlicher Weise erneut vorkommen können. Dadurch geben diese königlichen Gebete zugleich Einblick in »hethitische« Werte als normatives Element zur Gestaltung der Gesellschaft der Großreichszeit.

3.4 Religion im Lebenslauf – eine idealtypische Rekonstruktion

Welche Rolle Religion im Leben der allgemeinen Bevölkerung gespielt hat, ist nur durch vorsichtige Rückschlüsse aus den überlieferten Texten möglich, da die unterschiedlichen Textgattungen weitgehend auf den König bzw. das Königshaus fokussiert sind. Deshalb muss die hier versuchte idealtypische Rekonstruktion der Rolle von Religion während des Lebens einer Hethiterin oder eines Hethiters primär als eine an religionsphänomenologischen Typen orientierte Darstellung verstanden werden und nicht als eine historisch-biographische Darstellung. Dass für diese Rekonstruktion notwendigerweise Texte aus verschiedenen kulturellen Milieus herangezogen werden müssen, ist ausdrücklich als methodisches Vorgehen zu erwähnen.

Beginnend mit der Geburt erhoffte man göttlichen Beistand sowohl für die werdende Mutter als auch für das Kind. Ersteres ist dabei sprichwörtlich bekannt, wenn Puduḫepa in ihrem Gebet an die Sonnengöttin von Arinna zitiert:[345]

> Unter den Menschen haben sie folgendermaßen ein Sprichwort: »Der Frau des Gebärstuhls gibt die Gottheit nach.«

343 Siehe die Übersetzung der drei genannten Texte bei Daues/Rieken 2018: 380f., 370f., 332f. sowie bei Singer 2002: 58, 61f., 43.

344 Singer 2002: 16. Vgl. Hutter 2012c: 669–671.

345 KUB 21.27 ii 15f. (Daues/Rieken 2018: 434f., Kolon 61f.); vgl. Singer 2002: 103; Beckman 1983: 233.

Die Königin verwendet in ihrem *arkuwar*-Gebet dieses Sprichwort zwar als Argumentationshilfe dafür, dass die Göttin die Bitte der Königin zugunsten ihres Gatten erfüllt, aber als Sprichwort spiegelt die Aussage die allgemeine Erwartung des hilfreichen Eingreifens einer Gottheit bei der Geburt wider. Kamrušepa und Ḫannaḫanna (DINGIR.MAḪ) sind dabei jene Göttinnen, die in Geburtshilferitualen, mythologischen Anspielungen oder Vergleichen genannt werden, weil ihr Wirken oder Wohlwollen für den Geburtsvorgang als positiv erachtet wurde.[346] KUB 17.65 erwähnt daher, dass für DINGIR.MAḪ während der Schwangerschaft ein Monatsfest (Vs. 47: $EZEN_4$ ITU) und am Tag der Geburt das Fest der Geburt (Vs. 52: $EZEN_4$ *ḫaššantalliyaš*) gefeiert wurde. Mit Kamrušepa sind – entsprechend der luwischen Herkunft der Göttin – einige luwische Rituale verbunden, die sich auf die Schwangerschaft bzw. auf den Geburtsvorgang beziehen. Ein ebenfalls in solchen Lebenszusammenhängen mehrfach angerufener Gott ist der Mondgott Arma. Seine »Kompetenz« für diesen Bereich liegt darin begründet, dass man am wachsenden und abnehmenden Mond die Schwangerschaftsmonate zählen kann. In der so genannten Appu-Erzählung werden die Schwangerschaftsmonate exakt gezählt:[347]

> Die Gattin von Appu wurde schwanger: der 1. Monat, der 2. Monat, der 3. Monat, der 4. Monat, der 5. Monat, der 6. Monat, der 7. Monat, der 8. Monat, der 9. Monat verging und der 10. Monat trat ein. Und die Gattin von Appu gebar einen Sohn. Die Amme hob den Sohn hoch, und setzte ihn dem Appu auf die Knie.

Durch diesen Akt erkennt der Vater anscheinend das eigene Kind an und gibt ihm daran anschließend einen »passenden« Programm- oder Wunschnamen.[348]

> Er (Appu) gab ihm den »süßen« Namen »Schlecht«: »Da ihm meine väterlichen Götter den rechten Weg nicht einschlugen und den schlechten Weg hielten, soll ihm der Name ›Schlecht‹ sein.«
>
> Zum zweiten Mal dann wurde die Gattin von Appu schwanger. Der 10. Monat trat ein, und die Frau gebar einen Sohn. Die Amme hob den Sohn hoch, und er (Appu) gab ihm den Namen »Gerecht«: »Nun soll man ihn mit dem Namen ›Gerecht‹ nennen!«

Die Namensnennung durch den Vater zeigt, dass mit dem Namen eine Schicksalsbestimmung verbunden ist. Personennamen, die häufig mit einem theophoren Element gebildet werden, betten den Geburtsvorgang ebenfalls in einen religiösen

346 Vgl. Mouton 2008b: 34–36; Starke 1985: 204–208.

347 KUB 24.8+ iii 7–11 (Siegelová 1971: 10f.); vgl. Hoffner 1998: 84. – Die Zählung der Schwangerschaftsmonate kommt auch in anderen Erzählungen vor, so z. B. in KUB 24.7 iii 18', der Erzählung vom Sonnengott, der Kuh und dem Fischer, vgl. Hoffner 1998: 86. Auch die Hethitischen Gesetze rechnen mit 10 (Mond-)Monaten als Dauer der Schwangerschaft, vgl. §§ 17f.

348 KUB 24.8+ iii 13–28 (Siegelová 1971: 10f.); vgl. Hoffner 1998: 84. Siehe ferner die Szene der Namengebung im Ullikummi-Mythos KUB 33.93+ iii 11–20 (vgl. Hoffner 1998: 57f.), wenn das Kind auf den Schoß seines Vaters Kumarbi gesetzt wird und dieser dann den Programmnamen Ullikummi, »Zerstöre (die Stadt) Kummi«, ausspricht; siehe zum Namen Giorgieri 2001: 144f.; vgl. ferner Görke 2004: 210f.; Mouton 2008b: 77f.

Kontext ein. Somit beginnt das religiöse Leben mit dem Augenblick der Geburt, wie man aus Kantuzilis Gebet an den Sonnengott ableiten kann:[349]

> Mein Gott, was das betrifft, dass meine Mutter mich gebar: Du, mein Gott, zogst mich groß. Du, mein Gott, (bist) [mein Name] und meine (soziale) Bindung. Du, [mein Gott], hast mich mit guten Menschen verbunden.

Diesen im Gebet angesprochenen positiven Sozialbezug sollen auch Rituale gewährleisten, durch deren Durchführung schädigenden Mächten bei der Geburt kein Raum gegeben werden soll. Deshalb sind anlässlich einer Geburt Streit, Kampf, Zorn und (sonstige) Sünden zu unterlassen.[350] Genauso kann die Hebamme, die der Gebärenden zur Seite steht, psychologische Aufgaben erfüllen, um der Gebärenden verschiedene Ängste zu nehmen, indem sie eine »Beschwörung des Kreißens« (KBo 17.62+63 i 9'-13') rezitiert, um dadurch die Gebärende zu beruhigen. In Bezug auf das neugeborene Kind formuliert die Hebamme Segenswünsche, die das lange Leben des Kindes formulieren (KBo 17.62+63 iv 7'-12'), was sicherlich die Angst vor einem vorzeitigen Tod des Kindes aufgrund hoher Säuglingssterblichkeit zeigen dürfte.[351] Auch bringt die Hebamme dem Kind »Gutes«, wobei unterschieden wird, ob es sich um ein Mädchen oder einen Jungen handelt (KBo 17.62+63 iv 13'-18').

Über die »religiöse Erziehung« von Kindern oder einen Initiationsakt in die Religion wird in den Quellen nichts berichtet, so dass man nur vermuten kann, dass Kinder als Teil der Familie an den Hauskulten oder Festen teilnahmen und dadurch Grundkenntnisse religiöser Werte und Überlieferungen kennen lernten. Hinweise, die zeigen, dass Kultakteure – ähnlich wie andere Berufsgruppen – eine professionelle Ausbildung erfahren haben dürften, spiegeln jedoch nur Sonderfälle der Vermittlung von religiösen Kenntnissen wider. Solche beruflichen Qualifikationen lassen sich aus vereinzelten Informationen ableiten. Folgendes geht aus dem Beginn des Rituals einer gewissen Anniwiyani hervor:[352]

> Folgendermaßen (spricht) Anniwiyani, die Mutter des Armati, des Auguren, des Untergebenen des Hu(wa)rlu.

Da vom Auguren Huwarlu ein weiteres Ritual (CTH 398) stammt, kann man daraus eventuell folgendes »Ausbildungsverhältnis« erschließen: Anniwiyani, die in VBoT 24 wie eine ^{MUNUS}ŠU.GI agiert, obwohl dieser Titel nicht im Text genannt ist, hat als Ritualfachfrau ihren Sohn Armati grundsätzlich ausgebildet und ihn dadurch für eine »Spezialausbildung« als Augur beim Fachmann Huwarlu vorbereitet. Dass auch eine ^{MUNUS}ŠU.GI eine Ausbildung erfuhr, scheint aus der Bezeichnung ^{MUNUS}ŠU.GI TUR, die »junge/kleine ŠU.GI«, hervorzugehen, was auf eine

349 KUB 30.10 Vs. 6'-8' (Daues/Rieken 2018: 334f., Kolon 9–12); vgl. Singer 2002: 32.

350 KBo 17.65 Vs. 37–43, Beckman 1983: 136f., vgl. ebd. 164f. und Mouton 2008b: 117.

351 Siehe Lorenz 2013: 172. – Zur Rolle von Frauen im Kontext von Geburt siehe auch Collins 2016: 336.

352 VBoT 24 i 1f. (Bawanypeck 2005: 52f.); vgl. auch den gekürzten Kolophon VBoT 24 iv 32f., in dem nur Mutter und Sohn genannt sind. Zur Prosopographie der drei Namen siehe Bawanypeck 2005: 187f.

»Anfängerin« und eine erst lernende Ritualistin hinweisen könnte. Manche Ritualtexte, die einer ^{MUNUS}ŠU.GI als Verfasserin zugeschrieben werden, könnten dabei ebenfalls im Zusammenhang solcher Ausbildungsprozesse eine Rolle gespielt haben.[353] Dass auch Priester eine spezifische Ausbildung erfuhren, kann vielleicht aus einer Beobachtung des Königs als »Priester« abgeleitet werden. Von mehreren Königen wissen wir, dass sie zeitweilig als Priester einer Gottheit fungierten.[354] Bereits im Kindesalter wurde dabei Ḫattušili von seinem Vater der Göttin Šauška als Priester übergeben (KUB 1.1 i 13–19). Daraus lässt sich ableiten, dass die »Einübung« in ein Priesteramt frühzeitig beginnen konnte. Daneben ist in Festen mehrfach davon die Rede, dass der König als Priester »agiert«, allerdings zeigt sich, dass sich die Aufgabe des Königs darauf beschränkte, dass er die Speise- oder Trankopfer lediglich berührte oder seine Hand in Richtung der Opfergaben ausstreckte, während die konkrete Ritualhandlung von einem »professionellen« Kultakteur durchgeführt wurde, der aufgrund seiner Ausbildung das nötige Know-how hatte, wie ein Ritual durchzuführen ist.[355] Kombiniert man solche Angaben, so führt dies zu der Annahme, dass hethitische Priester und Kultakteure eine umfangreiche Ausbildung erfahren haben; Details darüber sind jedoch in den vorhandenen Textzeugnissen nicht überliefert. Dies zeigt somit, dass einzelne Hethiter und Hethiterinnen eine religiöse »Spezialausbildung« für ihre Berufstätigkeit erhalten haben, vergleichbar der Ausbildung für andere Berufe. Insofern spiegelt dies zwar Aspekte der Arbeitsteilung wider, sollte aber in Hinblick auf religiöses Wissen nicht für die allgemeine Bevölkerung generalisiert werden.

Religion spielte auch im Arbeitsalltag für einen Teil der Bevölkerung eine Rolle, wenn man berücksichtigt, dass einzelne Berufsgruppen besondere Götter für ihren Berufsstand verehrt haben. Charles Steitler hat zu diesem bislang kaum beachteten Thema einige wichtige Informationen gesammelt, die einige Nuancen religiöser Praktiken im Leben einzelner Personen aufzeigen.[356] Dabei konnte er zeigen, dass Ḫašamili jener Gott ist, dessen Verehrung unter Schmieden eine wichtige Rolle spielte, genauso wie die Göttin Maliya anscheinend eine von Lederarbeitern bevorzugte Gottheit war. Maliya, die enge Beziehungen zum Wasser aufweist, ist dabei aus praktischen Gründen für lederbearbeitende Handwerker eine nützliche Göttin, da die erfolgreiche Arbeit von der Notwendigkeit, genügend Wasser für den Produktionsprozess zur Verfügung zu haben, abhängig war. Die Göttin, die mit Wasser verbunden war, war daher eine geeignete Göttin, um die Bedürfnisse dieser Handwerker zu erfüllen. Allgemeinere Zusammenhänge zwischen der »beruflichen« Lebensgrundlage und dem religiösen Bereich lassen sich auch aus der »Instruktion für die Tempelbediensteten« ablesen. Wenn darin unter anderem vom Küchenper-

353 Vgl. auch Christiansen 2019: 56.

354 Vgl. Klinger 2002: 109. Für einige konkrete Beispiele siehe Taggar-Cohen 2006: 369–377.

355 Vgl. Klinger 2002: 110, wobei er zutreffend die Skepsis hinsichtlich der Rolle des Königs als »oberster Priester« im Hethiterreich formuliert, da diese wohl nur symbolischen Charakter hatte.

356 Steitler 2019b; zu Maliya siehe auch Gerçek 2020: 267f.

sonal der Götter, den Bauern, Rinderhirten (und) Schafhirten der Götter die Rede ist, zeigt dies, dass diese Bediensteten nicht zu den Kultakteuren gehörten, sondern ihre Arbeit in Verbindung mit einem Tempel als Wirtschaftseinrichtung ausübten – aber dadurch dennoch alltäglich mit »Religion« und der im Tempel verehrten (Haupt-)Gottheit in Berührung kamen. Die Einbettung dieser Personen in ein landwirtschaftliches Milieu der hethitischen Gesellschaft verbindet ihre Religionspraxis – aber auch diejenige anderer Teile der Bevölkerung – eng mit jenen agrarischen Festen, die vor allem als Herbst- und Frühjahrsfeste, aber auch als andere an jahreszeitlich-landwirtschaftlichen Aktivitäten orientierte Festen gefeiert wurden. Solche – lokalen – Feste spielten im religiösen Jahreslauf für den Einzelnen eine wohl nicht zu unterschätzende Rolle, weil bei diesen Festen des lokalen Kalenders die ganze lokale Bevölkerung[357] beteiligt war, viel stärker als dies bei den beiden an den »politischen Eliten« orientierten »Staatsfesten« *nuntarriyašḫa* und AN.TAḪ.ŠUM der Fall gewesen sein dürfte. Somit zeigt sich hinsichtlich der Rolle von Religion im Alltag der hethitischen Bevölkerung ein Zusammenhang mit der Lebensweise des Einzelnen.

Blickt man vom »Berufsleben« zum Familienleben, so muss die Frage unbeantwortet bleiben, inwiefern die Eheschließung als religiöser (und nicht nur als rechtlicher) Akt bei den Hethitern galt. Wenn man eine Aussage von Ḫattušili verallgemeinern darf, ist eine religiöse Konnotation bei der Eheschließung nicht völlig ausgeschlossen, wenn es in der Apologie des Herrschers heißt:[358]

> Da nahm ich (Ḫattušili) die Tochter des Pentipšarri, des Priesters, (namens) Puduḫepa auf Geheiß der Gottheit zur Ehe. Und wir hielten zusammen, und uns gab die Gottheit die Liebe des Gatten (und) der Gattin. Und wir bekamen Söhne und Töchter. Ferner erschien mir die Göttin, meine Herrin, im Traume (und sprach): »Mitsamt dem Haus tritt in meinen Dienst!« Da trat ich der Gottheit mitsamt meinem Hause in Dienstbarkeit. Und in das Haus, das wir uns geschaffen, da trat uns die Gottheit ein. Und unser Haus(wesen) machte (gute) Fortschritte; das war die Huld der Šauška, meiner Herrin.

Da jedoch Ḫattušilis Text seine beständige Unterstützung durch die Göttin erwähnt und zudem Puduḫepa die Tochter eines Priesters war, könnte die dem Anraten der Göttin zugeschriebene Eheschließung sich auch diesen kontextuellen Bezügen des Abschnittes verdanken und somit nicht grundsätzlich einen religiösen Grad der Eheschließung ausdrücken. Eine andere Textgruppe, die sich auf den Kult der luwischen Göttin Ḫuwaššanna bezieht, könnte jedoch auf ein Fest im Zusammenhang mit der Eheschließung hinweisen.[359] Die Bezeichnung $EZEN_4$ *ḫaššalli-*, das »Fest des (Gebär-)Stuhls«, würde dabei bereits auf die durch die Eheschließung erwünschten Kinder verweisen, so dass man die Erfüllung dieses Wunsches durch das Wohlwollen der Göttin erhofft. Eine Göttin des familiären Bereichs ist Ḫarištašši. Sie ist in manchen Texten eng mit den Vatersgottheiten verbunden, und der vom Namen

357 Cammarosano 2018: 155–157.

358 KUB 1.1 iii 1–8 (Otten 1981: 16f.).

359 Hutter 2013b: 181f.

der Göttin abgeleitete so genannte *ḫarištani*-Raum diente wohl zur Durchführung von Hauskulten.[360]

Mit der Eheschließung wird ein neues »Hauswesen« bzw. eine Familie begründet, wobei es Aufgabe des »Hausherrn« bzw. Familienoberhauptes ist, die Vatersgottheiten (oder Familiengötter) zu verehren und Hauskulte durchzuführen – als Teil der privaten religiösen Praxis im Alltag, unabhängig von den staatlichen Kulten. Dass die Vatersgottheiten auch im königlichen Kult eine Rolle spielen, ist nicht überraschend. Wichtiger im vorliegenden Zusammenhang ist jedoch, wie Susanne Görke deutlich gemacht hat, dass eine Anzahl von Belegen zur Verehrung der Vatersgottheiten nichts mit der königlichen Familie bzw. dem Staatskult zu tun haben.[361] Im Ritual des Papanigri (KBo 5.1), das zur Abwendung von einem Unheil im Zusammenhang mit einer bevorstehenden Geburt durchgeführt wird, werden im Verlauf der dazu ausgeführten Reinigungsriten fünf Götter bzw. Göttergruppen mit Opfern versorgt: Alitapara, die Götter der Stadt, die Vatersgottheiten, Teššub, Ḫebat. Nach der erfolgten Geburt wird den Vatersgottheiten am 4. Tag ein Schaf geopfert (ii 6–13) und nach der rituellen Reinigung der Eltern wird als erstes für diese Gottheiten ein Opfer dargebracht (iii 2–4) und erst danach für Teššub und Ḫebat. Dass die Vernachlässigung der Opfer für diese Gottheiten zu Krankheit führen kann, zeigt die Briefnotiz in Bezug auf einen gewissen Pazzu, der deswegen krank geworden ist, weil er von zu Hause abwesend die Vatersgottheiten nicht versorgen konnte (KBo 18.15 Vs. 4–10). Wie wichtig diese Gottheiten in der familiären religiösen Sicht waren, zeigt ferner die Namensgebung für die beiden Kinder Appus, deren Namen durch das gute bzw. schlechte Wirken dieser Götter für das Kind begründet werden (KUB 24.8+ iii 13–28), genauso wie einmal folgender Segenswunsch formuliert wird (KUB 45.20 ii 10'f.): »Mögen die Vatersgottheiten den kleinen und den großen Sohn beschützen!« Solche Stellen zeigen, dass die Verehrung und Versorgung dieser Gottheiten im Zentrum der religiösen Praxis in der Familie stand, wobei die Durchführung dieses »Hauskults« vor allem in den Händen des Hausherrn lag. Der Mittelpfeiler des Hauses, vor dem sich der Sitzplatz des Hausherrn befindet, war dabei ein Fokussierungspunkt des Hauses und des Hauskultes. Aus einem althethitischen Ritual (KBo 17.1 ii 34'f.) kann man anhand des Parallelismus von König und Königin mit dem Thron und dem Herd ableiten, dass der Herd der andere Mittelpunkt des Hauses war, für den die Hausherrin zuständig ist. Nach Ausweis des zweisprachigen hattisch-hethitischen Baurituals KBo 37.1 i 22–28 ist die Errichtung des Herdes eine zentrale Phase beim Bau eines neuen Hauses, wobei die hattische Göttin Kataḫzipuri bzw. die luwische Göttin Kamrušepa als diejenige genannt ist, die den eisernen Herd als Abschluss des Baus hinstellt.[362] In welchem Umfang im »privaten Haushalt« Opfer für die Familiengottheiten

360 Vgl. Hutter 2015b: 80–82.

361 Görke 2004: 209f.

362 Haas 1994: 250, 261 – Zu KBo 37.1 siehe Klinger 1996: 643f.; Schuster 2002: 158f. Kamrušepas Verbindung mit dem Herdfeuer könnte auch in KUB 17.8 iv das zentrale Thema sein, wenn die Göttin in einem Heilungsritual die Krankheit auf das Feuer überträgt und dadurch wieder das Wohlergehen des Patienten herstellt. Zur Rolle des Herdes bzw. des Mittelpfeilers des Hauses als Orte von Ritualhandlungen vgl. Popko 1978: 39f., 48–59; Haas 1994: 265–272.

oder Hausgottheiten durchgeführt wurden, lässt sich nicht im Detail feststellen. Aufschlussreich ist jedoch ein Hinweis in den Hethitischen Gesetzen (§§ 164f.):[363] Hier wird erwähnt, dass jemand in das Haus eines anderen geht und dort Streit anfängt, indem er das Opferbrot (^{NINDA}*ḫarši-*) oder das Opferweingefäß ($^{\text{GIŠ.GEŠTIN}}$*išpantuzzi-*) des Hausherrn öffnet, um den Opferwein in böswilliger Absicht zu vergießen und dadurch den Hauskult zu stören. Daher muss anschließend das Haus wieder gereinigt werden. Das Opferbrot und das Opferweingefäß bzw. der Opferwein sind Gegenstände, die auch bei zahlreichen Festritualen als wesentliche Zutaten für die Darbringung von Opfern genannt sind. Der Gesetzestext zeigt somit, dass im Hauskult »ähnliche« Opfer wie bei Festen zur Verehrung und Versorgung der Götter dargebracht wurden. Auch die so genannte »Kultvase« von İnandık, die in einem Wohnhaus gefunden wurde, belegt die Ausführung von Gussopfern im privaten Umfeld.

Zur Beseitigung von zwischenmenschlichen, psychologischen oder gesundheitlichen Problemen, die im Lebenslauf nicht vermeidbar sind, dienen zahlreiche therapeutische Rituale, die von Ritualspezialistinnen oder -spezialisten durchgeführt werden konnten. Dass dabei exakte Grenzen zwischen religiöser und medizinischer »Behandlung« nicht immer zu ziehen sind, zeigen jene Rituale, die durch einen ^{LÚ}A.ZU, einen »Arzt«, durchgeführt werden, um sowohl durch medizinischen als auch göttlichen Beistand das Wohlergehen einer Person wiederherzustellen. Dass Gesundheit auch im Alltag der Hethiter eine wichtige Rolle gespielt hat, zeigen – obgleich weitgehend stereotyp formuliert – Segenswünsche in Briefen; so schreibt ein Sohn seinen Eltern Folgendes:[364]

> Sprich zu meinem Herrn, meinem lieben Vater, und zu meiner Herrin, meiner lieben Mutter: So sagt Tarḫunmiya, dein Sohn: »Mit meinem Herrn soll alles gut sein. Die tausend Götter sollen euch am Leben erhalten. Und (ihre) Hände sollen sie in guter Weise um dich herum halten und dich beschützen. Sie sollen dir Leben, Gesundheit, Stärke, lange Jahre, die Liebe der Götter, die Freundlichkeit der Götter und die Freude der Seele geben. Was du von den Göttern wünschst, das sollen sie dir geben.«

Die Anrede an beide Elternteile und der Wunsch, dass beide von den Göttern am Leben erhalten werden sollen, ist besonders erwähnenswert, weil sonst häufig – wie auch bei den anderen Wünschen im Brief – nur der Vater in einem Brief angesprochen wird. Der Wunsch nach langen Jahren – als Folge der Gesundheit – ist auch in anderen Textsorten oft genannt.[365] Offensichtlich galt es als ideal, dass man Nachkommenschaft bis zu den Enkeln, viele Jahre und ein hohes Greisenalter erleben konnte (KBo 11.10 ii 27'-30'), auch wenn die Zusage einer Gottheit in einem Gelübdetext Puduḫepas, worin die Gottheit verspricht, dass Ḫattušili 100 Jahre alt

363 Siehe dazu den philologischen und sachlichen Kommentar von Hoffner 1997: 213–215.

364 HKM 81, 1–15; Hoffner 2009: 240f.; Lorenz 2013: 174. – Zu den Segenswünschen, die in Briefen immer wieder genannt werden, vgl. Hoffner 2009: 59–61. Siehe für solche Wünsche auch die ähnlichen Formulierungen in Ritualen, bei denen dieses Wohlergehen dem zu Behandelnden zugesprochen wird, z. B. bei Hutter 2003: 263; Kammenhuber 1985: 99.

365 Siehe dazu die umfassende Zusammenstellung und Diskussion der einschlägigen Stellen, die sich auf den Wunsch der Hethiter nach langem Leben beziehen, bei Lorenz 2013.

wird (KUB 16.1 iii 11'f.), nur symbolisch als Fülle seiner Lebensjahre und nicht als reale Lebenserwartung zu verstehen ist.

Der letzte religiöse Akt ist mit der Durchführung der Bestattung zu verknüpfen. Im Gebet des Priesters Kantuzili lesen wir die grundlegende Formulierung, die den Tod klar in den Lebenskreislauf einbindet:[366]

> Das Leben (ist) mir verbunden mit dem Tod. Der Tod aber (ist) mir auch mit dem Leben verbunden. Ein Kind der Sterblichkeit lebt aber nicht ewig. Die Tage seines Lebens (sind) gezählt.

Somit ist der Tod eine natürliche Erscheinung, die zum Leben gehört und dessen Eintritt keinen absoluten Endpunkt des Lebens darstellt. Allerdings trennt der Tod Körper und Seele, wobei der Zeitpunkt des Todes als »(Günstiger) Tag« (UD.SIG$_5$) bezeichnet werden kann, auch als »Tag des (eigenen) Geschicks« oder als »Tag der Mutter«.[367] Dies zeigt, dass der Tod als natürliches Ereignis wahrgenommen wurde, solange er zur günstigen Zeit eintritt und nicht durch den Zorn der Götter bewirkt wurde. Die Seele des Sterblichen, die den Weg ins Jenseits und zu den Ahnen finden muss, wird durch die Durchführung des Bestattungsrituals unterstützt. Texte aus Ḫattuša liefern dabei relativ gute Kenntnisse über den Verlauf des königlichen Totenrituals,[368] wobei diese Überlieferung jedoch nur sehr bedingt Aufschluss über den Umgang mit dem Tod unter der allgemeinen Bevölkerung gibt. So kann man nur vermuten, dass die Bestattung eines »gewöhnlichen« Menschen rituell wesentlich weniger aufwändig gewesen ist als das Totenritual für den König.[369] Der Ausgrabungsbefund des Friedhofs nördlich von Ḫattuša außerhalb der Stadtmauer in der Nähe des Felsens Osmankayası zeigt, dass dieser Bestattungsplatz zwischen dem 17. und 14. Jahrhundert genutzt wurde.[370] Diese Nekropole belegt das Nebeneinander von Brand- und Ganzkörperbestattungen, wobei Brandbestattungen häufiger vorkamen. Weder der archäologische Befund noch textliche Hinweise erlauben jedoch eine Interpretation, ob die beiden unterschiedlichen Bestattungsformen unterschiedliche religiöse, soziale oder ethnische Ursachen haben. Grabbeigaben sind in verhältnismäßig geringem Umfang erhalten, was darauf hindeutet, dass es sich wahrscheinlich um Bestattungen der durchschnittlichen Bevölkerung handelt; Tierknochen und Keramikfunde an diesem Bestattungsort verweisen jedoch auf die Durchführung von Opfern bei der Bestattung, um dadurch den Toten Speisen zu

---

366 KUB 30.10 Vs. 20f. (Daues/Rieken 2018: 336f., Kolon 34–37); vgl. Singer 2002: 32. Zu den folgenden Ausführungen siehe bereits Hutter 2013c: 168–170.

367 Vgl. Archi 2007: 190f.

368 Kassian/Korolëv/Sidel'tsev 2002; vgl. auch die ältere Edition von Otten 1958.

369 KUB 30.27 Vs. 1–6 gibt ein paar Hinweise auf ein anscheinend nur sieben Tage dauerndes Ritual im Zusammenhang mit dem Tod und ein zweites Ritual, das auf dieser Tafel überliefert ist (Vs. 7-Rs. 18), beschreibt die Behandlung der Gebeine des Toten, wobei dieses Ritual wenigstens fünf Tage dauert; vgl. Otten 1958: 98–101.

370 Vgl. zu diesem Gräberfeld Schachner 2011: 293–295; siehe auch Haas 1994: 234–237 und Taracha 2009: 166f. für einige weitere Gräberfelder aus dem 2. Jahrtausend, die ebenfalls das Nebeneinander unterschiedlicher Bestattungspraktiken erkennen lassen.

übergeben. Da in manchen Urnen auch die Überreste von zwei Individuen beigesetzt wurden – meist ein Erwachsener und ein Kind – kann man bezüglich des Jenseitsschicksals vermuten, dass die verwandtschaftlichen Beziehungen durch den Tod nicht beendet wurden. Daher dürfte auch die Bestattung der einfachen Bevölkerung dazu gedient haben, den Toten am »Tag der Mutter« in den Verband der Ahnen einzuführen, wenn der *patili*-Priester über den Verstorbenen sagt, dass die Mutter ihn bei der Hand genommen hat und ihn (ins Jenseits) begleitet (KUB 30.28+ Rs. 11f.). Somit kehrt der Tote zu seiner Mutter zurück, so dass durch den Tod die (groß-)familiären Bande nicht vollständig zerbrechen. Zugleich zeigt das Bild der »Mutter« aber auch den Kreislauf des individuellen Lebens von der Wiege bis zum Tod.

F Zum Weiterwirken religiöser Traditionen in der ersten Hälfte des 1. Jahrtausends

Nach dem Untergang des hethitischen Großreiches im frühen 12. Jahrhundert kam es zu wesentlichen Veränderungen in Anatolien. Von nun an fehlte eine zentrale politische Macht, so dass bis ins 8. Jahrhundert einzelne (Stadt-)Staaten die Verbindung zu den verschiedenen Traditionen des Hethiterreiches aufrechterhielten und beanspruchten, legitime Erben des Großreiches zu sein. Diese so genannten neo-hethitischen Staaten[1] bilden – im weitesten Sinn vergleichbar mit der Situation vor der althethitischen Zeit – einzelne Machtzentren in Anatolien. Damit setzte sich der Prozess der Dezentralisierung der Macht fort, der bereits unter den letzten Großkönigen von Ḫattuša begonnen hatte, indem neben der Dynastie des Großkönigs in Ḫattuša zumindest in Karkamiš und in Tarḫuntašša weitgehend selbstständige und fast nur noch nominell mit Ḫattuša verbundene Herrscher residierten. Somit führte der Untergang des Hethiterreiches in Kleinasien nicht zu »dunklen Jahrhunderten« der Geschichte, sondern zu einer Periode der Neustrukturierung politischer Verhältnisse, wovon vor allem vier geographische Areale unterschiedlich betroffen waren. Die schon in den letzten Jahrzehnten des Großreiches einsetzende Verschiebung der Schwerpunkte nach Tarḫuntašša und nach Karkamiš bereitete den Boden dafür vor, dass sich in diesen Gebieten ab dem 12. Jahrhundert verschiedene neo-hethitische (Stadt-)Staaten etablierten: Einerseits im Bereich von Tarḫuntašša und im nördlich davon angrenzenden Areal von Tabal, das ungefähr dem »Unteren Land« der Großreichszeit entspricht, andererseits im Raum der hethitischen Sekundogenitur Karkamiš sowie in den westlich und nördlich davon liegenden Gebieten von Kizzuwatna (östliches Kilikien), Gurgum (Maraş), Kummuḫu (Kommagene) und Melid. Diese verschiedenen (Klein-)Staaten[2] setzen religiöse Traditionen der hethitischen Großreichszeit fort, die im Folgenden als Ausdruck der Kontinuität vom 2. zum 1. Jahrtausend – trotz veränderter politischer Situation – darzustellen sind. Unberücksichtigt bleiben im Folgenden jedoch die nordsyrischen Bereiche wie Tell Tayinat, Ain Dara, W/Palastin,

---

1 Ich verwende im Folgenden diese Terminologie. Weit verbreitet sind auch die Begriffe »spät-hethitisch« oder »syro-hethitisch«, wobei in der Sekundärliteratur die drei Begriffe weitgehend austauschbar sind; vgl. Aro 2003: 281; Gilibert 2011: 2; Bryce 2012: 1f.

2 Aro 2003: 283 bezeichnet Tabal, Kilikien, Melid, Kummuḫu und Gurgum als luwische zentrale Gebiete, zählt aber neben Karkamiš auch Teile Nordsyriens dazu, vgl. ebd. 297f.

Ḫalab oder Hama.[3] Denn obwohl hieroglyphen-luwische Inschriften aus diesen Staaten vorliegen, heißt dies nicht, dass die Bevölkerung luwisch ist bzw. die Religionen anatolische bzw. hurritische Traditionen fortsetzen, die schon im hethitischen Großreich verbreitet waren. Denn religionsgeschichtlich sind diese nordsyrischen Gebiete eng mit älteren semitischen Traditionen bzw. mit der zunehmenden Bedeutung der Aramäer ab dem Ende des 2. Jahrtausends zu verbinden, auch wenn es kulturelle Wechselwirkungen zwischen dem syrischen und dem anatolischen Raum auch nach dem Zusammenbruch des Hethiterreiches gegeben hat.

Östlich von diesen so genannten »neo-hethitischen« Staaten etabliert sich ab dem 9. Jahrhundert Urartu als politische Größe, dessen westliche Ausdehnung bis ins Gebiet von Išuwa, Azzi und Ḫayaša der hethitischen Großreichszeit reicht und mit dem neo-hethitischen Staat Melid eine gemeinsame Grenze hat. Mit Urartu taucht eine neue politische und kulturelle Größe[4] auf, die jedoch – abgesehen von wenigen Berührungspunkten mit hurritischen religiösen Vorstellungen – kaum Verbindungen zur Religionsgeschichte des vorhin beschriebenen 2. Jahrtausends hat.

Im zentralanatolischen Raum innerhalb des Halysbogens und im westlich davon gelegenen Gebiet kommt es durch die Phryger zu größeren Veränderungen der religiösen Traditionen des 2. Jahrtausends, auch wenn die Phryger vereinzelte lokale Vorstellungen, die seit den Hethitern in diesem Raum bekannt waren, rezipiert haben.[5] Wie umfangreich die religiöse Kontinuität[6] zwischen den in der hethitischen Großreichszeit in Südwest- und Westanatolien gelegenen Lukka-Ländern bzw. den Gebieten von Arzawa und Mira einerseits und Lykien bzw. Lydien andererseits war, lässt sich schwer sagen, da – anders als auf dem Gebiet der neo-hethitischen Staaten mit den hieroglyphen-luwischen Inschriften – eine sehr große zeitliche Lücke zwischen der ohnehin spärlichen Überlieferung zu den religiösen Verhältnissen in diesem Raum in der Großreichszeit und den lykischen bzw. lydischen Inschriften klafft. Einzelne anatolische Traditionen, die in diesen Inschriften greifbar werden, deuten aber zumindest auf eigenständige religiöse Traditionen in diesen Gebieten, die nicht direkt mit den Überlieferungen des 2. Jahrtausends, wie wir sie aus hethitischen und keilschrift-luwischen Texten kennen, zu verbinden sind.

---

3 Simon 2020: 158–162 spricht bei diesen Staaten von »breakaway territories«, die von jenen Staaten zu unterscheiden sind, die im Umfeld des Herrschaftsbereiches von Karkamiš mit dem Anspruch bestehen, großkönigliche Traditionen des Hethiterreiches fortzusetzen. Dabei sind die Grenzen zwischen »aramäischen« und hluw. Kulturräumen im frühen 1. Jahrtausend durchlässig, siehe dazu den rezenten Überblick zu den entsprechenden Kleinstaaten im nordsyrisch-südostanatolischen Grenzgebiet durch Simon 2019a sowie Lemaire 2014: 319–322 für eine Besprechung der aramäischen Inschriften aus jenem Gebiet. Einen informativen Überblick zu den anatolisch-semitischen Kulturkontakten der Eisenzeit in Nordsyrien bietet Mazzoni 2000.

4 Vgl. für manche kulturelle und religiöse Aspekte Urartus die Ausführungen von Salvini 1995: 143–147, 151–158, 183–192.

5 Hutter 2006a: 91.

6 Siehe z. B. die vorsichtigen Erwägungen bei Kolb 2018: 694f. mit Literatur.

1 Tabal und das ehemalige »Untere Land«: Luwisches Kerngebiet im Kontakt mit zentralanatolischen und südwestanatolischen Nachbarn

Als luwisches Kerngebiet am Ende des 2. und zu Beginn des 1. Jahrtausends sind jene Gebiete zu betrachten, die im hethitischen Großreich ungefähr das Areal von Tarḫuntašša und das nördlich davon liegende Untere Land umfassten; letzteres wird nach der hethitischen Zeit als Tabal bezeichnet.[7] Im Wesentlichen bildet der Halys die Grenze zwischen Tabal und jenen Gebieten in Zentralanatolien, die nach dem Ende des Hethiterreiches Kaškäer und Phryger besiedelten, auch wenn sich anscheinend an einigen Stellen das tabaläische Gebiet nördlich über den Halys hinaus ausdehnte, wie einige dort gefundene hieroglyphen-luwische Inschriften (z. B. KARABURUN, ÇALAPVERDİ 1–2, KIRŞEHİR) zeigen. Im Südosten waren die Ebenen von Adana und Kilikien die Nachbarn, im Südwesten der lykische Raum. Dadurch bestehen Kontakte und materielle sowie kulturelle Austauschprozesse mit Phrygien und Lykien, den luwisch beeinflussten Gebieten in Südostanatolien sowie vereinzelt bis nach Urartu.[8] Für das Gebiet von Tabal und des ehemaligen Tarḫuntašša ist davon auszugehen, dass es – aufgrund der hier gefundenen hieroglyphen-luwischen Inschriften – einen relativ hohen Anteil von Luwiern an der Bevölkerung gegeben hat, was in den südöstlich daran anschließenden Staaten nicht so stark der Fall war.

Das Textkorpus aus diesem Raum umfasst eine ältere und eine jüngere Gruppe: Erstere sind die KARADAĞ-KIZILDAĞ-Inschriften, die schon bald nach dem Ende des hethitischen Großreiches zu datieren sind. Insbesondere König Hartapu und sein Vater Muršili, die beide die Titel »Großkönig« bzw. »Held« trugen,[9] zeigen – ähnlich wie dies auch bei den Herrschern von Karkamiš und Melid gesehen werden kann – den Anspruch auf das kulturelle und politische Erbe des hethitischen Königtums. Abgesehen von dem Namen des Wettergottes Tarḫunt (z. B. KIZILDAĞ 2; KARADAĞ 1 § 1) geben diese älteren Inschriften jedoch kaum Informationen über die religiösen Verhältnisse. Eine im Juni 2019 neu entdeckte Inschrift (TÜRKMEN-KARAHÖYÜK 1)[10] wirft nun weiteres Licht auf dieses westliche Herrschafts-

7 Zur Ausdehnung von Tabal und den wichtigsten Fundstätten siehe Hawkins 2000: 425f.; Bryce 2012: 43f.

8 Beispiele für solche Kontakte sind z. B. die Funde einiger altphrygischer Inschriften in Tuwana (vgl. Bryce 2012: 150) oder der kurzzeitige Vorstoß des urartäischen Herrschers Argišti I. bis Tabal sowie die Weihung eines Weingartens an seinen »Herrn« (vielleicht eine Wettergottgestalt) durch den Herrscher Išpuini, was eine Parallele zur Errichtung eines Kultplatzes für den »Wettergott des Weinbergs« in der Inschrift SULTANHAN wäre (vgl. Salvini 1995: 60, 184f.; Hutter-Braunsar 2009: 80, 85).

9 Siehe Hawkins 2000: 429, 437f.; Edition der Texte bei Hawkins 1995: 103–107; Ders. 2000: 433–442. – Vgl. zu Hartapu schon oben Abschnitt E.2.2.3.

10 Erstedition durch Goedegebuure et al. 2020: 30f.; vgl. http://www.hittitemonuments.com/turkmen/.

gebiet. Diese Inschrift stammt aufgrund paläographischer Beobachtungen erst aus dem frühen 8. Jahrhundert, nennt jedoch wiederum einen Großkönig Hartapu, Sohn eines Muršili. Einerseits ergibt sich daraus, dass in der lokalen Dynastie die beiden Namen Hartapu und Muršili mehrfach verwendet wurden, d. h. der Großkönig in TÜRKMEN-KARAHÖYÜK ist mindestens der zweite Herrscher dieses Namens; ferner erwähnt die Inschrift, dass Hartapu Phrygien – unter der damals gängigen Bezeichnung Muška in § 1: *mu-sà-ka*(REGIO) – erobert und 13 andere (Klein-)Könige unterwirft.[11] Unter letzteren kann man wohl lokale Fürsten im östlichen Tabal sehen; dass die Inschrift propagandistischen Wert hat, ist kaum zu bezweifeln, so dass man aus der »Eroberung« Phrygiens und der Besiegung der Kleinkönige sicherlich nicht auf eine flächendeckende Herrschaft schließen sollte. Allerdings könnte die rund 150 Kilometer entfernte Inschrift BURUNKAYA, in der ein Großkönig Hartapu ebenfalls von einem militärischen Erfolg berichtet, mit dieser – wohl zeitweiligen – Ostexpansion der Herrschaft der Hartapu-Dynastie zu verbinden sein.

Texte der jüngeren Gruppe aus Tabal[12] stammen erst aus der zweiten Hälfte des 8. Jahrhunderts, dazu gehören beispielsweise Inschriften, die mit der Dynastie des Warpallawa von Tuwana und mit der Dynastie des Tuwati und seines Sohnes Wasusarma verbunden sind; andere Texte stammen von nicht-königlichen Verfassern. Die Bleistreifen aus KULULU behandeln wirtschaftlich-administrative Inhalte. Der Aufstieg und die Expansionspolitik des neuassyrischen Reiches von der Mitte des 8. bis zum frühen 7. Jahrhundert, die die Unabhängigkeit der östlichen neo-hethitischen Staaten beenden, haben Tabal nicht direkt berührt. Allerdings haben die Kimmerier ab 714 zum Untergang dieser politischen Einheiten und zum Verschwinden der luwischen Schreibtradition beigetragen.[13] Die einzelnen lokalen politischen Einheiten sind dabei weitgehend unabhängig voneinander gewesen, weisen jedoch in religiöser Hinsicht Gemeinsamkeiten auf, so dass diese hier gemeinsam beschrieben werden.

1.1 Die Eigenständigkeit der Götterwelt

Die beiden Inschriften[14] ÇİFTLİK §§ 8–10 und KULULU 5 § 1, die beide aus dem 8. Jahrhundert stammen, nennen folgende Gottheiten in gleicher Reihenfolge. Auch wenn man darin nicht den Ausdruck eines »Staatspantheons« von Tabal sehen

11 Für die vorläufige historische Auswertung siehe Goedegebuure et al. 2020: 40–42; auch die Inschrift KIZILDAĞ 4 muss wegen der Erwähnung der Phryger (lies § 2c als *mu-sà-ka-na*(REGIO) gegenüber Hawkins 2000: 438 *ma-sà*(REGIO) AQUILA-*na*) ins 8. Jahrhundert datiert werden.

12 Vgl. für einen Überblick zur Geschichte dieser (Klein-)Königreiche Bryce 2012: 141–153. Edition der Texte durch Hawkins 2000: 443–531; vgl. auch Payne 2012: 54–59, 87f., 96–102, 105–108.

13 Hawkins 2000: 433.

14 Hawkins 2000: 449, 485.

sollte, haben die beiden Inschriften dennoch repräsentativen Charakter für die zentralen Gottheiten: Tarḫunt, Ḫebat, Ea, Kubaba, Šarruma, Alasuwa/Alanzuwa. Beide Götterlisten weisen einige interessante Eigenschaften hinsichtlich der Entwicklung des »luwischen« Pantheons in Tabal auf. Dass der Wettergott Tarḫunt als Erster in beiden Listen – aber auch in anderen Inschriften (AKSARAY §§ 2, 5; BOHÇA § 2; BULGARMADEN § 4) – genannt ist, ist nicht ungewöhnlich, da dies zweifellos eine Kontinuität der älteren luwischen Vorstellungen widerspiegelt. Daneben sind aber auch lokale oder spezifische Hypostasen dieses Wettergottes zu erwähnen: Warpallawa, der König von Tuwana, stiftete um 740 einen Weinberg für Tarḫunt des Weinbergs[15] (SULTANHAN § 2; İVRİZ 1 § 1; BOR §§ 3–4). Die Verehrung dieses Wettergottes durch den König ist auch auf den Felsreliefs von İvriz und von Ambardere dargestellt, wobei der Gott Trauben und Getreide hält.[16] Eine weitere lokale Ausprägung des Wettergottes ist in KULULU 1 § 5 als Tarḫunt des Gebirges genannt, eine Vorstellung, die bereits in luwischen Texten des 2. Jahrtausends (KUB 7.53+ i 58f.; KUB 9.34 i 11') aus dem Unteren Land bekannt ist. Tarḫunt ist in diesen Aufzählungen manchmal mit Ḫebat verbunden, so dass Matthieu Demanuelli betont, dass der hurritische Teššub in Tabal durch den luwischen Tarḫunt ersetzt wurde.[17] Mit dem hurritischen Milieu Ḫebats sind auch Šarruma und Alasuwa/Alanzuwa[18] (als hieroglyphen-luwische Entsprechung der älteren hurritischen Namensform Alanzu) zu verbinden. Die vier Gottheiten – Wettergott, Ḫebat, Šarruma und Alanzu[19] – sind in der Götterdarstellung der Großreichszeit in Yazılıkaya als Familie zusammengestellt, so dass hier möglicherweise diese Tradition kontinuierlich in Tabal weitergewirkt hat. Da diese vier Gottheiten aber auch in Kummuḫu um 800 in Götteraufzählungen nebeneinander genannt werden (ANCOZ 1 § 4; ANCOZ 9 § 2), ist es genauso möglich, dass dieser hurritische Einfluss von Kummuḫu nach Tabal gelangt ist. Dies scheint sogar der wahrscheinlichere Prozess, denn Kubaba, die in

15 Zu diesem Gott siehe Hutter 2003: 224; Demanuelli 2013: 104–110; Weeden 2018: 343f. sowie Ehringhaus 2014: 50–56, der eine ausführliche Beschreibung der beiden Reliefs liefert und auch darauf verweist, dass diese spezielle Erscheinungsform des Wettergottes funktional mit dem Gott Telipinu verglichen werden kann (ebd. 54). Dass es sich dabei jedoch nicht um eine Gleichsetzung, sondern nur um eine typologische Vergleichbarkeit handelt, zeigt auch die aus Zincirli stammende aramäische Katumuwa-Inschrift, die einen »Wettergott des Weinbergs« (aram. *hdd krmn*) nennt (Masson 2010: 53; D. Pardee in Herrmann/Schloen 2014: 47).

16 Siehe z. B. die Abb. bei Akurgal 1961: Abb. 140, XXIII; Aro 2003: Tf. XXVII–XXVIII; Ehringhaus 2014: 53f. Abb. 54–57, 57f. Abb. 62–64 und http://www.hittitemonuments.com/ivriz/.

17 Demanuelli 2013: 96.

18 Möglicherweise kann man auch die beiden – bislang in ihrer Lautung nicht geklärten – Namen von Gottheiten in TOPADA §§ 17, 30f., 36, 38 als logographische Schreibungen für Ḫebat ((DEUS)198-*sa*) und Alanzuwa ((DEUS)BOS.*206.PANIS-*sa*) interpretieren und beide Göttinnen als Partnerinnen mit den parallel dazu genannten Göttern Tarḫunt und Šarruma in der Inschrift verbinden.

19 Vgl. auch Popko 1995: 166 sowie Demanuelli 2013: 117–121 für die Rolle Šarrumas in Tabal. Zur Verbindung zwischen Ḫebat, Šarruma und Alanzu bereits im 2. Jahrtausend siehe Trémouille 1997: 189–193.

den Inschriften aus ÇİFTLİK und KULULU 5 ebenfalls in dieser Götteraufzählung aufgenommen wird, fehlt in Yazılıkaya, während sie jedoch in ANCOZ 1 genannt ist.

Kubaba kommt häufig in hieroglyphen-luwischen Texten aus Karkamiš und den anderen neo-hethitischen Staaten im Südosten Anatoliens vor. Ihre wichtige Funktion in Tabal illustriert neben den genannten Texten die Felsinschrift BULGARMADEN § 4, in der sie neben Tarḫunt genannt wird; in einer Reihe anderer Texte ist sie gemeinsam mit dem Mondgott von Harran in Fluchformeln genannt, damit sie – gemeinsam mit dem Mondgott – einen Übeltäter, der ein Monument zerstört oder eine Inschrift entfernt, bestrafen möge. (KAYSERİ §§ 11, 16; SULTANHAN §§ 31f.; KARABURUN §§ 10–12; BULGARMADEN §§ 5, 17).[20] Die Verehrung des Mondgottes von Harran,[21] dessen Kult bereits ab der Mitte des 2. Jahrtausends in Nordsyrien fest etabliert war, nahm im 9. Jahrhundert weiter zu und erreichte auch Anatolien, wo er anscheinend den luwischen Mondgott Arma an Bedeutung überflügelte.

Neben den Göttinnen Hebat, Alanzuwa und Kubaba ist noch eine namentlich nicht bekannte Göttin zu erwähnen. Anna Lanaro hat die Aufmerksamkeit auf ein Relief aus Tavşantepe, d. h. aus dem Gebiet von Tuwana im Süden Tabals, gelenkt, das sie mit Monumenten vergleicht, die Passübergänge oder besondere Straßenkreuzungen markieren und auch als kleine Open-Air-Kultstätten fungieren konnten.[22] Das Relief stellt eine sitzende Göttin dar, deren Sitz auf einem Löwen steht. Vor der Göttin steht ein deutlich kleiner dargestellter Adorant. Da das Relief keine direkte exakte Entsprechung zur Darstellung anderer Göttinnen auf zeitlich vergleichbaren Reliefs hat, bei denen eine Inschrift die Identifizierung der Göttin ermöglicht, kann der Name dieser Göttin nicht geklärt werden. In der rechten Hand hält die Göttin nach der Interpretation von Lanaro möglicherweise ein Ährenbündel; damit ist eventuell ein Bezug zu Getreide bzw. Ernte gegeben.[23] Sucht man im luwischen Raum nach einer solchen Getreidegöttin, so könnte man in dieser Göttin eventuell eine Darstellung Maliyas sehen, die in einem mittelhethitischen Text als »Mutter des Weins und des Getreides« bezeichnet wird. Die Stele mit dem Relief kann ins 9. Jahrhundert datiert werden, wobei Lanaro sogar ein eventuell noch höheres Alter für möglich hält.[24]

Eine deutliche Kontinuität vom 2. zum 1. Jahrtausend zeigt sich in Tabal jedoch in der Verehrung des »Hirsch-Gottes« Kurunta/Runtiya, wobei mehrere Inschriften ihn als Schutzgott der Flur vom Ende des 9. Jahrhunderts bis etwa ins letzte Drittel des 8. Jahrhunderts bezeugen. Einen der frühen Belege für diesen Gott liefert der Text der Altäre von EMİRGAZİ im Norden des Gebiets von Tarḫuntašša noch aus der Regierungszeit Tudḫaliyas IV. Dieser Schutzgott wird innerhalb der Segens-

---

20 Vgl. Hutter 2003: 272f.; Ders. 2017: 116.

21 Popko 1995: 166; Demanuelli 2013: 124f.

22 Lanaro 2015: 81f., 92. – Abb. ebd. 82 und http://www.hittitemonuments.com/tavsantepe/. Vgl. auch Aro 2003: 321.

23 Lanaro 2015: 85f. – Für Maliya in KUB 43.23 Rs. 49'-51' siehe Weeden 2018: 351; vgl. auch Hutter 2003: 231f.; Serangeli 2015: 382.

24 Vgl. Lanaro 2015: 88.

bzw. Fluchformeln genannt.[25] Nach bisheriger Kenntnis sind EMİRGAZİ und YALBURT die westlichsten Zeugnisse, in denen die Verehrung dieses luwischen Schutzgottes bezeugt ist, östlich davon, ebenfalls noch in Tabal, ist die Felsinschrift BULGARMADEN zu lokalisieren, in der der Jagderfolg dem Wohlwollen des Gottes Runtiya der Wildflur zugeschrieben wird (§ 7). Die weiteren Orte, an denen der Gott nachgewiesen werden kann, liegen außerhalb von Tabal, nämlich in den Gebieten von Gurgum, Melid und Kummuḫu. Auffallend ist dabei, dass der Gott in hieroglyphen-luwischen Inschriften aus Nordsyrien nicht bezeugt ist, so dass man aus dieser geographischen Verteilung ableiten kann, dass Runtiya wohl als genuin luwischer Gott interpretiert werden darf, der vielleicht in Tabal (bzw. im Unteren Land der hethitischen Großreichszeit) seinen Ursprung hat.[26]

Ausgehend von den hier skizzierten Beziehungen dieser Gottheiten in Tabal kann man als Zwischenresümee festhalten, dass zwar der luwische Wettergott Tarḫunt der wichtigste Gott war, jedoch mehrere Gottheiten aus dem hurritischen bzw. nordsyrischen Milieu – entweder über Kummuḫu oder Kilikien – ab dem 9. Jahrhundert neu eingeführt wurden. Als weitere wichtige Gottheiten für Tabal sind der luwischen Runtiya der Wildflur sowie eine weitere, namentlich uns bislang nicht sicher fassbare Göttin zu nennen.

1.2 Plätze der Kultausübung

Bisher sind im Gebiet von Tabal keine Tempelbauten eindeutig als solche identifiziert, was teilweise auch der geringen Zahl von systematischen Ausgrabungen in diesem Gebiet geschuldet ist.[27] Trotz dieses negativen Baubefundes gibt es jedoch einige Orte, an denen sicher kultische Handlungen durchgeführt wurden. Das eben erwähnte Relief der sitzenden Göttin aus Tavşantepe markiert einen Kultplatz, wobei auch verschiedene Felsreliefs – teilweise mit hieroglyphen-luwischen Inschriften – als Orte gelten können, an denen Kulthandlungen durchgeführt wurden. Ähnlich wie die Göttin Getreideähren trägt, hält auch der Wettergott des Weinbergs in İvriz, rund 12 Kilometer von der Stadt Ereğli entfernt, Ähren und Weintrauben in seiner Hand. Da sich das Relief neben einer Quelle befindet, liegt es nahe, auch dieses Relief – neben der repräsentativen Darstellung des Königs Warpallawa als

25 Hawkins 1995: 88f. §§ 26, 28, 35, 37 in der logographischen Schreibung CERVUS$_2$.DEUS.*463-*ti*.

26 Falls die geographische Bezeichnung Tabal entfernt mit dem in hethitischen Texten genannten Berg Tapala verbunden werden kann, so wäre beispielsweise auf Opfer für Kurunta (^{d}LAMMA) im Zusammenhang mit einem Frühjahrsfest auf diesem Berg hinzuweisen, bei dem der Schutzgott gemeinsam mit anderen luwischen Göttern genannt ist (KUB 20.48+ vi 7–9); der Berg Tapala ist auch in Texten, die zum Kult der luwischen Göttin Ḫuwaššanna von Ḫubešna gehören, in Verbindung mit luwischen Gottheiten genannt; d. h. solche Indizien erlauben daher die Herleitung dieses Schutzgottes der Wildflur aus dem (luwischen) Unteren Land; siehe zu den betreffenden Texten Archi 2004: 20 mit weiterer Literatur; vgl. ferner Hutter 2003: 273.

27 Vgl. Aro 2003: 306.

Adorant auf dem Relief – als Markierungspunkt für eine Kultstätte zu sehen. Rund 100 Meter südlich der Fassade dieses Reliefs befindet sich ein weiteres kleineres und anscheinend etwas älteres Relief: Ein Opfertier wird von einer Person geleitet und davor ist eine weitere Person dargestellt.[28] Das Bildprogramm stellt eine kleine Opferprozession dar, die auf einen Stufenaltar mit einer darauf befindlichen Opfergrube ausgerichtet ist. Auch wenn der archäologische Befund keine weiteren Rückschlüsse erlaubt, in welcher Form die Kulthandlungen an diesem Ort ausgeführt wurden und ob der Wettergott des Weingartens eventuell die Zielperson für diese Kulthandlungen war, ist der rituelle Kontext der Anlage unverkennbar.

Ein bedeutender Ort ist die Anlage vom Ende des 8. Jahrhunderts auf dem Göllüdağ auf einer Höhe von mehr als 2.000 Metern, in deren unmittelbarer Umgebung sich auch ein Kratersee befindet.[29] Aufgrund der Größe der Anlage hat es sich dabei um eine nicht unbedeutende Stadt gehandelt, umgeben von einer Mauer. Den Mittelpunkt des Fundortes bildet ein rechteckiger Gebäudekomplex (ca. 110 mal 260 Meter) mit einer eigenen Umfassungsmauer. Im Süden dieses Komplexes, der aus zahlreichen kleinen Häusern besteht, befindet sich ein Repräsentationsbau, dem ein Hof vorgelagert ist und der durch eine monumentale Toranlage betreten wird. Die Toranlage war durch Löwen- und Sphingenfiguren geschmückt. Da jedoch weder Reliefs oder Statuen von Göttern noch Inschriften gefunden wurden, bleibt die Deutung der Anlage umstritten, ob das Hauptbauwerk als Tempel oder lokaler Palast oder Verwaltungsbau zu charakterisieren ist. Eventuell ist – wie Wulf Schirmer andeutet – auch damit zu rechnen, dass die ganze Anlage ein umfangreicher Ort für zahlreiche Kulthandlungen – und nicht eine »profane« Stadt – gewesen sein könnte. Die gebirgige Lage und das Vorhandensein von Wasser im Kratersee entspricht nämlich phänomenologisch verschiedenen auf Bergen bzw. mit Wasser verbundenen Heiligtümern,[30] die schon in der hethitischen Zeit bekannt waren, die aber auch für die Verehrung von Gottheiten, die mit agrarischer Fruchtbarkeit verbunden sind, angemessen sind. Eine sichere Entscheidung über die Funktion der ganzen Anlage ist aber derzeit nicht möglich.

Ebenfalls mit Bergheiligtümern können die schon im Zusammenhang von Tarḫuntašša am Ende der hethitischen Großreichszeit genannten Anlagen auf dem Kızıldağ und Karadağ verbunden werden. Die Inschrift KIZILDAĞ 4 befindet sich links von einem so genannten Stufenaltar und nennt militärische Erfolge des Herrschers Hartapu durch die Unterstützung des Wettergottes (Tarḫunt) des Himmels und aller Götter.[31] Von dieser Anlage eröffnet sich der Blick zum Karadağ. In der

28 Vgl. die Abbildungen und Beschreibung bei Ehringhaus 2014: 57–60; für seine Vermutung, dass hier eine Evokation einer verschwundenen Gottheit stattfand, bietet das Fundensemble jedoch keine Argumente. Für Abbildungen der Anlage siehe auch http://www.hittitemonuments.com/ivriz/.

29 Schirmer 2002: 214–217; Aro 2003: 304 und Tf. VIII; vgl. auch http://www.hittitemonuments.com/golludag/.

30 Vgl. Schirmer 2002: 216; Lanaro 2015: 92. Zu Bergen in Verbindung mit Kultstätten in Tabal siehe allgemein auch Demanuelli 2013: 112–115.

31 Vgl. Ehringhaus 2014: 22–27; zur Inschrift siehe Hawkins 2000: 438, 440f.

Inschrift KARADAĞ 1 ist davon die Rede, dass Hartapu hier dem Wettergott des Himmels, dem Großen Berg (d. h. wohl dem Karadağ) und allen Göttern Verehrung darbringt.[32] Die Inschrift befindet sich seitlich eines Felsaufstiegs, der zur höchsten Erhöhung führt, auf der sich noch Reste einer byzantinischen Kapelle befinden. Man kann wohl zu Recht vermuten, dass diese Erhöhung im frühen 1. Jahrtausend ein luwisches Open-Air-Heiligtum für Tarḫunt und den vergöttlichen Berg war, worauf sich die Inschrift bezieht.

Neben solchen Open-Air-Heiligtümern sind abgesehen von der ungeklärten Deutung der Anlage auf dem Göllüdağ keine Tempelbauten archäologisch nachgewiesen, auch wenn hieroglyphen-luwische Inschriften manchmal von der Errichtung von Kultbauten sprechen. Über den Herrscher Tuwati berichtet die Inschrift ÇİFTLİK aus der Mitte des 8. Jahrhunderts,[33] dass er – als Diener des Tarḫunt – für die Gottheiten Bauten errichtet hat, was seine Vorfahren nicht getan hatten, und dass er dort Tarḫunt, Ḫebat, Ea, Kubaba, Šarruma und Alanzuwa »sitzen« ließ, d. h. sie als Gottheiten in diesen Bauwerken oder Kultschreinen installiert hat. Wahrscheinlich handelt auch KULULU 5 von der Errichtung von Bauten für diese Götter, wenn am Ende der Inschrift in der Segensformel demjenigen Wohlergehen versprochen wird, der diese »Häuser« beschützt.[34]

1.3 Kultaktivitäten

Relativ wenig ist über die kultischen Praktiken und Feste in Tabal bekannt, wobei diese schlechte Informationslage mit dem literarischen Genre der Mehrheit der Inschriften zusammenhängt, da es sich dabei nicht um Ritualtexte handelt. Daher werden Informationen über den Kult eher zufällig erwähnt. Ein gewisser Sariya wird in SUVASA B als »Priester Šarrumas« bezeichnet, wobei er noch weitere Titel erhält, allerdings geht daraus nichts über seine genauen Aufgaben als Priester hervor.

Einige Inschriften verweisen auf die Darbringung von Opfern, so beschreibt z. B. in der Mitte des 8. Jahrhunderts der Lokalherrscher Ruwa seine restaurative Tätigkeit mit der Herstellung von Häusern und der Wiederaufnahme der Verehrung des Wettergottes des Gebirges; in der Inschrift KULULU 1 §§ 5–6 heißt es:[35]

> Ich errichtete diesen Wettergott des Gebirges (*a+ra/i-ta-la-si-na* (DEUS)TONITRUS-*hu-u-za-na-'*) (als Stele) und ich werde ihm jährlich ein Rind und drei Schafe opfern.

Die Stele HİSARCIK 1 beschreibt die regelmäßige und zukünftige Darbringung von Gazellen als Opfer für den Berg Harhara (türk. Erciyes Dağ), dem neun Mal geopfert wurde und dem am »Neunten« des Jahres ebenfalls solche Tieropfer dargebracht werden sollen. Möglicherweise ist mit dem »Neunten« der Termin eines Festes zu

32 Vgl. Ehringhaus 2014: 28–31; zur Inschrift siehe Hawkins 2000: 438, 441.

33 Hawkins 2000: 449

34 Hawkins 2000: 486.

35 Hawkins 2000: 443; Payne 2012: 87.

Ehren des Berg(gott)es gemeint.[36] Vergleichbar damit ist scheinbar auch die sehr schlecht erhaltene Felsinschrift HİSARCIK 2, in der ähnliche Opfer für diesen Berg(gott) genannt sind. Auch in der Inschrift BULGARMADEN erwähnt der lokale Herrscher Tarḫunaza Opfer für die Gottheit des Muti-Berges.[37] Dieses Gebiet war Tarḫunaza von seinem Oberherrn Warpallawa übergeben worden, und Tarḫunt und Kubaba ließen das Gebiet gedeihen. Tarḫunaza verfügt dabei in dieser Inschrift, dass auch in Zukunft alle, die dieses Gebiet verwalten werden, seinen Göttern jährlich ein Schaf opfern sollen; dann werden die Götter des Muti-Berges ihnen Wohltaten erweisen. Wer dies aber nicht befolgt, dem droht die Fluchformel am Ende der Inschrift Strafen von Seiten Tarḫunts, des Mondgottes, Nikaruhas und Kubabas an. Wahrscheinlich ist bei den Gottheiten an die Personifizierung des Berges als Gottheit zu denken, wobei man den Berg Muti mit dem in einer Inschrift des assyrischen Königs Salmanassar III. aus dem Jahr 837 genannten Berg Muli gleichsetzen kann, den Salmanassar auf seinem Weg nach Tabal passierte.[38] Da bereits im Kult der Göttin Ḫuwaššanna von Hubešna im Unteren Land ein Gott Muli mehrfach genannt ist, kann man davon ausgehen, dass die Verehrung dieses vergöttlichten Berges Muli/Muti durch Luwier in diesem Gebiet von der hethitischen Zeit bis ins 8. Jahrhundert kontinuierlich Bestand hatte.

Obwohl die Angaben über kultische Praktiken aus den hieroglyphen-luwischen Inschriften nicht allzu umfangreich sind, ist an ihnen aufschlussreich, dass diese Opfer eng mit Kulten für vergöttlichte Berge verbunden sind. Dadurch bestätigen diese wenigen Inschriften jedoch indirekt die Bedeutung von Bergen als Kultstätten und als Open-Air-Heiligtümer, worauf im vorherigen Abschnitt hingewiesen wurde.

1.4 Religion als Faktor in der Gesellschaft

Die schon gelegentlich genannten Fluchformeln, die bei der Missachtung von Kultvorschriften, aber auch bei Verstößen gegen Wertvorstellungen wirksam werden sollen, zeigen, dass religiöse Vorstellungen auch das gesellschaftliche Miteinander betreffen. Göttliche Gunst gilt als Reaktion auf menschliches Verhalten, was auch in manchen Grabstelen inschriftlich thematisiert wird.[39] Die Inschrift[40] eines lokalen Herrschers namens Ruwa spiegelt dabei das luwische anthropologische Konzept wider, demzufolge ein Mensch aus dem Körper und der Seele besteht, die von den Göttern in die Person hineingesetzt wurde. Auch das Sozialverhalten gegenüber anderen wird als Wert genannt, da Ruwa betont, dass er für jeden wie ein Vater war und für jeden Gutes tat. Ähnlich erwähnt ein gewisser Ilali in seiner Grabstele seine Gerechtigkeit (KULULU 3), während der Autor der Bauinschrift ÇİFTLİK für

36 Siehe Hawkins 2000: 481f.

37 Vgl. den Text bei Hawkins 2000: 523; Payne 2012: 107f.; eine deutsche Übersetzung findet sich auch bei Ehringhaus 2014: 69.

38 Hutter 2003: 244, 273; siehe auch Hawkins 2000: 432; Ehringhaus 2014: 70

39 Siehe Hutter 2003: 274f.; vgl. Demanuelli 2013: 90–95.

40 KULULU 4 §§ 3f., 11f. bei Hawkins 2000: 445; Payne 2012: 50f.

seine Sorge um die Götter erwartet, dass sie ihm langes Leben geben mögen. Solche Hinweise lassen einen Zusammenhang zwischen »richtigem« innerweltlichem Verhalten und den damit verbundenen Konsequenzen, die die Götter daraus ziehen, erkennen

Mehrere Grabstelen gewähren Einblick in die Jenseitsvorstellungen, wenn etwa über Panuni gesagt wird, dass er gemeinsam mit dem Gott Šanta im Totenkult mit Speise und Trank versorgt wird.[41] Dieselbe Vorstellung ist sowohl in hieroglyphenluwischen als auch in aramäischen Inschriften aus Südostanatolien belegt.[42] Der verstorbene Vorfahre soll gemeinsam mit einer Gottheit Opferspeisen als Form des Totenkults von den Nachkommen erhalten. Diese Vorstellung veranschaulichen auch Grabstelen, die den Toten gemeinsam mit der Gottheit vor einem Opfertisch zeigen. Dominik Bonatz hat in seiner Studie dieser Grabmonumente deutlich gemacht, dass all diese Statuen und Stelen bezwecken, die kollektive Identität der Gemeinschaft zu bewahren – sei es die »politische Gemeinschaft« von Stadtstaaten und Dynastien oder die »private Gemeinschaft« einer Familie im Allgemeinen.[43] Die Luwier teilten diese Vorstellungen nicht nur mit ihren Zeitgenossen in Tabal, sondern auch in den südöstlich davon gelegenen neo-hethitischen Staaten.

2 Karkamiš und seine politischen Nachbarn: Kontinuität, Wandel und Wechselwirkung mit dem nordsyrischen Raum

Die im Süden und Südosten liegenden Staaten kann man als weiteren geographischen Raum gemeinsam betrachten, an erster Stelle Karkamiš und das nördlich davon gelegene Gebiet von Melid, ferner Kummuḫu, Gurgum und Kizzuwatna.[44] Wegen der geographischen Nähe stehen diese Stadtstaaten im regelmäßigen Kontakt zum nordsyrischen Raum mit der zunehmenden Verbreitung von Aramäern und Phönikiern ab dem Ende des 2. Jahrtausends, aber auch – im Weiterwirken der Situation seit der Mitte des 2. Jahrtausends – mit hurritischen Traditionen.[45] Mit der erstarkenden urartäischen Herrschaft in Ostanatolien bestehen ebenfalls politische und kulturelle Wechselwirkungen. Ab dem späten 9. Jahrhundert nehmen der assyrische politische Einfluss und militärische Expeditionen ins Gebiet dieser neo-

41 Hutter 2003: 27f. zu KULULU 2 § 3; vgl. Hawkins 2000: 488.

42 Hutter 1996b: 120 mit weiterer Literatur; vgl. auch Abschnitt F.2.4.

43 Bonatz 2000: 161–167.

44 Siehe für einen Überblick zur politischen Geschichte Bryce 2012: 83–128, 153–162, wobei neben den hluw. Quellen auch die assyrischen Quellen ausführlich berücksichtigt werden, sowie Simon 2020: 152–161.

45 Zutreffend verweist z. B. Novák 2014: 255 darauf, dass die Architektur der neo-hethitischen Staaten auch eng mit Aramäischem verbunden ist, wobei in Bezug auf Kultbauten zu bemerken ist, dass außer in Karkamiš diese auf jene neo-hethitischen Staaten beschränkt sind, die in Nordsyrien liegen.

hethitischen Staaten zu, so dass am Ende des 8. Jahrhunderts die politische Eigenständigkeit dieser anatolischen Staaten verloren geht.

Am umfangreichsten ist das Quellenmaterial aus Karkamiš und Umgebung.[46] Die Inschriften stammen zum größeren Teil aus dem Bereich des Königshauses, d. h. aus der Dynastie von Suhi (11./10. Jahrhundert), der Dynastie von Astiruwa (zweite Hälfte des 9. und 8. Jahrhunderts), aber auch von Privatpersonen. Die ältesten Traditionen von Karkamiš verknüpfen die lokale Herrschaft nicht nur mit der Tradition des hethitischen Vizekönigtums in diesem Zentrum am Eufrat, sondern weisen auch Beziehungen zu Melid auf, das anscheinend im späten 12. und frühen 11. Jahrhundert unter der Herrschaft von Karkamiš steht, ehe sich Melid unter PUGNUS-mili I. politisch gegenüber Karkamiš emanzipieren kann.[47] Weitere wichtige Inschriften (oft auf Grabstelen) stammen aus Maraş[48] aus dem 10. und 9. Jahrhundert, ferner aus Kummuḫu[49] und Kilikien.[50] Die phönikisch-luwischen Bilinguen KARATEPE und ÇİNEKÖY zeigen zugleich die Mehrsprachigkeit in diesem Raum mit der Verwendung von anatolischen und semitischen Sprachen. Daher ist – anders als in Tabal – wohl mit einer geringeren Verbreitung des Luwischen im Raum dieser Stadtstaaten zu rechnen, denn auch Sprecher des Phönikischen und Aramäischen gehören zur Bevölkerung, was die Möglichkeit zu einem intensiven kulturellen Austausch zwischen Luwiern und Nordwestsemiten in diesem Raum eröffnet.[51]

2.1 Die Eigenständigkeit der Götterwelt

Soweit die hieroglyphen-luwischen Inschriften der neo-hethitischen Staaten aus dem Umfeld des jeweiligen Herrscherhauses stammen, kann man davon ausgehen, dass die darin genannten Gottheiten als »Staatsgötter« bzw. als »Gottheiten des Königtums« gelten.[52] Dass dabei die einzelnen Staaten dieses Raumes aufgrund ihrer lokalen und religionspolitischen Bedingungen teilweise unterschiedliche Rangordnungen in der Götterwelt zeigen, ist nicht überraschend. Dabei drücken Herrscher ihre politische Legitimation auch dadurch aus, dass sie sich darauf beru-

---

46 Hawkins 2000: 80–223 nennt über 70 Inschriften bzw. Fragmente, die aus Karkamiš stammen; die Zahl hat sich inzwischen durch Neufunde (Marchetti 2014a: 127–136; Marchetti/Peker 2018) noch vermehrt. Vgl. für einige Inschriften auch Payne 2012: 45–47, 66–87.

47 Hawkins 2000: 286f. – Edition der Inschriften ebd. 289–329.

48 Hawkins 2000: 252–281; vgl. auch Payne 2012: 52–54.

49 Hawkins 2000: 334–360.

50 Hawkins 2000: 45–71; vgl. Payne 2012: 20–44.

51 Vgl. Hutter 1996b; Lemaire 2014. – Zwei Neufunde werfen zusätzliches neues Licht auf diese Mehrsprachigkeit: die 2008 gefundene aramäische Katumuwa-Inschrift (kurz nach der Mitte des 8. Jh.) aus Zincirli (vgl. Herrmann/Schloen 2014 für die ausführliche Darlegung zahlreicher mit dieser Inschrift verbundener Aspekte) und die 2006 gefundene hluw. Inschrift PANCARLI (10. oder frühes 9. Jh.) einen Kilometer von Zincirli entfernt (Herrmann/van den Hout/Beyazlar 2016).

52 Hutter-Braunsar 2006: 99–105 hat die einschlägigen Belege als Beispiele solcher Kontinuität in den hluw. Inschriften zutreffend zusammengestellt.

fen, dass die Götter sie beschützen und unterstützen – beginnend bei der Thronbesteigung über die allgemeine Hilfe bzw. Stärkung im Kampf bis hin zur Stärkung des Herrschers, indem eine Gottheit ihm besondere Gaben verleiht. Diese Vorstellung ist ein Kontinuum aus dem 2. Jahrtausend, wenn der hethitische König für manche militärischen Unternehmungen den Beistand der Götter betont hat.

An der Spitze der lokalen Panthea steht nach Ausweis der Quellen wohl immer der Wettergott. Jedoch ist zu betonen, dass man bei der logographischen Schreibung (DEUS)TONITRUS nicht immer an den luwischen Wettergott Tarḫunt denken sollte, sondern diese Schreibweise kann auch eine lokale Wettergottgestalt, den nordwestsemitischen Ba^{c}al oder den hurritischen Teššub bezeichnen. Deutlich ist dies in der zweisprachigen Inschrift von KARATEPE der Fall, wenn die hieroglyphen-luwische Version die Schreibung TONITRUS, die phönikische Version den Namen Ba^{c}al verwendet.[53] Ebenfalls vom luwischen Tarḫunt sind jene Schreibungen als (DEUS)TONITRUS fernzuhalten, die sich durch das geographische Epitheton auf den lokalen Wettergott von Karkamiš oder den semitischen Hadad als Wettergott von Aleppo beziehen.[54] Andere Stellen, an denen der Wettergott genannt ist, lassen hingegen an den hurritischen Teššub[55] denken. Dies ist meines Erachtens klar in einigen Götteraufzählungen der Fall. Auf das Pantheon der Kommagene (Kummuḫu) verweisen die Inschriften ANCOZ 9 § 2 bzw. ANCOZ 1 § 4, wo neben dem großen Wettergott des Himmels die hurritischen Gottheiten Ḫebat, Šarruma, Alanzuwa und eine bislang nicht näher identifizierbare Gottheit ((DEUS)CRUS+*MI*) genannt sind.[56] Eine andere Hierarchie hurritischer Gottheiten zeigt das lokale Pantheon von Melid aus der Zeit des Herrschers PUGNUS-mili wahrscheinlich noch vom Ende des 2. Jahrtausends oder vom Beginn des 1. Jahrtausends. Genealogisch ist PUGNUS-mili mit Kuzi-Teššub von Karkamiš verbunden, jedoch hat er sich gegenüber Karkamiš verselbstständigt, um sich selbst als legitimer Nachfolger des Hethiterreiches zu präsentieren, was er durch sein lokales »Staatspantheon« im Stadttorbereich mit einer Opferszene des Königs vor vier Gottheiten ausdrückte.[57] Der erste Gott ist der Wettergott Teššub – mit Krummsäbel, einer weit über die Schulter reichenden Haarpracht und einem kurzen Rock. Hinter ihm steht Šauška, die einen langen Rock trägt und eine Keule in der Hand hält. Danach folgt Teššubs

53 Siehe die einschlägigen Stellen bei Hawkins 2000: 48f. §§ I-III u.ö.

54 Vgl. z.B. KARKAMIŠ A11a § 11; KARKAMIŠ A2+3 §§ 3, 11, 15, 16; KARKAMIŠ A13d § 3; TELL AHMAR 5 § 3; KÖRKÜN § 5. – Vgl. ferner den Wettergott von POCULUM-*tà*(URBS) in den Inschriften KARAHÖYÜK § 1 (12. Jh.) und MALATYA 9 § 1 (11./10. Jh.), wobei der Ortsname bislang nicht identifiziert ist.

55 Deutlich zeigen dies auch die vier Personennamen, die nebeneinander in KARKAMIŠ A7 §§ 7–10 (Ende 9. Jh./Anfang 8. Jh.) genannt sind: *Ma-li-i*-TONITRUS-*pa-sá* (Mali-Teššub), *Á-sa-ti*-TONITRUS-*hu-za-sa* (Asti-Tarḫunt), *Tara/i-ní-ti-sa-pa-sá* (Tarni-Teššub) und *I-si-ka+ra/i-ti-sa-pa-sa* (Isikari-Teššub), vgl. Hawkins 2000: 129.

56 Hawkins 2013: 70f.

57 Für eine detaillierte Untersuchung dieses Reliefs und der damit verbundenen religionspolitischen Absicht PUGNUS-milis siehe Hutter 2004b: 386–388 und 394 (Abb. 11; MALATYA 11 nach Hawkins 2000: Tf. 151).

Bruder Tašmišu mit seiner Gattin Nabarbi. Für das lokale Pantheon PUGNUS-milis ist bei dieser Darstellung erwähnenswert, dass das Götterpaar Teššub und Šauška eine hurritisch-nordsyrische Vorstellung widerspiegelt, die in Ḫattuša in dieser Form nicht bekannt ist, was sicherlich die (religions-)politische Eigenständigkeit PUGNUS-milis gegenüber der Tradition von Karkamiš betonen soll. Unabhängig davon zeigt aber die von PUGNUS-mili favorisierte Götterwelt, dass die Schreibung (DEUS)TONITRUS nicht automatisch mit dem luwischen Tarḫunt gleichgesetzt werden sollte.[58] Dies gilt auch für die Götter, die PUGNUS-milis Sohn und Nachfolger Runtiya zu Beginn der Inschrift GÜRÜN § 1 nennt: Der große Wettergott ((MAGNUS.DEUS)TONITRUS) ist hier wohl ebenfalls als Teššub zu lesen, da ihm die große Göttin Ḫebat ((MAGNUS.DEUS)*hi-pa-tú*) und der große Gott Šarruma ((MAGNUS.DEUS)*SARMA*) in der Aufzählung der Götter folgen. Hervorzuheben ist dabei, dass Runtiya mit dieser Götterabfolge im Unterschied zu seinem Vater wieder jene theologische Gewichtung aufgreift, die die familiäre Verbindung der drei Gottheiten in der hurritischen Götterwelt der hethitischen Großreichszeit widerspiegelt.

Diese Differenzierung der Wettergötter in Inschriften aus Karkamiš und den benachbarten neo-hethitischen Staaten zeigt im Unterschied zur Situation in Tabal, dass der östliche Raum vielfältige Traditionen des hurritischen Milieus bewahrt hat, wie die vorhin schon in Verbindung mit Götterlisten aus Kummuḫu genannte Ḫebat mit ihrem Sohn Šarruma und Alanzuwa. Daneben finden sich in Kummuḫu noch weitere weniger bekannte Gottheiten wie Ikura und Tašku,[59] aber auch die »Herrin (*á-la/i*) Kubaba«, wobei das lange Zeit ungeklärte Epitheton *á-la/i-* als Wiedergabe des hurritischen Titel *allai-* »Herrin« zu deuten ist.[60] Kubaba scheint eine bereits zu Beginn des 2. Jahrtausends im nordsyrischen Raum beheimatete Göttin gewesen zu sein, die nach der Mitte des 2. Jahrtausends in Karkamiš anscheinend eine hervorragende Position im lokalen Pantheon dieser Stadt gewann.[61] Nach dem Zeugnis der hieroglyphen-luwischen Texte der ersten Jahrhunderte des 1. Jahrtausends bildet sie gemeinsam mit Karḫuḫa in dieser Stadt das dominierende Götterpaar, wobei der Titel »(göttliche) Königin des Landes« diese wichtige Stellung ebenfalls betont. Möglicherweise ist dieser Titel Kubabas auch auf die in der nordsyrischen Stadt Hamat verehrte Baᶜalat[62] übertragen worden, was ebenfalls auf die Bedeutung Kubabas in weiten Teilen Südostanatoliens und Nordsyriens verweist. Dass sie dabei in der recht umfangreichen Überlieferung aus Melid nur einmal auf einem Relief vom Ende des 10. Jahrhunderts gemeinsam mit Karḫuḫa dargestellt und inschriftlich genannt ist (MALATYA 13), könnte mit der Abgrenzung

58 Drei verschiedene Wettergötter sind auf Reliefs aus Melid dargestellt: Wettergott (MALATYA 8: (DEUS)TONITRUS); ein lokaler Wettergott (MALATYA 9: (DEUS)TONITRUS POCULUM-*tà*); der Wettergott von Melid (MALATYA 10: (DEUS)TONITRUS $MA_x.LI_x$(URBS)).

59 Hawkins 2013: 71; vgl. auch KAHTA 1 (Simon 2014: 247f.).

60 Hutter 2016: 30f.; Richter 2012: 12f.

61 Für die mehrschichtigen Verbreitungsstränge der Verehrung Kubabas siehe Hutter 2017: 113–117; vgl. auch Popko 1995: 167.

62 Der Name der Göttin Baᶜalat wird in HAMA 4 (Mitte 9. Jh.) in der hluw. Umschrift als *Paha-la-ti-* wiedergegeben, vgl. auch Hutter 1996b: 119.

der Herrscher von Melid gegenüber der politischen Dominanz von Karkamiš zu verbinden sein. Auch in Kummuḫu ist die Verehrung Kubabas wohl unabhängig von ihrer Verehrung in Karkamiš geschehen, wobei wahrscheinlich Kummuḫu als jenes Gebiet zu betrachten ist, aus dem sich die Verehrung Kubabas nach Tabal verbreitete.

In Karkamiš ist Karḫuḫa eng mit Kubaba verbunden. Neben der vollen syllabischen Schreibung (DEUS)*kar-hu-ha-sá* (z. B. KARKAMIŠ A11b § 9 u.ö.) verdienen die teilweise logographischen Schreibungen (DEUS)CERVUS$_2$+*ra/i-hu-ha* (KARKAMIŠ A11b § 18b) bzw. (DEUS.CERVUS$_2$)*kar-hu-ha-sa* (MALATYA 13) Beachtung. Diese Schreibweisen erlauben die inhaltliche Funktionsbestimmung, dass Karḫuḫa als Schutzgott zu interpretieren und als Typ mit dem Schutzgott Runtiya verglichen werden kann. Denn letzterer wird häufig mit dem Logogramm CERVUS bzw. CERVUS$_2$ geschrieben.[63] Die Verehrung des Schutzgottes Karḫuḫa zeigt eine Kontinuität der religiösen Vorstellungen in Karkamiš, da bereits im 14. Jahrhundert eine analoge logographische Schreibung des Gottes von Karkamiš bezeugt ist: Muršili II. beschreibt in den »Taten Šuppiluliumas« die militärischen Unternehmungen seines Vaters im Bereich von Karkamiš, wobei im Kontext der Eroberung der Stadt gesagt wird, dass Šuppiluliuma niemand zum Tempel der Kubaba und der Schutzgottheit (^{D}LAMMA) hinaufließ, um diese Heiligtümer zu plündern.[64] Der keilschriftlichen Graphie ^{D}LAMMA entspricht die hieroglyphische Schreibung (DEUS)CERVUS/CERVUS$_2$, so dass das Nebeneinander von Kubaba und Karḫuḫa ein seit langem existierendes Phänomen im lokalen Pantheon von Karkamiš darstellt, wobei jedoch beide Götter in der aus den hieroglyphen-luwischen Inschriften rekonstruierbaren Hierarchie dem Wettergott nachgeordnet wurden.[65]

Da im Zusammenhang mit Tabal schon erwähnt wurde, dass Runtiya wohl ein genuin luwischer Schutzgott ist, bleibt die Vergleichbarkeit zwischen Runtiya und Karḫuḫa auf ihren Charakter als Schutzgott beschränkt, ohne dass beide Götter miteinander identifiziert werden konnten. Runtiya als »Schutzgott der Wildflur« ist in mehreren Inschriften aus Ancoz bekannt, wobei er in den lokalen Götterlisten genannt wird.[66] Deutlichere Aussagen über den Kompetenzbereich liefern einige andere Inschriften. Sati-Runtiya versteht sich als Herrscher in Melid in der ersten Hälfte des 8. Jahrhunderts offensichtlich als Liebling dieses Gottes, den er eventuell als seinen persönlichen Schutzgott verstanden hat (ŞIRZI § 2) und dem er regelmäßige Kultlieferungen verspricht.[67] Die enge Verbindung zwischen dem Schutzgott der Flur und einem Herrscher kommt auch in MARAŞ 1 § 6 zum Ausdruck, wenn Halpa-Runtiya von Gurgum seine Herrschaft zwei Göttern verdankt, dem Sonnen-

63 Vgl. Hawkins 2000: 106f., 329.

64 KBo 5.6 iii 31–39, vgl. dazu schon oben E.2.2.5, wo auch darauf hingewiesen wurde, dass die syllabische Schreibung ^{D}*Kar-ḫu-ḫa* für den Namen bereits in hethitischen Texten des 14. Jh. belegt ist.

65 Vgl. die Reihenfolge Tarḫunt, Karḫuḫa und Kubaba mehrfach in Inschriften aus Karkamiš, z. B. KARKAMIŠ A12 § 3; KARKAMIŠ A11a § 7, 26; KARKAMIŠ A4a § 13; CEKKE § 24.

66 Vgl. Hawkins 2013: 71f.

67 Vgl. auch Ehringhaus 2014: 92f.

gott[68] des Rechtsstreits und dem Schutzgott der Wildflur. Dieser Schutzgott der Wildflur, der somit in mehreren Inschriften genannt ist, kann dabei zusammenfassend einerseits als Kontinuum religiöser Vorstellungen aus dem 2. Jahrtausend gelten, andererseits aber auch als »Import« aus jenen Gebieten, die in der Spätzeit des hethitischen Reiches luwisch geprägt waren.[69]

Rekapituliert man die Aussagen zur Götterwelt nochmals kurz, so zeigt sich in den östlichen neo-hethitischen Staaten insofern ein Unterschied zu den westlichen Staaten, als die zentralen Götter der lokalen Panthea in deutlich höherem Ausmaß mit dem hurritischen Milieu, das diesen Raum bereits seit der Mitte des 2. Jahrtausends geprägt hat, verbunden sind als mit den Gottheiten des luwischen Milieus. Genauso ist zu sehen, dass die religiösen Vorstellungen in diesen Staaten auch Beziehungen zum nordsyrischen semitischen Raum aufweisen, was in Tabal praktisch nicht der Fall war.

2.2 Plätze der Kultausübung

Ähnlich wie in Tabal sind in den südostanatolischen neo-hethitischen Staaten nur wenige Sakralbauten archäologisch entdeckt worden,[70] mit Sicherheit sind lediglich in Karkamiš Tempelbauten nachgewiesen. Letzteren Baubefund bestätigen einige inschriftliche Bezeugungen. Katuwa, der am Ende des 10. oder zu Beginn des 9. Jahrhunderts in Karkamiš regiert, berichtet in der Bauinschrift KARKAMIŠ A2+3, die auf zwei Tor-Orthostaten am Eingang zur Cella angebracht war, von der Errichtung eines Tempels für den Wettergott, der ihn in seinem Amt als Herrscher erhöht hat. Im weiteren Verlauf der Inschrift droht die Fluchformel denjenigen, die dem Tempel Schaden zufügen, unabhängig von ihrem sozialen Status als König, Landesherr oder Priester an, dass der Wettergott ihre Familie strafen möge. Dieser Tempel des Wettergottes lag in der Unterstadt von Karkamiš, wobei Katuwa den Tempel nicht neu errichtet, sondern lediglich den schon seit der hethitischen Zeit bestehenden Tempel restauriert und eventuell umgebaut hat. Hervorzuheben ist dabei der Fund einer 18,9 cm großen Bronzestatue des Wettergottes in der Cella.[71] Eventuell bezieht sich Katuwa auch in der Bauinschrift KARKAMIŠ A11a § 11–20 auf die Errichtung dieses Tempels, obwohl sie nicht im Bereich des Tempels des Wettergottes gefunden wurde. Der in beiden Inschriften verwendete Begriff DEUS.DOMUS bedeutet wörtlich lediglich »Gotteshaus«, d. h. wir haben es hier mit einer allgemeinen Bezeichnung für Tempel zu tun. KARKAMIŠ

68 So der ansprechende Ergänzungsvorschlag durch Hawkins 2000: 264.

69 Vgl. schon die Nennung des Gottes $CERVUS_2$.DEUS.*463-ti, wahrscheinlich als *(Ku)Runti(ya)* zu lesen, auf den so genannten EMİRGAZİ-Altären (vgl. Hawkins 1995: 88f., 98) bzw. mit der Schreibung (DEUS)$CERVUS_2$.[...] auf der YALBURT-Inschrift (Hawkins 1995: 70f.). Beide Texte stammen aus der Zeit Tudḫaliyas IV. und aus dem Bereich des Unteren Landes/Tarḫuntaššas.

70 Vgl. Aro 2003: 304–306; Novák 2014: 267f.

71 Siehe die Diskussion des archäologischen Befundes bei Marchetti 2016: 374–376 sowie die Abbildung der Wettergottstatue ebd. 394; vgl. auch Gilibert 2011: 50–52.

A11 liefert aber einige weitere Details hinsichtlich der Bautätigkeit:[72] Neben dem Tempel wird die Aufstellung von Orthostaten am Tor, die Einrichtung des *haristani*-Raumes als Kultraum für seine Gattin Ana sowie die Aufstellung einer Statue der »Seele des Suhi« an den Toren genannt. Die Erwähnung dieser Statue lässt vermuten, dass der *haristani*-Raum im Tempel-Kontext mit dem familiären Ahnenkult zu verbinden ist, da Suhi der (vergöttlichte) Vorfahre von Katuwa ist. – In einer weiteren Inschrift erwähnt Katuwa die Bautätigkeit hinsichtlich eines Tempels für Kubaba (KARKAMIŠ A23 § 6 + A26a1+2), der wahrscheinlich auf der Akropolis der Stadt lag. Auf diesen Tempel scheint sich auch die Inschrift KARKAMIŠ A31 des Herrschers Kamani (ca. um 790) zu beziehen, die durch ein 2015 neu gefundenes Anschlussstück zu Beginn ergänzt werden kann, das vor allem die Genealogie des Herrschers nennt.[73] Die Fundlage dieser Inschrift am nordwestlichen Abhang der Akropolis der Stadt legt dabei nahe, dass die Inschrift mit der Erwähnung des Kubaba-Tempels in unmittelbarem Zusammenhang mit dem Tempel steht. Die Errichtung eines weiteren Tempels nennt Yariri am Ende des 9. oder zu Beginn des 8. Jahrhunderts in seiner Inschrift KARKAMIŠ A15b § 10, die in sekundärer Fundlage westlich des Bereichs des Ḫilani-Gebäudes bei den Ausgrabungen im Jahr 1914 gefunden wurde. Weitere Ausgrabungen haben auch dieses Bauwerk als Tempel identifiziert,[74] der sogar größer war als der Tempel des Wettergottes. Welcher Gottheit dieser Tempel geweiht war, lässt sich bislang nur vermuten. Eine im Jahr 2012 gefundene Hundefigur als Votivgabe erlaubt möglicherweise eine Verbindung dieses Tempels mit der Gottheit Nikarawa,[75] von der es in der Fluchformel in KARKAMIŠ A6 § 31 heißt, dass deren Hunde den Kopf des Übeltäters fressen sollen. Nikarawa scheint eine alte nordsyrische Gottheit gewesen zu sein, deren Name nun auch in der 2008 gefundenen aramäischen Grabstele des Katumuwa aus Zincirli belegt ist, aber wohl auch mit der Gottheit Nikaruha aus Tabal (BULGARMADEN § 16; KAYSERİ § 8) gleichgesetzt werden kann. Die Identifizierung der im Tempel verehrten Gottheit wirft eine neue Frage auf, wie sich Yariris Zuschreibung des Tempels an die Gottheit der Stadt Harmana dazu verhält; dieser Ort ist bisher nicht lokalisierbar[76] und daher muss offen bleiben, ob man Nikarawa mit dieser Stadt verbinden kann. Zusammenfassend kann man sagen, dass sich somit für Karkamiš mindestens drei Tempel inschriftlich und archäologisch nachweisen lassen, wobei das Zusammenwirken zwischen den inschriftlichen und archäologischen Befunden auch die Zuschreibung der Tempel an einzelne Gottheiten ermöglicht.

---

72 Hutter 2015b: 82f.; siehe auch die Übersetzung der Inschrift bei Hawkins 2000: 95f.; Payne 2012: 66.

73 Siehe die Neu-Edition durch Marchetti/Peker 2018: 95f.; Hawkins 2000: 141f. ist dadurch zu aktualisieren.

74 Marchetti 2016: 378–382, vgl. auch Gilibert 2011: 53f. Die bei Novák 2014: 269 noch als unsicher bezeichnete Interpretation als Tempel ist nunmehr gesichert.

75 Marchetti 2016: 379; siehe auch die ausführliche Diskussion dieser Gottheit durch Hutter-Braunsar 2020: 519–528 mit weiterer Literatur. Zu Nikarawa in der Katumuwa-Inschrift (Herrmann/Schloen 2014: 45f.) siehe Masson 2010: 53.

76 Hawkins 2000: 132; auch die weitere Erwähnung des Ortsnamens in KULULU 5 § 1 hilft nicht für eine Lokalisierung.

An anderen Fundorten dieser neo-hethitischen Staaten fehlen bisher eindeutige architektonische Nachweise von Tempelbauten, aber einige weitere Fundstätten kann man als Open-Air-Heiligtümer deuten. Der schon oben genannte Sati-Runtiya, der Landesherr von Melid, hat in der ersten Hälfte des 8. Jahrhunderts die Felsinschrift ŞIRZI anfertigen lassen, in der die Errichtung eines *tarpamma/i-* der Wildflur für Runtiya, den Schutzgott der Wildflur, und die Durchführung eines Rituals für den Gott genannt ist.[77] Leider ist es bislang nicht möglich gewesen, das Wort *tarpamma/i-* genau zu deuten, doch ist wahrscheinlich, dass es sich dabei um einen Gegenstand bzw. eine Einrichtung handeln dürfte, die mit den Ritualhandlungen für den Gott verbunden ist.

Der eben erwähnte Schutzgott der Wildflur ist auf einer ca. 2 Meter mal 1,6 Meter großen geglätteten Felsfläche als Relief hoch über einer vom Karasu Çayı durchflossenen Schlucht im Grenzbereich zwischen Kummuḫu und dem zu Karkamiš gehörigen Gebiet dargestellt.[78] Der Gott steht dabei – nach rechts gerichtet – auf einem Hirsch und blickt somit in Richtung des Karasu-Flusses. Die schwer zugängliche Lage des Reliefs macht eine Deutung hinsichtlich der Verbindung des Reliefs mit kultischen Handlungen jedoch schwierig, auch wenn der Schutzgott der Wildflur mit unwegsamem Bergland verbunden werden konnte, wie z. B. die Inschrift ŞIRZI § 3 ausdrückt.

Auch wenn – im Vergleich mit Tabal – aus diesem östlichen Gebiet nur wenige Open-Air-Kultstätten bekannt sind, darf man daraus wahrscheinlich keinen Unterschied in Bezug auf eine religiöse Ablehnung solcher Freiluftheiligtümer ableiten, sondern der Unterschied verdankt sich eher dem Zufall der Überlieferung. Dies zeigt leider aber auch, dass unsere Kenntnis über die religiösen Verhältnisse in den neo-hethitischen Staaten an vielen Stellen sehr lückenhaft ist.

2.3 Kultaktivitäten

Aufgrund des Genres der Inschriften sind Informationen über kultische Aktivitäten nur beiläufig erwähnt, eine interessante Aussage liefert jedoch Yariri, der am Ende des 9. oder zu Beginn des 8. Jahrhunderts in Karkamiš die Regentschaft für den noch jungen Kamani ausgeübt hat. Auf einem Orthostatenrelief ließ sich Yariri darstellen, wobei er Kamani an der Hand geleitet. Hinter Yariri sind noch weitere Geschwister Kamanis abgebildet. In der auf dem Relief ebenfalls befindlichen Inschrift KARKAMIŠ A7a heißt es zu dieser Szene:[79]

> Dies ist Kamani und das sind seine jüngeren Brüder. Ich (d. h. Yariri) nahm ihn aber an der Hand und ich bestimmte ihn für den Tempel, während er (noch) ein Kind war.

---

77 Siehe die Übersetzung des Textes bei Hawkins 2000: 322f.; Ehringhaus 2014: 92f.

78 Eine ausführliche Beschreibung des Reliefs liefert Ehringhaus 2014: 95–101; vgl. Aro 2003: 334. Für Abbildungen siehe http://www.hittitemonuments.com/karasu/.

79 Siehe Hawkins 2000: 129 sowie die Abbildung des Reliefs und der Inschrift auf Tf. 31f.; vgl. Aro 2003: 315 und Tf. XIII.

Diese Aktion des Regenten Yariri kann mit jenen Vorgängen in der hethitischen Großreichszeit verglichen werden, wenn hochrangige Prinzen bzw. der vorgesehene Thronfolger als Priester in einem Tempel eingesetzt wurden, um durch dieses – möglicherweise nur weitgehend – symbolische Priesteramt für die Führungsrolle im Staat und die Mitwirkung im Staatskult vorbereitet zu werden, denn die Sorge für den Kult gehörte zu den Aufgaben eines Königs.[80] Genauso wird ein Sohn des Herrschers Suhi I. aus dem 11. Jahrhundert als Priester der Kubaba genannt (KARKAMIŠ A4b § 6) und Katuwa droht demjenigen, der den von ihm errichteten Tempel des Wettergotts zerstört, die Strafe des Wettergottes an – unabhängig vom Rang des Übeltäters, ob er ein König, ein Landesherr oder ein Priester wäre (KARKAMIŠ A2+3 §§ 13–15). Die parallele Nennung des »Priesters« mit einem König bzw. Landesherrn lässt auch bei diesem Priesteramt daran denken, dass es sich dabei um einen Angehörigen der politischen Oberschicht handeln könnte. In den anschließenden §§ 16f. werden vier Berufsgruppen genannt.[81] Diese als »Herren/Meister der Arbeitsmittel« bezeichneten Personen werden von Katuwa dem Tempel des Wettergottes übergeben. Die Deutung der vier Berufe ist problematisch und umstritten, möglicherweise darf man sie im weitesten Sinn als »Tempelpersonal« bezeichnen, so wie auch in hethitischer Zeit zu den »Tempelleuten« (vgl. oben E.2.4. zu CTH 264) neben »Priestern« u. a. Bäcker, Hirten, Bauern gehört haben.

Auch auf Reliefdarstellungen auf Orthostaten sind verschiedene Personen abgebildet, die Aktivitäten im Kult ausüben. Mehrfach ist der König dargestellt, der Gottheiten ein Gussopfer darbringt, genauso lassen sich einzelne Personen als Träger von Opfergaben identifizieren oder eine Person treibt ein Opfertier herbei.[82] Ferner gehören zu den im Kult aktiven Personen verschiedene Musikanten und Musikantinnen[83] und eventuell darf man auch Frauen, die auf Reliefs aus Karkamiš in ähnlicher Weise wie die Göttin Kubaba gekleidet sind, als Personen interpretieren, die in kultische Aktivitäten für Kubaba involviert sind.[84] All solche Darstellungen bleiben jedoch hinsichtlich ihrer Deutung allgemein, d. h. Details für kultische Praktiken lassen sich daraus leider nicht ableiten. Interessant an diesen Abbildungen ist jedoch, dass sie teilweise die »Öffentlichkeit« von religiösen Praktiken erschließen lassen.[85] Opferze-

---

80 Vgl. Hutter-Braunsar 2006: 108f.; siehe auch Gilibert 2011: 48f.

81 Siehe Hawkins 2000: 109; Payne 2012: 75. – Simon 2019b hat jüngst versucht, diese vier Berufsgruppen als Handwerker im Tempelbereich näher zu identifizieren.

82 Z. B. auf dem Löwentor in Melid, siehe Aro 2003: Tf. X; Hawkins 2000: 147–151; Akurgal 1961: Abb. 104; http://www.hittitemonuments.com/arslantepe/. Beispiele aus Karkamiš bei Gilibert 2011: 160, 181f.

83 Siehe z. B. die Umzeichnungen von Musikszenen aus Karkamiš bei Schuol 2004: Tf. 11 Abb. 35f. (vgl. Alp 2000: 32f.); Gilibert 2011: 183f.; für ein Beispiel aus Maraş siehe Schuol 2004: Tf. 16 Abb. 47.

84 Siehe für Karkamiš z. B. Gilibert 2011, 181–183; Akurgal 1961: Abb. 114. Zu einigen Reliefs der Prozessionsstraße von Karkamiš siehe http://www.hittitemonuments.com/karkamis/.

85 Vgl. zur »ritual performance«, soweit sie sich aus Darstellungen auf Reliefs besonders in Karkamiš rekonstruieren lässt, Gilibert 2011: 97–114. Siehe ferner – beispielsweise für das Löwen-Tor in Melid als Platz von »ritual performance« – Mazzoni 1997: 310–313.

remonien im Bereich der Stadttore, die mit Orthostatenreliefs von Gottheiten geschmückt waren, sowie Abbildungen von Götterprozessionen lassen den Schluss zu, dass solche Abbildungen in Analogie zu Umzügen von Göttern, deren Statuen während der Feste die Tempel verlassen haben, zu sehen sind. Insofern zeigen solche Reliefs ein paar Aspekte von »sichtbarer Religion in der Öffentlichkeit«.

Weitere Rückschlüsse auf den Kult kann man aus einigen Begriffen gewinnen. Das Verbum *sarl(a)i-* »opfern« mit den beiden Ableitungen *sarlahid-* »Opferdarbringungen« und (LIBARE bzw. VITIS)*sarlata-* »Opfer« sowie das reduplizierte Verbum *sasarla-* »opfern« scheinen recht allgemeine Bezeichnungen zu sein, wobei die genauen semantischen Unterschiede zwischen dem Grundverb und den Ableitungen bislang nicht erkennbar sind. Das Wortfeld ist mit keilschrift-luwisch *šarl(a)i̯i-* »erheben, preisen« (mit Ableitungen) zu verbinden, wobei das Hieroglyphen-Luwische die Semantik zwar vom »Lobpreisen« auf die Opferhandlung verschiebt, aber dadurch das Opfer zugleich als eine Form des Lobpreisens der Gottheit versteht.[86] Dass mit *sarl(a)i-* kein spezieller Opfertyp bezeichnet wird, zeigt die Aussage in KARKAMIŠ A1a §§ 30–34. Wer mit Schafen zu tun hat, soll ein Schaf opfern, wer mit Brot zu tun hat, soll Brot und Gussopfer darbringen. Zwei weitere Begriffe sind zwar etymologisch mit dem keilschrift-luwischen Wort *ašḫar* »Blut« verbunden, scheinen aber ebenfalls keine spezifische Gattung eines »Blutopfers« zu bezeichnen, sondern ebenfalls nur »Opfer« im Allgemeinen. In KÖRKUN § 7 ist von einem Opfer (*ashanati-*) für den Wettergott von Aleppo die Rede. Nach einer Prozession mit Karḫuḫa und Kubaba und anderen Kulthandlungen, die im Zusammenhang mit der Errichtung des *haristani*-Kultraums durchgeführt werden, heißt es in der Inschrift KARKAMIŠ A11b+c §§ 18a-f folgendermaßen:[87]

> Als Opfer (*asharimi-*) gibt es dies für sie: für die Götter jährlich Brotopfer ((PANIS)*turpi-*); für Karḫuḫa ein Ochse und ein Schaf; für Kubaba ein Ochse und ein Schaf; für Sarku ein Schaf und ein *kutupili*-Jungschaf (?); für die männlichen Gottheiten ein Schaf; für die weiblichen Gottheiten ein Schaf.

Schafe und Rinder als Opfertiere sind dabei immer wieder im Zusammenhang mit verschiedenen Gottheiten aus diesem Raum genannt.[88] Dass auch andere Tiere für Opfer in Frage kommen, zeigt die Nennung einer Gazelle als Opfertier in ANCOZ 11 § 2.

Auch von Brotopfern ((PANIS)*turpi-*) ist in mehreren Inschriften die Rede (z. B. ARSUZ 2 § 23; KARKAMIŠ A4a § 1; KARKAMIŠ A11a § 12), wobei das hieroglyphen-luwi-

---

86 Vgl. Starke 1990: 539; Hutter 2019b: 250.

87 Hawkins 2000: 103; Payne 2012: 72; vgl. Hutter 2015b: 83. – Starke 1990: 556 interpretiert *asharimi-* als »blutig« und übersetzt: »Blutig ist ihnen (= Karḫuḫa und Kubaba) zusammen mit diesen Göttern das jährliche Speiseopfer«. Gegen diese Übersetzung spricht m. E., dass (PANIS)*turpi-* nicht zu »Speiseopfer« verallgemeinert werden sollte, sondern an vielen Stellen »Brotopfer« bedeutet.

88 Vgl. auch die aramäische Katumuwa-Inschrift (vgl. Herrmann/Schloen 2014: 45, 47; Masson 2010: 52f.), die zwar aus der Umgebung von Zincirli stammt, allerdings mit der Nennung des Wettergottes *qrpdl*, des Wettergottes des Weingartens, Kubabas und Nikarawas Gottheiten nennt, die auch in den verschiedenen hluw. Inschriften vorkommen.

sche Wort mit der »hethitischen« Gebäcksbezeichnung $^{(\mathrm{NINDA})}$*turuppa-* zu verbinden ist (z. B. KBo 15.10+ i 5). Sozialgeschichtlich interessant ist auch, dass in manchen Texten die Darbringung »nur« von Brotopfern den niedrigen sozialen (und wirtschaftlichen) Stand des Opfernden (vgl. z. B. ALEPPO 6 §§ 11f.; MALPINAR §§ 26f.; KARKAMIŠ A1a §§ 30–33) widerspiegelt, d. h. der materielle Wert eines Opfers – vergleichbar mit hethitischen Vorstellungen[89] – mit dem Status des Opfernden zusammenhängen kann.

Eine Besonderheit im Kult dieses Raumes sind Brandopfer.[90] Diese werden nur jeweils für einen speziellen Anlass durchgeführt, sei es die Neuerrichtung einer Statue einer Gottheit oder die Wiederaufnahme des Kultes nach der Restaurierung eines Tempels. Die jeweilige Einmaligkeit dieses Opfers wird auch dadurch deutlich, wenn der Kontext der Inschriften das Brandopfer den »regelmäßigen« oder »jährlichen« Opfern gegenüberstellt. Gut lässt sich dies bei der Inschrift auf dem Sockel der Vorderseite der Stele CEKKE §§ 4–6 sehen:[91]

> Für diesen Wettergott des Himmels verbrennen (*k[i-n]u-ti*) sie (d. h. Kamani und Sastura) ein Kalb. In Zukunft aber opfern ((LIBARE)*sa*$_5$+*ra/i-la-ti*) sie ein Rind und ein Schaf.

Für die inhaltliche Deutung ist besonders die Zeitangabe »in Zukunft« (POST+*ra/i-tá-pa-wa/i*) zu beachten. Dadurch ist offensichtlich eine Unterscheidung zwischen dem Brandopfer bei der Errichtung der Stele und den späteren regelmäßigen Opfern für den Wettergott ausgedrückt. Somit zeigen Brandopfer einen funktionellen Unterschied hinsichtlich des Zeitpunktes und des Anlasses gegenüber den »regelmäßigen« Opferdarbringungen bzw. Lobpreisungen der Gottheiten. Da Brandopfer in den Inschriften aus Tabal nicht vorkommen, ist es religionsgeschichtlich insofern aufschlussreich, als man daraus ableiten kann, dass es sich dabei um keine luwische religiöse Praxis handelt, sondern diese Brandopfer in der hurritisch-nordsyrischen Tradition stehen, die schon seit der Mitte des 2. Jahrtausends in Teilen des Kultes des Hethiterreiches rezipiert wurde[92] und die in Südostanatolien auch im 1. Jahrtausend weiterlebte.

2.4 Religion als Faktor in der Gesellschaft

Einige Grabinschriften und Grabstelen zeigen, dass verstorbene Herrscher Opfer(speisen) gleich wie eine Gottheit erhalten konnten. Daraus lässt sich ableiten, dass es einen dynastischen Ahnenkult gegeben hat. Inwieweit ein solcher Kult eventuell auch mit gesellschaftsstabilisierenden Totenritualen zur Sicherung der Thronfolge und der Stabilität im Staat – vergleichbar mit Praktiken der hethitischen Großreichszeit – verbunden war, geht aus den Quellen nicht direkt hervor, dürfte aber wahrscheinlich sein.

89 Hutter 2010: 403–405.

90 Siehe dazu im Detail Hutter 2019b: 247–252.

91 Text nach Hawkins 2000: 145; Payne 2012: 77. – Vgl. auch die ähnliche Differenzierung zwischen dem Brandopfer bei der Errichtung der Stele und den späteren »regelmäßigen« Opfern vor der Stele in MARAŞ 3 oder in MARAŞ 5 §§ 3–5.

92 Vgl. dazu z. B. Haas 1994: 661–664.

Opfer für verstorbene Herrscher sind mehrfach in Inschriften genannt[93] und die so genannten Speisetischszenen[94] auf Reliefs, die z. B. in Islahiye, aber auch in Gurgum gefunden wurden, zeigen die Verehrung der verstorbenen Herrscher. Die dargestellte Mahlszene bildet den Herrscher oft mit einer anderen Person ab, manchmal mit seiner Frau, gelegentlich scheint die zweite Person aber eine Gottheit zu sein. Somit zeigen solche Abbildungen wie auch die Erwähnung von Opfern nicht nur die Vorstellung, dass der Tote im Jenseits Nahrung braucht, sondern bedeutsam ist vielmehr der Aspekt, dass der Tote bzw. die Seele des Toten gemeinsam mit einer Gottheit isst und trinkt. KULULU 2 §§ 1–6 spiegelt dies gut wider:[95]

> Ich bin Panuni, der Höfling seiner Majestät. ... Ich starb in meinem Bett, um mit dem Gott Šanta zu essen und zu trinken. ... Wer mich stört, ob es ein Großer ist, oder ein einfacher Mann oder irgendein Mann, ihn sollen die Marwainzi-Gottheiten des Šanta angreifen.

Was hier von einem hochrangigen Höfling gesagt wird, gilt umso mehr für den Herrscher. Die aus der Nähe von Zincirli stammende Inschrift PANCARLI HÖYÜK nennt in §§ 4–5 ebenfalls Opfer und ein Totenmahl. Der fragmentarische Beginn der Inschrift auf dem Sockel einer nicht mehr erhaltenen Statue verhindert, den Herrscher zu identifizieren, dem dieser Totenkult galt. Es ist aber wahrscheinlich, dass es sich bei dem so verehrten Toten um einen Herrscher aus dem 10. Jahrhundert eines neohethitischen (Klein-)Staates im Gebiet des späteren Zincirli handelt.[96] In einer Inschrift aus der ersten Hälfte des 8. Jahrhunderts für einen Herrscher aus Zincirli mit dem luwischen Namen Panamuwa werden ebenfalls die Opfer für den toten König genannt, die von seinen Nachfolgern darzubringen sind. In dieser Inschrift im lokalen nordwestsemitischen Dialekt begegnet ebenfalls der Gedanke, dass die Seele des Toten im Jenseits mit dem aramäischen Wettergott Hadad essen und trinken möge.[97] Die Details für diese Kulte reichen zwar nicht aus, um Ritualabläufe zu rekonstruieren, aber es ist unschwer eine Kontinuität dieses Elements der religiösen Einbettung des Herrschers zu beobachten. Allerdings wird man in Rechnung stellen müssen,

---

93 Siehe die exemplarische Nennung von einschlägigen Stellen bei Hutter-Braunsar 2006: 107; weitere Beispiele sind u. a. PALANGA §§ 12–13; MALPINAR §§ 5–7, 25–26; KARKAMIŠ A1a §§ 28–33, was die weite Verbreitung dieser Vorstellung widerspiegelt.

94 Vgl. Bonatz 2000: 66–72; Akurgal 1961: Abb. 138; http://www.hittitemonuments.com/islahiye/.

95 Textgrundlage bei Hawkins 2000: 488.

96 Für die Übersetzung der nur teilweise erhaltenen Inschrift siehe Herrmann/van den Hout/Beyazlar 2016: 61 und für die Einbettung des Textes in die Früh- bzw. Vorgeschichte des späteren Staates Zincirli ebd. 65–68; zur Geschichte Zincirlis und zu den Beziehungen dieses Staates im 9. und 8. Jh. zu den benachbarten neo-hethitischen Staaten siehe Bryce 2012: 169–174; Simon 2019a: 134–136; Ders. 2020: 160f. mit weiterer Literatur.

97 Hutter 1996b: 120 zu KAI 214; siehe auch Herrmann/Schloen 2014: 58f. – Dass diese Vorstellungen jedoch nicht ausschließlich auf Herrscher beschränkt blieben, zeigt die aramäische Inschrift des Katumuwa, eines Dieners Panamuwas. In dieser Inschrift werden in paralleler Weise Opfer für verschiedene Götter und den toten Katumuwa genannt (siehe Herrmann/Schloen 2014: 45).

dass in dieser anatolisch-syrischen Schnittstelle auch Elemente syrischer königlicher Totenkulte des 2. Jahrtausends eingeflossen sind.[98]

Die genannten Inschriften zeigen, dass die Durchführung solcher Kulthandlungen zu Gunsten des Toten zu den Pflichten der Nachfahren gehört, und somit auch einen Familienbezug hat. Letzterer lässt sich ferner an einigen Inschriften beobachten, die sich auf verstorbene Frauen beziehen, die zu Lebzeiten als Ehefrau und Mutter für ihre Familie verdienstvoll gewirkt haben. Dies scheint ein wichtiger Grund dafür gewesen zu sein, dass sie über ihren Tod hinaus ein ehrendes Gedenken in der Familie erfahren.[99] Zumeist übernimmt der Sohn die Durchführung dieser Pflicht, seltener die Tochter bzw. der Ehemann. Somit entstehen über den Tod hinausgehende soziale Bande, wobei diese Bande besonders zwischen Frau und Mann bzw. Mutter und Kindern fassbar werden, wie sowohl Inschriften (z. B. MARAŞ 2 § 3; TİLSEVET § 5) als auch Abbildungen[100] auf Grabstelen zeigen. Auch wenn die Personen, deren soziale Stellung durch die Inschriften deutlich wird, der oberen Gesellschaftsschicht – aber nicht nur dem Herrscherhaus – angehören, zeigt sich dabei dennoch eine Vorstellung »privater« oder »allgemeiner« Religionsvorstellung, und nicht nur die eines Staatskultes. Dass zu diesen »Familienbezügen« auch der Wunsch nach langem Leben gehört, zeigt die Grabinschrift der Kupapiya:[101]

> Ich bin Kupapiya, die Frau des Taiti, des Helden des Landes W/Palastin. Aufgrund meiner Gerechtigkeit lebte ich hundert Jahre. Meine Kinder legten mich ... auf den Scheiterhaufen (?). Diese Stele ließen meine Enkel, Urenkel und Ur-Urenkel für mich [*errichten* ?]. ... Wer immer sie beschädigt, dem soll die (göttliche) Königin des Landes zürnen.

Der Topos des langen Lebens verdient – obgleich zweifellos ein allgemein menschlicher Wunsch – insofern Beachtung, als es sich dabei um einen Topos handelt, der seinen ursprünglichen Ort in luwischen Heilsformeln hat, die in Reinigungs- und Stärkungsritualen der luwischen Religion schon im 2. Jahrtausend vorgekommen sind.[102] Somit geben diese Grabstelen am Rande einen kleinen Einblick in Werte des familiären Lebens und der Gesellschaft als Ganzes.

3 Zentral- und (Süd-)Westanatolien

Im zentralanatolischen Raum tauchen bald nach dem Zusammenbruch der hethitischen Zentralmacht in diesem Gebiet die Phryger auf, die wohl noch im 13. Jahrhundert vom Balkan kommend in den Nordwesten Kleinasiens eingewandert und im 12. Jahrhundert anscheinend bis innerhalb des Halysbogens vorgedrungen sind,

98 Hutter 1996b: 120f.; Ders. 2013c: 177f.

99 Vgl. Bonatz 2000: 160.

100 Siehe die Abbildungen bei Bonatz 2000: Tf. XVIII-XIX, XXI-XXIII.

101 SHEIZAR §§ 1–7, Text modifiziert nach Hawkins 2000: 416f.; Payne 2012: 48–50. – Vgl. dazu schon Hutter 1996b: 121f. mit dem Hinweis auf die in der aramäischen Inschrift des Si'-Gabbar aus Nerab dokumentierte gleiche Vorstellung.

102 Hutter 2003: 263f. mit weiterer Literatur.

wie phrygische Architekturreste in Boğazkale und Kerkenes Dağ zeigen.[103] Dadurch sind Möglichkeiten kultureller Kontakte zwischen der nach der Hethiterzeit hier ansässigen einheimischen Bevölkerung und den aus dem Nordwesten Anatoliens kommenden Zuwanderern möglich.[104] In einem Gesamtbild von »phrygischer Kultur« müssen wir somit von einem Zusammenspiel des balkanischen »Erbes«, der anatolischen »Tradition« und der phrygischen »Neuerung« ausgehen. Genauso stehen Phryger im Westen und Süd(west)en ihres Raums in Wechselwirkung mit luwischen Fürstentümern in Tabal oder mit lykischen Herrschaftssitzen, haben aber auch Kontakt bis nach Karkamiš.[105] Das (religions)politische Zentrum des Phrygerreiches war Gordion (95 km westlich von Ankara) mit dem Gebiet um den Šaḫiriya-Fluss (türk. Sakarya) der Hethiterzeit, von wo aus anscheinend bis in die Konya-Ebene, vielleicht bis in den nordlykischen Bereich (politische) Beziehungen und Einfluss bestanden. Als weiterer zentraler Ort Phrygiens ist die »Kultstadt« Midasstadt (60 km nördlich von Afyonkarahisar) zu nennen. Obwohl Gordion im Jahr 696/95 oder 676 durch die Kimmerer zerstört wurde, bedeutete dies nicht das politische Ende des phrygischen Reiches, da archäologische Funde noch bis ins 6. Jahrhundert eine sehr große Ausdehnung des phrygischen Kulturraumes zeigen. Unklar ist aber bislang, ob dies durch eine Zentralregierung beherrscht wurde oder ob Lokalfürstentümer nur durch ein einigendes Kultur- und Sprachband zusammengehalten wurden. Auch wenn somit Phryger teilweise Traditionen, die aus der Religionsgeschichte der Hethiterzeit bekannt sind, aufgegriffen haben, stehen die phrygischen religiösen Vorstellungen[106] nicht in einer unmittelbaren Kontinuität zu den in den früheren Kapiteln beschriebenen religiösen Verhältnissen des Hethiterreiches, so dass darauf hier nicht mehr weiter systematisch einzugehen ist.

Innerhalb des Halysbogens dürften auch Gruppen der Kaškäer aus dem Norden nach dem Wegfall der hethitischen Herrschaft Fuß gefasst haben. Jürgen Seeher hat

103 Für einen kurzen Überblick zu Phrygien siehe Bryce 2012: 39–43 sowie Kealhofer/Grave 2011 für die archäologischen Befunde der Eisenzeit; vgl. auch Schachner 2011: 311f., 323; Wittke 2004: 230f. Für Kerkenes Dağ siehe auch die Abb. in https://www.phrygianmonuments.com/kerkenes/.

104 Vgl. Hutter 2006a: 80f.; ferner Wittke 2004: 243; Vassileva 2019: 26f; Chiai 2020: 94–98.

105 Hutter 2006a: 80. Vassileva 2019 bietet einen aktuellen Überblick zu den kulturellen Wechselwirkungen zwischen phrygischen und älteren anatolischen und nordsyrischen Traditionen; Rutherford 2020: 163–166 verweist dabei zutreffend auch darauf, dass viele Informationen zur phrygischen Kultur aus der griechischen Überlieferung stammen. Für zahlreiche Abb. phrygischer Fundstätten siehe https://www.phrygianmonuments.com/.

106 Popko 1995: 187–193 berücksichtigt Phrygien in seiner Beschreibung der kleinasiatischen Religionen im 1. Jt., geht aber kaum auf mögliche Verbindungen zur Religionswelt Anatoliens ein, wofür Hutter 2006a einige Beispiele zu Gottheiten und kultischen Praktiken aufzeigt. Strobel 2010 hat in einem umfangreichen Beitrag anhand der Königsideologie ebenfalls Beziehungen zwischen Vorstellungen der hethitischen Großreichszeit und phrygischen Vorstellungen festgestellt. Dass phrygische Kultpraktiken sich unterschiedlich entwickelt haben, zeigt Roller 2019 mit der Differenzierung hinsichtlich der religiösen Verhältnisse in Gordion und im phrygischen Hochland ab dem 9. Jh. und in Kerkenes Dağ innerhalb des Halysbogens im 6. Jh.; siehe ferner Chiai 2020: 109–114.

anhand der archäologischen Spuren in Ḫattuša vom Beginn der Eisenzeit plausibel gemacht, dass neben der weiter in diesem Raum ansässig gebliebenen (hethitischen) Bevölkerung auch neue Bevölkerungselemente – mit dem Nachweis einer bescheideneren materiellen Kultur – fassbar werden. Er vermutet eine Verbindung dieser Bevölkerungsschicht mit den in hethitischen Texten genannten Kaškäern, deren halb-nomadische Lebensweise sie in das Vakuum in Zentralasien nach dem Wegzug der hethitischen Verwaltung und Führungsschicht geführt hat.[107] Aufgrund der vorhandenen Quellen sind die materiellen und kulturellen Verhältnisse dieses Bevölkerungsanteils wenig fassbar, allerdings sollten die Kaškäer als Teil der Bevölkerung innerhalb des Halysbogens am Ende des 2. und in den ersten Jahrhunderten des 1. Jahrtausends nicht unbeachtet bleiben. Denn aus neuassyrischen Texten geht hervor, dass unter dem assyrischen König Tiglat-Pilesar ein gewisser Dadi-Ili von Kaška – neben anderen Kleinkönigen in Anatolien – in den Jahren 738 und 732 Tribut an die Assyrer liefern musste.[108] In dieser Zeit grenzte das von den Kaškäern beherrschte Gebiet im Süden an Tabal und im Osten an Urartu. Die historische Situation der Bevölkerungsverhältnisse im zentralanatolischen Raum innerhalb des Halysbogens liefert leider kaum Informationen hinsichtlich der religiösen Verhältnisse, da über die Rolle der Kaškäer nur punktuelle Hinweise aus assyrischen Texten (v. a. des 8. Jahrhunderts) vorliegen und die phrygischen Zentren um Gordion und Midasstadt lagen, während »Ost-Phrygien«, d. h. phrygische Zentren innerhalb des Halysbogens, am Rande der phrygischen Kultur lagen. Diese Situation erlaubt daher derzeit keine Rekonstruktion, welche religiösen Praktiken, die in der Spätzeit des Hethiterreiches vorhanden waren, hier in der Eisenzeit östlich des phrygischen Kerngebiets weiterwirkten.

Das zweite Gebiet umfasst den Bereich der südlichen und südwestlichen Nachbarn Phrygiens – in der Terminologie griechischer Quellen Lydien, Karien und Lykien. Kontakte zur griechischen Welt werden hier ab dem 8. Jahrhundert fassbar, wobei bis ins 4. Jahrhundert auch alle weiter im Hinterland gelegenen Zentren von solchen Einflüssen erfasst sind, wodurch aber auch das autochthone Vorstellungsgut Veränderungen erfährt.

Die Anfänge der Geschichte von Lydien mit der Dynastie der Atyaden und Herakliden[109] bleiben weitgehend unklar, auch hinsichtlich der Verbindung zu den historischen Verhältnissen in der zweiten Hälfte des 2. Jahrtausends. Erst mit Gyges, der um 680 die Dynastie der Mermnaden[110] begründet, wird Lydien die politisch dominierende Macht in Westkleinasien, die daraufhin weite Teile Kleinasiens – unter Zurückdrängung der Phryger, aber auch im kulturellen Austausch mit ihnen – bis zum Halys kontrolliert, sowie die Küstenstädte mit deren griechischen Bevölkerungsteilen unter lydische Herrschaft bringt. Das Zentrum Lydiens ist die Haupt-

107 Seeher 2010: 224–227. Vgl. Singer 2007: 177f.; von Schuler 1965: 66.

108 Bryce 2012: 265, 267; von Schuler 1965: 67f.

109 Payne/Wintjes 2016: 24–31.

110 Payne/Wintjes 2016: 31–44; Bryce 2012: 44–46.

stadt Sardes.[111] Ab dem Ende des 7. Jahrhunderts erfährt Lydien unter Alyattes die größte kulturelle Blüte, wobei ein Vertrag zwischen Lydern und Medern aus dem Jahr 585 Anatolien am Halys in die beiden Einflussbereiche der Lyder und der Meder teilte. Der Machtgewinn der Achämeniden im Iran führt zur Westexpansion dieser Dynastie unter Kyros dem Großen. Eine Niederlage der Lyder unter Kroisos (547/46) gegen die Achämeniden bringt daraufhin den Großteil Anatoliens unter persische Herrschaft.[112] Zuvor wirkte sich die lydisch-anatolische Kultur auf das (südlich) benachbarte Karien[113] und weiter auf Lykien aus, gemeinsam mit den genannten griechischen Kontakten. In Hinblick auf die religiöse Situation ist Lydien als »Schnittstelle« zwischen griechischen, griechisch re-interpretierten und anatolischen Vorstellungen zu bewerten. Am aussagekräftigsten sind Namen von Gottheiten, wobei Kubaba [lyd. Kuvav-], Šanta und Marivda gemeinsam in der lydischen Fluchformel auf der Grabinschrift 4a genannt sind.[114] Da Kubaba z. B. in der hieroglyphen-luwischen Inschrift KULULU 5 § 1 genannt ist, und im Text KULULU 2 § 6 Šanta und die Marwainzi, die luwische Entsprechung zu lydisch Marivda-, vorkommen, scheinen diese drei Gottheiten des lydischen Pantheons aus dem luwischen Bereich Tabals in den lydischen Raum Eingang gefunden zu haben. Die beiden lydischen Hauptgottheiten sind Artimu (griech. Artemis) und Qλdans gewesen;[115] letzterer – im Lydischen eine Bezeichnung für den Mondgott – wird in griechischen Texten mit Apollon gleichgesetzt. Die griechische, auch in Bezug auf Lykien überlieferte Mythologie nennt dabei Artemis und Apollon als Geschwister, wobei die griechische Überlieferung wohl eine Re-Interpretation westanatolischer Gottheiten – entweder genuin lydischen oder lykischen Ursprungs – ist. Allerdings können Artimu und Qλdans bislang nicht mit Gottheiten, die aus hethitischen oder luwischen Texten des 2. Jahrtausends bekannt sind, verbunden werden. Der in lydischen Texten als Levs bezeichnete Gott ist jedoch die lydische Rezeption des griechischen Zeus.[116] Für die lydische Götterwelt zeigen diese Beispiele, dass sich die religiösen Vorstellungen aus mehreren Schichten zusammensetzen, die z. T. der anatolischen, z. T. der griechischen Welt zuzuweisen sind. Zugleich ist auch zu betonen, dass die Kenntnis über die lydische Religion beschränkt ist.

---

111 Payne/Wintjes 2016: 55–62.

112 Siehe zum Vordringen Kyros II. nach Westanatolien zuletzt Mitchell 2020.

113 Zu Hinweisen über religiöse Vorstellungen in Karien siehe Popko 1995: 177–186 sowie die Skizzierung der Problematik der Rekonstruktion der religiösen Verhältnisse bei Debord 2009.

114 Vgl. Hutter 2017: 116–119, wo auch darauf hingewiesen wird, dass es anscheinend in Sardes aufgrund der politischen Expansion des lydischen Raums ab dem 7. Jh. in phrygisches Gebiet auch zu Wechselwirkungen zwischen der in Lydien rezipierten Kubaba und der phrygischen Matar Kybele gekommen ist, woraus sich ab der Mitte des 1. Jahrtausends der Kult von Kybele und Attis entwickelte. Zu Kubaba, Šanta und Marwainzi in Tabal siehe auch Hutter 2003: 228f., 272f.; zu Kubaba bzw. Kuvav- siehe auch Payne/Wintjes 2016: 102f.

115 Payne/Wintjes 2016: 97–102; Popko 1995: 182f.; Oettinger 2015: 137f.

116 Payne/Wintjes 2016: 103–105; Popko 1995: 183; Rutherford 2020: 56.

Lykien wird in historischen Quellen erst seit dem 6. Jahrhundert besser fassbar, auch wenn man davon ausgehen kann, dass schon in den ersten Jahrhunderten des 1. Jahrtausends das Xanthos-Tal als lykisches Siedlungsgebiet zu gelten hat. Frühe festere politische Zentren seit dem 6. Jahrhundert sind unter anderem die Orte Xanthos, Tlos und Pinara. Fragt man wiederum als Erstes nach möglichen Beziehungen und Kontinuitäten von den Lukka-Ländern der Spätbronzezeit hin zu diesen Siedlungen, so ist bemerkenswert, dass sich manche lykischen Ortsnamen mit Namen der hethitischen Großreichszeit im Gebiet der Lukka-Länder verbinden lassen.[117] Xanthos bzw. Arñna als lykischer Name des Ortes setzt den in hethitischen Texten bezeugten Ortsnamen Awarna fort, die lykische Bezeichnung Tlawa (griech. Tlos) entspricht dem bronzezeitlichen Ort Dalawa und auch Pinala (griech. Pinara) zeigt eine Kontinuität zu einem Ortsnamen der Spätbronzezeit. Dies sind zweifellos Indizien für eine Kontinuität, allerdings muss betont werden, dass zwischen dem späten hethitischen Großreich, als Tudḫaliya IV. seinen Anspruch auf dieses Gebiet z. B. durch die Inschrift von Yalburt erhoben hat, und den für Lykien fassbaren historischen Quellen rund ein halbes Jahrtausend liegt, für das kaum Überlieferungen vorhanden sind. Dieser zeitliche Abstand darf in der Bewertung von Fragen der kulturellen Kontinuität zwischen den Lukka-Ländern und der Geschichte Lykiens nicht unbeachtet bleiben.

Aufgrund von Keramikfunden in Xanthos und Limyra kann man mit Sicherheit davon ausgehen, dass ab dem 8. Jahrhundert Kontakte zwischen Griechenland und Lykien existiert haben,[118] aber gut fassbar wird die charakteristische lykische Zivilisation mit Grabbauten, mit Formen der Kunst, in der griechische und vorderasiatische Motive rezipiert werden, sowie mit der eigenen lykischen Sprache und Schrift erst seit dem 6. Jahrhundert. Politisch gerät Lykien ab der Mitte dieses Jahrhunderts mehr und mehr unter persischen Einfluss.[119] Nach der Darstellung des griechischen Autors Herodot erobert Harpagos, ein Feldherr des Achämenidenkönigs Kyros II., im Jahr 540 Lykien und spätestens ab 515 liefert Lykien als Satrapie Tributzahlungen an die Perser. Allerdings unterstützen die Achämeniden die ihnen wohlgesonnenen lykischen lokalen Dynastien, unter denen die Dynastie von Xanthos die dominierende Position im (westlichen) Zentrallykien innehatte, d. h. die persische Oberherrschaft bedeutete keine feste Kontrolle über das Gebiet. Ab etwa 380 v.Chr. erhebt der Dynast Perikles in Limyra in Ostlykien konkurrierende Machtansprüche gegenüber Xanthos, indem er sich – gleich wie der Dynast von Xanthos – als »König von Lykien« bezeichnet. Dieser Machtanspruch führte dazu, dass die lykische Halbinsel politisch zweigeteilt war. Kurz vor der Mitte des 4. Jahrhunderts gelangte Lykien unter karische Herrschaft, ehe es ins Alexanderreich einverleibt wurde.

---

117 Zur Diskussion des sprachlichen Verhältnisses zwischen »Lukka« und »Lykien« sowie zum Problem, dass die lykische Selbstbezeichnung für Lyker Trm̃mili lautet, vgl. Kolb 2018: 41–43; Neumann 2007: 375f.; Melchert 2004: 70f.

118 Die frühen Kontakte zwischen Griechen und Lykern spiegeln sich auch in der griechischen mythologischen Überlieferung wider, vgl. Kolb 2018: 56–76.

119 Für einen Überblick der lykischen Geschichte siehe Kolb 2018: 114–146.

Anhand des Corpus lykischer Inschriften[120] aus dem 6. bis 4. Jahrhundert kann man – unter Einbeziehungen griechischer »Fremdbeschreibungen« religiöser Vorstellungen Lykiens – teilweise Einblick in die religiösen Verhältnisse in Lykien gewinnen.[121] Dabei zeigt sich, dass – trotz der sprachlichen Verwandtschaft des Lykischen zum Luwischen – in religiöser Hinsicht zwar einige luwische Gottheiten bzw. deren Namen auch in den lykischen Überlieferungen bewahrt blieben, doch können nur Trqqñt- (vgl. Tarḫunt) und Malija- (vgl. Maliya) mit Sicherheit auf bronzezeitliche luwische Vorgänger zurückgeführt werden.[122] Zahlreiche Grabinschriften[123] zeigen, dass in den Gräbern Familienangehörige gemeinsam bestattet werden konnten. Denjenigen, die die Grabesruhe stören, wurde nicht nur in Fluchformeln Unheil von Seiten der Gottheiten angedroht, sondern der Grabbesitzer traf auch Vereinbarungen mit den Mitgliedern des *miñti-*[124], damit sich diese rechtliche und religiöse Institution um die Durchführung der Bestattungsrituale und um die Kontrolle der Nutzung der Grabanlage nur durch dafür befugte Personen kümmerte. Mitglieder des *miñti-* waren dabei wahrscheinlich einzelnen lokalen Heiligtümern zugeordnet und haben als solche auch die Opfer im Grabkult durchgeführt. Aus den hethitischen bzw. luwischen Quellen des 2. Jahrtausends sind weder vergleichbare Grabinschriften noch solche »Bestattungsinstitutionen« bekannt, so dass man beim rituellen Umgang mit den Toten in der lykischen Religion kein Kontinuum zu älteren hethitischen Vorstellungen annehmen kann. Allerdings muss berücksichtigt werden, dass Kenntnisse über die religiösen Verhältnisse in den Lukka-Ländern des 2. Jahrtausends weitgehend fehlen, so dass das Verhältnis der religiösen Vorstellungen und Praktiken der Lyker zu jenen der Lukka-Länder ungeklärt bleiben muss. Daher wird die Religionsgeschichte dieses geographischen Raumes in der ersten Hälfte des 1. Jahrtausends in diesem Band auch nicht weiter berücksichtigt.

4 Fazit

Im 1. Jahrtausend bestanden Traditionen des 2. Jahrtausends fort, aber in den unterschiedlichen Regionen Anatoliens waren diese Kontinuitäten bzw. Neuerungen deutlich unterschiedlich ausgeprägt. Dies wirft daher die Frage auf, wann man ein »Ende« der hier behandelten religiösen Traditionsstränge, religiösen Systeme und kultischen Praktiken ansetzen sollte. Wie klar zu sehen war, orientierte sich die

---

120 Vgl. dazu Bryce 1986: 42–98; ferner auch die zahlreichen Hinweise bei Serangeli 2018 passim und bei Neumann 2007 passim.

121 Siehe die Überblicksdarstellungen zur lykischen Religion bei Bryce 1986: 172–202; Popko 1995: 172–176; Kolb 2018: 694–708.

122 Hutter 2003: 221, 231f.; zu diesen Götternamen siehe auch Melchert 2004: 36, 71; Neumann 2007: 192f., 378f.; Serangeli 2015; Rutherford 2020: 54f.

123 Christiansen 2020 hat in einem umfangreichen Beitrag zahlreiche lykische Grabinschriften untersucht, wobei sie ihr Hauptaugenmerk auf rechtliche Aspekte dieser Inschriften gelegt hat; zu Bestattungspraktiken siehe auch Bryce 1986: 116–127

124 Vgl. Kolb 2018: 553–555; Neumann 2007: 215f.; Melchert 2004: 39f.

hier vorgelegte religionsgeschichtliche Darstellung und Rekonstruktion der altkleinasiatischen Religionswelt(en) weitgehend an historisch-politischen Größen und Entwicklungslinien. Dies ist pragmatisch der Quellensituation geschuldet, da der überwältigende Teil der zur Verfügung stehenden Quellen aus dem engen Umfeld der politischen Eliten stammt; daher ist – aufgrund der Quellenlage – dieses Vorgehen auch methodisch gerechtfertigt. Allerdings darf man daraus nicht den falschen Schluss ziehen, dass das Verschwinden von politischen Einheiten zugleich das Verschwinden der religiösen Vorstellungen bedeutet hätte, da neue politische Eliten in ihrer »Geschichtsrekonstruktion« und »Identitätsbildung« ältere Tradition aufgriffen, teilweise wiederbelebten oder aus traditionellen »Versatzstücken« eine angebliche Kontinuität von Tradition konstruierten. Unter solchen Bedingungen leben »Religionen« daher implizit weiter, wobei der am Ende des hethitischen Großreiches beginnende Machtzuwachs in den Sekundogenituren Tarḫuntašša und Karkamiš einen wesentlichen Beitrag dazu geliefert hat, dass nach dem Ausweis der hieroglyphen-luwischen Texte des 1. Jahrtausends gerade in jenen Bereichen, die geographisch in der Nähe dieser beiden früheren Sekundogenituren lagen, auch über weite Strecken Kontinuitäten von Vorstellungen des 2. Jahrtausends erkennbar sind – verbunden mit jenen luwischen bzw. hurritischen Milieus, die im hethitischen Großreich in vielen Bereichen der Religion fassbar waren.

Wie die Ausführungen in diesem Kapitel aber auch gezeigt haben, ist dieses Kontinuum geographisch beschränkt gewesen, und in Zentralanatolien haben sich weitgehende Neuerungen vollzogen bzw. im lykischen und lydischen Raum sieht man an den hier nur noch kurz gebotenen Hinweisen auf religiöse Vorstellungen Unterschiede gegenüber den Vorstellungen der hethitischen Großreichszeit. Handelt es sich dabei um Neuerungen oder sind es Kontinuitäten zur lokalen Religionswelt der Lukka-Länder oder des westlichen Kleinasiens im 2. Jahrtausend? Eine Antwort darauf ist nicht möglich, da fundierte Kenntnisse über Religionen in diesen Gebieten im 2. Jahrtausend nicht vorhanden sind. Daher hat die vorliegende Darstellung die Religionen der Phryger, Lyker und Lyder nicht berücksichtigt und damit implizit eventuell den Eindruck hinsichtlich eines »Endes« der religiösen Tradition und Praktiken vermittelt. Ein solcher Eindruck wäre jedoch zweischneidig: Einerseits ist er zutreffend, wenn man die für das Hethiterreich rekonstruierten religiösen Verhältnisse als Maßstab nimmt; denn diese zeigten lediglich im Bereich von Tarḫuntašša und Karkamiš mit den benachbarten neo-hethitischen Staaten eine relativ gut fassbare Kontinuität. Andererseits wäre ein solcher Eindruck eine verkürzte Wahrnehmung, denn Lyker und Lyder kennen einzelne religiöse Vorstellungen, die auch die hethitische Überlieferung hat; genauso ist bei den Phrygern zu sehen, dass ihre religiösen Vorstellungen einzelne Traditionen aufgegriffen haben, die bereits hethitische Quellen kennen. Solche Überlegungen verdeutlichen, dass es schwierig ist, wenn ein »Ende« der altkleinasiatischen Religionswelt benannt werden soll. Daher ist es wichtig zu betonen, dass die Betrachtung der altkleinasiatischen Religionswelt nicht mit dem politischen Ende des Hethiterreiches abschließen sollte, weil dadurch das Thema »in der Mitte« abgebrochen wäre. Zwar sind Religionen bzw. Religionssysteme eng mit gesellschaftlichen Strukturen und deren Wandel verknüpft, aber einzelne Aspekte und Vorstellungen können auch ohne diese Verflechtung mit politischen Einrichtungen und Trägern weiter existieren, so dass das Ende der »organisierten« Religionen in den hier behandelten politischen Gebilden und das Verschwinden altkleinasiatischer Vorstellungen nicht deckungsgleich waren.

G Anhang

1 Liste hethitischer Könige[1]

Daten	*Hethitischer Großkönig*	*Synchronismen mit Herrschern anderer Staaten*
	? Ḫuzziya	
nach 1600	Labarna I.	
	Ḫattušili I. (Labarna II.)	Yarim-Lim III. von Yamḫad
ca. 1540–1530	Muršili I.	Samsu-ditana von Babylon (1562–1531)
	Ḫantili I.	
	Zidanta I.	
	Ammuna	
	Ḫuzziya I.	
um 1500	Telipinu	Išputaḫšu von Kizzuwatna
	Taḫurwaili	Eḫeya von Kizzuwatna
	Alluwamna	
	Ḫantili II.	
	Zidanta II.	Pilliya von Kizzuwatna Idrimi von Alalaḫ
	Ḫuzziya II.	
	Muwatalli I.	Šunašura von Kizzuwatna
1420–1400/1390	Tudḫaliya II.	Šunašura von Kizzuwatna
ca. 1390–1370	Arnuwanda I.	
	? Ḫattušili II.	

1 Die hier zusammengestellten Angaben stützen sich v. a. auf Klengel 1999: 388–390; Klinger 2007: 124f. und Bryce 2005: xv. Die exakten Angaben von Regierungszeiten dienen primär der Orientierung an einer absoluten Chronologie, wobei in vielen Fällen die Jahreszahlen nicht als absolut gesichert gelten müssen. – Zum »fehlenden« Tudḫaliya »I.« vgl. die Bemerkungen zu Beginn von Abschnitt D.1.

Daten	*Hethitischer Großkönig*	*Synchronismen mit Herrschern anderer Staaten*
1370–1355/50	Tudḫaliya III.	Amenhotep III. von Ägypten (1390–1353) Tarḫuntaradu von Arzawa
	? Tudḫaliya der Jüngere	
1355/50–1320	Šuppiluliuma I.	Tutanchamun von Ägypten (1332–1322) Tušratta von Mittani (ca. 1365–1335) Šattiwaza von Mittani Šarri-Kušuḫ von Karkamiš (ca. 1321–1309) Niqmadu II. von Ugarit (1350–1315)
	Arnuwanda II.	Šarri-Kušuḫ von Karkamiš
ca. 1318–1290	Muršili II.	Adad-Nērāri I. von Assyrien (1295–1264) Šarri-Kušuḫ von Karkamiš Šaḫurunuwa von Karkamiš Kupanta-Kurunta von Mira Manapa-Tarḫunta vom Šeḫa-Flussland
ca. 1290–1272	Muwatalli II.	Tawagalawa von Aḫḫiyawa Ramses II. von Ägypten (1279–1213)
ca. 1272–1265	Muršili III. (Urḫi-Teššub)	Ramses II. von Ägypten
ca. 1265–1240	Ḫattušili III.	Kuruntiya (Ulmi-Teššub) von Tarḫuntašša Ini-Teššub von Karkamiš Ramses II. von Ägypten Salmanassar I. von Assyrien (1263–1234)
ca. 1240–1215	Tudḫaliya IV.	Kuruntiya von Tarḫuntašša Talmi-Teššub von Karkamiš Tukulti-Ninurta I. von Assyrien (1233–1197)
	Arnuwanda III.	Merneptah von Ägypten (1213–1203)
bis ca. 1190	Šuppiluliuma II.	Ammurapi von Ugarit Talmi-Teššub von Karkamiš Kuzi-Teššub von Karkamiš Hartapu von Tarḫuntašša

2 Karten

2.1 Altassyrische Handelskolonien und das althethitische Reich

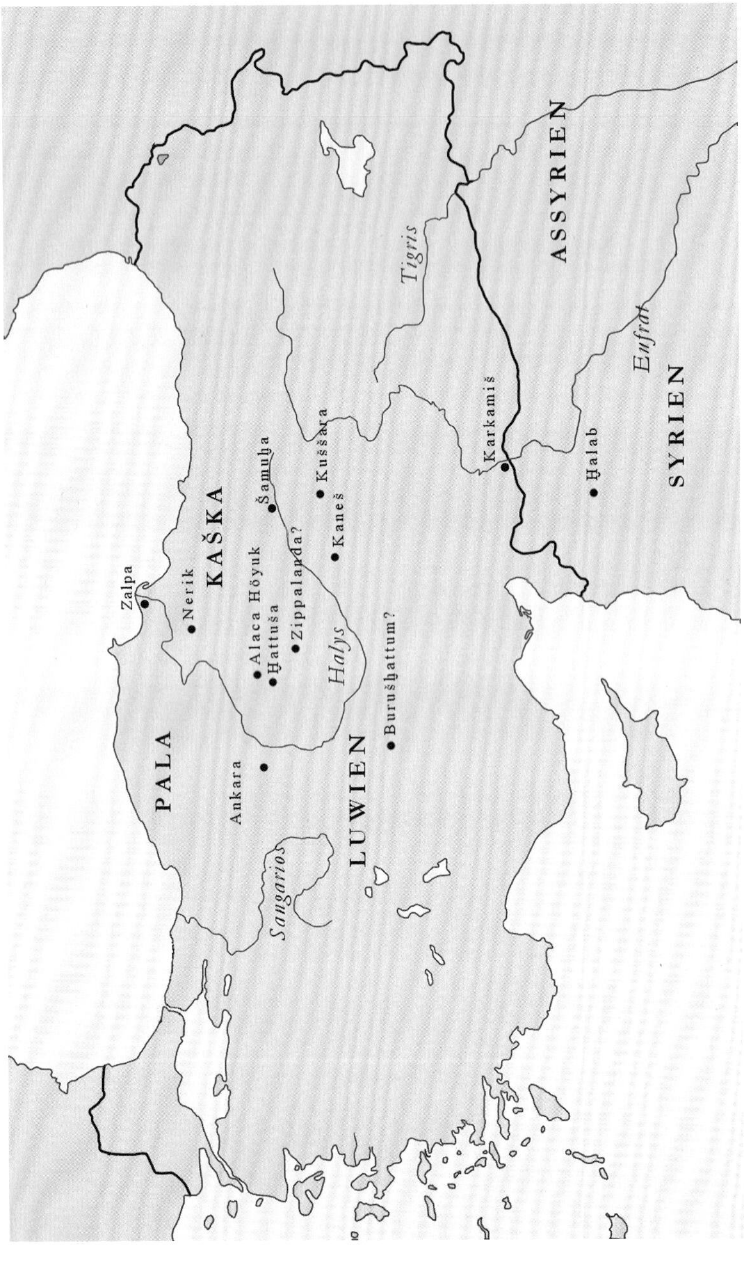

2.2 Das hethitische Großreich

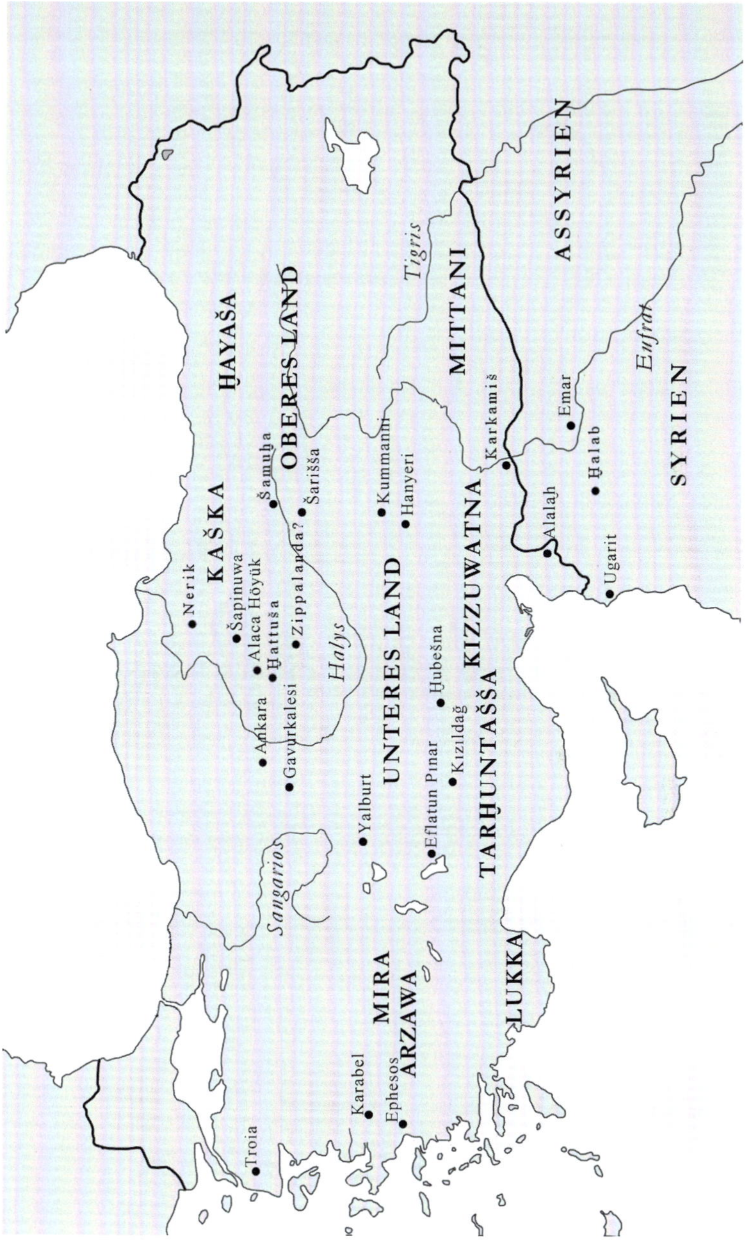

Bachhuber, Christoph: 2015. Citadel and Cemetery in Early Bronze Age Anatolia, Sheffield.

Badalì, Enrico/Zinko, Christian: 1994. Der 16. Tag des AN.TAH.ŠUM-Festes. Text, Übersetzung, Kommentar, Glossar, 2. Aufl., Innsbruck.

Badisches Landesmuseum Karlsruhe (Hg.): 2007. Vor 12.000 Jahren in Anatolien. Die ältesten Monumente der Menschheit, Stuttgart.

Balza, Maria Elena/Mora, Clelia: 2011. »And I built this Everlasting Peak for Him«. The Two Scribal Traditions of the Hittites and the ^{na4}*ḫekur* SAG.UŠ, in: AoF 38, 213–225.

Barjamovic, Gojko: 2008. The Geography of Trade. Assyrian Colonies in Anatolia c. 1975–1725 BC and the Study of Early Interregional Networks of Exchange, in: Jan G. Dercksen (Hg.): Anatolia and the Jazira during the Old Assyrian Period, Leiden (= PIHANS 111), 87–100.

Barjamovic, Gojko: 2011. A Historical Geography of Anatolia in the Old Assyrian Colony Period, Copenhagen.

Barjamovic, Gojko/Hertel, Thomas/Larsen, Mogens Trolle: 2012. Ups and Downs at Kanesh. Chronology, History and Society in the Old Assyrian Period, Leiden (= PIHANS 120).

Barsacchi, Francesco G.: 2017. Le feste ittite del tuono. Edizione critica di CTH 631, Firenze (= St. Asiana 12).

Barsacchi, Francesco G.: 2019. Distribution and Consumption of Food in Hittite Festivals. The Social and Economic Role of Religious Commensality as Reflected in Hittite Sources, in: Manfred Hutter/Sylvia Hutter-Braunsar (Hg.): Economy of Religions in Anatolia. From the Early Second to the Middle of the First Millennium BCE, Münster (= AOAT 467), 5–19.

Barsacchi, Francesco G.: 2020. »The King Goes up to the Roof«. Hittite Nocturnal Rites Performed During the New Moon, in: Susanne Görke/Charles W. Steitler (Hg.): Cult, Temple, Sacred Spaces. Cult Practices and Cult Spaces in Hittite Anatolia and Neighbouring Cultures, Wiesbaden (= StBoT 66), 345–362.

Bawanypeck, Daliah: 2005. Die Rituale der Auguren, Heidelberg (= THeth 25).

Beal, Richard H.: 2002. Hittite Oracles, in: Leda Ciraolo/Jonathan Seidel (Hg.): Magic and Divination in the Ancient World, Leiden, 57–81.

Beckman, Gary M.: 1983. Hittite Birth Rituals, Wiesbaden (= StBoT 29).

Beckman, Gary M.: 1990. The Hittite »Ritual of the Ox« (CTH 760.I.2–3), in: Or. 59, 34–55.

Beckman, Gary M.: 1999. Hittite Diplomatic Texts. Second Edition, Atlanta (= Writings from the Ancient World 7).

Beckman, Gary M.: 2013a. The Ritual of Palliya of Kizzuwatna (CTH 475), in: JANER 13, 113–145.

Beckman, Gary M.: 2013b. Intrinsic and Constructed Space in Hittite Anatolia, in: Deena Ragavan (Hg.): Heaven on Earth. Temples, Ritual, and Cosmic Symbolism in the Ancient World, Chicago, 153–173.

Beckman, Gary M.: 2019. Hatti's Treaties with Carchemish, in: Natalia Bolatti Guzzo/Piotr Taracha (Hg.): »And I Knew Twelve Languages«. A Tribute to Massimo Poetto on the Occasion of His 70th Birthday, Warsaw, 32–42.

Beckman, Gary/Bryce, Trevor R./Cline, Eric H.: 2011. The Ahhiyawa Texts, Atlanta (= WAW 28).

Benveniste, Emile: 1993. Indoeuropäische Institutionen. Wortschatz, Geschichte, Funktionen, Frankfurt.

Berndt-Ersöz, Susanne: 2003. Phrygian Rock-Cut Shrines and Other Religious Monuments, Stockholm.

Bittel, Kurt (Hg.): 1975. Das hethitische Felsheiligtum Yazılıkaya, Berlin.

Bolatti Guzzo, Natalia/Marazzi, Massimiliano/Repola, Leopoldo: 2016. 3D-Scanning in Ḫattuša, in: Archäologischer Anzeiger, 1. Halbband, 24–42.

Bonatz, Dominik: 2000. Das syro-hethitische Grabdenkmal, Untersuchungen zur Entstehung einer neuen Bildgattung in der Eisenzeit im nordsyrisch-südostanatolischen Raum, Mainz.

Brinker, Christopher: 2010. The Meaning and Significance of the Old Assyrian *sikkātum*, in: AoF 37, 49–62.

Brixhe, Claude: 2002. Corpus des inscriptions paléo-phrygiennes. Supplément I, in: Kadmos 41, 1–102.

Brixhe, Claude: 2004. Corpus des inscriptions paléo-phrygiennes. Supplément II, in: Kadmos 43, 1–130.
Brixhe, Claude: 2008. Phrygian, in: Roger D. Woodard (Hg.): The Ancient Languages of Asia Minor, Cambridge, 69–80.
Brixhe, Claude/Lejeune, Michel: 1984. Corpus des inscriptions paléo-phrygiennes. 2 vols., Paris.
Bryce, Trevor R.: 1986: The Lycians in Literary and Epigraphic Sources, Copenhagen.
Bryce, Trevor R.: 2005. The Kingdom of the Hittites, Oxford.
Bryce, Trevor R.: 2012. The World of the Neo-Hittite Kingdoms. A Political and Military History, Oxford.
Bryce, Trevor R.: 2019. The Abandonment of Hattuša. Some Speculations, in: Natalia Bolatti Guzzo/Piotr Taracha (Hg.): »And I Knew Twelve Languages«. A Tribute to Massimo Poetto on the Occasion of His 70th Birthday, Warsaw, 51–60.
Buccellati, Giorgio/Kelly-Buccellati, Marilyn: 1997. Urkesh. The First Hurrian Capital, in: BA 60, 77–96.
Burgin, James M.: 2019. Functional Differentiation in Hittite Festival Texts. An Analysis of the Old Hittite Manuscripts of the KI.LAM Great Assembly, Wiesbaden (= StBoT 65).
Çambel, Halet: 1999. Corpus of Hieroglyphic Luwian Inscriptions. Vol. II: Karatepe-Aslantaş, Berlin.
Cammarosano, Michele: 2006. Il Decreto antico-ittita die Pimpira, Firenze.
Cammarosano, Michele: 2018. Hittite Local Gods, Atlanta (= WAW 40).
Cammarosano, Michele: 2019. Ḫuwaši. Cult Stelae and Stela Shrines in Hittite Anatolia, in: Benjamin Engels/Sabine Huy/Charles Steitler (Hg.): Natur und Kult in Anatolien, Istanbul (= BYZAS 24), 303–332.
Campbell, Dennis R.M.: 2016. The Introduction of Hurrian Religion into the Hittite Empire, in: Religion Compass 10, 295–306.
Carruba, Onofrio: 1970. Das Palaische. Texte, Grammatik, Lexikon, Wiesbaden (= StBoT 10).
Carruba, Onofrio: 1972. Beiträge zum Palaischen, Istanbul (= PIHANS 31).
Carruba, Onofrio: 2003. Anittae Res Gestae. Recensuit et commentavit, Pavia (= StMed. 13).
Charpin, Dominique: 2008. Die Beziehungen zwischen Anatolien und der syro-mesopotamischen Welt in der altbabylonischen Zeit, in: Gernot Wilhelm (Hg.): Ḫattuša-Boğazköy. Das Hethiterreich im Spannungsfeld des Alten Orients, Wiesbaden (= CDOG 6), 95–107.
Chiai, Gian Franco: 2020. Phrygien und seine Götter, Rahden.
Christiansen, Birgit: 2006. Die Ritualtradition der Ambazzi, Wiesbaden (= StBoT 48).
Christiansen, Birgit: 2007. Ein Entsühnungsritual für Tutḫaliya und Nikkalmati? Betrachtungen zur Entstehungsgeschichte von KBo 15.10+, in: SMEA 49, 93–107.
Christiansen, Birgit: 2012. Schicksalsbestimmende Kommunikation. Sprachliche, gesellschaftliche und religiöse Aspekte hethitischer Fluch-, Segens- und Eidesformeln, Wiesbaden (= StBoT 53).
Christiansen, Birgit: 2019. Noch gesund oder bereits krank? Der Zustand des Patienten im hethitischen Ritualtext KBo 10.37, in: Doris Prechel/Hans Neumann (Hg.): Beiträge zur Kenntnis und Deutung altorientalischer Archivalien. Festschrift für Helmut Freydank zum 80. Geburtstag, Münster (= Dubsar 6), 47–79.
Christiansen, Birgit: 2020. Grave Matters. Legal Provisions for a Proper Final Rest in Classical Lycia, in: Martin Zimmermann (Hg.): Das Xanthostal Lykiens in archaisch-klassischer Zeit. Eine archäologisch-historische Bestandsaufnahme, Göttingen, 166–261.
Cohen, Yoram: 2002. Taboos and Prohibitions in Hittite Society. A Study of the Hittite Expression *natta āra* (›not permitted‹), Heidelberg (= THeth 24).
Collins, Billie Jean: 2016. Women in Hittite Religion, in: Stephanie Lynn Budin/Jean MacIntosh Turfa (Hg.): Women in Antiquity: Real Women across the Ancient World. Rewriting antiquity, London, 329–341.

Collins, Billie Jean: 2019. The Arzawa Rituals and Religious Production in Hattusa, in: Sandra Blakely/Billie Jean Collins (Hg.): Religious Convergence in the Ancient Mediterranean, Atlanta, 191–201.

Corti, Carlo: 2007. The so-called »Theogony« of »Kingship in Heaven«. The Name of the Song, in: SMEA 49, 109–121.

Corti, Carlo: 2010a. The Religious Traditions of the »Zalpa Kingdom«. New Edition of CTH 733 und Related Documents, in: Aygül Süel (Hg.): VII. Uluslararası Hititoloji Kongresi Bildirileri. Çorum 25–31 Ağustos 2008. Bd. 1, Ankara, 139–156.

Corti, Carlo: 2010b. »Because for a Long Time (the Gods of Zalpa) have been Ignored ... Hence these Offerings in this Way do we Donate«. New Celebrations in the Zalpuwa Land, in: JANER 10, 91–102.

Corti, Carlo: 2017. From Mount Hazzi to Šapinuwa. Cultural Traditions in Motion in the First Half of the 14th Century BC, in: Mesopotamia 52, 3–20.

Czichon, Rainer M.: 2020. Die »tiefe Quelle« von Nerik (Oymaağaç Höyük), in: Susanne Görke/Charles W. Steitler (Hg.): Cult, Temple, Sacred Spaces. Cult Practices and Cult Spaces in Hittite Anatolia and Neighbouring Cultures, Wiesbaden (= StBoT 66), 159–178.

Czichon, Rainer M. et al.: 2019. Archäologische Forschungen am Oymaağaç Höyük/Nerik 2016–2018, in: MDOG 151, 37–200.

d'Alfonso, Lorenzo: 2014. The Kingdom of Tarhuntassa. A Reassessement of its Timeline and Political Significance, in: Piotr Taracha (Hg.): Proceedings of the Eighth International Congress of Hittitology, Warsaw, 216–235.

Dardano, Paola: 2012. Die Worte des Königs als Repräsentation von Macht. Zur althethitischen Phraseologie, in: Gernot Wilhelm (Hg.): Organization, Representation, and Symbols of Power in the Ancient Near East, Winona Lake, 619–636.

Daues, Alexandra/Rieken, Elisabeth: 2018. Das persönliche Gebet bei den Hethitern. Eine textlinguistische Untersuchung, Wiesbaden (= StBoT 63).

Debord, Pierre: 2009. Peut-on définir un panthéon carien?, in: Frank Rumscheid (Hg.): Die Karer und die Anderen, Bonn, 251–265.

Demanuelli, Matthieu: 2013. Faveurs et protections divines en Tabal à l'âge du Fer, in: René Lebrun/Agnès Degrève (Hg.): Deus Medicus, Turnhout, 87–139.

de Martino, Stefano: 2014. The Mittani State. The Formation of the Kingdom of Mittani, in: Eva Cancik-Kirschbaum/Nicole Brisch/Jesper Eidem (Hg.): Constituent, Confederate and Conquered Space. The Emergence of the Mittani State, Berlin, 63–76.

de Martino, Stefano: 2016a. The Celebration of the Hittite Festivals: Texts in Comparison with Archaeological Evidence, in: Gerfrid G.W. Müller (Hg.): Liturgie oder Literatur? Die Kultrituale der Hethiter im transkulturellen Vergleich, Wiesbaden (= StBoT 60), 91–103.

de Martino, Stefano: 2016b. The Tablets of the *itkalzi* Ritual, in: WO 46, 202–212.

de Martino, Stefano: 2017a. The Hurrian Language in Anatolia in the Late Bronze Age, in: Alice Mouton (Hg.): Hittitology Today. Studies on Hittite and Neo-Hittite Anatolia in Honor of Emmanuel Laroche's 100th Birthday, Istanbul, 151–162.

de Martino, Stefano: 2017b. The Composition and Transmission of the *Itkalzi* Ritual, in: Mesopotamia 52, 21–30.

de Martino, Stefano: 2018. The Fall of the Hittite Kingdom, in: Mesopotamia 53, 23–48.

de Martino, Stefano/Süel, Aygül: 2015. The Third Tablet of the *itkalzi* Ritual, Firenze (= EOTHEN 21).

de Roos, Johan: 1990. To the East or to the West? Some Comments on Wind Directions in Hittite Texts, in: JAC 5, 87–96.

de Roos, Johan: 2007. Hittite Votive Texts, Leiden (= PIHANS 109).

Dercksen, Jan Gerrit: 2007. On Anatolian Loanwords in Akkadian Texts from Kültepe, in: ZA 97, 26–46.

Dercksen, Jan Gerrit: 2008. The Assyrian Colony at Kanesh, in: Gernot Wilhelm (Hg.): Ḫattuša-Boğazköy. Das Hethiterreich im Spannungsfeld des Alten Orients, Wiesbaden (= CDOG 6), 109–124.

Dick, Michael P.: 2003–2005. Pīt pī und Mīs pī, in: RlA 10, 580–585.

Dietrich, Manfried/Mayer, Walter: 1999. Hurrian and Hittite Texts, in: Wilfried G. E. Watson/ Nicolas Wyatt (Hg.): Handbook of Ugaritic Studies, Leiden (= HdOr. I/39), 58–75.

Doğan-Alparslan, Meltem: 2020. The Hittite *ḫišuwa*-Festival and its Terminology, in: Susanne Görke/Charles W. Steitler (Hg.): Cult, Temple, Sacred Spaces. Cult Practices and Cult Spaces in Hittite Anatolia and Neighbouring Cultures, Wiesbaden (= StBoT 66), 363–375.

Doğan-Alparslan, Meltem/Alparslan, Metin: 2011. Wohnsitze und Hauptstädte der hethitischen Könige, in: IstM 61, 86–103.

Doğan-Alparslan, Meltem/Alparslan, Metin/Pevanoğlu, Tolga: 2018. Kutsal bir hitit kenti Arınna ve lokalizasyonuna dair bazı ipuçları, in: Murat Arslan/Ferit Baz (Hg.): Arkeoloji, Tarih ve Epigrafi'nin Arasında: Prof. Dr. Vedat Çelgin'in 68. Doğum Günü Onuruna Makaleler, İstanbul, 261–269.

Ehringhaus, Horst: 2005. Götter, Herrscher, Inschriften. Die Felsreliefs der hethitischen Großreichszeit in der Türkei. Unter beratender Mitarbeit von Frank Starke, Mainz.

Ehringhaus, Horst: 2014. Das Ende, das ein Anfang war. Felsreliefs und Felsinschriften der luwischen Staaten Kleinasiens vom 12. bis 8./7. Jahrhundert v. Chr. Unter Verwendung epigraphischer Texte und historischer Angaben von Frank Starke, Mainz.

Emre, Kutlu: 1971. Anadolu kurşun figürlinleri ve taş kalılparı. Anatolian Lead Figurines and Their Stone Mould, Ankara (= TTKY VI/14).

Forlanini, Massimo: 1984. Die »Götter von Zalpa«. Hethitische Götter und Städte am Schwarzen Meer, in: ZA 74, 245–266.

Forlanini, Massimo: 2007. The Offering List of KBo 4.13 (I 17'-48') to the local gods of the kingdom, known as »Sacrifice List«, and the history of the formation of the early Hittite state and its initial growing beyond central Anatolia, in: SMEA 49, 259–280.

Forlanini, Massimo: 2008. The Historical Geography of Anatolia and the Transition from the Kārum-Period to the Early Hittite Empire, in: Jan Gerrit Dercksen (Hg.): Anatolia and the Jazira during the Old Assyrian Period, Leiden (= PIHANS 111), 57–86.

Forlanini, Massimo: 2010. An Attempt at Reconstructing the Branches of the Hittite Royal Family of the Early Kingdom Period, in: Yoram Cohen/Amir Gilan/Jared L. Miller (Hg.): Pax Hethitica. Studies on the Hittites and their Neighbours in Honour of Itamar Singer, Wiesbaden (= StBoT 51), 115–135.

Freu, Jacques: 2004. Šuppiluliuma et la veuve du pharaon. Histoire d'un mariage manqué, Paris.

Galmarini, Niccolò: 2013. Remarks on the Formation and Textual Tradition of the Hittite AN.TAḪ.ŠUM Festival: the Cases of CTH 615, 616 and 618, in: AoF 40, 337–349.

Gerçek, N. İlgi: 2020. Rivers and River Cults in Hittite Anatolia, in: Susanne Görke/Charles W. Steitler (Hg.): Cult, Temple, Sacred Spaces. Cult Practices and Cult Spaces in Hittite Anatolia and Neighbouring Cultures, Wiesbaden (= StBoT 66), 253–278.

Gilan, Amir: 2011. Das Huhn, das Ei und die Schlange. Mythos und Ritual im Illuyanka-Text, in: Manfred Hutter/Sylvia Hutter-Braunsar (Hg.): Hethitische Literatur. Überlieferungsprozesse, Textstrukturen, Ausdrucksformen und Nachwirken, Münster (= AOAT 391), 99–114.

Gilan, Amir: 2015. Formen und Inhalte althethitischer historischer Literatur, Heidelberg (= THeth 29).

Gilibert, Alessandra: 2011. Syro-Hittite Monumental Art and the Archaeology of Performance. The Stone Reliefs at Carchemisch and Zincirli in the Earlier First Millennium BCE, Berlin.

Giorgieri, Mauro: 2000. Schizzo grammaticale della lingua hurrica, in: La Parola del Passato 55, 171–277.

Giorgieri, Mauro: 2001. Die hurritische Fassung des Ullikummi-Lieds und ihre hethitische Parallele, in: Gernot Wilhelm (Hg.): Akten des IV. Internationalen Kongresses für Hethitologie, Wiesbaden (= StBoT 45), 134–155.

Giorgieri, Mauro: 2005. Bedeutung und Stellung der »mittanischen« Kultur im Rahmen der Kulturgeschichte Vorderasiens, in: Doris Prechel (Hg.): Motivation und Mechanismen des Kulturkontaktes in der späten Bronzezeit, Firenze (= EOTHEN 13), 77–101.

Goedegebuure, Petra M.: 2008a. Hattian Origins of Hittite Religious Concepts: The Syntax of ›to Drink (to) a Deity‹ (again) and Other Phrases, in: JANER 8, 67–73.

Goedegebuure, Petra M.: 2008b. Central Anatolian Languages and Language Communities in the Colony Period: A Luwian-Hattian Symbiosis and the Independent Hittites, in: Jan G. Dercksen (Hg.): Anatolia and the Jazira during the Old Assyrian Period, Leiden (= PIHANS 111), 137–180.

Goedegebuure, Petra M. et al.: 2020. TÜRKMEN-KARAHÖYÜK 1: A new Hieroglyphic Luwian inscription from Great King Hartapu, son of Mursili, conqueror of Phrygia, in: AnSt 70, 29–43.

Görke, Susanne: 2004. Zur Bedeutung der hethitischen Familiengottheiten, in: Manfred Hutter/Sylvia Hutter-Braunsar (Hg.): Offizielle Religion, lokale Kulte und individuelle Religiosität, Münster (= AOAT 318), 207–212.

Görke, Susanne: 2008. Prozessionen in hethitischen Festritualen als Ausdruck königlicher Herrschaft, in: Doris Prechel (Hg.): Fest und Eid. Instrumente der Herrschaftssicherung im Alten Orient, Würzburg, 49–72.

Görke, Susanne: 2010. Das Ritual der Aštu (CTH 490). Rekonstruktion und Tradition eines hurritisch-hethitischen Rituals aus Boğazköy/Ḫattuša, Leiden (= CHANE 40).

Görke, Susanne: 2016. Anmerkungen zu Priestern in hethitischen Festen, in: Gerfrid G. W. Müller (Hg.): Liturgie oder Literatur? Die Kultrituale der Hethiter im transkulturellen Vergleich, Wiesbaden (= StBoT 60), 105–117.

Görke, Susanne: 2020. Ḫatti, Pala und Luwiya. Ausgewählte palaische und luwische Festrituale im Vergleich, in: Susanne Görke/Charles W. Steitler (Hg.): Cult, Temple, Sacred Spaces. Cult Practices and Cult Spaces in Hittite Anatolia and Neighbouring Cultures, Wiesbaden (= StBoT 66), 291–304.

Goetze, Albrecht: 1933. Die Annalen des Muršiliš, Leipzig.

Goetze, Albrecht: 1953. The Theophorous Elements on the Anatolian Proper Names from Cappadocia, in: Language 29, 263–277.

Gordeziani, Levan/Tatišvili, Irene: 2019. Zum wirtschaftlichen Aspekt der »Reform« Tuthaliyas IV., in: Manfred Hutter/Sylvia Hutter-Braunsar (Hg.): Economy of Religons in Anatolia. From the Early Second to the Middle of the First Millennium BCE, Münster (= AOAT 467), 29–37.

Groddek, Detlev: 1999. CTH 331. Mythos vom verschwundenen Wettergott oder Aitiologie der Zerstörung Liḫzinas?, in: ZA 89, 36–49.

Groddek, Detlev: 2002a. Beiträge zur Rekonstruktion der Textüberlieferung des Ḫuwaššanna-Kultes, in: AoF 29, 81–98.

Groddek, Detlev: 2002b. Ein Reinigungsritual für Muršili II. anläßlich seiner Thronbesteigung, in: Hethitica 15, 81–92.

Groddek, Detlev: 2004. Eine althethitische Tafel des KI.LAM-Festes, München.

Groddek, Detlev: 2011. Die 11. und 12. Tafel des *ḫišuwa*-Festes, in: Res Antiquae 8, 111–150.

Günbattı, Cahıt: 2008. Die Beziehungen zwischen assyrischen Kaufleuten und anatolischen Fürsten im Lichte der Vertragstexte aus Kültepe, in: Gernot Wilhelm (Hg.): Ḫattuša-Boğazköy. Das Hethiterreich im Spannungsfeld des Alten Orients, Wiesbaden (= CDOG 6), 125–136.

Güterbock, Hans G.: 1982. Les hiéroglyphes de Yazılıkaya. A propos d'un travail récent, Paris.

Güterbock, Hans G.: 1997. Perspectives on Hittite Civilization: Selected Writings, hrsg. von Harry A. Hoffner, Chicago (= AS 26).

Gurney, Oliver R.: 1977. Some Aspects of Hittite Religion, Oxford.

Haas, Volkert: 1970. Der Kult von Nerik. Ein Beitrag zur hethitischen Religionsgeschichte, Roma (= StPohl 5).

Haas, Volkert: 1978. Substratgottheiten des westhurrischen Pantheons, in: RHA 36, 59–69.

Haas, Volkert: 1984. Die Serien *itkaḫi* und *itkalzi* des AZU-Priesters, Rituale für Tašmišarri und Tatuḫepa sowie weitere Texte mit Bezug auf Tašmišarri, Roma (= ChS I/1).
Haas, Volkert: 1994. Geschichte der hethitischen Religion, Leiden (= HdOr. I/15).
Haas, Volkert: 2003. Materia Magica et Medica Hethitica. Ein Beitrag zur Heilkunde im Alten Orient. Unter Mitwirkung von Daliah Bawanypeck, 2 Bde., Berlin.
Haas, Volkert: 2006. Die hethitische Literatur. Texte, Stilistik, Motive, Berlin.
Haas, Volkert: 2008. Hethitische Orakel, Vorzeichen und Abwehrstrategien. Ein Beitrag zur hethitischen Kulturgeschichte, Berlin.
Haas, Volkert: 2011. Teil II: Hethiter, in: Volkert Haas/Heidemarie Koch: Religionen des Alten Orients. Hethiter und Iran, Göttingen, 147–291.
Haas, Volkert/Thiel, Hans J.: 1978. Die Beschwörungsrituale der Allaituraḫ(ḫ)i und verwandte Texte, Neukirchen-Vluyn (= AOAT 31).
Haas, Volkert/Wäfler, Markus: 1977. Bemerkungen zum ^{É}*ḫeštī/ā-* (2. Teil), in: UF 9, 87–122.
Haas, Volkert/Wegner, Ilse: 1988. Die Rituale der Beschwörerinnen ^{SAL}ŠU.GI, Teil 1: Die Texte, Roma (= ChS I/5).
Haas, Volkert/Wilhelm, Gernot: 1974. Hurritische und luwische Riten aus Kizzuwatna, Kevelaer (= AOATS 3).
Hawkins, J. David: 1995. The Hieroglyphic Inscription of the Sacred Pool Complex at Hattusa (SÜDBURG). With an Archaeological Introduction by Peter Neve, Wiesbaden (= StBoT-B 3).
Hawkins, J. David: 2000. Corpus of Hieroglyphic Luwian Inscriptions. Vol. I: Inscriptions of the Iron Age. 3 Parts, Berlin.
Hawkins, J. David: 2013. Gods of Commagene. The Cult of the Stag-God in the Inscriptions of *Ancoz*, in: Eva Cancik-Kirschbaum/Jörg Klinger/Gerfrid G. W. Müller (Hg.): Diversity and Standardization. Perspectives on social and political norms in the ancient Near East, Berlin, 65–80.
Hawkins, J. David: 2015. Hittite Monuments and their Sanctity, in: Anacleto d'Agostino/Valentina Orsi/Giulia Torri (Hg.): Sacred Landscapes of Hittites and Luwians. Proceedings of the International Conference in Honour of Franca Pecchioli Daddi, Firenze (= St. Asiana 9), 1–9.
Hazenbos, Joost: 2003. The Organization of the Anatolian Local Cults during the Thirteenth Century B.C. An Appraisal of the Hittite Cult Inventories, Leiden (= CunMon. 21).
Hazenbos, Joost: 2006. Hurritisch und Urartäisch, in: Michael P. Streck (Hg.): Sprachen des Alten Orients, Darmstadt 135–158.
Heffron, Yağmur: 2016. Stone stelae and religious space at Kültepe-Kaneš, in: AnSt 66, 23–42.
Heffron, Yağmur: 2020. Paraphernalia of Funerary Display at Kaneš. A Closer Look at Gold Eye- and Mouth-Pieces, in: AoF 47, 91–122.
Heinhold-Krahmer, Susanne/Rieken, Elisabeth (Hg.): 2020. Der »Tawagalawa-Brief«. Beschwerden über Piyamaradu. Eine Neuedition, Berlin.
Herbordt, Suzanne: 2005. Die Prinzen- und Beamtensiegel der hethitischen Großreichszeit auf Bonbullen aus dem Nişantepe-Archiv in Hattusa, Mainz (= BoḪa 19).
Herrmann, Virginia Rimmer/Schloen, J. David (Hg.): 2014. In Remembrance of Me. Feasting with the Dead in the Ancient Middle East, Chicago.
Herrmann, Virginia Rimmer/van den Hout, Theo/Beyazlar, Ahmet: 2016. A New Hieroglyphic Luwian Inscription from Pancarlı Höyük: Language and Power in Early Iron Age Sam'al-Y'DY, in: JNES 75, 53–70.
Hirsch, Hans: 1961. Untersuchungen zur altassyrischen Religion, Wien (= AfO-B 13–14).
Hnila, Pavol: 2016. Spätbronzezeitliche Bebauung: Das monumentale Gebäude/der Tempel, in: MDOG 148, 16–27.
Höfler, Stefan: 2015. Ist der Wettergott ein Himmelsgott? Indogermanische Götternamen und ihr Beitrag zur internen Derivation, in: Christian Zinko/Michaela Zinko (Hg.): Der antike Mensch im Spannungsfeld zwischen Ritual und Magie. 1. Grazer Symposium zur indogermanischen Altertumskunde, Graz, 148–189.
Hoffner, Harry A.: 1997. The Laws of the Hittites. A Critical Edition, Leiden (= DMOA 23).

Hoffner, Harry A.: 1998. Hittite Myths, 2. Aufl., Atlanta (= WAW 2).
Hoffner, Harry A.: 2009. Letters from the Hittite Kingdom, Atlanta (= WAW 15).
Hoffner, Harry A.: 2010. The Political Antithesis and Foil of the Labarna in an Old Hittite Text, in: Itamar Singer (Hg.): *ipamati kistamati pari tumatimis*. Luwian and Hittite Studies Presented to J. David Hawkins on the Occasion of His 70th Birthday, Tel Aviv, 131–139.
Hoffner, Harry A./Melchert, H. Craig: 2008. A Grammar of the Hittite Language. Part 1: Reference Grammar, Winona Lake.
Houwink ten Cate, Philo H. J.: 1987. The Sun God of Heaven, the Assembly of Gods and the Hittite King, in: Dirk van der Plas (Hg.): Effigies Dei. Essays on the History of Religions, Leiden, 13–34.
Houwink ten Cate, Philo H. J.: 1988. Brief Comments on the Hittite Cult Calendar. The Main Recension of the Outline of the *nuntarriyašḫa*-Festival, especially Day 8–12 and 15'-22', in: Erich Neu (Hg.): Documentum Asiae Minoris Antiquae. Festschrift für Heinrich Otten zum 75. Geburtstag, Wiesbaden, 167–194.
Houwink ten Cate, Philo H. J.: 2003. A New Look at the Outline Tablets of the AN.TAḪ.ŠUM^{SAR} Festival. The Text-Copy VS NF 12.1, in: Gary Beckman/Richard Beal/Gregory McMahon (Hg.): Hittite Studies in Honor of Harry A. Hoffner Jr. on the Occasion of His 65th Birthday, Winona Lake, 205–220.
Hundley, Michael B.: 2013. Gods in Dwellings. Temples and Divine Presence in the Ancient Near East, Atlanta.
Hutter, Manfred: 1988. Behexung, Entsühnung und Heilung. Das Ritual der Tunnawiya für ein Königspaar aus mittelhethitischer Zeit (KBo XXI 1 – KUB IX 34 – KBo XXI 6), Fribourg (= OBO 82).
Hutter, Manfred: 1992. Die Verwendung von hethitisch *waštul* in historischen Texten im Vergleich mit akkadisch *ḫīṭu*, in: Dominique Charpin/Francis Joannès (Hg.): La circulation des biens, des personnes et des idées dans le Proche-Orient ancien, Paris, 221–226.
Hutter, Manfred: 1993. Kultstelen und Baityloi. Die Ausstrahlung eines syrischen religiösen Phänomens nach Kleinasien und Israel, in: Bernd Janowski/Klaus Koch/Gernot Wilhelm (Hg.): Religionsgeschichtliche Beziehungen zwischen Kleinasien, Nordsyrien und dem Alten Testament, Fribourg (= OBO 129), 87–108.
Hutter, Manfred: 1995. Der luwische Wettergott *piḫaššašši* und der griechische Pegasos, in: Michaela Ofitsch/Christian Zinko (Hg.): Studia Onomastica et Indogermanica, Graz, 79–97.
Hutter, Manfred: 1996a. Religionen in der Umwelt des Alten Testaments I. Babylonier, Syrer, Perser, Stuttgart.
Hutter, Manfred: 1996b. Das Ineinanderfließen von luwischen und aramäischen religiösen Vorstellungen in Nordsyrien, in: Peter W. Haider/Manfred Hutter/Siegfried Kreuzer (Hg.): Religionsgeschichte Syriens. Von der Frühzeit bis zur Gegenwart, Stuttgart, 116–122, 376f., 435f.
Hutter, Manfred: 1997. Religion in Hittite Anatolia. Some Comments on »Volkert Haas: Geschichte der hethitischen Religion«, in: Numen 44, 74–90.
Hutter, Manfred: 2000. Tiere als Materia Magica im Ritual der Zuwi (CTH 412), in: Yoël L. Arbeitman (Hg.): The Asia Minor Connexion: Studies on the Pre-Greek Languages in Memory of Charles Carter, Leuven, 95–106.
Hutter, Manfred: 2002. Das Ḫiyara-Fest in Ḫattuša, Transformation und Funktion eines syrischen Festes, in: Piotr Taracha (Hg.): Silva Anatolica. Anatolian Studies Presented to Maciej Popko on the Occasion of His 65th Birthday, Warsaw, 187–196.
Hutter, Manfred: 2003. Aspects of Luwian Religion, in: H. Craig Melchert (Hg.): The Luwians, Leiden (= HdOr. I/68), 211–280.
Hutter, Manfred: 2004a. Der Gott Tunapi und das Ritual der ^{f}Bappi im Ḫuwaššanna-Kult, in: Manfred Hutter/Sylvia Hutter-Braunsar (Hg.): Offizielle Religion, lokale Kulte und individuelle Religiosität, Münster (= AOAT 318), 249–257.

Hutter, Manfred: 2004b. Die Götterreliefs im Löwentor von Malatya und die Religionspolitik des PUGNUS-mili, in: Detlev Groddek/Sylvester Rößle (Hg.): Šarnikzel. Hethitologische Studien zum Gedenken an Emil Orgetorix Forrer, Dresden (= DBH 10), 385–394.

Hutter, Manfred: 2006a. Die phrygische Religion als Teil der Religionsgeschichte Anatoliens, in: Manfred Hutter/Sylvia Hutter-Braunsar (Hg.): Pluralismus und Wandel in den Religionen im vorhellenistischen Anatolien, Münster (= AOAT 337), 79–95.

Hutter, Manfred: 2006b. Die Kontinuität des palaischen Sonnengottes Tiyaz in Phrygien, in: Robert Rollinger/Brigitte Truschnegg (Hg.): Altertum und Mittelmeerraum. Die antike Welt diesseits und jenseits der Levante. Festschrift für Peter W. Haider zum 60. Geburtstag, Stuttgart, 81–88.

Hutter, Manfred: 2007. Zum Ritual des Zarpiya. Funktion und Einbettung in die religiösen Traditionen Anatoliens, in: SMEA 49, 399–406.

Hutter, Manfred: 2008. Die Interdependenz von Festen und Gesellschaft bei den Hethitern, in: Doris Prechel (Hg.): Fest und Eid. Instrumente der Herrschaftssicherung im Alten Orient, Würzburg, 73–87.

Hutter, Manfred: 2010. Methodological Issues and Problems in Reconstructing »Hittite Religion(s)«, in: Aygül Süel (Hg.): VII. Uluslararası Hititoloji Kongresi Bildirileri. Çorum 25–31 Ağustos 2008, Ankara, 399–416.

Hutter, Manfred: 2011. »Annalen«, »Gebete«, »Erzählungen«, »Ritualtexte« und anderes. Wie haben Hethiter ihre Literatur kategorisiert?, in: Stephan Conermann/Amr El Hawary (Hg.): Was sind Genres? Nicht-abendländische Kategorisierungen von Gattungen, Berlin, 111–134.

Hutter, Manfred: 2012a. Vergleichende Religionswissenschaft als Kulturwissenschaft, in: Stephan Conermann (Hg.): Was ist Kulturwissenschaft? Zehn Antworten aus den »Kleinen Fächern«, Bielefeld, 175–198.

Hutter, Manfred: 2012b. Sulinkatte, in: RlA 13/3./4. Lieferung, 282–283.

Hutter, Manfred: 2012c. Autobiographisches, Historiographisches und Erzählelemente in hethitischen »Gebeten« Arnuwandas und Mursilis, in: Gernot Wilhelm (Hg.): Organization, Representation, and Symbols of Power in the Ancient Near East, Winona Lake, 665–673.

Hutter, Manfred: 2013a. Concepts of Purity in Anatolian Religions, in: Christian Frevel/Christophe Nihan (Hg.): Purity and the Forming of Religious Traditions in the Ancient Mediterranean World and Ancient Judaism, Leiden, 159–174.

Hutter, Manfred: 2013b. The Luwian Cult of the Goddess Huwassanna vs. her Position in the »Hittite State Cult«, in: Alice Mouton/Ian Rutherford/Ilya Yakubovich (Hg.): Luwian Identities. Culture, Language and Religion between Anatolia and the Aegean, Leiden, 177–190.

Hutter, Manfred: 2013c. Jenseitsvorstellungen im hethitischen Kleinasien und ihre Auswirkungen auf das erste Jahrtausend, in: Predrag Bukovec/Barbara Kolkmann-Klamt (Hg.): Jenseitsvorstellungen im Orient, Hamburg, 161–181.

Hutter, Manfred: 2014a. Grenzziehung und Raumbeherrschung in der hethitischen Religion, in: Kianoosh Rezania (Hg.): Raumkonzeptionen in antiken Religionen, Wiesbaden, 135–152.

Hutter, Manfred: 2014b. Religious Traditions in Hupisna, in: Piotr Taracha (Hg.): Proceedings of the Eighth International Congress of Hittitology, Warsaw, 344–357.

Hutter, Manfred: 2015a: Rituale als Teil hethitischer Religion oder Magie?, in: Christian Zinko/Michaela Zinko (Hg.): Der antike Mensch im Spannungsfeld zwischen Ritual und Magie. 1. Grazer Symposium zur indogermanischen Altertumskunde, Graz, 190–206.

Hutter, Manfred: 2015b. Die Göttin Ḫarištašši und der *ḫarištani*-Raum, in: Andreas Müller-Karpe/Elisabeth Rieken/Walter Sommerfeld (Hg.): Saeculum. Gedenkschrift für Heinrich Otten anlässlich seines 100. Geburtstages, Wiesbaden (= StBoT 58), 77–85.

Hutter, Manfred: 2016. The »Lady« Kubaba (ANCOZ 1 § 2 etc.) in Hieroglyphic Luwian, in: N.A.B.U 2016/1, 30–32 (Nr. 18).

Hutter, Manfred: 2017. Kubaba in the Hittite Empire and the Consequences for her Expansion to Western Anatolia, in: Alice Mouton (Hg.): Hittitology Today. Studies on Hittite and Neo-Hittite Anatolia in Honor of Emmanuel Laroche's 100th Birthday, Istanbul, 113–122.

Hutter, Manfred: 2019a. The Luwian Rituals of Kuwattalla: Thoughts on their Re-Arrangement, in: Aygül Süel (Hg.): IX. Uluslararası Hititoloji Kongresi Bildirileri. Çorum 08–14 Eylül 2014. 1. Cilt, Çorum, 335–358.

Hutter, Manfred: 2019b. Die Funktion und geographische Verbreitung von Brandopfern in hieroglyphenluwischen Texten, in: Natalia Bolatti Guzzo/Piotr Taracha (Hg.): »And I Knew Twelve Languages«. A Tribute to Massimo Poetto on the Occasion of His 70th Birthday, Warsaw, 246–254.

Hutter, Manfred: 2019c: How does a ^{MUNUS}ŠU.GI Earn her Living?, in: Manfred Hutter/Sylvia Hutter-Braunsar (Hg.): Economy of Religions in Anatolia. From the Early Second to the Middle of the First Millennium BCE, Münster (= AOAT 467), 39–48.

Hutter, Manfred/Hutter-Braunsar, Sylvia: 2016. Kubaba im *ḫišuwa*-Fest, in: Sedat Erkut/Özlem Sir Gavaz (Hg.): Studies in Honour of Ahmet Ünal, Beyoğlu-İstanbul, 293–302.

Hutter, Manfred/Hutter-Braunsar, Sylvia: 2017. König und Gott. Die ikonographische Repräsentation der hethitischen Könige, in: Johannes Gießauf (Hg.): Zwischen Karawane und Orientexpress. Streifzüge durch Jahrtausende orientalischer Geschichte und Kultur. Festschrift für Hannes Galter, Münster (= AOAT 434), 155–174.

Hutter-Braunsar, Sylvia: 2001. The Formula »to Become a God« in Hittite Historiographical Texts, in: Tzvi Abusch et al. (Hg.): Historiography in the Cuneiform World, Bethesda, 267–277.

Hutter-Braunsar, Sylvia: 2004. »Und Šauška, meine Herrin, nahm mich bei der Hand«. Staatsgottheiten und persönliche Gottheiten Ḫattušilis III., in: Manfred Hutter/Sylvia Hutter-Braunsar (Hg.): Offizielle Religion, lokale Kulte und individuelle Religiosität, Münster (= AOAT 318), 259–268.

Hutter-Braunsar, Sylvia: 2006. Materialien zur religiösen Herrscherlegitimation in hieroglyphenluwischen Texten, in: Manfred Hutter/Sylvia Hutter-Braunsar (Hg.): Pluralismus und Wandel in den Religionen im vorhellenistischen Anatolien, Münster (= AOAT 337), 97–114.

Hutter-Braunsar, Sylvia: 2008. Sport bei den Hethitern, in: Peter Mauritsch et al. (Hg.): Antike Lebenswelten. Konstanz – Wandel – Wirkungsmacht. Festschrift für Ingomar Weiler zum 70. Geburtstag, Wiesbaden, 25–37.

Hutter-Braunsar, Sylvia: 2009. Begegnungen am oberen Euphrat – Urartäer und Luwier in Ostanatolien, in: Irene Tatišvili/Manana Hvedelidze/Levan Gordesiani (Hg.): Giorgi Melikishvili Memorial Volume, Tbilisi (= Caucasian and Near Eastern Studies 13), 77–89.

Hutter-Braunsar, Sylvia: 2011. Vergleichende Untersuchungen zu den Texten über eine aus Zorn verschwundene Gottheit, in: Manfred Hutter/Sylvia Hutter-Braunsar (Hg.): Hethitische Literatur. Überlieferungsprozesse, Textstrukturen, Ausdrucksformen und Nachwirken, Münster (= AOAT 391), 129–144.

Hutter-Braunsar, Sylvia: 2014. Wettkämpfe in hethitischen Festritualen, in: Piotr Taracha (Hg.): Proceedings of the Eighth International Congress of Hittitology, Warsaw, 358–369.

Hutter-Braunsar, Sylvia: 2015. Religiöse Herrschaftslegitimation im Vorderen Orient am Beispiel der Hethiter, in: Irene Tatišvili/Levan Gordeziani (Hg.): Winterschool »Power and Ideology in Ancient World«, Tbilisi (= Caucasian and Near Eastern Studies 16), 22–70.

Hutter-Braunsar, Sylvia: 2019. Hethitische »Krankenkassenbeiträge«. Die Gelübde Puduhepas für Leben und Gesundheit Hattusilis, in: Manfred Hutter/Sylvia Hutter-Braunsar (Hg.): Economy of Religions in Anatolia. From the Early Second to the Middle of the First Millennium BCE, Münster (= AOAT 467), 49–59.

Hutter-Braunsar, Sylvia: 2020. Die Gottheit Nikarawa in Karkamiš, in: Ronald I. Kim et al. (Hg.): Hrozný and Hittite. The First Hundred Years, Leiden (= CHANE 107), 518–530.

Ickerodt, Ulf F.: 2010. Einführung in das Grundproblem des archäologisch-kulturhistorischen Vergleichens und Deutens. Analogien-Bildung in der archäologischen Forschung, Frankfurt.

Kammenhuber, Annelies: 1985. Ketten von Unheils- und Heilsbegriffen in den luwischen magischen Ritualen, in: Or. 54, 77–105.

Kammenhuber, Annelies: 1986. Die luwischen Rituale KUB XXXV 45 + KBo XXIX 3 (II), XXXV 43 + KBo XXIX 55 (III) und KUB XXXII 9 + XXXV 21 (+) XXXII 11 nebst Parallelen, in: Wolfgang Meid/Helga Trenkwalder (Hg.): Im Bannkreis des Alten Orients, Innsbruck, 83–104.
Kammenhuber, Annelies: 1990. Marduk und Santa in der hethitischen Überlieferung des 2. Jt.s v. Chr., in: Or. 59, 188–195.
Kassian, Alexei/Korolëv, Andrej/Sidel'tsev, Andrej: 2002. Hittite Funerary Ritual *šalliš waštaiš*, Münster (= AOAT 288).
Kaynar, Fatma: 2019. Kizzuwatnean Rituals under the Influence of the Luwian and Hurrian Cultures, in: OLBA 27, 97–114.
Kealhofer, Lisa/Grave, Peter: 2011. The Iron Age on the Central Anatolian Plateau, in: Sharon R. Steadman/Gregory McMahon (Hg.): The Oxford Handbook of Ancient Anatolia, Oxford, 415–442.
Kellerman, Galina: 1980. Recherche sur les rituels de fondation hittite, PhD thesis, Paris.
Klengel, Horst: 1999. Geschichte des hethitischen Reiches. Unter Mitwirkung von Fiorella Imparati, Volkert Haas und Theo P.J. van den Hout, Leiden (= HdOr. I/34).
Klinger, Jörg: 1996. Untersuchungen zur Rekonstruktion der hattischen Kultschicht, Wiesbaden (= StBoT 37).
Klinger, Jörg: 2002. Zum »Priestertum« im hethitischen Anatolien, in: Hethitica 15, 93–111.
Klinger, Jörg: 2006a. Hattisch, in: Michael P. Streck (Hg.): Sprachen des Alten Orients, Darmstadt, 128–134.
Klinger, Jörg: 2006b. Der Beitrag der Textfunde zur Archäologiegeschichte der hethitischen Hauptstadt, in: Dirk P. Mielke/Ulf-Dietrich Schoop/Jürgen Seeher (Hg.): Strukturierung und Datierung in der hethitischen Archäologie, Istanbul (= BYZAS 4), 5–17.
Klinger, Jörg: 2007. Die Hethiter, München.
Klinger, Jörg: 2008. Zalpa, Nerik und Ḫakmiš. Die Bedeutung der nördlichen Peripherie Zentralanatoliens in hethitischer Zeit, in: Gernot Wilhelm (Hg.): Ḫattuša-Boğazköy. Das Hethiterreich im Spannungsfeld des Alten Orients, Wiesbaden (= CDOG 6), 277–290.
Klinger, Jörg: 2009. The Cult of Nerik – Revisited, in: Franca Pecchioli Daddi/Giulia Torri/Carlo Corti (Hg.): Central-North Anatolia in the Hittite Period. New Perspectives in Light of Recent Research, Roma (= St. Asiana 5), 97–107.
Klinger, Jörg: 2016. Textfunde, in: MDOG 148, 53–59.
Kloekhorst, Alwin: 2008. Etymological Dictionary of the Hittite Inherited Lexicon, Leiden.
Kloekhorst, Alwin: 2019. Kanišite Hittite. The Earliest Attested Record of Indo-European, Leiden (= HdOr. I/132).
Kohlmeyer, Kay: 1983. Felsbilder der hethitischen Großreichszeit, in: Acta Praehistorica et Archaeologica 15, 7–154.
Kolb, Frank: 2018. Lykien. Geschichte einer antiken Landschaft, Darmstadt.
Košak, Silvin/Müller, Gerfrid G. W.: 2020. Catalog der Texte der Hethiter, unter Mitarbeit von Susanne Görke und Charles Steitler, in: https://www.hethport.uni-wuerzburg.de/CTH/ (Stand: 27.1.2020).
Kouwenberg, N. J. C.: 2017. A Grammar of Old Assyrian, Leiden (= HdOr. I/118).
Kozal, Ekín/Novák, Mirko: 2017. Facing Muwattalli. Some Thoughts on the Visibility and Function of the Rock Reliefs at Sirkeli Höyük, Cilicia, in: Ekín Kozal et al. (Hg.): Questions, Approaches, and Dialogues in Eastern Mediterranean Archaeology. Studies in Honor of Marie-Henriette and Charles Gates, Münster (= AOAT 445), 371–388.
Kryszat, Guido: 2004. Herrscher, Herrschaft und Kulttradition in Anatolien nach den Quellen aus den altassyrischen Handelskolonien. Teil 1: Die sikkātum und der ribi sikkitim, in: AoF 31, 15–45.
Kryszat, Guido: 2006. Herrscher, Herrschaft und Kulttradition in Anatolien nach den Quellen aus den altassyrischen Handelskolonien. Teil 2: Götter, Priester und Feste Altanatoliens, in: AoF 33, 102–124.

Kryszat, Guido: 2008a. The Use of Writing among the Anatolians, in: Jan G. Dercksen (Hg.): Anatolia and the Jazira during the Old Assyrian Period, Leiden (= PIHANS 111), 231–238.

Kryszat, Guido: 2008b. Herrscher, Herrschaft und Kulttradition in Anatolien nach den Quellen aus den altassyrischen Handelskolonien. Teil 3/2: Grundlage für eine neue Rekonstruktion der Geschichte Anatoliens und der assyrischen Handelskolonien in spätaltassyrischer Zeit II, in: AoF 35, 195–219.

Kryszeń, Adam: 2016. A Historical Geography of the Hittite Heartland, Münster (= AOAT 437).

Kryszeń, Adam: 2020. The First Day of the AN.TAḪ.ŠUM-Festival, in: JANER 20, 17–26.

Kühne, Cord: 1986. Hethitisch *auli-* und einige Aspekte altanatolischer Opferpraxis, in: ZA 76, 85–117.

Kümmel, Hans Martin: 1967. Ersatzrituale für den hethitischen König, Wiesbaden (= StBoT 3).

Kulakoğlu, Fikri: 2008. A Hittite God from Kültepe, in: Cécile Michel (Hg.): Old Assyrian Studies in Memory of Paul Garelli, Leiden, 13–19.

Kulakoğlu, Fikri: 2011. Kültepe-Kaneš. A Second Millennium B.C.E. Trading Center on the Central Plateau, in: Sharon R. Steadman/Gregory McMahon (Hg.): The Oxford Handbook of Ancient Anatolia, Oxford, 1012–1030.

Lamante, Simona: 2014. Das *daḫanga*: seine Struktur und kultische Bedeutung, in: Piotr Taracha (Hg.): Proceedings of the Eighth International Congress of Hittitology, Warsaw, 437–458.

Lanaro, Anna. 2015. A Goddess among Storm-gods. The Stele of Tavşantepe and the Landscape Monuments of Southern Cappadocia, in: AnSt 65, 79–96.

Laroche, Emmanuel: 1971. Catalogue des textes hittites, 2e éd., Paris.

Laroche, Emmanuel: 1973. Fleuve et ordalie en Asie Mineure hittite, in: Erich Neu/Christel Rüster (Hg.): Festschrift Heinrich Otten, Wiesbaden, 179–189.

Larsen, Mogens Trolle: 2015. Ancient Kanesh. A Merchant Colony in Bronze Age Anatolia, Cambridge.

Lebrun, René: 1979. Lawazantiya, foyer religieux kizzuwatnien, in: Florilegium Anatolicum. Mélanges offerts à Emmanuel Laroche, Paris, 197–206.

Lebrun, René: 2016. Siuri – Sinuri, deux divinités à redécouvrir, in: Šárka Velhartická (Hg.): Audias fabulas veteres. Anatolian Studies in Honor of Jana Součková-Siegelová, Leiden (= CHANE 79), 178–183.

Lehmann, Edvard/Haas, Hans (Hg.): 1922. Textbuch zur Religionsgeschichte, Leipzig.

Lemaire, André: 2014. Anatolia, in: Herbert Niehr (Hg.): The Aramaeans in Ancient Syria, Leiden (= HdOr. I/106), 319–328.

Lepši, Maria: 2009. Quellen und Götter – göttliche Quellen. Eine Untersuchung zur Quellverehrung bei den Hethitern, in: Manfred Hutter (Hg.): Religionswissenschaft im Kontext der Asienwissenschaften, Berlin, 133–149.

Lorenz, Jürgen: 2013. »Lange Jahre« und Lebenszeit bei den Hethitern, in: Lluís Feliu et al. (Hg.): Time and History in the Ancient Near East. Proceedings of the 56th Rencontre Assyriologique Internationale at Barcelona, 26–30 July 2010, Winona Lake, 169–180.

McMahon, Gregory: 1991. The Hittite State Cult of the Tutelary Deities, Chicago (= AS 25).

Maner, Çiğdem: 2017. Searching for Ḫupišna. Hittite Remains in Ereğli Kara Höyük and Tont Kalesi, in: Metin Alparslan (Hg.): Places and Spaces in Hittite Anatolia I: Hatti and the East, İstanbul, 101–114.

Marazzi, Massimiliano/Bolatti Guzzo, Natalia/Repola, Leopoldo: 2019. Neue Untersuchungen zu den Felsreliefs von Sirkeli, in: AoF 46, 214–233.

Marazzi, Massimiliano et al.: 2020. Die äußere Fassade des Löwentores, in: Archäologischer Anzeiger. 1. Halbband, 52–56.

Marchetti, Nicolò (Hg.): 2014a. Karkemish. An Ancient Capital on the Euphrates, Bologna.

Marchetti, Nicolò: 2014b. Bronze Statuettes from the Temples of Karkemish, in: Or. 83, 305–320 + Tab. XXII-XXXI.

Marchetti, Nicolò: 2016. The Cultic District of Karkemish in the Lower Town, in: Paolo Matthiae/Marta D'Andrea (Hg.): L'archeologia del sacro e l'archeologia del culto, Roma, 373–414.

Marchetti, Nicolò/Peker, Hasan: 2018. The Stele of Kubaba by Kamani and the Kings of Karkemish in the 9th Century BC, in: ZA 108, 81–99.
Marcuson, Hannah: 2011. The Festival of Ziparwa and the AN.TAḪ.ŠUM and *nuntarriyašḫa*-Festivals, in: AoF 38, 63–72.
Marcuson, Hannah: 2016. »Word of the Old Woman«. Studies in Female Ritual Practice in Hittite Anatolia, PhD Thesis, Chicago.
Masson, Emilia: 2010. La stèle mortuaire de Kuttamuwa (Zincirli): comment l'appréhender, in: Semitica et Classica 3, 47–58.
Matouš, Lubor: 1965. Anatolische Feste nach »Kappadokischen« Tafeln, in: Hans G. Güterbock/Thorkild Jacobsen (Hg.): Studies in Honor of Benno Landsberger on his Seventy-Fifth Birthday, April 21, 1965, Chicago (= AS 16), 175–181.
Mazzoni, Stefania: 1997. The Gate and the City. Change and Continuity in Syro-Hittite Urban Ideology, in: Gernot Wilhelm (Hg.): Die orientalische Stadt. Kontinuität, Wandel, Bruch, Saarbrücken, 307–338.
Mazzoni, Stefania: 2000. Syria and the Periodization of the Iron Age. A Cross-Cultural Perspective, in: Guy Bunnens (Hg.); Essays on Syria in the Iron Age, Louvain, 31–59.
Melchert, H. Craig: 1993. Cuneiform Luvian Lexicon, Chapel Hill.
Melchert, H. Craig: 2002. The God Sanda in Lycia, in: Piotr Taracha (Hg.): Silva Anatolica. Anatolian Studies Presented to Maciej Popko on the Occasion of His 65th Birthday, Warsaw, 241–251.
Melchert, H. Craig: 2003. Language, in: H. Craig Melchert (Hg.): The Luwians, Leiden (= HdOr. I/68), 170–209.
Melchert, H. Craig: 2004. A Dictionary of the Lycian Language, Ann Arbor.
Melchert, H. Craig: 2008a. Lycian, in: Roger D. Woodard (Hg.): The Ancient Languages of Asia Minor, Cambridge, 46–55.
Melchert, H. Craig: 2008b. Lydian, in: Roger D. Woodard (Hg.): The Ancient Languages of Asia Minor, Cambridge, 56–63.
Melchert, H. Craig: 2010. On Hittite *mūgā(i)*-, in: Or. 79, 207–215.
Melchert, H. Craig: 2013. Luvian Language in »Luvian« Rituals in Hattuša, in: Billie Jean Collins/Piotr Michalowski (Hg.): Beyond Hatti. A Tribute to Gary Beckman, Atlanta, 159–172.
Melchert, H. Craig: 2019. Solar and Sky Deities in Anatolian, in: Adam A. Catt/Ronald I. Kim/Brent Vine (Hg.): QAZZU warrai. Anatolian and Indo-European Studies in Honor of Kazuhiko Yoshida, Ann Arbor, 239–249.
Metcalf, Christopher: 2015. Old Babylonian Religious Poetry in Anatolia. From Solar Hymn to Plague Prayer, in: ZA 105, 42–53.
Michel, Cécile: 2001. Correspondance des marchands de Kaniš au début du IIe millénaire avant J.-C., Paris (= LAPO 19).
Michel, Cécile: 2011. The kārum Period on the Plateau, in: Sharon R. Steadman/Gregory McMahon (Hg.): The Oxford Handbook of Ancient Anatolia, Oxford, 313–336.
Michel, Cécile: 2020. Women of Assur and Kanesh. Texts from the Archives of Assyrian Merchants, Atlanta (= WAW 42).
Michel, Patrick M.: 2020. From Nerik to Emar, in: Ronald I. Kim et al. (Hg.): Hrozný and Hittite. The First Hundred Years, Leiden (= CHANE 107), 531–543.
Mielke, Dirk P.: 2006. İnandıktepe und Sarissa. Ein Beitrag zur Datierung althethitischer Fundkomplexe, in: Dirk P. Mielke/Ulf-Dietrich Schoop/Jürgen Seeher (Hg.): Strukturierung und Datierung in der hethitischen Archäologie. Voraussetzungen – Probleme – Neue Ansätze, Istanbul (= BYZAS 4), 251–276.
Mielke, Dirk P.: 2020. Ausgrabungen in der unterirdischen Quellkammer, in: MDOG 152, 157–178.
Miller, Jared L.: 2001. Anum-Ḫirbi and His Kingdom, in: AoF 28, 65–101.
Miller, Jared L.: 2004. Studies in the Origins, Development and Interpretation of the Kizzuwatna Rituals, Wiesbaden (= StBoT 46).

Miller, Jared L.: 2013. Royal Hittite Instructions and Related Administrative Texts, Atlanta (= WAW 31).
Mitchell, Lynette G.: 2020. »What Age were you when the Mede Came?«. Cyrus the Great and Western Anatolia, in: Ashk P. Dahlén (Hg.): Achaemenid Anatolia. Persian Presence and Impact in the Western Satrapies 546–330 BC, Uppsala, 199–216.
Morris, Sarah P.: 2001. The Prehistoric Background of Artemis Ephesia. A Solution to the Enigma of Her »Breasts«?, in: Ulrike Muss (Hg.): Der Kosmos der Artemis von Ephesos, Wien, 135–151.
Mouton, Alice: 2007. Rêves hittites. Contribution à une histoire et une anthropologie du rêve en Anatolie ancienne, Leiden (= CHANE 28).
Mouton, Alice: 2008a. Quelques différences régionales concernant le sacrifice sanglant en Anatolie hittite, in: SMEA 50, 565–573.
Mouton, Alice: 2008b. Les rituels de naissance kizzuwatniens. Un exemple de rite de passage en Anatolie hittite, Paris.
Mouton, Alice: 2016a. Rites, mythes et prières hittites. Textes édites, traduits et présentés, Paris (= LAPO 21).
Mouton, Alice: 2016b. The Festivals of Lallupiya-Ištanuwa. Local Traditions or Part of the Religion of the Hittite State?, in: Gerfrid G. W. Müller (Hg.): Liturgie oder Literatur? Die Kultrituale der Hethiter im transkulturellen Vergleich, Wiesbaden (= StBoT 60), 119–131.
Müller-Karpe, Andreas: 2000. Kayalıpınar in Ostkappadokien. Ein neuer hethitischer Tontafelfundplatz, in: MDOG 132, 355–365.
Müller-Karpe, Andreas: 2002. Kuşaklı-Sarissa. Kultort im Oberen Land, in: Kunst- und Ausstellungshalle der Bundesrepublik Deutschland (Hg.): Die Hethiter und ihr Reich. Das Volk der 1000 Götter, Bonn, 176–189.
Müller-Karpe, Andreas: 2013. Einige archäologische und archäoastronomische Aspekte hethitischer Sakralbauten, in: Kai Kaniuth et al. (Hg.): Tempel im Alten Orient, Wiesbaden, 335–352.
Müller-Karpe, Andreas: 2017. Sarissa. Die Wiederentdeckung einer hethitischen Königsstadt, Darmstadt.
Müller-Karpe, Andreas: 2020a. Kulthandlungen und Kultpersonal in hethitischen Palästen, in: Susanne Görke/Charles W. Steitler (Hg.): Cult, Temple, Sacred Spaces. Cult Practices and Cult Spaces in Hittite Anatolia and Neighbouring Cultures, Wiesbaden (= StBoT 66), 179–220.
Müller-Karpe, Andreas: 2020b. Der Baubefund des Gebäudes D, in: MDOG 152, 192–196.
Müller-Karpe, Andreas et al.: 2006. Untersuchungen in Kayalıpınar 2005, in: MDOG 138, 211–247.
Müller-Karpe, Andreas et al.: 2009. Untersuchungen in Kayalıpınar und Umgebung 2006–2009, in: MDOG 141, 173–238.
Müller-Karpe, Andreas/Müller-Karpe, Vuslat: 2019. Untersuchungen in Kayalıpınar 2017 und 2018, in: MDOG 151, 219–270.
Müller-Karpe, Andreas/Müller-Karpe, Vuslat/Kryszat, Guido: 2014. Untersuchungen in Kayalıpınar 2013 und 2014, in: MDOG 146, 11–41.
Müller-Karpe, Andreas/Müller-Karpe, Vuslat/Rieken, Elisabeth: 2017. Untersuchungen in Kayalıpınar, in: MDOG 149, 57–84.
Nakamura, Mitsuo: 2002. Das hethitische *nuntarriyašḫa*-Fest, Leiden (= PIHANS 94).
Neu, Erich: 1974. Der Anitta-Text, Wiesbaden (= StBoT 18).
Neu, Erich: 1980. Althethitische Ritualtexte in Umschrift, Wiesbaden (= StBoT 25).
Neu, Erich: 1996. Das hurritische Epos der Freilassung I. Untersuchungen zu einem hurritisch-hethitischen Textensemble aus Ḫattuša, Wiesbaden (= StBoT 32).
Neumann, Günter: 2007. Glossar des Lykischen. Überarbeitet und zum Druck gebracht von Johann Tischler, Wiesbaden (= DBH 21).
Neve, Peter: 1993. Ḫattuša – Stadt der Götter und Tempel. Neue Ausgrabungen in der Hauptstadt der Hethiter, Mainz.

Novák, Mirko: 2014. Architecture, in: Herbert Niehr (Hg.): The Aramaeans in Ancient Syria, Leiden (= HdOr. I/106), 255–271.

Obrador-Cursach, Bartomeu: 2020. The Phrygian Language, Leiden (= HdOr. I/139).

Ökse, A. Tuba: 2011. Open-Air Sanctuaries of the Hittites, in: Hermann Genz/Dirk P. Mielke (Hg.): Insights into Hittite History and Archaeology, Leuven (= Colloquia Antiqua 2), 219–240.

Oettinger, Norbert: 2015. Apollo: indogermanisch oder nicht-indogermanisch?, in: MSS 69, 123–143.

Özgüç, Tahsin: 1948. Die Bestattungsbraeuche im vorgeschichtlichen Anatolien, Ankara.

Özgüç, Tahsin: 1988. İnandıktepe. An Important Cult Center in the Old Hittite Period, Ankara.

Özgüç, Tahsin: 2002a. Frühe Bronzezeit. Die Kultur der Hattier als Quellen der hethitischen Kultur, in: Kunst- und Ausstellungshalle der Bundesrepublik Deutschland (Hg.): Die Hethiter und ihr Reich. Das Volk der 1000 Götter, Bonn, 36–41.

Özgüç, Tahsin: 2002b. Anatolische Fürstensitze. Von der Frühbronzezeit bis zu den assyrischen Faktoreien, in: Kunst- und Ausstellungshalle der Bundesrepublik Deutschland (Hg.): Die Hethiter und ihr Reich. Das Volk der 1000 Götter, Bonn, 42–45.

Özgüç, Tahsin: 2002c. Opfer und Libation, in: Kunst- und Ausstellungshalle der Bundesrepublik Deutschland (Hg.): Die Hethiter und ihr Reich. Das Volk der 1000 Götter, Bonn, 122–127.

Özgüç, Tahsin: 2002d. Die Keramik der althethitischen Zeit, in: Kunst- und Ausstellungshalle der Bundesrepublik Deutschland (Hg.): Die Hethiter und ihr Reich. Das Volk der 1000 Götter, Bonn, 248–255.

Özgüç, Tahsin: 2002e. Alacahöyük, in: Kunst- und Ausstellungshalle der Bundesrepublik Deutschland (Hg.): Die Hethiter und ihr Reich. Das Volk der 1000 Götter, Bonn, 172–175.

Özgüç, Tahsin: 2003. Kültepe Kaniš/Neša. The Earliest International Trade Center and the Oldest Capital City of the Hittites, İstanbul.

Özgüç, Tahsin/Akok, Mahmut: 1958. Horoztepe. Eski tunç devri mezarlığı ve iskân yeri. An Early Bronze Age Settlement and Cemetery, Ankara.

Otten, Heinrich: 1958. Hethitische Totenrituale, Berlin.

Otten, Heinrich: 1973. Eine althethitische Erzählung um die Stadt Zalpa, Wiesbaden (= StBoT 17).

Otten, Heinrich: 1981. Die Apologie Hattusilis III. Das Bild der Überlieferung, Wiesbaden (= StBoT 24).

Otten, Heinrich: 1988. Die Bronzetafel aus Boğazköy. Ein Staatsvertrag Tutḫalijas IV., Wiesbaden (= StBoT-B 1).

Otten, Heinrich/Souček, Vladimir: 1965. Das Gelübde der Königin Puduḫepa an die Göttin Lelwani, Wiesbaden (= StBoT 1).

Otten, Heinrich/Souček, Vladimir: 1969. Ein althethitisches Ritual für das Königspaar, Wiesbaden (= StBoT 8).

Payne, Annick: 2012. Iron Age Hieroglyphic Luwian Inscriptions, Atlanta (= WAW 29).

Payne, Annick: 2014. Hieroglyphic Luwian. An Introduction with Original Texts. 3rd rev. ed, Wiesbaden.

Payne, Annick/Wintjes, Jorit: 2016. Lords of Asia Minor. An Introduction to the Lydians, Wiesbaden.

Pecchioli Daddi, Franca: 1987. Aspects du culte de la divinité hattie Teteshapi, in: Hethitica 8, 361–379.

Pecchioli Daddi, Franca: 1988. A proposito di CTH 469, in: Fiorella Imparati (Hg.): Studi di storia e di filologia anatolica dedicati a Giovanni Pugliese Carratelli, Firenze (= EOTHEN 1), 193–206.

Pecchioli Daddi, Franca: 1998a. Gli dei del pantheon hattico: I teonimi in -šu, in; SMEA 40, 5–27.

Pecchioli Daddi, Franca: 1998b. About some Hattic Deities, in: Sedat Alp/Aygül Süel (Hg.): Acts of the IIIrd International Congress of Hittitology (Çorum, September 16–22, 1996), Ankara, 131–141.
Pecchioli Daddi, Franca: 2004. LÚ*zilipuriyatalla* and LÚ/MUNUS*ḫuwaššannalla*. Some Observations on Two Particular Religious Orders, in: Manfred Hutter/Sylvia Hutter-Braunsar (Hg.): Offizielle Religion, lokale Kulte und individuelle Religiosität, Münster (= AOAT 318), 357–367.
Pecchioli Daddi, Franca: 2010. Connections between KI.LAM and the Tetešḫapi Festival. The Expressions *ḫalukan tarnanzi* and *ḫeun tarnanzi*, in: Yoram Cohen/Amir Gilan/Jared L. Miller (Hg): Pax Hethitica. Studies on the Hittites and their Neighbours in Honour of Itamar Singer, Wiesbaden (= StBoT 51), 261–270.
Pecchioli Daddi, Franca: 2014. Messengers of the Gods. NIN.DINGIR and Tetešḫapi, in: WO 44, 289–300.
Polvani, Anna M.: 2002. Il dio Santa nell' Anatolia del II millennio, in: Stefano de Martino/Franca Pecchioli Daddi (Hg.): Anatolica Antica. Studi in memoria di Fiorella Imparati, Firenze (= EOTHEN 11), 645–652.
Popko, Maciej: 1978. Kultobjekte in der hethitischen Religion (nach keilschriftlichen Quellen), Warschau.
Popko, Maciej: 1994. Zippalanda. Ein Kultzentrum im hethitischen Kleinasien, Heidelberg (= THeth 21).
Popko, Maciej: 1995. Religions of Asia Minor, Warsaw.
Popko, Maciej: 2009. Arinna. Eine heilige Stadt der Hethiter, Wiesbaden (= StBoT 50).
Prechel, Doris: 1996. Die Göttin Išḫara. Ein Beitrag zur altorientalischen Religionsgeschichte, Münster.
Prechel, Doris: 2008. Hethitische Rituale in Emar, in: Lorenzo d'Alfonso/Yoram Cohen/Dieter Sürenhagen (Hg.): The City of Emar among the Late Bronze Age Empires. History, Landscape, and Society, Münster (= AOAT 349), 243–252.
Prechel, Doris: 2016. Was ist erlaubt? Feste als Thema hethitischer Orakelltexte, in: Gerfrid G. W. Müller (Hg.): Liturgie oder Literatur? Die Kultrituale der Hethiter im transkulturellen Vergleich, Wiesbaden (= StBoT 60), 159–180.
Richter, Thomas: 2012. Bibliographisches Glossar zum Hurritischen, Wiesbaden.
Rieken, Elisabeth: 2006. Hethitisch, in: Michael P. Streck (Hg.): Sprachen des Alten Orients, Darmstadt, 80–127.
Rieken, Elisabeth: 2009. Die Tontafelfunde aus Kayalıpınar, in: Franca Pecchioli Daddi/Giulia Torri/Carlo Corti (Hg.): Central-North Anatolia in the Hittite Period. New Perspectives in Light of Recent Research, Roma (= St. Asiana 5), 119–143 + Tafeln XIII-XVIII.
Rieken, Elisabeth: 2014. Ein Kultinventar für Šamuḫa aus Šamuḫa und andere Texte aus Kayalıpınar, in: MDOG 146, 43–54.
Rieken, Elisabeth (Hg.): 2019. Keilschrifttafeln aus Kayalıpınar. Teil 1. Textfunde aus den Jahren 1999–2017, Wiesbaden.
Roller, Lynn E.: 2019. Economy and Cult Practice in Archaic Phrygia, in: Manfred Hutter/Sylvia Hutter-Braunsar (Hg.): Economy of Religions in Anatolia. From the Early Second to the Middle of the First Millennium BCE, Münster (= AOAT 467), 73–82.
Roth, Theresa: 2020. Rituale als Traumatherapie? Hethitische Rituale und ihre Funktionen im militärischen Kontext, in: Michaela Zinko (Hg.): Krieg und Ritual im Altertum, Graz, 187–228.
Rüster, Christel/Wilhelm, Gernot: 2012. Landschenkungsurkunden hethitischer Könige, Wiesbaden (= StBoT-B 4).
Rutherford, Ian: 2020. Hittite Texts and Greek Religion. Contact, Interaction, and Comparison, Oxford.
Şahin, Fatme: 2016. An Early Bronze Age III Lead Figurine from Küllüoba, in: Anatolica 42, 29–38.
Salvini, Mirjo: 1995. Geschichte und Kultur der Urartäer, Darmstadt.

Salvini, Mirjo: 2008–2012. Corpus dei testi urartei. 4 vol., Roma.
Salvini, Mirjo: 2015. Les textes hourrites de Meskéné/Emar, 2 vols., Roma.
Salvini, Mirjo/Trémouille, Marie-Claude: 2003. Les textes hittites de Meskéné/Emar, in: SMEA 45, 225–271.
Salvini, Mirjo/Wegner, Ilse: 1986. Die Rituale des AZU-Priesters. Teil 1: Die Texte, Roma (= ChS I/2).
Salvini, Mirjo/Wegner, Ilse: 2014. Einführung in die urartäische Sprache, Wiesbaden.
Sasseville, David: 2019. »To show« in Hittite and Palaic Rituals, in: AoF 46, 22–32.
Sasseville, David: 2020. Nouveaux joints relatifs au grand ritual louvite de Kuwattalla et Šilalluḫi, in: ZA 110, 111–118.
Schachner, Andreas: 2011. Hattuscha. Auf der Suche nach dem sagenhaften Großreich der Hethiter, München.
Schachner, Andreas: 2020. The Great Temple at Ḫattuša. Some Preliminary Interpretations, in: Susanne Görke/Charles W. Steitler (Hg.): Cult, Temple, Sacred Spaces. Cult Practices and Cult Spaces in Hittite Anatolia and Neighbouring Cultures, Wiesbaden (= StBoT 66), 105–158.
Schirmer, Wulf: 2002. Stadt, Palast, Tempel. Charakteristik hethitischer Architektur im 2. und 1. Jahrtausend v. Chr., in: Kunst- und Ausstellungshalle der Bundesrepublik Deutschland (Hg.): Die Hethiter und ihr Reich. Das Volk der 1000 Götter, Bonn, 204–217.
Schuol, Monika: 2004. Hethitische Kultmusik. Eine Untersuchung der Instrumental- und Vokalmusik anhand hethitischer Ritualtexte und von archäologischen Zeugnissen, Rahden.
Schuster, Hans-Siegfried: 2002. Die ḫattisch-hethitischen Bilinguen. II. Textbearbeitungen. Teil 2 und 3, Leiden (= DMOA 17/2).
Schwemer, Daniel: 2004. Von Taḫurpa nach Ḫattuša. Überlegungen zu den ersten Tagen des AN.DAḪ.ŠUM-Festes, in: Manfred Hutter/Sylvia Hutter-Braunsar (Hg.): Offizielle Religion, lokale Kulte und individuelle Religiosität, Münster (= AOAT 318), 395–412.
Schwemer, Daniel: 2006. Das hethitische Reichspantheon. Überlegungen zu Struktur und Genese, in: Reinhard G. Kratz/Hermann Spieckermann (Hg.): Götterbilder Gottesbilder Weltbilder. Polytheismus und Monotheismus in der Welt der Antike. Bd. 1, Tübingen, 241–265.
Schwemer, Daniel: 2008. Fremde Götter in Ḫatti. Die hethitische Religion im Spannungsfeld von Synkretismus und Abgrenzung, in: Gernot Wilhelm (Hg.): Ḫattuša-Boğazköy. Das Hethiterreich im Spannungsfeld des Alten Orients, Wiesbaden (= CDOG 6), 137–157.
Schwemer, Daniel. 2016. Quality Assurance Managers at Work: The Hittite Festival Traditions, in: Gerfrid G. W. Müller (Hg.): Liturgie oder Literatur? Die Kultrituale der Hethiter im transkulturellen Vergleich, Wiesbaden (= StBoT 60), 1–29.
Schwemer, Daniel: 2016–2018. Wettergott(heiten). A. Philologisch, in: RlA 15, 69–91.
Seeher, Jürgen: 2001. Die Zerstörung der Stadt Ḫattuša, in: Gernot Wilhelm (Hg.): Akten des IV. Internationalen Kongresses für Hethitologie, Wiesbaden (= StBoT 45), 623–634.
Seeher, Jürgen: 2010. After the Empire. Observations on the Early Iron Age in Central Anatolia, in: Itamar Singer (Hg.): *ipamati kistamati pari tumatinis*. Luwian and Hittite Studies Presented to J. David Hawkins on the Occasion of his 70th Birthday, Tel Aviv, 220–229.
Seeher, Jürgen: 2011. Götter in Stein gehauen. Das hethitische Felsheiligtum von Yazılıkaya, İstanbul.
Seeher, Jürgen: 2016–2018. Yazılıkaya, in: RlA 15, 149–155.
Serangeli, Matilde: 2015. Heth. Maliya, lyk. Malija und griech. Athena, in: Christian Zinko/Michaela Zinko (Hg.): Der antike Mensch im Spannungsfeld zwischen Ritual und Magie. 1. Grazer Symposium zur indogermanischen Altertumskunde, Graz, 376–388.
Serangeli, Matilde: 2018. Sprachkontakte im Alten Anatolien. Das Lykische aus synchroner und diachroner Perspektive, Phil. Diss., revidierte Fassung, Köln.
Siegelová, Jana: 1971. Appu-Märchen und Ḫedammu-Mythus, Wiesbaden (= StBoT 14).
Siegelová, Jana: 2019. Die hethitische Steuerverwaltung zugunsten des Kultes, in: Natalia Bolatti Guzzo/Piotr Taracha (Hg.): »And I Knew Twelve Languages«. A Tribute to Massimo Poetto on the Occasion of His 70th Birthday, Warsaw, 573–592.

Simon, Zsolt: 2014. Das Fragment einer hieroglyphen-luwischen Inschrift (KAHTA 1) mit einem Exkurs zur kommagenischen Herrscherliste, in: Engelbert Winter (Hg.): Kult und Herrscher am Euphrat, Bonn, 247–254.

Simon, Zsolt: 2019a. Aramaean Borders. The Hierogylphic Luwian Evidence, in: Jan Dušek/Jana Mynářová (Hg.): Aramaean Borders. Defining Aramaean Territories in the 10th-8th Centuries B.C.E., Leiden (= CHANE 101), 127–148.

Simon, Zsolt: 2019b. Die Handwerker des späthethitischen Tempels (KARKAMIŠ A2+3 §§ 16–17), in: Manfred Hutter/Sylvia Hutter-Braunsar (Hg.): Economy of Religions in Anatolia. From the Early Second to the Middle of the First Millennium BCE, Münster (= AOAT 467), 113–124.

Simon, Zsolt: 2020. The Formation of the Neo-Hittite States in Karkemish, in its Successor States and in the Breakaway Territories. An Overview of Political History, in: Alexander E. Sollee (Hg.): Formation, Organisation and Development of Iron Age Societies. A Comparative View, Vienna, 151–171.

Singer, Itamar: 1983. The Hittite KI.LAM Festival. Part One, Wiesbaden (= StBoT 27).

Singer, Itamar: 1984. The Hittite KI.LAM Festival. Part Two, Wiesbaden (= StBoT 28).

Singer, Itamar: 1994. »The Thousand Gods of Hatti«. The Limits of an Expanding Pantheon, in: IOS 14, 81–102.

Singer, Itamar: 1996. Muwatalli's Prayer to the Assembly of Gods through the Storm-God of Lightning (*CTH* 381), Atlanta.

Singer, Itamar: 2001. The Treaties between Karkamiš and Hatti, in: Gernot Wilhelm (Hg.): Akten des IV. Internationalen Kongresses für Hethitologie, Wiesbaden (= StBoT 45), 635–641.

Singer, Itamar: 2002. Hittite Prayers, Atlanta (= WAW 11).

Singer, Itamar: 2007. Who were the Kaška?, in: Phasis 10/1, 166–181.

Singer, Itamar: 2009. »In Hattuša the Royal House Declined«. Royal Mortuary Cult in 13th Century Hatti, in: Franca Peccioli Daddi/Giulia Torri/Carlo Corti (Hg.): Central-North Anatolia in the Hittite Period. New Perspectives in Light of Recent Research, Roma (= St. Asiana 5), 169–191.

Souček, Vladimir/Siegelovà, Jana: 1974. Der Kult des Wettergottes von Ḫalap in Ḫatti, in: ArOr. 42, 39–52.

Soysal, Oğuz: 2004a. Hattischer Wortschatz in hethitischer Überlieferung, Leiden.

Soysal, Oğuz: 2004b. The Angry Priests in a Hattian-Hittite Narrative, in: JANER 4, 75–98.

Soysal, Oğuz: 2008. Philological Contributions to Hattian-Hittite Religion (I), in: JANER 8, 45–66.

Soysal, Oğuz: 2010a. Philological Contributions to Hattian-Hittite Religion (II). 3. On the Origin and the Name of the *ḫazkarai*-women, in: Yoram Cohen/Amir Gilan/Jared L. Miller (Hg.): Pax Hethitica. Studies on the Hittites and their Neighbours in Honour of Itamar Singer, Wiesbaden (= StBo 51), 340–350.

Soysal, Oğuz: 2010b. Zum Namen der Göttin Kataḫzipuri mit besonderer Berücksichtigung des Kasussystems des Hattischen, in: Babel und Bibel 4, 1041–1058.

Soysal, Oğuz: 2016. Palaic *tiuna*- and Middle Hittite *tiuni*-: A Common Ancient Anatolian Word for »Bull«, in: Henning Marquardt et al. (Hg.): Anatolica et Indogermanica. Studia linguistica in honorem Johannis Tischler septuagenarii dedicata, Innsbruck, 315–319.

Soysal, Oğuz: 2019a. Philologische Kommentare und sachliche Bemerkungen zum É $^{(\text{LÚ.MEŠ})}$ZA-BAR.DAB, in: Archäologischer Anzeiger. 1. Halbband, 52–57.

Soysal, Oğuz: 2019b: Zur Chronologie der Götterkreise von Šamuḫa und die »alte Göttin« in Kayalıpınar, in: ZA 109, 101–109.

Soysal, Oğuz: 2020. Tontafelfunde der Ausgrabungen aus Kayalıpınar 2019 (mit einem Nachtrag zu den Tontafelfunden aus 2018), in: MDOG 152, 212–217.

Soysal, Oğuz/Süel, Aygül: 2016. The Hattian-Hittite Foundation Rituals from Ortaköy (II): Fragments to CTH 726 »Rituel bilingue de fondation d'un temple ou d'un palace«, in: Šárka Velhartická (Hg.): Audias fabulas veteres. Anatolian Studies in Honor of Jana Součková-Siegelová, Leiden (= CHANE 79), 320–364.

Starke, Frank: 1985. Die keilschrift-luwischen Texte in Umschrift, Wiesbaden (= StBoT 30).

Starke, Frank: 1990. Untersuchungen zur Stammbildung des keilschrift-luwischen Nomens, Wiesbaden (= StBoT 31).
Steitler, Charles W.: 2014. Sakralsprache gelöst vom ursprünglichen Kontext? Das Beispiel einer Tafel des hethitischen Monatsfestes, in: WO 44, 301–308.
Steitler, Charles W.: 2017. The Solar Deities of Bronze Age Anatolia. Studies in Texts of the Early Hittite Kingdom, Wiesbaden (= StBoT 62).
Steitler, Charles W.: 2019a. Sacred Springs, Spring Sanctuaries and Spring-deities in Hittite Religion, in: Benjamin Engels/Sabine Huy/Charles Steitler (Hg.): Natur und Kult in Anatolien, Istanbul (= BYZAS 24), 1–25.
Steitler, Charles W.: 2019b. Hittite Professionals and Patron Deities, in: Manfred Hutter/Sylvia Hutter-Braunsar (Hg.): Economy of Religions in Anatolia. From the Early Second to the Middle of the First Millennium BCE, Münster (= AOAT 467), 125–139.
Strauß, Rita: 2006. Reinigungsrituale aus Kizzuwatna. Ein Beitrag zur Erforschung hethitischer Ritualtradition und Kulturgeschichte, Berlin.
Strobel, Karl: 2010. Altphrygische Religion und Königsideologie – Eine weitere Brücke zur hethitischen Großreichszeit, in: Colloquium Anatolicum/Anadolu Sohbetleri 9, 29–85.
Süel, Aygül: 2009. Another Capital City of the Hittite State: Šapinuwa, in: Franca Pecchioli Daddi/Giulia Torri/Carlo Corti (Hg.): Central-North Anatolia in the Hittite Period. New Perspectives in Light of Recent Research, Roma (= St. Asiana 5), 193–205 + Tafeln XIX-XXIII.
Süel, Aygül: 2015. The Religious Significance and Sacredness of the Hittite Capital City Sapinuwa, in: Anacleto D'Agostino/Valentina Orsi/Giulia Torri (Hg.): Sacred Landscapes of Hittites and Luwians. Proceedings of the International Conference in Honour of Franca Pecchioli Daddi, Firenze (= St. Asiana 9), 101–111.
Süel, Aygül/Süel, Mustafa: 2017. The Discovery of a Hittite City. Developments in Hittite Geography Based on the Identification of Ortaköy-Šapinuwa, in: Mark Weeden/Lee Z. Ullmann (Hg.): Hittite Landscape and Geography, Leiden (= HdOr. I/121), 29–36.
Süel, Mustafa: 2014. Şapinuwa-Ağılönü kutsal alanının Hitit düyasındaki yeri, in: Piotr Taracha (Hg.): Proceedings of the Eighth International Congress of Hittitology, Warsaw, 943–955.
Taggar-Cohen, Ada: 2006. Hittite Priesthood, Heidelberg (= THeth 26).
Taracha, Piotr: 2000. Ersetzen und Entsühnen. Das mittelhethitische Ersatzritual für den Großkönig Tutḫalija (CTH *448.4) und verwandte Texte, Leiden (= CHANE 5).
Taracha, Piotr: 2002. Bull-Leaping on a Hittite Vase: New Light on Anatolian and Minoan Religion, in: Archeologia 53, 7–20.
Taracha, Piotr: 2005. Zur Entwicklung des offiziellen Pantheons im Staats- und dynastischen Kult der hethitischen Großreichszeit, in: JANER 5, 89–106.
Taracha, Piotr: 2009. Religions of Second Millennium Anatolia, Wiesbaden (= DBH 27).
Taracha, Piotr: 2011. The Iconographic Program of the Sculptures of Alacahöyük, in: JANER 11, 132–147.
Taracha, Piotr: 2016a. On Anatolian Traditions of the Old Hittite Kingship, in: Šárka Velhartická (Hg.): Audias fabulas veteres. Anatolian Studies in Honor of Jana Součková-Siegelová, Leiden (= CHANE 79), 365–373.
Taracha, Piotr: 2016b. Twelve SANGA-Priests. Some Remarks on the Old Hittite State Cult and Royal Ideology Against a Background of the Earliest History of the Kingdom of Ḫattuš(a), in: Henning Marquardt et al. (Hg.): Anatolica et Indogermanica. Studia linguistica in honorem Johannis Tischler septuagenarii dedicata, Innsbruck, 321–334.
Taracha, Piotr: 2017a. Two Festivals Celebrated by a Hittite Prince (CTH 647.I and II-III). New Light on Local Cults in North-Central Anatolia in the Second Millennium BC, Wiesbaden (= StBoT 61).
Taracha, Piotr: 2017b. Hittite *Éḫalentuwa-* Revisited, in: AoF 44, 101–110.
Taracha, Piotr: 2020. Remarks on Old Hittite Local Cults. A Spring Festival Celebrated by the Crown Prince in Ḫanḫana and Vicinity (*CTH* 668), in: Susanne Görke/Charles W. Steitler

(Hg.): Cult, Temple, Sacred Spaces. Cult Practices and Cult Spaces in Hittite Anatolia and Neighbouring Cultures, Wiesbaden (= StBoT 66), 279–290.

Tatišvili, Irene: 2004. Hethitische Religion. Genese, Formierung, Struktur des Pantheons, Tbilissi.

Taylor, Patrick: 2008. The GALA and the Gallos, in: Billie J. Collins/Mary R. Bachvarova/Ian C. Rutherford (Hg.): Anatolian Interfaces. Hittites, Greeks and their Neighbours, Oxford, 175–182.

Torri, Giulia: 1999. Lelwani. Il culto di una dea ittita, Roma.

Torri, Giulia: 2015. Remarks about the transmission of festival texts concerning the cult of Lelwani (based on the fragment KBo 13.216 + KBo 56.89 (+) KBo 56.90), in: Andreas Müller-Karpe/Elisabeth Rieken/Walter Sommerfeld (Hg.): Saeculum. Gedenkschrift für Heinrich Otten anlässlich seines 100. Geburtstages, Wiesbaden (= StBoT 58), 289–300.

Torri, Giulia: 2019. Strategies for Persuading a Deity in Hittite Prayers and Vows, in: WO 49, 48–60.

Trabazo, José Virgilio García: 2002. Textos religiosos hititas. Mitos, plegarias y rituales. Edición bilingüe, Madrid.

Trémouille, Marie-Claude: 1997. dḪebat. Une divinité syro-anatolienne, Firenze (= EOTHEN 7).

Trémouille, Marie-Claude: 2000. La religione di hurriti, in: La Parola del Passato 55, 114–170.

Trémouille, Marie-Claude: 2002. Une céremonie pour Ḫuwaššanna à Kuliwišna, in: Piotr Taracha (Hg.): Silva Anatolica. Anatolian Studies Presented to Maciej Popko on the Occasion of His 65th Birthday, Warsaw, 351–369.

Trémouille, Marie-Claude: 2005. Texte verschiedenen Inhalts, Roma (= ChS I/8).

Ünal, Ahmet: 1974. Ḫattušili III. Teil I. Band 1, Heidelberg (= THeth 3).

Ünal, Ahmet: 1998. Hittite and Hurrian Cuneiform Tablets from Ortaköy (Çorum), Central Turkey. With Two Excursuses on the »Man of the Storm God« and a Full Edition of KBo 23.27, Istanbul.

Ünal, Ahmet: 2019. New Insights into the Nature and Iconography of the Hittite Horse Deity Pirwa, in: Natalia Bolatti Guzzo/Piotr Taracha (Hg.): »And I Knew Twelve Languages«. A Tribute to Massimo Poetto on the Occasion on His 70th Birthday, Warsaw, 690–702.

Ünal, Ahmet: 2020. Zur Funktionalität und Identität der hethitischen Kultanlage (É/NA4)Hekur, in: Barış Gür/Semra Dalkılıç (Hg.): A Life Dedicated to Anatolian Prehistory. Festschrift for Jak Yakar, Ankara, 455–463.

van den Hout, Theo: 1994. Death as a Privilege. The Hittite Royal Funerary Ritual, in: Theo van den Hout/Jan Bremer/Rudolph Peters (Hg.): Hidden Futures. Death and Immortality in Ancient Egypt, Anatolia, the Classical, Biblical and Arabic-Islamic World, Amsterdam, 37–75.

van den Hout, Theo: 1995. Der Ulmitešub-Vertrag. Eine prosopographische Untersuchung, Wiesbaden (= StBoT 38).

van den Hout, Theo: 2002. Another View of Hittite Literature, in: Stefano de Martino/Franca Pecchioli Daddi (Hg.): Anatolica Antica. Studi in memoria di Fiorella Imparati, Firenze (= EOTHEN 11), 857–878.

van den Hout, Theo: 2004a. Pala, Palaer, Palaisch, in: RlA 10, 191f.

van den Hout, Theo: 2004b. Some Thoughts on the Composition Known as Muršili's aphasia (CTH 486), in: Michel Mazoyer/Olivier Casabonne (Hg.): Antiquus Orients. Mélanges offerts au professeur René Lebrun. Vol. 1, Paris, 359–380.

van den Hout, Theo: 2009. A Century of Hittite Text Dating and the Origins of the Hittite Cuneiform Script, in: IncLing, 11–35.

van Gessel, Ben H. L. 1998. Onomasticon of the Hittite Pantheon. Parts I & II, Leiden (= HdOr. I/33/1–2).

van Gessel, Ben H. L. 2001. Onomasticon of the Hittite Pantheon, Part III, Leiden (= HdOr. I/33/3).

van Loon, Maurits N.: 1985. Anatolia in the Second Millennium B.C., Leiden.

Vassileva, Maya: 2019. Phrygia: Between East and West, in: Gocha R. Tsetskhladze (Hg.): Phrygia in Antiquity. From the Bronze Age to the Byzantine Period, Leuven, 25–28.

Veenhof, Klaas R.: 2008. The Old Assyrian Period, in: Klaas R. Veenhof/Jesper Eidem (Hg.): Mesopotamia. The Old Assyrian Period, Fribourg (= OBO 160/5), 13–264.

von Bredow, Iris: 1995. Die altanatolischen Gottheiten nach den althethitischen Texten, Sofia.

von Schuler, Einar: 1965. Die Kaškäer. Ein Beitrag zur Ethnographie des Alten Kleinasien, Berlin.

Warbinek, Livio: 2017. The $^{MUNUS.MEŠ}$ŠU.GI and the KIN Oracle, in: AoF 44, 111–120.

Warbinek, Livio: 2020. Il sistema mantico ittita KIN, Firenze.

Weeden, Mark: 2018. The Good God, the Wine-god and the Storm-god of the Vineyard, in: WO 48, 330–356.

Weeden, Mark/Ullmann, Lee Z. (Hg.): 2017. Hittite Landscape and Geography, Leiden (= HdOr. I/121).

Wegner, Ilse: 1978. Regenzauber im Hatti-Land, in: UF 10, 403–409.

Wegner, Ilse: 1981. Gestalt und Kult der Ištar-Šawuška in Kleinasien, Neukirchen-Vluyn (= AOAT 36).

Wegner, Ilse: 2002. Hurritische Opferlisten aus hethitischen Festbeschreibungen. Teil II. Texte für Teššub, Ḫebat und weitere Gottheiten, Roma (= ChS I/3–2).

Wegner, Ilse: 2007. Einführung in die hurritische Sprache, 2. überarbeitete Aufl., Wiesbaden.

Wegner, Ilse/Salvini, Mirjo: 1991. Die hethitisch-hurritischen Ritualtafeln des (ḫ)išuwa-Festes, Roma (= ChS I/4).

Westenholz, Joan G.: 2010. Ninkarrak – an Akkadian Goddess in Sumerian Guise, in: Dahlia Shehata/Frauke Weiershäuser/Kamran V. Zand (Hg.): Von Göttern und Menschen. Beiträge zur Literatur und Geschichte des Alten Orients. Festschrift für Brigitte Groneberg, Leiden, 377–405.

Wilhelm, Gernot: 1982. Grundrisse der Geschichte und Kultur der Hurriter, Darmstadt.

Wilhelm, Gernot: 1994. Hymnen der Hethiter, in: Walter Burkert/Fritz Stolz (Hg.): Hymnen der Alten Welt im Kulturvergleich, Fribourg (= OBO 131), 59–77.

Wilhelm, Gernot: 1997. Keilschrifttexte aus Gebäude A, Rahden (= Kuşaklı-Sarissa I/1).

Wilhelm, Gernot: 2002. »Gleichsetzungstheologie«, »Synkretismus« und »Gottesspaltungen« im Polytheismus Anatoliens, in: Manfred Krebernik/Jürgen van Oorschot (Hg.): Polytheismus und Monotheismus in den Religionen des Vorderen Orients, Münster (=AOAT 298), 53–70.

Wilhelm, Gernot: 2008a. Hurrian, in: Roger D. Woodard (Hg.): The Ancient Languages of Asia Minor, Cambridge, 81–104.

Wilhelm, Gernot: 2008b. Urartian, in: Roger D. Woodard (Hg.): The Ancient Languages of Asia Minor, Cambridge, 105–123.

Wilhelm, Gernot: 2008c. Hurrians in the Kültepe Texts, in: Jan G. Dercksen (Hg.): Anatolia and the Jazira during the Old Assyrian Period, Leiden (= PIHANS 111), 181–194.

Wilhelm, Gernot: 2010. Die Lesung des Namens der Göttin *IŠTAR-li*, in: Jörg Klinger/Elisabeth Rieken/Christel Rüster (Hg.): Investigationes Anatolicae. Gedenkschrift für Erich Neu, Wiesbaden (= StBoT 52), 337–344.

Wittke, Anne-Marie: 2004. Mušker und Phryger. Ein Beitrag zur Geschichte Anatoliens vom 12. bis zum 7. Jh. v.Chr., Tübingen.

Wunn, Ina: 2005. Die Religionen in vorgeschichtlicher Zeit, Stuttgart (= Die Religionen der Menschheit 2).

Yakubovich, Ilya: 2010. Sociolinguistics of the Luvian Language, Leiden.

Yakubovich, Ilya: 2015. The Luwian Language, in: http://www.oxfordhandbooks.com/view/10.1093/oxfordhb/9780199935345.001.0001/oxfordhb-9780199935345-e-18.

Yakubovich, Ilya: 2020. Rezension zu Alwin Kloekhorst: Kanišite Hittite, Leiden 2019, in: ZA 110, 278–288.

Yalçın, Ünsal/Yalçın, H. Gönül: 2018. Könige, Priester oder Handwerker? Neues über die frühbronzezeitlichen Fürstengräber von Alacahöyük, in: Ünsal Yalçin (Hg.): Anatolian Metal VIII: Eliten – Handwerk – Prestigegüter, Bochum, 91–122.

Yıldırım, Tayfun: 2008. New Scenes on the Second Relief Vase from Hüseyindede and Their Interpretation in the Light of Hittite Representative Art, in: SMEA 50, 837–850.
Yıldırım, Tayfun: 2009. Hüseyindede. A Settlement in Northern Central Anatolia with New Contributions in Old Hittite Art, in: Franca Pecchioli Daddi/Giulia Torri/Carlo Corti (Hg.): Central-North Anatolia in the Hittite Period. New Perspectives in Light of Recent Research, Roma (= St. Asiana 5), 235–246.
Yoshida, Daisuke: 1996. Untersuchungen zu den Sonnengottheiten bei den Hethitern. Schwurgötterliste, helfende Gottheit, Feste, Heidelberg (= THeth 22).
Zangger, Eberhard/Gautschy, Rita: 2019. Celestial Aspects of Hittite Religion. An Investigation of the Rock Sanctuary Yazılıkaya, in: Journal of Skyscape Archaeology 5/1, 5–38.
Zangger, Eberhard/Mutlu, Serdal/Müller, Fabian: 2016. Die Luwier. Bindeglied zwischen Mykenern und Hethitern, in: Mitteilungen aus dem Heinrich-Schliemann-Museum Ankershagen 10/11, 53–89.
Zehnder, Thomas: 2010. Die hethitischen Frauennamen. Katalog und Interpretation, Wiesbaden (= DBH 29).
Zeilfelder, Susanne: 1998. Mond und Schwangerschaft – Etymologie und Aberglaube, in: Wolfgang Meid (Hg.): Sprache und Kultur der Indogermanen, Innsbruck, 437–450.
Zimmern, Heinrich: 1925. Die Religion der Hethiter, in: Hans Haas (Hg.): Bilderatlas zur Religionsgeschichte. 5. Lieferung, Leipzig.
Zinko, Christian: 2016. Tawiniya/Tavium. Ein hethitisches Kultzentrum, in: Sedat Erkut/Özlem Sir Gavaz (Hg.): Studies in Honour of Ahmet Ünal, Beyoğlu-İstanbul, 545–561.
Zinko, Michaela: 2018–19. Das hethitische Königtum. Sprachliche Darstellung in IBoT 1,30 Vs. 1–8 (CTH 821 »Das Königtum und göttliches Recht«), in: MSS 72, 265–291.
Zinko, Michaela/Zinko, Christian: 2019. Tempelwirtschaft und Kultinventare. Sind Kultinventare Quellen für ökonomische Verhältnisse? Untersucht an KBo 2.1, in: Manfred Hutter/Sylvia Hutter-Braunsar (Hg.): Economy of Religions in Anatolia. From the Early Second to the Middle of the First Millennium BCE, Münster (= AOAT 467), 181–199.

4 Register

4.1 Keilschrifttexte

AlT 1 166
AlT 454 78, 218
Bo 86/299 190, 209
CTH 261 227
CTH 331 104
CTH 372 126, 278
CTH 373 119, 126
CTH 374 119, 126
CTH 376 278
CTH 377 278
CTH 384 274, 279
CTH 385.9 237
CTH 385.10 117
CTH 389.2 117
CTH 390.A 48
CTH 414.1 58
CTH 416 116
CTH 421 262
CTH 443 151
CTH 448.4 263
CTH 462 265
CTH 486 264
CTH 490 173
CTH 591.IV 48
CTH 645 130
CTH 668 103
CTH 712 130
CTH 727 104
CTH 751 106
CTH 752 107
CTH 776 134
CTH 820 58
HKM 20 132
HKM 52 24
HKM 60 184
HKM 81 287

HT 1 151
IBoT 1.30 59
KBo 3.7 70
KBo 3.22 45, 50
KBo 3.23 109
KBo 4.1 79
KBo 4.9 80
KBo 4.10+ 209
KBo 4.11 147
KBo 5.1 286
KBo 5.3 186
KBo 8.74+ 106
KBo 10.2 62
KBo 10.20 239–240
KBo 10.23 98
KBo 10.37 269
KBo 11.1 219
KBo 11.22 48
KBo 12.58 193, 237
KBo 15.1 265
KBo 15.10+ 264
KBo 15.24+ 79
KBo 15.52+KUB 34.118 251
KBo 17.1+ 89, 114, 116
KBo 17.9+ 101
KBo 17.15 219
KBo 17.47 108
KBo 18.151 88
KBo 20.67+ 93, 101
KBo 21.1 229
KBo 25.31 90
KBo 25.51+ 75
KBo 25.176 73
KBo 27.42 98
KBo 27.71 219
KBo 29.1 145
KBo 32.11 167
KBo 37.1 63, 79, 286
KBo 50.2 56
KBo 62.5 222
KpT 1.1 128
KpT 1.36 128
KpT 1.56+1.71 239
KUB 1.16+ 91
KUB 2.13 101
KUB 5.6 153, 252
KUB 6.45 131, 187–188, 279
KUB 7.1+KBo 3.8 48, 144
KUB 7.53+ 294
KUB 9.16+ 245–246
KUB 9.31 143
KUB 11.30+ 91
KUB 12.26 48, 269
KUB 13.2+ 227
KUB 13.4 84, 216–217, 227, 229
KUB 13.12 83
KUB 14.7 208
KUB 14.8 256
KUB 14.12 91
KUB 14.14 258
KUB 15.1 222
KUB 15.2 262
KUB 15.17+ 220, 274
KUB 17.10+ 102, 113
KUB 17.21 121
KUB 19.22 239
KUB 20.35+ 109
KUB 21.19+ 210
KUB 21.27 64, 274
KUB 24.1+ 235, 278
KUB 24.8+ 255, 282
KUB 25.14 231
KUB 28.1 85
KUB 28.8+KBo 37.48 198
KUB 29.1 58, 63
KUB 29.4 131
KUB 30.10 257–258, 283
KUB 30.27 288
KUB 30.35+ 260
KUB 30.39+ 238
KUB 30.56 134, 174
KUB 31.121+ 185
KUB 31.127 278
KUB 32.13 147
KUB 32.17+ 106
KUB 32.133 131
KUB 35.88 154
KUB 35.102 143
KUB 35.135 147
KUB 35.165 106
KUB 36.90 199, 210
KUB 36.110 59
KUB 38.4 46
KUB 44.4+ 143
KUB 48.123 273
KUB 51.1+ 102
KUB 55.5+IBoT 4.70 246
KUB 55.65 146
KUB 56.54 46
VSNF 12.1 239

4.2 Hieroglyphen-luwische Texte

ANCOZ 1 294, 302
BULGARMADEN 295, 299, 306
BURUNKAYA 209
CEKKE 310
ÇİFTLİK 293, 298
ÇİNEKÖY 301
EMİRGAZİ 295
GÜRÜN 303
İVRİZ 1 294
KARADAĞ 1 209, 292, 298
KARATEPE 301–302
KARKAMIŠ A2+3 305, 308
KARKAMIŠ A6 214, 306
KARKAMIŠ A7a 307
KARKAMIŠ A11a 305
KARKAMIŠ A11b 304, 309
KARKAMIŠ A12 304
KARKAMIŠ A23 306
KARKAMIŠ A31 213
KIZILDAĞ 1 209
KIZILDAĞ 2 292
KIZILDAĞ 3 207
KIZILDAĞ 4 209, 293
KULULU 2 311, 315
KULULU 5 293, 315
MALATYA 13 303
MARAŞ 1 304
MARAŞ 2 312
MARAŞ 3 310
MARAŞ 5 310
PANCARLI HÖYÜK 311
SHEIZAR 312
ŞIRZI 307
SÜDBURG 182
SULTANHAN 292, 294
TOPADA 25
TÜRKMEN-KARAHÖYÜK 1 209, 293
YALBURT 296

4.3 Wörterverzeichnis (hattisch, hethitisch, hurritisch, luwisch)

ak- 197
alḫuitra- 149
allai- 167, 303
alwanzatar 110, 115, 260
ānnari- 65
āra- 27
arkuwai- 119, 275
arkuwar 118, 126
arkuwar iya- 275
daḫanga- 68, 211, 216, 254
dai 241
duškaratt- 238, 249
eni 161
ḫalentu- 71, 73, 216
ḫamina- 73
ḫamri- 51, 175, 216
ḫapaimi- 254
ḫaratar 256
ḫarištani- 216
ḫašawa- 108
ḫašawanza- 108
ḫašnupalla- 270
ḫatta- 90
ḫazgarai- 86–87
ḫazziwi- 27
ḫegur 168, 198, 201, 206, 220
ḫešta- 219
ḫuek- 90
ḫurkel- 110
ḫuwaši- 82, 137, 206, 218, 222
ḫuwaššannalli- 149
ḫuwaššanni=kat 145
ḫwid- 82
inarā- 65
innara- 41
išḫiul- 27
itkalzi- 174
karimmi- 216
kumma- 141, 157
kumra- 50, 86
kuntara- 216
kurša- 76, 200, 240–241, 247
mald- 272
malteššar 272
maššan(i)- 62, 141
mugai- 117
mugawar 117, 276
nepiš- 45
nišili- 10, 41, 57
nuntarriya- 245
papparkuwa- 157
papratar 260

parkui- 157, 174
parn- 174
piḫaimmi- 254
purapši- 172
purni- 175
putalimmi- 254
šaḫap- 62
šaklai- 27–28
šalli aniur 155
sarl(a)i- 309
šawuše/i- 165
šeḫl- 174
šinapši- 175, 216
šipant- 90
šiu- 44, 61, 141
šiuni- 61
šiušummi- 44
šiwanzanna- 86
šiwatt- 61
šuppi- 157
taknaz da- 263
tarḫu- 142
tarpašgana- 149
tazzelli- 73, 84–85
tiuna- 62
uri- 71
wašḫa- 141
wašhay(a)- 157
wašta- 255–256
waštai- 197
waštul- 109, 255–256
wur-/fur- 63

Logogramme

A.ZU 270
AMA.DINGIR^{LIM} 85–86
ANUNNAKI 164
AZU 171
DINGIR^{LIM} *kiš-* 197
DÙ-*at* 250
É.DINGIR^{LIM} 215
É.NA_4 196, 206, 221
EN.SISKUR 150
$GUDU_{12}$ 69, 71, 73, 85
ḪAL 171, 253
KAR.KID 86–87
LIŠ 212, 214
LUGAL 59
LUGAL.GAL 59
NIN.DINGIR 100
ŠÀ.ZU 270
SANGA 69, 71, 73, 84–86
SÍSKUR 272
ŠU.GI 88, 108, 172, 266–267
SUḪUR.LÁ 268
UD.SIG_5 288
UR.SAG 59
ZI.KIN 82

4.4 Orte

Acem Höyük 39, 50, 53
Ägypten 180
Aḫḫiyawa 121, 139, 179, 181
Akpınar 226
Alaca Höyük 30, 32, 34, 37, 42, 70, 72, 98, 191
Alalaḫ 47, 159, 162, 166–167, 170
Aleppo 159, 166, 170, 251
Ankuwa 72, 87, 241
Arinna 63–64, 67, 70, 85–87, 209, 240–241, 247
Arzawa 23, 57, 120–121, 140, 150, 156, 179, 184, 265, 291
Assyrien 37–38
Boğazkale 12, 18, 313
Burušḫattum 38–40, 42, 48
Daḫa 72–73, 241
Eflatun Pınar 223
Emar 15, 167, 252, 254
Ereğli 148
Gavurkalesi 221
Göllüdağ 297
Gordion 17, 146, 313
Ḫakmiš 68, 123, 180, 210
Halysbogen 10, 14, 16–17, 42, 176, 291, 312, 314
Ḫanḫana 102, 112
Hanyeri 225
Hasanoğlan 34
Ḫattarina 166

Ḫattuša 38, 40, 56–57, 67, 74, 97, 122, 127, 134, 151, 159–160, 180–181, 183, 201, 209, 233, 236, 242, 247
Hemite 226
Horoztepe 34
Ḫubešna 141, 145, 148
Hüseyindede 81, 111
İnandık 78, 81, 111
Ištanuwa 141, 145–146
Išuwa 159, 291
İvriz 296
Kaneš 10, 14, 32, 37, 41, 45–46, 50, 53, 56, 97, 139, 142, 196
Karataş 36
Karien 315
Karkamiš 10, 38, 159, 178, 181, 183, 212, 290, 300
Kayalıpınar 38, 128
Kerkenes Dağ 72, 313
Kizzuwatna 15, 29, 79, 123, 134, 140–141, 150, 153, 156, 159–160, 168, 172, 180, 183, 230, 263, 290
Kuliwišna 148–149
Kültepe 37
Kummanni 168–169, 172
Kummi 162
Kummuḫu 160, 290, 294, 303
Kuşaklı 135
Kuššara 39, 56
Kybestra 148
Laḫzan 104
Lallupiya 145
Lawanzantiya 166, 169–170
Liḫzina 63, 104, 107
Limyra 316
Lukka 181, 291, 316
Lydien 291, 314
Lykien 291, 315–316
Manisa Dağ 152
Maşat Höyük 132
Melid 290–291, 301–302
Mesopotamien 21, 118, 126, 158, 161, 174, 261
Midasstadt 313
Mira-Kuwaliya 140, 150
Mittani 120, 159, 166, 170, 178
Mukiš 170
Nerik 67–68, 76, 100, 180, 184, 209–210, 254
Nordsyrien 16, 134, 150, 161, 180, 183, 234, 272, 310
Oberes Land 129, 179
Ortaköy 132
Osmankayası 288
Oymaağaç Höyük 68, 210
Pala 105, 108
Phrygien 23, 293
Purušḫanda 39, 48, 114, 144
Šaḫiriya 146, 313
Šamuḫa 122, 124, 128, 166, 180
Šapinuwa 15, 122–124, 132, 160, 174, 176
Sardes 17, 315
Šarišša 78, 83, 135, 206, 222
Sirkeli Höyük 168, 191, 220
Tabal 290, 292–294, 304, 314–315
Taḫurpa 240, 247
Tarḫuntašša 68, 180–181, 183, 202, 207, 215, 290, 292
Taşçı 225
Tavşantepe 295–296
Tawiniya 86, 100, 112, 240, 247
Tlawa 316
Tont Kalesi 148
Troia 139
Ugarit 11, 15, 162, 166–167
Unteres Land 140–141, 145, 148, 154, 156, 183–184, 230, 263, 290, 292
Urartu 15, 291, 314
Urkeš 158, 162–163
Waḫšušana 38
Wiluša 139
Xanthos 316
Yalburt 224
Yazılıkaya 76, 182, 191–192, 202–203, 221, 294
Zalpa 38, 40, 44, 56, 58, 103
Zippalanda 34, 67, 72, 85–87, 209, 241

4.5 Gottheiten

Adamma 161, 169
Ala 222
Alalu 163–164
Alanzu 192, 206, 294, 302
Alasuwa 294
Allani 167, 170, 205, 251
Allatu 104, 167, 205
Anna 43
Annā 43–45, 51
Anu 163
Anzili 136, 138
Apara 129
Apollon 144, 315
Arma 143, 282, 295
Artemis 152, 315
Artimu 315
Aškašepa 46, 48, 200
Aššur 43
Aštabi 161, 164, 204
Athene 144
Attis 315
Aya 165, 205
Ba^c al 302
DINGIR.MAḪ 266, 282
Ea 244, 254, 294
Ereškigal 104, 210
Eštan 44, 63, 85, 124, 126, 146
frühere Götter 164, 167, 260
GAZ.BA.A.A 145
Götter von Kaneš 101
Göttin der Nacht 129–130
Ḫadda 162, 166
Ḫalki 76
Ḫalmašuit 50, 58, 80
Ḫandašima 254
Ḫannaḫanna 266, 282
Ḫantašepa 254
Ḫanwašuit 58
Ḫapantaliya 143
Ḫariḫari 46
Ḫarištašši 149, 285
Ḫašamili 48, 106, 108, 239, 284
Ḫazzi 134, 163, 205, 254
Ḫebat 15, 123, 161–162, 164, 166, 169–170, 187, 192, 205, 294, 302–303
Ḫedammu 163, 166
Ḫigiša 46
Ḫilašši 48
Ḫulla 71
Ḫurri und Šeri 162, 164, 204, 254
Ḫuwaššanna 43, 141, 145, 148, 285
Ilali 51, 143
Ilaliyant-Gottheiten 125, 143
Ilaliyantika-Gottheiten 107–108
Inar 41, 58, 65–67, 70, 76, 86, 246
Innarawanteš-Gottheiten 143
Išḫara 161, 166, 170, 175, 205, 214, 251–252
IŠKUR 45, 64
Ištanu 44, 63
Ištar 131, 166–167
Iyarri 144
Kab 104
KAL 65
Kamrušepa 48, 79, 89, 104, 107, 114, 143–144, 154, 282, 286
Karḫuḫa 212, 303–304
Kataḫḫa 73, 86, 102, 239
Kataḫzipuri 67, 79, 89, 104, 106, 114, 144, 286
Kubaba 46, 169, 212–213, 294–295, 303–304, 306, 315
Kubabat 46, 51
Kumarbi 162–164, 205
Kummayanni 141
Kunzišalli 192, 206
Kurunta 47, 144, 295
Kušuḫ 104, 143, 165, 204
Kybele 315
LAMMA 48, 65, 144, 296
Lelluri 251
Lelwani 76, 101, 104, 219, 242, 274
Malija 317
Maliya 48, 144, 170, 251, 284, 295
Manuzi 169, 251, 265
Marduk 143
Marivda 315
Marwainzi-Gottheiten 144, 152, 311
Mezzulla 62, 64, 66, 71, 76, 246, 274
Mondgott 104, 143, 165, 282
Mondgott von Harran 143, 295
Muli 145, 299
Nabarbi 303
Nanni 163, 205, 254
Nergal 204, 206
Nikarawa 214, 306
Nikkal 123, 161, 165, 169, 205
Nipas 45, 51, 189
Nisaba 46
Nubadig 169, 251
Parka 46, 51

Pegasos 142
Peltimati 161
Pendigalli 161
Peruwa 46
Pirwa 46, 48, 144, 209, 234
Qλdans 315
Runtiya 295, 304
Šalawaneš 200
Šamaš 165
Šanta 47, 143, 254, 300, 311, 315
Šarpa 222
Šarruma 162, 187, 192, 206, 210, 226, 294, 302–303
Šauška 128, 131, 138, 162, 164–165, 167, 170, 180, 204, 239, 244, 302
Schutzgott der Wildflur 144, 304, 307
Schutzgottheit 36, 41, 47–48, 52–53, 65, 98, 125, 144, 187, 194, 200, 204, 222, 242, 304
Schutzgottheit der Ḫuwaššanna 144, 149
Schutzgottheit der Jagdtasche 144
Schutzgottheit von Tauriša 142–143
Šimige 127, 165, 204
Šiuri 141
Sonnengott 119, 125–126, 143, 176, 187, 278
Sonnengott des Himmels 266
Sonnengottheit 187, 194
Sonnengöttin 58
Sonnengöttin der Erde 164
Sonnengöttin der Unterwelt 196
Sonnengöttin von Arinna 36, 62–63, 71, 76, 124, 126, 159, 176, 179, 187, 237, 240, 245–246
Šulinkatte 210, 239
Tapkina 161
Tarḫuna 46
Tarḫunt 142, 292, 294, 302
Tarḫunt des Gebirges 294
Tarḫunt des Weinbergs 294
Taru 64, 67, 85, 104, 142
Tašmišu 205, 303
Tazzuwašši 100
Telipinu 66–67, 86, 102, 104, 112, 210, 294
Teššub 15, 132–133, 162–164, 166, 170, 192, 204–205, 213, 294, 302–303
Tetešḫapi 62, 67, 100
Tiwad 47, 62, 107, 143
Tiyaz 62, 106–108
Trqqn̄t 317
U.GUR 48
Uliliyašši 152
Ullikummi 162–164
Unterweltsgötter 204, 206
UTU 44, 125, 165
Vatersgottheiten 194, 286
Wašezzili 66, 73
Wettergott 36, 45, 50, 58, 64, 66, 86, 134, 136, 138, 187, 194, 213–214, 246, 302
Wettergott des Blitzes 188, 207
Wettergott des Gebirges 298
Wettergott des Himmels 45, 62, 64, 176, 189
Wettergott des Weinbergs 292, 294, 296
Wettergott piḫaššašši 243
Wettergott von Aleppo 162, 251
Wettergott von Arzawa 152
Wettergott von Ḫatti 125, 205
Wettergott von Kummanni 169
Wettergott von Kuwaliya 152
Wettergott von Nerik 68, 100, 123, 210, 212, 253–254
Wettergott von Zippalanda 72, 240, 274
Wurunkatte 67, 246
Wurunšemu 63, 67, 112
Yarri 153
Zababa 49, 66, 204, 243
Zaliyanu 100, 254
Zaparwa 62, 106, 145, 243
Zašḫapuna 100, 210
Zikkanzipa 222
Zintuḫi 67, 71, 198, 274
Ziparwa 106, 243
Zitḫariya 240, 242, 247

4.6 Personen

Allaituraḫḫi 171, 173, 212
Alli 151, 156
Ambazzi 152, 268
Amenhotep III. 121
Ammiḫatna 134, 172, 268
Anitta 39, 44–45, 48, 50, 56
Anna 108, 144, 158
Anniwiyani 156, 158, 283
Anum-Ḫirbi 39
Argišti I. 292
Armati 156, 283
Arnuwanda I. 55, 82, 120, 210, 221, 227, 276

Arnuwanda II. 179
Arnuwanda III. 206
Asarhaddon 261
Ašḫella 151
Aškiliya 89
Ašmunikal 121, 123, 232, 276
Astiruwa 301
Aštu 173, 263
Atal-šen 158
Bappi 145
Dandanku 151, 268
Eḫal-Teššub 172, 174
Erra-Imittī von Isin 261
Gizziya 171–172
Gyges 314
Ḫantili I. 74
Ḫantitaššu 156
Ḫarapšili 113
Harpagos 316
Hartapu 209, 292
Ḫaštayar 88
Ḫatiya 156
Ḫattušili I. 11, 56–57, 60–61, 64, 74, 76, 159
Ḫattušili III. 131, 179–180, 198, 210, 220, 246, 266, 276
Ḫebattarakki 156
Ḫupašiya 58, 70
Huwarlu 283
Ḫuzziya 40–41, 55–56, 60
Ḫuzziya II. 57
Idrimi 170
Ini-Teššub 181
Iriya 260
Išpuini 292
Kantuzili 119, 126, 276, 278
Kella 70
Kroisos 315
Kupanta-Kuruntiya 120
Kuruntiya 181, 198, 208, 220
Kuwattalla 154, 156
Kuzi-Teššub 213, 302
Labarna I. 41, 56, 60
Labarna II. 56, 60
Maddunani 151
Madduwatta 121
Madi 172
Mašḫuiluwa 153, 156, 252
Maštigga 173, 263
Muršili I. 57, 61, 91, 108, 153
Muršili II. 91, 96–97, 131, 140, 151, 160, 178–179, 239, 246, 252, 264, 276
Muršili III. 168, 180, 208–209
Muwatalli I. 57
Muwatalli II. 72, 168, 179, 191, 202, 207, 220, 243, 246, 276
NÍG.GA.GUŠKIN 152, 156
Nikalmati 123, 151, 232, 264
Papanigri 172, 175
Paškuwatti 152, 156, 158
Patroklos 196
Pazzu 252, 286
Perikles 316
Pimpira 108
Pitḫana 39, 50
Puduḫepa 169–170, 180–181, 220, 267, 276
PUGNUS-mili 301–302
Puliša 151, 265
Puriyanni 155, 158
Ramses II. 181
Šaḫurunuwa 179
Šalašu 173
Šarri-Kušuḫ 178–179
Šilalluḫi 156
Suhi 301
Šuppiluliuma I. 55, 122, 145, 159, 178, 186, 212, 221, 239, 246
Šuppiluliuma II. 182, 206, 220
Taduḫepa 123, 133, 174
Talmi-Teššub 181, 213
Tapalazunawali 151
Tarḫuntaradu 121
Tašmišarri 123, 206
Tawagalawa 179, 181
Telipinu 57
Tiglat-Pilesar 314
Tiš-atal 158, 162
Tudḫaliya der Jüngere 178, 258
Tudḫaliya II. 55, 57, 120, 128, 151, 169, 221, 264
Tudḫaliya III. 120–121, 129, 133, 135, 174, 263
Tudḫaliya IV. 97, 127, 181, 191, 202–203, 220, 236, 239, 246, 253, 266
Tulbiya 171–172
Tunnawiya 156, 158, 173, 229, 263
Tušratta 159
Tutanchamun 178
Tuwati 293
Uḫḫamuwa 151
Ulmi-Teššub 181, 208
Ummaya 173
Warpallawa 293–294, 296
Waršama 39
Wasusarma 293

Yariri 306, 308
Zannanza 178
Zarpiya 143, 155
Zidanta 59
Ziplantawiya 151, 264
Zuzzu 40, 55–56

4.7 Stichworte

Ahnen 207, 252, 288
Ahnenkult 195, 197, 216, 220, 234, 243–244, 306
Altar 78
altassyrisch 14
Alte Frau 88, 114, 155–156, 266, 270
AN.TAḪ.ŠUM-Fest 67, 101, 220, 233, 236, 238, 242
Anthropomorphismus 162, 185, 229
Appu-Erzählung 255, 282
Aramäer 300
arkuwar-Gebete 275
Assyrer 159
Augur 138, 151, 155, 223
Aus der Erde nehmen 173, 262
Ausbildung 283
Autoren 12
Bestattung 33–34, 36, 196, 221, 288, 317
Bitik-Vase 78
Blut 90, 175, 231
Brandopfer 175, 230, 253, 310
Bronzezeit 19, 36
Brotopfer 91, 105–106, 309
Cella 74, 77–78, 216
Dach 77, 277, 279
daḫiya-Fest 234
dunkle Erde 167
dynastische Religion 139, 168, 177
dynastisches Pantheon 29, 192, 206
Eheschließung 285
Eid 43–44, 143, 164–165, 167, 258
Eingeweideschau 171, 257, 266
Epos der Freilassung 167
Ersatzkönig 261–263
Ethik 108, 255, 258, 281
Familie 269, 283, 285–286, 300, 312
Familienreligion 52–53
Ferkel 88, 155, 157, 230
Fest der Sichel 235
Fest des Fußschemels 149
Fest des Gebärstuhls 285
Fest des Getreidehaufens 235
Fest des Hirsches 234
Feste 51, 83, 232
Feste von Ištanuwa 146
Festteilnehmer 102, 234, 238, 242, 248–249
Fleischopfer 91, 230
Flüsse 199, 222
Flussordal 43
Frauenstatuetten 34
fremde Götter 186–187, 189, 215
Frühjahrsfeste 96, 193–194, 236–237, 239
Gebetsgesten 277
Geburt 270, 281, 283, 286
Gelübde 272, 274
Gelübdetexte 272–273
Gewitterfeste 96
Gewittergesänge 147
Gleichsetzung von Gottheiten 189, 192
Gott werden 197
Götterliste 186–187, 189
Götterstatuen 78
Gottheiten des Königtums 58, 190–192, 301
Grabinschriften 317
griechisch 16, 23, 142, 163, 315
große Versammlung 99, 242, 248
Großkönig 39–40
Gussopfer 90–91, 253, 287, 308
Handerhebungsgebete 126
Hattier 10, 24, 35, 42, 47, 63, 108, 122, 143
hattisch 14, 41, 60, 67, 75, 91, 122, 135, 141, 146, 184, 210, 230, 245–246
Haus des Bronzeschalenhalters 75
Hauskult 52–53, 110–111, 195, 216, 286–287
Hebamme 283
Heilige Hochzeit 80, 95
Herbstfeste 96, 193–194, 236–237
Herd 80, 111–112, 217, 286
ḫešta-Haus 76, 101, 242, 274
hethitische Religion 19, 25, 27, 29
Hirsch 34, 98
historische Wahrheit 281
ḫišuwa-Fest 130, 169, 192, 234, 250
ḫiyara-Fest 234, 251, 253
Hurriter 10, 14, 24, 57, 121, 124, 158–159
hurritisch 14, 16, 123, 132, 134, 141, 154, 160, 176, 180, 183, 187, 203, 207, 244, 300, 305
Hüseyindede-Vase 95
ḫuwaššannalli-Priesterin 145

Hymnus 118
Ikonographie des Königtums 191
Illuyanka-Mythos 58, 69
İnandık-Vase 80, 94
indoeuropäisch 61–62
itkalzi-Ritual 133–134, 172, 206
Jahresbeginn 96
Kalender 51, 234–236
kaluti-Opferlisten 206
Karer 11, 19, 140
kārum 14, 37, 41, 128
Kaškäer 57, 68, 120–123, 180, 182, 207, 210, 292, 313
Katumuwa-Inschrift 294, 306
KI.LAM-Fest 35, 76, 97, 233, 246, 248
KIN-Orakel 88, 266
Königin 88, 112, 181, 240–241, 267, 276
Königsideologie 57–60, 63, 87, 191–192, 202, 208, 261, 276, 280
Kosmologie 198, 200, 202
Krankheit 252, 257, 259, 265, 267, 269, 286
Krisen 260–261, 264, 266, 268, 270
Kultakteure 130, 138, 146, 149, 155, 171–172, 226, 246, 249, 277–278, 283–285, 308
Kultinventare 227–228, 232, 236–237, 250, 253
Kultreise 100, 103, 200, 240–241, 245, 247
Kultreorganisation 193–194, 201, 236
Kultstadt 68, 71–72, 127, 135, 176, 209, 245
Kumarbi-Mythen 163
Libationsgefäße 52, 79, 81, 94, 163
Liturgien 83
lokale Feste 95, 102, 232, 234, 236, 238, 242, 248, 285
lokale Kulte 20, 30, 65, 103, 105, 128, 148, 193–194, 209, 237, 245
lokale Panthea 193
Luwier 10, 24, 42, 108, 141, 143, 292
luwisch 15, 46–47, 60, 123–125, 139–140, 176, 180, 187, 244
Lyder 10, 19, 24, 140, 315
lydisch 17
Lyker 17, 19, 24, 140
lykisch 16, 144, 316
Magie 83, 88, 113–114, 259
Malerei 79
Mann des Wettergottes 86, 100, 114
Meine Sonne 191
Monatsfest 96, 101, 105, 194, 282
Mord 110, 258
Mundwaschung 174
Musik 36, 87, 90, 93, 98, 249, 308
Namensgebung 282, 286
Narām-Sīn-Legende 56
Neujahrsfest 243
nicht-staatliche Kulte 193, 238
nuntarriyašḫa-Fest 67, 97, 231, 233, 236, 243, 245
Öffnen der Vorratsgefäße 96, 237, 243
Open-Air-Heiligtum 152, 202, 218, 222, 231, 296, 298–299, 307
Opfer 87, 89–90, 229, 232, 237, 253, 298
Opfergaben 90
Opferschaupriester 171
Opfertiere 230
Orakel 99, 115, 171
Orakelanfragen 252–253, 257, 266, 273
Orakelberichte 78, 130, 232, 239, 266
Orakelpraktiken 88, 266
osthurritisches Pantheon 161
Palaer 10, 108, 122, 143
palaisch 15, 60, 67, 125, 145, 243
Pantheon von Kaneš 48
persönliche Gebete 118, 126, 275–276, 280
Pestgebete 178, 219, 265
Pferde 143
Phönikier 300
Phryger 11, 19, 24, 291–292, 312
phrygisch 17
Priester 50, 67, 73, 84, 87, 110, 227, 229, 284, 308
Priesterin 50, 84, 86, 89, 155, 229
Privatperson 150, 158, 197, 263
Prozessionen 201, 234
pudaḫa-Fest 234, 251
purulli-Fest 59, 69, 97, 99, 101, 210, 243, 248
Quelle von Nerik 69
Quellen 199, 218, 222, 226
Quellheiligtum 137
Regenfest 241–242
Reinheit 229–230
Reinigungsrituale 113, 125, 153–154, 157–158, 161, 171, 199, 260, 312
šaḫḫan-Fest 149
Sänger von Kaneš 48
šatlašša-Fest 234, 239, 251
Schadenzauber 110, 115, 151, 179, 259, 264
Schließen der Vorratsgefäße 96, 237
Schreiber 12
Schwangerschaft 143–144, 270, 282
Schwein 217
Seevölker 183
Segenswünsche 157, 287